Tierische Sozialarbeit

Jutta Buchner-Fuhs • Lotte Rose (Hrsg.)

Tierische Sozialarbeit

Ein Lesebuch für die Profession zum Leben und Arbeiten mit Tieren

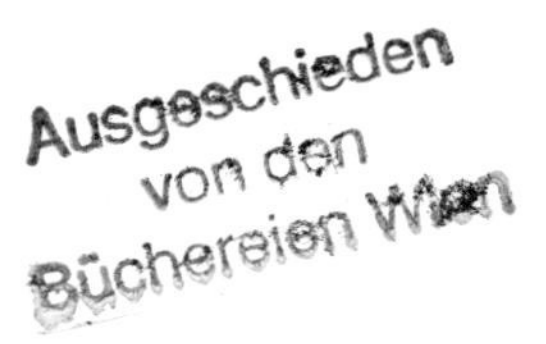

Herausgeberinnen
Jutta Buchner-Fuhs
Universität Hamburg,
Deutschland

Lotte Rose
Fachhochschule Frankfurt/M.,
Deutschland

ISBN 978-3-531-18075-5
ISBN 978-3-531-18956-7 (eBook)
DOI 10.1007/978-3-531-18956-7

Die Deutsche Nationalbibliothek verzeichnet diese Publikation in der Deutschen Nationalbibliografie; detaillierte bibliografische Daten sind im Internet über http://dnb.d-nb.de abrufbar.

Springer VS

Einbandentwurf: KünkelLopka GmbH, Heidelberg

Gedruckt auf säurefreiem und chlorfrei gebleichtem Papier

Springer VS ist eine Marke von Springer DE. Springer DE ist Teil der Fachverlagsgruppe Springer Science+Business Media
www.springer-vs.de

Inhalt

2 Tiere im menschlichen Alltag

3 Die Beziehung zum Tier – eine Frage kultureller Differenz

Jutta Buchner-Fuhs | Lotte Rose

Warum ein Buch zu Tieren in der Sozialen Arbeit? Eine kritische Bestandsaufnahme zur Thematisierung der Tiere in diesem Berufsfeld

Macht man sich auf die Suche nach den Tieren in der Sozialen Arbeit, stößt man auf ein höchst widersprüchliches Bild. Auf der einen Seite zeigt sich eine durchaus starke praktische Präsenz von Tieren und von Programmen tiergestützter Pädagogik in den entsprechenden beruflichen Arbeitskontexten. Die Literaturlage ist hierzu überaus reichhaltig. Wer über den Einsatz von Tieren in pädagogischen Kontexten etwas erfahren will, findet viel zu lesen. Von daher braucht es eigentlich kein weiteres Buch zu Tieren.

Auf der anderen Seite offenbart sich gleichwohl eine große Leere und Enge – eine Leere in der Fachdisziplin der Sozialen Arbeit selbst und eine Enge hinsichtlich des theoretischen und empirischen Horizonts des existierenden Diskurses. Wenn sich Soziale Arbeit mit dem Thema beschäftigt, ist dies in der Regel relativ schmalspurig. Offensive und eigenständige Fachbeiträge sind kaum zu finden. Angesichts dessen lässt sich derzeit wohl von einem Missverhältnis zwischen der starken Befürwortung des Einsatzes von Tieren in der Praxis und gleichzeitigen fachwissenschaftlichen Ausblendung des Themas in der Sozialen Arbeit sprechen.

Ein Blick auf *andere* Disziplinen zeigt jedoch, dass auf dem Feld der Mensch-Tier-Beziehungen inzwischen einiges in Bewegung gekommen ist. Es lässt sich von einem „allgemeinen trans- und interdisziplinären Trend" sprechen, „Tiere in menschlichen Kulturen und das Verhältnis von Menschen und Tieren aus veränderter Perspektive zu erforschen" (Roscher/Krebber 2010, 3). Die Human-Animal Studies haben Konjunktur. Wenn Tiere nun so sichtbar gemacht werden und auf breiter Ebene gefordert wird, gängige Deutungsmuster zum Mensch-Tier-Verhältnis zu hinterfragen (vgl. Chimaira 2011), so stellt sich auch und insbesondere für die Soziale Arbeit die Frage, wie das Zusammenwirken von Mensch und Tier wissenschaftlich untersucht, verstanden und für eine reflexive Praxis genutzt werden kann.

Warum diese Frage für einen ‚Menschenberuf' wie die Soziale Arbeit von Relevanz ist (oder sein müsste), soll nachfolgend ausgeführt werden.

Tiere als ‚Dienstleister' in der Sozialen Arbeit

Tiere fungieren als ‚Dienstleister' in der Sozialen Arbeit –- und dies schon seit mehr als 200 Jahren. So lassen sich im Bereich der Psychiatrie und der Behindertenhilfe erste historische Beispiele für den gezielten Einsatz von Tieren finden, z. B. in der Von-Bodelschwing-Anstalt in Bethel. Einen Schub brachte später ein Buch des amerikanischen Kindertherapeuten Boris M. Levinson, in dem er über die günstige Wirkung von Hunden bei Therapiesitzungen mit Kindern berichtete (1962) und das, was inzwischen als Klassiker der tiergestützten Intervention gilt. Tiere werden in sozialen Einrichtungen in verschiedenen Formen eingesetzt – am stärksten derzeit für die Zielgruppen der Kinder, der alten und behinderten Menschen. Sie dienen in offenen Kontakt-Situationen als Beziehungsmedium, in Behandlungssettings als Medium und Co-Therapeut, in umwelt-, bewegungs- und freizeitpädagogischen Bildungsangeboten und in arbeitspädagogischen Maßnahmen als Lernimpuls.

Vergnügungstiere wie Aquariumsfische, Meerschweinchen, Wellensittiche, Katzen und Hunde leben in den stationären sozialen Einrichtungen mit und werden zur Herstellung eines therapeutischen Milieus genutzt, oder sie werden im Rahmen von Tierbesuchsdiensten zeitweise dorthin gebracht. In den Kinder- und Jugendfarmen bieten Tiere attraktive Lern- und Erlebnisreize. In Einrichtungen der stationären Erziehungshilfe werden zunehmend Tiere wie Esel, Pferde oder auch Lamas gehalten, um Kindern und Jugendlichen förderliche Entwicklungsbedingungen zu schaffen. Schulen bieten Projekte mit Schulhunden an. Ferienfreizeitprogramme für Kinder und Jugendliche umfassen auch Reiterferien. In der „Grünen Sozialarbeit" ermöglicht der Einsatz landwirtschaftlicher Nutz- und Arbeitstiere naturwüchsig-ganzheitliche Arbeitserfahrungen für Klientinnen und Klienten (Andres 2010; Christinck/van Elsen 2009). Zu erwähnen sind schließlich auch Tiere, die gezielt für Assistenzdienste für Menschen mit Behinderungen ausgebildet und eingesetzt werden, z. B. die Blinden- und Service-Hunde.

So gesehen arbeitet Soziale Arbeit ganz praktisch und in vielfältigsten Formen mit Tieren. Zahlreich sind die Meldungen dazu, wie entwicklungsförderlich dieses Setting für Klientinnen und Klienten ist, und ebenso zahlreich sind die Varianten, in denen dies realisiert wird. Es reicht von Geschehnissen, die eher einen alltäglichen Nebenbei-Charakter haben bis hin zu hochprofessionalisierten und systematisch gesteuerten Ereignissen.

‚Geliehene Praxis'

Vor diesem Hintergrund ist es nicht weiter verwunderlich, dass auch für Studierende die Arbeit mit Tieren eine begehrte Berufsperspektive darstellt. Sie berichten, dass sie später gerne beruflich ‚was mit Tieren' machen wollen. Manches Mal haben sie sich bereits gezielt einen Hund einer Rasse angeschafft, die für die pädagogische Arbeit als gut geeignet gilt, und wollen mit ihm eine entsprechende Ausbildung absolvieren. Auch Studierende selbst qualifizieren sich studienbegleitend in einem der zahlreichen Fortbildungsinstitute für tiergestützte Praxis für den pädagogischen Einsatz von Tieren. In der Regel sind dies Pferde und Hunde.

So bleibt es nicht aus, dass Tiere auch zum Thema studentischer Abschlussarbeiten werden. Hier zeigen sich aber nicht selten Probleme. Aufgrund ihrer Begeisterung für tiergestützte Praxisansätze und Tiere verfolgen die angehenden Fachkräfte zwar sehr engagiert ihre Abschlussarbeiten, doch für die betreuenden und benotenden DozentInnen sind sie nicht immer Grund zur Freude. Gespräche, die wir mit KollegInnen an Hochschulen geführt haben, brachten eher negative Erfahrungen zur Sprache. Ein Problem ist hier auch die Literaturlage, die die Studierenden auf fragwürdige Fährten bringen kann. Zwar steht den Studierenden ein überaus reichhaltiger Fundus an Publikationen zur Verfügung, doch – und damit kommen wir zu der erwähnten disziplinären Leere – diese entstammen fast ausnahmslos *nicht* dem Fachdiskurs der Sozialarbeit und Sozialpädagogik. In großem Umfang verführt der populäre Buchmarkt, allen voran die Ratgeberliteratur dazu, die ‚schöne und wichtige' Arbeit mit dem Tier darstellen zu wollen. Eine kritische Reflexion, die wissenschaftliche Distanz zu den eigenen Wünschen und Idealen herstellt, unterbleibt in der Regel. Quellenkritische Auseinandersetzungen zu den in den Texten eingelagerten normativen Deutungsmustern, die grundsätzlich den Umgang mit Tieren positiv bewerten, finden nicht statt.

Wir haben es also mit der eigentümlichen Paradoxie zu tun, dass in der Praxis Sozialer Arbeit Tiere zwar präsent sind, aber dies in der wissenschaftlichen Disziplin selbst kein Thema ist. Vielmehr werden unentwegt und intensiv die Erträge anderweitiger Fachdisziplinen beliehen, wenn es darum geht, die tiergestützte Praxis in der Sozialen Arbeit programmatisch zu begründen; ein eigenständiger sozialarbeitswissenschaftlicher Fachdiskurs entsteht nicht.

Eine Recherche in den einschlägigen Fachzeitschriften der Sozialen Arbeit der letzten Jahre förderte nur vereinzelt entsprechende Fachbeiträge zu Tage, vor allem deskriptiv-programmatische Praxisdokumentationen aus Einrichtungen, die Tiere in ihrer Arbeit nutzen. Eine der seltenen Ausnahmen ist der Überblicksartikel von Sylvia Greiffenhagen (2003), der in einer einschlägigen Fachzeitschrift erschien. In den Handbüchern zur Sozialen Arbeit fanden sich bis vor kurzem auch keine tierbezogenen Stichworte. Erst das „Handbuch Soziale Arbeit“ (Rose 2011a) änderte dies in seiner jüngsten Neuauflage. Seminare zum Thema sind selten, entsprechende Studienschwerpunkte in den Studiengängen der Sozialarbeit und Sozialpädagogik gibt es nicht. Unter den zahlreichen Anbietern von entsprechenden Fort- und Weiterbildungen findet sich derzeit in Deutschland nur eine wissenschaftliche Hochschule, nämlich die Evangelische Hochschule Freiburg im Breisgau.

Tiere in anderen Fachdiskursen

Grundsätzlich anders sieht die Diskurssituation in den angrenzenden Disziplinen der Sozialen Arbeit aus. Tiere werden in der Heil- und Sonderpädagogik, Behindertenpädagogik, Psychomotorik und Medizin sehr viel intensiver behandelt. Vor allem auch in den anglo-amerikanischen Ländern ist die Fachdebatte renommierter und elaborierter als in Deutschland. Mit den bereits eingangs erwähnten Human-Animal-Studies ist dort gar eine eigene neue Fachdisziplin entstanden, die die Mensch-Tier-Beziehung interdisziplinär erforscht. In diesem Kontext entstand auch das Buch „Animals and Social Work“ (Ryan 2011), das erstmalig das Verhältnis von Sozialer Arbeit und Tieren explizit und vor allem originell – nämlich nicht in der Matrix der tiergestützten Pädagogik – in einer Monografie zum Thema macht.

International zeigen sich seit geraumer Zeit effektive Bestrebungen, tiergestützte Pädagogik und Therapie zu professionalisieren und zu institutionalisieren. 2001 wurde von der Delta Society, dem größten internationalen Fachverband, der Begriff der Tiergestützten Therapie (Animal Assisted Therapy/ AAT) definiert. Danach handelt es sich bei AAT um eine zielgerichtete und evaluierte, von einer entsprechend ausgebildeten Fachkraft des Gesundheitswesens durchgeführte Intervention, in der ein Tier, das bestimmte Kriterien zu erfüllen hat, integraler Bestandteil des therapeutischen Prozesses ist. Werden diese Anforderungen nicht erfüllt, spricht man von „Tiergestützten Aktivitäten“ (Animal Assisted Activity/AAA). Als Oberbegriff wird der Begriff der „Tiergestützten Intervention“ propagiert, andere Bezeichnungen sind aber weiterhin gebräuchlich.

Neben der Delta Society existiert als weiterer weltweiter Dachverband die International Human-Animal Interaction Organizations (IAHAIO), dem als deutscher Verband der „Forschungskreis Heimtiere in der Gesellschaft“ angehört. Auf seinem 11. Weltkongress 2007 in Tokio deklarierte er als grundlegendes Menschenrecht die Chance, von der Anwesenheit von Tieren profitieren zu können. Mit „Anthrozoös. A Multidisciplinary Journal of the Interactions of

People and Animals", die von der „International Society für Anthrozoology" (ISAZ) herausgegeben wird, verfügt die Fachszene über eine internationale Fachzeitschrift.

Auch die Zahl der Institutionen im deutschsprachigen Raum ist mittlerweile kaum mehr überschaubar. Sie bieten Informationen, Literatur, Fachveranstaltungen und eigene Ausbildungen an, agieren als Vernetzungs- und Interessensorgane. Zu nennen sind hier u. a.: „Tiere helfen Menschen", „Stiftung Bündnis Mensch & Tier", Forschungsgruppe „Mensch-Tier" am Institut für Pädagogik der Universität Erlangen-Nürnberg, „TIPI – Tiere in die Pädagogik integrieren" der Heilpädagogischen Fakultät der Universität Köln und die Portale „tiergestützte Therapie/Pädagogik für Deutschland, Österreich und die Schweiz" (www.tiergestuetzte-therapie.de) und „Tiergestützte Pädagogik und Therapie" der Evangelischen Hochschule Freiburg (www.researchaat.de).

Parallel zum relativ reichhaltigen therapeutischen und therapienahen Diskurs existiert ein sehr umfangreicher populärwissenschaftlicher Buch- und Medienmarkt zum Thema. In Internetforen und Elternratgebern gehört das Haustierthema zu einer festen Größe.

Relativ gut entwickelt zeigt sich das Tierthema zudem auch in den sozialhistorischen und kulturanthropologischen Wissenschaftszweigen. Die Mensch-Tier-Beziehung wird dort als Ausdruck spezifischer sozialer Ordnungskonstellationen in den Blick genommen. Die Untersuchungen der Formen und historischen Wandlungen der Mensch-Tier-Beziehung dienen dazu, Vorgänge gesellschaftlicher Ausdifferenzierung, Zivilisierung, Ein- und Ausgrenzung zu rekonstruieren (Buchner 1996, Dekkers 1994, Hessische Blätter für Volks- und Kulturforschung 1991, Kathan 2004, Mensch und Tier 2002; Münch/Walz 1998, Brantz/Mauch 2010, Verein für kritische Geschichtsschreibung 2011).

Teleologische und idealisierende Aufladungen

Wenn in der Sozialen Arbeit Tiere thematisiert werden, dann ist dies immer gerahmt durch die Diskurse zur tiergestützten Pädagogik und Therapie. Dies bringt massive teleologische Aufladungen mit sich. Im Zentrum der Reden stehen die Entwicklungen, die durch das Tier bei Klienten und Klientinnen ausgelöst werden – oder ausgelöst werden sollen. Es geht also immer um normative Ziele, die sich in der Mensch-Tier-Interaktion realisieren sollen. Dieser Diskurs funktionalisiert das Tier für menschliche Zwecke und ist damit hochgradig pädagogisch verengt. Das Tier interessiert, *weil* es etwas Wünschenswertes bei Menschen bewirkt; und am Tier interessiert, *was* es Wünschenswertes bei Menschen bewirkt. Es hat damit Objektstatus in einem ideologischen Skript, das radikal um den Menschen und seine Interessen kreist – einem Skript also, das als anthropozentrisch zu bezeichnen ist. Daran ändert auch der Umstand nicht viel, dass der Schutz des Tieres kontinuierlich reklamiert wird. Letztlich bleibt auch hierbei das Tier objekthaft, denn es sind Menschen, die es vor Zumutungen bewahren wollen und müssen. Akteurstatus erhält das Tier nicht, dies scheint völlig absurd.

Dazu gesellt sich ein stark idealisierender und romantisierender Ton. Zur Plausibilisierung der positiven Wirkungen des Tieres werden emotional anrührende Fallgeschichten und persönliche Erfahrungsgeschichten geliefert, die dem literarisch-biblischen Format von ‚Wunder- und Erlösungsgeschichten' ähneln. Sie illustrieren, wie die Nähe eines Tieres Menschen öffnet, entspannt, stabilisiert, kontaktfähig macht und ans Leben anschließt. Neben diesen anekdotischen Beweisführungen finden sich auch Verweise auf Befunde wissenschaftlicher Wirkungsforschung, die fast ausschließlich aus den anglo-amerikanischen Ländern stammen.

Bei Greiffenhagen, einer profilierten Fachvertreterin, heißt es in wissenschaftlich fragwürdigem Ton: Tiere senken „den Blutdruck des menschlichen Partners und stabilisieren – empirisch hundertfach glasklar bewiesen – seinen Kreislauf; sie bringen Zärtlichkeit und Sinnlichkeit in den Alltag, dienen als ‚soziales Gleitmittel bei der Kontaktsuche zu anderen Menschen' (...), lehren Empathie und nonverbale Kommunikationsfähigkeit, reizen zum Lächeln und Lachen und sorgen auf diese Weise bei Tierhaltern mehrfach am Tag für die Ausschüttung körpereigener Glückshormone" (Greiffenhagen 2003, 23). Ähnliche „Erfolgslisten" finden sich zahlreich auch in anderen Texten.

Damit verdichtet sich das Bild von sensationellen Gesundungseffekten des Tierkontaktes auf körperlicher, seelischer und sozialer Ebene. Das Thema wird aufgeladen mit enormen Heilsversprechen, wie dieses Beispiel zeigt, dem andere mühelos an die Seite gestellt werden könnten: „In gewissem Sinne sind Tiere sogar bessere Therapeuten als Menschen." (Kusztrich 1990, 393).

Die Texte arbeiten fast durchgängig mit einfachen salutogenetischen Zusammenhängen: Im Kontakt mit dem Tier werden heilende Kräfte freigesetzt, wird der leidende Mensch gesund. Komplexe Lebenszusammenhänge werden damit auf eindimensionale psychosoziale Prozessmechanismen reduziert. Kritische Kontroversen, Differenzierungen und empirische Evaluationsforschung fehlen. Die Auswertung von 150 Studien zur tiergestützten Therapie in der Jugendpsychiatrie zeigte, dass die meisten Publikationen Falldarstellungen beschreibender Art sind und die wenigen Untersuchungen, die es gibt, methodische Mängel haben und in ihren Ergebnissen widersprüchlich sind (Jacki/Klosinski 1999).

Die Idealisierungen im Diskurs der tiergestützten Therapie sind eng verkoppelt mit Tendenzen kulturpessimistisch-nostalgischer Verklärung und Irrationalisierung. Vergangenes Miteinanderleben von Menschen und Tieren wird zum Sinnbild einer wünschenswerten idealen Einheit. Es ist zudem die Rede von einer „geheimnisvollen, wohltuenden Kraft“ (Kusztrich 1990, 392) der Tiere auf Menschen. Immer wieder heißt es, dass die heilsamen Wirkungen der Tiere auf Menschen zwar beobachtbar, nicht aber rational erklärbar sind und sich von daher dem vollständigen wissenschaftlichen Zugriff entziehen. Auch die bei vielen AutorInnen vorfindbare theoretische Bezugnahme auf das Konzept der Biophilie – der Annahme einer dem Menschen inhärenten, stammesgeschichtlich begründeten Affinität zur Natur und ihren Lebewesen – hat stellenweise naturalisierende und esoterisch-mythische Züge.

Tier-Binaritäten: Begehrte und andere Tiere

In der Praxis tiergestützter Interventionen finden nur solche Tierarten Einsatz, deren Interspezieskommunikation besonders ausgeprägt ist und die von daher leicht auf den Menschen als Sozialpartner geprägt werden können oder die selbst Menschen gegenüber Kontaktbedürfnisse entwickeln.

Eine herausragende Stellung nimmt das Pferd ein. Hier sind nicht nur die Publikationen am umfangreichsten (Gäng 1994; Kupper-Heilmann 1999), sondern auch die Professionalisierungen des therapeutischen Pferdeinsatzes am stärksten formalisiert. Auch in der kultur- und sozialwissenschaftlichen Literatur erfährt das Pferd am meisten Aufmerksamkeit (Baum 1991, Meyer 1975). Die Prominenz des Pferdes ist zum einen sicherlich auf seinen sozialhistorischen Symbolgehalt von Macht und Exklusivität zurückzuführen, zum anderen hängt sie vermutlich auch ganz pragmatisch mit seiner Besonderheit als Tragetier zusammen. Auf dem Pferderücken Mobilität und Höhe zu erfahren hat eine große Nähe zu frühkindlichen Erfahrungen des Getragen-werdens und bedeutet einen realen Machtzuwachs.

Hoher Beliebtheit erfreut sich zudem auch der Hund. Auch hier sind die Professionalisierungen relativ weit fortgeschritten. Institute bieten sowohl Therapiesitzungen mit Hunden und Hundebesuchsdienste als auch entsprechende Hundeausbildungen und Hundeführerausbildungen an. Differenzierte Merkmalskataloge für Hunderassen liegen vor, in denen – biologistisch begründet – ihre Nutzbarkeit und Nicht-Nutzbarkeit fixiert ist. Darüber hinaus sind Lamas in der Praxis zu finden, wenn auch bislang noch selten. Formale Regelungen zur Anerkennung der Lamatherapie liegen noch nicht vor.

Für die größte öffentliche Furore sorgt die Delfintherapie, die Ende der 1970er-Jahre in den USA entwickelt wurde. Während bei den anderen Therapie-Tieren bisher allgemeiner Konsens zu ihrer Nützlichkeit besteht, wird die Delfintherapie sehr kontrovers diskutiert. Kritisiert werden nicht nur die hohen Kosten und kommerziellen Profite der Anbieter. Bezweifelt wird auch die nachhaltige Wirksamkeit dieser Therapie (Brake/Williamson 2008). Zentrale Akteure dieser Kritik sind der Wal- und Delfinschutz.

Im praktischen Einsatz sind darüber hinaus häusliche Kleintiere wie Katzen, Vögel, Meerschweinchen, Kaninchen und Zierfische zu finden. Aufgrund ihrer geringer ausgeprägten Interspezieskommunikation werden sie jedoch nicht in therapeutischen Behandlungen genutzt, sondern dienen nur der Herstellung eines allgemeinen therapeutischen Milieus.

Im Diskurs zur tiergestützten Pädagogik ist es damit normal und plausibel, animalische Lebewesen funktional zu kategorisieren, zu hierarchisieren und zu selektieren und dabei auf biologistische Begründungen zurückzugreifen. Nur wenige Tierarten befinden sich überhaupt in der Zone der fachlichen Aufmerksamkeit; es sind dies in erster Linie die domestizierten Haus- und Heimtiere, die ursprüngliche andere Sachzwecke in der menschlichen Nähe zu erfüllen hatten, historisch dann aber davon freigesetzt wurden. Die überwiegende Mehrheit der Tiere bleibt hierbei völlig außen vor.

Dies schafft eine paradoxe Situation. Während der Diskurs zur tiergestützten Pädagogik einerseits das Selbstbild einer ausgeprägten allgemeinen Tierzugewandtheit kultiviert, erzeugt er doch gleichzeitig enorme Abspaltungen. Während er sich aufmerksam den Tieren als pädagogischen Helfern widmet, interessiert das Dasein vieler anderer Tiere in anderen Kontexten nicht.

Tiere im menschlichen Alltag

Mit der Konzentration auf Fragen tiergestützter Praxis in der fachlichen Beschäftigung mit Tieren vergisst Soziale Arbeit völlig eine weitere Dimension des Tierthemas: den weit verbreiteten profanen, privaten Alltag mit Heimtieren im sozialen Nahraum. In den letzten Jahrzehnten nimmt die Zahl der Heimtiere in Industrieländern zu, wenn auch die internationalen Unterschiede beträchtlich sind: Deutschland rangiert im Vergleich auf einem der hinteren Plätze, dennoch zeigen sich auch hier Zuwachsraten, vor allem auch auf dem Gebiet der ehemaligen DDR, in der die Heimtierhaltung im Vergleich zu den westdeutschen Bundesländern keinen hohen Stellenwert hatte (Greiffenhagen 1991, 38). Nach Angaben des Industrieverbands Heimtierbedarf (o. J.) lebten im Jahre 2007 in deutschen Haushalten 23,2 Millionen Heimtiere – Zierfische und Terrarientiere nicht mitgerechnet. In mehr als einem Drittel der Haushalte werden Tiere gehalten. In 16% der Haushalte ist die Katze Hausgenossin, dicht gefolgt vom Hund. Je älter die Haushaltsbewohner sind, desto eher lebt dort ein Tier. Ebenso gilt: Wenn Kinder zum Haushalt gehören, ist dort eher ein Haustier zu finden. Nach einer repräsentativen Studie in Berlin haben 62% der

13- bis 16-Jährigen ein Haustier, nicht wenige sogar mehrere (Bergler/Hoff 2008, 1). Die Jugendstudie „Die erste Jugendgeneration des neuen Jahrhunderts“ (Zinnecker u. a. 2002) konnte – wenn auch eher am Rande – zeigen, dass Haustiere bei der Frage nach den wichtigen „Bezugspersonen“ weit oben rangieren, also im kindlichen und jugendlichen Erleben durchaus als gleichwertige *menschliche* Wesen in ihrem familialen Nahraum fungieren. Für 90 % der befragten Kinder und 79 % der befragten Jugendlichen waren die ‚Familientiere‘ sehr wichtig oder wichtig. „Dabei ist zu bedenken, dass nicht wenige Kinder die Haustiere zu den vollwertigen Mitgliedern ihrer Familie zählen“ (Zinnecker u. a. 2002, 32). Man teilt Geheimnisse, Leid und Glück, Spaß mit ihnen, bespricht mit ihnen Sorgen und Probleme. Auch Rohlfs (2006) spricht davon, dass „(Kuschel-)Tiere“ letztlich Familienmitglieder sind. Dies gilt nicht nur für Kinder, sondern ebenso sehr für Erwachsene.

Eltern, die über das Glück ihrer Kinder befragt wurden, „nannten am häufigsten Haustiere“, gefolgt von „Fahrrädern, Spielsachen und Sportartikel“ (Bucher 2009, 174). Zu den glücklichsten Momenten im Leben der Kinder gehört, ein Haustier geschenkt zu bekommen, wie nicht die Eltern-, sondern die Kinderbefragung zeigte (ebd., 107). „Mehr als jedes dritte Kind gab an, sich (fast) jeden Tag mit einem Haustier zu beschäftigen“ (ebd., 148).

Die Beschäftigung mit Tieren gehört zu den häufig genannten liebsten Freizeitbeschäftigungen, Tiere tragen zum erlebten Kinder- und Familienglück bei – so die vorliegenden Kinder- und Jugendstudien. Tiere haben heutzutage in vielen Fällen den Status eines ‚menschlichen Mitglieds‘ des engsten privaten Beziehungsgefüges inne und sind stark libidinös besetzt. Es werden intensive und fürsorgliche Beziehungen zu ihnen unterhalten, sie sind selbstverständlicher Teil der familialen Solidarität. Im Sinne des sozialkonstruktivistischen Konzeptes des „Doing Family“ (Schier/Jurczyk 2007) ließe es sich auch so formulieren: Tiere dienen der performativen Herstellung von Familie. In der Beziehung zum Tier, in der Beschäftigung mit ihm bringt sich Familie als kommunikative und eng verbundene Gemeinschaft performativ hervor.

Aus der Perspektive der Kindheits- und Familienforschung könnte man hier mit dem weiteren Nachdenken aufhören. Aus ethischer Sicht müssen indes neue Fragen aufgeworfen werden. Wenn Tiere und Tiergeschenke zu glücklichen Kindern führen, dann wäre eigens zu klären, wie Kinder, Eltern und Tiere eine gescheiterte Tierhaltung erleben. Tiergeschenke, die zu Weihnachten gemacht werden, können zur Belastung werden: „Das niedliche Kaninchen wurde größer und fing an zu beißen, die Meerschweinchen waren zu laut, der Hamster stand erst nach 23 Uhr auf, [...] die Mutter war allergisch gegen den neuen Hund und die Katze hat das Sofa zerkratzt“, heißt es auf einer Seite, die vor unbedachten Tierkäufen warnt (Verschenke keine Tiere, o.J.) Die Wahrnehmung der Tiere als Familienmitglieder gilt nur so lange, wie die jeweiligen Familien mit ihrem Tier konfliktfrei leben können.

Gescheiterte Tierbeziehungen oder auch Tierhaltungen, die aus schützender und verantwortungsvoller Perspektive zu kritisieren sind, können, wenn sie in Familien vorzufinden sind, die aufgrund ihrer besonderen Belastungen zum Klientel Sozialer Arbeit wurden, auch Gegenstand des professionellen Tuns von sozialen Fachkräften sein. Hier können Konflikte auftreten, die die Werte des Tierschutzes in Widerspruch zu den Handlungsmaximen einer professionellen Sozialen Arbeit bringen.

Für Soziale Arbeit ist dies mit Herausforderungen verbunden, denn sie hat sich in ihrer Praxis gegenüber den Lebenswelten ihrer Klientinnen, die oftmals auch Tiere als Gefährten einschließen, im Sinne ihres beruflichen Auftrags adäquat zu verhalten. Doch was bedeutet ‚adäquat'? Da Tiere nach dem Tierschutzgesetz keine Sachen sind, kann die berufliche Praxis nicht sachorientiert aus den pädagogischen Zielen abgeleitet werden, sondern muss zusätzlich die Konsequenzen für die Tiere, die Tierhaltung mit bedenken. Hierzu fehlen noch Auseinandersetzungen und Verständigungen.

Es kommen weitere Probleme hinzu. So wissen wir, dass es aus hygienischen und pragmatischen Gründen in vielen Einrichtungen, wie z.B. in den stationären Einrichtungen der Erziehungshilfe, in Altenheimen, in Notunterkünften oder bei Inobhutnahmen nur selten möglich ist, die eigenen Tierfreunde mitzunehmen und dort Tiere zu halten – auch wenn sich gewisse Liberalisierungen zeigen. Am stärksten wird dieses Thema derzeit in der Wohnungslosenhilfe diskutiert. Angesichts dessen, dass viele Menschen, die auf der Straße leben, einen Hund haben, wird gefordert, dies anzuerkennen und dafür zu sorgen, dass Wohn- und Unterbringungsmaßnahmen dies berücksichtigen. Doch die erforderlichen Entwicklungsdebatten in der Sozialen Arbeit sind hier erst am Anfang.

Tierbeziehung und soziale (Des-)Integration

Die verbreitete Fixierung auf die psychologisierenden Texte zur tiergestützten Pädagogik verhindert, die sozialen Distinktionen in der Mensch-Tier-Beziehung zu realisieren. Die Mensch-Tier-Beziehung erscheint quasi natürlich, unhistorisch und ungesellschaftlich. Die Genese des Mensch-Tier-Verhältnisses ist jedoch eine von Entmischungen und Vermischungen, in denen sich auf immer wieder neue Weise die Transformationen der sozialen Verhältnisse und gesellschaftlicher Fortschritt manifestieren.

Tiere werden im Zuge der Zivilisations- und Urbanisierungsprozesse zunehmend aus der Alltagswelt verdrängt. Die Technisierung führt zu einem Verschwinden der Arbeits-, Kriegs- und Mobilitätstiere. Nutztiere wie Hühner, Schweine, Kühe, Ziegen und Schafe werden von den menschlichen Wohnstätten isoliert. Der Abstand zwischen den Wohngebieten und den Terrains für Tiere wird zunehmend größer – ablesbar u. a. am Verschwinden bäuerlichen Lebens, der Nutztierhaltung oder der Tierschlachtungen aus den städtischen Zonen. Besitzerlose Tiere, wie streunende Katzen und Hunde, werden verfolgt, eingefangen und nicht selten getötet. Kleinstlebewesen – wie Läuse, Kakerlaken, Spinnen, Fliegen, Würmer – werden als Ungeziefer zum Inbegriff des Ekligen und Widerwärtigen. Hygiene- und Vernichtungsmaßnahmen sorgen systematisch dafür, dass diese Tiere aus dem menschlichen Lebensraum entschwinden und auch den menschlichen Körper nicht mehr besiedeln – denken wir an den lang andauernden Kampf gegen Läuse und Wanzen. Ähnliches erleben Vögel und andere Kleinsäuger, die sich im menschlichen Lebens- und Abfallraum aufhalten.

Mit diesen Tieren zusammen zu leben wird im Zuge dessen zum Ausdruck gesellschaftlicher Deprivation. Historische und aktuelle Kulturvergleiche können zeigen, dass Leben in Armut und Unterentwickeltheit durch eine große räumliche Nähe von Menschen und Tieren gekennzeichnet ist. Umgekehrt symbolisiert sich sozialer Aufstieg in den Praxen des Ausgrenzens und Eliminierens von Tieren.

Diesen Vorgängen stehen wiederum massive Reintegrationsprozesse gegenüber. Tiere finden erneut Zugang zu den menschlichen Räumen, jedoch nun in spezifischer Weise: selektiert, gesäubert, gebändigt, kontrolliert und funktionalisiert. Als Schoß- und Vergnügungstiere bereichern sie die Privatsphäre. Sie werden als Zootiere bestaunt, als Zucht- und Sporttiere dienen sie der Freizeitgestaltung. Ebenso nehmen die medialen Formen zu, seien es die Filme mit Tierhelden oder die zahlreichen Tier-Dokumentationen. Doch diese abermaligen Vermischungen stellen nicht den Zustand vergangen-archaischer Zeiten wieder her, sondern in ihnen manifestieren sich die normativen Verhaltensstandards hochdifferenzierter Gesellschaften. Mehr noch: Es sind genau genommen die Verhaltensstandards der hegemonialen sozialen Fraktionen dieser Gesellschaften.

Damit organisieren sie unter der Hand soziale Exklusionen und Inklusionen. Ihnen zu entsprechen ist Zeichen von Normalität, sichert soziale Anerkennung. Ihnen nicht zu entsprechen, diskriminiert und erhöht das Risiko des Ausschlusses. Wer mit zu vielen Tieren zusammenlebt, diese nicht normgerecht hält und pflegt, wer seinen Wohn- und Lebensraum mit den falschen Tieren – nämlich solchen, die nicht als Heimtiere gelten oder als Ungeziefer etikettiert sind – teilt oder Tiere gar auf und in seinem Körper hat, der erscheint nicht nur absonderlich oder gestört, sondern gerät auch in den Fokus gesellschaftlicher Zugriffe und Sanktionen. Die öffentlichen Skandalisierungen des „Animal Hoarding", der Reptilien-, Ratten- und Spinnenhalter, der Kampfhundebesitzer und der Tierschächtungen legen hierzu beredtes Zeugnis ab. Auch in der Praxis der Sozialen Arbeit werden entsprechende Erfahrungen gemacht, z. B. wenn erlebt wird, was mit Kindern passiert, die penetranten Hundegeruch verbreiten, weil die Heimtiere ihrer Familie unzureichend gepflegt werden, oder welche Verdächtigungen kursieren, wenn sich Läuse in Kindergarten und Schule verbreiten.

Diese Geschichten demonstrieren, dass sich an der Art und Weise des Umgangs mit Tieren soziale Konflikte entzünden und Integration mit entscheidet. Wenn also Soziale Arbeit gesellschaftliche Teilhabe sichern soll, ist sie immer auch in Bezug auf die Tierhaltungspraxis ihrer Klienten und Klientinnen gefordert.

Das ‚doppelte Mandat' der Sozialen Arbeit und die Tiere

Wenn Soziale Arbeit sich als Menschenrechtsprofession begreift, die sich zwischen Hilfe und Kontrolle, zwischen Parteilichkeit für ihre Zielgruppen und staatlichem Wächteramt bewegt, wirft dies die Frage danach auf, was dies im Hinblick auf Tiere bedeutet. Sind Menschenrechte und Tierrechte als binäre Entweder-oder-Pole zu sehen oder stehen sie in innerer Verbindung zueinander? Haben sich soziale Fachkräfte ausschließlich um die Situation der Menschen zu kümmern oder schließt der Schutzauftrag, wie oben bereits angesprochen, Tiere ein? So mehren sich beispielsweise die Projekte, die Hilfen für die Hunde der Menschen, die auf der Straße leben, organisieren. Doch initiiert und getragen sind sie i.d.R. von Tierärzten, nicht von der Sozialen Arbeit.

Wie ist z. B. auch professionell damit umzugehen, wenn die Familienhelferin davon erfährt, dass der Hamster der Kinder im Klo weggespült wurde, wenn sie sich vor den intensiven Tiergerüchen in einer übervollen Wohnung ekelt, wenn sie das Gefühl hat, dass die Familie von der erforderlichen Tierpflege völlig überfordert ist und dennoch mit ansehen muss, wie beharrlich immer neue angeschafft werden? Was ist zu tun, wenn es den Tieren der betreuten Menschen offensichtlich nicht gut geht? Was ist auch zu tun, wenn Kinder im Freispiel des Kindergartens draußen voller Spannung – und ganz im Sinne des gewünschten entdeckenden Lernens – Kleintiere ‚experimentell erkunden', was ist erst recht zu tun, wenn sie oder auch andere betreute Menschen mit Vergnügen gezielt und wissentlich Tiere quälen? Und was ist schließlich davon zu halten, wenn im Rahmen von Bildungsprojekten mit Kindern ein Tier geschlachtet wird, wie kürzlich im Fall der Kaninchenschlachtung in einer Schule, die medial für Aufruhr sorgte (Rose 2011b). Professionelle verhalten sich zu alledem individuell und tagtäglich in ihrer Praxis, doch der Raum für systematische kollektive Verständigungen dazu fehlt derzeit noch.

Thomas Ryan eröffnet in seinem Buch „Animals and Social Work" (Ryan 2011) erstmalig eine entsprechende Debatte. Er nimmt die Situation der Tiere zum Anlass, ethische Prinzipien Sozialer Arbeit neu zu verhandeln, und kritisiert, dass sich Soziale Arbeit immer relativ gleichgültig gegenüber den Bedürfnissen von Tieren verhalten hat – und dies, obwohl Tiere doch unübersehbar Teil der menschlichen Welt sind, in der soziale Fachkräfte tätig sind. Vor diesem Hintergrund plädiert er für einen Moral-Kodex, der nicht allein Menschen im Blick hat, sondern Lebewesen unabhängig von ihrer Gattungszugehörigkeit einschließt – eine neue gedankliche Herausforderung für eine Disziplin, die sich bislang als *Menschen*rechtsprofession begreift.

Zum Anliegen des Buches

Der vorliegende Sammelband legt keine Systematik, erst recht keine Theorie zum Stellenwert der Tiere in der Sozialen Arbeit vor. Vielmehr will er eine fachliche Beschäftigung mit dem Thema überhaupt erst eröffnen – eine fachliche Beschäftigung, die sich von den so dominanten Skripten der tiergestützten Pädagogik erfolgreich emanzipiert und die eigene Expertise der Sozialen Arbeit in diesem spezifischen Kontext überhaupt erst entdeckt und selbstbewusst konturiert.

Die versammelten Texte nähern sich aus sehr unterschiedlichen Perspektiven ihrem gemeinsamen Gegenstand: den Tieren. Ziel war

- zum ersten die wenigen Protagonistinnen und Protagonisten der Sozialen Arbeit, die sich in ihrer wissenschaftlichen und praktischen Arbeit dem Tierthema gewidmet haben, sprechen zu lassen,
- zum zweiten Vertreterinnen und Vertreter anderer Fachdisziplinen referieren zu lassen, die mit ihren Beiträgen den bestehenden Diskurshorizont nachdrücklich erweitern,
- zum dritten aber schließlich auch der Praxis tiergestützter Pädagogik Raum zu geben.

Anliegen ist, auf diese Weise das Tierthema in der Sozialen Arbeit produktiv zu entgrenzen und als interdisziplinären, vielschichtigen, widersprüchlichen und faszinierenden Gegenstand sichtbar zu machen. Mit dem Buch ist sicherlich noch nicht alles zum Thema gesagt, aber es beginnt damit, etwas zu sagen. Und es will damit einladen, noch mehr zu sagen.

Literatur

Andres, D. (2010): Soziale Landwirtschaft im Kontext Sozialer Arbeit: Alternative Betreuung und Beschäftigung für Menschen mit psychischer Beeinträchtigung. München.

Baum, M. (1991): Das Pferd als Symbol. Zur kulturellen Bedeutung einer Symbiose. Frankfurt am Main.

Bergler, R., Hoff, T. (2008): Der Einfluss von Hunden auf das Verhalten und Erleben von Jugendlichen in der Großstadt Berlin. In: Staatsinstitut für Frühpädagogik (Hg.): Online-Familienhandbuch. München. In: www.familienhandbuch.de/cmain/f_fachbeitrag/a_Jugendforschung/s_793.html.

Brakes, P., Williamson, C. (2008): Delfintherapie. Eine Faktensammlung, erstellt für die Wal- und Delfinschutzorganisation WDCS. In: www.wdcs-de.org/docs/DAT-Report.pdf.

Brantz, D., Mauch, Ch. (2010): Tierische Geschichte. Die Beziehung von Mensch und Tier in der Kultur der Moderne. Paderborn.

Bucher, A. (2009): Was Kinder glücklich macht? Eine glückspsychologische Studie des ZDF. In: Schächter, M. (Hg.): Wunschlos glücklich? Konzepte und Rahmenbedingungen einer glücklichen Kindheit. Dokumentation des ZDF-Glückskongresses und Auswertung der Tabaluga tivi-Glücksstudie. Baden-Baden, 94-195.

Buchner, J. (1996): Kultur mit Tieren. Zur Formierung des bürgerlichen Tierverständnisses im 19. Jahrhundert. Münster/New York.

Chimaira – Arbeitskreis für Human-Animal Studies (Hg.) (2011): Human-Animal Studies. Über die gesellschaftliche Natur von Mensch-Tier-Verhältnissen. Bielefeld.

Christinck, A., van Elsen, T. (Hg.) (2009): Bildungswerkstatt Pädagogik und Landwirtschaft. Tagungsdokumentation 25.–26.10. 2008. Schriftenreihe der Loheland-Stiftung 1, Künzell.

Dekkers, M. (1994): Geliebtes Tier. Die Geschichte einer innigen Beziehung. München/Wien.

Gäng, M. (Hg.) (1994): Heilpädagogisches Reiten und Voltigieren. 3. Aufl. München/Basel.

Greiffenhagen, S. (1991): Tiere als Therapie. Neue Wege in Erziehung und Heilung. München.

Greiffenhagen, S. (2003): Tiere in der Sozialen Arbeit. Sozialmagazin 7/8, 22-29.

Hessische Blätter für Volks- und Kulturforschung (1991): Mensch und Tier. Kulturwissenschaftliche Aspekte einer Sozialbeziehung. Bd. 27. Marburg

Industrieverband Heimtierbedarf (o.J.): Daten & Fakten. Deutscher Heimtiermarkt 2007. In: www.ivh-online.de/de/home/der-verband/daten-fakten.html.

Jacki, A.; Klosinski, G. (1999): Zur Bedeutung von Haus- und Heimtieren für verhaltensauffällige und psychisch kranke Kinder und Jugendliche. Vierteljahreszeitschrift für Heilpädagogik 4/, 396-413.

Kathan, B. (2004): Zum Fressen gern. Zwischen Haustier und Schlachtvieh. Berlin.

Kupper-Heilmann, S. (1999): Getragenwerden und Einflußnehmen. Aus der Praxis des psychoanalytisch orientierten Reitens. Gießen.

Kusztrich, I. (1990): Haustiere helfen heilen – Tierliebe als Medizin. Theorie und Praxis der Sozialen Arbeit 10, 391-397.

Levinson, B. M. (1962). The dog as a co-therapist. In: Mental Hygiene 46, 59-65.

Mensch und Tier (2002). Eine paradoxe Beziehung, hrsg. von der Stiftung Deutsches Hygiene-Museum. Dresden.

Meyer, H. (1975): Mensch und Pferd. Zur Kultursoziologie einer Mensch-Tier-Assoziation. Hildesheim.

Münch, P., Walz, R. (Hg.) (1998): Tiere und Menschen. Geschichte und Aktualität eines prekären Verhältnisses. Paderborn.

Rohlfs, C. (2006): Freizeitwelten von Grundschulkindern. Eine qualitative Sekundäranalyse von Fallstudien. Weinheim, München.

Roscher, M., Krebber, A. und die Redaktion (2010): Tiere und Geschichtsschreibung. In: Werkstatt Geschichte, 56, 3-6.
Rose, L. (2011a): Tiere und Soziale Arbeit. In: Hans-Uwe Otto, Hans Thiersch (Hg.): Handbuch Soziale Arbeit. München, Basel, 1670-1676.
Rose, L. (2011b): Schlachtung als Bildungsereignis. In. Sozial Extra 7/8 2011, 37.
Verschenke keine Tiere (o.J.). In: www.diebrain.de/Weihnachten.html.
Ryan, Th. (2011): Animals and Social Work: A Moral Introduction. New York u.a.
Schier, M./Jurczyk, K. (2007): "Familie als Herstellungsleistung" in Zeiten der Entgrenzung. In: Aus Politik und Zeitgeschichte, 34, 10-17.
Verein für kritische Geschichtsschreibung (Hg.) (2011): WerkstattGeschichte: Tiere. Essen.
Zinnecker, J., Behnken, I. et al. (2002): null zoff & voll busy. Die erste Jugendgeneration des neuen Jahrhunderts. Opladen.

1 Pädagogische Reflexionen zur Mensch-Tier-Beziehung

Tiere als Thema des menschlichen und professionellen Alltags. Ein Blick in Klassiker der Sozialpädagogik[1]

Die Verrohung des Menschen durch Tiertötungen – oder: warum Kinder kein Fleisch essen sollen

Jean Jacques Rousseau (1712–1778), Schriftsteller, Philosoph, Pädagoge und Musiker, gilt als wichtiger geistiger Wegbereiter der Französischen Revolution. In seinem Werk „Emile oder über die Erziehung", das 1762 erstmals erschien und zunächst sofort verboten wurde, entwickelt er anhand der Schilderung des Lebens des Zöglings Emile und – am Rande auch von Sophie – seine pädagogischen, philosophischen und politischen Ideen. Das Buch stellt bis heute einen bedeutenden Bezugspunkt reformpädagogischer Konzepte dar.

Ausschnitt aus dem Buch „Emile oder über die Erziehung"

„Einer der Beweise, daß das Fleischessen dem Menschen unnatürlich ist, ist die Gleichgültigkeit der Kinder diesem Gericht gegenüber, und der Vorzug, den sie vegetabiler Nahrung wie Milch, Backwerk, Obst und dergleichen geben. Daher ist es wichtig, diesen ursprünglichen Geschmack nicht zu verfälschen und die Kinder nicht zu Fleischessern zu machen. Und das nicht nur wegen ihrer Gesundheit, sondern wegen ihres Charakters. Wie man auch diese Erscheinung erklären mag, eines ist sicher, daß die großen Fleischesser im allgemeinen grausamer und blutrünstiger sind als die anderen Menschen. Die Barbarei der Engländer ist bekannt (…); die Gauren dagegen sind die sanftesten Menschen (…). Alle Wilden sind grausam, und zwar nicht infolge ihrer Sitten, sondern wegen ihrer Ernährung. Sie ziehen in den Krieg wie sie auf die Jagd gehen und behandeln die Menschen wie wilde Tiere. In England werden Metzger ebensowenig wie Wundärzte als Zeugen zugelassen (…). Große Bösewichter härten sich durch Bluttrinken zum Morden ab. Homer macht aus den fleischfressenden Zyklopen wahre Scheusale, aus den Lotosessern aber

1 Zusammengestellt von Lotte Rose unter Mitarbeit von Christine Wiesenbach.

ein liebenswertes Volk. War man auch nur einmal mit ihnen in Berührung gekommen, so vergaß man sogar sein Vaterland, um mit ihnen leben zu können.

„Du fragst mich, sagte Plutarch, warum Pythagoras kein Fleisch aß. Ich frage dich, was den Menschen dazu getrieben hat, als erster ein blutiges Stück Fleisch zum Mund zu führen und mit seinen Zähnen die Knochen eines sterbenden Tieres zu zermalmen, tote Leiber, Kadaver vor sich auftragen und in seinen Magen Glieder von Tieren gleiten zu lassen, die einen Augenblick vorher blökten, brüllten, liefen und sehen konnten? Wie konnte seine Hand einem empfindenden Wesen ein Messer ins Herz stoßen? Wie konnte er zusehen, wie man ein armes, wehrloses Tier schlachtet, enthäutet und zerstückelt? Wie konnte er den Anblick zuckenden Fleisches ertragen? Mußte ihm bei dem Geruch nicht übel werden? Ekelte es ihn nicht, ward er nicht abgestoßen und von Grauen erfasst, wenn er in den Wunden gerührt hatte und das schwarze und geronnene Blut von den besudelten Händen wusch?

Abgezogen krochen die Häute am Boden umher,
groß von Spießen durchbohrt brüllte das Fleisch noch im Feuer.
Der Mensch konnte es nicht ohne Schaudern verschlingen;
des Opfers Stöhnen vernahm er im eigenen Leib.

Das war es, was der Mensch denken und empfinden mußte, als er es zum ersten Mal über sich brachte, ein so schreckliches Mahl zu halten, als ihn zum ersten Mal nach einem lebenden Geschöpf hungerte, als er sich von einem Tier nähren wollte, das noch weidete, und als er überlegte, wie er das Schaf, das ihm die Hand leckte, erwürgen, zerlegen und kochen könnte. Staunen muß man über diejenigen, die diese grausamen Mahlzeiten begannen, nicht über diejenigen, die sie verließen. Immerhin könnten die ersteren ihre Barbarei mit Entschuldigungen rechtfertigen, die wir nicht vorbringen können: und so sind wir hundertmal größere Barbaren als sie.

Sterbliche Lieblinge der Götter, würden jene ersten Menschen uns sagen, vergleicht die Zeiten. Bedenkt, wie glücklich ihr seid und wie elend wir daran waren! Auf der neugeschaffenen Erde und in der mit Dünsten noch erfüllten Luft herrschte noch nicht die Ordnung der Jahreszeiten. Die ungeregelten Flußläufe traten überall aus den Ufern. Teiche, Seen und tiefe Sümpfe bedeckten drei Viertel der Erdoberfläche, und das letzte Viertel war bedeckt mit Wäldern und unfruchtbaren Forsten. Die Erde brachte keine guten Früchte hervor; wir hatten keine Geräte, sie zu bearbeiten, und wir verstanden nicht die Kunst, uns ihrer zu bedienen. Die Zeit der Ernte kam nicht für uns, die wir nicht gesät hatten. So verließ uns der Hunger niemals. Im Winter waren Moos und Baumfrüchte unsere gewöhnliche Nahrung. Einige frische Wurzeln von Quecken und Heidekraut waren Leckerbissen für uns. Und hatten die Menschen

Bucheckern, Nüsse und Eicheln gefunden, so tanzten sie voll Freude um die Eiche oder die Buche, sangen ländlich einfache Lieder und nannten die Erde ihre Ernährerin und Mutter. Das war ihr einziges Fest und ihr einziges Spiel, der Rest des Lebens waren Schmerz, Mühsal und Elend.

Als die entblößte und nackte Erde uns endlich nichts mehr bot, waren wir gezwungen, uns an der Natur zu vergreifen, um uns zu erhalten, und wir aßen lieber die Mitgenossen unseres Elends, als mit ihnen umzukommen. Aber euch, ihr Grausamen, wer zwingt euch denn, Blut zu vergießen? Seht den Überfluß an Gütern, der euch umgibt! Wieviel Früchte bringt euch die Erde hervor? Welche Reichtümer bringen euch Felder und Weinberge! Wie viele Tiere bieten euch Milch zur Nahrung und Wolle, euch zu kleiden! Was verlangt ihr mehr, und welche Wut treibt euch dazu, so viel zu morden, gesättigt von diesem Überfluß an Gütern und Lebensmitteln? Warum lügt ihr gegen eure Mutter und klagt sie an, sie könne euch nicht ernähren? Warum sündigt ihr gegen Ceres, die Stifterin heiliger Gesetze, und gegen Bacchus, den Tröster des Menschen? Als ob ihre überreichen Gaben nicht genügten, das Menschengeschlecht zu erhalten? Wie habt ihr das Herz, neben ihre süßen Gaben Gebeine von Tieren auf einen Tisch zu bringen und außer der Milch noch das Blut der Tiere zu genießen, die sie euch liefern? Panther und Löwen nennt ihr wilde Tiere. Sie folgen notgedrungen ihrem Instinkt und töten andere Tiere, von denen sie leben. Ihr dagegen, hundertmal wilder als sie, bekämpft ohne Not den Instinkt, um euch euren grausamen Lüsten zu überlassen. Ihr verzehrt nun nicht die fleischfressenden Tiere, aber ihr ahmt sie nach. Euch hungert nur nach den unschuldigen und zahmen, die niemandem ein Leid antun, die an euch hangen, die euch dienen und die ihr zum Dank für eure Dienste verzehrt.

Du bist ein unnatürlicher Mörder, wenn du noch immer daran festhältst, deinesgleichen, Wesen von Fleisch und Bein, empfindend und lebend wie du, zu verzehren. Ersticke das Grausen vor diesen schrecklichen Mahlzeiten. Töte die Tiere selbst mit deinen eigenen Händen ohne Schlinge und Messer, zerreiße sie mit deinen Nägeln, wie die Löwin und die Bären es tun! Fasse diesen Stier mit deinen Zähnen und reiße ihn in Stücke, schlage deine Krallen in seine Haut! Friß dieses Lamm lebendig, verschlinge sein noch dampfendes, warmes Fleisch, trink seine Seele mit seinem Blut! Du schauderst, du wagst nicht, zuckendes, lebendiges Fleisch unter deinen Zähnen zu fühlen? Bedauernswerter! Erst tötest du das Tier, dann verzehrst du es, gleich als ob du es zweimal sterben lassen wolltest. Doch damit nicht genug. Das tote Fleisch widerstrebt dir noch. Deine Eingeweide können es nicht vertragen, du mußt es erst durch Feuer umwandeln, kochen, braten, durch Gewürze seinen eigentlichen Geschmack verhüllen. Du brauchst Fleischer, Köche, Bratenwender, Leute, die dem Getöteten das Grauenhafte nehmen, die die toten Körper so zubereiten,

daß der Geschmack das, was ihm fremd ist, nicht zurückweist, sondern, getäuscht durch die Zutaten, mit Vergnügen Leichname schmaust, deren Anblick das Auge kaum ertragen könnte."
Obgleich diese Stelle eigentlich nicht hierher gehört, konnte ich der Versuchung, sie zu übersetzen, nicht widerstehen und ich glaube, daß mir nur wenige Leser Gram darum sind.[2]

Warum Kinder schnell aufrecht stehen müssen

Das Werk „Hört ihr die Kinder weinen" des US-Amerikaners Lloyd deMause (geb. 1931) gehört neben der „Geschichte der Kindheit" von Philippe Ariès zu den Klassikern der historischen Kindheitsforschung. Auf der Grundlage detaillierter Einblicke in die alltäglichen Praxen des Umgangs mit Kindern rekonstruiert es Etappen der langfristigen Veränderungen der Beziehung zwischen Erwachsenen und Kindern.

Ausschnitt aus dem Buch „Hört ihr die Kinder weinen"

Alice Ryerson hat auf einige Gründe aufmerksam gemacht, die dafür sprechen, daß die Kinder am Krabbeln gehindert wurden. (...)

Aus den Porträts dieser Zeit erfahren wir, daß die Kinder nach Abschluß der Wickelphase durch verschiedene Mittel dazu gebracht wurden, aufrecht zu sitzen oder zu stehen. Kupferstiche zeigen Kinder in faßförmigen Korbgestellen – feststehenden Ställchen, in denen Kinder, die noch nicht laufen konnten, in aufrechter Position gehalten wurden. (...) Le Nain porträtierte ärmere Familien, wo die Kinder auf der Erde zu Füßen der Älteren sitzen; die Porträtisten aristokratischer Kinder malten diese bezeichnenderweise immer aufrecht stehend.
In Anbetracht dieser auffallenden Restriktionen wollen wir uns die natürliche Umgebung der Kinder im siebzehnten Jahrhundert vor Augen führen. Oft waren die Fußböden voller Schmutz, manchmal mit Stroh bedeckt; tierische Exkremente lagen herum. In den Häusern der Wohlhabenden gab es kalte Steinfußböden. Für alle Gesellschaftsschichten galt jedoch, daß Tiere innerhalb oder außerhalb des Hauses nicht immer Haustiere waren, die man ohne Bedenken mit Säuglingen zusammenkommen lassen konnte. Trotz aller Vorsichtsmaßnahmen der Reichen, die offensichtlich getroffen wurden, um zu

2 Rousseau, Jean-Jacques: Emil oder Über die Erziehung. Paderborn: Schöningh 1971

verhindern, daß ihre Kinder mit dem Fußboden in Berührung kamen, passierte es oft, daß Würmer von den Tieren auf die Kinder übertragen wurden.
Die Allgegenwart von Haustieren und deren Exkrementen war ohne Zweifel dafür verantwortlich, daß die Kinder so häufig von diesen Parasiten befallen wurden.[3]

Die alltägliche Last mit den Läusen

Johann Heinrich Pestalozzi (1746–1827) war Schweizer Pädagoge, Philanthrop, Sozial- und Schulreformer. 1799 übernahm er in der neu gründeten Anstalt für verwaiste Kinder in Stans mit viel Elan die Leitung und hoffte, hier seine pädagogischen Ideen verwirklichen zu können. Doch kriegerische und politische Turbulenzen führten bereits nach wenigen Monaten zur Anstaltsschließung. Pestalozzi verließ Stans und verfasste in der nachfolgenden Zeit seinen „Brief an einen Freund über meinen Aufenthalt in Stans". 1807 wurde dieser erstmalig veröffentlicht und gilt seitdem als bedeutender pädagogischer Text Pestalozzis.

Ausschnitt aus dem „Stanser Brief"

Ich mußte am Anfang die armen Kinder wegen Mangel an Betten des Nachts zum Theil heimschicken. Diese alle kamen denn am Morgen mit dem Ungeziefer beladen zurück. Die meisten dieser Kinder waren, da sie eintraten, in dem Zustand, den die äusserste Zurücksetzung der Menschennatur allgemein zu seiner nothwendigen Folge haben muß. Viele traten mit eingewurzelter Krätze ein, daß sie kaum gehen konnten, viele mit aufgebrochenen Köpfen, viele mit Hudeln, die mit Ungeziefer beladen waren, viele hager, wie ausgezehrte Gerippe, gelb, grinzend, mit Augen voll Angst, und Stirnen voll Runzeln des Mißtrauens und der Sorge, einige voll kühner Frechheit, des Bettelns, des Heuchelns und aller Falschheit gewöhnt; andere vom Elend erdrückt, dultsam, aber mistrauisch, lieblos und furchtsam.[4]

3 DeMause, Lloyd (Hg.): Hört ihr die Kinder weinen. Eine psychogenetische Geschichte der Kindheit, Frankfurt/M.: Suhrkamp 1977, S. 384-385

4 Pestalozzi über seine Anstalt in Stans. Mit einer Interpretation und neuer Einleitung von Wolfgang Klafki (7. Aufl.). Weinheim und Basel: Beltz Verlag 1997, S. 9

Streit und Sorgen um die Arbeitspferde in der Gorki-Kolonie

Anton Semjonowitsch Makarenko (1888–1939), sowjetischer Pädagoge und Schriftsteller, leitete in den 1920er und 1930er Jahren die pädagogischen Reformeinrichtungen Gorki-Kolonie und Dserschinski-Kommune, in denen verwahrloste, verwaiste und straffällige Kinder und Jugendliche versorgt und erzogen wurden und arbeiteten. In dem Roman „Ein Pädagogisches Poem", der in den 1930er Jahren erstmals erschien, schildert Makarenko in literarischer Form den dortigen Erziehungsalltag..

Ausschnitte aus dem „Pädagogischen Poem"

Die Kommission für Minderjährige hatte einen jugendlichen Pferdedieb erwischt. Den Übeltäter brachte man irgendwohin, aber der Besitzer des Pferdes konnte nicht ermittelt werden. Die Kommission verbrachte eine Woche in schrecklichen Qualen; sie war nicht gewohnt, ein so unbequemes Corpus delicti zu haben wie ein Pferd. Kalina Iwanowitsch (ein Mitarbeiter der Kolonie, L.R.) kam zur Kommission, sah ihr Märtyrertum und die traurige Lage des unschuldigen Pferdes, das mitten auf einem mit Kopfsteinen gepflasterten Hof stand, ergriff es, ohne ein Wort zu sagen, am Zügel und brachte es in die Kolonie. Die Mitglieder der Kommission atmeten erleichtert auf.
In der Kolonie wurde Kalina Iwanowitsch mit Freudengeschrei und Erstaunen begrüßt. Gud nahm aus Kalina Iwanowitschs zitternden Händen die Leine in Empfang und grub tief in sein Herz die Worte des Alten ein:
„Paß mir auf! Mit dem könnt ihr nicht so umgehen, wie ihr miteinander umgeht. Dies ist ein Tier, ihm fehlt die Sprache, und es kann nichts sagen und nicht klagen, das wißt ihr selbst. Wenn du es aber quälst und es versetzt dir eins mit dem Huf, dann lauf erst gar nicht zu Anton Semjonowitsch. Ob du heulst oder nicht, ich nehme dich doch beim Wickel. Den Kopf reiß' ich dir ab!"
Wir standen um diese feierliche Gruppe, und keiner von uns protestierte gegen die furchtbaren Gefahren, die Guds Kopf drohten. Kalina Iwanowitsch strahlte und schmunzelte, die Pfeife im Munde, über die schreckliche Rede, die er eben gehalten hatte.[5]

Bald wurde Antons Benehmen von seiner Liebe zu Pferden und seiner Tätigkeit als Pferdewärter bestimmt. Woher diese leidenschaftliche Liebe kam, war schwer zu begreifen. Er war bedeutend entwickelter als die meisten Kolonisten, sprach ein richtiges, städtisches Russisch und warf nur hin und wieder

5 Makarenko, Anton S.: Ein pädagogisches Poem. „Der Weg ins Lebens", Frankfurt/M.: Ullstein Verlag 1971, S. 77-78

– weil es schick war – ein paar Ukrainismen dazwischen. Er war bemüht, sich adrett zu kleiden, las viel und sprach gern über Bücher. Aber das alles hinderte ihn nicht, sich Tag und Nacht im Stall aufzuhalten, auszumisten, ein- und auszuspannen, das Lederzeug zu putzen, eine Peitsche zu flechten, bei Wind und Wetter in die Stadt oder in die zweite Kolonie zu fahren und immer in einem Hungerzustand zu leben, weil er nie rechtzeitig zum Mittag- und Abendessen kam. Und wenn man vergaß, ihm seine Portion aufzuheben, so dachte er nicht einmal daran.

Seine Tätigkeit als Pferdewärter brachte ständig Streit mit Kalina Iwanowitsch, den Schmieden, den Lagerverwaltern und vor allem mit jedem, der einen Wagen beanspruchte. Den Befehl, anzuspannen und irgendwohin zu fahren, führte er erst nach einem endlosen Wortwechsel aus, voller Anklagen, daß man die Pferde herzlos behandele. Er erinnerte daran, wie einmal dem Fuchs oder dem Malysch der Hals wundgescheuert worden sei, forderte Futter oder auch Hufeisen zum Beschlagen. Manchmal konnten wir nicht fahren, weil sowohl Anton als auch die Pferde spurlos verschwunden waren. Nach langem Suchen, an dem sich die halbe Kolonie beteiligte, fand man sie dann entweder auf dem Trepkeschen Gut oder auf der Wiese eines Nachbarn.

Anton war stets umgeben von einem Stab von zwei, drei Jungen, die in ihn genauso verliebt waren wie er in die Pferde. Bratschenko hielt sie sehr streng, und deshalb war im Stall stets musterhafte Ordnung. Es war immer aufgeräumt. Die Geschirre hingen an den Haken, die Wagen standen in geraden Reihen, über den Köpfen der Pferde waren krepierte Elstern aufgehängt, die Pferde selbst waren sauber geputzt, die Mähnen geflochten und die Schwänze hochgebunden.

Im Juni, spät abends, kam man zu mir aus dem Schlafsaal gelaufen:

„Kosyr ist krank“ Er stirbt ...“

„Was, er stirbt?“

„Er stirbt. Er ist ganz heiß und atmet nicht mehr.“

Jekaterina Grigorjewna bestätigte, daß Kosyr einen Herzanfall hätte und sofort der Arzt geholt werden müßte. Ich schickte nach Anton. Er kam, voreingenommen gegen jede meiner Anordnungen.

„Anton, du mußt sofort anspannen, mußt schnellstens in die Stadt...“

Anton ließ mich nicht zu Ende sprechen:

„Ich fahre nicht und gebe auch meine Pferde nicht her. Den ganzen Tag hat man sie herumgejagt; schauen Sie selbst nach – sie sind noch heiß ... Ich fahre nicht.“

„Wir brauchen einen Arzt, verstehst du?“

Ich pfeife auf Ihre Kranken. Der Fuchs ist auch krank, für ihn holt man keinen Arzt.“

Da wurde ich wütend.
„Sofort übergibst du den Stall Oprischko!...Mit dir kann man nicht arbeiten!"
„Schön, ich übergebe ihn...große Sache! Wollen mal sehen, wie Sie mit Oprischko fahren werden. Was man Ihnen vorschwatzt, das glauben Sie...ist krank, stirbt! Aber auf die Pferde wird keine Rücksicht genommen, die können krepieren...Also sollen sie krepieren, aber ich gebe die Pferde nicht her."
„Hast du nicht gehört? Du bist nicht mehr Erster Pferdewärter. Du übergibst den Stall Oprischko. Sofort!"
„Schön...von mir aus kann den Stall übergeben, wer da will...Ich bleibe nicht in der Kolonie..."
„Wie du willst – niemand hält dich."
Die Augen voller Tränen, griff Anton in seine tiefe Tasche, zog einen Schlüsselbund hervor und legte ihn auf den Tisch. Da trat Oprischko, Antons rechte Hand, in das Zimmer und starrte verwundert den weinenden Chef an. Bratschenko warf ihm einen verächtlichen Blick zu, wollte etwas sagen, wischte sich aber schweigend mit dem Ärmel die Nase und verließ das Zimmer.
Die Kolonie verließ er am gleichen Abend, ohne noch einmal in den Schlafsaal zu gehen. Als der Wagen in die Stadt nach dem Arzt fuhr, sah man ihn die Chaussee entlang gehen. Er bat nicht einmal, ihn mitzunehmen. Eine Einladung lehnte er mit einer Handbewegung ab.
Zwei Tage später, am Abend, stürzte Oprischko weinend und mit blutendem Gesicht in meine Stube. Ich hatte keine Zeit zu fragen, was los sei, da kam schon, völlig aufgelöst, Lidija Petrowna, die gerade Dienst hatte.
„Anton Semjonowitsch ... kommen Sie in den Stall. Bratschenko ist dort – ich verstehe einfach nicht, was er dort anstellt ..."
Auf dem Wege zum Stall begegneten wir dem Zweiten Pferdewärter, dem langen Fedorenko. Er heulte so laut, daß es im ganzen Wald zu hören war.
„Was heulst du?"
„Das laß' ich mir nicht gefallen ... nimmt den Riemen und mir direkt über die Schnauze."
„Wer? Bratschenko?"
„Natürlich Bratschenko."
Im Stall traf ich Anton und einen der Stallknechte bei angestrengter Arbeit. Er grüßte unfreundlich. Aber als er hinter meinem Rücken Oprischko bemerkte, vergaß er meine Anwesenheit und fuhr ihn an: „Komm lieber erst gar nicht rein! Du kriegst es sowieso mit dem Riemen! Liebt das Spazierenfahren. – Sehen Sie nur her, was er mit dem Fuchs gemacht hat."
Mit einer Hand griff Anton nach der Laterne, mit der anderen zog er mich zum Fuchs. Das Pferd hatte tatsächlich einen stark aufgeriebenen Rist; auf der

Wunde lag schon ein kleines weißes Läppchen, das Anton behutsam abhob und dann wieder auflegte.
„Habe Xeroform daraufgetan", sagte er ernst.
„Und was hattest du für ein Recht, ohne mein Wissen in den Stall zu gehen, die anderen zu schlagen, dich herumzuprügeln?..."
„Sie glauben, er hat schon alles weg? Er soll mir lieber nicht unter die Augen kommen ... ich verbleue ihn sowieso noch!"
Im Eingang zum Stall standen Kolonisten und lachten. Ich brachte es nicht über mich, Anton böse zu sein. Er glaubte zu fest an sein und der Pferde Recht.
„Höre, Anton, dafür, daß du die Jungen verprügelt hast, bekommst du Arrest, den du heute abend in meiner Stube absitzt."
„Ja, wann soll ich denn?"
„Genug geschwätzt!" schrie ich ihn an.
„Na, meinetwegen, auch noch sitzen muß man..."
Mit bösem Gesicht saß er am Abend bei mir im Zimmer und las ein Buch.
Der Winter 1922 brachte für mich und Anton schwere Tage. Das Feld, auf dem Kalina Iwanowitsch auf lockerem Sand und ohne Dünger Hafer gesät hatte, gab kaum einige Körner und sehr wenig Stroh. Wiesen besaßen wir noch nicht. Anfang des Januar saßen wir ohne Futter da. Mit Mühe und Not schlugen wir uns durch, bettelten mal in der Stadt, mal bei den Nachbarn; aber bald gab man uns nichts mehr. Meine und Kalina Iwanowitschs unzählige Besuche in den Ernährungsämtern blieben erfolglos.
Da trat eines Tages die Katastrophe ein. Bratschenko kam mit Tränen in den Augen zu mir und sagte, die Pferde seien nun schon den zweiten Tag ohne Futter. Ich schwieg. Anton mistete weinend und schimpfend den Stall aus. Andere Arbeiten gab es für ihn nicht mehr. Die Pferde lagen auf dem Boden, und auf diesen Umstand wies er mit besonderem Nachdruck hin.
Am anderen Tag kam Kalina Iwanowitsch böse und fassungslos aus der Stadt zurück.
„Was soll man machen? Sie geben uns nichts ... Was machen wir nur?"
Anton stand an der Tür und schwieg.
Kalina Iwanowitsch rang die Hände und sah ihn an:
„Ob man stehlen geht? Oder wie? – Was soll man machen? Die Tiere können nicht reden."
Plötzlich stieß Anton die Tür auf und lief aus dem Zimmer. Nach einer Stunde sagte man mir, er wäre fortgegangen.
„Wohin?"
„Wir wissen es nicht. Er hat keinem was gesagt."

Am anderen Tag erschien er in der Kolonie in Begleitung eines Bauern mit einer Fuhre Stroh. Der Bauer hatte einen neuen Kittel an und eine gute Mütze auf dem Kopf. Der Wagen war gepflegt, das Fell der Pferde glänzte.
Der Bauer hielt Kalina Iwanowitsch für den Chef.
„Auf der Straße sagte mir ein Junge, daß hier die Naturalsteuer entgegengenommen wird."
„Was für ein Junge?"
„Eben war er noch hier...Wir kamen doch zusammen."
Anton guckte aus dem Stall und machte mir unverständliche Zeichen. Kalina Iwanowitsch schmunzelte verlegen, die Pfeife im Munde, und nahm mich beiseite.
„Was willst du machen? Nehmen wir ihm das Stroh ab, das Weitere wird sich schon finden."
Ich verstand schon, um was es sich handelte.
„Wieviel ist es?"
„Ja, so an die zwanzig Pud werden es schon sein. Ich hab's nicht gewogen."
Anton erschien am Ort der Handlung und widersprach:
„Unterwegs sagte er siebzehn, und jetzt sind es zwanzig? Siebzehn Pud!"
„Laden Sie ab, und dann holen Sie sich in der Kanzlei die Quittung."
In der Kanzlei, das heißt in dem kleinen Arbeitszimmer, das ich mir zu jener Zeit gesichert hatte, schrieb ich mit frevelnder Hand auf eins von unseren Formularen, daß der Bürger Onufrij Waz a conto seine Naturalsteuer siebzehn Pfund Haferstroh abgeliefert hätte. Unterschrift. Stempel.
Onufrij Waz verneigte sich tief und bedankte sich, ich weiß nicht wofür. Dann fuhr er ab.
Bratschenko arbeitet vergnügt mit seiner ganzen Kumpanei im Stall und sang sogar. Kalina Iwanowitsch rieb sich die Hände und lachte schuldbewußt:
„Teufel noch mal! Dafür werden sie uns einheizen. Aber was soll man machen? Man kann doch die Tiere nicht umkommen lassen – sie gehören dem Staat, und da ist es doch gleich."
„Warum ist eigentlich das Onkelchen so zufrieden abgefahren?" fragte ich Kalina Iwanowitsch.
„Ja, warum sollte er nicht zufrieden sein? So hätte er in die Stadt gemußt, den Berg hinauf, und Schlange stehen. Hier hat er siebzehn Pud angegeben, nachgewogen hat es keiner, vielleicht waren es nur fünfzehn...der Schmarotzer!"
Am übernächsten Tag fuhr ein Heuwagen auf unseren Hof.
„Hier die Naturalsteuer ... Hier hat doch Waz abgeliefert."
„Wie heißen Sie?"
„Ich bin auch einer von den Wazens, heiße Stephan Waz."
„Einen Augenblick."

Ich suchte Kalina Iwanowitsch, um mich mit ihm zu beraten. Vor der Tür begegnete ich Anton.
„Da hast du dem einen den Weg gezeigt, und jetzt..."
„Nehmen Sie's, Anton Semjonowitsch. Wir werden uns schon herausdrehen."
Annehmen dufte ich das Heu nicht, aber auch nicht ablehnen. Sonst würde es heißen: „Dem einen Waz haben Sie's abgenommen und dem anderen nicht."
„Lade das Heu ab, ich werde inzwischen die Quittung schreiben."
Und dann nahmen wir noch zwei Fuhren Heu und etwa vierzig Pud Hafer in Empfang.
Mit stummem Entsetzen sah ich der Vergeltung entgegen. Anton beobachtete mich aufmerksam und lächelte kaum merklich. Dafür stellte er den Kampf gegen alle ein, die von ihm Pferde und Wagen verlangten, und führte alle Fahrbefehle bereitwillig aus. Im Stall arbeitete er wie ein Berserker.
Endlich erhielt ich eine kurze, aber vielsagende Anfrage:
„Verlange sofort Mitteilung, mit welchem Recht die Kolonie Naturalsteuer entgegennimmt. Bezirksernährungskommissar Agejew."
Nicht einmal Kalina Iwanowitsch sagte ich etwas von diesem Schreiben. Ich antwortete auch nicht. Was sollte ich antworten?
Im April stürmte in den Hof der Kolonie ein mit zwei Rappen bespannter Dogcart und in mein Arbeitszimmer der erschrockene Bratschenko.
„Er kommt hierher!" rief er atemlos.
„Wer?"
„Wahrscheinlich wegen des Strohs ... Er ist wütend."
Bratschenko setzte sich hinter den Ofen und wartete.
Es war ein richtiger Bezirkskommissar: Lederjacke, Revolver, jung, stramm.
„Sie sind der Leiter?"
„Ja."
„Haben Sie meine Anfrage erhalten?"
„Ja."
„Warum antworten Sie nicht? Was soll das heißen? Muß ich erst selbst kommen? Wer hat Ihnen erlaubt, Naturalsteuer entgegenzunehmen?"
„Wir haben die Naturalsteuer ohne Erlaubnis angenommen."
Der Bezirkskommissar sprang von seinem Stuhl auf und brüllte:
„Was soll das heißen, ‚ohne Erlaubnis'? Wissen Sie, was das bedeutet? Sie werden sofort verhaftet, wissen Sie das?
Ich wußte es.
„Machen Sie irgendwie Schluß", sagte ich dumpf zum Kommissar. „Ich rechtfertige mich nicht und will mich nicht herausreden. Und schreien Sie nicht. Tun Sie, was Sie für richtig halten."

Erregt schritt er in meinem armseligen Arbeitszimmer von einer Ecke zur anderen.
„Weiß der Teufel, was das ist“, brummte er vor sich hin und schnaubte wie ein Roß.
Anton kam hinter dem Ofen hervor und verfolgte mit den Augen den schwer erzürnten Kommissar. In seinem tiefen Alt brummte er plötzlich:
„Kein Mensch hätte danach gefragt, ob es Naturalsteuer oder sonst was ist, wenn die Pferde vier Tage kein Futter haben. Wären Ihre Rappen auch so forsch in die Kolonie gebraust, wenn sie vier Tage nur Zeitungen gelesen hätten?“
Agejew blieb verwundert stehen.
„Wer bist du? Was willst du hier?“
„Es ist unser Erster Pferdewärter, einer, der an der Sache mehr oder weniger interessiert ist“, sagte ich. Der Bezirkskommissar begann wieder seine Wanderung und blieb plötzlich vor Anton stehen:
„Ist es wenigstens in die Bücher eingetragen ... zum Teufel!“
Anton sprang an meinen Tisch und fragte erregt:
„Es ist doch eingetragen, Anton Semjonowitsch?“
Agejew und ich lachten.
„Es ist eingetragen.“
„Wo haben Sie den patenten Burschen her?“
„Die fabrizieren wir selber“, lächelte ich.
Anton sah den Kommissar an und fragte ernst und freundlich:
„Soll ich Ihren Rappen Futter geben?“
„Na ja, meinetwegen.“[6]

Menschen- und Wohnelend zwischen Tieren

Das Tagebuch der Fürsorgerin Hedwig Stieve aus den Jahren 1924 bis 1925 ist das erste Selbstzeugnis zu einem damals neuen Beruf. Stieve war in diesem Zeitraum in Nürnberg als Amtsvormund des Jugendamtes tätig. In ihrem Tagebuch schildert sie die Belastungen ihrer Arbeit, die widrigen Lebensverhältnisse ihrer ‚Fälle‘ und Konflikte mit Klienten und der Bürokratie. Das Tagebuch erschien 1925 erstmals und wurde 1983 nachgedruckt und von Norbert Preußer mit einem Kommentar versehen.

6 Makarenko, Anton S.: Ein pädagogisches Poem. „Der Weg ins Lebens“, Frankfurt/M.: Ullstein Verlag, 1971, S. 77-78

Ausschnitt aus dem „Tagebuch einer Fürsorgerin“

Es ist mir etwas wirr im Kopf. Nachmittags kam wieder ein anonymer Brief, wir sollten den Otto R. vom Onkel wegnehmen, er sei schwer krank und habe nicht die Spur von Pflege. Der Bub hält mich seit Tagen in Atem. Nachbarn machten uns aufmerksam auf ihn mit allerlei dunklen Andeutungen.
Als ich zum ersten Mal Nachschau dort hielt – es ist ein übles Haus in der verrufensten Gasse – traf ich nur die Tante an. Sie saß vor einem wackligen Tisch, auf dem wüste Unordnung herrschte. Vor ihr lag auf fettigem Papier ein Hering, den sie während meiner Anwesenheit mit den Fingern in Stücke riß und verspeiste. Ein widerlicher, spärlich behaarter, halb lahmer Hund kroch im Raum herum, ein kleiner Köter saß in der Ecke und kläffte. An den Wänden standen verhüllte Truhen. Der Mann soll einen lichtscheuen Handel betreiben. Dem Buben, das gab sie zu, wird auf einem dieser Holzkoffer das Bett zurechtgemacht. Seine zahlreichen Schulversäumnisse erklärte sie damit, daß sie selbst an Nervenanfällen leide, häufig bewußtlos werde und das Kind dann bei ihr bleiben müsse, bis sie wieder zur Besinnung komme. Übrigens betonte sie, daß ihr Mann mit leidenschaftlicher Liebe an dem Knaben hänge. Als ich mich schon zum Gehen wandte, trat der Mann auf. Nie habe ich ein solches Menschenbild gesehen. Der Ausdruck „verworfen“ wurde mir plötzlich zum lebendigen Begriff und, obgleich er mir mit außerordentlicher Höflichkeit und Gewandtheit begegnete, war ich überzeugt, einen Verbrecher vor mir zu haben.
(...)
Ich war entschlossen, das Kind, wenn irgend möglich, zu entführen, ließ mir einen Schutzmann beiordnen und wanderte durch die schon dämmrigen Straßen, den Mann der Sicherheit kurz in die Lage einweihend. Er war groß und von so ruhigen Bewegungen, daß er auf mich wirkte, wie aus Holz geschnitzt, welchen Eindruck seine äußerst bedächtige Sprache noch erhöhte.
Als wir in den finstern Hausgang traten, empfing uns wüstes Geschrei und Hundegebell. Auf meine sehr bestimmte Forderung, zu öffnen, wurde eine Tür geräuschvoll aufgerissen. Wir mußten durch ein stockdunkles Nebengemach und standen dann in dem Wohnraum. Ein kleiner Kerzenstumpen, auf eine Tischdecke geklebt, erhellte ihn nur spärlich. Ich sah, außer dem Onkel, der sich schreiend und gestikulierend neben mir aufpflanzte, das Kind in Kissen auf das Sofa gebettet; die Frau auf einem Stuhl hockend; im Hintergrund zwei hohe drohende Gestalten – es mochten wohl Genossen sein, die man, mein Kommen ahnend, herbeigerufen hatte.
Die ersten Minuten gingen in wildem Lärmen hin. Ich stand ruhig und blickte von einem zum anderen. Der Schutzmann war mir gegenüber breit und schweigend aufgestellt. An unserer Stille brach sich allmählich der Wortschwall des

Mannes. Im ersten Augenblick, da er Atem schöpfte, fing ich leise und höflich zu reden an: Mein Besuch gelte dem Kinde, das offenbar krank und somit hier nicht in der rechten Umgebung sein.
„Was!“ fing der Mann von Neuem zu toben an, „wir tun alles für das Kind, es hat gute Kost, gute Pflege.“ – „Es fehlt zum Beispiel an der Sauberkeit“, warf ich leise ein. – „Sauber“, schrie er, „sauber“ – und seine Gattin, in ihrer Hausfrauenehre gekränkt, unterstützte ihn mit drohenden Ausrufen, – „ob es hier nicht sauber ist!“ Er riß die Kerze vom Tisch und beleuchtete den Fußboden; der Schein traf ungünstigerweise gerade einen Haufen Hundekot, auf den ich mit einem kurzen: „Sauber?“ lächelnd wies. Er zog es vor, die Kerze wieder an den Platz zu kleben.
(...)
„Hören Sie zu“, wandte ich mich nun wieder an das Ehepaar, „das Kind ist krank, Sie hängen an ihm, Sie werden nichts von der Hand weisen, was seiner Heilung dienen kann. Ich schicke Ihnen heute noch einen Arzt und bitte Sie, damit einverstanden zu sein.“ Ich sprach immer noch so leise, daß man nur bei vollkommener Ruhe mich verstehen konnte. Mit diesem einfachen Mittel schlug ich alle in Bann.
Wir trennten uns schließlich in durchaus gesellschaftlichen Formen. „Ich werde Sie hinaus begleiten“ sagte der Mann, brach die Kerze vom Tisch und ging mir voran. „Nehmen Sie sich in Acht, hier kommt eine Stufe!“ – vollkommen Kavalier.
Die Hunde schlugen noch einmal an, die Tür wurde hinter uns verriegelt, wir standen im Nebel auf der Straße.[7]

„Immer wieder verschwinden Katzen“ – was in der Not gegessen wird

Die Studie „Die Arbeitslosen von Marienthal“ von Marie Jahoda, Paul Felix Lazarsfeld und Hans Zeisel, die 1933 erstmals veröffentlicht wurde, gehört zu den Klassikern der empirischen Sozialforschung. Durchgeführt wurde sie in der Arbeitersiedlung Marienthal, einer Ortschaft in der Nähe Wiens, in der nach der Schließung einer Fabrik die Arbeitslosenquote rasant und massenhaft anstieg. Die Studie macht die zerstörerischen psychosozialen Auswirkungen der Arbeitslosigkeit für die betroffenen Menschen, ihre Familien und die Sozialstrukturen sichtbar.

7 Stieve, Hedwig: Tagebuch einer Fürsorgerin. Weinheim und Basel: Beltz Verlag 1983, S. 49-51

Ausschnitte aus der Studie zu den „Arbeitslosen von Marienthal“

Immer wieder verschwinden Katzen. Die Katze von Herrn H. ist erst vor wenigen Tagen verschwunden. Katzenfleisch ist sehr gut. Auch Hunde werden gegessen. Aber das war auch schon in der Arbeitszeit. Da haben sie z. B. einmal beim J. T. einen Hund gebraten. Erst vor wenigen Tagen bekam ein Mann von einem Bauern einen Hund geschenkt, unter der Bedingung, daß er ihn schmerzlos erschlägt. Er lief überall herum um ein Geschirr für das Blut und bekam schließlich eines, dafür mußte er ein Stück Hundefleisch hergeben. Das Geschirr war von Familie A.[8]

Gegen sechs Uhr verläßt der größte Teil der Anwesenden – es sind jetzt 86 – das Heim und geht zum Nachtmahl nach Hause. Nach sechs kommen die ersten wieder, setzen sich um den Ofen, um sich zu wärmen. Nach kurzer Zeit kommen noch ein paar junge und ein paar ältere Männer. Heute scheint keine Lust mehr zum Kartenspielen. Ein älterer Mann erzählt von der guten alten Zeit, da gab’s noch zu essen und zu trinken. Dann erzählt er noch weiter: als er noch jung war, da ist er jeden Nacht mit seinem Kollegen wildern gegangen. Oft brauchten sie nicht einmal einen Stutzen dazu, denn die Hasen liefen ihnen zwischen die Füße, und sie brauchten nur die Füße zusammenpressen und der Hase war gefangen.[9]

Das sterbende Eichhörnchen, die Angst vor den Dinosauriern und malträtierte Spieltiere

Bruno Bettelheim (1903–1990), US-amerikanischer Psychoanalytiker und Kinderpsychologe österreichischer Abstammung, ist Autor zahlreicher kindertherapeutischer und pädagogischer Schriften. Er war Leiter der Orthogenic School in Chicago, einer stationären Einrichtung für Kinder, die psychotherapeutisch betreut wurden. Sein Buch „Liebe allein genügt nicht“ erschien im englischen Original 1950 und wurde zu einem viel zitierten Bezugspunkt der Pädagogik .

8 Jahoda, Marie; Lazarsfeld, Paul F.; Zeisel, Hans: Die Arbeitslosen von Marienthal. Ein soziographischer Versuch, Frankfurt am Main: Suhrkamp Verlag 1975, S. 45

9 Jahoda, Marie; Lazarsfeld, Paul F.; Zeisel, Hans: Die Arbeitslosen von Marienthal. Ein soziographischer Versuch. Frankfurt am Main: Suhrkamp Verlag 1975, S. 81

Ausschnitte aus dem Buch „Liebe allein genügt nicht“

Zwei Tage später hatte Carol (eine Patientin, L.R.) ein weiteres bedeutsames Erlebnis. Während eines Spaziergangs im Park hatte sie einen Wutausbruch, bei dem sie ein anderes Kind tätlich angriff. Als die Betreuerin ihr sagte, sie sollte ihre Wut lieber gegen sie richten als gegen ein anderes Kind, wurde ihr Verhalten noch provozierender. Ein paar Minuten später fanden die Kinder ein sterbendes Eichhörnchen, und Carol geriet ziemlich außer sich. Niemand konnte sie überreden wegzugehen, und schließlich fing sie an zu weinen. Die Betreuerin redete ihr gut zu, aber es nützte nichts. Schließlich schlug die Betreuerin vor, nach anderen Eichhörnchen Ausschau zu halten, denen nichts geschehen war und die noch in den Bäumen herumhüpften. Damit erklärte sich Carol einverstanden, und als sie ein Eichhörnchen in einem Baum erspähte, erhellte sich plötzlich ihre Miene.
In ihrer ersten spontanen Geste der Zuneigung legte sie den Arm um die Betreuerin und bat sie, ihr alles über Eichhörnchen und ihre Lebensweise zu erzählen (…). Zum erstenmal seit Beginn ihrer Depressivität machte ihre autistische Eingesponnenheit einem wirklichen Interesse am Wissen eines anderen über die Außenwelt Platz. Am nächsten Tag appellierte Carol direkt an ihre Betreuerin, ihr ihre Zuneigung zu zeigen, und konnte diese dann auch akzeptieren. Diese Fähigkeit, freundlichen Kontakt mit anderen zu akzeptieren, war der erste Bruch in der Isolierung, in die sie durch den Tod ihres Bruders und die Haltung, die nach ihrer Meinung ihre Eltern eingenommen hatten, gezwungen worden war.[10]

Während des Tages hatten Jack und ein anderer Junge ihre Verfolgungsphantasien im Spiel ausagiert. Sie gaben vor, sie würden von Dinosauriern gejagt, und übertrugen dieses Spiel auf das Schwimmbassin, als sie zum Baden gingen. Dort taten sie so, als könnte sie ihren Verfolgern dadurch entkommen, daß sie in das Schwimmbecken sprangen. Aber sie konnten dies ihrer Betreuerin gegenüber erst zugeben, nachdem sie sie gefragt hatte, warum sie so merkwürdig ins Wasser sprängen, und beschrieben hatte, wie es für sie aussähe (…).
Vielleicht war es die schützende Geborgenheit, die sie in dem sie umgebenden Wasser fanden, was ihnen die Möglichkeit gab, über Ängste zu sprechen, die sie früher für sich behalten hatten. Jedenfalls gerieten sie, als sie über Dinosaurier zu sprechen begannen, die Menschen jagen, in eine Diskussion darüber, ob die Geschichten in Comics-Heften auf Wahrheit beruhen oder nicht. Die Erklärung der Betreuerin machte den Jungen keinen allzu großen Eindruck,

10 Bettelheim, Bruno: Liebe allein genügt nicht. Die Erziehung emotional gestörter Kinder, Stuttgart: Ernst Klett Verlag 1970, S. 302-303

aber sie hatten nun wenigstens ihre Ängste der Betreuerin mitgeteilt und sie zum Bestandteil einer potentiell konstruktiven Beziehung gemacht.
Am Abend dieses Tages, als die Aussicht auf den Schlaf ihre Ängste neu belebte, kehrten die beiden Jungen zu ihren Phantasien zurück und taten im Spiel so, als würden sie von Tieren verfolgt, aber nun in einer stärker personalisierten Form. Jack nahm zwei Spieltiere zur Hand, die er nach seinem Eintritt in die Schule bekommen hatte, das Reh „Bambi“ und seinen Elefanten „Fatty“. Er ließ sie heftig gegeneinander stoßen, wobei er vorgab, er bewerkstellige eine freundliche Begegnung, und sagte: „Bambi und Fatty treffen sich zum erstenmal“, und schlug sie immer noch einmal aneinander. So agierte er mit seinen Tieren sein eigenes allgemeines Verhalten aus, d. h., er machte höfliche, freundliche Bemerkungen, während er in Wirklichkeit anderen gegenüber feindselig war.
Bald waren die beiden Tiere in einen heftigen Kampf verwickelt, wobei Jack wiederum vorgab, alles sei freundschaftlich gemeint, indem er wiederholte: „Bambi und Fatty treffen sich wieder“, und sie zugleich heftig gegeneinanderschlug. Aber nun erhoben einige der anderen Kinder Einwände gegen die Art, wie Jack seine Tiere mißhandelte. Die Betreuerin stimmte zu, sie glaube auch nicht, daß Jack sie sehr gut behandle, aber sie hielt die anderen davon ab einzugreifen und erklärte entschieden, Jack könne mit seinen Tieren umgehen, wie er wolle. Sie fügte hinzu, dazu sei Spielzeug da – daß man damit machen könne, was man mit lebenden Objekten nicht tue. Nun wechselten die Kinder ihren Standpunkt und wandten sich dagegen, daß Jacks Tiere einander ohne Grund prügelten, und fragten Jack, warum sie so wütend aufeinander seien. Anscheinend brachte dies Jack in Verlegenheit, und er gab zu, daß er in Wirklichkeit seine Tiere bestrafe.
Kurzum, die positive Anteilnahme der Kinder und ihre Versuche, seine Heftigkeit zu bremsen, waren für Jack so erfreulich, daß er es wagte, offener zu zeigen, was er früher hinter seiner Gewalttätigkeit und seiner Furcht vor Verfolgung verborgen hatte: die Tatsache, daß seine Phantasien mit dem Problem der Entleerung zu tun hatten.
Jack ließ nun „Fatty“ fallen (der seine Verfolgungsneigungen repräsentierte) und konzentrierte sich auf „Bambi“ (das unterdrückte, hilflos verfolgte Wesen). Die Freundlichkeit der Kinder und die Unterstützung seiner Betreuerin erlaubten es Jack, seine Abwehrkontrolle des gewalttätigen Agressors aufzugeben und zum Ursprung dieser Rolle, seinem Gefühl, er werde verfolgt, zurückzukehren.
Jack begann Bambi zu ohrfeigen und rief dabei: „Er muß es lernen, er muß es lernen! Bam, bam, er muß es lernen!“ Mit einiger Mühe beruhigte die Betreuerin das aufgeregte Kind und fragte, was Bambi denn lernen müsse, und

Jack antwortete: „... sein großes Geschäft draußen zu machen." Die Betreuerin beruhigte ihn weiterhin durch ihre freundliche physische Nähe und ihre Anteilnahme, ohne etwas zu sagen oder ihm den Eindruck zu vermitteln, sie wolle sich einmischen. Mit der Zeit verhalf diese zartfühlende Behandlung seines Interesses an der Entleerung Jack dazu, die Welt in einem positiven Licht zu sehen. Infolgedessen schien „Bambi" ohne weitere Bestrafung zu lernen, sich in Bezug auf Sauberkeit sozialisiert zu verhalten. Jack nahm das Spielzeugreh von seinem Bett, stellte es auf den Boden, hielt es, als werde es auf den Topf gesetzt, und lobte es dann freundlich, indem er sagte: „Gut, nun hast du dein Geschäft draußen gemacht."[11]

Was den Menschen vom Tier unterscheidet

Paolo Freire (1921–1997) kämpfte als brasilianischer Pädagoge gegen Unterdrückung und Armut. In den 1960er Jahren initiierte er eine Alphabetisierungskampagne, wurde aber nach einem Militärputsch in seinem Land verfolgt und verließ es deshalb. 1970 erschien sein Buch „Pädagogik der Unterdrückten", das weltweit Aufmerksamkeit fand. Er kritisiert darin die hierarchisch-autoritären Strukturen der gängigen Lehrkonzepte und fordert dialogische pädagogische Beziehungen, die es Schülern ermöglichen, ein kritisches Bewusstsein zu entwickeln.

Ausschnitt aus dem Buch „Pädagogik der Unterdrückten"

Man darf wohl daran erinnern – so einfältig es auch scheint –, daß von den unvollendeten Wesen der Mensch das einzige ist, das nicht nur sein Handeln, sondern auch sein eigenes Selbst zum Gegenstand seiner Reflexion macht. Diese Fähigkeit unterscheidet ihn vom Tier, das sich nicht von seiner Aktivität lösen kann und darum auch unfähig ist, darauf zu reflektieren. Diese offenbar oberflächliche Unterscheidung beschreibt die Grenzen, die die Aktion jedes einzelnen in seinem Lebensraum begrenzen. Weil die Aktivität der Tiere eine Erweiterung ihrer selbst bildet, sind die Auswirkungen dieser Aktivität von ihnen selbst nicht zu trennen. Tiere können weder Ziele setzen noch ihrer Veränderung der Natur eine Bedeutung jenseits ihrer selbst verleihen. Darüber hinaus liegt die „Entscheidung", in bestimmter Weise zu handeln, nicht bei ihnen, sonder bei ihrer Art. Diese Tiere sind also grundsätzlich „Wesen in sich selbst."

11 Bettelheim, Bruno: Liebe allein genügt nicht. Die Erziehung emotional gestörter Kinder, Stuttgart: Ernst Klett Verlag 1970, S. 342-344

Unfähig, für sich selbst zu entscheiden, unfähig, sich selbst oder ihr Handeln zu objektivieren, ohne selbstgesetzte Ziele, in einer Welt, der sie keinen Sinn geben können, „überflutet" lebend, ohne ein „Morgen" oder ein „Heute", weil in einer überwältigenden Gegenwart existierend, sind Tiere ahistorisch. Ihr ahistorisches Leben spielt sich nicht in der „Welt" im strengen Sinn ab. Für das Tier ist die Welt nicht als Nicht-Ich konstruiert, von dem es ein „Ich" absetzen könnte. Die menschliche Welt, die historisch ist, dient als bloßer Antrieb zum „Sein in sich selbst". Tiere werden durch die Struktur, die ihnen begegnet, nicht herausgefordert, sie werden lediglich stimuliert. Ihr Leben ist nicht darauf angelegt, Risiken einzugehen, denn sie sind dessen nicht gewahr, daß es Risiken gibt. Risiken sind für sie nicht Herausforderungen, die auf Grund der Reflexion begriffen werden, sondern sie werden nur „gemeldet" von den Signalen, die sie anzeigen. Dementsprechend verlangen sie auch kein Entscheidungsecho.
So können Tiere auch keine Verpflichtungen eingehen. Ihre ahistorische Beschaffenheit erlaubt ihnen nicht, das Leben „zu übernehmen". Weil sie es aber nicht „übernehmen", können sie es auch nicht bauen. Und weil sie es nicht bauen, können sie seine Struktur auch nicht verändern. So können sie sich auch nicht als solche kennen, die vom Leben zerstört werden, denn sie können ihre „Antriebs"-Welt nicht zu einer sinnvollen Symbol-Welt erweitern, die Kultur und Geschichte einschließt. Das hat zur Folge, daß Tiere ihre Struktur nicht „animalisieren", um sich selbst zu animalisieren – sie „entanimalisieren" sich auch nicht. Selbst im Wald bleiben sie „Wesen in sich selbst", dort genauso animalisch wie im Zoo.
Im Gegensatz zu den Tieren leben die Menschen nicht nur, sondern sie existieren – sie sind ihrer Aktivität in der Welt gewahr, in die sie gestellt sind, sie handeln im Hinblick auf die Ziele, die sie sich setzen. Ihre Entscheidungen liegen bei ihnen selbst, und in ihren Beziehungen mit der Welt und mit anderen durchdringen sie die Welt mit ihrer kreativen Gegenwart, durch die Veränderungen, die sie an ihr zuwege bringen (…). Ihre Existenz ist historisch. Tiere leben ihr Leben in einem zeitlosen, flachen, einförmigen Antrieb, Menschen existieren in einer Welt, die sie fortwährend umschaffen und verwandeln. Für Tiere ist das „Hier" nur ein Lebensraum, mit dem sie in Verbindung treten, für Menschen bedeutet das „Hier" nicht nur physischen Raum, sondern auch historischen Raum.
Genaugenommen existieren „jetzt", „hier", „dort", „morgen" und „gestern" für das Tier nicht, dessen Leben mangels Selbstbewußtsein vollständig determiniert ist. Tiere können Grenzen nicht überspringen, die vom „Hier", vom „Jetzt" oder vom „Dort" erzwungen werden.
Weil die Menschen jedoch ihrer selbst und so auch der Welt gewahr sind – sind sie doch bewußte Wesen –, existieren sie in einem dialektischen Verhältnis

zwischen der Bestimmtheit durch ihre Grenzen und ihrer Freiheit. Dadurch, daß sie sich von der Welt lösen, die sie objektivieren – dadurch, daß sie ihre Entscheidung in ihr Selbst und in ihre Beziehung zur Welt und zu anderen verlegen (...), überwinden Menschen die Situation, die sie begrenzt: die „Grenzsituationen". Einmal von Menschen als Schranke begriffen, als Hindernis ihrer Befreiung, stehen diese Situationen reliefartig aus dem Hintergrund heraus und offenbaren ihr eigentliches Wesen als konkret historische Dimension einer gegebenen Wirklichkeit. Menschen begegnen der Herausforderung mit Aktionen, die Vieira Pinto „Grenzaktionen" nennt: eher gerichtet auf Verneinung und Überwindung als auf passive Annahme des Gegebenen.
So sind es nicht Grenzsituationen an und für sich, die ein Klima der Hoffnungslosigkeit schaffen, sondern vielmehr die Weise, wie sie von Menschen in einem bestimmten historischen Moment begriffen werden: ob sie nur als Schranken erscheinen oder als unüberwindbare Barrieren. Da sich kritisches Verständnis in Aktion verkörpert, entwickelt sich ein Klima von Hoffnung und Zuversicht, das die Menschen zu dem Versuch führt, die Grenzsituation zu überwinden. Dieses Ziel kann nur erreicht werden durch ein Handeln an der konkreten Wirklichkeit, in der sich die Grenzsituation historisch vorfindet. Während die Wirklichkeit verwandelt wird und diese Situationen überholt werden, tauchen neue auf, die ihrerseits neue Grenzakte erzeugen werden.
Die Triebwelt der Tiere kennt, entsprechend ihrem ahistorischen Charakter, keine Grenzsituationen. Den Tieren fehlt auch die Fähigkeit, Grenzakte zu vollziehen, die eine entscheidende Einstellung gegenüber der Welt verlangen: die Loslösung von der Welt und ihre Objektivierung zum Zwecke ihrer Veränderung. Organisch an ihren Trieb gefesselt, unterscheiden die Tiere nicht zwischen sich und der Welt. So sind sie auch nicht durch Grenzsituationen begrenzt, die historisch sind, sondern vielmehr durch die Triebe selbst. Die angemessene Rolle der Tiere besteht nicht darin, sich zu ihren Trieben zu verhalten (in diesem Fall wären die Triebe eine Welt), sondern sich ihnen anzupassen. Wenn Tiere also ein Nest „produzieren", einen Bienenkorb oder einen Fuchsbau, dann schaffen sie nicht Produkte, die sich aus „Grenzakten" ergeben, das heißt, aus verwandelnden Antworten. Ihre produktive Tätigkeit ist an die Befriedigung einer physischen Notwendigkeit gebunden, die bloß einfach anregend und nicht herausfordernd ist. „Sein (des Tieres) Produkt gehört unmittelbar zu seinem physischen Leib, während der Mensch frei seinem Produkt gegenübertritt." (...)
Nur Produkte, die aus der Tätigkeit eines Wesens stammen, ohne zu seinem physischen Leib zu gehören (auch wenn diese Produkte sein Siegel tragen mögen), können dem Kontext einen Sinngrund geben, der so zur Welt wird. Ein Wesen, das einer solchen Produktion fähig ist (das dadurch auch notwendiger-

weise seiner selbst gewahr, ein „Wesen für sich selbst" ist), vermöchte nicht länger zu sein, wenn es nicht im Prozeß des Seins in der Welt befindlich wäre, auf die es sich bezieht, – wie auch die Welt nicht länger existieren würde, existierte dieses Wesen nicht.
Tiere, die (weil ihre Tätigkeit keine Grenzakte schafft) keine Produkte hervorzubringen vermögen, die von ihnen selbst losgelöst sind, und Menschen, die durch ihr Handeln an der Welt den Bereich der Kultur und Geschichte schaffen, unterscheiden sich dadurch, daß nur die letzteren Wesen der Praxis sind. Nur Menschen sind Praxis – die Praxis, die, wie Reflexion und Aktion wahrhaft die Wirklichkeit verwandelnd, die Quelle von Erkenntnis und Schöpfung ist. Tierische Aktivität, die ohne Praxis entsteht, ist nicht schöpferisch. Schöpferisch aber ist des Menschen verwandelndes Handeln.
Als verwandelnde und schöpferische Wesen bringen Menschen in ihrem ständigen Verhältnis zur Wirklichkeit nicht nur materielle Güter – berührbare Objekte – hervor, sondern auch soziale Institutionen, Ideen und Konzepte (...). Durch ihre fortgesetzte Praxis schaffen sie gleichzeitig die Geschichte und werden sie historisch soziale Wesen. Weil sie – im Gegensatz zu den Tieren – die Zeit in die drei Dimensionen der Vergangenheit, der Gegenwart, der Zukunft gliedern können, entwickelt sich ihre Geschichte im Zusammenhang ihrer eigenen Schöpfungen als ständiger Prozeß einer ständigen Verwandlung, innerhalb dessen epochale Einheiten zustande kommen. Diese epochalen Einheiten sind nicht geschlossene Zeitperioden, statische Größen, in denen Menschen eingeschlossen sind. Wäre das so, würde eine fundamentale Bedingung der Geschichte, nämlich ihre Kontinuität, verschwinden. Im Gegenteil sind die epochalen Einheiten untereinander durch die Dynamik historischer Kontinuität verbunden (...).[12]

12 Freire, Paulo: Pädagogik der Unterdrückten. Bildung als Praxis der Freiheit, Reinbek bei Hamburg: Rowohlt 1973, S. 80-84

Jutta Buchner-Fuhs

Tiererziehung als Menschenerziehung?

Vorbemerkungen

Der Beitrag verfolgt den vielleicht trivial anmutenden Gedanken, dass die Erziehung von Tieren, die tief in die Geschichte der Mensch-Tier-Beziehung hineinragt, nicht in erster Linie auf das animalische Lebewesen gerichtet ist, sondern vor allem auf den Menschen selbst. Indem der Mensch sich entschließt, erzieherisch auf ein Tier einzuwirken, erzieht er sich zunächst selbst. Zwar richten sich die Einwirkungen auf das Tier, und den menschlichen Praxen ist eine absichtsvolle Handlung zur Veränderung des Tieres eigen, aber um den gewünschten Erziehungszweck zu erreichen, ist es nötig, Selbstkontrolle im Sinne einer Zivilisierung der eigenen Affekte aufzubringen. Die Domestikation, die eine besondere Hinwendung zum Tier und seine Nutzung kennzeichnet, beschreibt die Veränderung der animalischen Natur, die zunächst außerhalb, spätestens seit Freud auch innerhalb des Menschen gedacht wird. Domestikation hat eine genetische und sozialisierende Seite: sie kann mit Erziehung des Tiers einhergehen, zu denken ist etwa an den Hund als historischen Jagdgehilfen des Menschen, aber kann auch die Umformung der Natur von Wildtieren zur kulturellen Herstellung verfügbarer Nahrungslieferanten des Menschen meinen, die nicht erzogen, sondern vor allem verfügbar gehalten werden sollen.

Das Thema „Tiererziehung als Menschenerziehung“ betritt aus erziehungswissenschaftlicher Perspektive in doppelter Weise ein schwieriges Terrain. Der erste Aspekt zielt darauf, dass Erziehung zum Beispiel aus Sicht der Erziehungswissenschaft traditionell dem Menschen vorbehalten bleibt. Die Frage „Wer soll erzogen werden?“ nimmt Menschen in den Blick, vornehmlich „Kinder“ (Marotzki 2006, S. 149). Dass auch Tiere erzogen werden können und sollen, ist kein Gegenstand der Pädagogik und bleibt den zahllosen Ratgebern zur Tiererziehung, etwa von Hunden oder Pferden, vorbehalten. Die anthropozentrische Ausrichtung bietet zwar die professionelle Legitimation einer reinen Menschenerziehung, klärt aber noch nicht, was unter Erziehung zu verstehen ist. „Die Schwierigkeit [...] ergibt sich daraus, dass ‚Erziehung‘ entweder nur als Theorie oder, davon radikal unterschieden, nur als Praxis verstanden wird“, schreibt Jürgen Oelkers, der freilich auch ganz selbstverständlich die Tiererziehung nicht behandelt (2001, S. 11).

Tiererziehung mit menschlicher Erziehung in Verbindung zu bringen, so der zweite nicht unproblematische Aspekt, läuft stets Gefahr, in einer verkürzten Rezeption und Fundamentalkritik auf die Frage der Grenzziehungen zwischen Mensch und Tier oder – konträr dazu – auf den Wunsch nach der Überschreitung der Grenze zwischen Mensch und Tier reduziert zu werden.

Die folgenden Überlegungen verstehen sich als reflexive Arbeit an vertrauten pädagogischen Grenzziehungen. Ziel eines solchen Vorgehens ist, Argumentationsmuster und Deutungen herauszudestillieren, die nicht das Trennende, sondern im Gegenteil Verbindungslinien von Tier- und Menschenerziehung sichtbar werden lassen. Unter der Perspektive des Erziehungshandelns geht es um Vorstellungen und Einstellungen zu Erziehenden, und zwar in der doppelten Sicht auf menschliche und animalische Lebewesen. Historische und aktuelle Zugänge werden miteinander in Beziehung gesetzt.

Eine solche Argumentation bewegt sich an der Schnittstelle der Zivilisation von Mensch und Tier. Die Entwicklung vom Befehls- zum Verhandlungshaushalt, die die veränderten Erziehungspraktiken und die veränderten Beziehungen von Eltern und Kindern im Zuge der Modernisierung von Kindheit beschreibt, soll unter der Frage der Menschen- und Tierbehandlung neu diskutiert werden. Dass vor allem Hunde eingehender berücksichtigt werden, die im Kontext von Erziehungshandeln eine herausgehobene Stellung einnehmen, das sei hier einschränkend genannt. Doch zunächst geht es um die fürsorgliche Behandlung von Katzen.

Einstieg: Alltagsszenerie

„Tokio skurril“ lautet der Hinweis auf einen Artikel, der über das Katzencafé „Nyan Koro“ in der japanischen Hauptstadt informiert. Die meisten Gäste seien Frauen: Für umgerechnet ca. 15 Euro pro Stunde wird das Streicheln und Schmusen mit insgesamt 26 Rassekatzen angeboten. Es sei der „beste Platz zum Chillout in ganz Tokio“, hier erfahre sie die „totale Entspannung“, wird eine junge Berufstätige vorgestellt. „Katzen“, so fährt sie fort, „riechen so gut wie ein Baby“ (Stubentiger stundenweise 2010, S. 18).

Die „skurrile“ Katzennutzung wird in die asiatische Fremde verlegt. Die Anzeige, die sich auf der gegenüberliegenden Artikelseite befindet, wird indes nicht kommentiert, obwohl auch diese als skurril gelten könnte. Dargestellt ist eine in Deutschland erfolgreiche Katzenfutterwerbung. Das Werbebild zeigt eine junge Frau, die in liebevoller Hingabe versunken, ihrer Kartäuserkatze einen kleinen, adrett gefüllten Essteller reicht. „Ein Moment, den wir täglich neu erleben", lautet die Überschrift dieser Sheba-Werbung, die die Tierfütterung eindeutig ins Menschliche verkehrt.

Auf der Handlungsebene verwischen normative Grenzen zwischen Mensch und Tier, wenn Tiere so liebevoll wie Menschenkinder behandelt werden. Die edlen Katzen wecken Assoziationen zu bekannten Bildern und Vorstellungen vom Tier als Kind- und Partnerersatz (vgl. etwa die Forumdiskussion dogforum), den speziell Frauen im Umgang mit Katzen und Hunden suchen. Mit einem Hund sein Leben zu verbringen, das lässt auch kinderlose Ehepaare schnell in den Verdacht geraten, sie seien nicht nur Tierfreunde, sondern bräuchten als emotionales Bindeglied ihrer unvollständigen Familie wenigstens ein Tier. Das Tier als Kindersatz ist ein gern zitiertes Klischee, das eine weiblich-mütterliche Einstellung als weibliches anthropologisches Erbe propagiert und die mütterlichen Pflegeinstinkte, die bei Frauen unhinterfragt vorausgesetzt werden, als fehlgeleitet deutet (zur Freudschen Interpretation der „narzißtisch getönten Liebe zum Tier" vgl. Rheinz 1994, S. 178; zum familialen „Arbeitsfeld ‚Sorge'" vgl. Rendtorff 2007, S. 102 f.).

Wenn von Ersatz die Rede ist, Tiere als Ersatz für Menschliches, dann liegt dieser Vorstellung ein Entweder-Oder zugrunde: Emotionale Beziehungen zu Tieren haben nur dann eine Berechtigung, wenn die menschlichen Beziehungen fehlen. Damit wird die Nähe zum Tier an eine ablehnende Haltung zum Menschen (sei es als eigene Ablehnung oder Ausgrenzung von Anderen) gekoppelt. Diese Opposition von Tierliebe und Menschenliebe (zugespitzt im Topos des Tierfreundes als Menschenfeind) wäre in ihrer historischen und philosophischen Dimension näher zu betrachten. Religiös motivierte Auffassungen problematisieren die als unheilvoll gedachte Verbindung von Tier- und Menschenquäler, getreu der Maxime „wen eines Thiers Qual erfreut, der wird, das kann nicht fehlen, kalt und gewiß auch den Menschen quälen" (Verbessertes Gesangbuch aus dem 18. Jh. vgl. Buchner-Fuhs im Druck, vgl. Milz 2009, S. 244 f.). „Statt sich am Leid der anderen zu laben und zu ergötzen, wird die Sensibilität für andere als zivilisatorisches Gebot des friedfertigen Umgangs kultiviert. Ideengeschichtlich ist diese Norm dem Paradigma der Mensch-Tier-Asymmetrie verpflichtet [...]" (Milz 2009, S. 245).

Im hiesigen Kontext aber ist ein anderer Punkt bedeutsam: In der Vorstellung des Tieres als Kindersatzes, die zu den weit verbreiteten alltäglichen Wissensbeständen gehört, wird rhetorisch die Asymmetrie infrage gestellt. Auf der Ebene der praktizierten Heimtierhaltung ist die Grenzziehung längst brüchig geworden: „Bis zu 70 % der Tierbesitzer geben an, dass ihr Tier wie ein Kind oder ein Ersatz für ein Kind ist. Kinder beschreiben das Familientier oft als Geschwisterkind" (Beetz 2009, S. 144). Analog zur Behandlung des Menschenkindes zeigt sich zum einen der bereits erwähnte pflegende und sorgende, zum anderen ein erzieherischer Aspekt, der den Umgang mit dem Tier kennzeichnet. Das Thema „Tiererziehung als Menschenerziehung?" entpuppt sich als doppelbödiges, das in einer zweifachen Perspektive zu entfalten ist: 1. Was hat die Tiererziehung mit der Menschenerziehung zu tun? 2. Was sagt die Erziehung eines Tieres über den Erzieher, die Erzieherin sowie über das Tier selbst aus?

Erziehung, Erziehungspraktiken und Erziehungsziele

Bilder und Entwürfe von Erziehung sind vielfältig und können im Folgenden nur skizzenhaft dargestellt werden. Von „Ziehen, Führen, Regieren, Wachsenlassen, Anpassen, Helfen" spricht Kron (1988 zit. in Gudjons 1994, S. 171), dessen Aufzählung bereits erste Fantasien zu den Anwendungsmöglichkeiten dieser Prinzipien im Hinblick auf die Lesart Tiererziehung freisetzt. Die Vielfalt von Erziehungsentwürfen lässt sich zu zwei grundlegenden Vorstellungen von (menschlicher) Erziehung bündeln: das „herstellende Machen, analog zur handwerklichen Produktion eines Gegenstandes" und das Verständnis von Erziehung als „begleitendes Wachsenlassen", das das Bild des Gärtners oder Bauern evoziert, während die handelnde Einwirkung das Bild des Bildhauers oder Handwerkers weckt (S. 171).

Im Folgenden geht es nicht um Bilder und Entwürfe von Erziehung, die pädagogische Diskurse prägen und prägten (zur Theorie der Erziehung vgl. Oelkers 2001), sondern um eine Annäherung an konkrete Praktiken, die die Erziehungswirklichkeit bestimmten. Ein historisch zwar weithin bekanntes, aber immer noch markantes Beispiel, das diese doppelte Sicht auf die Erziehung zwischen handwerklichem Produzieren und gärtnerischem Wachsenlassen deutlich werden lässt, ist der Emile, dessen Heranwachsen Jean-Jacques Rousseau in seinem gleichnamigen Werk 1762 beschrieben hat. Wenn Rousseau anhand konkreter Beispiele etwa darlegt, wie der heranwachsende Junge in Auseinandersetzung mit der Natur eigenständige Erfahrungen macht, die ihn ohne Eingriffe des Erziehers tief greifend verändern („negative Erziehung"), so zeigt sich hier eine Pädagogik vom Kinde aus, die einen freundlichen, zurückhaltenden und sachkundigen Erzieher beschreibt. Im hiesigen Kontext ist das Beispiel deshalb markant, da Rousseau in persona die doppelte Sicht auf das Wohlergehen des Kindes verkörpert: das behutsame Nachdenken über Erziehung sowie die engagierte und interessierte Haltung des Erziehers, der in seinen Affekten kontrolliert ist und die Entwicklung des Kindes in gebotener Zurückhaltung begleitet, beschreibt die eine Seite der Erziehungswirklichkeit.

Diese Wirklichkeit verbleibt in der erziehungsphilosophischen Schrift des Emile im Fiktionalen. Die theoretische Sicht auf die Kindheit und die Alltagspraxis stehen sich diametral gegenüber. Rousseau selbst hat seinen Kindern nicht die Erziehung des Emile angedeihen lassen, die Kinder wuchsen in einem Waisenhaus auf. Dass ein solches Erziehungsverhalten in der Mitte des 18. Jahrhunderts nichts Ungewöhnliches war, das braucht hier nicht vertieft zu werden. Am Beispiel Rousseau zeigt sich vielmehr das Auseinanderklaffen von realen und medialen Erziehungswirklichkeiten, die in Entwürfen (oder auch Utopien) und in Erzählungen über Erziehung realisiert oder in der nichtmedialen Praxis direkt erfahren werden können. Diese doppelte Sicht auf pädagogische Verhältnisse und pädagogisches Verhalten zwischen Erziehungsidee und Erziehungshandeln ist ein fester Bestandteil von Erziehungswirklichkeiten. Vor diesem Hintergrund lohnt es sich für die weiteren Überlegungen, nicht die Entwürfe, sondern speziell die Erziehungspraxen näher zu betrachten.

Im Folgenden soll die Entwicklung vom Befehls- zum Verhandlungshaushalt (ein Konzept, das zur Beschreibung des Wandels von Kindheit entwickelt wurde, vgl. du Bois-Reymond 1994) im Mittelpunkt stehen. Die Entstehung des Verhandlungshaushaltes und die Zurückdrängung des Befehlshaushaltes beschreiben die Veränderung von Erziehungspraxen im historischen Kontext. Als zivilisatorische Tendenz bezeichnet dieser theoretische Entwurf den zunehmenden Abschied von autoritären Strukturen, die unter Einfluss eines Machtgefälles den Gehorsam mit Zwangsmaßnahmen erwirken wollen. Eingebettet in autoritäre Erziehungsverhältnisse werden von den Erwachsenen Anweisungen und Anordnungen in der Erwartung ausgesprochen, dass der Befehlscharakter von den Kindern akzeptiert wird und die Ausübung des angeordneten Verhaltens erfolgt. Ablehnende und widerständige Verhaltensweisen dagegen, die die akzeptierende Übernahme der befohlenen Aufgaben verhindern, gilt es zu bestrafen.

Die Beschreibung der Verschiebung der Machtbalancen vom Befehls- zum Verhandlungshaushalt ist eine historische Deutung, die der Entwicklung im Nachhinein zugelegt wurde. Dieses Deutungsverfahren verliert seine scheinbare Klarheit und schlichte Transparenz, wenn der Zusammenhang von Befehl, Gehorsam und Strafe im historischen Kontext mit zeitgenössischen Deutungen und Wertungen verbunden wird. Es geht um die Frage der Akzeptanz und um Begründungsmuster von Eltern-Kind-Verhältnissen, die Strafe als Erziehungsinstrument propagieren, praktizieren und legitimieren. Der Wandel des Strafverhaltens kann als ein wichtiger Indikator für die Veränderungen im Umgang mit Kindern gesehen werden und bietet eine gute Ausgangslage für einen neuen Blick auf die Tiererziehung. Für diese Herangehensweise bieten sich zunächst drei Zugänge aus der Kindererziehung an: 1. die Shell-Studie von 1985, die mit ihrer Frage, wie Jugendliche die „Strenge der Erziehung" (Zinnecker 1985, S. 151) wahrnehmen und bewerten, einen Zeitraum von rund dreißig Jahren in den Blick nahm; 2. die Studie ‚Schläge' als Strafe des Hamburger Professors für Volkskunde Walter Hävernick, die 1964 erschien und 3. das als „Streitschrift" bezeichnete Buch „Lob der Disziplin" von Bernhard Bueb. Die einzelnen Zugänge werden zunächst jeweils kurz dargestellt und dann im Anschluss miteinander verbunden. Ein solches materialgesättigtes und quellennahes Vorgehen erlaubt ein Nachdenken über Kontinuitäten im Wandel der Kindheit, die – so die These, die im Anschluss genauer erläutert wird – in einem Spannungsverhältnis zur sich auch verändernden Tierbehandlung stehen.

Shell-Studie 1985 – eine Bestandsaufnahme in puncto autoritärer Erziehungswirklichkeit

Die Shell-Studie 1985 knüpfte an einer Emnid-Untersuchung aus dem Jahr 1955 an, sodass Kontinuitäten und Brüche herausgearbeitet werden konnten. Jugendliche der 1950er-Jahre beurteilen zu 76 Prozent die Erziehung, die sie von ihren Eltern erfahren hatten, als streng oder sehr streng; auch die Mehrzahl der Jugendlichen der 80er-Jahre (58 Prozent) gibt an, von ihren Eltern streng bzw. sehr streng erzogen worden zu sein (ebd., S. 136). „Vergleichen wir die Antworten, die Jugendliche '55 und '84 [...] gaben, so finden wir fast keine Differenz. Magere 10 Prozentpunkte hat sich die Einschätzung der elterlichen Erziehung in Richtung gütig-milde verschoben" (ebd., S. 152).

Die weiteren Ausführungen, die zu Veränderungswünschen in der Erziehung oder auch von den „Auseinandersetzungen um das pädagogische Regime" handeln, vermögen die Kriterien für Strenge, die in der Emnid-Untersuchung (1955) nicht genannt oder reflektiert worden waren, zwar genauer zu fassen, wenn auch Ungenauigkeiten bleiben. 1955 sprachen sich 24 Prozent der Jugendlichen dafür aus, mehr Strenge und Moral bei den eigenen Kindern anzuwenden. Inwiefern hier auch Schläge als Strafmittel gemeint waren, darüber gibt die Studie keine Auskunft. Doch die Vermutung liegt nahe, dass Schläge selbstverständlich dazugehörten. Noch im Jahr 1984 geben zwar 43 Prozent an, mehr Freiheiten und weniger Strenge den eigenen Kindern angedeihen lassen zu wollen, aber auffallend ist, dass aus dieser Gruppe sich nur 3 Prozent dafür aussprechen, auf die Prügelstrafe verzichten zu wollen. 97 Prozent also waren gegen den Verzicht von Schlägen in der Erziehung. Das lässt die Schlussfolgerung zu, dass die Prügelstrafe zwar ungern genannt wurde, aber trotzdem zum Kanon der ausgeübten Strafmaßnahmen in der Kindererziehung gehörte.

Aufschlussreich sind in diesem Kontext auch die Anmerkungen der Studie zum Erziehungsdiskurs, zum „pädagogischen Regime“ der „harten Pädagogen“ der 1950er-Jahre. Wenn 1955 von Strenge und nicht dezidiert von Schlägen die Rede war, dann belegen die Untersuchungen zum „Wortfeld Strenge, Härte, Konsequenz, Gehorsam“, die seinerzeit erfolgten, dass hierunter auch „mehr Schläge“ gefasst worden sind. Der weitere Bedeutungshorizont umfasst: „strenger/härter [...] konsequenter sein/eine ungesunde Sensibilität und Empfindlichkeit darf nicht ausgebildet werden/nicht so viel freien Willen lassen“ (ebd., S. 183 f.). Der Gegenpol ist durch eine „milde“ Erziehungsperson gekennzeichnet, deren Eigenschaften sich wie folgt umschreiben lassen: „mit mehr Gefühl und Verständnis“, „mit mehr Nachsicht und Milde“, „mit mehr Liebe“, „mehr Güte“, „mit Geduld und Liebe“ (ebd., S. 183).

Schläge als körperliches Erziehungsmittel: Kontrollverlust oder Selbstbeherrschung?

Wenn eingangs die Ambivalenz von Kindheitsentwürfen und dem praktizierten Kinderleben erwähnt wurde, so stellt Hävernick zu Beginn der 1960er-Jahre in der von ihm untersuchten Erziehungsrealität seiner Zeit Deutungsmuster fest, die die Doppelbödigkeit von Erziehungsvorstellungen und Erziehungspraxen in vergleichbarer Weise sichtbar werden lassen (vgl. Hävernick 1964, S. 38). Die im Zuge des Wandels von Kindheit zunehmend kritisch gesehenen Schläge sind keineswegs aus der Schule und der Familie verschwunden. Hävernick gibt zu bedenken, dass die „Verneinung der Tatsache, seine Kinder durch Schläge bestraft zu haben, nicht immer der Wahrheit entspricht“ (S. 51) und zählt verschiedene Beispiele für das Auseinanderklaffen von Einstellungen und Verhalten auf. Mütter hätten versichert, ihre Söhne ohne Schläge zu erziehen, doch diese Vorsätze seien nicht eingehalten worden. Von „kräftigem Verhauen“ und vom Rohrstock, der zum Einsatz kam, war die Rede. Eine Umfrage vom März 1960 ergab, dass 50 Prozent der Eltern in Westdeutschland das Züchtigungsrecht des Lehrers befürworteten. Selbst wenn man die Prügelstrafe als unmodern betrachtete, wurde sie als Bestrafungsmethode für die „Volksschüler“ nicht nur akzeptiert, sondern auch als angemessen bewertet (zit. in Hävernick, S. 55). In der Berücksichtigung zeitgenössischer Studien und in der vorsichtigen Annäherung an ein heikles Thema kommt Hävernick zu dem Schluss, dass „bis zu 98 % der Eltern in der körperlichen Züchtigung ein von der Sitte gebilligtes Zuchtmittel“ hielten und „ca. 85 % der Familien davon praktisch Gebrauch" machten (S. 55). Hävernick war seinerzeit dezidiert auf der Suche nach Argumenten, die die Erziehung mittels Schlägen befürworteten (vgl. S. 27), aber etwaige Misshandlungen ablehnten. Als Volkskundler war Hävernick nicht am fortschrittlichen Diskurs seiner Zeit interessiert, sondern an den verbreiteten und insofern kulturell ‚gewohnten' Strafpraxen. Dieser zeitgenössische Zugang zu Alltagspraxen macht die Schrift aus heutiger Sicht lesenswert, nicht zuletzt weil die Rezeption in pädagogischen Kreisen erwartungsgemäß zurückhaltend war und ist (vgl. aber Hafeneger 2011).

„Strafe" sei die „Zufügung von unangenehmen Empfindungen" (Hävernick, S. 27), und unterschieden werden zum Beispiel körperliche Bestrafungen mit der flachen Hand, dem Rohrstock, der Rute, dem Teppichklopfer, dem Kochlöffel oder auch der Hundepeitsche. Während letztere kaum zum Einsatz kam, waren der Kochlöffel und die Bestrafung mit der flachen Hand, wie eine Befragung 1962 feststellte, noch recht verbreitet. Der Kochlöffel sei „keineswegs das Gerät der Hausfrau, im Zorn ergriffen", vielmehr werde es auch von den Vätern benutzt. Man schlage nicht auf Hände und Rücken, sondern auf den „Hosenboden" (S. 84). Die „Wirkung wird als sehr schmerzhaft geschildert, und er wird auch bei großen Jugendlichen noch angewendet und [...] gefürchtet: Zur Beruhigung ästhetischer Gefühle", fügt der Autor hinzu und das Folgende ist aus heutiger Distanz nur schwer in seinem pädagogischen Gehalt zu verstehen, „sei gesagt, daß die zu diesem Zweck verwandten Kochlöffel dem Kochgeschäft entfremdet und gesondert verwahrt wurden" (S. 85).

Bei vorsichtiger Interpretation der Ergebnisse kommt Hävernick zu dem Schluss, dass mehr Frauen als Männer als Strafende (60 versus 40 Prozent) fungierten. Den Rohrstock benutzten beide Elternteile etwa gleich häufig, die Bestrafung mit der flachen Hand, die viel körperliche Kraft verlange, weist er dem Vater zu (vgl. S. 100).

Die körperlich strafenden Eltern bildeten, wie gesagt, zu Beginn der 1960er-Jahre die Mehrheit. Die zeitgenössische Frage, die Hävernick sehr beschäftigte, ist die der Kontrolle und des Kontrollverlusts. Man dürfe sich die Eltern nicht „zornrot, brüllend, launenhaft" vorstellen, das sei Kindesmisshandlung. Die Erziehung aber, die körperliche Züchtigung rechtfertigt, stellt er dann als positiv heraus, wenn sie kontrolliert und selbstbeherrscht praktiziert wird. Der Erzieher agiert verantwortungsvoll, wenn er körperlich straft, ohne seinen unkontrollierten Affekten ausgeliefert zu sein.

Gleichwohl: Die Befürwortung der Anwendung von körperlicher Gewalt ist zurzeit Hävernicks längst brüchig geworden, und es finden sich modernisierte Eltern aus bildungsnahen Milieus, die sich gänzlich gegen Schläge aussprachen. Nicht ohne Polemik spricht der Autor seinerzeit von „Intellektuellen, bei denen nach pädagogischen Handbüchern gearbeitet wird" (S. 130).

Bernhard Bueb: Lob der Disziplin

Dieses Buch des jahrelangen Leiters der Internatsschule Schloss Salem hat mit seinen restriktiven pädagogischen Ansichten, die – so ließe sich mit Hans Thiersch sagen – dem Charme und der „Verführung rigider Verkürzungen" unterliegen, eine breite Öffentlichkeit erreicht. Dass das Buch ein derartiger Erfolg wurde, kann als Hinweis dafür verstanden werden, dass der Abschied vom Befehlshaushalt und die Etablierung des Verhandlungshaushalt, der die Machtbalance zwischen Eltern und Kindern in möglichst ausgewogener Weise ausbalanciert, vielfach noch nicht bewältigt ist und in vielfacher Weise unter dem Motto des „Grenzenziehens" wieder in die Diskussion eingebracht wird. Mut zu einer strengen Erziehung, die wie im Befehlshaushalt mit einem „warmen Familienklima" (du Bois-Reymond 1994, S. 152) ausgestattet sein konnte, wird demzufolge als Lösung heutiger Erziehungsprobleme propagiert. Bueb vermerkt als Ausgangspunkt seines Lobes der Disziplin kritisch ein grundsätzliches Manko heutiger Erziehung: Es gebe „keine Übereinkunft über die Notwendigkeit, die Legitimation und die praktische Ausübung von Autorität und Disziplin" (Bueb 2006, S. 11). Das Buch ist in seinem autoritären Bekenntnis inzwischen hinreichend betrachtet und entsprechend kritisiert worden (vgl. Brumlik 2007), im hiesigen Zusammenhang ist es aus einem bestimmten Grunde interessant, und zwar wegen seiner Argumentationen und Begründungen der Disziplin, die Verbindungslinien zur Tiererziehung herstellt.

Erwartet wird von den Kindern Gehorsam, der mittels Autorität erreicht werden soll. Entscheidend für eine erfolgreiche Erziehung à la Bueb sind Disziplin und Disziplinierung. „Zwang, Unterordnung, verordneten Verzicht, Triebunterdrückung, Einschränkung des eigenen Willens. Disziplin setzt an die Stelle des Lustprinzips das Leistungsprinzip. Jede Einschränkung ist erlaubt oder sogar geboten, die dem Erreichen eines gesetzten Zieles dient. Disziplin beginnt immer fremdbestimmt und sollte selbstbestimmt enden" (S. 17). Das Vorgehen bedarf „eiserner Regelmäßigkeit", harte Übung ist vonnöten, will man an „Sturheit grenzende Regelmäßigkeit" (S. 27) erreichen. Unbeirrt müssten die Maßstäbe täglich durchgesetzt werden.

Der Befürworter des „Muts zur Erziehung" weiß freilich um die Nähe zur Tierdressur, wenn er über die „pädagogische Konsequenz" nachdenkt, und er entwickelt seine harte Pädagogik auch und gerade am Tierbeispiel. Eine Darstellung der Hundedressur soll – so die Rhetorik der Schrift – die Besonderheit der Konsequenz in der Behandlung der Tiere herausstellen und Konsequenzen für die Menschenerziehung nahelegen. Dass dabei die Natur des Hundes für die gewünschte Deutung zurechtgerückt wird, ist nur eine der Ungereimtheiten der gesamten Publikation. Im hiesigen Kontext der Betrachtung von

Tiererziehung als Menschenerziehung ist in der Buebschen Darstellung des Umgangs mit dem Hunde vor allem ein Aspekt von Bedeutung: die Not des Erziehers. Das in der Publikation entworfene Menschenbild und Tierbild zeigt einen Tiererzieher, der die Unterwerfung des Tiers nur mit mühevoller Autorität bewerkstelligen kann. Der Mensch muss zerren, ziehen, muss mit der Leine hantieren, muss drohen und das gewünschte Verhalten erzwingen. „Mit mechanischer Gleichmäßigkeit“, so die Buebsche Version der Hundeerziehung, „muss man ihn [den Hund, J.B.-F.] am Halsband zerren, um ihm „bei Fuß“ einzutrimmen, ihm mit der Leine drohen, wenn er nicht sitzen bleibt, oder ihn mit denselben Worten und Gesten zum ‚Platz‘ zwingen“ (Bueb 2006, S. 27). Hier hat ein Pädagoge nichts von moderner Hundeerziehung verstanden. Im Umgang mit dem Hund wird eine pädagogische Normalität konstruiert, die ohne Zwang, Drohungen verbaler und körperlicher Art nicht auszukommen scheint. Darüber hinaus lässt sich festhalten, dass Bueb ein reduziertes Erziehungsprogramm „Sitz-Platz-Fuß“ (Grewe, Meyer 2010, S. 53) entwirft. Letzteres weckt militärische Assoziationen, nicht zuletzt, weil es in Tradition des kaiserzeitlichen Diensthundewesens steht, das in Form der „Preußischen Prüfungsordnung für Diensthunde“ um 1900 entwickelt worden war (vgl. ebd.).

Zwischenfazit: Strenge, Gewalt und Strafen

In den langen 1950er-Jahren war der traditional-autoritäre Erziehungsstil, der auf Gehorsam und Unterordnung hin ausgerichtet war, das zentrale Ziel der Erziehung (vgl. Peuckert 2002, S. 149). Benno Hafeneger spricht im Kontext der „Autoritäts- und Strafpädagogik“ von der „Vorstellung, dass das Kind (pädagogisch inspiriert und legitimiert) geschlagen, geprügelt, mit einer als notwendig erachteten Härte und strategischen Gefühlskälte erzogen werden müsse“ (Hafeneger 2011, S. 27). Strenge Regeln und Kontrolle, das zeigen zeitgenössische Quellen, sollten die Autorität des Vaters sichern und wurden oft von der Mutter durchgesetzt. Erwünschtes Verhalten wird belohnt und unerwünschtes bestraft. Strafe ist ein zentrales Mittel der Erziehung, die auf die Erhaltung der überkommenen familialen Machtstrukturen ausgerichtet war. Die Eltern legen die Regeln fest (in Abhängigkeit vom Geschlechterverhältnis), und von den Kindern wird verlangt, dass sie die Entscheidungen der Eltern respektieren.

Der autoritäre Erziehungsstil kennzeichnet Erziehungspraktiken, die dem Befehlshaushalt zugerechnet werden. Die Machtbalance zwischen den Generationen folgt einem traditionalen Gefüge. „Dazu gehören soziale Typisierungen von ‚Regeln einhalten‘, ‚Nichtaushandelbarkeit‘ und einem ‚Muss-Charakter‘ von Verhaltensanforderungen, die die Beziehungsstruktur zwischen Älteren und Jüngeren prägen (Ecarius 2007, S. 149 f.). Jutta Ecarius hat in ihren Generationenuntersuchungen festgestellt, dass die Generation der von 1908 bis 1929 Geborenen in der Mehrzahl die „Erziehungsregeln der Unterordnung, des Gehorsams, der Pflichterfüllung, Sauberkeit, Pünktlichkeit, verbalen und körperlichen Bestrafung, einer geschlechtsspezifischen Normierung“ selbstverständlich akzeptieren. „Die Eltern sind Respektspersonen, sie geben die Inhalte eindeutig vor“ (ebd., S. 150). Auch den zwischen 1968 und 1975 Geborenen ist es nicht fremd, sich an die Regelvorgaben der Eltern zu halten und Gehorsam zu zeigen (vgl. ebd.).

Das Pendant zum Befehl ist der Gehorsam, sodass die Struktur des Befehlshaushalts an militärische Prinzipien erinnert. Der Führungsstil, der die Vorstellung weckt, dass Kinder mit Befehl, Gehorsam und Strafen so erzogen werden können, dass sie die Anordnungen unhinterfragt befolgen, steht zur Disposition. „Seit den 60er Jahren stehen Unterordnung und Gehorsam bei Eltern nicht mehr an erster Stelle“ (Langness u.a. 2006, S. 58). Doch die Erziehungspraxen zeigten, wie etwa der hier vorgestellten Studie von Hävernick zu entnehmen ist, andere Eltern-Kind-Verhältnisse. Noch Mitte der 1980er-Jahre waren elterliche Strenge und die Prügelstrafe Teil einer Erziehungswirklichkeit, die viele Jugendliche erfuhren. Nur so ist es zu erklären, dass sich rund die Hälfte der im Rahmen der Shell-Jugendstudie Befragten dezidiert für eine Erziehung aussprachen, die andere Prioritäten setzen und sich damit vom praktizierten Erziehungsverhalten der Eltern unterscheiden sollte.

Ungeachtet des sich allmählich durchsetzenden Leitbildes einer Erziehung, die auf körperliche Strafpraxen verzichtet, und jenseits der von Bueb und weiteren Vertretern kritisierten Disziplinlosigkeit heutiger Erziehender, ist das Thema „Gewalt“ in der Erziehung auch heute noch in einem Maße virulent, das eine Negierung nicht erlaubt.

Die 1. World Vision Kinderstudie (2007) stellt fest, dass die meisten Eltern mit ihren Kindern reden, wenn es Streit gibt (vgl. ebd., S. 102). Danach folgen Schimpfen und Verbote als gängige Strafmaßnahmen. Insgesamt geben 14 % der Kinder an (davon 19 % Jungen und 10 % Mädchen), „als Strafe zumindest ‚manchmal‘ eine Ohrfeige oder Schläge zu erhalten“ (ebd.). Von körperlichen Strafen, so lässt sich hier festhalten, ist nur noch die Minderheit betroffen. Gleichwohl: sie haben nicht ausgedient und in Abhängigkeit von sozialen Milieus zeigt sich noch ein anderes Bild. Die Kinderstudie untersucht die soziale Herkunft und kommt zu dem Ergebnis, dass 37 % der Kinder aus der untersten Schicht Erfahrungen mit elterlicher Gewalt haben.

Strenge, die Hilfsmittel zur körperlichen Bestrafung einsetzt, ist keineswegs unbekannt, wobei eine Studie, die die Materialität der Strafmittel im Hinblick auf ihre Wirkungsweise (im Sinne Hävernicks) untersuchen würde, heutzutage nicht durchzuführen wäre. Zu groß wären die Missverständnisse, die dieser traditionale Blick auf Strafmittel evozieren würde.

Wenn davon die Rede ist, dass sich insgesamt die Erziehungsstile modernisiert hätten und heute eine Erziehung gefordert werde, die auf „Selbstentfaltung“ und „Grenzen“ setze, so bestätigt das den grundlegenden Befund der Entwicklung vom Befehls- zum Verhandlungshaushalt. Charakteristisch ist eine zunehmende Zurückhaltung bei der Ausübung körperlicher Gewalt seitens der Eltern. Es ist eine Zivilisierung, die die traditionale Trias von Befehl, Gehorsam und Schlägen ihrer Selbstverständlichkeit enthebt, in ihrer Bedeutung verkehrt und zu einem Makel werden lässt.

Vor diesem Hintergrund ist es nicht verwunderlich, dass nicht alle (offenen oder versteckten Vertreter) des Befehlshaushalts den Wandel zum Verhandlungshaushalt mittragen. Streitschriften, die Disziplinierungskonzepte entwerfen und in ihren reduzierten Sichtweisen Orientierung und Sicherheit versprechen, haben Konjunktur (vgl. etwa Chua 2011). Im hiesigen Kontext ist aufschlussreich, Disziplinierungskonzepte nicht nur in Bezug auf die menschliche Erziehung, sondern auch im Hinblick auf die Behandlung der Tiere genauer zu betrachten. Es stellt sich die Frage nach der Freiheit der Tiere und ihrer Begrenzung.

Kleiner Exkurs: Tiererziehung und Tierdressur

Aus heutiger Sicht mag es zwar wie eine Anekdote anmuten, aber in der Beziehung von Menschen zu Tieren ist die Freilassung von Zootieren im Zuge der Französische Revolution erwähnenswert, konnte doch der bis dahin selbstverständlich ausgeübte Zwang und die Unterordnung der eingesperrten Wildtiere öffentlich sichtbar und damit auch diskutierbar gemacht werden, indem die Käfige geöffnet wurden (vgl. Harten 1989). Ausdruck absolutistischer Gewalt über Tiere am französischen Hof des 18. Jahrhunderts war bis zur Revolution die Menagerie, die sternenförmig angeordnet, die gekäfigten Tiere Ludwig XIV. zur Anschauung brachte, wie Foucault (1977) eindringlich beschrieben hat. Zur Inszenierung von Macht gehörte auch die uneingeschränkte Verfügbarkeit über die Tiere. Lässt sich die Züchtung von Wildtieren zu Haustieren allgemein als ein Prozess der menschlichen Planung, Gestaltung und zielgerichteten Veränderung der Tiere beschreiben, die dadurch menschlichen Lebensweisen an- und eingepasst worden sind, so ist die Einwirkung auf Wildtiere im Kontext der Zähmung und Dressur zu Schauzwecken ein eigener wichtiger Aspekt. Wildtiere wie Bären, Löwen oder Tiger, die im engen Kontakt zu Menschen vorgeführt werden, zeigen neben ihren Kunststücken, dass die von Menschen verlangte Unterordnung funktioniert.

Zur Geschichte der Zirkusdressur gehören die Peitsche und die Pistole als zentrale Instrumente der Demonstration von menschlicher Überlegenheit und Stärke. Isaac R. van Amburgh aus New York wird es zugeschrieben, im Jahr 1833 erstmalig einem Löwen den Kopf in den Rachen gelegt zu haben. Seine Vorführungen waren legendär. „In einem Dschungel-Tarnanzug, eine Peitsche schwingend und Platzpatronen aus einer Pistole feuernd, betrat er den Käfig, piesackte und ärgerte die Tiere bewusst, um so viel Wildheit und Aggressivität aus ihnen herauszulocken, wie er konnte“ (Johnson 1992, S. 32). Das hier inszenierte Verhältnis zwischen Mensch und Raubtier ist ein feindliches: die Tiere sollten in ihrer Wildheit vorgeführt werden, dazu gehörte etwa das Brüllen der Löwen und die Vorstellung, dass die Tiere nicht vor einem Angriff auf den Menschen zurückschrecken. Dazu musste die Peitsche knallen und Pistolenschüsse mussten abgegeben werden.

„Die Hilfsmittel früherer Tierbändiger waren Peitsche, Stock und glühend gemachte Eisen. [...] Das ganze Kunststück bestand darin, daß man die Tiere durch Schläge und durch Berühren mit dem heißen Eisen dermaßen in Furcht setzte, daß sie beim bloßen Anblick der Schreckmittel schon durch den Käfig flohen und dabei etwaige Hindernisse, mit denen man den Weg absperrte, übersprangen“ (Hagenbeck 1909, S. 344).

Diese gewaltorientierte Tierdressur bezeichnet Hagenbeck als „sinnlose Art der Behandlung“ (ebd., S. 345), die durch eine „vernunftgemäßere“ zu ersetzen sei. Gewalt als Mittel der Dressur, das zeigt das Zitat, war fragwürdig geworden. Vielmehr sollte das Verhalten des Tieres beobachtet werden, um entsprechend sinnvoll einzuwirken. Tiere sieht Hagenbeck als Individuen: „Wie Kinder, so verlangen einzelne Tierindividuen mehr aufmunternde Liebkosungen als andere, manche wollen infolge eines störrischen, wenn auch nicht bösartigen Charakters, mit Strenge behandelt werden“ (ebd., S. 350). Hagenbeck verweist hier kurz nach 1900 explizit auf die Kinder, wenn er die Notwendigkeit einer emotionalen Zuwendung vom Menschen gegenüber dem Tier erläutern möchte. Gute Tiererzieher wenden sich dem Tier mit Zuwendung zu, wie sie dies mit Kindern tun sollten.

Die Tiere bekommen Namen, der Mensch nimmt sich Zeit, spricht mit seinem „Zögling“ und erteilt Belohnungen. Einen zentralen Stellenwert nimmt der Gehorsam ein, den das Tier erbringen muss. Ein guter Dompteur verfügt über Geduld und Güte. Gerade aber die Güte müsse mit „Strenge gepaart“ (ebd., S. 353) sein, da nur so der Gehorsam zu erreichen sei.

Der Umgang mit dem Tier zielte freilich auf die Einhaltung von Regeln und Ordnungen. Um die Tiere auszubilden, musste der Mensch vor allem zunächst selbst die Regeln und Ordnungen einhalten. Es bedurfte der eigenen Verhaltenskontrolle, wenn man auf das Tier effektiv einwirken wollte. Handlungen,

Sprache und Tonfall durften nicht unbeherrscht erfolgen, nicht erregt und unkontrolliert. Wichtig war vielmehr ein Umgang, der Geduld und Zeit für das Tier erforderte.

Die Belege machen deutlich, dass die Abkehr von der gewaltorientierten Dressur zweierlei erforderte: zum einen eine Verhaltensänderung des Menschen und zum anderen ein Überdenken der eingesetzten Mittel.

Auffallend und im hiesigen Kontext bedeutsam ist die Beobachtung, dass sich nicht nur die Behandlung des Tiers in jüngster Zeit, sondern auch das damit verbundene Mensch-Tier-Bild tief greifend gewandelt hat. Die Erziehung des Tiers ist in erster Hinsicht eine (Selbst-)Erziehung des Menschen. Die Tendenz, die im Folgenden anhand neuer Literatur zur Hundeausbildung nachgewiesen wird, zeigt die Relevanz der menschlichen Selbstkontrolle im Umgang mit den Tieren.

Erziehung des Tiers als Erziehung des Menschen

Zu fragen ist, was eine „gute" Hundeerziehung sein soll und wie sie legitimiert wird. Die Textbeispiele, die im Folgenden vorgestellt werden, sind so ausgewählt worden, dass sie einen Einblick in das weite Feld der aktuellen Erziehungsliteratur für Hunde geben: Vollständigkeit ist weder erwünscht noch ein Ziel.

„Seit meiner Schulzeit hat sich der Unterrichtsstil stark gewandelt. Auch in der Hundeausbildung hat sich vieles verändert. Nicht zu Unrecht hat ihr über viele Jahrzehnte das Image: ‚Ledermantel, militärischer Ton und Dressur', angehaftet. Das ist heute passé. Der Hund wird nicht mehr als Kreatur angesehen, die ihrem Herrn und Meister Kadavergehorsam schuldet und das ist gut so" (Miodragovic 2002, S. 7).

Der Autor, ein ausgewiesener Kenner des Hundesports und der Sanitätshundausbildung in der Schweiz, bezieht sich zunächst auf die 1950er- und 1960er-Jahre, für die er den Befehlston, die uneingeschränkte Unterwerfung des Hundes unter die Autorität des Menschen und die damit verbundene negativ konnotierte militärische Einwirkung als charakteristische Prinzipien nennt. Unterordnung in diesem absoluten Sinne erfolgt durch Zwang, Strafmittel und „rohe Gewalt" (ebd.). Die autoritäre Befehlsstruktur der Tierbehandlung in den langen 1950er-Jahren weist, das soll festgehalten werden, große Parallelen zum oben beschriebenen Eltern-Kind-Verhältnis auf.

Heutzutage solle die Ausbildung durch eine „gute Beziehung" gekennzeichnet sein; der junge Hund soll und darf neugierig seine Umgebung kennen lernen, und Menschen müssen es bewerkstelligen, ihren Vierbeiner „zweisprachig" aufwachsen zu lassen. Die Botschaft lautet, dass sich die Menschen in ihren Verhaltensweisen, ihrer Kommunikation und ihren Wissensbeständen selbst schulen müssen, um das Tier zu schulen. Miodragovic (2002, S. 23) erläutert am Beispiel einer misslungenen Autofahrstunde mit seiner Tochter das Problem der Überforderung. Er hatte seiner Tochter erklärt, wie sie den Motor starten sollte. Die Tochter befolgte alle Hinweise, war aber so mit der Kupplung beschäftigt, dass sie die Lenkung nicht entsprechend kontrollieren konnte. Der Vater griff ins Lenkrad, die Tochter ließ die Kupplung los, die Anweisung des Vaters „Bremsen" verhallte, und der Wagen machte einen Satz auf den Acker. Nicht die Tochter sei jedoch für das Missgeschick verantwortlich gewesen, sondern der Vater. Er müsse sich fragen, was er „falsch gemacht" hat. Diese andere Sicht auf die Lernsituation sei auch für das Mensch-Tier-Verhältnis bedeutsam.

„Denken Sie nicht, nur der Hund müsse lernen", heißt es im Kosmos Erziehungsprogramm für Hunde (Hoefs, Führmann 2006, S. 23), dem „Klassiker der Hundeerziehung", so die bekannte Kieler Fachtierärztin für Verhaltenskunde und Tierschutzkunde Dorit Urd Feddersen-Petersen (ebd., S. 8). Die weiteren Ausführungen zur Familienhundeerziehung behandeln die Mensch-Tier-Beziehung: „Das meiste müssen Sie lernen, Ihren gesamten Umgang mit dem Hund überdenken und neu gestalten. […] Sie werden eine völlig neue Beziehung zu ihrem Hund eingehen" (ebd., S. 23). Der Mensch gilt als „Sozialpartner" des Hundes (Feddersen-Petersen 2010 oder etwa auch Ohl 2006, S. 14), und die menschliche Gestaltung der Lebenswelt wird zum (kulturellen) „Naturraum" des Vierbeiners, der zum Stadthund avanciert. Das Zusammenleben von Mensch und Hund soll durch ein Beziehungsverhältnis geprägt sein, das vom Menschen in besonderer Weise ein Verstehen des Tiers erfordert.

„Unsere heutige Beziehung zum Hund ist, verallgemeinernd ausgedrückt, ausgeprägt emotional und grundsätzlich demokratisch. Der Hund wird mit seinen Wünschen und Ansprüchen und in seinem Wesen nicht nur als gleichwertig, sondern auch als gleichberechtigt wahrgenommen" (Grewe, Meyer 2010, S. 69). „Gewalt" habe „in der Erziehung nichts zu suchen", „Liebe und Sanftheit" hätten „ihren Platz", was aber nicht bedeute, dass die Erziehung „ausschließlich mit Belohnung und überhaupt nichts mit Bestrafung zu tun" (Grewe, Meyer 2010, S. 72) habe; auch Sanftheit alleine, das reiche nicht aus. Unterschiedliche Rassen haben unterschiedliche Bedürfnisse und letztendlich obliegt es der individualisierten Mensch-Tier-Beziehung, ob die gemeinsame Lebensführung gelingt.

Tiererziehung ist so gesehen Teil der hoch individualisierten Gesellschaft und eingebunden in gesellschaftliche und soziale Diskurse. Hundeschulen gehören zum Standardprogramm einer modernen Tiererziehung. Angesichts der „Pädagogisierung der Hundehaltung" (Rutschky 2001, S. 173), der unübersehbaren Flut von Hunde(erziehungs)büchern, von Ratgebern, Tiersendungen im Fernsehen (vgl. „Der Hundeprofi" auf vox), vom medialen Hundependant der Super-Nanny etc. wäre es ein eigenes Vorhaben, die Vielfalt zu ordnen und im Hinblick auf den Wandel von Erziehungsvorstellungen zu untersuchen. Die Nähe und Differenz zwischen Mensch und Tier werden performativ zum Ausdruck gebracht, und in der pädagogischen Einwirkung auf den Vierbeiner wird letzterer zum Sozialpartner.

In Zeiten großer Verunsicherungen in der Kindererziehung bietet die Hundeerziehung ein weites Feld legitimierter Erziehungstätigkeiten. Die im Mittelpunkt der Tier- und Selbsterziehung des Menschen stehende Welpenerziehung wird zur komplizierten Aufgabe, die aus komplexen und rhythmisierten Tätigkeiten besteht. Der Mensch ist gefordert, zeitliche und räumliche Arrangements bereitzustellen. So soll man zum Beispiel zweimal monatlich mit dem Welpen „eine oder zwei kurze Bahnfahrten" (Hoefs, Führmann 2006, S. 54) unternehmen. Zur Vorbereitung wird empfohlen, sich mit dem jungen Hund an den Bahnsteig zu setzen und ein- und ausfahrende Züge zu beobachten. „Täglicher Hundekontakt, mindestens einmal wöchentlich Kontakt zu Gleichaltrigen" (ebd., S. 53) gehört zur Pflichtaufgabe. „Mehrmals wöchentlich kurze Kontakte" sollen zu „fremden Menschen" hergestellt werden, und dreimal wöchentlich zehn Minuten soll der Welpe ein Straßenverkehrsprogramm absolvieren, das etwa die Gewöhnung an schnellen, lauten Verkehr oder das Kennenlernen von Lastwagen oder Baumaschinen meint (vgl. ebd.). In der pädagogischen Gestaltung der Mensch-Hund-Beziehung ist der Mensch gefordert, sein Verhalten, seine Stimme und die Gesten, seine Anordnungen und Macht- und Bestrafungswünsche zu kontrollieren.

Neue Hundeerziehung

Diese Beziehungsgestaltung hat weitreichende Konsequenzen. Es entsteht ein neuer Blick auf das Tier, indem die Natürlichkeit des Hundes zur Disposition steht. Der neue Hund ist der zivilisatorisch in die menschliche Lebenswelt eingebundene Hund. Leitbild ist nicht länger der Vierbeiner, der sich in Feld und Natur seiner Natur entsprechend wohl fühlt, sondern das Tier, das als „companion dog" Teil der zunehmenden verstädterten Lebensweise des Menschen wird. „Metrodog" nennen die bekannten amerikanischen Dog Trainer Brian Kilcommons und Sarah Wilson die neuen Begleiter des urban living. Nur der erzogene und in die urbane Welt des Menschen einsozialisierte Hund, so die Botschaft, ist heute frei, wobei die urbanen Lebenswelten für die Hunde spannender und artgerechter sein können als ein anregungsarmes Landleben. Die Stadt wird so zum natürlichen Umfeld des Tieres. Der Mensch hat in dieser

Urbanisierung des Tieres die Aufgabe, den Hund zu erziehen. Das ist nicht weiter verwunderlich. Auffallend ist jedoch, dass jenseits von Erziehungsmitteln, die zum Einsatz kommen sollen, der Mensch selbst eine zentrale Position bekommt. Der Mensch wird zum Vorbild für den Hund – „Being a role model" lautet die Vorgabe. Die kommandogerechte, instrumentell ausgerichtete Erziehung ist zweitrangig, entscheidend auf dem Weg zum Metrodog ist, dass der Mensch sein Verhalten und seine Ausdrucksweisen kontrolliert, um dem Tier Orientierung und Verhaltenssicherheit zu geben. Diese Vorbildfunktion kann der Mensch nur erfüllen, wenn er sensibel und einfühlsam mit dem Tier umgeht (vgl. S. 68-71). In der neuen Hundeerziehung sind der Mensch und sein Umfeld das entscheidende Bezugssystem des Tieres.

„Your pup will look to you. [...] If you want the pup to accept that noisy bus, you accept it. Keep your breathing even and regular, walk at a relaxed pace, speak in a happy, cheerful tone. Your pup will understand that everything is okay. But if, when your pup leaps in fear, you hold your breath, speak in a worried tone, and stroke him quickly, he will read your concern and add it to his. So model the behavior you want and you will be more likely to get it" (Kilcommons, Wilson 2001, S. 55).

Im Unterschied zur zentralen Wirkung der Umwelt im Sinne Rousseaus, ist hier der Erzieher in besonderer Weise gefordert. Er muss über seine Wünsche und Bedürfnisse Bescheid wissen, seine Verhaltensweisen bewusst planen sowie seine Stimme und die Stimmlage kontrollieren. „Act as you want the dog to act" (ebd., S. 55). Eine so verstandene Hundeerziehung ist ohne die entsprechende Menschenerziehung nicht denkbar.

Im Falle einer nicht geglückten Mensch-Hund-Beziehung raten die amerikanischen Hundeexperten dazu, innezuhalten. „Think of new ways to teach her, read books, look at videos, consult your veterinarian, meet with a qualified trainer/behaviorist, take a nap, but don't get mad" (ebd., S. 153).

Schläge und der Verlust von Kontrolle sind ausgeschlossen. Die neue Hundeerziehung bedarf des kontrollierten Menschen, der als verantwortungsvoller Erzieher, als verantwortungsvolle Erzieherin die Aufgaben ernst nimmt. Das Lesen von Ratgebern gehört ebenso dazu wie zum Beispiel das Aufsuchen von therapeutisch ausgerichteten Beratungssituationen.

Der moderne Verhandlungshaushalt und die neue Hundeerziehung

In Zeiten wirtschaftlicher und sozialer Verunsicherungen, die einher mit der Pluralisierung und Individualisierung von Lebensstilen gehen, besteht vermehrter Orientierungsbedarf. Das Ende des Befehlshaushaltes ist zwar propagiert, aber längst nicht bewältigt. Polarisierungen wie „Aggressive Parenting“ und „Kuschelpädagogik“ sind populär (vgl. den Diskurs um Amy Chua, vgl. hierzu Irle 2011) und Erziehungsschriften, die im Sinne von verstärkter Disziplin Erziehungsmut einfordern, sind en vogue. Sie versprechen ihren AutorInnen nicht zuletzt wirtschaftlichen Erfolg.

Diese Sehnsucht nach vermehrter Akzeptanz des Befehlshaushaltes bei gleichzeitiger Verbreitung des Verhandlungshaushaltes findet ihr Gegenüber in der Hundeerziehung. Die neue Hundeerziehung ist zu einer komplexen und anspruchsvollen Aufgabe geworden. Hunde erziehen, das heißt, wie mit Blick auf die Welpenerziehung deutlich gemacht wurde, zunächst sich selbst kontrollieren und zivilisieren. Nicht nur das Tier wird zum Partner des Menschen, sondern der Mensch wird zum Partner des Tiers. Die Freiheit des Metrodogs besteht in seiner erfolgreich absolvierten Erziehung. Der Cosmopolitan Canine soll – gut erzogen – glücklich sein. Im Unterschied zu den geöffneten Käfigen der Französischen Revolutionszeit besteht das aktuelle Glück im aufmerksamen, sensiblen und stets kontrolliertem Umgang mit dem Tier. Menschen können sich und ihre Erziehungskompetenz erproben, wenn es um Er- und Beziehung geht und in bekannter Ratgebermanier heißt: „Hunde brauchen Grenzen“ (Grewe, Meyer 2010).

Weisen zum Beispiel aktuelle Konzepte von doing family (vgl. Lange 2007) auf die vielfältigen Herausforderungen hin, Familie heutzutage herzustellen, so fügen sich die modern erzogenen Hunde und ihre Menschen hier ein. Als Familienhunde sind sie Partner des Kindes/der Kinder, die sich ihrerseits in der Regel gerne als Erziehende erproben. Derzeit fehlen pädagogisch-ethnografische Studien zum Erziehungsverhalten der Kinder – so wäre etwa zu fragen, ob und wie Kinder in Abhängigkeit vom Erziehungsstil der Eltern auf Tiere einwirken, wie die Tiere auf die kindlichen und die erwachsenen Erzieher reagieren, ob und welche Unterschiede bestehen und wie sich die kindlichen Erziehungsverhältnisse deuten lassen.

Als Companion Dogs jedenfalls sind die Tiere mit menschlichen Erziehungswünschen konfrontiert, die durchaus an die Erziehungspraxen im Umgang mit Kindern erinnern, was die aktuelle Frage nach dem Subjektstatus aufkommen lässt. Die neuere Kindheitsforschung untersucht Kinder als Akteure und greift mit dem Konzept „agency“ die Gestaltung des Alltags auf, in dem „Kinder nicht nur reagieren, sondern in empirisch variierendem Ausmaß selbst als Akteure wirken“ (Lange 2007, S. 252). Vergleichbare Ansätze finden sich – und das ist bemerkenswert – in der neueren Tierforschung. Beide Seiten, Mensch und Hund, agieren und stellen sich den Herausforderungen, die aktiv gestaltet werden (vgl. den Beitrag von Naumann und Fuhs in diesem Band, vgl.

Steinbrecher 2009). In der Praxis ist die Erziehung von Hunden eine komplexe Aufgabe geworden, die nur wenig Anschluss zu klassischen Vorstellungen von Dressur hat, wie sie etwa in den Ausführungen Buebs zum Vorschein kamen.

Die hiesigen Überlegungen zur Tiererziehung als Menschenerziehung verstehen sich als Arbeit an der pädagogischen Grenze [hier sei noch auf das neue Heft der Historischen Anthropologie mit dem Thema: Tierische (Ge)Fährten, hg. von Aline Steinbrecher und Gesine Krüger, verwiesen, das vor Drucklegung des vorliegenden Aufsatzes noch nicht erschienen war]. Während die pädagogische Disziplin Erziehung nur als Erziehung von Menschen definiert, ist im Alltagsverständnis von Erziehung der Begriff längst über die Grenze zum Tier gewandert und hat seinen festen Platz in Familien, Hundeschulen, Internetforen und Ratgebern gefunden. Eine Untersuchung der neueren Hundeerziehung nach ihren Handlungskonzepten und Tier-Menschen-Bildern zeigt, dass es zu einer Entgrenzung von Mensch und Hund gekommen ist. Menschen- und Tiererziehung haben sich in ähnlichen, aufeinander bezogenen Prozessen in eine Richtung verändert, die sich mit Begriffen wie Kommunikation, Bindungsstärkung, klare soziale Strukturen, Gewaltfreiheit und Herausbildung von Kompetenzen beschreiben lassen, die ein erfolgreiches Handeln in definierten Kontexten möglich machen.

Literatur

Beetz, Andrea M. (2009): Psychologie und Physiologie der Bindung zwischen Mensch und Tier. In: Otterstedt, Carola/Rosenberger, Michael (Hrsg.): Gefährten – Konkurrenten – Verwandte. Die Mensch-Tier-Beziehung im wissenschaftlichen Diskurs. Göttingen: Vandenhoeck & Ruprecht, S. 133-152.

du Bois-Reymond, Manuela u.a. (Hrsg.) (1994): Kinderleben. Modernisierung von Kindheit im interkulturellen Vergleich. Opladen: Leske und Budrich.

du Bois-Reymond, Manuela unter Mitarbeit von Kathleen Torrance (1994): Die moderne Familie als Verhandlungshaushalt. Eltern-Kind-Beziehungen in West- und Ostdeutschland und in den Niederlanden. In: du Bois-Reymond, Manuela u.a. (Hrsg.) (1994): Kinderleben. Modernisierung von Kindheit im interkulturellen Vergleich. Opladen: Leske und Budrich, S. 137-219.

Brumlik, Micha (Hrsg.) (2007): Vom Missbrauch der Disziplin. Antworten der Wissenschaft auf Bernhard Bueb. Weinheim: Beltz.

Bueb, Bernhard (2006): Lob der Disziplin. Eine Streitschrift. Berlin: List

Chua, Amy (2011): Die Mutter des Erfolgs. Wie ich meinen Kindern das Siegen beibrachte. München: Nagel & Kimche.

dogforum – http://www.dogforum.de/kinderersatz-tier-t131506.html (13.7.2011).

Ecarius, Jutta (2007): Familienerziehung. In: Ecarius, Jutta (Hrsg.): Handbuch Familie. Wiesbaden: VS Verlag für Sozialwissenschaften, S. 137-156.

Feddersen-Petersen, Dorit Urd (2010): http://www.br-online.de/content/cms/Universalseite/2010/10/06/cumulus/BR-online-Publikation-ab-01-2010—228911-20101006144730.pdf.

Foucault, Michel (1976): Überwachen und Strafen. Die Geburt des Gefängnisses. Frankfurt am Main: Suhrkamp.

Grewe, Michael/Meyer, Inez (2010): Hunde brauchen klare Grenzen. Gesetze einer Freundschaft. Stuttgart: Franckh-Kosmos.
Gudjons, Herbert (1994): Pädagogisches Grundwissen. Überblick – Kompendium – Studienbuch. Bad Heilbrunn: Julius Klinkhardt.
Hävernick, Walter (1964). Schläge als Strafe. Ein Bestandteil der heutigen Familiensitte in volkskundlicher Sicht. Hamburg: Museum für Hamburgische Geschichte.
Hafeneger, Benno (2011): Strafen, prügeln, missbrauchen. Gewalt in der Pädagogik. Frankfurt am Main: Brandes und Apsel.
Hagenbeck, Carl (1909): Von Tieren und Menschen. Erlebnisse und Erfahrungen. Berlin: Vita.
Harten, Hans-Christian und Elke (1989): Die Versöhnung mit der Natur. Gärten, Freiheitsbäume, republikanische Wälder, heilige Berge und Tugendparks in der Französischen Revolution. Reinbek bei Hamburg: Rowohlt.
Historische Anthropologie: Kultur – Gesellschaft – Alltag (2011). Jg. 19, Heft 2: Tierische (Ge) Fährten. Hrsg. Von Aline Steinbrecher, Gesine Krüger. Köln: Böhlau.
Hoefs, Nicole/Führmann, Petra (2006): Das Kosmos Erziehungsprogramm für Hunde. Stuttgart: Franckh-Kosmos Verlag.
Der Hundeprofi http://www.vox.de/cms/sendungen/der-hundeprofi.html (10.6.2011).
Irle, Katja (2011): Das Muttermonster http://www.fr-online.de/panorama/das-muttermonster/-/1472782/7129604/-/index.html (28.5.2011).
Johnson, William (1992): Zauber der Manege? Der grausame Alltag der Tiere im Zirkus, Tierschau und Delphinarium. Hamburg.
Kilcommons, Brian/Wilson, Sarah (2001): Metro-Dog. A Guide to Raising Your Dog in the City. New York: Warner Books.
Lange, Andreas (2007): Kindheit und Familie. In: Ecarius, Jutta (Hrsg.): Handbuch Familie. Wiesbaden: VS Verlag für Sozialwissenschaften, S. 239-259.
Langness, Anja u.a. (2006): Jugendliche Lebenswelten: Familie, Schule, Freizeit. In: Shell Deutschland Holding (Hrsg.): Jugend 2006. Eine pragmatische Generation unter Druck. Konzeption und Koordination: Klaus Hurrelmann, Mathias Albert, TNS Infratest Sozialforschung. Frankfurt am Main: Fischer Taschenbuch Verlag, S. 49-102.
Marotzki, Winfried (2006): Erziehung. In: Krüger, Heinz-Hermann/Grunert, Cathleen (Hrsg.): Wörterbuch Erziehungswissenschaft. Opladen, Farmington Hills: Verlag Barbara Budrich, S. 146-152.
Miodragovic, Milos (2002): Hundeausbildung leicht gemacht. Der sanfte Weg zur Unterordnung. Cham: Müller Rüschlikon Verlag.
Oelkers, Jürgen (2001): Einführung in die Theorie der Erziehung. Weinheim u.a.: Beltz.
Ohl, Frauke (2006): Körpersprache des Hundes. Ausdrucksverhalten erkennen und verstehen. Stuttgart: Eugen Ulmer.
Peuckert, Rüdiger (2002): Familienformen im sozialen Wandel. Opladen: Leske u. Budrich.
Peuckert, Rüdiger (2008): Familienformen im sozialen Wandel. Wiesbaden: VS Verlag für Sozialwissenschaften.
Rendtorff, Barbara (2007): Geschlechteraspekte im Kontext von Familie. In: Ecarius, Jutta (Hrsg.): Handbuch Familie. Wiesbaden: VS Verlag für Sozialwissenschaften, S. 94-111.
Rheinz, Hanna (1994): Eine tierische Liebe. Zur Psychologie der Beziehung zwischen Mensch und Tier. München: Kösel.
Rutschky, Katharina (2001): Der Stadthund. Von Menschen an der Leine. Reinbek bei Hamburg: Rowohlt.
Steinbrecher, Aline (2009): „In der Geschichte ist viel zu wenig von Tieren die Rede (Elias Canetti) – Die Geschichtswissenschaft und ihre Auseinandersetzung mit den Tieren. In: Otterstedt, Carola/Rosenberger, Michael (Hrsg.): Gefährten – Konkurrenten – Verwandte. Die Mensch-

Tier-Beziehung im wissenschaftlichen Diskurs. Göttingen: Vandenhoeck & Ruprecht, S. 264-286.
Stubentiger stundenweise (2010). In: Ein Herz für Tiere. Sonderheft: Tiere des Jahres. Höhepunkte 2009, 1/2010, S. 18.
Thiersch, Hans (2007): Die Verführung regider Verkürzungen. Zur Attraktivität von Bernhard Bueb: Lob der Disziplin. In: Neue Praxis 2, S. 177-188.
World Vision Deutschland e. V. (Hrsg.) (2007): Kinder in Deutschland 2007. 1. World Vision Kinderstudie. Konzeption und Koordination: Klaus Hurrelmann, Sabine Andresen, TNS Infratest Sozialforschung. Frankfurt am Main: Fischer Taschenbuch Verlag.
Zinnecker, Jürgen (1985): Kindheit. Erziehung. Familie. In: Jugendliche und Erwachsene '85. Generationen im Vergleich. Arthur Fischer u.a. hg. vom Jugendwerk der Deutschen Shell. 3. Bd.: Jugend der fünfziger Jahre heute. Opladen: Leske und Budrich, S. 97-292.

Sophie A. Naumann | Burkhard Fuhs

Kind und Hund als Akteurs-Duo

Welche grundlegenden Ziele verfolgen ein Kind und ein Hund, wenn sie zusammen Hundesport betreiben, an einer Hundeschule lernen oder im Zuchtkontext auftreten? Handelt nur der Mensch, und der Hund fügt sich ein, oder handelt es sich um ein Akteurs-Duo? Im Folgenden beziehen wir uns auf Beobachtungen, die wir in unterschiedlichen Handlungsfeldern gemacht haben (vgl. den Aufsatz von Fuhs und Naumann in diesem Band) und vertreten die These, dass Kinder und Hunde ein Interaktionsgefüge bilden, das bisher in der pädagogischen, soziologischen und kulturwissenschaftlichen Kindheitsforschung vernachlässigt wurde. Welche Bedingungen sind an eine gelingende Kind-Hund-Interaktion geknüpft? Wie lässt sich die Kommunikation von Kind und Hund bewerten? Diese Fragen liegen den nachfolgenden Betrachtungen zugrunde, die auf der Basis von empirischen Studien Aussagen zu Mensch-Tier-Beziehungen innerhalb eines kindlichen Freizeitbereichs treffen wollen, der bisher in der wissenschaftlichen Betrachtung recht stiefmütterlich behandelt wurde.

Methodisch wird bei den Beschreibungen und Aussagen auf Erkenntnisse einer phänomenologischen Herangehensweise zurückgegriffen. Es geht uns um eine „voraussetzungslose Beschreibung" mit dem Ziel, eine interessenlose Erkenntnis zu gewinnen (Lippitz 1993: 27). Das ist in einem Feld, in dem vielfältige Interessen zum Tragen kommen (Eltern, Kinder, Hundeexperten unterschiedlicher Provenienz oder Tierschützer), nicht immer einfach. Im Folgenden findet eine Analyse des Kind-Tier-Hund-Verhältnisses statt, die erstens auf den Beobachtungen basierten, die im Rahmen der Nationalen und Internationalen Rassehundeausstellung 2010 in Erfurt gewonnen wurden, und zweitens auf den im Jahr 2010 geführten Interviews mit Kindern und Erwachsenen aus den Bereichen Hundesport, Hundeschulen und Hundezucht.

Menschen, die sich entschließen, ein Verhältnis zu einem Hund aufzubauen, steht ein weites Betätigungsfeld offen, das sich zwischen privaten und öffentlichen Räumen bewegt. Die Interaktionsmöglichkeiten und das Gelingen von Mensch-Hund-Beziehungen sind maßgeblich vom Charakter des Raumes bestimmt.

Im privaten Raum, der oft an einen Privathaushalt oder Familienkontext gekoppelt ist, verläuft die Mensch-Tier-Interaktion wesentlich konfliktfreier und harmonischer als dies im öffentlichen Raum der Fall ist. Zweifelsohne gibt es auch hier misslungene Beziehungen, wie sie auch auf der Rassehundeausstellung im Rahmen einer „tierisch tierisch" Veranstaltung des MDR, die um die Vermittlung von Tierheimtieren bemüht ist, zur Sprache kamen.

Der öffentliche Raum ist demgegenüber stark durch eine polarisierende Sichtweise auf den Hund geprägt. Hundebesitzer, Hundeliebhaber und Menschen, die die Gegenwart friedlicher Hunde akzeptieren, stehen jenen gegenüber, die als Hundegegner Hunde stets an der Leine und bestenfalls gar nicht im Stadtbild sehen wollen. Diese opponierenden Ansichten, die beide ihre Berechtigung haben, bergen ein Konfliktpotenzial, das sich negativ auf die Mensch-Tier-Beziehungen auswirkt.

Mensch-Hund-Interaktionen und ihre Konflikte in öffentlichen Räumen wären ein eigenes Thema. Im Folgenden werden jedoch Räume betrachtet, die durch klare Regeln und Verhaltensnormen gerahmt sind und einen privat-öffentlichen Charakter haben. Dies sind solche Räume (wie Ausstellungshallen, Hundeplätze), die erstens einer Öffentlichkeit zugänglich sind, aber zweitens trotzdem eine gewisse Abgeschlossenheit besitzen und eine Interessensgruppe weitestgehend von den anderen Mitmenschen abgrenzt, um einen störungsfreien Alltag gewährleisten zu können. Nach dem Konzept des „verinselten Lebensraums" von Zeiher & Zeiher können diese Räume auch als „Funktionsräume" bezeichnet werden: „Zunehmend mehr Stücke der räumlichen Welt sind funktionsgebunden, davon die meisten für die Nutzung durch Erwachsene. [...] Einer räumlichen Welt, in der viele Funktionsräume ausdifferenziert und zu voneinander getrennten Inseln geworden sind, entspricht [...] das Modell des verinselten Lebensraums" (Zeiher/Zeiher 1994: 26f.).

Funktionsräume, in denen sich Hunde frei bewegen können, sind etwa Hundewiesen, Hundesportplätze und Hundebadestrände. Neben diesen abgegrenzten oder abgelegenen Orten des öffentlichen Raums ermöglichen aber auch Vereine, die Hundesport, Familienprüfung, Dogdancing, Agility, Begleithundprüfung usw. anbieten oder aber Zuchtinteressen vertreten, einen privat-öffentlichen Funktionsraum für Hundebesitzer und -liebhaber. An dieser Stelle ist festzuhalten, dass wir es bei der Kultur mit Hunden mit drei unterschiedlichen Raumtypen zu tun haben: der Privatraum (Haus, Wohnung, Garten), der öffentliche Raum (Straßen, Plätze, Parks) und die definierten Rauminseln der Hundekultur. Für jeden Raumtypus gibt es Verhaltensstandards, die Kinder,

Erwachsene und Hunde einhalten müssen, wenn es nicht zu Konflikten kommen soll.

Auch Kinder haben Zugang zu den verinselten Hund-Mensch-Interaktionsräumen. Hier bieten sich verschiedene Partizipationsmöglichkeiten, von denen nun der Kontext der Hundesport-, Hundeschul- und der Zuchthundeausstellung näher beleuchtet werden soll.

Dem Internetauftritt des Deutschen Verbands der Gebrauchshundsportvereine (DVG) ist zu entnehmen, dass die Hauptsparten des Hundesports „Team- und Begleithund-, Fährten- und Schutzhundausbildung, Turnierhundsport mit den Disziplinen Vierkampf, Gelände-, Hindernislauf sowie Agility, Dog-Frisbee und Fly-Ball“ sind. Diese Vielfalt an Disziplinen soll für jeden interessierten Hundehalter etwas Passendes bereithalten. Zur Basisausbildung gehört die Begleithundausbildung, aber nicht nur in diesem Bereich können Kinder und Jugendliche mitwirken. Bei den DVG Jugendmeisterschaften waren die Disziplinen Begleithund, Obedience, Agility, Vierkampf (Hürdenlauf, Slalom, Hindernislauf, Lauf), Geländelauf und Combination-Speed-Cup (CSC) vertreten. Im Rahmen unserer Interviews haben die Kinder von Erfahrungen in vielen Bereichen berichtet. Die 16-jährige Caro etwa erzählt, dass sie die Familien- und Begleithundausbildung macht.

„Wir machen in unserer Gruppe Unterordnung, Sitz, Platz, Fuß und trainieren auf die Prüfung hin, Familien- und Begleithundeprüfung. […] Also ich mach seit zwei Jahren immer mit. Die Prüfung ist jedes Jahr. […] Das war so ein Hindernislauf und mit Theorieteil. Zuerst mussten wir mit unseren Hunden über die Hindernisbahn. Das waren ganz verschiedene Hindernisse: Springen, Durchkriechen, Drüberlaufen, Klettern; so auch Alltagssituationen, verschiedene Böden. Und das ging, wenn möglich, nach Zeit so schnell wie möglich.“

Tim, zwölf Jahre alt, erklärt: „Also ich habe eine Fährtenprüfung gemacht. Da läuft jemand auf dem Feld und stapft Spuren und der Hund muss die Spuren verfolgen.“ „Hundesport“, so die 15-jährige Annekathrin, „habe ich mit meinem Golden Retriever schon gemacht. Sachen wie Fly Ball oder Dog Dance. Und da geht er drin auf.“

Mehrere unserer erwachsenen Interviewpartner kommentierten die Kinderaktivitäten und stellten in der pädagogischen Bewertung Parallelen zu Sportvereinen her: „alle Kinder, die in einem Verein wirken, ob Fußball, Handball, Hundesport und und und ... werden letztendlich bessere Menschen, wie die, die draußen keiner Beschäftigung nachgehen“ (Herr Scheunemann).

Im Bereich des Hundesports kommen mehrere Motive zusammen, die zu einer besonderen Leistung von Hund und Mensch führen. Ziel des Hundesports ist, dass der Spiel-, Beute- und Bewegungstrieb der Hunde im Rahmen seiner Anlagen ausgenutzt wird, um die Leistung des Tiers in ausgewählten

Bereichen zu steigern. Diese Anlagen müssen zunächst vom Menschen erkannt und durch eine eingeübte Kommunikation zum Vorschein gebracht werden, wozu es besonderer Fähigkeiten bedarf. Der Hund wird durch besondere Zuwendungen belohnt. Dabei entwickelt auch der Hundehalter sportlichen Ehrgeiz und versucht, Anerkennung für seine Arbeit mit dem Tier zu gewinnen. Mensch und Hund gehen also mit unterschiedlichen Motiven und Zielen in die sportlichen Aktivitäten, sind aber auf die gegenseitigen Fähigkeiten und Fertigkeiten angewiesen. Die unterschiedliche Motivlage ist z.B. am Hundesport-Hindernislauf erkennbar. Während der Hund seinem Spieltrieb und Beuteverlangen nach einem Leckerli nachgeht, ist das Kind darauf bedacht, das Tier in möglichst wenig Zeit in der richtigen Reihenfolge der Hindernisse durch den Parcours zu bringen.

Zwischen Hundesport und der Hundeschule gibt es Überschneidungen, aber letztere hat ihren Aufgabenschwerpunkt in der ‚Erziehung' des Hundes und des Menschen für den Alltag. Ein Hundeschulleiter aus Weimar beschreibt die Aufgaben seiner Schule:

„Also die Hundeschule hat drei Säulen: Einmal ist das die Pension. Dann die so genannte Fremderziehung, das heißt, Leute geben drei oder sechs Wochen ihre Hunde hierher. Die Tiere werden dann ausgebildet und wieder übergeben. Die Leute werden ordentlich eingewiesen, bekommen eine DVD mit und können dann immer einmal in der Woche kommen. Die dritte Säule sind die so genannten Einzelkurse. Das heißt, die Leute kommen mit ihrem Hund und bekommen einen Trainer, der dann mit ihnen individuell trainiert."

Die Einbindung der Kinder erfolgt in der Hundeschule u.a. im Rahmen der Familienhundausbildung. Hier ist es wichtig, dass die ganze Familie teilnimmt, damit alle richtig mit dem Tier umgehen, beziehungsweise der Hund auf alle hört.

Ein Hauptziel der Ausbildung in Hundeschulen ist die Vorbereitung des Hundes auf den öffentlichen Raum, damit es zu gelingenden Mensch-Tier-Interaktionen kommt. Dem Hund wird Gehorsam antrainiert, der ein Stück weit Kontrolle über die Instinkte bedeutet. Auch hier ist die Mensch-Tier-Kommunikation zentral. Ein weiterer Bereich der Kind-Hund-Interaktion ist das Ausstellen, das wir im Rahmen der Erfurter Rassehundausstellung beobachtet haben. Für Kinder (vor allem von Züchtern) ist das sogenannte Juniorhandling interessant.

„Der Junior-Handling-Wettbewerb ist die Vorbereitung junger Hundefreunde auf ein späteres Vorführen von Hunden auf Rassehund-Ausstellungen. Er bietet interessierten Jugendlichen die Möglichkeit, auf spielerische Art in sportlichem, freundschaftlichem Wettbewerb den Umgang mit Hunden verschiedener Rassen im Ring zu erlernen und zu üben" (VDH 2009: 2004).

Oft ist es ein Hund der Familie, der auf der Ausstellung präsentiert wird, manchmal gehört aber der Hund nur dem Kind. Die Zucht liegt jedoch in der Hand der Erwachsenen, wobei auch Kinder in diesem Bereich Interesse zeigen. So antwortete ein elfjähriger Junge auf die Frage, warum er an der Ausstellung teilnehme: „Ich wollte mal meinen Mops zeigen, wollte zeigen, dass selbst ein Kind züchten kann." In diesem Zitat wird kindlicher Stolz sichtbar, wie die Erwachsenen züchten zu können. Zugleich zeigt sich auch ein kindlicher Wunsch nach Anerkennung. Selbstverständlich ist auch dieses kindliche Handeln generational gerahmt, aber wir haben den Jungen allein mit seinem Mops angetroffen, wo er sehr kompetent über den Wettbewerb Auskunft geben konnte.

Beim Juniorhandling sind zwei Bewertungssysteme miteinander kombiniert. Präsentiert wird ein Hund einer bestimmten Rasse, was Ausdruck einer kulturellen Formung des Hundes im Zuge züchterischer Leistung ist. Dazu kommt, dass das jeweilige Tier in einer bestimmten Art und Weise vorgestellt werden muss. Die Rassemerkmale sollen vorteilhaft dargestellt werden. Daher trainiert das Kind im Juniorhandling bestimmte Verhaltensmuster mit dem Tier, die in der Öffentlichkeit gezeigt werden sollen. Auch wird die Motivation des Hundes durch Belobigungen und Zuwendungen gefördert. Das Juniorhandling ist eine Kombination aus (gezüchteten) Rassestandards, dem Handeln des Hundes und dem des Kindes. Die Leistung muss im Ring – vor dem Richter – auf den Punkt gebracht werden und das Juniorhandling ist nur erfolgreich, wenn auch der Hund aktiv seinen Part erfüllt. Letzteres aber ist nicht selbstverständlich. Es gibt durchaus auch erfahrene Vorführer von Hunden, die eingestehen, dass eine Vorführung nicht geklappt habe, weil der Hund nicht in der Stimmung gewesen sei. Was für die Praxis selbstverständlich ist, wirft für ein wissenschaftliches Handlungskonzept von Kindheit theoretische Fragen auf.

Akteur, Agency und Akteurs-Duo

Sozialwissenschaftlich gesehen sind für den Bereich der Kind-Hund-Interaktion Latours „Akteur-Netzwerk-Theorie" und der „Agency"-Begriff aufschlussreich. Auch wenn die Mensch-Tier-Beziehung aus Sicht vieler Kinder und auch Erwachsenen als kameradschaftlich oder partnerschaftlich betrachtet wird, ist es problematisch, eine rein menschliche Beziehungsidee auf eine Mensch-Tier-Beziehung zu übertragen. Der Grund hierfür liegt unter anderem in den verschiedenen Interessenslagen, die beide Seiten zum Handeln motivieren. Zwar wurde von den Kindern angedeutet, dass auch die Hunde Spaß am Training haben, aber da der Hundehalter dies nur durch seine Empathiefähigkeit über die Körpersprache des Tiers interpretierend ablesen kann, wird er nie mit Sicherheit eine zutreffende Einschätzung der Gefühlslage des Tiers geben können. „Empathie ist für mich", so Karin Jürgens in einem Kolloquium der Stiftung Bündnis Mensch & Tier, „immer auch mit Nichtwissen verbunden, weil ich das Tier nicht in all seinen Facetten erklären und nachfühlen kann" (in Otterstedt/Rosenberger 2009: 50). Deutlich wird diese Divergenz der Motivation von Mensch und Tier am Beispiel der Hundesportart Hindernislauf. Bei dieser Hundeaktivität von einer Sportaktivität zu sprechen, bedeutet, dass man eine zutiefst menschliche Perspektive einnimmt. Der Hindernislauf mit Hund entspricht kaum der Aktivität eines Rudels, das spielt, jagt und über Hindernisse springt.

Solchen Konstruktionen liegt das Deutungsmuster einer Hierarchie zwischen Kind und Hund zugrunde, bei der der Mensch der Handelnde ist und dem Tier ein verdinglichter Status beigemessen wird (vgl. Steinbrecher 2009: 273). Diese Sichtweise ist in jüngster Zeit zunehmend in die Kritik geraten, beispielsweise durch den im Kontext der Human-Animal Studies verwendeten Begriff der „Agency". Der mit „Wirkungsmacht" zu übersetzende Begriff gründet in der „Annahme, dass auch Tieren eine eigene Agency, also eine historische Wirkungsmacht zuzuschreiben sei" (ebd.: 272). Da „Agency kein intentional gefasstes Handeln" ist, sondern die „Fähigkeit zu agieren" meint, kann diese Fähigkeit auch Tieren zugestanden werden, die damit nicht mehr bloße Objekte sind.

An dieser Stelle ist auch ein entscheidender Unterschied des Agency Begriffs zu Latours Akteur-Netzwerk-Theorie lokalisiert. In dieser ist der Akteur als ein „bewusst und planvoll handelndes Individuum" beschrieben (ebd: 273). Der Mensch in der Kind-Hund-Beziehung kann also den Akteur-Part einnehmen, nicht aber das Tier. Es gibt jedoch die Möglichkeit, dass auch Dinge (also erst recht der Hund als Lebewesen) einen Akteur-Status erlangen, wenn sie in einer Handlungseinheit mit dem Menschen verschmelzen.

In einem Aufsatz schlägt Latour 1998 vor, im Kontext des Schießens mit Waffen sowohl Mensch als auch Waffe als Agenten zu bezeichnen, die ein Handlungsprogramm und gemeinsame Ziele/Intentionen haben (Latour 1998: 31). Durch diese konkrete Handlungssituation entsteht ein so genannter neuer hybrider Agent, bei dem die Subjekt-Objekt-Unterscheidung aufgehoben ist. In der Akteur-Aktant-Terminologie Latours stellt der Mensch den Akteur und die Waffe den Aktanten dar. Da das ursprüngliche Handlungsprogramm des Menschen durch das Hinzukommen der Waffe verändert wurde, sich also menschliche Handlungsziele verschieben, entsteht im Zusammenwirken der „Hybrid Akteur" (ebd.: 35). Gemeinsam nehmen sie eine Rolle an, die sie einzeln nicht erfüllen könnten, sie funktionieren in einem Netzwerk.

Mit dem Agency-Begriff kann der Versuch unternommen werden, den Hund als handelndes Individuum über den Aktanten-Status hinaus zu einem eigenständigen ‚Akteur' zu machen (Steinbrecher 2009: 273). Dieser unterscheidet sich zwar von dem Akteur Mensch, aber bereits der Vergleich ‚Hund – technisches Schussgerät' lässt zweifeln, ob beide auf einer gleichen Aktanten-Stufe stehen können. Ein Tier kann durch eigene Ziele, selbst wenn diese nur instinktbestimmt gedacht werden, einer intendierten Handlungseinheit weit mehr entgegensetzen, als Technik dies vermag. Diese Wirkungsmacht des Hundes deutet sich auch in bereits erwähnten Aussagen der Kinder an, die bemerken, dass eine Vorführung oder ein Training aufgrund der Lustlosigkeit des Hundes nicht funktioniert.

Untersucht man das Handeln von Kindern und Hunden im Kontext von Ausstellungen oder Hundeschulen, so trifft man auf ein gemeinsames Agieren, das durch Kommunikation und durch eine gemeinsame „Geschichte" des Lernens miteinander und voneinander gekennzeichnet ist. Für diese spezifische Konstellation, die sich auch durch Bindung auszeichnet, ist der Agency-Begriff unserer Meinung nach missverständlich und nicht hinreichend.

Deshalb schlagen wir vor, für die von uns untersuchten kulturellen Handlungsmuster Hund und Mensch als Akteurs-Duo in einem Netzwerk zu bezeichnen, in dem die beiden Handelnden miteinander kommunizieren, um bei unterschiedlichen Motiven ein gemeinsames Agieren zu ermöglichen.

In den vorgestellten Bereichen der Kind-Hund-Interaktion, die auf eine definierte Form des gelingenden Handelns zielen, ist es unabdingbar, dass beide Teilnehmenden die Sprache des Anderen verstehen, kennen und befolgen, damit das Handeln koordiniert werden kann. Dies geschieht nicht automatisch, sondern muss von Mensch und Hund trainiert werden. Das Kind verfolgt in der professionellen Beschäftigung mit dem Hund ein bestimmtes Ziel, das es aber nur unter der aktiven Mitwirkung des Tiers erreichen kann. Daher muss dem Kind bewusst sein, dass es dem Hund etwas zurückgeben muss, das ihn in ähnlicher Weise befriedigt, wie der Hund dies für den Menschen tut. Somit zeigt sich, dass die Motivationen von Mensch und Tier gar nicht so unterschiedlich sind, denn beide sind auf eine Beziehung bedacht, die die eigenen Bedürfnisse durch Erfüllung der Bedürfnisse des Anderen befriedigt. Dies kann nur auf Grundlage einer gelingenden Kommunikation funktionieren. Ein grundlegender Unterschied ist jedoch, dass der Mensch das Beziehungsgefüge reflektieren kann, das Tier jedoch nicht. Hier ist jedoch anzumerken, dass die Kategorie des Reflektierens entwicklungspsychologisch gedacht werden muss.

Die Frage nach der Definition des Kind-Hund-Verhältnisses als Akteurs-Duo muss auch in einem historischen Kontext betrachtet werden. Im Verlauf der vergangenen Jahrzehnte hat sich das Rollenbild des Hundes vom Gebrauchshund zum Familienhund gewandelt. Salopp gesagt: Für die vielen Wachhunde an der Kette und im Zwinger kann von einem Akteurs-Duo nicht die Rede sein. Das gemeinsame Handeln als Akteurs-Duo zu beschreiben ist keine Aussage darüber, welche Qualität diese Beziehung hat und wie diese ethisch zu bewerten ist. Es gibt schließlich durchaus kritische Stimmen zur Intensivierung der heutigen Beziehung zu Heimtieren (vgl. Vernooij 2009: 160; Feddersen-Petersen 2001: 182).

Kindliche Verantwortung – eine ausgeblendete Perspektive

Die Diskussion um den modernen Tierumgang und den Entwurf eines Akteurs-Duos wirft ethische Fragen für die Kind-Hund-Kultur auf. Kinder als Akteure der Beziehung zum Hund sind schon in jungen Jahren vor die Herausforderung gestellt, dass sie Verantwortung sowohl für das Tier als auch für ihr eigenes Handeln übernehmen müssen. Eine solche ethische Akteursperspektive auf Kindheit ist durchaus anschlussfähig an neuere Ansätze der Kinderwissenschaften, aber noch nicht entwickelt. In der modernen Kindheitsforschung wird das Kind selbst als sozialer Akteur gesehen, „der die Möglichkeiten und Beschränkungen seiner Handlungsbedingungen im Lichte seiner Handlungsziele kalkuliert und über Optionen entscheidet“ (Honig 1999: 140). Damit wird dem Kind zwar zugestanden, sich sogar schon im Grundschulalter „selbständig und kompetent in ursprünglich Erwachsenen vorbehaltenen Welten“ (ebd.: 146) zu bewegen. Der Bezug auf die Erwachsenenwelten macht in unserem Kontext deutlich, dass auch die Hundezucht und das Ausstellungswesen hier eingereiht werden müssen. Kinder heute haben einen großen Einfluss auf die Wahl eines Hundes und den Umgang mit ihm.

Aber die in der Soziologie gängige Akteursperspektive hält das Kind doch in einem Status von Unmündigkeit. Die ethische Dimension oder gar eine Pädagogik der Verantwortung, die das Kind übernehmen muss, bleiben unreflektiert (vgl. Fuhs 2001).

Das Akteurs-Duo Kind-Hund zeigt die Bestrebung, in gemeinsamen Handlungen und mit funktionierender Kommunikation und Kenntnis der gegenseitigen Bedürfnislage eine positive Beziehung aufzubauen, von der beide profitieren können. Der Mensch als jener Akteur des Duos, der ein Reflexionsvermögen bezüglich der Beziehung besitzt, trägt jedoch eine besondere Verantwortung gegenüber dem Tier, der Öffentlichkeit und sich selbst. Gesellschaftliche Wertmaßstäbe leiten den Umgang mit dem Tier und stellen heute beispielsweise den Anspruch, den Hund artgerecht zu erziehen, gleichzeitig aber auch, ihn in urbanen (nicht unbedingt hundegeeigneten) Lebensräumen alltagskompatibel zu sozialisieren. Kinder, die einen großen Teil ihrer Freizeitbeschäftigung der fachgerechten Ausbildung eines Hundes widmen, können einen wichtigen Teil dazu beitragen, das vor allem im öffentlichen Raum konflikthafte Mensch-Hund-Verhältnis zu verbessern. Ein Kind, das solche Aufgaben übernimmt, muss viel über soziale Interaktionen, das Tier, aber auch sich selbst lernen, um eine gelingende Beziehung zum Hund aufzubauen. Das Wissen, das es dabei erwirbt, ist jedoch nicht nur im Hundekontext anwendbar, sondern führt auch zu Kompetenzen, die ihm auch in anderen Lebensbereichen helfen können, die Anforderungen der Gesellschaft zu bewältigen.

Literatur

Berger, Peter L./Luckmann, Thomas (2003): Die gesellschaftliche Konstruktion der Wirklichkeit. Frankfurt a.M.: Fischer.

DVG Deutscher Verband der Gebrauchshundsportvereine (2010). www.dvg-hundesport.de/home/dvg/wer_sind_wir.html & home/jugend/jugendsportfest.html (15.11.2010).

Feddersen-Petersen, Dorit (2001): Hunde und ihre Menschen. Sozialverhalten, Verhaltensentwicklung und Hund-Mensch-Beziehung als Grundlage von Wesenstests. Stuttgart: Kosmos.

Fuhs, Burkhard (2001): Kindliche Verantwortung als biographische Erfahrung. In: Behnken, Imbke/Zinnecker, Jürgen (Hrsg.) (2001): Kinder, Kindheit, Lebensgeschichte. Ein Handbuch. Seelze-Velber: Kallmeyersche Verlagsbuchhandlung: 790-805.

Honig, Michael-Sebastian (1999): Entwurf einer Theorie der Kindheit. Frankfurt a.M.: Suhrkamp.

Latour, Bruno (1998): Über technische Vermittlung. Philosophie, Soziologie, Genealogie. In: Rammert, Werner (Hrsg.) (1998): Technik und Sozialtheorie. Frankfurt a.M.: Campus: 29-81.

Lippitz, Wilfried (1993): Phänomenologische Studien in der Pädagogik. Weinheim: Deutscher Studien Verlag.

Lippitz, Wilfried (2003): Differenz und Fremdheit. Frankfurt a.M.: Peter Lang

Milz, Helga (2009): Mensch-Tier-Beziehungen in der Soziologie. In: Otterstedt/Rosenberger, (2009): 236-256.

Olbrich, Erhard (2009): Bausteine einer Theorie der Mensch-Tier-Beziehung. In: Otterstedt/Rosenberger (2009): 158-181.

Otterstedt, Carola/Rosenberger, Michael (Hrsg.) (2009): Gefährten Konkurrenten Verwandte. Die Mensch-Tier-Beziehung in wissenschaftlichem Diskurs. Göttingen: Vandenhoek & Ruprecht.

Verband für das Deutsche Hundewesen (VDH) (2009): Junior-Handling. Vorführwettbewerb für Jugendliche. Dortmund: VDH.

Vernooij, Monika A. (2009): Beziehungsstrukturen zwischen Mensch und Tier in einer veränderten Gesellschaft. In: Otterstedt, Carola/Rosenberger, Michael (Hrsg.) (2009): Gefährten Konkurrenten Verwandte. Die Mensch-Tier-Beziehung in wissenschaftlichem Diskurs. Göttingen: Vandenhoek & Ruprecht: 158-181.

Wahl, Klaus/Honig, Michael-Sebastian/Gravenhorst, Lerke (1982): Wissenschaftlichkeit und Interessen. Zur Herstellung subjektivitätsorientierter Sozialforschung. Frankfurt a.M.: Suhrkamp.

Zeiher, Hartmut J./Zeiher, Helga (1994): Orte und Zeiten der Kinder. Soziales Leben im Alltag von Großstadtkindern. Weinheim/München: Juventa.

Zinnecker, Jürgen/Silbereisen, Rainer K. (1998): Kindheit in Deutschland. Aktueller Survey über Kinder und ihre Eltern. Weinheim/München: Juventa.

Burkhard Fuhs | Sophie A. Naumann

Dog Handling als kindliches Bildungsprojekt? Pädagogische Skizze zu einem unterschätzten Bereich des informellen Lernens

Einleitung

Es erschließt sich nicht auf den ersten Blick, den Umgang von Kindern mit Hunden als eine spezifische Form der Bildung und des informellen Lernens zu untersuchen. Die folgenden Überlegungen versuchen einen weit verbreiteten Freizeitbereich von Kindern, die Hundeausstellung, gegen den Strich zu lesen und im Sinne einer Entgrenzung des Lernens eine pädagogische Perspektive auf eine Tier-Mensch-Begegnung zu eröffnen, die in der Regel unterschätzt und in Teilen auch trivialisiert wird.

Mit Blick auf den kindlichen Umgang mit Hunden im Kontext von Ausstellungen wird danach gefragt, welche unterschiedlichen Formen dieser kindlichen Tätigkeit vorzufinden sind, welche Bedeutungen sie für Kinder und Erwachsene haben und in welchem generationalen Rahmen Kinder ihre Vorstellungen des Umgangs mit Hunden umsetzen. Es wird zu klären sein, in welchem Umfang die untersuchte Kindheit von Lernprozessen bestimmt wird und ob es sinnvoll ist, hier von Bildungsprozessen zu sprechen.

Zur pädagogischen Relevanz des Themas

Die „kindliche Kultur mit Hunden" (zur Kultur mit Tieren vgl. Buchner 1996) ist – abgesehen von Untersuchungen zur psychologischen Bedeutung von Tieren (vgl. Wechsung 2008) – bis heute nicht Gegenstand systematischer pädagogischer Überlegungen. Dies mag nicht verwundern, wenn man bedenkt, dass Tiere insgesamt und der kindliche Umgang mit Tieren ein Sozialisationsbereich sind, der von der Pädagogik bisher nicht genügend untersucht und reflektiert ist. Tiere werden vor allem aus Sicht der Erwachsenen zweckorientiert in pädagogische Lernumgebungen eingebunden. So werden Tiere etwa instrumentell zu therapeutischen Prozessen (vgl. Vernooij/Schneider 2008) oder im Sachunterricht der Grundschule eingesetzt.

Im Unterschied zu dieser zweckorientierten pädagogischen ,Nutzung' von Tieren lassen die Untersuchungen von Tanja Hoff und Reinhold Bergler deutlich werden, dass bei Schülern mit Heimtieren schulische Kompetenzen auch über den Freizeitbereich gefördert werden können (Hoff/Bergler 2006: 111). „Eine bessere Qualität der Kind-Hund-Beziehung steht also in einem engen Zusammenhang mit besseren schulischen Leistungen sowohl in der Grundschule als auch auf der weiterführenden Schule, mit einer ausgeprägteren Leistungsmotivation in der Schule und bei den Hausaufgaben und mit einem adäquateren Bewältigen von schulischem Misserfolg bzw. Erfolg" (ebd.: 77).

Auch im Kontext von Überlegungen zum informellen Lernen in der Kindheit spielen Tiere bislang keine Rolle. Hier gilt es über neue Wege und Zugänge nachzudenken. Nimmt man die Entgrenzung der Lernorte in den Blick, dann zeigt sich, dass zu vielen Bereichen des nonformalen und informellen Lernens empirische Studien fehlen. Die kleinen Lebenswelten kindlichen Lernens, die oftmals durch romantisierende oder ,dämonisierende' Sichten auf die Freizeit von Kindern verdeckt werden, sind für die Untersuchung von Kindheit äußerst aufschlussreich. Vor diesem Hintergrund der Erschließung einer ,fremden kindlichen Lernwelt' ist der folgende Beitrag dezidiert qualitativ ausgerichtet. Handlungen von Kindern werden anhand von ausgewählten Szenen beobachtet und pädagogisch gedeutet. Die subjektive Sicht der Kinder wird ergänzend mittels kurzer Interviews dokumentiert. Einige Ausführungen zum Hund und eine kurze Vorstellung der rahmenden Ausstellungskultur sollen in das Thema einführen.

Hundekultur und Kindheit im Wandel – ein schwieriges Thema in pädagogisch verdünnten Räumen

Hunde gehören neben den Katzen zu den wichtigsten Tieren heutiger Kindheit. In einem Drittel aller Haushalte – so schätzt der Industrieverband Heimtierbedarf – leben Menschen und Tiere unter einem Dach zusammen (ohne Aquarien und Terrarien); die Dunkelziffer dürfte noch weit höher sein. In Deutschland leben 5,4 Millionen Hunde in Familien (13% aller Haushalte) in engstem Menschenkontakt (IVH Statistik 2010). Hunde finden sich bei Menschen unterschiedlichsten Alters (ebd.). Das Interesse an einem Hund als Begleiter verbindet die Generationen von den jungen Familien bis zu Senioren: in Singlehaushalten (27%), in Paar-Haushalten (35%) wie auch in Familien mit Kindern (38%). Ein Tier zu haben gehört zu den intensivsten Wünschen heutiger Kinder, eine Sehnsucht, die in Familien und in der Ratgeberöffentlichkeit kontrovers geführt wird (vgl. familienhandbuch.de).

Das Bild vom Hund als Familienmitglied und bestem Freund der Kinder kollidiert indes mit der realen Hundehaltung in den Familien: nicht nur die zahlreichen Handreichungen, Ratschläge und Warnhinweise für Kinder und Eltern machen auf Probleme in der Hundehaltung aufmerksam, auch Sendungen wie der VIP-Hunde-Profi und die Angebote von Tierpsychologen und nicht zuletzt die Berichte der Tierheime in den Tiervermittlungssendungen machen eindringlich deutlich, dass die so sehr gewünschte Beziehung zum Hunde immer wieder scheitert (vgl. VIP-Hundeprofi 2010; Deutscher Tierschutzbund 2010, MDR Tierisch tierisch 2010).

Die Bandbreite der Interaktionsformen zwischen Mensch und Hund ist grundlegend durch zwei extreme Pole gekennzeichnet, die in der Alltagspraxis ein hohes Konfliktpotential bergen: auf der einen Seite stehen die vorbehaltlosen ‚Hundeliebhaber' und auf der anderen Seite die einsichtslosen ‚Hundehasser'. In dieses Spektrum lassen sich Mensch-Tier-Begegnungen im öffentlichen, privaten und privat-öffentlichen Raum einordnen, wie sie nachfolgend beschrieben werden, wobei kindliche Begegnungsformen im Zentrum stehen.

Im öffentlichen Raum kann es zu problematischen Interaktionen mit Hunden kommen, wenn ein Kind entweder mit dem familieneigenen Hund unterwegs ist (und ihn nicht unter Kontrolle hat) oder auf einen familienfremden Hund stößt. Wenn kleinere Kinder auf größere familienfremde Hunde treffen, dann kann es zu gefährlichen Situationen kommen, die stets von breitem Interesse in der Öffentlichkeit sind. Die Mehrzahl der Kind-Tier-Kontakte verläuft indes ohne Schwierigkeiten. Außer Kontrolle geratene Hunde jedoch kommen in die Schlagzeilen und führen regelmäßig zu grundlegenden Diskussionen um die gesamte Hundehaltung. Ein dramatischer Unfall, der bundesweites Aufsehen erregte, ereignete sich in Sachsenburg (Nordthüringen), wo es zu einem Übergriff von vier Staffordshire-Bullterriern auf ein dreijähriges Mädchen kam, das dabei getötet wurde (vgl. Tagesspiegel 2011).

Das Mensch-Hund-Verhältnis lässt sich also in konzentrische Wirkungskreise unterteilen, die nach territorialen und sozialen Kriterien gestuft und die mit sehr heterogenen Werten und Normen, Verhaltensweisen und Wahrnehmungsformen verbunden sind. Dies ist auch in der Biologie der Hunde begründet und stellt besondere pädagogische Herausforderungen an die Erziehung und Sozialisation der Tiere und Menschen. In den eigenen vier Wänden im Kontext der eigenen Mensch-Tier-Bezugsgruppe sind Hunde anders als im öffentlichen Raum in Anwesenheit von fremden Menschen und Hunden. Schon die Schilder an der Haustür und am Zaun markieren eine der Grenzen, in denen unterschiedliche Handlungsformen von Mensch und Tier in unterschiedlich öffentlichen oder privaten Räumen beobachtet werden können. Konfliktlinien lassen sich nicht nur an der Grenze zur Wohnung oder zum Garten finden (Briefträgerproblem), auch störendes Bellen, Hundehaufen, Angst vor fremden Hunden, Hundeverbote, Leinenpflicht, Transportregeln, Kampfhundeverbote etc. zeigen Konfliktlinien der Hundekultur auf. Hundehalter und Nichthundehalter fühlen sich nicht selten gegenseitig gestört und in ihrem Leben beeinträchtigt. Die Mensch-Hund-Beziehungen sind heute nicht nur fragil und gefährdet, sie werden auch in der Öffentlichkeit sehr kontrovers diskutiert.

Die Alltagswelten von ‚Kindern und Hunden' erweisen sich so bei genauerem Hinsehen als ein sehr ambivalentes Thema. Hohe Emotionen und Sehnsüchte, romantisch aufgeladene Kindheits- und Familienbilder auf der einen Seite stehen fragilen, vom Scheitern bedrohten Tier-Mensch-Beziehungen gegenüber. Damit entsteht vor allem in den Städten eine neue Form der Hundehaltung, wie wir sie mit den „Metrodogs" aus dem angelsächsischen Bereich schon längere Zeit kennen (vgl. Kilcommens/Wilson 2001). Mit dieser Form der Hundehaltung in urbanen Umwelten geht nicht nur eine Erziehung des Hundes und eine Selbstbildung des Hundehalters einher, die Hundebesitzer sind vielmehr gefordert, die Hunde schon als Welpen für die neuen Anforderungen und die komplexe menschliche Umwelt zu sozialisieren (Führmann/Hoefs/Franke 2008). Der Wandel von der autoritären Hundedressur zur Erziehung des Hunde-Mensch-Team lässt sich in den letzten Jahren auch an unterschiedlichen Ratgebern zur Hundeerziehung (vgl. auch Wechsung 2008: 407), die zugleich immer auch Selbsterziehung des Menschen sein soll, ablesen (vgl. Bündnis Mensch und Tier 2011, vgl. auch Jutta Buchner-Fuhs in diesem Band). Für Kinder bedeutet der Wandel der Hundeerziehung eine Bildungsherausforderung, müssen sie doch für einen erfolgreichen Umgang mit Hunden nicht nur kompetent handeln können, sondern auch vielfältiges Wissen über den Hund erwerben. Innerhalb dieser neuen Anforderungen an die Hundeerziehung stellt sich die Frage, wie Kinder heute mit Hunden ‚richtig' umgehen sollen und können. Hunderasseausstellungen erweisen sich in diesem Kontext als Orte, die Normen des ‚richtigen' Umgangs mit Hunden setzen und öffentlich sichtbar machen.

Kindliche Hundekontakte auf der Rassehundeausstellung

Auf einer Hundeausstellung treffen vielfältige Formen des Umgangs mit dem Hund aufeinander. In einer Atmosphäre der ‚präsentierten Hundeliebhaberei' ist es gut möglich, unterschiedliche Menschen auf ihr Verhältnis zum Hund anzusprechen, was sich für eine Befragung nutzen lässt. Da Familien in verschiedenen Absichten und Funktionen auf die Hundemesse kommen, sind unterschiedliche Interessenslagen nebeneinander zu finden, neben Familien ohne Hund, die „nur mal schauen wollen", gibt es solche, die planen, einen Hund anzuschaffen und „hier eine geeignete Rasse" finden wollen oder für eine Rasse („unsere Tochter will ja einen Dalmatiner, aber wir wissen nicht recht, ob das eine gute Wahl ist") Pro- und Contra-Argumente oder einen geeigneten Züchter suchen („Es soll möglichst ein Züchter sein, wo die Welpen im Familienkreis aufgezogen wurden, das ist ja Vertrauenssache").

Methodisch sind wir so vorgegangen, dass wir zunächst 2009 auf zwei Hundeausstellungen (13.6.2009 Erfurt und 5.12.2009 Kassel) explorative Vorbeobachtungen von insgesamt ca. 12 Stunden gemacht haben. Auf der Internationalen Hundeausstellung in Erfurt 2010 (12./13.6.) haben wir dann ca. weitere 20 Stunden Intensivbeobachtungen durchgeführt. Hinzu kamen Interviews im Kontext der Ausstellungen sowie in Vereinen. Aus der Vielzahl des Materials kann hier nur ein kleiner Teil vorgestellt werden.

Die Hundeausstellung in Erfurt hat sich in den letzten Jahren zu einer wichtigen Show im Bereich der Hundeausstellungen entwickelt (vgl. www.fci.be). Die Ausstellung 2010, mit nationaler sowie internationaler Ausrichtung, war für den Verband des VDH und die Erfurter Messe ein großer Erfolg. Sie hatte 15.000 Besucher mit 1.300 Besucherhunden zu verbuchen, und es besuchten insgesamt 4.000 Hunde mit insgesamt 250 Rassen aus 22 verschiedenen Ländern die Messehallen. Die Bilanz weist zudem 70 Industrieaussteller auf und in den Hallen waren 52 Ringe aufgebaut, an denen Rassehunde beurteilt wurden (vgl. http://www.cacib-erfurt.de/).

Familien auf der Hundeausstellung

Wie Kino, Kirmes, Zoo oder Zirkus ist die Hundeausstellung ein Raum, der auf ein generationsübergreifendes Interesse stößt und gerne für eine gemeinsame Freizeitgestaltung von Jung und Alt aufgesucht wird. Beim Betreten der Ausstellung in Erfurt 2010 fällt auf, dass die Hallen mit sehr vielen Besuchern, die Hunde mit sich führen, gefüllt sind und dass der Ansturm während der gesamten Ausstellungszeit anhält. Menschen und ihre Hunde bewegen sich interessiert und aufmerksam durch die Gänge, an den Ständen und Wettbewerbsplätzen vorbei und die Atmosphäre ist sehr entspannt und konfliktfrei. In Anbetracht der eingangs erwähnten emotional und konflikthaft geführten Diskussionen um gefährliche Hunde, um Beißunfälle und Verletzungen, erleben wir als distanzierte Beobachtende das friedliche Miteinander von so vielen Tieren und Menschen mit Überraschung. Selbst Bellen, das wir für selbstverständlich gehalten hätten, ist hier kaum anzutreffen. Die Familien schauen sich die Ausstellung an, reden miteinander und mit den Ausstellern, in den Pausen werden Eis, Bratwurst, Bretzel, Kuchen oder Snacks gegessen, die Stände vor den Hallen und auf dem Freigelände anbieten. Diese Atmosphäre in Verbindung mit keiner beobachtbaren Angst vor Hunden, Problem-Hunden etc. kennzeichnet die Hundeausstellung als einen Raum gelingender Tier-Mensch-Kontakte. Für die Familien ist es – das zeigen unsere Kurzinterviews in den Hallen – zumeist eine positive gemeinsame Erfahrung.

„Wir wollen keinen Hund, dafür ist unsere Wohnung zu klein, aber wir gehen jedes Jahr hier hin, weil es uns Spaß macht, vor allem, wenn die Hundevorführungen sind." – „Wir wollen Futter kaufen und eine neue Leine" – „Hier ist das immer günstiger und man hat eine große Auswahl." – „Mein Sohn ist zwölf und er hat sich jetzt mit seinem Wunsch durchgesetzt, es gibt einen Hund, meine Güte, ob das gut geht? Wir wissen noch nicht genau, was es werden soll, vielleicht ein Boxer. Da brauchen wir noch Informationen, wollen mit einigen Züchtern reden und vielleicht auch einen Hund kaufen, wenn das geht, mal sehen." – „Wir schlendern hier nur so durch, unser Maxi hier, der kleine Pinscher, da, der hat seinen Spaß, all die anderen Hunde und Gerüche und so, und wir, wir kommen auch mal raus." – „Wir wollen mit dem Züchten anfangen, mit Langhaardackeln, und wir wollen uns informieren, was wir brauchen und wie das mit dem Ausstellen und so geht."

Neben diesen im Grundtenor positiven Erzählungen gibt es aber auch vereinzelt Problemschilderungen. Nicht alle Besucher sind sicher im Umgang mit Hunden. Es finden sich sehr unterschiedliche individuelle Geschichten mit Hunden und nicht jede Liebe zum Hund oder jede Entscheidung für eine familiäre Hundehaltung mündet auch in ein gelingendes Zusammenleben von Mensch und Tier. Als exemplarischer Fall für ein schwieriges Verhältnis soll im Folgenden ein Interview stehen, das wir auf der Hundeausstellung in Erfurt 2010 mit der Großmutter, ihrer Enkelin und ihrem Vater geführt haben. Das etwa 10-jährige Mädchen hatte einen Hund an der Leine, der immer wieder heftig an der Leine zog und dann von seiner Hundeführerin ruckartig zurückgezogen wurde. Die Großmutter erzählte uns, dass sie sich zu dritt die Ausstellung anschauten, weil sich die Enkelin „sehr für Hunde interessiert". Die Eltern seien nicht so für Tiere zu haben, ihre Tochter sei erst gar nicht mitgekommen, und da habe sie als Omi einspringen müssen, damit das Kind seinen sehnlichen Wunsch erfüllt bekommt.

„Das ist ein Shiba Inu. Sehr niedlich ist der, aber wir haben wirklich eine Menge Schwierigkeiten mit ihm. Eigentlich ist er ja ganz brav, und er kann ja auch nichts dazu, aber es ist halt nicht so einfach. Der will immer streunen, immer raus und weg. Wir haben schon einen zweiten Zaun ziehen müssen, weil er buddelt sich immer durch im Garten, und ruckzuck ist er unter durch den Zaun und weg. Ja dann ist er weg, aber er kommt immer wieder, er braucht halt auch die Bewegung. Und dann im Haus wird er bissig und zerstört Sachen und so. Ich kann Ihnen sagen, den habe ich wegen meiner Enkelin hier angeschafft, weil zu Hause geht das nicht mit Hund und da habe ich gesagt, gut, ich mache das, und niedlich ist er auch, aber schwierig."

Eine Vorstellung, den Hund zu erziehen oder sich Hilfe zu holen, hatte die Familie nicht. Obwohl sie die Sendungen im Fernsehen über Hundepsychologie kannten, kam eine solche professionelle Lösung nicht in Frage. „Ein Hund ist wie er ist, entweder es klappt oder eben nicht. Da rumzudoktern, das bringt nicht viel."

Familien als Aussteller

Familien mit Hunden und Hundewunsch finden sich nicht nur bei den Besuchern der Hundeausstellung, sondern auch an den Ständen, bei den Ausstellern, Züchtern und Vereinsakteuren. Die Hundekultur in ihren sehr vielfältigen, unterschiedlichen Facetten – so scheint es – ist eine Familienkultur, die über das Interesse am Tier, Eltern und Kinder, Väter und Mütter zu einem gemeinsamen Hobby zusammenführt. Bei den zahlreichen Gesprächen mit Ausstellern konnten wir feststellen, dass das Interesse, selbst auszustellen, zumeist von einem Elternteil ausgeht und nicht selten auf Erfahrungen mit Hunden in der eigenen Kindheit zurückgeht. Das Ausstellen von Hunden wird von vielen, mit denen wir gesprochen haben, als ausgesprochenes Familienprojekt beschrieben:

„Aber allein kannst du das nicht machen, das braucht ja viel Zeit, wenn man Hunde züchten will. Meinen Mann musste ich erst überreden, da muss man sich ja ganz drauf einstellen. Reich wird man dabei auch nicht. Die Kinder, die sind ja sowieso begeistert. Meine Mutter hat schon Cairn-Terrier gezüchtet, da war das ganz natürlich, dass ich das auch mache, und den Platz hatten wir auch. Aber der Familienkontakt für die Welpen, das ist ein ganz schöner Einsatz. Füttern und sauber machen, dann zum Tierarzt und das Decken und dann immer Fremde im Haus und dann hier die Ausstellungen, ohne Preise geht es heute ja gar nicht mehr. Alles ins Auto und dann den Stand aufbauen und die ganze Zeit hier sein und die Hunde vorführen, das ist schon eine Arbeit für die ganze Familie, aber es schweißt uns auch zusammen. Wir machen das ja schon ein paar Jahre, ist doch besser, als wenn jeder allein vor dem Fernseher oder Computer sitzt. Meine Tochter, die ist jetzt 16, die will jetzt selbst Züchterin werden, die kennt sich besser aus als ich, auch wenn sie immer mal fragt. Es geht also weiter."

An den Ständen der Aussteller treffen wir sehr wenige Einzelpersonen, es gibt Paare, die Hunde ausstellen und zahlreiche Familien, bei denen die Mutter, der Vater und ein, zwei oder drei Kinder am Stand sind. Da die Aussteller in den Hallen sehr viele Stunden mit Warten verbringen, hat sich eine spezielle Ausstellungskultur entwickelt, die sich auf den Rhythmus der Ausstellung eingestellt hat: Stand aufbauen, Hunde versorgen, Hunde ausführen, essen, Ausstellung anschauen, Stand betreuen, Hunde vorführen, mit Besuchern und anderen Ausstellern reden, Stand abbauen – das sind die Grundtätigkeiten, dazwischen sitzen die Familien an ihrem wohnlich eingerichteten Stand. Für die Hunde gibt es große Drahtgitterboxen, die mit Decken und Unterlagen, Stoffverhängen an den Seiten und Ess- und Trinknäpfen eingerichtet wurden. Kleine Hunde stehen auf Klapptischen, auf denen die Tiere frisiert werden können. Für die Menschen sind Klappstühle aufgestellt, es gibt Kühlboxen und Thermosflaschen; eine ruhige, gelassene – wie es uns von außen scheint – Camping-Atmosphäre breitet sich aus. Die Familien sind um die jeweiligen Richterringe orientiert, sodass zur Halle und zu den Besucherwegen eine gewisse Abgrenzung entsteht. Die Aussteller schaffen sich einen kleinen Raum der Privatsphäre, sind aber jederzeit bereit, mit Besuchern über ihre Hunde oder die Ausstellung zu reden. Einige Aussteller treten gemeinsam auf, eine gemeinsame Hunderasse, gegenseitige Sympathie führen beispielsweise dazu, dass zwei Familien zusammensitzen.

„Wir sind hier mit den Französischen Bulldoggen. Wir sind zwei Familien, die sich seit 15 Jahren kennen, man trifft sich ja immer und dann sind die Kinder im gleichen Alter, unsere hier, die sind neune und zehn, die kennen sich schon von Geburt, die haben immer zusammen gespielt. Ist ja nicht so viel los hier am Stand, heute haben sie ihren Nintendo, aber die spielen auch Quartett zusammen. Manchmal heiraten auch zwei, wie letztes Jahr die Tochter und der Sohn von zwei bekannten Familien. Die haben sich so auf den Ausstellungen schon als Kinder kennengelernt. Das ist schon so eine eigene Welt, da hält man auch zusammen und so."

Wir beobachten an den Ständen einen engen Kontakt zwischen Eltern, Hunden und Kindern. Erschöpft sitzt eine Mutter am Stand, den müden Sohn im Arm. Ein Mädchen sitzt mit einem Pudel gemeinsam auf einer Bank und küsst und streichelt das Tier immer wieder, ein Vater und eine Tochter kämmen gemeinsam einen Yorkshire-Terrier. Es wird geredet oder auch nur schweigend eng zusammengesessen. Manchmal treffen sich Kinder verschiedener Stände und spielen miteinander. Wenn Besucher Aussteller ansprechen, stehen die Kinder zumeist dabei, hören den Gesprächen zu oder geben selbst sehr informiert über die Tiere und die Zucht Auskunft. Wir gewinnen den Eindruck, dass die Kinder von Züchtern den Ausstellungsraum und die Ausstellung als einen vertrauten Ort wahrnehmen, an dem sie kompetent agieren können, sich wohl fühlen und das Zusammensein mit den Eltern und anderen Kinder genießen.

Juniorhandling auf der Rassehundeausstellung

Das Juniorhandling konnten wir auf der genannten Ausstellung intensiv beobachten. Es kann als eine öffentliche Form der Präsentation kindlicher Kompetenz im Umgang mit dem Hund gesehen werden und gehört – so die These – zu einer neuen Form der Kinderkultur, die sich im Spannungsfeld zwischen der neuen Vorstellung vom Kind als kompetentem, lernorientiertem Akteur und dem ebenso neuen Verständnis vom Tier bewegt.

Das Juniorhandling markiert den Auftakt des nachfolgenden Schaurichtens (gegliedert nach den Rassengruppen des FCI), das in der Verkündung des Titels „Best in Show", der am Ende des Ausstellungstages vergeben wird, gipfelt. Juniorhandling wurde an beiden Tagen in jeweils zwei Altersklassen (9-12 und 13-18 Jahre) durchgeführt. In den vier Wettbewerben treten pro Wettkampf 6-8 Kinder und Jugendliche auf, wobei einige Heranwachsende an beiden Tagen teilnehmen. Viele Kinder und Jugendliche führen zusätzlich Hunde in den Einzelringen in Halle 2 und 3 vor.

Das Juniorhandling findet im „Ehrenring" der Rassehundeausstellung statt, was die hohe Bedeutung dieser Veranstaltung für die beteiligten Hundeorganisationen und die Verantwortlichen der Rassehundeausstellung markiert. Der mit einem blauen Teppich ausgelegte Ehrenring wirkt in seiner Größe in der hohen Halle, durch seine weißen Begrenzungen, die Gästetische an der Kopfseite mit ihren weißen Decken sowie durch die begrünten Siegerpodeste, um die herum die Wettkämpfe stattfanden, sehr bühnenhaft, feierlich und ernsthaft. Das Publikum, das die Tribüne und die beiden Längsseiten des Ehrenrings zum größten Teil füllt, verfolgt sehr aufmerksam die Wettkämpfe, bedenkt die Sieger mit Applaus und fotografiert und filmt gemeinsam mit Profifotografen.

Im Folgenden soll nun exemplarisch der Ablauf des Wettbewerbs am 12.06.2010 (14:30) für die Altersgruppe 1 (9-12 Jahre) dargestellt werden, an dem sieben Kinder teilnahmen. Damit wird ein Einblick in die streng organisierte, ritualisierte und regulierte Wettbewerbsordnung gegeben, die auch schon für die jüngsten Teilnehmer (Handler) gilt.

Ungefähr eine halbe Stunde vor Beginn werden die gemeldeten Teilnehmer in den Vorbereitungsraum am Ende des Ehrenrings gebeten und gemäß ihrer Auftrittsnummer geordnet. Der Wettkampf wird durch den Leiter der gesamten Rassehundeausstellung, Herrn Jakobs, mittels Funkmikrofon moderiert. Seine hohe Wertschätzung dieses Wettkampfes, der als Nachwuchsarbeit des Verbandes verstanden werden kann, wird bereits daran deutlich, dass er betont, dass er selbst im internationalen Rahmen schon oft Wettkämpfe des Juniorhandlings gerichtet habe.

Der Ablauf des Wettkampfes wird von zweierlei Musiken begleitet. Beim Einlauf der Teilnehmer, beim einzelnen Vorführen der Hunde und beim Verlassen des Ringes erklingt eine dynamische, muntere Musik in Form instrumentaler Dixielandmusik, die die Bewegung von Mensch und Tier betont und der Szene einen heiteren, zuweilen lustigen Anstrich gibt. Bei der Siegerehrung läuft eine feierliche Musik, die eher heroisch ist und sich an Fanfarenmusik orientiert.

Zu Beginn kündigt Herr Jacobs das Juniorhandling an und stellt den Richter für den bevorstehenden Wettkampf vor. Der Richter begibt sich auf die linke Seite des Ehrenrings auf die Seite zur Tribüne in Höhe der Siegerpodeste.

Eine Liste mit den Startnummern und Namen dient dazu, die einzelnen Kinder und Hunde mit Namen und Hunderasse der Reihe nach aufzurufen. Die Startnummer ist an der Kleidung der Kinder sichtbar angebracht. Das jeweilige Kind-Hund-Gespann läuft im Halbkreis über die gesamte Länge des Ehrenringes ein und präsentiert sich somit in Bewegung. Die Geschwindigkeit, mit der die Kinder diese Strecke absolvieren, hängt von der Größe und Rasse des Hundes ab. Ziel des Handlings ist es, den Hund optimal für den Richter vorzuführen. Kleine Hunde, wie z. B. Yorkshire-Terrier, werden von dem Juniorhandler im Schritttempo vorgeführt, größere Hunde, wie ein Rhodesian Ridgeback, müssen im Laufschritt präsentiert werden. Kriterium ist die dynamische und flüssige Präsentation des Hundes, an die sich der Vorführende anpassen muss. Um dies zu gewährleisten, werden spezielle Vorführleinen eingesetzt, die die Handler möglichst senkrecht nach oben halten.

Herr Jacobs erläutert als Moderator den Zuschauern die unterschiedlichen Aspekte und Kriterien der Präsentation. So macht er deutlich, dass das Juniorhandling der einzige Wettbewerb auf der Ausstellung ist, beim dem nicht der Hund, sondern vorrangig der Mensch beurteilt wird – er soll einen Hund optimal gemäß der Rassestandards und der Notwendigkeiten vorführen. Da das Juniorhandling nur den kindlichen und jugendlichen Handler und seine Performance in den Blick nimmt, gelten bei diesem Wettbewerb andere Regeln und Kriterien als beim Schaurichten der Hunderassen.

Der Kleidung des Juniorhandlers kommt eine wichtige Bedeutung zu. Entsprechend der Grundregel, dass alles auf eine optimale Vorführung des Hundes ausgerichtet sein muss, sollten Farbe und Charakter des Auftretens auf den Hund abgestimmt sein. Als Beispiel verweist Herr Jacobs auf einen schwarzen Hund, der von einem Mädchen in einem roten Kostüm vorgeführt wird. Eine schwarze Kleidung wäre für diesen Hund aufgrund des fehlenden Kontrastes falsch. Es müssen, wie Herr Jacobs mit leichtem Augenzwinkern sagt, zwar kein Smoking oder langes Abendkleid getragen werden, aber die Kleidung sollte dem Anlass angemessen sein. Unseren Beobachtungen nach waren alle

Kinder sehr schick angezogen, die Haare geordnet, Hosenanzug oder Kostüm bei den Mädchen, Anzug bei den Jungen. Nur in Ausnahmen kamen ein legeres T-Shirt und Jeans bei sportlicheren Präsentationen zum Einsatz.

Nach dem Einlauf stehen die Handler in einer Reihe und der Richter läuft, mehrfach die Seite wechselnd, an ihnen vorbei. Eine Grundlage der Präsentation ist die Verdeckungsregel, die besagt, dass die Sicht zwischen Tier und Richter nicht verstellt werden darf. Aus diesem Grund wechseln die Kinder stets so ihren Platz, dass der Richter immer einen freien Blick auf den Hund hat. Nach einer ersten Begutachtung der Kind-Hund-Paare schließt sich für jeden Juniorhandler eine Einzelprüfung an. Hier müssen die Handler mit dem Tier eine Figur (z. B. ein Dreieck, einen Kreis, ein T oder ein L) laufen. Dabei wird ebenfalls auf die Verdeckungsregel geachtet.

Ein neunjähriges Mädchen begeht beim Seitenwechsel einen zentralen Fehler, der von Herrn Jacobs deutlich kommentiert wird. Das Mädchen steigt über seinen Yorkshire-Terrier. Da der Handler aber nie über den Rücken des Hundes steigen darf, gibt es hierfür Punktabzüge.

Im Anschluss an die Präsentation in Bewegung stellten die Handler ihre Hunde vor dem Richter auf, wobei auf die rassetypische Stellung der Läufe, Rute und des Kopfes geachtet wird. Die Kinder knien hinter den Hunden, entweder im Fersensitz oder auf einem Knie und halten die Hunde in Position. Die Hunde und ihre Handler sind sehr konzentriert und zeigen eine deutliche Spannung im Körper. Nach der Einzelvorstellung geht es für jeden Vorführer zurück in die Reihe. Nach einem erneuten Entlangschreiten des Richters an Hunden und Kindern verabschiedet sich der Richter von allen Teilnehmenden per Handschlag. Auch hier zeigt sich, dass die Kinder ernst genommen werden und im Ring genauso wie Erwachsene behandelt werden. Am Ende findet die Bekanntgabe der Sieger statt und ein professionelles Siegerfoto wird gemacht. Drei junge Damen, in schicken schwarzen Kleidern, bringen die Pokale für die ersten drei Plätze in den Ring und für jeden Gewinner bis Platz 5 eine Plastiktüte mit der Aufschrift eines Hundefutterherstellers. Die Kinder, die gewonnen haben, freuen sich sichtlich, aber auch die Kinder, die nicht gewonnen haben, werden ausdrücklich von Herrn Jacobs gelobt und auf ihrem weiteren Weg im Juniorhandling ermutigt. Größter Erfolg ist die Entsendung aus Deutschland auf die größte Hundeshow in Birmingham, eine Ehre, die nur einem deutschen Kind pro Jahr zu Teil wird. Auch dieser Wettbewerb ist ein Wegstück zu diesem Ziel, was die angetretenen Juniorhandler augenscheinlich zu viel Engagement und Professionalität motivierte.

Die Kinder sind im Ring auf sich gestellt, die Eltern warten im Vorbereitungsbereich oder draußen auf der Tribüne. Es handelt sich um eine Ernstsituation, bei der die Kinder mit ihrem ganzen Auftreten und ihrem Können im

Umgang mit dem Hund in der Öffentlichkeit vor großem Publikum stehen. Das Juniorhandling ist eine pädagogische Situation, die die Kinder und Jugendlichen in die Welt der Erwachsenen einführen soll und ihnen einen Raum gibt, sich auszuprobieren und Erfahrungen mit kompetentem Handeln zu machen.

In den Gesprächen wurde deutlich, dass die Heranwachsenden diese Freizeittätigkeit als ihre „eigene Sache" verstehen und sie sehr motiviert oftmals über Jahre betreiben.

„Da wächst man so rein", erzählt uns ein jugendlicher Handler. „Da muss man ganz schön viel wissen über Hunde und Hundeerziehung, und wie die unterschiedlichen Hunderassen vorgeführt werden müssen. Das wissen die Erwachsenen oft selber nicht, da wird man als Kind schon sehr ernst genommen, und einen fremden Hund einem Richter vorzuführen, das ist schon sehr schwer. Aber mit den Jahren kriegt man das raus, da bin ich auch schon stolz darauf. Der Kontakt ist ja auch ganz toll, und wir kennen uns hier alle, das ist wie ein zweites Zuhause. Das ist ja auch ganz international und so. Ich habe Freunde überall und wir kommen ganz schön herum. Früher immer mit der Familie und heute so bin ich auch alleine unterwegs und führe Hunde für Züchter vor. Da kann man nicht von reich werden, das ist hier nicht wie in den USA. Man lernt viel kennen, und es macht großen Spaß."

Nach den Vereinsregeln und -erfahrungen werden die Heranwachsenden schrittweise mit dem nötigen Wissen über Hunde und deren Erziehung, mit Trainingsmethoden und den Werten und Normen vertraut gemacht. Die Kinder erlernen Verhaltungsweisen, die sie dann sicher im Umgang mit den Tieren anwenden können. Trotzdem bleibt Raum für individuelle Gestaltungsmöglichkeiten, da das Kind im Rahmen der Regeln geeignete Formen finden muss, dem Tier zu vermitteln, was es tun und lassen soll. In den Interviews zeigte sich, dass den Kindern das hierarchische Verhältnis zwischen Hund und Mensch bewusst ist: „Ein Hund macht, was er soll. Das Unterordnen lernt er erst durch die Erziehung." (Caro 16 Jahre).

Die Kinder wissen jedoch auch, dass sie es bei Hunden mit Individuen zu tun haben und es dementsprechend notwendig ist, auf die Sprache des Tiers zu hören, um erfolgreich mit ihm umgehen zu können: „Jeder Hund", so Caro, „ist verschieden, jeder Hund lernt anders. Und man kann nicht jeden Hund wie einen Computer behandeln, also gleichsetzen."

In allen Bereichen ist uns bei den Kindern ein weitgehendes Wissen über Hunde aufgefallen. Den eigenen Angaben zufolge haben sie es jedoch meist nicht über Bücher, sondern eher im Rahmen des Trainingsraums erworben: „Das kriegt man auch so beim Training mit. Wir reden ja auch über Hunde." (Caro 16 Jahre).

Das nötige Wissen wird in den Vereinen häufig anhand der Hundepraxis vermittelt. Einige Kinder lesen auch, insbesondere im Internet, über Hunde, aber andere lernen vor allem durch learning by doing: „Gelesen habe ich gar nicht. Das hat sich dann irgendwie in der Erfahrung jeden Sonntag auf dem Hundeplatz, jedes Wochenende. Hier auch mit dem Stand, betreuen und so." (Tim 12 Jahre). – „Ich bin auch in dem Deutschen Verein für Junior-Handler. Der veranstaltet unter anderem auch Seminare oder Weiterbildungen, Fortbildungen und da nehme ich auch des Öfteren teil." (Annekathrin 15 Jahre).

„Durch mein Grundwissen, durch meine Mutter. Also ich habe da auch durch meine Vorträge [die er in der Schule gehalten hat] halt sehr viel. [...] Also durchs Internet erfahren. Durch meinen Bruder ebenso, den habe ich viel gefragt." (Marc 10 Jahre).

Aus eigenem Antrieb bilden sich die Kinder zu Experten in ihrem Bereich aus und versuchen, den Erwachsenen mit ihrem Wissen nicht nachzustehen. Befragte aus dem Trainingsbereich äußerten mehrfach, dass die Kinder oft mehr wüssten und professioneller mit den Hunden umgingen, als dies bei Erwachsenen der Fall sei.

Die professionelle Beschäftigung mit Hunden ist ein zeitintensives Unterfangen und bedarf dementsprechend gewisser Eigenschaften und einer hohen Motivation. Auf die Frage nach Eigenschaften, die man mitbringen müsse, antworteten die Kinder z. B.: „Also man sollte ein bisschen Verständnis haben für den Hund. Weil der Hund lernt ja nicht am Anfang gleich alles. Dass man da Stück für Stück jede Übung mindestens hundert Mal macht, damit er es versteht. Da soll man dann eben nicht verzweifeln, muss man wirklich ehrgeizig sein." (Tim 12 Jahre). – „Man muss auf jeden Fall tierlieb sein, also hundelieb vor allem." (Annekathrin 15 Jahre). – „Seit ich ein Baby bin, hab ich schon Kontakt zu den Hunden gehabt. Ich hatte schon als kleines Kind keine Angst vor Hunden." (Marc 10 Jahre).

Für die Beschäftigung mit Hunden wurden sowohl materielle als auch immaterielle Gründe angegeben: „Meine Freunde haben nur ganz normale Haushunde. Die staunen dann eben immer, wenn man jetzt mal mit einem Pokal heimkommt oder so, weil für die ist das nichts. Die schlafen dann früh lieber aus und ich steh dann früh lieber schon um neun auf dem Hundeplatz. [...] Ja, aber es macht eben auch Spaß, sich auch mal mit den anderen zu unterhalten, andere Hunde kennen zu lernen." (Sven 10 Jahre). – „Das macht einfach Spaß, mit dem Hund zu arbeiten und vielleicht auch was zu gewinnen." (Caro 16 Jahre). – „Es macht einfach unglaublich Spaß, mit Hunden was zu machen und sie geben einem einfach ein Gefühl von, ja, Glücklichsein." (Annekathrin 15 Jahre).

Der Motivationsgrund „Spaß" spielt jedoch nicht nur auf der Seite des Kindes eine Rolle, sondern wurde auch in Bezug auf das Tier genannt: „Also der Hund soll auch Spaß daran haben." (Caro 16 Jahre).

Ein Gewinn für das Kind wurde auch im Hinblick auf die Bereicherung sozialer Beziehungen und das eigene Wissen und Wohlbefinden gesehen. Damit bestätigen sich Aussagen von Zinnecker & Silbereisen: „Tiere spielen im emotionalen Umfeld von Kindheit und früher Adoleszenz eine beachtliche Rolle (10. bis 16. Lebensjahr)"/„Bei Kindern ist der Wunsch nach sozialen Kontakten ausgeprägt. Freizeitvarianten, die diese Kontakte ermöglichen, kommt entsprechend eine besondere Bedeutung zu" (Zinnecker/Silbereisen 1998: 55/81). Aber auch die Behauptung von Helga Milz bewahrheitet sich: „Heimtiere sind Medien, durch die sich unsere Kommunikationspraxen im Nahbereich hindurch bewegen. Dialoge werden durch sie gestützt und bekräftigt" (Milz 2009: 240)

„Also, durch einen Hund lernt man auch viel mehr Leute kennen. Auch wenn man unterwegs ist." (Lisa 15 Jahre). – „Also meine Hunde sind eigentlich mehr so wie Kameraden. Die sind immer da, man kann alles mit ihnen machen und sie lernen sehr schnell. Ein Hund ist auch anders als ein Mensch, der hinterfragt nicht." (ebd.).

Auch der Aspekt, dass es beim Training von Hunden auch Niederlagen gibt, wurde angesprochen: „Ja, weil man manchmal natürlich enttäuscht ist. Wir hatten einen Hund, wir waren perfekt auf die Ausstellung vorbereitet und jetzt hat er eben sich das Bein aufgeschnitten und ist hinten total gehumpelt." (Tim 12 Jahre).

Anhand der zitierten Aussagen werden unterschiedliche Aspekte der Art der Kind-Hund-Beziehung deutlich. In der intensiven Arbeit mit dem Hund übernehmen Kinder eine große Verantwortung für das Tier und versuchen dieser durch ein intensives Training mit Fachleuten, den selbständigen Wissenserwerb, einen reflektierten Umgang mit dem Hund und Durchhaltevermögen bei Niederlagen gerecht zu werden. Dass sie sich dabei teilweise von den Interessen ihrer Peergroup unterscheiden, ist ihnen bewusst, hält sie aber nicht von ihrer Begeisterung ab. Bei der Motivation spielen sowohl der Unterhaltungsfaktor als auch der Gewinnanreiz bei Wettbewerben eine Rolle. Bei Letzterem werden jedoch die Möglichkeiten des Tiers berücksichtigt, das auch Tage hat, an denen es nicht so agieren kann oder will wie sonst. Hinzu kommen emotionale Beweggründe, denn das Tier verursacht Glücksgefühle und fungiert als Kamerad, der aber im Gegensatz zu Menschen weniger Widerspruchsgeist zeigt. Somit ist es auch die Lernbereitschaft der Tiere, die die Kinder ermutigt, mit ihnen auf bestimmte Ziele hin zu trainieren.

Fazit

Welchen wissenschaftlichen Ertrag haben nun unsere ethnografischen Miniaturen im Bereich der Hundekultur gebracht? Aus pädagogischer Sicht haben wir es mit kindlichen Bildungsprojekten zu tun. Das lässt sich folgendermaßen begründen. Die Handlungen der Kinder sind selbstgesteuert. Die Kinder erfahren Selbstwirksamkeit und erleben eine schrittweise Zunahme ihrer Kompetenzen. Die generationale Rahmung der Hundehaltung im Kontext der Ausstellungskultur gibt den Kindern eine normative Sicherheit in ihrem Verhalten und verhindert weitgehend negative oder frustrierende Erfahrungen. Die Kinder lernen Schritt für Schritt im konkreten Tun. Sie lernen neben dem Umgang mit dem Tier, wie sie sich selbst in der Öffentlichkeit präsentieren können. Sie lernen sich in einem feierlichen Rahmen angemessen zu verhalten und zu kleiden, wodurch sie einen Zuwachs an Selbstsicherheit gewinnen. Die Interviews zeigen weiterhin, dass die Kinder auch soziale Kompetenzen ausbilden. Sie finden sich in fremden Situationen zurecht und können verschiedene – auch internationale – Kontakte aufbauen. Die Heranwachsenden erfahren, dass die Erwachsenen sie ernst nehmen und wertschätzen. Die Kinder werden (auch für die Erwachsenen) zu Experten und identifizieren sich mit der Hundekultur, die in der Regel mit Glückserlebnissen verbunden ist.

Vor diesem Hintergrund lässt sich das Juniorhandling als ‚kindliches Bildungsprojekt' verstehen, da die Kinder die Akteure im Prozess der Auseinandersetzung mit sich, mit anderen und der Welt sind (vgl. Dörpinghaus u.a. 2008). Die Kinder führen das Handling mit dem Ziel aus, etwas Bestimmtes zu lernen und sich in der Welt der Hundeausstellung aktiv zu beheimaten. In einem solchen lebensweltlichen und kindorientierten Bildungsverständnis erfahren sie generational gerahmte Handlungsräume, die ihnen Sicherheit und Freiräume gewähren. Für Kinder gibt es auf Ausstellungen eine Vielzahl an Möglichkeiten, mit den Tieren umzugehen. Einige halten ihre Hunde nur, andere lernen Grundkommandos, machen ein Agility-Training oder Dog-Dancing und einige entscheiden sich für das beschriebene Juniorhandling. Die Kinder wählen nach ihren Erfahrungen und Interessen das für sie Richtige aus und steuern damit die Lernprozesse, die mit dem Hundeumgang verbunden sind, in weit höherem Maße, als es ein oberflächlicher Blick auf die Hundekultur nahelegt. Beobachtungen und Interviews sind daher unverzichtbar. Kindliche Bildungsprojekte mit Hunden sind somit in unserem Sinne generational gerahmte, zunehmend selbstgesteuerte Lernformen von Kindern, mit dem Ziel, an einem definierten kulturellen Feld zu partizipieren und sich schon als Kinder zunehmend eine spezifische (Hunde-)Welt von Bedeutungen und Handlungsoptionen zu erschließen und darin Anerkennung zu erfahren.

Ein weiteres Ergebnis, das sich aus unseren Beobachtungen extrahieren lässt, ist die hohe Komplexität des untersuchten Handlungsfeldes. Mit pauschalen Theorien, die auf einer abstrakten Ebene das Verhältnis des Menschen zum Tier beschreiben, lassen sich die von uns vorgefundenen Praxen von Kindern, Erwachsenen und Hunden nur schwer fassen. Vielmehr existieren eine Vielzahl von Handlungsformen und kulturellen Mustern der Tierhaltung nebeneinander, was impliziert, dass schon die Kinder aus den unterschiedlichen Möglichkeiten des Umgangs mit Hunden wählen und die Chancen und Risiken dieser Wahl bewältigen müssen.

Kinder können heute Hunden nur noch begegnen, wenn sie sich auf Räume, Handlungsmuster und Tiere einlassen, die von Erwachsenen verantwortet und kontrolliert sind. Autonomie der Kinder und eigene Bildungsprojekte mit Hunden sind nur im Rahmen dieser verhäuslichten, pädagogisierten und zivilisierten Hundekultur zu sehen. Zwar bedeutet dies für die Kinder ein gewisses Abhängigkeitsverhältnis, aber auch darin ergeben sich Entscheidungsfreiräume. Aus den Interviews ist abzulesen, dass die Grundlage aller Bildungsprojekte ein kompetenter Umgang mit dem Hund in der Öffentlichkeit ist. Dieser ist die Voraussetzung, um in einer polarisierten Umwelt aus Hundebefürwortern und Hundegegnern ein stabiles und überzeugendes Hund-Mensch-Verhältnis aufzubauen. Die Ausstellungserfahrungen erweisen hier ihre Anschlussfähigkeit an die Lebenswelt. Die im informellen Bereich des Juniorhandling erworbenen Kompetenzen sind auch auf andere Lebensbereiche und Alltagssituationen übertragbar.

In der Regel handelt es sich bei der Beschäftigung mit dem Hund um ein Familienprojekt, das auch von den Kindern als solches verstanden und geschätzt wird. Auch hierin ist eine Art Bildungsprojekt zu sehen, nämlich im Rahmen gegenseitiger Unterstützung zu dem benötigten Wissen zu gelangen und sich gegenseitig zu stärken. Mehrfach wurde betont, dass Kinder eine besondere Stelle einnehmen, da sie oftmals ihren erwachsenen Mitstreitern im Bereich der Ausstellung überlegen sind, was wiederum die Erwachsenen mit Stolz erfüllt. Freilich wären noch differenziertere Studien nötig, um die Spielarten der Erwachsenen-Kind-Interaktion genauer zu beschreiben.

Im Rückblick auf viele Jahre Juniorhandling zieht der fast 18-jährige Marc-Oliver, der nun aus dem Juniorenbereich herausgewachsen ist und sich der Hundeausstellung im Erwachsenenbereich widmen wird, für sich das Fazit: „Man hat die Verantwortung, man muss es selber machen. Und den Spaß der Ausstellung dazu, ist eine ganz, ganz, ganz tolle Kombination."

Literatur

Buchner, Jutta (1996): Kultur mit Tieren. Zur Formierung des bürgerlichen Tierverständnisses im 19. Jahrhundert. Münster u.a.: Waxmann.

Bündnis Menschen und Tier (2011). [online]www.buendnis-mensch-und-tier.de (12.9.2011).

Deutscher Tierschutzbund (2010). [online] www.problem-mit-hund.de und die Aktionen des Deutschen Tierschutzbundes für Heimtiere. http://www.tierschutzbund.de/kampagnen_heimtiere.html (19.07.2010).

Dörpinghaus, Andreas/Poenitsch, Andeas/Wigger, Lothar (2008): Einführung in die Theorie der Bildung. 3. Aufl: Darmstadt: WBG Wissenschaftliche Buchgesellschaft.

Familienhandbuch [online]. www.familienhandbuch.de.

Führmann, Petra/Hoefs, Nicole/Franzke, Iris (2008): Die Kosmos Welpenschule. 3. Aufl. Stuttgart: Kosmos.

Hoefs, Nicole/Führmann, Petra (2006): Das Kosmos Erziehungsprogramm für Hunde. Stuttgart: Kosmos.

Hoff, Tina/Bergler, Reinhold (2006): Heimtiere und schulisches Leistungs- und Sozialverhalten. Regensburg: Roderer.

IVH 2010 [online]. Industrieverband Heimtierbedarf [online]. http://www.ivh-online.de/de/home.html (19.07.2010).

Kilcommons, Brian/Wilson, Sarah (2001): Metro-Dog. A Guide to raising your dog in the city. New York: Warner Book.

MDR Tierisch tierisch (2010). [online]. www.mdr.de/tierisch (19.07.2010).

Milz, Helga (2009): Mensch-Tier-Beziehungen in der Soziologie. In: Otterstedt, Carola/Rosenberger, Michael (Hrsg.) (2009): Gefährten Konkurrenten Verwandte. Die Mensch-Tier-Beziehung in wissenschaftlichem Diskurs. Göttingen: Vandenhoek & Ruprecht: 236-256.

Tagesspiegel (2011). [online]. www.tagesspiegel.de/weltspiegel/frau-von-ihrem-hund-getoetet-kind-von-kampfhund-angefallen/1961906.html (21.9.2011).

Vernooij, Monika A./Schneider, Silke (2008): Handbuch der Tiergestützten Intervention. Wiebelsheim: Quelle & Meyer.

VIP Hundeprofi (2010). [online] www.voxnow.de/der-vip-hundeprofi.php (15.11.2010).

Wechsung, Silke (2008): Mensch und Hund. Beziehungsqualität und Beziehungsverhalten. Regensburg: Roderer.

Zinnecker, Jürgen/Silbereisen, Rainer. K. (1998): Kindheit in Deutschland. Aktueller Survey über Kinder und ihre Eltern. Weinheim/München: Juventa.

Benedikt Sturzenhecker

Lassie als pädagogische Figur: Was Kinder- und Jugendarbeit von dem Fernseh-Hund lernen kann – und was nicht

Domestizierte Tiere sind Produkte menschlicher Kultur. Das gilt für sie möglicherweise noch schärfer als für Menschen selbst, denn Haus- und Nutztiere werden seit Jahrtausenden für spezifische Funktionen gezüchtet, eine Erfahrung, die die Gattung Mensch bisher (noch) nicht im größeren Maßstab machen musste. Nutztiere erfüllen gesellschaftliche und kulturelle Funktionen besonders als Nahrungsquellen und Arbeitserleichterung für Menschen[1]. In der Entwicklung westlicher moderner Gesellschaften treten zudem für Heimtiere ästhetische (und damit auch Distinktion ermöglichende und Status demonstrierende) und sozial-emotionale Funktionen hinzu.

Eine der relativ neuen Funktionsbestimmung für Tiere, besonders für Pferde und Hunde, ist die der Pädagogik- und Therapie-Dienstleister. Als dafür wichtige Kompetenzen wird ihnen vorrangig zugesprochen: Authentizität, Unvoreingenommenheit, Eindeutigkeit, interaktive Resonanz, Verlässlichkeit und Loyalität. Sie eröffnen zudem die Möglichkeit der Beschäftigung miteinander bei der Erfüllung von Grundbedürfnissen (Fressen, Ausscheiden, Ruhen, Bewegen, Fortpflanzung etc.).

Wenn Tiere dafür gezüchtet und abgerichtet werden, pädagogische und therapeutische Arbeiten zu übernehmen, ist die Frage, ob diese Aufgaben durch Menschen, bzw. genauer im Feld der Sozialen Arbeit durch Professionelle nicht mehr oder nicht mehr ausreichend wahrgenommen werden können. Müssen deshalb Tiere als Ersatzbeschaffung ran?

Wenn wir auf die alltägliche Belastung in den meisten Feldern der Kinder- und Jugendhilfe speziell und der Sozialen Arbeit allgemein schauen, könnte dieses nahe liegen. Gerade für die als ein Kernelement des Berufes verstandene subjektbezogene, entwicklungsfördernde Kommunikation und Interaktion mit

1 Historisch wurden Nahrungs- und Arbeitsfunktion durchaus gekoppelt: In China hat man bis heute kein Problem, „des Menschen besten Freund", den Hund, auch zu essen.

den KlientInnen (vgl. Heiner 2007: 201) unter Einsatz der eigenen Person als „Werkzeug“ (vgl. Spiegel 2008) scheint es immer weniger Zeit zu geben. Statt der Interaktion mit dem „Klientensystem“ scheint die Arbeit mit dem „Leistungssystem“ (Heiner 2007: 101ff.) überhand zu nehmen. So hatte etwa der für den „Fall Kevin“ zuständige Amtsvormund in Bremen bis zu 270 Fälle zu bearbeiten. Statt der Aufnahme und reflexiven Gestaltung von vertrauten Beziehungen zu den KlientInnen und der koproduzierten Entwicklung einer spezifischen (Selbst-)Hilfe, können und sollen immer mehr „Cases“ gemanaged werden. Den CasemanagerInnen obliegt es, für die verschiedensten Teilprobleme ihrer KlientInnen unterschiedlichste Dienstleistungen heranzuziehen und zu organisieren. Wer könnte die entwicklungsfördernde, direkte und personale Interaktion und Beziehungsarbeit übernehmen? Antwort: Tiere! Sie sind auf jeden Fall effizienter als Menschen, sie haben kürzere Ausbildungszeiten, kosten nur Unterhalt statt Honorar oder Gehalt und mucken nicht auf. Und da Effekt in der Pädagogik ohnehin eine Frage von Begründungskonstruktionen ist, kann man diese dann in „Evaluationen“ auch als Wirkung von Tieren darstellen.

Vielleicht liegt der eigentliche Skandal der tiergestützten Pädagogik in dieser – hier zugespitzt dargestellten – Tendenz zur Abgabe klassisch professioneller Kernaufgaben an Tiere. Und vielleicht sollte man den Spieß umdrehen und noch einmal überlegen, welche den Tieren zugeschriebenen pädagogischen Aufgaben und Kompetenzen nicht doch von menschlichen Fachkräften umgesetzt werden sollten. Man könnte also von den Konstruktionen der Qualitäten und Qualifikationen der pädagogischen Tiere lernen und sie als Anregung zur Reflexion und Wiederaneignung zentraler Fähigkeiten und Tätigkeiten in der Sozialen Arbeit nutzen.

Dieses soll im Folgenden für ein Teilsegment der Kinder- und Jugendhilfe geschehen: die Offene Kinder- und Jugendarbeit. Dieses Feld ist, im Unterschied zur Jugendverbandsarbeit[2], der anderen großen Organisationsform von Jugendarbeit, gekennzeichnet durch hauptamtlich geleitete Einrichtungen und Dienste wie Jugendhäuser, Mobile Angebote, Abenteuerspielplätze etc. Zwar ist dieses Feld nicht schwerpunktmäßig vom Einsatz pädagogischer Tiere betroffen, aber (bevor die Tiere die Farm übernehmen) kann man Lassie nutzen und von ihr lernen, um den Bildungsauftrag der Kinder- und Jugendarbeit zu schärfen.

2 Trotz der strukturellen Verschiedenartigkeit der beiden Teilfelder benutze ich im Folgenden den gemeinsamen Oberbegriff „Kinder- und Jugendarbeit“, obwohl ich mich im Wesentlichen auf die „Offene“ Kinder- und Jugendarbeit beziehen werde.

Lassie als pädagogische Analogie

Ein virtueller Hund aus einer Fernsehserie unterscheidet sich strukturell nicht von den anderen Funktionshunden. Hunden werden jeweils spezifische Funktionen und Fähigkeiten zugeschrieben und sie werden so gezüchtet und dressiert, dass sie diese zur Zufriedenheit ihrer menschlichen Produzenten und Nutzer erfüllen. Hunde spiegeln also viel mehr die Erwartungen an sie, als dass ihnen irgendein eigener oder gar natürlicher Charakter zugesprochen werden könnte. Wenn also Funktionshunde ohnehin vor allem Projektionsflächen sind, dann kann man sich analytisch auch den offensichtlich erdachten und gemachten medialen Hunden, etwa aus der Fernsehserie „Lassie" zuwenden. An ihnen ist erkennbar, welche spezifischen kulturellen Vorstellungen von Tieren, Hunden und ihren Beziehungen zu Menschen konstruiert werden.

Die Hundefigur „Lassie" wurde 1939 in England erfunden: zunächst in einer Kurzgeschichte, dann in einem Roman und schließlich hatte sie in einem Film (1943) Riesenerfolg. Die Geschichten zeigen einen Hund, der trotz der durch widrige Umstände erzwungenen Trennungen und Wirren immer wieder zum Herrchen zurückkehrt: Verlässlichkeit und Treue in Zeiten schwerer Wirtschafts- und Kriegskrisen und der Auflösung sozialer Ordnungen und Sicherheiten. Adaptiert vom amerikanischen Fernsehen verweist die Serie auf eine untergehende, für die meisten Amerikaner immer weniger erlebbare Kultur des Farm- und Landlebens. Selbst wenn Ende der 1950er Jahre statistisch noch viele Menschen in ländlichen Regionen lebten, dominieren doch die städtischen Zentren die gesellschaftlich-kulturelle Entwicklung. Es sind untergehende soziale „Welten", an deren (durchaus idealisierte bzw. verkitschte) Charakteristika und Qualitäten Lassie erinnert[3].

Lassie[4] ist ein explizit „pädagogischer" Hund, er ist ein „Knabenführer" in der klassisch-griechischen Bedeutung von „Pädagoge", er begleitet sein Herrchen Timmy[5] auf dem – gelegentlich riskanten – Weg der Entwicklung. Tim-

3 Wäre auch daraus eine Analogie zur Offenen Jugendarbeit abzuleiten? Biete ich Lassie, die Begleiterin des Abstiegs einer Lebensform in dem Moment an, in dem die Offene Jugendarbeit zunehmend aufgegeben und an die Schule verlagert wird, bzw. zu einem (schulische) Leistung und Anpassung fördernden und Abweichung präventierenden Jugendkontrolldienst pervertiert wird? Vielleicht ist also meine Absicht, mit diesem Text an die Aufgaben von (professioneller) Jugendarbeit zu erinnern, bevor sie vor die Hunde geht.

4 Lassie (das ist das schottische Wort für „Mädchen") in der Fernsehserie ist ein echter „crossdresser"; die Figur der Collie-Hündin wurde von Rüden gespielt, deren Geschlechtsteile mit einem Fellstück überklebt wurden. Entsprechend benutze ich mal die weibliche Form (die Hündin Lassie), mal die männliche (der Hund).

5 Ich beziehe mich im Folgenden jeweils auf die Phase der Fernsehserie, in der Lassie der Begleiter des Jungen Timmy ist (die Serien begann zunächst mit dem Jungen Jeff, der, als er wegzog, Lassie an seinen jüngeren Freund Timmy übergab. Ich habe gelegentlich Serienfol-

mys pädagogische Orte sind zwar nicht die Polis und das Gymnasion, sondern eine Farm, bäuerliche Landschaft, Kleinstadt und Schule, aber Lassie begleitet Timmy schützend und helfend durch diese „Bildungslandschaft".

Die Serie lebt davon, dass Timmy von einem starken Selbstbildungsdrang beseelt ist, immer Neues erfahren will und das besonders in Bezug auf Themen und Aufgabenstellungen des „realen" Lebens und nicht auf solche aus pädagogisch-institutioneller Zubereitung. Er will „groß" werden und sich aktiv aneignen, was man dazu (in seiner Lebenswelt) braucht. Deshalb ist er beständig auf der Suche nach Herausforderungen, die ihm ermöglichen, auf dem Weg zu einer „nächsten Zone der Entwicklung" voran zu kommen. Es liegt in der Natur der Sache dieser Bildungsbewegung, dass sie sich in riskante Areale, eben des Noch-nicht-Gekannten und Noch-nicht-Gekonnten wagen muss. Damit drohen Gefahren für Leib und Seele. Wie aber können diese riskanten Erfahrungen einerseits durch das Subjekt selbst gemacht werden und somit Eigenständigkeit eröffnen, ohne dass andererseits alle möglichen riskanten Erfahrungen durch wohlmeinende, präventionistische Erwachsene schon vorweg bedacht und eingesoftet oder verstellt und damit eigene Erfahrungen des Kindes verhindert werden? Wie kann ein gewisser Schutz und eine Risikoabfederung, gelegentlich auch „Wunden lecken", also Hilfe bei Frustverarbeitung und Verletzungen möglich werden? Hier kommt der pädagogische Hund ins Spiel: Seine Aufgabe besteht darin, auch riskante (weil nur so relevante) Erfahrungen möglich zu machen, aber doch dabei Schutz und Sorge zu gewährleisten, die aber genau nicht als erwachsenes „Over-Mothering" und normierende Erziehung stattfinden.

Viele der von Timmy gesuchten und gefundenen Selbstbildungsaufgaben beinhalten die Übernahme von Verantwortung. Zwar geht es dabei selten um eine vollständige erwachsene Verantwortung, sondern um „verkleinerte" Varianten, aber immerhin sind die Aufgabenstellungen „echt": So hat Timmy z. B. einen eigenen kleinen Garten, den er bewirtschaftet. Aber am häufigsten bedient sich der Tierpädagogikfilm selbst des Kunstgriffes der Tierpädagogik und lässt Timmy Verantwortung für Tiere übernehmen. So geht es in einzelnen Folgen der Serie darum z. B. verletzte Spatzen oder Rehkitze zu pflegen,

gen dieser Timmy-Zeit im Fernsehen bei den Nachbarkindern gesehen (Dank an Ursula und Klaus Fussy). Damals interessierten mich damals zwar besonders die Essgewohnheiten (vgl. Rose/Sturzenhecker 2009) in der amerikanischen TV-Familie – etwa die unglaublich weißen und großen Gläser Milch, die aus dem riesigen weißen Kühlschrank geholt wurden – und nicht vorrangig der Hund. Insgesamt sind jedoch meine Vorstellungen von der Serie in der Timmy-Phase entstanden. Übrigens sagen etwa drei Viertel der heutigen Studierenden, dass sie Lassie kennen. Klar, der kam noch auf KI.KA, als wir schon groß waren.

Timmy ist – by the way – ein Jugendhilfefall, denn er ist ein Waisenkind, das bei den Pflegeeltern Ruth und Paul Martin lebt.

einem Papagei einen Satz beizubringen, einen Babyelefanten für den Zoo zu kaufen (mit selbst gesammeltem Geld), einen von der Rennbahn geflohenen Greyhound zu pflegen, Reiten zu lernen, Karnickel zu züchten oder eine Krähe zu zähmen.

In vielen Episoden spielt auch das Thema sozialer Verantwortung eine wichtige Rolle: Timmy hilft Vater und Mutter auf der Farm, tröstet einen entmutigten Maler, versorgt einen hungrigen Landstreicher mit Essen, hilft einem Farmer eine Taube zu finden und so weiter. Das geschieht auch immer wieder als Aneignung von Handlungsweisen der Bürgergesellschaft: so will Timmy „Junior Fire Marshall" werden, macht bei den Boy Scouts mit, bietet auf dem Wohltätigkeitsbasar einen Stand an, beteiligt sich mit eigenen Produkten an einer landwirtschaftlichen Ausstellung. Einmal übernimmt er mit seinem Freund eine Patenschaft für einen historischen Baum. Als die beiden erfahren, dass der Baum gefällt werden soll, um dort eine Autobahn zu bauen, schreibt Timmy einen Brief an den Präsidenten der Vereinigten Staaten. In der Episode „Die Lehrerin" (vom 21.9.1958) finden die Jungen heraus, dass ihre angebetete Lehrerin Miss Hazlit die Schule verlassen will, weil der kommunale Schulausschuss (in dem außer Timmys Pflegevater auch andere Farmer mitwirken) ihr nicht mehr das verlangte Gehalt zahlen kann. Timmy und seine Freunde verdienen sich mit kleinen Dienstleistungen Geld, um das Defizit auszugleichen. Auf dem Weg zur Sitzung des Schulausschusses verlieren sie, ohne es zu merken, den Geldbeutel, er fällt von der Brücke in den Fluss. Lassie fischt jedoch das Geld aus dem Wasser und trägt es ihnen nach. Von so viel Engagement der Jungen lässt sich der Schulausschuss überzeugen, Miss Hazlit zu behalten und das geforderte Geld aufzubringen[6].

Zu all diesen *bürgerschaftlichen* Aneignungsthemen hat Lassie kaum inhaltliche Beiträge zu bieten. Die Aneignung des Sozialen, der Kultur benötigt menschliche Gegenüber zur Auseinandersetzung und Kooperation (dazu unten mehr). Lassie hingegen ist kein Gegenüber, sondern platziert sich stets *neben* Timmy auf seiner Seite. Eine ihrer erzieherischen Haupttätigkeiten ist die Begleitung. „Be-gleiten, das zeigt sich als das Mit-gleiten in derselben Form, Richtung und Intensität: So wie du gehst, gehe ich – gleite ich – mit dir an deiner Seite. Ich bestätige *dich*, indem ich, begleitend, *dein Tun* begleite. (…) Aus der Begleitung und vermittels ihrer hast du Gewissheit, Du bist nicht allein; woraus sich für dich ergibt, dass du bist!" (Bodenheimer 1992:19 f.; Hervorheb. i. Orig.).

Die besondere Qualität, mit der Lassie auf der Seite des Kindes steht, ist, dass diese Position absolut verlässlich ist. Egal was Timmy tut, Lassie hält zu

6 Eine der wenigen Problemstellungen, zu der sich selbst mit Hilfe des „Mädchens" Lassie keine Lösung findet, ist übrigens die andauernde Puellaphobie der Jungen.

ihm. Der Hund knüpft keine Voraussetzungen oder Leistungserwartungen an seine „Liebe“ zu Timmy (na gut, außer Futter). Er liebt Timmy, so wie er ist, oder besser, da sich Timmy weiter entwickelt: so wie er *wird*. Lassie hat keine Vorstellung davon, wie das Kind werden soll; ob Timmy gute Schulleistungen erbringt oder sich stattdessen nur in der Natur herumtreibt, ist für Lassie irrelevant: Sie hält immer zu dem Kind. Diese Bindung ist also verlässlich, und Timmy kann sich, so gestützt, eigenständig entwickeln. Man könnte meinen, hier Axel Honneths Begriff der „Liebe“ aus seiner Anerkennungstheorie wiederzuentdecken. „Liebe“ bezeichnet er als den „Vorgang einer gleichzeitigen Freigabe und emotionalen Bindung der anderen Person; nicht eine kognitive Respektierung, sondern eine durch Zuwendung begleitete, ja unterstützte Bejahung von Selbstständigkeit.“ (Honneth 1992: 173) Dadurch entsteht „Selbstvertrauen“. Weiter unten wird dieser doch etwas komplexere Begriff von Liebe noch zu differenzieren sein.

Diese Struktur der liebevollen Begleitung bedingt auch, dass das aktive Handeln von Timmy selbst ausgehen muss. Lassie gibt keine Anstöße, zeigt keine möglichen Themen oder Aktivitäten auf, sondern folgt dem Kind nur bei dessen eigenständigen Entscheidungen. Lassie macht erst einmal (fast) alles mit, sie lässt sich (ohne präventiv Risiken vorauszusehen) auf das ein, was Timmy gerade in Angriff nimmt. Das Kind muss selbst Verantwortung für die eigene Aneignungsaktivitäten übernehmen, aber der begleitende Hund hilft mit, dafür eine sichernde Basis zu erzeugen, indem er Vertrauen in seine Bindung ermöglicht und doch gleichzeitig Freiheit eigenständiger Aneignung eröffnet. Unterstützt durch die vertraute Bindung und Begleitung kann sich Timmy seinen Selbstbildungsaktionen widmen und seine Selbstwirksamkeit entdecken und erproben.

Diese Begleitung an Timmys Seite kennt allerdings die Ausnahme, dass der Hund sich *vor* Timmy stellt, wenn der Junge in zu große Gefahren zu geraten droht. Allerdings wird der Junge von Lassie nicht dafür sanktioniert, sich überhaupt in diese Gefahren gebracht zu haben. Lassie stupst, jault und bellt, um Timmy auf Gefahren aufmerksam zu machen, aber sie beißt nicht, weder um ein Handeln zu verhindern, noch um ignorierte Warnungen zu bestrafen. Sie übernimmt eine der vorrangigen Aufgaben von Erziehung: den Schutz. Soweit ihre Kräfte reichen, bewahrt sie vor Gefahren, die zum einen aus den kindlichen Tätigkeiten heraus entstehen und zum anderen von außen auf das Kind zukommen können (etwa durch „böse Menschen“). Als Abkömmling ehemaliger Hütehunde wird dem Collie (zumindest in Anteilen) die erzieherische Aufgabe der Behütung zugewiesen.

Die schützende Begleitung durch Lassie ermöglicht Timmy auch, seinen räumlichen Handlungsradius zu erweitern, sich den umgebenden materialen und sozialen Raum zu erschließen. Lassies Anwesenheit bietet eine gewisse Sicherung, indem sie warnt, eventuell schützt und verteidigt und zur Not Hilfe holt. Zusammen werden Timmy und Lassie von den Eltern ein größerer Bewegungs- und Erkundungsraum zugestanden als dieses für Timmy alleine der Fall wäre.

Der Bildungsauftrag der Kinder- und Jugendarbeit

> *Wir sind im falschen Zeitalter geboren, wir sind wie Schafe ohne Weide, ohne Schäfer, ohne Stall. Wir irren, umgeben von Wölfen durch unbesiedeltes Gebiet und müssen uns bei alledem vom Schäferhund, der notorisch sinnentleerten Pflichterfüllung, in die Waden beißen lassen. Wir sind müde"* (Zeh 2004: 540ff., zit. n. Delmas/Lindner 2006: 241).

Meine Idee, Lassie als Analogie zur Verdeutlichung der Aufgaben von Jugendarbeit zu nutzen, begann mit diesem Zitat aus Julie Zehs Roman „Spieltrieb", in dem die 15-jährige Protagonistin Ada vor dem Jugendgericht ein Porträt ihrer Generation ausbreitet. Werner Lindner verwendete das Zitat in einem Vortrag über Jugend und Jugendarbeit. Damals fragte ich mich, wer mit den wadenbeißenden Schäferhunden gemeint sei und dachte sofort an die vielen erzieherischen, normierenden und kontrollierenden Institutionen, die Kinder und Jugendliche umgeben: es beginnt mit pränatalen Normalitätstests, geht über in die medizinischen U-Untersuchungen für Kleinkinder und ihre Familien, Tests zur Einschulungsfähigkeit, Maßnahmen zur Gewalt- und Gesundheitsprävention im Kindergarten, Lernstanderhebungen in der Grundschule, Zeugnisse, Versetzungen, „blaue Briefe", Schulempfehlungen, Jugendberufshilfe, und für diejenigen, die dann immer noch nicht dem leuchtenden Pfad der Pflicht- und Normenerfüllung folgen, die Hilfen zur Erziehung, die Sozial- und Antiaggressionstrainings, die JugendpolizistInnen und JugendstaatsanwältInnen, der Jugendarrest usw. All diese Institutionen stellen Normalitätskriterien auf und sanktionieren Abweichung. Sie haben mehr oder minder große institutionelle Macht, gewünschtes Handeln (wadenbeißend) herzustellen und Biografie langfristig zu beeinflussen.

Und die (Offene) Kinder- und Jugendarbeit? Welchen Rang und welche Rolle hat sie in diesem Rudel der wadenbeißenden Schäferhunde?

Kinder- und Jugendarbeit ist zunächst einmal Teil des Erziehungssystems (des Rudels): sie wird staatlich und/oder kommunal finanziert, gesetzlich geregelt und durch hauptamtliche Fachkräfte geleistet. Sie ist Teil einer Sozialpädagogik, die ihren Widerspruch des doppelten Mandats nicht auflösen kann (vgl. Kessl 2005). Dennoch scheint sie im Erziehungssystem eine besondere Rolle und Aufgabe zu haben. Für sie hat die Förderung von Selbstbildung mit dem Ziel der Entwicklung mitverantwortlicher Selbstbestimmung Vorrang vor den qualifizierenden, selektierenden, normierenden und kontrollierenden Aufgaben anderer Erziehungsinstitutionen (wie vergleichsweise der Schule).

Diese Zielsetzungen für die Kinder- und Jugendarbeit haben bereits eine lange Geschichte. „Jugendarbeit ist Bildung in Freiheit zur Freiheit", formulierte der Jugendarbeitstheoretiker Kentler schon in den 1960er Jahren als Diktum für die Jugendarbeit (vgl. Kentler 1964: 51). Deinet versteht Bildung in der Jugendarbeit als Erweiterung selbsttätiger Aneignung besonders im Sozialraum (vgl. Deinet 1999, 2005). Albert Scherr benennt als Aufgabe von Jugendarbeit: „Der eigenständige Auftrag von Jugendarbeit wird (...) darin gesehen, dazu beizutragen, Heranwachsende zu einer eigenverantwortlichen und selbstbestimmten Lebensführung sowie dazu zu befähigen, zugleich das Recht Anderer anzuerkennen, ihr Leben eigenverantwortlich und eigensinnig zu gestalten" (Scherr 2005: 206)

Die Entwicklung von Selbstbestimmung wird hier an eine mitverantwortliche Anerkennung der Freiheitsrechte anderer gekoppelt. Ähnliche Bestimmungen von Jugendarbeit finden sich auch in den Formulierungen des Kinder- und Jugendhilfegesetzes (SGBVIII) wieder. So sagt § 11 SGB VIII: „(1) Jungen Menschen sind die zur Förderung ihrer Entwicklung erforderlichen Angebote der Jugendarbeit zur Verfügung zu stellen. Sie sollen an den Interessen junger Menschen anknüpfen und von ihnen mitbestimmt und mitgestaltet werden, sie zur Selbstbestimmung befähigen und zu gesellschaftlicher Mitverantwortung und zu sozialem Engagement anregen und hinführen". Kinder- und Jugendarbeit soll also Selbstbildungsprozesse ermöglichen (vgl. Lindner/Sturzenhecker 2004). Es wird damit ein Bildungskonzept aufgegriffen, das vom Bundesjugendkuratorium wie folgt formuliert wurde: „Bildung heißt: ‚Sich bilden'. Bildung ist stets ein Prozess des sich bildenden Subjekts, zielt immer auf Selbstbildung ab. Bildung ist ein Entfaltungsprozess des Subjekts in Auseinandersetzung mit inneren und äußeren Anregungen und die Befreiung von inneren und äußeren Zwängen. (...) Bildung kann nicht erzeugt oder gar erzwungen, sondern nur angeregt und ermöglicht werden“ (Bundesjugendkuratorium 2002: 164).

Verglichen mit den wadenbeißenden (deutschen?!) Schäferhunden anderer Erziehungsinstitutionen ist Kinder- und Jugendarbeit also eher ein (schottischer) Hütehund: Als Anreger und Ermöglicher von Selbstbildung hat sie weder Auftrag noch institutionelle Macht (Beißfähigkeit), ihre Schäfchen in eine bestimmte Richtung zu drängen – ihr einziges und letztes Machtmittel ist der Ausschluss (Hausverbot), und welcher Hütehund möchte schon Schafe ausgrenzen? Im Rudel der erzieherischen Hunde hat also Kinder- und Jugendarbeit Ähnlichkeit mit Lassie, dem freundlichen Begleiter kindlicher selbsttätiger Aneignungsprozesse. Beide sind erzieherische Bildungsassistenten.

Lassie und die Kinder- und Jugendarbeit

Es fragt sich also, wie Kinder- und Jugendarbeit solche Selbstbildung anregen soll, wie sie die selbsttätigen Subjekte in der Auseinandersetzung mit inneren und äußeren Anregungen und Zwängen unterstützen kann und was sie dabei schließlich von Lassie (besser von der dieser Hundefigur zugrunde liegenden pädagogischen Konstruktion) lernen kann.

Mit dieser Analogie zu spielen bedeutet, einerseits Parallelen zwischen Lassies erzieherischem Verhalten und der Jugendarbeit zu finden, andererseits aber auch Grenzen der Übertragbarkeit zu erkennen. Beides kann helfen zu bestimmen (und mithilfe des Bildes von Lassie zu illustrieren), was professionelle Bildungsassistenz in der Kinder- und Jugendarbeit beinhalten könnte. Dazu sollen im Folgenden die zentralen Merkmale von Lassies Bildungsbegleitung noch einmal durchgegangen werden.

Gerade die benachteiligten Kinder und Jugendlichen, die die Hauptbesuchergruppe der Offenen Jugendarbeit darstellen, vermitteln oft den Eindruck, dass sie sich ihrer selbst unsicher sind. Bildungsassistenz auf Lassie-Weise würde damit beginnen, überhaupt eine Voraussetzung zur selbsttätigen Aneignung zu entwickeln, eben zu helfen, dass das Selbst sich überhaupt als existent und aneignungsfähig erfahren könnte. Es geht darum, sich neben Kinder und Jugendlichen zu bewegen, sich zu ihnen zu gesellen, sich auf ihre Seite zu stellen, mit ihnen herumzuziehen und so zu demonstrieren, dass sie nicht allein sind, ja überhaupt „da“ sind. Das heißt auch zu bestätigen, dass ihre Wege, ihre Bewegungen relevant sind, dass diese Wege und Bewegungen es wert sind, begleitend geteilt zu werden. Mit(be)gleiten, nichts oder nur wenig tun, so beginnt Bildungsassistenz (schon Maria Montessori betont die Bedeutung der zurückhaltenden Erzieherin [vgl. Hebenstreit 1999]). Bei dieser Begleitung wird es möglich zu sehen, was die Kinder und Jugendlichen sehen, also ihre

Welt durch ihre Augen wahrzunehmen und sich zeigen zu lassen, was für sie relevant ist. Noch ganz entsprechend der Lassie-Haltung wäre dies zunächst ein zur Kenntnis nehmen, das nicht sofort bewertet und auswertet: also etwa Risiken und Potenziale des innewohnenden Bildungsthemas beurteilt oder sich entwickelnde Handlungskompetenzen diagnostiziert, um aus all diesem schnell pädagogische Interventionen (also Ein- und Übergriffe) entwickeln zu können. Lassie schaut erst einmal genau hin (zur Bedeutung der genauen Beobachtung – auch und gerade in der Jugendarbeit – vgl. Müller/Schmidt/Schulz 2005) und lässt sich auf das ein, was sein Kid gerade als Bildungsthema angeht. In der Kinder- und Jugendarbeit sind das oft Bildungsthemen wie „sex, drugs and rock'n'roll“, aber auch „violence“. Sie erschrecken oftmals die pädagogischen BegleiterInnen und treiben sie zu Gegenreaktionen. Doch wer diese Themen ausgrenzt, verpasst wichtige Chancen der Förderung von Bildungsprozessen.

Aber Lassies Begleitung schafft im Grunde nur eine Art Verstärkung oder Verdoppelung Timmys (sie stellt grafisch eine parallele Linie zu Timmy dar). Lassie ist abhängig von Timmys Aktivitäten und Befehlen. Lassie bringt nichts selbst ein, hat kein eigenes Verhältnis zu den Themen, die Timmy angehen. Diese sind menschlich-kultureller Art, aber Lassie teilt diese kulturellen Bedeutungen der menschlichen Gesellschaft nicht, hat dazu kein Verhältnis (von dem Gefahrenpotential für sein Herrchen abgesehen) und kann nichts zu Timmys Aneignung beitragen, außer zu zeigen: „Ich bin bei dir!“ (was nicht wenig ist, aber eben auch nicht genug).

Aneignungshandeln zwischen Menschen ist hingegen gekennzeichnet durch Gegenseitigkeit, eine Kooperations-, ja, Koproduktionsstruktur. Menschen verweisen auf die Gegenstände ihrer Aneignung, blicken gemeinsam auf die „dritte Sache“ und wieder zurück aufeinander. Es entsteht eine triadische Struktur (ein Dreieck, *kein* Parallelogramm), in der die Bedeutungen der Bildungsthemen kooperierend produziert werden. „Tiere konzentrieren sich auf den ausgestreckten Finger, folgen dem kleinen Stock, der weggeworfen wurde. Menschen sehen den Finger und richten den Blick in die Richtung, auf die er weist; ihre Augen folgen dem Stock, aber stellen sofort wieder den Blickkontakt zum Werfer her“ (Winkler 2006: 145). Winkler argumentiert weiter, dass in der triadischen erzieherischen Interaktion kulturelle Bedeutungen angeeignet würden. Die „Sachen“, auf die von einem/einer der menschlichen Beteiligten gezeigt wird, werden koproduktiv (auch kritisch-verändernd) angeeignet und gleichzeitig wird dabei eine interaktive Gegenseitigkeit erzeugt. Kein Hund – und selbst Lassie nicht – kann auf Sachen oder Themen der menschlichen Kultur verweisen und diese dabei deutend vermitteln. Zudem entsteht keine soziale Reziprozität, sondern es bleibt bei der Parallelität (s.o.) zwischen

Mensch und Hund. Selbstbildung ist also angewiesen auf die Koproduktion mit den Gegenüber, braucht ihre Antworten auf die Themenstellung, auf die man zusammen blickt. Tiere können solche Beiträge nicht leisten.

Gegenseitigkeit ist denn auch eine der spezifischen Qualitäten in Honneths Liebesbegriff, zu dessen Entfaltung er auf Winnicotts Annahmen zur frühen Beziehungsgestaltung zwischen Kind und Mutter zurückgreift. Dabei ist der kindliche Reifungsprozess eine gemeinsame, gegenseitige Aufgabe von Mutter und Kind: „weil beide Subjekte zunächst durch aktive Leistungen in den Zustand symbiotischen Einsseins einbezogen sind, müssen sie gewissermaßen vom jeweils anderen lernen, wie sie sich zu selbstständigem Wesen auszudifferenzieren haben" (Honneth 1992: 159). Dieser Weg der Verselbständigung beginnt, wenn die symbiotische Bedürfniserfüllung des Kindes durch die Mutter zunehmend nicht mehr uneingeschränkt geleistet wird und die Mutter als eigenständiges Gegenüber wahrgenommen werden kann. Die daraus folgenden aggressiven Akte des Säuglings gegen die Mutter sind nicht nur Wutreaktionen, sondern auch Möglichkeiten zu erkennen, dass die Mutter tatsächlich einer äußeren „objektiven" Wirklichkeit angehört: „überlebt die Mutter seine zerstörenden Attacken, ohne sich zu rächen, so hat er sich dadurch gewissermaßen praktisch in eine Welt hineinversetzt, in der neben ihm noch andere Subjekte existieren" (Honneth 1992:163). Dabei wird auch erkennbar, dass dieser Prozess nicht einseitig im Kind verläuft, sondern auf Gegenseitigkeit beruht, denn auch die Mutter muss erhebliche Leistungen einbringen, muss sie doch auf einen rächenden „Gegenschlag" verzichten. Insofern geschieht schon die Entwicklung dieser basalen Liebe als ein konflikthafter „Kampf um Anerkennung", und nur wenn dieser in Gegenseitigkeit gelingt, entsteht das oben zitierte Vertrauen auf verlässliche Bindung und gleichzeitige Freigabe zur Selbstständigkeit. Das sich damit entwickelnde Selbstvertrauen ist eine zentrale Basis für die Möglichkeit, sich mehr und mehr eigenständig die Welt anzueignen.

Die Hundeliebe kann an diese gegenseitig errungene menschliche Liebe nicht heranreichen. Eine Wechselseitigkeit entsteht nicht, weil der Hund gar nicht im eigentlich reziproken Sinn auf menschliche Beziehungsprojektionen antwortet, sondern darauf, dass er gefüttert wird[7].

7 „Die Gesellschaft eines Hundes ist deshalb so angenehm, weil man ihn glücklich machen kann; was er verlangt, ist so einfach zu erfüllen, sein Ego ist so begrenzt" (Houellebecq 2007: 9). Hier wird auch verständlich, warum die menschliche „Beziehung" zu Hunden oder Tieren nicht auf zwischenmenschliche Beziehungen übertragen werden kann. Das wird besonders erschreckend erkennbar an den Fällen, in denen (selbst schwer beschädigte) Eltern ihr Kind verhungern ließen, aber ihre Tiere gut versorgten.

Was könnte eine erzieherische Bildungsassistenz der Kinder- und Jugendarbeit daraus lernen? Gerade für die jungen, häufig aus benachteiligten Lebenslagen stammenden Besucher der Jugendeinrichtungen scheint das Thema einer Selbstvertrauen eröffnenden „Liebe“ hoch relevant. Zum einen kann man die Pubertät als eine Zeit betrachten, in der die eigene Identität und das Selbstvertrauen der Jugendlichen infrage stehen. Das Jugendalter ist eine verunsichernde Entwicklungsphase, in der Ungewissheit des Selbst und Abwehr der bisherigen Anpassung an familiäre Identitätszuweisungen zusammenkommen. Die Erfahrung, in dieser Phase nicht allein zu sein und so eine gewisse Bestätigung des eigenen Daseins zu erleben (soweit das Potenzial von Lassie), bzw. gar vertraute Menschen zu haben, die trotz der persönlichen Veränderungen zu einem halten, kann eine wichtige Unterstützung zur selbstbildenden (Neu-)Aneignung einer eigenen Identität sein. Das gilt umso mehr, als die jugendlichen Versuche sich neu zu erfinden und sich wirklich zu fühlen, durchaus Aggression als Mittel verwenden können, um Resonanz von Gegenübern zu erhalten und „Verfolgung“ (Winnicott) zu erfahren (vgl. Böhnisch 2010).

Wie bei Lassie ginge es also pädagogisch darum, an den Jugendlichen „dran zu bleiben“, ihnen „hinterherzulaufen“, an ihrer Seite zu stehen, eben bei-zu-stehen. Über Lassie hinausgehend wäre es das (menschliche und) professionelle Vermögen, den „Kampf um Anerkennung“ bewusst zu führen, ihre Aggressionen ohne Rückschlag auszuhalten und doch auch um die Anerkennung der eigenen Person und ihrer Integrität zu kämpfen (Müller 1996). Das hieße auch, diese Jugendlichen mit dem eigenen Beziehungsangebot zu „verfolgen“, aber „Verfolgung“ nicht im Sinne des wadenbeißenden (Polizei-) Schäferhundes zu verstehen. Hündische „Liebe“ kann nur ein Anfang sein, gegenseitige Anerkennung und Achtung hingegen auch über konflikthafte Kämpfe zu erreichen, scheint ein wesentliches Element einer erzieherischen Bildungsassistenz (auch in) der Kinder und Jugendarbeit zu sein. Eine professionelle Beziehungsgestaltung in der Jugendarbeit wäre also eine der zentralen Aufgaben der Entwicklung und Stärkung von Voraussetzungen von Selbstbildung. Die damit verbundenen Anforderung an Reflexivität gehen allerdings weiter als eine „Beziehungsarbeit“, die sich im „Quatschen an der Theke“ erschöpft (zum Umgang mit Beziehungen in der Jugendarbeit siehe Schröder 2002, 2005).

Lassies Schutz- und Behütungsfunktion ist ebenfalls relevant in der Kinder- und Jugendarbeit. Deren institutionelle Macht- und Einflussmittel sind so gering, dass sie Kinder und Jugendliche oft nur vor bestimmten riskanten Handlungen warnen kann. Viel weitergehend als Lassies alarmierendes „Laut geben“ bei Gefahren können Fachkräfte dieses aber in Form von Argumenten tun. Sie können in einem pädagogischen Diskurs (vgl. Richter 1992) gute

Gründe anführen, warum sie vor Ecstasy warnen oder vor ungeschütztem Geschlechtsverkehr und die angeführten Gründe können intersubjektiv geprüft werden. Ein solcher Diskurs bleibt nicht bei der Warnung stehen, sondern ermöglicht den Subjekten auf der Basis der Entwicklung ihrer Beziehung auch das Eigene zu bestimmen (also etwa den Umgang mit der Warnung).

Der Schutz, den Lassie bietet, könnte analog in der Kinder- und Jugendarbeit darin gesehen werden, dass Fachkräfte, die Kinder und Jugendlichen tatsächlich in ihrem Sozialraum begleiten, so erkennen und erfahren können, wo und wie diese welchen Gefahren ausgesetzt sind. „Schutz“ kann darin bestehen, zu versuchen, als Erwachsene solche Gefahren zu verhindern, zu reduzieren und mit den Kindern/Jugendlichen einen selbstschützenden Umgang zu erarbeiten.

„Schutz“ bezogen auf die Ermöglichung von Selbstbildung besteht heute als pädagogische Aufgabe gerade auch darin, Aneignungsmöglichkeiten für Kinder und Jugendliche offen zu halten und zu verteidigen. Dieses betrifft vor allem die jugendliche Nutzung des öffentlichen Raums. In vielen Kommunen toben derzeit „Kleinkriege“ von Erwachsenen gegen Jugendliche aufgrund ihres „störenden“ Verweilens auf öffentlichen Plätzen (vgl. Sturzenhecker 2004). Vielfach wird von Erwachsenen, Anwohnern, Politikern versucht, das Grundrecht auf freie Versammlung (Artikel 8 GG) zu beugen und jugendliche Versammlungspraxis in der Öffentlichkeit zu verhindern. „Schutz“ kann hier darin bestehen, sich als Fachkräfte in die öffentlichen Debatten einzumischen und politisch für das Recht der Jugendlichen zu streiten, auf ihre Weise den öffentlichen Raum zu nutzen. Die Analogie zur Schutzkompetenz von Lassie endet hier, denn ihre Praxis der „Behütung“ realisiert sich pädagogisch nur als paternalistische Überbehütung. Dies würde heißen, dass Fachkräfte Jugendliche nur als schützenswerte Objekte behandeln, statt sie zu unterstützen und ihnen zuzumuten, ihre Konflikte mit anderen Menschen im öffentlichen Raum selbst konstruktiv auszutragen.

Das gilt ähnlich auch für die Lassie oben zugeschriebene Fähigkeit, die Sozialraum-Aneignung von Timmy zu erweitern: Die erzieherische Unterstützung von selbstbildender (Raum-)Aneignung beginnt zwar zunächst ganz einfach mit der Ausdehnung von Zugänglichkeit, d.h. auch mit der Überschreitung von kontrollpädagogisch und sozialpolitisch gesetzten sozialräumlichen „Grenzen“ – und hier hilft Lassie sicherlich. Das sollte aber ausgebaut werden zu einer koproduktiv und reflexiv erarbeiteten „inhaltlichen“ Erweiterung von subjektiven Kompetenzen und Aneignung kultureller Bedeutungen und Handlungsoptionen im Sozialraum.

Die öffentlich-politische Partizipation von Kindern und Jugendlichen zu ermöglichen – da hilft Lassie nur wenig. In den Episoden, in denen die Lassie-

Serie die Bürgergesellschaft thematisiert, kann der Hund nur am Rande unterstützen. Die Interessenskonflikte mit den Erwachsenen und politischen Gemeindevertretern müssen Timmy und die anderen Kinder selbst führen. Wenn die Eröffnung von Mitbestimmung und Mitgestaltung, gar die Ermöglichung von demokratischer Mitentscheidung eine der zentralen Aufgaben der Kinder- und Jugendarbeit ist, endet hier die Analogie zur pädagogischen Lassie-Figur.

Die erzieherische Unterstützung von selbsttätiger Aneignung beruht zentral auf der triadischen Struktur, in der (modellhaft) sich zwei Personen miteinander mit einer dritten Sache beschäftigen. Auf kulturelle Bedeutungen zu zeigen, sie auszuwählen und zu präsentieren war die klassische erzieherische Aufgabe (vgl. Winkler 2008:67). Aus der Idee der Selbstbildung folgt, dass auch Kinder und Jugendlichen von sich aus Themen aufzeigen und in die koproduktive Bearbeitung einbringen. Welche Themen aber relevant sind und noch mehr, wie mit ihnen umgegangen werden soll, wie sie bewertet werden und welches „richtige" Handeln daraus folgen könnte, das ist in einer modernen, pluralistischen Gesellschaft nicht eindeutig. Erwachsene und Fachkräfte können von sich aus nur auf Themen „zeigen", die ihnen wichtig sind und sie können die Bildungsfragen der Kinder und Jugendliche mit ihren ganz persönlichen Positionen beantworten.

Bildungsassistenz besteht aber darüber hinaus besonders darin, einen pädagogischen Diskurs zu ermöglichen, in dem miteinander Geltungsansprüche argumentativ geprüft und Handlungsentscheidungen demokratisch getroffen werden. Demokratiebildung (vgl. Sturzenhecker 2010, Sturzenhecker/Richter 2010) besteht in einer Bereitstellung von Rechten und Strukturen echter Mitentscheidung für Kinder und Jugendliche, zunächst einmal mindestens in der eigenen pädagogischen Einrichtung und darüber hinaus zunehmend in der Kommune (vgl. Richter 2001). Sie ist eine der zentralen Aufgaben einer Kinder- und Jugendarbeit, die ihren konzeptionellen Anspruch und rechtlichen Auftrag der Förderung der Entwicklung von Selbstbestimmung und gesellschaftlicher Mitverantwortung ernst nimmt.

Hunde jedoch sind keine Demokraten, sie kennen nur Herrschaft des Stärkeren, Konkurrenzkampf und Unterwerfung. Es wäre zu fragen, ob man zynisch das Zutrauen in die Selbstbildungs- und Demokratiefähigkeit der Kinder und Jugendlichen aufgeben will und auf der Basis eines hündischen Gesellschaftsmodells eine wadenbeißende Schäferhundpädagogik favorisiert, die unterwürfiges Funktionieren verlangt oder mit Wegbeißen droht. Und statt Erziehung an Hunde zu übergeben und Gesellschaft hündisch zu gestalten, bliebe es angesagt, wie der Gründer des Kynismus, Diogenes von Sinope, am helllichten

Tage mit der Taschenlampe durch die Fußgängerzonen und Jugendhäuser zu ziehen und zu rufen: „Ich suche (einen) Menschen!“[8]

Literatur

Bodenheimer, Aaron (1992): Verstehen heißt antworten. Ditzingen.

Böhnisch, Lothar (2010): *Abweichendes* Verhalten. Eine pädagogisch-soziologische Einführung. 4., überarbeitete und erweiterte Auflage. Weinheim/München.

Bundesjugendkuratorium (2002): Streitschrift: Zukunftsfähigkeit sichern! Für eine neues Verhältnis von Bildung und Jugendhilfe. Inn: Münchmeier, Richard/Otto, Hans-Uwe/Rabe-Kleberg, Ursula (Hrsg.): Bildung und Lebenskompetenz. Kinder- und Jugendhilfe vor neuen Aufgaben. Opladen.

Deinet, Ulrich (2005): Sozialräumliche Jugendarbeit. Grundlagen, Methoden und Praxiskonzepte. 2. völlig berarbeitete Auflage. Wiesbaden.

Delmas, Janine/Lindner, Werner (2006): Salto mortale rückwärts? Oder: Strategie für magere Jahre? Anmerkungen und Ausblicke auf einige Entwicklungsperspektiven der Kinder- und Jugendarbeit. In: Lindner, Werner (Hrsg.): 1964 – 2004: 40 Jahre Kinder- und Jugendarbeit in Deutschland. Aufbruch, Aufstieg und neue Ungewissheit. Wiesbaden, S. 233-248.

Heiner, Maja (2007): Soziale Arbeit als Beruf. Fälle – Felder – Fähigkeiten. München.

Honneth, Axel (1992): Kampf um Anerkennung. Zur moralischen Grammatik sozialer Konflikte. Frankfurt/M..

Hebenstreit, Sigurd (1999): Maria Montessori – eine Einführung in ihr Leben und Werk. Freiburg.

Houellebecq, Michel (2007): Die Möglichkeit einer Insel. Reinbek.

Kentler, Helmut (1964): Versuch 2. In: Müller, C. Wolfgang Müller/Kentler, Helmut/Mollenhauer, Klaus/Giesecke, Hermann: Was ist Jugendarbeit? Vier Versuche zu einer Theorie. München, S. 37-88.

Kessl, Fabian (2005): Der Gebrauch der eigenen Kräfte: eine Gouvernementalität Sozialer Arbeit. Weinheim/München.

Lindner, Werner/Sturzenhecker, Benedikt (Hrsg.) (2004): Bildung in der Kinder- und Jugendarbeit – vom Bildungsanspruch zur Bildungspraxis. Weinheim/München.

Müller, Burkhard (1996): Bildungsansprüche der Jugendarbeit. In: Brenner, Gerd/Hafeneger, Benno (Hrsg.): Pädagogik mit Jugendlichen. Bildungsansprüche, Wertevermittlung und Individualisierung. Weinheim/München, S. 310-319.

Müller, Burkhard/Schmidt, Susanne/Schulz Marc (2005): Wahrnehmen können. Jugendarbeit und informelle Bildung. Freiburg.

Richter, Helmut (1992): Der pädagogische Diskurs. Versuch über den pädagogischen Grundgedankengang. In: Peukert, Helmut/Scheuerl, Hans (Hrsg.): Ortsbestimmung der Erziehungswissenschaft. Wilhelm Flitner und die Frage nach einer allgemeinen Erziehungswissenschaft im 20. Jahrhundert. Weinheim/Basel, S. 141-153.

Richter, Helmut (2001): Kommunalpädagogik. Studien zur interkulturellen Bildung, Frankfurt a. M. u. a..

Rose, Lotte/Sturzenhecker, Benedikt (Hrsg.) (2009): „Erst kommt das Fressen ...!“ Über Essen und Kochen in der Sozialen Arbeit. Wiesbaden.

8 Ich danke Gabriele Undine Meyer, Lotte Rose, Gelinde Tafel und Stefan Schnurr für wichtige Diskussionen zur Argumentation dieses Textes. Und dem einzigen Hund, zu dem ich je so etwas wie Zutrauen aufgebaut habe, einem Collie namens „Jenny“ und ihrem Besitzer Rainer von Kamen.

Scherr, Albert (2005): Subjektorientierte Offene Kinder- und Jugendarbeit. In: Deinet, Ulrich/ Sturzenhecker, Benedikt (Hrsg.): Handbuch Offene Kinder- und Jugendarbeit. 3., völlig überarbeitete und erweiterte Auflage. Wiesbaden, S. 205-217.

Schröder, Achim (2002): Beziehungen in der Jugendarbeit, wie sie gestaltet und reflektiert werden. In: deutsche jugend 2/2002, S. 59-69.

Schröder, Achim(2005): Persönlichkeit und Beziehungen entwickeln. In: Sturzenhecker, Benedikt/Deinet, Ulrich (Hrsg.): Handbuch Offene Kinder- und Jugendarbeit, 3., völlig überarbeitete und erweiterte Auflage. Wiesbaden, S. 144-151.

Spiegel, Hiltrud von (2008): Methodisches Handeln in der Sozialen Arbeit. Grundlagen und Arbeitshilfen für die Praxis. Stuttgart. 3. Auflage.

Sturzenhecker, Benedikt (2004): Kleinkriege gegen Jugendliche. In: deutsche jugend, Heft 11/2004, S. 463-465.

Sturzenhecker, Benedikt (2010): Demokratiebildung – Auftrag und Realität in der Offenen Kinder- und Jugendarbeit. In: Schmidt, Holger (Hrsg.): Empirie der Offenen Kinder- und Jugendarbeit. Wiesbaden 2010, S. 131-107.

Sturzenhecker, Benedikt/Richter, Elisabeth (2010): Demokratiebildung in der Kinder- und Jugendarbeit – partizipative Potentiale stärker nutzen. In: Himmelmann, Gerhard/Lange, Dirk: Demokratiedidaktik. Impulse für die Politische Bildung. Wiesbaden.

Winkler, Michael (2006): Kritik der Pädagogik. Der Sinn der Erziehung. Stuttgart.

Winkler, Michael (2008): Über einige Schwierigkeiten mit Erziehung. In:/Wernstedt, RolfJohn-Ohnesorg, Marei (Hrsg.): Der Bildungsbegriff im Wandel. Verführung zum Lernen statt Zwang zum Büffeln. Berlin, S. 51- 68.

Zeh, Julie (2004): Spieltrieb. Roman, Frankfurt/M.

Anke Spies

Faszination und Emotion – Tiere als Gegenstand von Abschlussarbeiten in pädagogischen Studiengängen

Sucht man im 13. Kinder- und Jugendbericht nach einem Tier, wird man lediglich dort fündig, wo Bewegungsangebote der Sportvereine im Kontext Gesundheit erwähnt werden (BMFSFJ 2009, S. 213). An dieser Stelle ist kurz ein Projekt der Sportjugend Nordrhein-Westfalen zur Rückenschulung mit Hilfe des Einsatzes von Pferden erwähnt. Während Kommission und Sachverständige des 13. Kinder- und Jugendberichts in ihrer intensiven und facettenreichen Auseinandersetzung mit Fragen der Gesundheit und (integrativen) Förderung von Kindern und Jugendlichen Tiere und ihre Bedeutung für Entwicklung und Gesundheit sozusagen komplett unberücksichtigt lassen, expandiert in der pädagogischen Praxis von der Frühförderung bis hinein in Erwachsenenbildung und Altenhilfe der Einsatz von Pferden, Hunden, Delfinen, Lamas und anderen Tieren. Unzählige Praxisberichte betonen beispielsweise die sogenannten Heilwirkungen des Reitens und den großen Einfluss, den Pferde auf die Persönlichkeitsentwicklung von Kindern, Jugendlichen und Führungskräften oder auch (Schul-)Hunde auf die Lern- und Leistungsbereitschaft von Schülerinnen und Schülern haben (sollen).

So ist es nicht weiter verwunderlich, dass Studierende in pädagogischen Studiengängen dieses Thema aufgreifen und zum Gegenstand ihrer Abschlussarbeiten machen – aber dann vor dem Problem stehen, dass so gut wie keine empirisch belastbaren Daten und ebenso wenig theoretische Analysen als Ausgangspunkt für die eigene Arbeit, die einen wissenschaftlichen Anspruch erheben muss, zur Verfügung stehen. Bis dahin ist in der Regel schon so viel Herzblut in das Projekt ‚Tiergestützte Intervention/Kommunikation/Erziehung/Therapie etc.' geflossen, dass trotz problematischer Ausgangslage unbeirrt an diesem Thema festgehalten wird. Hinzu kommt, dass der gegenwärtig enorm expandierende Aus- und Weiterbildungsmarkt auf diesem Sektor nicht nur Qualifikation und berufliche Perspektiven verspricht, sondern außerdem die berufliche Integration der privaten Leidenschaft für Tiere in greifbare Nähe rücken lässt.

Oft enden die Abschlussarbeiten trotz großem Fleiß und Engagement mit einem für alle Beteiligten unbefriedigendem Ergebnis (vgl. dazu auch Rose

2006), denn das, was dort analysiert oder untersucht werden soll, scheint die fatale Neigung zu haben, sich dem sachlichen Zugriff zu verweigern. Woran dies wiederum liegen mag bzw. wo einige der Stolpersteine rund um die ‚Tiere als pädagogisches Forschungsthema' liegen mögen, will ich im Folgenden darlegen und gleichzeitig Lösungsansätze für dieses Dilemma vorschlagen.

Mein Beitrag ist analog der Struktur einer thematischen Abklärung für eine Abschlussarbeit aufgebaut: Zunächst fokussiert man sein Interesse entlang von Vorwissen oder der Neugierde auf etwas bestimmtes Neues, erfasst dann seinen Gegenstand (z. B. ein Arbeitsfeld, eine Theorie, eine Konzeption), indem eine Fragestellung (z. B. nach Beschaffenheit, Wirkungen oder Relevanz) den ‚roten Faden' vorgibt. Die Wahl der Methode (z. B. empirische Erhebung, Textexegese usw.) muss auf die Fragestellung abgestimmt sein, bevor schließlich das Material (Literatur, Erhebungsdaten oder Quellentexte) bearbeitet werden kann. So werde ich im Folgenden zunächst die Ausgangslage, also den Diskursstand zur tiergestützten Pädagogik exemplarisch skizzieren, der den auf diese Weise im wahrsten Sinne des Wortes ‚geprüften' Studierenden zur Verfügung steht. Anschließend werde ich einige Fragen erläutern, die sich an den Gegenstand ‚Tier in pädagogischen Kontexten' stellen. Danach gehe ich kurz auf methodische Probleme der Datenerhebung und Analyse sowie auf Material und Feldzugänge ein.

Wer schreibt warum und mit welchem Interesse?

Maxim Gorki beschreibt das Phänomen, sich zur Kompensation zwischenmenschlicher Erfahrungen dem Tier zuzuwenden, mit den Worten: „Nach manchem Gespräch mit einem Menschen hat man das Verlangen, einen Hund zu streicheln, einem Affen zuzunicken und vor einem Elefanten den Hut zu ziehen!" – Ein für Tierfreunde durchaus nachvollziehbarer Satz, der allerdings bei jenen Menschen, die eine solche Affinität zu Tieren nicht teilen, keine Resonanz finden wird. So sind es auch stets jene Studierende, die bereits eine Affinität zum Tier im Allgemeinen und meist auch zu einer bestimmten Art im Besonderen haben, die in ihren Abschlussarbeiten einer Fragestellung aus dem Kontext ‚Tiere' folgen. Großer Beliebtheit erfreuen sich hier Pferd und Hund, deren Einsatz als pädagogisches Kommunikations- und Interventionsmedium sowohl im sozialpädagogischen wie auch im schulpädagogischen und erst recht im sonderpädagogischen Kontext in vielen Institutionen und Handlungsfeldern bis hinein in das erwachsenenbildnerisch motivierte Führungskräftetraining fester Bestandteil im Alltag geworden ist – allerdings ohne dass dafür eine hinreichend breite, wissenschaftlich fundierte Auseinandersetzung zu Fragen des Tiereinsatzes in diesen Zusammenhängen vorliegen würde. Diese Lücke versuchen die Interessierten und häufig schon praktisch Engagierten in ihren Abschlussarbeiten zu füllen und verfangen sich dabei oft genug in ihrem emotionalen Zugang zum Tier und dem Spannungsverhältnis, das in der Kluft zwischen Praxisberichten und wissenschaftlicher Analyse entsteht.

Die intrinsische Motivation zur Auseinandersetzung mit einem nur schwer zugänglichen Thema ist auf das zunächst rein private Interesse an (bestimmten) Tieren zurückzuführen, dem nur an wenigen Hochschulstandorten eine inhaltliche Aufbereitung in Lehrveranstaltungen zur Seite gestellt wird. Würde dies stattfinden, wäre vermutlich der Enthusiasmus, Arbeiten über Tiere in der Pädagogik zu schreiben, kleiner. Schließlich gibt es keine objektiven, zuverlässigen und validen Instrumente zur Messung der Beziehung zwischen Menschen und Tieren (vgl. Olbrich/Otterstedt 2003) und folglich ebenso nicht zur Messung und Analyse von *Wirksamkeiten* der Tiere, die zwar augenscheinlich beobachtet, aber nicht eindeutig auf das Tier zurückzuführen und nachzuweisen sind.

Vielmehr scheint in erster Linie die Idealisierung der Mensch-Tier-Beziehung der Ausgangspunkt des Interesses zu sein, den es aber zunächst kritisch zu hinterfragen (vgl. Rose 2006) statt zu postulieren gälte. Denn vor der Messung und Beurteilung der Beziehung steht die Beziehung selbst: Eine Beziehung, die von Emotionen und Erfahrungen ebenso wie von eigenen Bedürfnissen nach eben jener Beziehung zum Tier geprägt ist – und entsprechend kaum in kritischer Distanz betrachtet werden kann. Und so sind nicht nur viele Praxisberichte, die den Diskurs zur tiergestützten Pädagogik in weiten Teilen bestimmen, sondern auch die wenigen empirischen Ansätze von ausgeprägt emotionalen Zugängen zum Tier bestimmt. Zumeist in Evaluationsabsicht durchgeführt, gehen diese Studien in ihrer emotionalen Bindung an den Gegenstand nicht weniger setzend vor, als es die Praxisberichte tun.

Beispielsweise bauen Kolzarek/Lindau-Bank (2007) ihre quantitative Selbstevaluation eines Führungskräftetrainingskonzepts mit Pferden nicht nur auf mehreren lern- und kommunikationstheoretischen Grundlagen, sondern auch auf einem verhaltenstheoretischen Ansatz der *Pferde*ausbildung *und* auf der Annahme auf, dass nicht nur Prozesse und Handlungen in der Begegnung zwischen Mensch und Tier beobachtet und reflektiert werden können, sondern dass darüber hinaus sogar „*Analogie*überlegungen hinsichtlich individuellen Führungsverhaltens zwischen Menschen“ (Kolzarek/Lindau-Bank 2007, S. 44; Hervorhebung A.S) möglich werden. Mit anderen Worten: Hier wird – mit viel Interesse am Pferd und seinen Eigenarten – von der Entsprechung bzw. Übereinstimmung der Verhaltensweisen eines auf strenge hierarchische Strukturen angewiesenen Herden- und Fluchttieres und den kommunikativen Kompetenzen menschlichen, betriebswirtschaftlich orientierten, Leitungsverhaltens in beruflichen Kontexten ausgegangen – und davon, dass die hier Tätigen von der *niemals* an demokratischen Prinzipien orientierten Verhaltensstruktur des Pferdes für den beruflichen und privaten Alltag lernen, also profitieren können.

Auch wenn die hypothesenprüfende Selbsteinschätzungsbefragung Varianten des so ‚Gelernten' zeigen will, scheinen die in der Studie zitierten qualitativen Aussagen der befragten Seminarteilnehmer zwar darauf hinzudeuten, dass anhand der Erfahrungen mit dem Pferd und dessen sogenanntem „Feedback" (ebd. S. 15) eigenes Verhalten reflektiert wird. Es stellt sich aber die Frage, ob solche Einsichten nicht auch mit nicht-tiergestützten Verfahren der Führungskräfteausbildung erreicht werden können – also zu welchem Zweck überhaupt der Einsatz eines Tieres nötig ist und vor allem, ob solche Botschaften bzw. Lernergebnisse tatsächlich pädagogisch wünschenswert sein sollen. Spätestens bei der Vorstellung der einzelnen Pferde wird auch die Einschätzung Roses, des fast schon als „sentimental" (Rose 2006, S. 213) zu bezeichnenden Diskurses bestätigt. Die Sentimentalität paart sich hier mit einer eindeutig als voreingenommen zu bezeichnenden Zuschreibungspraxis, wenn Pferde und SeminarteilnehmerInnen in ihrem Passungsverhältnis beschrieben und die „Lehren" der Zuteilung in der 1:1-Übertragung vermenschlichend dargestellt werden. So wird beispielsweise beschrieben, wie zwei Teilnehmerinnen, die von Reit- und Turniererfahrungen berichtet hatten, gezielt ein unkooperatives Pony zugeteilt wurde, das beide als Degradierung empfanden. Die Erläuterung der Übungen, die aufgrund des schwierigen Charakters oder des unzureichenden Ausbildungsstands dieses Pferdes, gepaart mit der als unsicher kommentierten Umgangsweise der Teilnehmerinnen mit dem Tier „kläglich scheitern" (müssen[1]), münden in der Kommentierung dessen, was diese Seminarteilnehmerinnen von dem Pferd lernen sollten: „Die Lehre war eindeutig. Mitarbeiter, die sich nicht ernst genommen fühlen, verweigern die Zusammenarbeit" (Kolzarek/Lindau-Bank 2007, S. 21 f.).

Ähnliche Fragen stellen sich angesichts der Evaluationsergebnisse des (im 13. Kinder- und Jugendbericht erwähnten) Programms „Rückenfitness auf dem Pferderücken" (Riedel/Zimmermann 2009): Letztlich bleibt trotz der insgesamt positiven Befunde offen, ob nicht ein gezieltes, pädagogisch ebenso wie ergo- und verhaltens- bzw. physiotherapeutisch abgestimmtes Setting *ohne* das Pferd zu gleichen Effekten geführt hätte. Es ist bedauerlich, dass die Autorin-

1 Letztlich ist es die Kursleitung, die die beiden Teilnehmerinnen nicht als Mitarbeiterinnen ernst nimmt: Hätte man ihnen das unkooperative Pony mit dem Hinweis zugeteilt, dass sie als erfahrene Reiterinnen ein zwar zugegeben kleines, aber schwieriges Pferd bekommen, wäre es wohl kaum als Degradierung empfunden worden. Außerdem fragt sich, ob der Umgang tatsächlich unsicher war oder die Teilnehmerinnen hier vielleicht auch „spiegeln", dass sie in ihrer Kompetenz nicht ernst genommen werden und auch ihrerseits die „Aufgabe Pony" nicht ernst nehmen können.

nen hier nicht die Gelegenheit nutzen, die über das Gangmuster eines Pferdes sich auf den reitenden Menschen übertragenden Bewegungsimpulse und deren Auswirkungen auf das Zusammenspiel von Muskelpartien im Mikro- und Makrobereich der Rückenmuskulatur als das ausschlaggebende Alleinstellungsmerkmal des Einsatzes von Pferden zur Gesundheitsförderung explizit zu beschreiben. Stattdessen wird auch in dieser Studie die emotionale Setzung, dass das Tier – in diesem Fall wieder ein Pferd – hohen „Aufforderungscharakter" habe, „Freund und Spielkamerad" sei, „Spaß und Freude" vermittele und der entscheidende Faktor im Hinblick auf Sozialverhaltens- und Gruppenlernprozesse sei, in den Vordergrund gerückt, aber insgesamt nicht belegt (vgl. ebd). Denkt man diese Argumentation weiter, dann verschließen sich die durch Reiten erreichbaren Entwicklungsoptionen für jene Kinder und Jugendliche, die auf die sogenannte ‚Aufforderung' des Tieres nicht reagieren oder auch Angst oder Abwehr zeigen. Sie können ebenso wie Kinder und Jugendliche, die aus ressourcenveranlassten Gründen nicht zur Zielgruppe gehören, ihre Entwicklungsoptionen nicht ausschöpfen und sind (wahrscheinlich einmal mehr) von Möglichkeiten individueller Förderung ausgeschlossen. Letztlich liest sich also auch diese empirische Studie ähnlich wie die Praxisberichte und Abschlussarbeiten als ein ununterbrochenes Credo für die Rechtfertigung des in der Vielfalt seiner Einsatzmöglichkeiten unübertroffenen Pferdes.

Es stellt sich die Frage, ob angesichts solch unkritischer Setzungen zum Tier eine kritisch-reflexive(re) Herangehensweise von studentischen Abschlussarbeiten überhaupt erwartet werden kann – bzw. welche Anforderungen eine solche Distanz an die Aufbereitung des wissenschaftlichen Diskurses, der ja zu jeder Abschlussarbeit dazu gehört, stellen muss, bevor überhaupt eine operationalisierbare Fragestellung formuliert werden kann?

Welche fachlichen Hintergründe erfordert der Gegenstand?

Das Tier als Gegenstand der wissenschaftlichen Auseinandersetzung ist insgesamt interdisziplinär und außerdem auch transdisziplinär und reicht weit über den pädagogischen Kontext hinaus. So stellte beispielsweise der Deutsche Hochschulverband eine Ausgabe der Zeitschrift „Forschung & Lehre" unter den Titel „Mensch und Tier" (Heft 6/2005) und publizierte Beiträge aus neurobiologischer, soziologischer, germanistischer und philosophischer Perspektive. Hier nun findet sich unter anderem die Ambivalenz in der Mensch-Tier-Beziehung thematisiert, wenn Wiedenmann (2005) zu dem Befund kommt, dass die „Entkoppelung unterschiedlicher Mensch-Tier-Beziehungsmuster" sich in den „lebensweltlichen Erfahrungszusammenhängen einzelner Menschen und Gruppen unterschiedlich" niederschlägt: Sie „kann z. B. als in sich stimmig, als paradox oder ambivalent erscheinen – oder auch gar kein Thema sein“ (Wiedenmann 2005, S. 300).

Im Kontext pädagogischer Auseinandersetzungen wären vor allem Wiedenmanns Ausführungen zur spezifischen „Du-Evidenz“ eines individuellen Tieres interessant, die im Kontrast zur „agrarindustriell organisierte Nutztierhaltung“ nicht nur die Begründung für die Einsatzvarianten von Tieren in pädagogischen Kontexten gleich welcher Art sind (u.a. Vernooji/Schneider 2007). So kontrastiert beispielsweise Stoffl (2002) auf der Suche nach der erzieherischen Wirkung in pädagogischen Settings mit Pferden ihre Hauptuntersuchungsgruppe innerhalb einer Heimeinrichtung der (stationären Erziehungshilfe) mit Jugendlichen, die an den Settings „Tiere in der Landwirtschaft“ und „Heilpädagogisches Werken“ teilnehmen. Leider versucht Stoffl (2002) in der Datenauswertung den unübertroffenen Nutzen der du-evidenten Tierbegegnung zu belegen, ohne dabei die unterschiedlichen Mensch-Tier-Beziehungsmuster oder gar die Beziehungsmuster im tierfreien Setting zu reflektieren.

Da diese Studie im Kontext der Heimerziehung und unter der Frage nach ‚*erzieherischen*‘ Eigenschaften von Pferden steht, wird deutlich, dass neben der Frage nach den Handlungsfeldern und methodischen Settings der Sozialen Arbeit, in denen Tiere zum Einsatz kommen, außerdem erziehungswissenschaftliche Diskurse für die Auseinandersetzung relevant sein müssen: Ungeachtet dessen, dass Pferde und andere Tiere gegenüber einem Menschen keine intentionalen Absichten im Sinne eines Erziehungsanliegens, sondern höchstens eine Rangklärungsabsicht im Sinne hierarchischer Orientierung haben können, verweisen die gängigen Belegstudien stets auf die *erzieherische* Wirkung des Tieres. Offenbar spielt der Erziehungsbegriff eine ebenso tragende Rolle wie der pädagogische Zusammenhang, in dem Tiere zum Einsatz kommen. In der Studie von Stoffl (2002) wird aber weder der Erziehungsbegriff noch der sozialpädagogische, förder- und rehabilitationspädagogische oder sozialpsychologische Sachstand zur pädagogischen Rahmung des Handlungsfeldes Erziehungshilfe in die Analyse des Tier-Settings kritisch-systematisch einbezogen. Möglicherweise hätte eine solche Analyse auch durch soziologische, kulturanthropologische und eventuell kriminologische Perspektiven ergänzt werden müssen.

Es bedarf also interdisziplinärer und transdiziplinärer Diskurskenntnisse, um die Analyse des Gegenstandes ‚Tier‘ inhaltlich und fachlich hinreichend betreiben zu können. Die Disziplinen sind sogar noch weiter gefächert: So schließt der förder- und rehabilitationspädagogisch orientierte Diskurs eng an medizinisch-therapeutisches und sportmedizinisch-motopädagogisches Fachwissen an. In diesen Forschungszusammenhängen sind die Effekte, die der Einsatz von Tieren (gleich welcher Art) hinsichtlich neurologischer und psychischer Befindlichkeiten von erkrankten oder in ihren Möglichkeiten nachhaltig eingeschränkten (behinderten) Menschen haben kann, von Interesse. Der kinder- und jugendpsychiatrische Diskurs müsste hier eng mit dem sonderpädagogischen, aber auch mit dem sozialpädagogischen Jugendhilfediskurs verwoben werden, *bevor* er das Tier ins Zentrum der Aufmerksamkeit rückt.

Während Pferde eng an die methodischen Grundlagen der Erlebnispädagogik oder an freizeitpädagogische Ansätze angebunden werden und in der Variante des Reitens/Voltigierens als sportliche Betätigung insofern dem nichtformellen Bildungs- und Lernkontext zuzuordnen wären, finden Hunde, Katzen und andere Haustiere vor allem mit Blick auf pädagogisch gewolltes ‚soziales Lernen' ihre Begründung. Besonders der Hund und seine Variante des sogenannten ‚Schulhundes' (vgl. u.a. Vernooji/Schneider 2007) markiert hier eine enge Verbindung zwischen sozialpädagogisch und schul- oder sonderpädagogisch motiviertem Einsatz von Tieren. Vernooji/Schneider (2007) legen dafür die recht umfangreiche Einordnung der „Tiergestützten Intervention" in anthropologische, verhaltenstheoretische, lerntheoretische und interaktionstheoretische Zusammenhänge vor. Aber auch in den Konzepten tiergestützter Intervention, die Vernooji/Schneider (2007) in unterschiedlichen Praxisfeldern gesammelt haben, ist der emotionale Zugang der pädagogischen Professionellen Ausgangspunkt für den Einsatz des Tieres. Offenbar wird ohne die Leidenschaft für den Hund auch kein Hund ins Setting genommen und kein Konzept für eine ‚Schulhundeassistenzausbildung' zur Förderung der Lernmotivation entwickelt.

Wenn beispielsweise die Jugendhilfe in ihrer ganzen Breite an Handlungsfeldern und methodischem Repertoire auf Tiere zur Unterstützung ihrer praktischen Angebote zurückgreift, ist dies zumeist selektiven Erfahrungen und Überzeugungen geschuldet. Der Einsatz von Tieren wird offenbar von sehr viel pädagogisch-therapeutischer Hoffnung getragen, die allerdings an anderer Stelle nicht von dem Bestreben ergänzt wird, die Bedarfe ihrer Adressaten zu berücksichtigen oder den Tiereinsatz konzeptionell exakt zu begründen: Außerhalb der Jugendfarmen wird der ‚Ponyhof' höchstens sporadisch in die offene Kinder- und Jugendarbeit eingebunden, und weder Hund noch andere Tiere werden als Mitglieder der Lebenswelt systematisch thematisiert. Gefühl und die Leidenschaft fürs Tier scheinen weitaus triftigere Gründe für den Tiereinsatz zu sein, als konzeptionelle Überlegungen, deren Evaluation aufgrund der empirischen Trennschärfenprobleme noch zu entwickeln wäre.

Zweierlei ist hier erstaunlich: Zum einen kann der individuelle Zugang zum jeweiligen Tier offensichtlich enorme Kräfte freisetzen, alle nötigen Instanzen zu mobilisieren, um das tiergestützte Setting überhaupt erst zustande kommen zu lassen. Zum anderen zeigen die Begründungen für den Einsatz von Tieren, dass – unter der Voraussetzung des individuellen Interesses – die sonst nach wie vor relativ starren Grenzen zwischen den erziehungswissenschaftlichen Teildisziplinen und zwischen schul- und sozialpädagogischen Ansätzen problemlos und nahezu unbemerkt überwunden werden können: So werden z. B. Reit-AG's sowohl über Jugendarbeitseinrichtungen als auch über Schulsozialarbeit und ebenso von LehrerInnen mit persönlichem Bezug zum Pferd organisiert oder Hunde sowohl von LehrerInnen wie auch von (Schul) SozialarbeiterInnen in Regel- und Förderschulen, aber auch im Strafvollzug zur Resozialisierung Straffälliger oder zur Unterstützung von geragogischen Angeboten (Altenhilfe) eingesetzt. In den beiden letztgenannten Handlungsfeldern werden auch andere Tiere und vor allem solche aus der Landwirtschaft genutzt. In den USA werden sogar Schwerverbrecher über die Aufgabe, eingefangene wilde Mustangs zu reitbaren Pferden zu „erziehen" (sic!), erfolgreich resozialisiert. Ähnlich wie hierzulande Straffällige sich in der Ausbildung von Blindenhunden bewähren können. Erstaunlicherweise wird in beiden Settings gerade über die ausbildende und erzieherische Tätigkeit der Klienten an Tieren, deren Intention ist, Tiere für die menschliche Nutzung verfügbar zu machen, die Resozialisierung und sozusagen nachträgliche Erziehung jener recht erfolgreich umgesetzt, deren Entwicklungs- und Erziehungsbiografie bis dahin höchst problematisch verlaufen ist.

Es fragt sich, ob hier wie da also tatsächlich das Tier an sich und Pferd und Hund im Besonderen das pädagogische Erfolgsrezept sind oder vielleicht doch eher diejenigen, die diese tiergestützten Inszenierungen verantworten und auch emotional stützen. Es fragt sich auch, welche Rolle die jeweiligen fachlichen Kompetenzen und Diskurse dabei spielen. Und schließlich wäre zu bedenken: Ist der Resozialisierungseffekt möglicherweise mehr auf die Kontrasterfahrung zwischen den eigenen passiven und nun aktiven tierbezogenen Erziehungserfahrungen und weniger auf das Tier an sich zurückzuführen?

Welche Fragen wirft die pädagogische Analyse auf?

Die oben skizzierte Komplexität des so facettenreichen, interdisziplinären Themas ‚Tier' soll andeuten, dass es eine extreme Umsicht in der Wahl der Fragestellung erfordert, damit die Diskurse, auf die sich eine Analyse beziehen muss, nicht ausufern. Meistens werden nicht nur Tiere mit arttypischem Gruppenverhalten im pädagogischen Kontext eingesetzt, sondern mit Pferd, Hund und Delfin auch noch bevorzugt solche, die in ihren Sozialkontexten arttypisch enge soziale Bindungen eingehen und selbst außerordentlich lernfähig sind. So gehören zu einer solchen Abschlussarbeit neben gründlichen Vorkenntnissen der artspezifischen Besonderheiten des gewählten Tieres auch ebenso umfangreiche Grundlagen zu den Befunden der bildungs-, sozialisations-, bindungs- und lerntheoretischen Forschung, denn schließlich sollen z. B. über die so oft postulierte Bindung zum Tier jene pädagogisch gewollten Prozesse des Lernens angeregt oder gestützt und zugleich auch problematische, sozialisations- und/oder gesundheitsbedingte biografische Aufschichtungen abgebaut werden. Wenn die beabsichtigte Anregung von Lernprozessen – wie so oft postuliert – derart von den für Bindungen relevanten Tierverhaltensweisen abhängig ist, müssten aber auch jene Prozesse, die in diesem Setting sozusagen beim selbst Tier ablaufen, reflektiert werden. Es sind absehbar weniger die Bindungen, aber möglicherweise langfristige Lernprozesse, die zur Beurteilung eines Settings und der Rolle des Tieres im Setting betrachtet werden müssten. Das Tier bindet sich in erster Wahl an seine Artgenossen und dann auch möglicherweise an seine Bezugspersonen (TrainerInnen).

Somit stellt sich nun tatsächlich weniger die Frage, ob und inwiefern ein Pferd, ein Hund oder auch ein Delfin als ‚Co-Pädagoge' bzw. ‚Instrument' fungiert oder welche Rolle das Tier sonst einnimmt und wie der Umgang mit dem Tier ‚wirkt'. Vielmehr taucht nun die Frage auf, inwieweit jegliches pädagogisches Handeln auf der Basis einer Mensch-Tier-Beziehung mit Du-Evidenz qua seiner ‚doppelten Adressatenschaft' – denn auch das Tier ist ein Adressat der Handlungen, die im Umgang mit ihm vorgenommen werden – jenseits der erzieherischen Absichten überhaupt beschreibbar sein kann? Die vielfach beschriebene, nötige (und angeblich gegenüber den Hauptadressaten stets einzufordernde) Rücksichtnahme dem Tier gegenüber konfrontiert die Adressaten mit einer ebenfalls doppelten Erziehungsintention: Sie sollen nicht nur die vielen möglichen Lernziele, die mit dem Tiereinsatz gerne verbunden werden, erreichen, sie sollen darüber hinaus auch noch eigene Bedürfnisse zurückstellen, wiewohl sie vielleicht selbst noch nie eine zufriedenstellende Bedürfnisbefriedigung erfahren haben – sonst wären sie eventuell gar nicht zu Klienten dieser besonderen, nämlich tiergestützen, Intervention geworden. Hier stellt sich die Frage nach der möglicherweise in der Erwartung an das Tier-Setting enthaltenen Überforderung, und welche Komponenten im Umgang mit dem Tier davor schützen können – mit anderen Worten: Das ist zugleich die dringende Frage nach all den Fällen, in denen eine tiergestützte Intervention gescheitert ist!

Auch jene Fälle, die von der ‚Wunderwirkung' des Tieres unberührt bleiben, sind m.E. von Interesse – immer gesetzt den Fall, das Tier hat selbst eine hinreichende Bedürfnisbefriedigung[2] erfahren, so dass es überhaupt in

2 Der Diskurs zum pädagogischen/therapeutischem Reiten betont einerseits die Rücksichtsbedürftigkeit von Tieren, die Auseinandersetzung mit Fragen des Tierschutzes, und dass das Pferd dringend einen Ausgleich zu seiner ‚verantwortungsvollen' Tätigkeit benötigt. Andererseits wird dort, wo es in die Argumentation passt, auch unterstellt, ein Pferd erfahre aus

der Lage sein kann, die Anforderungen ohne Beschädigung zu meistern. So fragt man sich z. B., welche Tiere mit welchen Voraussetzungen wann, wo und warum zum Einsatz kommen und welche Tiere aus welchen Gründen nicht. Sofern Tiere tatsächlich die vielfach behauptete „Spiegelfähigkeit" auch nur ansatzweise haben sollten, müssten sie doch ganz besonders deutlich vor allem Rückschlüsse auf die ihrer ‚Bezugsmenschen' geben? Ist die Spiegelthese überhaupt haltbar, wenn die Tiere, wie oben skizziert, als soziale Wesen im Kontext ihrer Art als Fluchttier (Pferd) oder als Jäger (Hund) agieren und dabei stets auch im hierarchischen Lern- und Sozialkontext zu den beteiligten Menschen zu reflektieren sind?

Die bis hierhin aufgeworfenen Fragen verweisen auf die Tierverhaltensforschung und können nur ansatzweise die den ‚tiergestützten Themen' inhärente Komplexität andeuten. Es zeigt sich, dass diese Komplexität kaum auf fassbare und operationalisierbare Fragstellungen im Praxiskontext verkürzt werden kann, denn dann müssten Erziehungs-, Sozialisations- und Lerntheorien jeweils auch auf den spezifischen Akteur ‚Tier' zugeschnitten werden – eine Leistung die im Rahmen von Abschlussarbeiten sicher überhöhte Anforderungen stellen würde.

Stellt man aber nun den Akteur Tier in den Hintergrund und rückt die menschlichen Akteure in den Mittelpunkt, bleiben im Prinzip die üblichen Fragen erziehungswissenschaftlicher Auseinandersetzungen mit Professionalisierungsaspekten ebenso wie jene nach den Adressaten und Adressatinnen pädagogischer Angebote oder nach der methodischen Anlage eines Praxiskonzeptes.

Ebenfalls mag es eine ertragreiche Auseinandersetzung sein, wenn man sich Elternentscheidungen für eine eigenfinanzierte tiergestützte Intervention unter systemischen Gesichtspunkten anschaut. Es ist durchaus vorstellbar, dass man hier auf Verdeckungen stoßen kann, die Folgen von verzweigten innerfamiliären Problemen mit Hilfe des Tiersettings zu ‚beheben' versuchen, in deren Konsequenz dann eine anderweitige, fachlich adäquatere Hilfe ausbleibt.

Im Professionalisierungskontext können unter anderem Inhalte, Bedingungen und Intentionen des sich gegenwärtig immer weiter verzweigenden Aus- und Weiterbildungsmarktes kritisch rekonstruiert und geprüft werden. Auch Fragen nach Motivationen und professionellen Praxen sowie jene nach emotionalen Verstrickungen und Verdeckungen sollten beleuchtet werden können. Die Adressatenfragen können sich sinnvoll an dem Modell der intersek-

seinem Einsatz in einem erlebnispädagogischen Projekt einen „bereichernden" Ertrag für das eigene Wohlbefinden und „Abwechslung" durch „andersartige psychische und physische Belastung" (Gäng 2001, 11). Es ist m.E. mehr als zweifelhaft, ob ein Pferd eine solche vermenschlichende Einschätzung teilen könnte.

tionalen Differenzlinien (vgl. Leiprecht/Lutz 2005) orientieren und beispielsweise Fragen nach sozialen, ethnisch-kulturellen und geschlechtsspezifischen Unterschieden im Verhältnis zu Tieren aufwerfen. Hier drängt sich sofort das Klischee ‚Mädchen mögen Pferde' zur kritischen Analyse auf oder auch jenes Stereotyp zu Jungen, das für sie so dramatisierend den männlichen Personenbezug fordert oder ihnen die männlich attribuierte Wildheit in Form von klischee- und rollenstereotyp-reproduzierenden Settings wie z. B. dem „Wikingerreiten für Jungen" ermöglichen will.

Im Hinblick auf weibliche und männliche Zielgruppen der tiergestützten Praxis wäre z. B. auch danach zu fragen, ob und wenn ja welche geschlechtsspezifischen Aneignungs- und Ablehnungsprozesse (vgl. Spies/Pötter 2011) der in den tiergestützten Angeboten transportierten (Bildungs- und Lern-)Inhalten in welchem (institutionellen) Kontext stattfinden.

Mit welchen Methoden erschließt sich das Feld?

Bis hierhin deutet sich an, dass weniger die Messbarkeit und die Evaluation der Wirkung[3] von Maßnahmen und Angeboten mit Tieren Gegenstand künftiger Analyse sein mag. Es scheint, als habe man hier das gleiche Problem wie mit der Homöopathie: Sie wirkt, aber man kann nicht messen, prüfen und generalisieren wie sie das warum und wann tut. Möglicherweise bietet eine deutlich erziehungswissenschaftliche Analyse einen distanziert-kritischen und ergo vertiefenden Zugang zum Feld. Dabei ist absehbar, dass Emotionen eher hinderlich sein werden, nicht aber die Leidenschaft für das Tier.

Hermann Nohl, nach heutigem Verständnis seinerzeit sozusagen interdisziplinär und transdisziplinär wirkender Erziehungswissenschaftler, stellte 1933 fest, dass die „aristokratische Bildung (...) ihre erzieherischen Grundbegriffe im Verkehr mit dem Pferd" (Nohl 1988, S. 185) entwickelt und bringt damit ein Tier in den Kontext seiner bildungstheoretischen Überlegungen, wenngleich er wohl vom regulären Reitunterricht in militärischer oder adeliger Tradition ausgeht. Ein solcher bildungstheoretischer Zugang mag eine künftig möglicherweise ertragreiche Vorgehensweise in der Auseinandersetzung mit tiergestützter Pädagogik sein, sofern das Reiten als zu erlernender Sport mit dem Partner Pferd betrachtet wird.

3 Stoffel (2002) markiert in ihrem Versuch, die Interaktionsphänomene zwischen Adressaten und Tieren zu messen, eine Verbesserungsquote der zuvor als problematisch bzw. unerwünscht definierten Verhaltensweisen Jugendlicher in stationären Jugendhilfeeinrichtungen zwischen 22-100 % (ebd. 215); sie zeigt also letztlich mit diesem Befund die Unmöglichkeit solcher Messungsversuche.

Auch der von Vernooji/Schneider (2007) gewählte Zugang, anthropologische Überlegungen zur Grundlage von Analysen bezüglich tiergestützter Intervention zu machen, scheint Sentimentalität vorbeugen zu können. Ebenso verspricht die Fortführung einer kritischen, professionsreflektierenden Analyse aus dem Kontext der Sozialen Arbeit und ihrer Handlungsfelder, wie Rose (2006) sie vorlegt, Abstand von der Überfrachtung des Tiers mit unerklärlichen Heilungsmythen. Die kurze Skizze zeigt aber auch, dass der Diskurs durchaus ertragreich und mit der nötigen Distanz geführt werden kann und dass vor allem eine theoretische Auseinandersetzung im Rahmen der disziplinären Einbindungen nötig ist, wenn die emotionale Verwobenheit mit der Tierliebe nicht zum Stolperstein der (gewiss nötigen) wissenschaftlichen Auseinandersetzung mit einem Phänomen pädagogischer Praxis werden soll.

Methodisch bieten sich neben Textexegese und Diskursanalyse auch eine Reihe von Verfahren vor allem aus der qualitativen Forschungs an. Beispielsweise können Aspekte von Erziehung, Lernen, Entwicklung, sozialer Integration, psychischem Wohlbefinden, Gesundheit, Stigmatisierungen etc. über problemzentrierte oder narrative Interviewbefragungen von Kindern, Jugendlichen, jungen Erwachsenen, Eltern, Anbietern erhoben werden, die zugleich stets die intersektionalen Differenzlinien als Analysekategorien im Blick haben.

Außerdem sind didaktische Rekonstruktionen und Beobachtungssettings möglich, die – wieder mit intersektional orientierten Blick – die Lern- und Leistungsbedingungen sowie die didaktische Mikro- und Makrostruktur betrachten und in diesen Rahmen auch die oben skizzierte didaktische Doppelanforderung, die sich aus dem zugleich lernenden Tier als weiterem handelnden Akteur ergeben, in den Blick nehmen könnten.

Aber auch fachlich und sachlich fundierte, interdisziplinäre, kritische Auseinandersetzungen mit Rahmenkonzeptionen, Anforderungen und Einbindungen in Ausbildungskontexte sind erforderlich und mit der nötigen Distanz – wieder unter Berücksichtigung der Fragen nach den sozialen Differenzlinien – gewiss aufschlussreich, um die pädagogische Praxis im Professionalisierungskontext ebenso wie im Qualitätsdiskurs einordnen zu können.

Welches Material kann gewonnen und ausgewertet werden?

Die offenen Fragen und die methodischen Überlegungen deuten darauf hin, dass vor allem qualitatives Material und vorhandene Analysen erziehungs- und sozialwissenschaftlicher Auseinandersetzungen und Theoriebildung das Praxisphänomen ‚Tiere im pädagogischen Kontext' erschließen können. Dafür müssten sich Studierende mit erziehungswissenschaftlichen Grundbegriffen beschäftigen und von dort aus Kriterien entwickeln, diese Überlegungen an

Praxismodelle und erzieherisch intentional handelnde Personen (Eltern, ErzieherInnen, LehrerInnen, TierpädagogInnen etc.) anzulegen – also kritisch zu prüfen.

Wenn didaktische Rekonstruktionen oder auch Rahmenkonzeptionen auf das Instrumentarium der Lern- und Bildungssettinganalyse, wie es beispielsweise Girmes (2004) entlang verschiedener Dimension vorschlägt (u.a. pädagogische Programme und Programmatiken, konkrete Bedingungen, räumliche Gegebenheiten, organisatorischer Rahmen, empirisch gesichertes Wissen usw.), zurückgreifen können, eignen sich dafür sowohl Videomitschnitte und Interviews als auch Beobachtungsprotokolle oder Stärken-Schwächen-Analysen, die anschließend triangulierend nach beobachtbaren oder abfragbaren Items und vorher zu definierenden Kriterien ausgewertet werden.

Auch Fallstudien können – gut strukturiert – die Perspektive der Adressaten und ihre Handlungsfähigkeit abbilden, sofern auch sie von der Praxis der Beleg- und Beweisabsicht hin zur systematischen Praxisforschung wechseln, und dabei in Kauf nehmen, dass möglicherweise unbequeme Befunde am Ende einer Untersuchung stehen – die dann aber letztlich die Praxis weiterentwickeln helfen und den so dringend herbei gewünschten theoretischen Unterbau überhaupt erst möglich machen. Vorher aber stehen aufwändige und langwierige Beobachtungs- und Beurteilungssettings, für die fraglich ist, ob die Praxis und vor allem der Wirtschaftsfaktor Weiterbildungsmarkt die dafür nötige Offenheit, also Zweifel und Selbstreflexionsbereitschaft, haben werden.

Fazit

Es zeigt sich, dass Tiere als Gegenstand pädagogischer Auseinandersetzungen einen vielfältigen Diskurs ermöglichen und breite Ansatzmöglichkeiten für eine klärende Praxisforschung bieten könnten, wenn bislang gültige Setzungen noch einmal überdacht, neue Fragen statt alter Rechtfertigungen oder Belege von Erwünschtem bearbeitet und Verklärungen vermieden werden. Dann müssten auch lebensweltbezogenen Fragen nach sozialen Ausgrenzungsprozessen zulässig werden. So ist z.B. das je nach ethnischem Hintergrund sehr distanzierte Verhältnis zu Tieren im Allgemeinen und Hunden im Besonderen zu berücksichtigen. Zu überlegen ist auch, warum man ob der gesammelten positiven Eigenschaften von Pferden nicht das Reiten schlicht als Freizeitsportart fördert, statt die beschworenen Effekte an den (auch Marginalisierungsrisiken enthaltenden) Umweg über Heilungsanliegen und Besonderungspraxen zu binden. Schließlich erfordern sowohl artreflektiertes, aktives Reiten als auch eine entsprechende Hundehaltung ein hohes Maß an Kommunikationsbereitschaft, Bewegungserfahrungen, Motorik, Verhaltenskontrolle und ähnlichen, normativ wünschenswerten Eigenschaften.

Unbestritten sind tiergestützte Settings im pädagogischen Kontext eine aufwändige und kostenintensive Gestaltung, die sich auch daraufhin prüfen lassen müssen, ob und wie weit sie nicht durch Settings, die nicht von der Instrumentalisierung eines dritten Lebewesens abhängig sind, ersetzbar sind. Dies ist sicher eine provokante These, besonders für jene, die den Wirtschaftsfaktor Tier unter der Prämisse des Helfens auf den Markt bringen – und zugleich ihre Faszination für ein bestimmtes Tier und den damit verbundenen emotionalen Gewinn gerne weitergeben möchten. Aber – sowohl im Interesse der Tiere als auch im Interesse der in diesem Feld tätigen Professionen und ihrer Aufträge – ist die selbstkritische Reflexion der Einsatzvarianten und Bedingungen dringend erforderlich; was sicher auch gut in einer soliden Abschlussarbeit geschehen kann.

Literatur

Bundesministerium für Familie, Senioren, Frauen und Jugend (BMFSFJ) (2009): 13. Kinder- und Jugendbericht. Berlin.

Girmes, Renate (2004): (Sich) Aufgaben stellen. Professionalisierung von Bildung und Unterricht. Seelze.

Kolzarek, Barbara/Lindau-Bank, Detlev (2007): Mit Pferden lernen. Pferde als Kommunikationsmedium: Motivieren, Ziele setzen, Führen, Entscheiden. Münster.

Nohl, Hermann (1988): Pädagogische Bewegung in Deutschland. Frankfurt/M.

Leiprecht, Rudolf /Lutz, Helma (2005): Intersektionalität im Klassenzimmer. In: Leiprecht, Rudolf/Kerber, Anne (Hrsg.): Schule in der Einwanderungsgesellschaft. Ein Handbuch. Schwalbach. S. 218-234.

Olbrich, Erhard/Otterstedt, Carola (Hrsg.) (2003): Menschen brauchen Tiere. Grundlagen und Praxis der tiergestützten Pädagogik und Therapie. Stuttgart.

Riedel, Maike/Zimmermann, Elke: Rückenfitness auf dem Pferd. In: Therapeutisches Reiten Heft 1/2009; S. 14-17.

Rose, Lotte (2006): Tiere und Soziale Arbeit – Versuch einer kritischen Thematisierung. In: neue praxis 36. Jg. Heft 2/2006. S. 208-224.

Spies, Anke /Pötter, Nicole (2011) Soziale Arbeit an Schulen – Einführung in die Schulsozialarbeit. Wiesbaden.

Stoffl, Rebecca (2002): Mit Pferden erziehen. Wissenschaftliche Begründung Empirische Prüfung, Qualitätssicherung. Dissertation Universität zu Köln. Online im Internet: http://kups.ub.uni-koeln.de/volltexte/2003/962/[Stand: 27.11.2010]

Vernooij, Monika/Schneider, Silke: Handbuch der Tiergestützten Intervention. Grundlagen, Konzepte, Praxisfelder. Wiebelsheim.

Wiedenmann, Rainer (2005): Geliebte, gepeinigte Kreatur. Überlegungen zu Ambivalenzen spätmoderner Mensch-Tier-Beziehungen. In: Forschung Lehre; 12. Jg. S. 298-300.

2 Tiere im menschlichen Alltag

Julia Breittruck

Vögel als Haustiere im Paris des 18. Jahrhunderts. Theoretische, methodische und empirische Überlegungen

Einleitung

Kulturanthropologisch betrachtet ist das Thema des Umgangs des Menschen mit der Tierwelt eine Bedingung des Menschseins, von der jede Kultur eigene Vorstellungen entwickelt. In jüngster Zeit haben auch die Kulturwissenschaften, die Soziologie und die Geschichtswissenschaften den Blick auf Tiere und die historische Reflexion des Menschenbildes durch das Nachdenken über das Animalische gelenkt.

Ein spezielles Mensch-Tier-Verhältnis entstand in Europa gegen Ende der Frühen Neuzeit in Form der Haustierhaltung und lohnt einer eingehenden Betrachtung. Während vor allem Hunden dabei eine besondere Bedeutung in der Geschichte zugeschrieben wird, bleiben Vögel noch weitgehend außen vor. Auf welche Weise wurden aber speziell sie in Diskursen und Praktiken im 18. Jahrhundert zu Haustieren gemacht, also zu Tieren, die zunehmend als Teil der räumlich-privaten Sphäre des Menschen verstanden wurden? Für die Geschichte der Mensch-Tier-Verhältnisse sind Vögel in besonderem Maße interessant, da man ihnen als sing- und sprachbegabte Tiere teils menschenähnliche Eigenschaften zusprach.

Zunächst werden in einem Überblick Forschungsansätze und Deutungsmuster zum Phänomen der Haustierhaltung diskutiert. Dabei wird reflektiert, auf welche Arten Geschichten der Mensch-Tier-Verhältnisse bisher geschrieben wurden und in Zukunft geschrieben werden können. Der Aufsatz will dies anhand empirischer Untersuchungen im zweiten Teil in den Blick nehmen. Welche Eigenschaften wurden Vögeln zugeschrieben? Zur Vogelhaltung als Teil städtisch-bürgerlicher Kultur in Paris gehörte vor allem die Rolle von Vögeln als Ware und das Zusammenleben von Menschen und Vögeln in Pariser Salons. Anhand dieser Themenfelder lassen sich Überlegungen zur Erforschung der Mensch-Tier-Grenze aus historischer Perspektive anstellen.

I Deutungsansätze und Theorien

1 Haustiere als frühneuzeitliches Phänomen

In der Frühen Neuzeit traten Tiere in elitären Gesellschaftskreisen in unterschiedlicher performativer Gestalt auf: Auf der einen Seite wurden lebende wilde Tiere in fürstlichen Menagerien für die Herrschaftsrepräsentation genutzt. Gelehrte und adelige Herrscher konservierten sehr seltene Lebewesen in Kuriositäten- und Naturalienkabinetten. Sie dienten dort einerseits der Wissensgenerierung und andererseits, oft im Sinne eines Mikrokosmos, der Zurschaustellung von möglichst weitreichender Macht (Jordan-Gschwend/de Tudela 2007).

Auf der anderen Seite gebrauchte ein Großteil der frühneuzeitlichen (wie auch der modernen) arbeitenden Bevölkerung das Tier als unabdingbare Hilfe bei der Arbeit. Der Hund als Wach-, Jagd- und Arbeitshund und die Katze als Mäusefängerin fungierten (und fungieren) als nützliche Zeitgenossen des Menschen. Die Vogelhaltung diente ökonomischen und ernährungstechnischen Zwecken. Adlige praktizierten einerseits Falknerei zur Jagd, aber auch als Freizeitgestaltung. Andererseits fand in Städten Singvogelhaltung zum reinen Vergnügen statt. Im Folgenden wird dargestellt, wie sich das Phänomen der sachzweckfreien Haustierhaltung insbesondere gegen Ende der Frühen Neuzeit entwickelte und welche Rolle dabei Vögel einnahmen.

Das Haustier (‚pet‘) unterscheidet sich per definitionem von anderen Tieren durch sein Leben im Wohnhaus des Menschen und seine Nicht-Essbarkeit (Thomas 1983; Fudge 2002). Anthropologen und Ethnologen ordnen seit den 1960er und 1970er Jahren das Phänomen mit Hilfe dieser Kriterien in ihre Deutungsmuster ein. Kulturmaterialistische und kulturökologische Deutungsansätze besagen, dass Gewohnheiten sich den Umweltbedingungen anpassen, je nachdem wie ökonomisch und ökologisch sinnvoll sie seien (Harris 1990). Haustiere, die dem Menschen zum reinen Vergnügen dienten, entstanden demnach zu einem Zeitpunkt, als es genügend anderes Fleisch zum Verzehr gab. Der funktionalistische Ansatz sieht die Tabuisierung bestimmter Tiere als Speise als Faktor der Identitätsstiftung sozialer Gemeinschaften und Distinktionsmerkmal. Der strukturalistische Erklärungsansatz interpretiert Tiere als symbolische Operatoren zur Ordnung der Welt. Wie Friedemann Schmoll bemerkt, vermögen diese Zugänge allerdings keine historische Genese des Nahrungstabus aufzuzeigen (Schmoll 2004).

Forschungen der letzten zehn Jahre widmen sich zunehmend dem historischen Wandel. Populär ist die These, dass einige Tierarten wie Hunde, dann Katzen, Vögel und Fische erst an der Schwelle zur Moderne in den stadtbürgerlichen Wohnraum Einzug hielten. Eine weitgehend anerkannte Erklärung der angelsächsischen *Human-animal history* nimmt an, dass das neuzeitliche Verschwinden der Natur aus der Stadt eine Kompensationsbewegung in Form der Heimtierhaltung hervorrief. Während die Nutztierhaltung zunehmend aus urbanen Bereichen verschwand und außer Sicht- und Hörweite in Format und Brutalität wuchs, verwischte auf der anderen Seite die Mensch-Tier-Grenze im adligen und bürgerlichen Haus. Diese Entwicklung gilt als ein Phänomen, das in der Frühen Neuzeit einsetzte, sich in der Moderne verstärkte und in der krassen gegenwärtigen Zweiteilung von Massentierhaltung und ‚Verhätschelung', sogar Therapeutisierung von Heimtieren kulminiert (Eitler 2010).

Eine Variante dieser Lesart basiert auf der Annahme, dass dafür wesentlich der neuzeitliche Aufstieg der empirischen Naturwissenschaften verantwortlich sei. Durch spezifische wissenschaftliche und technologische Fortschritte sei es zu einer zunehmend auf räumlicher Entfernung basierten und ausgebauten Nutzung und damit ‚Objektivierung' von Nutztieren gekommen. Die wachsende Zahl an naturwissenschaftlichen Tierstudien ab dem 17. Jahrhundert habe das Tier immer mehr zum Objekt des ‚scientific gaze' transformiert – des distanzierten und zählenden Blicks (Raber 2007). Vermenschlichende Betrachtungsweisen, die vorher Teil des engen Zusammenlebens von Mensch und Natur gewesen seien, seien dann immer mehr beiseite gelegt worden und hätten einer zunehmenden Aufspaltung der Lebenswelten und einer Kommodifizierung des Tieres Platz gemacht. In der Frühen Neuzeit erschien Natur als furchteinflößend oder wurde in materieller als auch ideologischer Hinsicht ‚manipuliert'. Nach ihrer Zähmung zu Beginn der Moderne konnte sie dann mit ‚Nostalgie' betrachtet werden. Die daraus resultierende Vorliebe für die Erfahrung von ‚Wildheit' und ‚Natur im Haus' führte zu der neu geformten Kontrolle der Natur in Form der Institution Heimtier. Schließlich besagt ein weiterer Ansatz, dass Menschen aufgrund der Industrialisierung und Urbanisierung den ‚human loss' über die Beziehung zu Haustieren zu kompensieren begannen.

Diese Deutungsmuster haben ihre Berechtigung. Allerdings geraten dabei kulturelle Sinnstiftungen im und durch das Zusammenleben von Menschen und Tieren kaum in den Blick. Ein Grund für die sich erst langsam füllende Forschungslücke mag die schwierige Quellenakquise und stellenweise unklare Methodik sein.

Haustierhaltung als nutzenfreie Haltung von Tieren im Wohnhaus entwickelte sich in Europa regional und diachron versetzt. Wie Keith Thomas in *Man and the Natural World* schreibt, waren etwa seit dem 17. Jahrhundert in englischen Adelskreisen besondere Haustiere wie bestimmte Hunde- und Katzenrassen und sogar Eichhörnchen, importierte Vögel und Äffchen beliebt.

Pferde und Hunde spielten vor allem in der englischen Elite seit den Stuarts eine Rolle als repräsentative Jagd- und Wettkampftiere. Thomas zufolge bauten die Besitzer nicht selten eine emotionale Beziehung zu ihren Tieren als Statusobjekten auf, die sich allerdings mit dem Altern der Tiere verflüchtigte. In England etablierten sich bereits im 16. und 17. Jahrhundert Tiere in bürgerlichen Haushalten, wo sie kaum funktionale Aufgaben zu erfüllen hatten (Thomas 1983, S. 110). Auch im deutschen Sprachraum entstand Haustierhaltung in der Frühen Neuzeit als ein vornehmlich städtisches Phänomen: Aline Steinbrechers Untersuchungen zeigten bisher, dass besonders im 18. Jahrhundert bestimmte Tierarten in die Wohnstube gelangten. Sie legt dar, inwiefern Hunde als Schnittpunkte städtisch-bürgerlicher Kultur und Natur gelten konnten. Hunde als Haustiere nahmen in frühneuzeitlichen deutschen Städten zahlreiche Rollen ein – „als Repräsentationsobjekt, Statussymbol, Naturersatz, Sehnsuchtsort, Beziehungspartner und Erziehungsmedium" (Steinbrecher 2009, S. 140f). Von Kathleen Kete wird der Einzug von Haustieren in den Pariser Wohnraum hauptsächlich auf das 19. Jahrhundert terminiert. Die Historikerin macht deutlich, wie sich in dieser Zeit speziell im Einbinden von Hunden in bürgerliches Freizeitverhalten und in der Entwicklung von Züchtungspraktiken das Klassendenken einer Pariser Bourgeoisie ausdrückte.

Vögel wurden jedoch bereits im 18. Jahrhundert zu Haustieren von besonderer Bedeutung. Im Folgenden sollen theoretische Implikationen methodischer Herangehensweisen thematisiert werden. Im Rahmen einer Kulturgeschichte der Haustiere sollen im Anschluss verschiedene Quellen herangezogen werden, die darauf hindeuten, dass exotische, einheimische und gezüchtete Vögel im 18. Jahrhundert in europäischen Städten und besonders in der französischen Hauptstadt Paris eine bedeutende und sichtbare Rolle einnahmen. Erst im 19. Jahrhundert wurden sie durch andere Haustiere wie Katzen und Fische in ihrer herausragenden Stellung, die sie bis dahin mit Hunden teilten, eingeholt. Diese tierhistorisch immanente Schwelle stellt für die Geschichte der Mensch-Tier-Verhältnisse eine Zäsur dar.

2 Grenzbestimmungen und Vermenschlichungen von Tieren

Was unterscheidet Menschen und Tiere? Sind es Merkmale wie Beseeltheit oder Schmerzempfinden? Dies waren Fragen, mit denen sich Gelehrte und Diskussionszirkel seit René Descartes' *Discours de la méthode* beschäftigten. In dieser Schrift hatte Descartes 1632 postuliert, Tiere seien als Maschinen zu verstehen. Zahlreiche Philosophen und Schriftsteller suchten im 18. Jahrhundert weiter nach ontologischen Kriterien der Unterscheidung von Mensch und Tier und stellten die Frage, ob die Dominanz des Menschen über das Tier gerechtfertigt sei. Zweifel an der physischen Einzigartigkeit des Menschen stellten sich beispielsweise nach der ersten Affensezierung im Jahr 1699 ein. Der Mediziner Edward Tyson stellte fest, dass Menschenaffen anatomisch in der Lage seien, aufrecht zu gehen und prinzipiell auch Sprache zu entwickeln. Der Philosoph Julien Offray de La Mettrie meinte fünfzig Jahre später, ein Affe könne zum kultivierten Menschen erzogen werden (Ingensiep 2004). Biologen und Philosophen reflektierten ausführlich, ob Sprache als Kriterium zur Unterscheidung von Menschen und Tieren herangezogen werden könne. Diese Frage wurde auch auf Vögel ausgedehnt, die man aufgrund ihrer Fähigkeit schätzte, die menschliche Stimme nachzuahmen.

Keith Thomas und Harriet Ritvo eröffneten den Geschichtswissenschaften in den 1980er Jahren das bis dahin noch weitgehend unbearbeitete Untersuchungsfeld der Mensch-Tier-Verhältnisse. Mit *Man and the Natural World* und *The Animal Estate*, in denen sie die Geschichte der Tierhaltung und Tierzucht als Ausdruck sozialer und kultureller Gefüge verstanden, nahm die westliche, mittlerweile so genannte *Animal History* ihren Ausgang. Seit wenigen Jahren steht ‚das Tier' nun als jüngste kulturwissenschaftliche Kategorie in der Diskussion. Zunächst wird es hier als kulturelles Objekt und Symbol verstanden, als Projektionsfläche für Bilder des Menschen von sich selbst. Unter diesem Blickwinkel kann das Tier als bis dato unbeachteter Forschungsgegenstand betrachtet werden, der zu Rate gezogen wird, um geschichtliche Praktiken und Diskurse aus einer neuen kulturhistorischen Warte zu betrachten.

Paul Münch bemängelte 1998 erstmals die Vakanz des Themas ‚Tier' in der deutschsprachigen Historiographie (Münch 1998). Kürzlich erschienene Überblickskompendien zeugen nun von einem gesteigerten kulturwissenschaftlichen Interesse an Fragestellungen zur Rolle des Tieres in der Geschichte. Das Tier wird in den Kulturwissenschaften auf der einen Seite als Spiegel des Menschen konzeptualisiert, wie es Thomas Macho und die weiteren Autoren des Bandes *Tiere. Eine andere Anthropologie* deutlich machen. „Wer oder was ein Tier ist, bestimmt die Blickweise des Menschen auf sich selbst", führt Ludger Schwarte ein (Schwarte 2004, S. 209). Er stellt fest, dass es sich bei der Bezeichnung ‚Tier' um einen Funktionsbegriff handle, der meist ent- und unterscheidet, wer oder was ‚Nicht-Mensch' ist oder sein soll. Die Grenzziehung zwischen Mensch und Tier sei dabei immer eine politisch motivierte Bestimmung von Machtverhältnissen (Schwarte 2004, S. 214).

Der Philosoph Giorgio Agamben fordert dazu auf, die Mensch-Tier-Unterscheidung als Genese zu begreifen. Er beschreibt die historischen Versuche, eine eindeutige Bestimmungsgrenze des Menschlichen zu finden, als ‚leeren Raum', in dem es möglich sei, Identität und Alterität zu konstruieren: „In Wahrheit ist diese Zone wie jeder Ausnahmeraum völlig leer, und das wahrhaft

Humane, das sich hier ereignen sollte, ist lediglich der Ort einer ständig erneuerten Erscheinung, in der die Zäsuren und ihre Zusammenfügung stets von neuem verortet und verschoben werden.“ (Agamben 2003, S. 47f).

Wer sich aus historischer Perspektive also mit Mensch-Tier-Verhältnissen beschäftigt, kann diskursive Grenzziehungen nicht außer Acht lassen. Das Nachdenken über Tiere, wie Lorraine Daston und Gregg Mitman darlegen, bringt Anthropomorphismen hervor. Dabei variieren sowohl die Vorstellungen des Humanen kulturhistorisch als auch die Gestalt der vermenschlichten Objekte (Daston/Mitman 2005). James Serpell seinerseits hält Anthropomorphismus für eine Konsequenz der Empathiefähigkeit des Menschen. So sieht er vermenschlichende Haustierhaltung als evolutionäre Bereicherung des menschlichen Lebens: „By enabling our ancestors to attribute human thoughts, feelings, motivations, and beliefs to other species, it opened the door to the incorporation of some animals into the human social milieu, first as pets and ultimately as domestic dependents“ (Serpell 2005, S. 124). Serpells Aufsatz bietet allerdings keine kulturhistorische Analyse. Es folgt die Frage, auf welche Weise Vögel im kulturellen Kontext anthropomorphisiert wurden und inwiefern dies möglicherweise Rückwirkungen auf das Verhalten von Vögeln und Menschen hatte. Hier existiert weiterhin eine Forschungslücke.

3 Mensch-Tier-Interaktionen in den Geschichtswissenschaften als theoretisches und methodisches Problem

Eine weitere entscheidende Frage, die im deutschsprachigen Raum in den vergangenen Jahren angegangen wurde, ist diejenige nach dem Verständnis von Interaktionen von Menschen und Tieren sowie nach der Problematik des Akteursbegriffs. Verfügen Tiere über Handlungs- oder Wirkungsmacht? Wie lässt sich diese anhand von Quellen untersuchen, obwohl Tiere doch keine ‚Stimme‘ darin haben? Und inwieweit gilt diese Frage, obwohl doch auch die Geschichte der Subalternen und der Frauen mit derartigen methodischen Problemen zu recht gekommen ist? Ein heikler Punkt bezüglich der *Animal History* ist, welche theoretischen Prämissen die Geschichtswissenschaft aufstellen will und inwieweit sie diese mit den methodischen Möglichkeiten kongruieren lassen kann.

In menschlichen Gesellschaften treten Tiere immer wieder als Träger philosophischer und politisch wirksamer Kategorisierungen und Botschaften auf. Im Zuge der internationalen Frauen- sowie Umweltbewegungen der 1970er Jahre, als einseitig und willkürlich erscheinende Sichtweisen auf Gesellschaft und Geschichte infrage gestellt wurden, rückte auch das Verhältnis des Menschen zum Tier erneut in den sozialen und politischen Blickpunkt. Allen voran haben die angloamerikanischen und die angelsächsischen Geisteswissenschaften in den letzten zwei Jahrzehnten eine Reihe anthropologisch, kulturwissenschaftlich, literatur- und geschichtswissenschaftlich ausgerichteter Studien zum Thema ‚Tier' hervorgebracht. Trotz steigender Tendenz und vielfach in Aufsätzen implizierten Desideraten sind eingehende Studien und Monographien, die sich mit der historischen Mensch-Tier-Beziehung beschäftigen, im deutschsprachigen Raum noch wenig vertreten.

Mittlerweile sind Stimmen, die eine posthumanistische Tier-Mensch-Forschung fordern, hörbar geworden. ForscherInnen wie zum Beispiel Cary Wolfe, Susan Pearson und Mary Weismantel denken darüber nach, wie aus der Perspektive von Tieren Geschichte(n) geschrieben werden könnte(n), ohne den Umweg über Tiere als ‚Spiegel' des Menschen zu nehmen. Dabei hat die Tiergeschichte unter HistorikerInnen keinen leichten Stand, da sie sich bisweilen den Vorwurf gefallen lassen muss, aus ideologischen Kontexten wie der Tierbefreiungsbewegung kommend gegen einen ‚Speziesismus' zu mobilisieren (Krischke 2011). Dieser Begriff (‚speciesism') unterstellt eine Diskriminierung so genannter ‚nicht-menschlicher Tiere' aus anthropozentrischer Perspektive. Es findet sich etwa häufiger das Credo an eine Art Gleichberechtigung der Tiere und Menschen – ein bekanntes Beispiel ist das *Great Ape Project*, das Grundrechte für Menschenaffen fordert.

Welche theoretischen und methodischen Implikationen und Konsequenzen bringt es also mit sich, wenn die historische Wissenschaft das Mensch-Tier-Verhältnis oder dessen Plural in ihren Fokus rückt? Wie können und sollen sie Mensch-Tier-Beziehungen untersuchen und analysieren?

Aus der Perspektive der älteren Geisteswissenschaften sind Tiere als Symbole zu untersuchen. Nun verfügen die jüngeren Kulturwissenschaften einerseits über die Möglichkeit, die Rolle von Tieren und das Verhältnis von Tieren und Menschen als ‚Medien' der Aushandlung gesellschaftlicher Bedeutungen und Sinnstiftungen zu analysieren. Andererseits tendieren Forderungen – ebenso aus historischer Richtung – in den letzten Jahren in Richtung einer ‚posthumanistischen' Forschung, welche eben die anthropozentrische Perspektive zu überwinden versucht. Eines ihrer Anliegen ist, Darstellungen von Tieren nicht mehr allein als Deutungen menschlicher Lebensweisen zu untersuchen, sondern in ihrer Wirkungsmacht in der Geschichte sichtbar zu machen. Pascal Eitler, Maren Möhring und Aline Steinbrecher, deren Ideen nicht nur von konstruktivistischen Positionen, sondern auch durch Bruno Latours Akteur-Netzwerk-Theorie, durch Giorgio Agamben und durch Donna Haraway, also eine symmetrisch-anthropologisch ausgerichtete Geschichtswissenschaft (Tanner 2004) beeinflusst wurden, initiieren neue theoretische Ansätze: Stärker als bisher soll das Verhältnis von Menschen und Tieren als gemeinsame, geteilte

Geschichte verstanden werden. Im Gegensatz zu bisherigen AnthropologInnen und HistorikerInnen, die Natur als Kulturgegensatz und als den evolutionären oder anthropogenen Determinanten unterworfen betrachtet hatten, schreiben diese ForscherInnen Tieren – durchaus unterschiedlich definierte – ‚Agency' zu (Eitler/Möhring 2008; Ruppel/Steinbrecher 2009).

Pearson und Weismantel gehen noch einen Schritt weiter. Sie sind nicht der Meinung, dass die relevanten Fragen diejenigen nach einer ‚Animal Agency' oder andererseits nach einer Symbolik der Tiere seien. Ihnen zufolge sollen Tiere nicht nur als „Gefäße menschlicher Projektionen" oder „Instrumente bei der Festlegung sozialer Abgrenzungen" sichtbar gemacht werden. Stattdessen schlagen sie „eine Wiedervereinigung der sozialen Geschichte mit der Realgeschichte" vor, und postulieren, Tiere seien geschichtliche Wesen (Pearson/Weismantel 2010, S. 380f). Auch hier soll nicht ‚Agency' im Mittelpunkt stehen, sondern die Frage: Wie wurde der Aspekt Handlungsfreiheit historisch konstruiert? Erkenntnisträchtiger als die Konstruktion von Tieren als Akteure mag es sein, die Frage nach ontologischen Differenzierungen in der Geschichte aufzuwerfen. Es geht darum zu untersuchen, inwiefern Subjektbegriffe auf Vögel angewandt wurden und inwiefern die Tiere möglicherweise wirkungsmächtig auf das Handeln der Menschen, mit denen sie zusammenlebten, Einfluss nahmen, ohne hier von einer Intentionalität der Tiere zu sprechen. Des Weiteren lässt sich Marshall McLuhans Diktum „das Medium ist die Botschaft" anführen und auf die Fragestellung übertragen, inwiefern gerade Vögel – und welche unter ihnen – welchen Sinn generierten oder möglich machten und veränderten.

II Empirie: Vögel und Menschen im Paris des 18. Jahrhunderts

Vögel finden sich in zahlreichen Quellen des 18. Jahrhunderts, und ein großer Teil menschlicher Geschichte geht verloren, wenn wir ihre Anwesenheit und Auswirkungen übersehen. In den Blick genommen wird ein langes 18. Jahrhundert, das mit den letzten Jahrzehnten des 17. Jahrhundert beginnt, in welchen der Vogelhandel in Paris zunahm, und bis in die ersten Jahrzehnte des 19. Jahrhunderts reicht, als Vögel in ihrem prominenten Status von anderen Haustieren eingeholt wurden. Welche Quellen aber können Aufschluss geben über die alltägliche Mensch-Tier-Beziehung und über die Konstruktion des Vogels als Haustier?

1 Ein Vogel zum Vergnügen: Begriffshistorische Hinweise

Das *Dictionnaire universel de commerce*, im Jahr 1723 in Paris als erstes französisches enzyklopädisches Handelslexikon erschienen, führt zwei Begriffe zur Beschreibung von Vogelhaltung im Wohnbereich an: „Man nennt Singvögel und Vergnügungsvögel diejenigen, deren Gezwitscher angenehm ist oder diejenigen, die aufgrund des Glanzes und der Vielfältigkeit ihres Gefieders dem Auge gefallen" (Savary/Savary 1723; S. 892).[1] Der Wert des Tieres wurde somit durch Eigenschaften wie ein interessantes Äußeres oder gesangliche Fähigkeiten bestimmt. Varietät, Buntheit und Rarität hatten zuvor bereits zu den geschätzten Merkmalen von Objekten in frühneuzeitlichen Naturaliensammlungen gehört. Am Beispiel der Vorlieben für bestimmte Vögel lässt sich daher eine Aneignung wissenschaftlicher Neugier und fürstlicher ‚Sammelwut' durch bürgerliche Kreise nachweisen.

Weiter beschreibt das *Dictionnaire* Vögel insofern als Haustiere, als sie in der Regel in Käfigen gehalten werden, in welchen sie auch gefüttert werden (ebd.).[2] Nicht zuletzt da die konsultierte Quelle eine Handelsenzyklopädie darstellt, werden Vögel als Ware und damit als Objekte menschlichen Willens beschrieben.

2 Eingeschiffte Papageien, Tiroler Kanarienvögel, heimische Goldfinken: Vögel als Transfer- und Handelsobjekte

Als im 18. Jahrhundert wissenschaftliche Expeditionen und der Handel der Indienkompanien mit exotischen Waren zunahmen, kamen zusammen mit Artikeln wie Kaffee, Tee und Tabak neben bereits toten Exemplaren auch lebende Vögel auf Schiffen nach Europa. Als Einzelexemplare waren exotische Tiere jedoch bereits früher in Europa gegenwärtig. Strauße, Affen oder selten auch ein Rhinozeros oder Elefant zogen im 18. Jahrhundert als Attraktionen die Aufmerksamkeit auf Jahrmärkten auf sich, wie Annelore Rieke-Müller und Lothar Dittrich beschreiben. Die Zurschaustellung fremdländischer Lebewesen wurde in Städten wie London und Paris zur Mode (Rieke-Müller/Dittrich 1999).

Für ihre repräsentative Selbstdarstellung beauftragten Könige und hohe Adlige, aber auch Naturwissenschaftler, Händler damit, exotische und rare Tiere aus entfernten überseeischen Ländern und Kolonien zu importieren. Für die königliche Menagerie in Versailles lieferten Handelsschiffe und Agenten rare Spezies wie Zebras, Tiger, Elefanten und Straußen (Robbins 2002). Pa-

1 Im Original: „On appelle Oiseaux de chant & de plaisir, ceux dont le ramage est agréable, ou ceux qui par l'éclat & la diversité de leur plumage plaisent aux yeux."

2 „On les nomme aussi Oiseaux de volière, parce qu'on les enferme dans des volières ou grandes cages de fil de fer ou de leton, pour les y élever & nourrir." (Ebd.)

pageien waren in der Frühen Neuzeit teuer und dienten ihren Besitzern als Statussymbole. Robbins hat jedoch gezeigt, dass Exotenakquise unter wohlhabenden Parisern im Laufe des 18. Jahrhunderts zur Mode aufstieg (Robbins 2002, S. 113).

Erschwinglich für breitere Kreise waren Kanarienvögel. Sie wurden seit dem späten 17. Jahrhundert in der kleinen Tiroler Stadt Imst gezüchtet und durch Vogelhändler in europäische Städte exportiert und verkauft. Die lebendigen Tierexporte gingen insbesondere nach Paris an die dortigen Vogelhändler, die allein über das Recht verfügten, diese weiter zu verkaufen.

In Kompendien und Enzyklopädien zur Rechts- und Handelsgeschichte aus dem frühen 19. Jahrhundert finden sich Hinweise auf die Existenz der Vogelhändlergilde in Paris seit dem 15. Jahrhundert. Diese Pariser Vogelfänger- und Händler-Meister, ‚Maîtres Oiseleurs' genannt, hatten bis zu ihrer Auflösung im Zuge der Französischen Revolution das Privileg des Handels mit Vögeln und anderen kleinen Tieren inne (Archives Nationales, Paris: Z/1E/1166). Sie handelten mit drei Vogelkategorien. Zum Ersten jagten sie einheimische Vögel in der Umgebung von Paris. Zweitens wurden exotische Vögel und Äffchen, die sie im Hafen von Le Havre und anderen Hafenstädten erstanden, weiter verkauft; und drittens erwarben sie Kanarienvögel aus Tirol. Zu den gesetzlich geregelten Aufgaben der Pariser Oiseleurs gehörte, dass sie nach dem Erwerb neuer Vögel verpflichtet waren, zuallererst dem König und anschließend dem Hochadel die Vögel anzubieten und erst dann den Bürgern (Robbins 2002, S. 100ff).

Die drei unterschiedlichen Pariser Typen an ‚Vergnügungs- oder Gefährtenvögeln' zeigen, dass es sich bei Vögeln als Haustieren im 18. Jahrhundert in Paris um eine Schnittstelle zwischen der Haltung von repräsentativen, auch fremdländischen Raritäten und populären Singvögeln handelte. Sie nehmen damit eine Sonderstellung unter den frühneuzeitlichen Haustieren ein.

3 Singen nach der Vogelorgel: Kanarien und andere Vögel in Alltagspraktiken

Französische Instrumenten- und Orgelbauer entwickelten seit Beginn des 18. Jahrhunderts Hand-Drehorgeln, so genannte ‚Serinetten' (‚serin' französisch für Kanarienvogel oder Fink), die verwendet wurden, um kleinen Vogelarten das Singen bestimmter Melodien beizubringen. Im 19. Jahrhundert kam diese Praktik aus der Mode.

Die Vogelorgeln wurden aus Holz gefertigt. Man setzte sie in verschiedenen Größen für zahlreiche Vogelarten ein – für Finkenarten, für Lerchen (dann nannten sie sich ‚Turlutaine') oder Amseln (‚Merline') und Papageien. Nähere Auskünfte gibt Dom Bédos in seinem Orgelbauhandbuch *L'art du facteur d'orgues* von 1766: Die Tonhöhe derartiger einfacher Orgeln wird dem Vogelgesang angepasst und der Holzkasten mit zehn Pfeifen konnte bis zu acht einfache Melodien wiedergeben. Beliebt waren einfache Lieder und Tänze, aber auch Bearbeitungen von Stücken aus aktuellen Opern. Im Jahr 1714 erschien beispielsweise der Traktat *The Bird Fancyer's Delight* eines unbekannten Engländers mit mehreren Liedern. Darunter fanden sich Stücke für Nachtigall, Dompfaff, Kanarienvogel, Hänfling, Lerche, Star, Sperling, Drossel und Papagei (Donhauser 2006).

Das Interieurbild *La Serinette* (1751) des Malers Jean Siméon Chardin zeigt ein elegantes, in grünen Tönen gehaltenes, bürgerliches Wohnzimmer (Abb.1). Im Zentrum des Genrebildes sitzt eine junge, scheinbar verheiratete Frau mit Haube. Ausdruck eines Faibles für Exotik sind ihr mit Rosen besticktes weißes Seidenkleid und der mit grün-weiß gestreiftem siamesischem Stoff bespannte Lehnstuhl, auf dem sie sitzt. Sie betätigt die Drehkurbel einer Serinette auf ihren Knien. Ihr Blick richtet sich auf einen Käfig mit Trinkgefäß auf einem Tischchen. Am Tischbein befindet sich ein Knauf, an dem ein Schirm vor dem Käfig zur Isolierung des Vogels anzubringen möglich wäre. Denn, wie der Zeitgenosse Roubo in seinem Tischlereihandbuch erklärt: Der Vogel sollte nicht abgelenkt werden, während man ihn eine Melodie zu pfeifen lehre (Roubo 1775, S. 328). Der kleine gelbe Vogel im Käfig dreht sich zu der Frau. Rechts neben ihr hängt eine rote Tasche mit Nähutensilien an einem Webrahmen für Stickerei. Es scheint, als habe diese bürgerliche Frau im Sticken innegehalten, um sich stattdessen mit dem Unterrichten des Singvogels zu amüsieren. In der Tat lautet der Untertitel des Gemäldes, das Chardin im königlichen Auftrag 1751 fertig stellte: *Dame, die Abwechslung in ihren Zeitvertreib bringt (Dame variant ses amusements).*

Der Darstellung von Frauen mit Vögeln wird in der Kunstgeschichte eine längere ikonographische Tradition zugeschrieben. Besonders im 16. und 17. Jahrhundert haben Vögel in Käfigen oft symbolische Bedeutung. Da Chardins Malerei sich großteils in die Tradition der holländischen Malerei des 17. Jahrhunderts stellte, sind Interpretationen mit Liebesbezug – beispielsweise die metaphorische süße Gefangenschaft der Liebe (Dittrich/Dittrich 2004, S. 547) – sicher nicht von der Hand zu weisen. An dieser Stelle liegt die Betonung jedoch vielmehr auf der alltäglichen Präsenz von Vögeln und den Praktiken im Umgang mit ihnen, um die Konstruktionen von Tierischem zu untersuchen. Es wird deutlich, dass der Kanarienvogel im Kontext einer Pariser Vorliebe für exotische Wohnaccessoires steht. Darüber hinaus stellt er ein Repräsentationselement für den bourgeoisen Salon dar und wirkt durch seine gesangliche Aktivität im Wohnraum mit. Was ihn von anderen Objekten, von ‚Sachen' unterscheidet, ist seine Lebendigkeit und Gelehrigkeit.

Abb. 1: Jean-Baptiste-Siméon Chardin: La Serinette; oder: Dame variant ses amusements. 1751, Öl auf Leinwand, 50 x 43 cm. Musée du Louvre. © Musée du Louvre

Die Singtrainingspraktik wurde um 1800 auch metaphorisch mit Sinn belegt. Es gehörte durchaus zu den Topoi satirischer Flugblätter und Zeitungen im 18. Jahrhundert, Frauen als Besitzerinnen besonders von Schoßhündchen darzustellen, wobei ihnen durch Zeitgenossen vorgeworfen wurde, diese Tiere ihren Ehemännern in mehrerlei und vieldeutiger Hinsicht vorzuziehen (Wyett 2000). Hinweise auf derartige diskursive Muster gibt beispielsweise das Journal ‚London und Paris' von 1808, das die Gelehrten Friedrich Justus Bertuch und Karl August Böttiger in Weimar herausgaben. Es bezog Berichte von Korrespondenten aus den beiden Metropolen. Der Korrespondent Theophil Friedrich Winckler verbindet seine Schilderung der Praktiken der Pariser Vogelhaltung durch Frauen mit genderspezifischen Anspielungen:

„Der Kanarienvogel wird meistens in größeren Bauern [Vogelkäfigen] mit mehreren anderen sanft gesitteten Vögeln gehalten. In einzelnen Käfigen richtet man sie mit den kleinen Handorgeln ab. Junge Mädchen und Damen lassen sie wohl auch frei in einem Zimmer fliegen, der Vogel wiederholt dann öfters das Geschnäbel, das ihn seine Erzieherin gar leicht lehrt, und indem er ihr sich nähert, um seinen Schnabel auf ihre Lippen zu schmiegen, singt er ganz deutlich die Worte: *baisez vite, baisez vite, vite*, oder etwa auch: *baisez, petit mignon*; die Geduld und das Talent der Pariser Mädchen und Kinder und mancher einzelner Liebhaber von allem Alter ist bei dieser Erziehung der jungen Vögel außerordentlich." (Bertuch/Böttiger 1808, S. 235f)

Den Vögeln wird hier kaum Handlungsfreiheit zugesprochen. Obwohl ihre prinzipielle Bildbarkeit hervortritt, können sie nur nachplappern.

Winckler zeigt sich weiter vom Können der Pariser Singvögel beeindruckt: Lerchen würden schon als Küken zu Singvögeln gemacht und im Käfig mit einem Tuch bedeckt, um die Ablenkung durch äußere Eindrücke beim Üben zu verringern: „Ich kenne zwei Lerchen in Paris, deren Erziehung vollkommen gelungen ist; sie singen ununterbrochen ganze Lieder, einzelne Vaudevilles, auch wohl einen Walzer; und zwar oft drei, vier verschiedene Stücke. Ihr Gesang ist allerliebst (…)" (Bertuch/Böttiger 1808, S. 238). Hier zeigt sich, dass er für das Aufziehen und Trainieren von Vögeln interessanterweise ein ähnliches Vokabular benutzt, wie es für Kinder angewandt wurde.

Schließlich treten auch nationale Stereotype, die mit Frauenbildern verbunden werden, in der Beschreibung der Vogelhaltung hervor: Der Autor ordnet die Vögel als Amusement den sanfteren französischen Frauen zu, während die deutschen Frauen tugendhafter, häuslicher seien: „(…) freilich muss sie [die Lerche] von einer Pariserin erzogen werden; diese zarte Sorgfalt, diese ewige Geduld kann wohl auch eine Teutsche haben; aber die teutschen Mädchen sind zu sehr an ihrer Haushaltung anhänglich und kennen zu sehr den Werth der kostbaren Zeit und die Wichtigkeit der häuslichen Pflichten, als dass sie sich mit einer Lerche abgäben […] mit einer Serinette (…)" (Bertuch/Böttiger 1808, S. 238).

III Fazit und: What next?

Die Beleuchtung der Haltungspraktik des Vogeltrainings lässt den Schluss zu, dass Vögel mit Stimme durchaus dem Menschen ähneln durften und sollten. Die Folgerung liegt nahe, dass Vögel als Haustiere in die menschliche Lebensweise einbezogen und ein anthropomorphes Vokabular entworfen wurde, das sich zum Beispiel an den Begriffen der Kindererziehung orientierte. Dennoch galten sie auch als Ware, wie ihr wirtschaftlicher Status in den Archivdokumenten der Gilde der Oiseleurs zeigt. Damit wurden sie als in das Tun des Menschen einbezogene Natur wahrgenommen. Um diesen Grenzbereich und die unterschiedlichen Semantiken zur Beschreibung von Vögeln und Menschen, die in diversen Genres und Medien gebraucht wurden, genauer bestimmen zu können, müssen einzelne Rollen und Interaktionsfelder untersucht werden. Vögel als dressiertes Spielzeug, als beliebte und repräsentative Rarität oder als Nachahmung des Raren und Seltenen etwa in Form der gezüchteten Kanarienvögel weisen als Phänomene darauf hin, warum Vögel als Haustiere im 18. Jahrhundert in Paris so deutlich an Popularität gewannen.

Die Sinnhaftigkeit der Beschäftigung der Kultur- und Geschichtswissenschaften mit Tieren wurde skizzenhaft dargelegt. Für den Blick auf Tiere und Mensch-Tier-Verhältnisse in der Geschichte ist es notwendig, bisheriges methodisches Werkzeug anzupassen und unter Umständen neue Analysekategorien zu erschließen. Dabei ist es sinnvoll, eine Kulturgeschichte der Diskurse und Alltagspraktiken zu schreiben, aber gleichzeitig aufzuschlüsseln, welche Wechselwirkungen sich zwischen Tieren und Menschen entwickelten und inwiefern hierbei dann wiederum Natur als Agierendes oder als Objekt umgedeutet wurde. Hierzu ist Einfallsreichtum bei der Suche von Quellen sowie interdisziplinäre Arbeit beispielsweise mit Verhaltensforschern und Medizinhistorikern hilfreich.

Ob wir auf einen *animal turn* zusteuern, lässt sich noch nicht absehen. Außer Frage steht allerdings, dass die *Human-animal history* in den Kinderschuhen steckt und noch zahlreicher empirischer Studien bedarf.

Literatur

Archives Nationales, Paris: Z/1E/1166: Eaux-et-forêts, Papiers provenant des résidus des fonds judiciaires: Maître Oiseleurs de Paris, 17-18 siècles.

Agamben, Giorgio (2003): Das Offene. Der Mensch und das Tier. Frankfurt a.M.

Bedos Celles, François de (1766): L' Art du facteur d'orgues. Paris.

Bertuch, Friedrich Justus/Böttiger, Karl August (1808): London und Paris. Rudolfstadt.

Bott, Sebastian (2009): Politische Vögel und helvetischer Patriotismus im ausgehenden 18. Jahrhundert. In: Ruppel, Sophie/Steinbrecher, Aline (Hrsg.): ‚Die Natur ist überall bey uns'. Mensch und Natur in der Frühen Neuzeit. Zürich, S. 171-182.

Daston, Lorraine/Mitman, Gregg (2005): Thinking with Animals. New Perspectives on Anthropomorphism. New York.

Dittrich, Sigrid und Lothar (2004): Lexikon der Tiersymbole. Tiere als Sinnbilder in der Malerei des 14.-17. Jahrhunderts. Peterberg (Studien zur internationalen Architektur- und Kunstgeschichte; Bd. 22).

Donhauser, Peter (2006): Vogelorgeln, Serinetten und mechanische Singvögel. In: Ausstellungskatalog ‚Papageno backstage', Volkskundemuseum. Wien, S. 50-57.

Eitler, Pascal/Möhring, Maren (2008): Eine Tiergeschichte der Moderne. Theoretische Perspektiven. In: traverse 3, S. 91-106.

Eitler, Pascal: „Normalisierte Tiere? Mensch-Tier-Verhältnisse zwischen politischen Ansprüchen und therapeutischen Maßnahmen". Vortrag auf der Konferenz „Eine Geschichte der Tiere – eine Geschichte der Gefühle. Historische Perspektiven auf das 18. bis 20. Jahrhundert", MPI für Bildungsforschung Berlin am 22.5.-23.5.2010.

Fudge, Erica (2002): Animal. London.

Harris, Marvin (1990): Wohlgeschmack und Widerwillen. Die Rätsel der Nahrungstabus. 3. Aufl. Stuttgart.

Ingensiep, Hans Werner (2004): Der aufgeklärte Affe. In: Jörn Garber, Heinz Thoma (2004) (Hrsg.): Zwischen Empirisierung und Konstruktionsleistung: Anthropologie im 18. Jahrhundert. Tübingen (Hallesche Beiträge zur europäischen Aufklärung 24), S. 31-57.

Ingensiep, Hans Werner (1995): Tierseele und tierethische Argumentationen in der deutschen philosophischen Literatur des18. Jahrhunderts. NTM 3, S. 103-118.

Jordan-Gschwend, Annemarie/Tudela, Almudela Pérez de (2007): Renaissance Menageries. Exotic Animals and Pets at the Habsburg Courts in Iberia and Central Europe. In: Enenkel, Karl/Smith, Paul (2007) (Hrsg.): Early Modern Zoology. The Construction of Animals in Science, Literature and the Visual Arts. Leiden und Boston (Intersections 7).

Kete, Kathleen (1994): The Beast in the Boudoir. Petkeeping in nineteenth-century Paris. Berkeley u.a.

Krischke, Wolfgang (12.1.2011): Stimmen der Kreatur. Tierhistoriker kämpfen um Anerkennung. In: Frankfurter Allgemeine Zeitung.

Macho, Thomas (2004): Einführung: ‚Ordnung, Wissen, Lernen. Wie hängt das Weltbild der Menschen von den Tieren ab?' In: Böhme, Hartmut u.a. (2004) (Hrsg.): Tiere. Eine andere Anthropologie. Köln, Weimar, Wien (Schriften des Deutschen Hygiene-Museums Dresden 3), S. 73-78.

Münch, Paul (1998) (Hrsg.): Tiere und Menschen. Geschichte und Aktualität eines prekären Verhältnisses. Paderborn u.a.

Münch, Paul (1998): Tiere und Menschen. Ein Thema der historischen Grundlagenforschung. In: Ders. (1998) (Hrsg.): Tiere und Menschen. Geschichte und Aktualität eines prekären Verhältnisses. Paderborn u.a., S. 9-34.

Pearson, Susan/Weismantel, Mary (2010): Gibt es das Tier? Sozialtheoretische Reflexionen. In: Brantz, Dorothee/Mauch, Christof (2010): Tierische Geschichte. Die Beziehung von Mensch und Tier in der Kultur der Moderne. Paderborn u.a., S. 379-399.

Raber, Karen (2007): From Sheep to Meat, From Pets to People: Animal Domestication 1600-1800. In: Senior, Matthew (2007) (Hrsg.): A Cultural History of Animals in the Age of Enlightenment. Oxford und New York (A Cultural History of Animals 4), S. 73-99.

Rieke-Müller/Annelore/Dittrich, Lothar (1999): Unterwegs mit wilden Tieren. Wandermenagerien zwischen Belehrung und Kommerz 1750 – 1850. Marburg (Acta Biohistorica 5).

Ritvo, Harriet (1987): The Animal Estate. The English and Other Creatures in the Victorian Age. London.

Robbins, Louise (2002): Elephant Slaves and Pampered Parrots. Exotic Animals in Eighteenth-Century Paris. Baltimore und London (Animals, History, Culture).

Roubo, Jacques André (1775): L'art du menuisier. Bd. 3, Paris.

Ruppel, Sophie/Steinbrecher, Aline (2009): Einleitung. In: Dies. (Hrsg.): ‚Die Natur ist überall bey uns'. Mensch und Natur in der Frühen Neuzeit. Zürich, S. 9-18

Savary des Brûlons, Jacques/Savary, Philémon-Louis (1723): Dictionnaire Universel de commerce, Contenant tout ce qui concerne le commerce qui se fait dans les quatre parties du monde. Paris.

Schmoll, Friedemann (2004): Der Mensch ist, was er nicht isst. Über das Rätsel der Nahrungstabus. Online im Internet: http://www.flyingscience.ch/Download/schmoll_nicht.pdf [Stand: Dezember 2010].

Schwarte, Ludger (2004): Einführung: Animalität – Wie werden wir zum Tier? In: Böhme, Hartmut u.a. (Hrsg.): Tiere. Eine andere Anthropologie. Köln, Weimar, Wien (Schriften des Deutschen Hygiene-Museums Dresden 3, S. 209-215.
Serpell, James (2005): People in Disguise: Anthropomorphism and the Human-Pet Relationship. Daston, Lorraine/Mitman, Gregg (2005): Thinking with Animals. New Perspectives on Anthropomorphism. New York, S. 121-136.
Steinbrecher, Aline (2009): Die gezähmte Natur in der Wohnstube. Zur Kulturpraktik der Hundehaltung in frühneuzeitlichen Städten. In: Ruppel, Sophie/Steinbrecher, Aline (2009) (Hrsg.): ‚Die Natur ist überall bey uns'. Mensch und Natur in der Frühen Neuzeit. Zürich, S. 125-142.
Tanner, Jakob (2004): Historische Anthropologie zur Einführung. Hamburg.
Thomas, Keith (1983): Man and the Natural World. Changing attitudes in England 1500-1800. Oxford und New York.
Wyett, Jodi L. (2000): The lap of luxury. Lapdogs, literature, and social meaning in the 'long' eighteenth century. In: Literature Interpretation Theory (LIT) 10, S. 275-301.

Gunther Hirschfelder | Karin Lahoda

Wenn Menschen Tiere essen. Bemerkungen zu Geschichte, Struktur und Kultur der Mensch-Tier-Beziehungen und des Fleischkonsums

Tiere und Menschen – dies ist ein oft angenehmes, aber auch spannungsgeladenes Verhältnis (Becker 1991; Baranzke 2000). Ein Blick in die Geschichte des kulturellen Umgangs mit Tieren, besonders auf die Rolle von Tieren im menschlichen Nahrungssystem, zeichnet dabei ein wandlungsreiches Bild (Dinzelbacher 2000; Dittmer 2000). Es macht deutlich, wie Wertigkeiten und Normen jeweils zeitlich spezifiziert betrachtet werden müssen, wie stark das heutige Mensch-Tier-Verhältnis auf kulturell tradierten Vorstellungen basiert und letztendlich, wie dieses moderne Verständnis dadurch relativiert wird. Vor allem in der frühen Menschheitsgeschichte stellte sich die Angelegenheit für die Hominiden schwierig dar, wurden sie doch von Raubtieren gejagt und im schlimmsten Fall gefressen. Mit fortschreitender Evolution kehrten sich die Verhältnisse um. Wenn, wie im April 2009 in Australien geschehen, ein Tier einen Menschen frisst – in diesem Fall handelte es sich um ein Krokodil, das einen jungen Mann am Vorabend seines 21. Geburtstages tödlich verletzte, als er sich zum Schwimmen in den Daly River wagte –, hat dies ein enormes Medienecho zur Folge, während moderne Schlachtanlagen von der Öffentlichkeit unbeachtet über 20.000 Hühner töten und verarbeiten können – pro Stunde (Krokodil frisst Mann 2009; Klawitter 2011)!

Tiere werden geliebt, manchmal vielleicht auch gehasst, aber meist sind sie den Bewohnern modernen Gesellschaften gleichgültig, solange sie leben, jedoch ungemein wichtig, wenn sie Nahrung geworden sind, Schnitzel, Burger oder Fischstäbchen, auf ihren Nährwert reduziert, von ihrem Dasein entkoppelt und vom Schöpfungsgedanken sowieso. Die Herstellung tierischer Produkte wird besonders ambivalent betrachtet, sobald ein Tötungsakt involviert ist. Dieses Spannungsverhältnis, seine Genese und seine Strukturmerkmale gilt es im Folgenden aus einer spezifisch kulturwissenschaftlichen Perspektive aufzuzeigen und zu analysieren, wobei anhand ausgewählter Schlaglichter die Entwicklungslinien bis heute aufgezeigt werden.

Abb. 1: Moderner Fleischverbrauch, hier am Kölner Hauptbahnhof: Das Tier spielt in der Wahrnehmung keine Rolle (Foto: Hirschfelder).

Grundsätzlich sind Menschen bei der Wahl ihrer Nahrungsmittel nur bedingt frei, denn sie sind Kulturwesen. Sie handeln so, wie sie es gelernt haben, sie folgen Mustern, und die wiederum basieren auf Traditionen, Normen oder auch Moralvorstellungen. Hinzu kommt, dass unsere Vorstellungen von Ernährung zwar kognitiven Mustern folgen, das Essen aber einen hochgradig emotionalen Akt darstellt. Diese Emotionalität kann auf Gier, Hunger und Lust basieren, sie ist aber ebenso in unserer Sozialisation verwurzelt. Die Speisen der ersten Lebensjahre prägen den Geschmack lebenslang und ihr Verzehr vermittelt noch im Erwachsenenalter emotionale Sicherheit. Generell ist es möglich, ohne Fleisch zu überleben, da es nicht singulär lebensnotwendige Inhaltsstoffe bereitstellt. Doch wer mit Schnitzel, Pferdebraten oder Kutteln aufwächst, kann später nur schwer davon lassen.

Ein weiteres Grundmuster: Grundsätzlich sind und waren alle vorindustriellen Gesellschaften Mangelgesellschaften. Besonders Eiweiß und Fett bildeten die Achillesferse der Ernährung. Deshalb standen tierische Produkte in der Wertigkeitsskala ganz oben. Wurden sie temporär knapp, konsumierte man sie anschließend im Übermaß. Die *Fresswelle* der 1950er Jahre legt davon beredtes Zeugnis ab (Hirschfelder 2007). Diese hohe Wertschätzung tierischer Produkte trägt maßgeblich Verantwortung dafür, dass Fleisch in der Ernährung der Gegenwart aller Kritik zum Trotz noch so eine große Rolle spielt und den Tieren im System der Ernährung eine solch dramatische Verliererrolle zugemutet wird (Mellinger 2000). Hinzu kommt eine bis ins 20. Jahrhundert reichende tiefe Verwurzelung der meisten Menschen mit der Landwirtschaft. Wer aber die Rolle des Tiers in der bäuerlichen Wirtschaft kennt, der verinnerlicht zwangsläufig, am Ende welch langer Wertigkeitskette es steht. Vor allem in den abendländischen Gesellschaften war seine Rolle stets so prominent, dass die Höhe des Fleischkonsums grundsätzlich als Indikator für ökonomische Leistungsfähigkeit der Gesellschaften zu fungieren vermochte. In Anlehnung an die Bezeichnung des *peak oil*, womit die Spitze der maximalen weltweiten Ölfördermenge zu Beginn des 21. Jahrhunderts gemeint ist, kann für die Gegenwart auch von einem *peak meat* gesprochen werden, was dazu äquivalent als Überschreitung der maximalen Fleischproduktion mit anschließendem Rückgang zu verstehen ist. Mit dem Übergang zur postindustriellen Welt wurde dieser *peak meat* erreicht, der Trend kehrte sich um. Um diesen Mechanismus zu verstehen, bedarf es eines Blicks in die Frühgeschichte der Menschheit.

Vor Millionen von Jahren begannen sich einige Primatenarten so weit zu entwickeln, dass die ersten Fundamente für den Beginn der Menschheitsgeschichte gelegt waren. Die Grenzen zwischen Tier und Mensch waren zunächst noch fließend, wurden aber allmählich schärfer. Wie und was unsere Urahnen im Einzelnen aßen, ist unklar. Fest steht aber, dass es sich um Omnivoren handelte, um Allesfresser, die Aas und wenn möglich auch lebende Tiere verzehrten. Die ersten Menschen im engeren Sinn (*Homo habilis, Homo ergaster*) sind zu Beginn der älteren Altsteinzeit *(Altpaläolithikom)* vor gut 2,4 Millionen Jahren in Afrika und erst vor etwa 600.000 Jahren in Europa zu verzeichnen. Sie entwickelten zunächst einfache Steinwerkzeuge und aßen prinzipiell alles roh, bis das Feuer vor etwa 300.000 Jahren temporär und vor etwa 80.000 Jahren permanent genutzt wurde. Die Kost war allerdings lange vorwiegend pflanzlich. Die Jagd auf Großtiere war noch nicht möglich, man aß wohl eher Käfer, Schnecken oder Muscheln, also Lebewesen, zu denen in den meisten Kulturen kaum magisch-religiöse oder kultische Beziehungen bestehen. Nach welchen Regeln die Nahrung im Europa der Altsteinzeit eingenommen wurde, bleibt jedoch letztlich völlig unklar. Eine gewichtige Rolle dürfte aber der Verzehr von Fleisch gespielt haben. Für dessen Beschaffung stand die Jagd noch lange Zeit an erster Stelle. Sie setzt spezifische Fähigkeiten und ein hohes Maß an Organisation voraus. Hinsichtlich der Fähigkeiten waren auch die frühen Hominiden den Tieren deutlich unterlegen, denn ganz prinzipiell läuft und reagiert der Mensch vergleichsweise langsam, sein Geruchssinn ist nicht sehr ausgeprägt, er sieht schlecht und er ist schwach. Lediglich das Planen und Organisieren beherrscht er deutlich besser als jedes Tier. Nicht zuletzt in Anbetracht der Klimaschwankungen war es langfristig erforderlich, auch größere Tiere zu erjagen. Das aber erforderte einen erheblichen Organisationsaufwand – der mit Erfolg betrieben wurde. So brachte die Entwicklung der Großwildjagd die Menschheit in ihrer Entwicklung einen gewaltigen Sprung voran (Hirschfelder 2005, S. 21ff.). Wie unsicher das Fundament des Wissens ist, zeigen Diskussionen um ein Knochenstück, das 1907 unweit Heidelberg gefunden wurde. Der so genannte *Heidelberger Unterkiefer* ist gut eine halbe Million Jahre alt. Er gehört zu einem der ersten Europäer, die nachweislich Fleisch verzehrten, denn in einer nahen Grube wurden von Menschenhand bearbeitete Tierknochen gefunden. Spätestens jetzt hatte man gelernt, Tiere zu jagen und zu erlegen. Da weder Kulturpflanzen und deren planmäßiger Anbau noch Haustiere bekannt waren, hatte die Jagd für die als *Wildbeuter* bezeichneten Menschen überragende Bedeutung. Wichtige Bereiche der Religion und der Sozialordnung orientierten sich an der Frage, wie die Nahrungsversorgung zu gewährleisten war. Die Beute war ersehnt, aber sie wurde wahrscheinlich auch verehrt und kultisch überhöht (Müller-Karpe 1998, S. 69-71; Petrikovits 1978, S. 15ff). Seit der mittleren Altsteinzeit (*Mittel-Paläolithikum*), die vor etwa 150.000 Jahren anbrach und vor circa 30.000 Jahren endete, sind wir etwas genauer unterrichtet. Das ist vor allem dem Neandertaler zu verdanken, der es besser als seine menschlichen Vorgänger verstand, Feuer zu erzeugen und zu nutzen. Erst dadurch stand permanent gebratenes Fleisch zu Verfügung. Jagd wurde unter anderem auf Rentier, Wildpferd, Wisent, Mammut, Nashorn, Wildesel und Hirsch gemacht.

Wie komplex die Jagd war, belegt ein Fund, der 1948 unweit der Mündung der Aller in die Weser gemacht wurde. Dort entdeckte man einen wuchtigen Eibenholzspeer, den ein Jäger des Mittelpaläolithikums in einen Waldelefanten gerammt hatte (Bosinski 1985, S. 29-31). Über Stunden oder sogar Tage hinweg hatte man die Beute verfolgt und schließlich fast zu Tode gehetzt. Dennoch muss es extrem gefährlich und kraftraubend gewesen sein, das erschöpfte und aggressive Tier anzugreifen. Den stärkeren Männern waren dabei größere Erfolgsaussichten beschieden als den Frauen, die noch ein weiteres Handicap hatten, weil sie ihre Säuglinge nicht zu lange alleine lassen konnten. Auf diese Weise begünstigte und beschleunigte das Aufkommen der organisierten Jagd die Differenzierung der Geschlechter. Große Tiere konnte man mit guter Organisation und viel Ausdauer beziehungsweise Kraft erlegen. Kleinere Tiere wie Hasen oder Vögel zu erlegen bedurfte eher der Geschicklichkeit; offenbar war dies für die frühen Jäger noch schwieriger, denn erst später lernte man, diese Tiere zu jagen.

Am Ende der Epoche kühlte sich das Klima deutlich ab. Der Speisezettel in dieser Zwischeneiszeit musste daher neu geschrieben werden: Die vegetabilen

Nahrungsmittel gab es nun immer seltener, und die Menschen aßen nun deutlich mehr Fleisch, bald auch Fisch, denn die Jagd- und Fangtechniken wurden ausgefeilter (Orschiedt/Auffermann/Weniger 1999, S. 18-20; Kuckenburg 1997, S. 148-154). Als die Fertigkeiten der Menschen stetig zunahmen, neigte sich die Steinzeit ihrem Ende zu. Immer mehr Tiere konnten erlegt und in den Speiseplan integriert werden.

Dass es sich aber nicht nur um Jagdbeute handelte, zeigen die jungsteinzeitlichen Höhlenmalereien aus dem südwestfranzösischen Lascaux wie auch jene aus dem spanischen Altamira, wahrscheinlich etwa 20.000 Jahre alt. Die ersten Kunstdenkmäler Europas offenbaren, was für die frühen Gesellschaften wohl schon seit Urzeiten am wichtigsten war und in Kultur, Religion und Brauch eine zentrale Rolle spielte: die Tiere. Der spektakuläre *Saal der Stiere* der Höhle von Lascaux zeigt einen über fünf Meter langen exakt gezeichneten Stier, der einem nur schemenhaft angedeuteten Menschen gegenübersteht. Die Botschaft lässt sich nicht entziffern, aber es hat doch den Anschein, als seien sich die wenigen Menschen, die die Erde damals besiedelten, darüber im Klaren gewesen, wie übermächtig die Fauna war und wie abhängig und machtlos der Mensch. An jagbarem Wild sind ferner Auerochse, Wildpferd, Steinbock, Kuh, Wisent und Hirsch verewigt, aber den Konkurrenten der Menschen wurde ebenfalls Raum gewidmet: Bär und Raubkatze (Blanchot/Char/Winnewisser 1999). Der Mensch aß das Tier, aber nicht selten war es auch umgekehrt. Freilich ist über die Einzelheiten des steinzeitlichen Mensch-Tier-Verhältnisses nur wenig bekannt, und es gab zahlreiche regionale Sonderformen, die gar keine oder kaum Nachrichten hinterlassen haben. An der Ostseeküste etwa war im 5. vorchristlichen Jahrtausend die *Erte-bølle-Kultur* dominierend. Dort haben sich an der jütländischen Küstenzone aus dieser Zeit riesige Muschelhaufen erhalten. Die Muschelernährung war so wichtig, dass in den Schalenhaufen sogar Tote bestattet wurden – ein klares Zeichen für die in mehrfacher Hinsicht große Bedeutung der Muscheln (Kehnscherper 1990).

Über lange Zeit hinweg dürfte das Verhältnis zwischen Tier und Mensch relativ beständig geblieben sein: Die Jäger und Sammler waren auf die Tiere angewiesen, wenn möglich wurden Tiere gegessen, aber der Jagderfolg war wesentlich abhängig vom Entwicklungsstand der jeweiligen Kultur. In jedem Fall stand das Tier permanent im Aufmerksamkeitsfokus der Menschen. Das änderte sich im Rahmen der so genannten *Neolithischen Revolution* vor ungefähr 10.000 Jahren zunächst im Orient, bald auch in Europa. Sie brachte Ackerbau, Haustierhaltung und feste Siedlungen. Dies hatte unter anderem den eigentlichen Beginn regionalspezifischer Speisen zur Folge. Das Tier blieb bedeutend, aber langfristig wurde die Jagd zum herrschaftlichen Privileg. Dafür rückte das Haustier allmählich in den Nahbereich des Menschen. Bald wurden

Ziegen, Schafe, Rinder, Schweine und Geflügel domestiziert, aufgezogen und gehegt, um sie zu töten und zu essen. Nun waren die Menschen nicht mehr zwingend auf ihr Jagdglück angewiesen, sondern konnten auf die mehr oder weniger stabilen Erträge des Ackerbaus zurückgreifen, was der Menschheit eine ungeheure Weiterentwicklung ermöglichte (Reichholf 2008). Allerdings erlaubten die landwirtschaftlichen Verhältnisse kaum, dauerhaft genügend tierisches Eiweiß zu produzieren, so dass der Eiweißmangel bis zum Ende des Agrarzeitalters im späten 19. Jahrhundert ein Problem blieb. Genau dies aber führte zu einer Hierarchisierung bei Tisch: Der Bauer bekam am meisten, dann der Knecht, und ganz am Schluss standen Frauen und Alte. Nahrungsmittelverteilung wurde damit zum Herrschaftsinstrument in Familien (Hirschfelder 2005, S. 147ff.).

Am Ende der Steinzeit machte die Menschheit so große Fortschritte in Landwirtschaft und Tierhaltung, dass vor etwa 6.000 Jahren ein Entwicklungsschub einsetzte, der im Zweistromland und bald auch in China sowie an Indus und Nil erste Hochkulturen mit Schriftlichkeit und Städtewesen entstehen ließ. Gleichzeitig bilden sich komplexe Religionen. Es ist kein Zufall, dass das Verhältnis zwischen Mensch und Tier hier eine wesentliche Rolle spielte. Vor allem die Frage, wer unter welchen Bedingungen welches Tier essen durfte, war so zentral, dass die Speisevorschriften zum integrativen und elementaren Bestandteil vieler Religion wurden (Honegger 2007). Dies prägt die globale Esskultur auch heute nachhaltig, etwa die christlichen Fastengebote, die in einen spezifisch abendländischen Umgang mit Fasten und Abnehmen insgesamt geführt haben oder die Abneigung der Hindus, Rindfleisch zu essen. Andere Muster wiederum waren in der Vergangenheit von großer Bedeutung, haben diese im Verlauf der Geschichte aber verloren, wie etwa der Umgang mit Blutopfer und Opfermahle bei einigen germanischen Ethnien der vor- und frührömischen Zeit, bei denen die geopferten Tiere in Gemeinschaft und rituell verspeist wurden (Hirschfelder 2009; Maier 2000).

Abb. 2: Die Jagd auf kleinere Tiere ist organisatorisch komplexer als die auf Großwild. Vögel kamen erst relativ spät auf den menschlichen Speiseplan. Vogeljagd mit dem Wurfholz, Ägypten, Mittleres Reich. Aus: Hirschfelder 2005, S. 50.

Das Beispiel der jüdischen Religion mit ihren komplexen Speisevorschriften zeigt, wie stark Nahrungsherstellung, -zubereitung und -verzehr teils rigiden Reglementierungen und Wertvorstellungen unterliegen (Friedlander/Kugelmann 2009). So erlauben die jüdischen Kaschrut-Gesetze nur den Verzehr bestimmter Tierarten: „Alle Tiere, die gespaltene Klauen haben, Paarzeher sind und wiederkäuen, dürft ihr essen“ (3. Mose 11, 3). Wenn, wie beispielsweise beim Rind, alle drei Merkmale erfüllt sind, darf das Fleisch der Tiere konsumiert werden. Das Schwein hingegen, da nicht wiederkäuend, ist verboten. Nur durch genau vorgeschriebene Arbeitsprozesse kann geeignetes Fleisch überhaupt als koschere Speise aufgetischt werden. Adäquate Tiere werden geschächtet, worunter die Schlachtmethode des Durchschneidens der Kehle verstanden wird; Talgfett und Hüftsehne werden entfernt und erst nachdem das Fleisch in weiteren rituellen Zubereitungsschritten vollständig von Blut gereinigt wurde, ist es für den Verzehr geeignet. Es werden mehrere Belegstellen angeführt, aus denen das Genussverbot der Tora für Blut abgeleitet wird, wie z. B. 1. Mose 9,4: „Doch Fleisch mit seiner Seele, seinem Blut sollt ihr nicht essen“ und 5. Mose 12, 23: „Doch beherrsche dich und genieße kein Blut; denn Blut ist Lebenskraft, und du sollst nicht zusammen mit dem Fleisch die Lebenskraft verzehren.“ Neben den Essensvorschriften verweisen diese Stellen sehr deutlich darauf, dass Tieren eine Seele zugesprochen wird und daraus eine besondere Behandlung der tierischen Produkte auf dem Weg vom Lebewesen hin zum Fleisch auf dem Teller entsteht. Dass Fleisch- und Milchprodukte strengstens getrennt verwahrt, zubereitet und vor allem verzehrt werden müssen, hat sich außerdem aus der Rücksichtnahme heraus entwickelt, Jungtiere nicht in der Milch der eigenen Mütter zu kochen (2. Mose 23, 19).

Die Speisevorschriften, die sich auffallend oft mit Tieren und tierischen Produkten beschäftigen, haben somit weitreichenden Einfluss auf lebensweltliche Aspekte, wodurch Tötung, Zubereitung und Verzehr von Tieren in einen rituellen Gesamtkontext eingebunden werden. Dabei beruhen die Entscheidungen, welche Tiere als Nahrungslieferanten herangezogen werden dürfen, auf rein ideellen Auslegungen. Bestimmte als „Gewürm“ bezeichnete Tiere, wie etwa Muscheln und Schnecken, werden als essensunwürdig vom Speisezettel verbannt. Des Weiteren verweisen einige Vorschriften, etwa das Verzehrverbot von Kamelen, darauf, dass die Regeln im vorderasiatischen Raum entstanden sind und letztlich auch als Antwort auf die geografischen Spezifika der Region interpretiert werden können. Orthodoxe Juden befolgen diese Vorschriften, die weit über die Verzehrsituation hinausgehen und sich nicht an jeweiligen Ernährungstrends oder Gesundheitsempfehlungen orientieren, auch gegenwärtig. Darüber hinaus enthalten die Vorschriften deutliche Kategorisierungen tierischer Nahrung. So hält Religion nicht nur Einzug in die Küche und die Mahlzeitensituation, sondern legt auch Grundsteine für ein jüdisch-christliches Mensch-Tier-Verhältnis, welches auch heute noch gültige Vorstellungen prägt.

Das Christentum entwickelte sich aus der jüdischen Religion heraus. Daher beruht das christliche Verständnis des Verzehrs tierischer Produkte unter anderem auf zwei Textpassagen aus dem Alten Testament (Schmitz-Kahmen 1997). Wenn man zunächst die Passage aus Genesis 1, 29 betrachtet, findet sich dort folgende Argumentationsgrundlage für die Vermutung, dass die Menschen ursprünglich Vegetarier waren, da Gott den Menschen „alle Pflanzen auf der ganzen Erde, die Samen tragen, und alle Bäume mit samenhaltigen Früchten“ übergibt, sie sollen „zur Nahrung dienen“. Die göttliche Absolution für Fleischkonsum erhalten schließlich Noah und seine Söhne, als Gott zu ihnen spricht: „Furcht und Schrecken vor euch soll sich auf alle Tiere der Erde legen, auf alle Vögel des Himmels, auf alles, was sich auf der Erde regt, und auf alle Fische des Meeres; euch sind sie übergeben. Alles Lebendige, das sich regt, soll euch zur Nahrung dienen“ (Genesis 9, 2-3). Auf diese Art gelangten

Tiere in die Nahrungskette der Christen, obwohl das Tier als Mitgeschöpf der Menschen verstanden wird. Im Gegensatz zum Judentum werden später aus der Bibel keine derart konkreten Lebensmittelvorschriften abgelesen. Zwar verfolgte Jesus die jüdischen Speisevorschriften wahrscheinlich noch recht selbstverständlich, doch Apostel Paulus von Tarsus († nach 60), immerhin erfolgreichster Missionar des frühen Christentums, äußerte radikale Kritik: Es sei nicht wichtig, was in den Mund hineinkomme, sondern was den Mund in Form guter Worte verlasse. Jeglicher Speiseverzicht sei zudem ein Ausdruck von Undankbarkeit gegenüber den Gaben Gottes (1. Tim 4, 1-5). In der Zeit des römischen Bischofs Eleuterius (175-189 n. Chr.) löste sich die vielschichtige frühe christliche Kirche dann endgültig von den jüdischen Speisevorschriften.

Nach und nach rückte ein anderes nahrungsregulierendes Element ins Zentrum christlicher Speisevorschriften: das Fasten, besonders im 40-tägigen Zeitraum vor Ostern. Wesentlich ist hierbei der Verzicht auf Fleisch, Eier und Milchprodukte. Die Erlaubnis, weiterhin Fisch zu konsumieren, wirkte sich nicht nur auf die mittelalterliche Agrargesellschaft mit der herausragenden Bedeutung der Binnenfischerei und der Teichwirtschaft aus, sondern wird bis heute im katholischen freitäglichen Fastengebot sichtbar, was nicht nur Mensen und Kantinen immer noch eine deutlich wahrnehmbare Fischkomponente beschert. Fleischverzicht als mögliche Form der Buße zeigt den hohen Stellenwert des Nahrungsmittels im Speisesystem und erhält dadurch einen immensen Symbolgehalt. Immerhin wird die zeitweilige Entsagung von Fleischverzehr damit zu einem offensichtlichen Akt der Religions- und Gemeinschaftszugehörigkeit. Heute werden die Essensregeln der Fastenzeit weiter gefasst, und nicht selten werden sie als Ratschlag für Reflexion und partielle Askese interpretiert. Zwischen den großen christlichen Konfessionen gibt es durchaus Unterschiede: während die katholische Kirche das Fasten – mit Einschränkungen für Alte, Kranke, Reisende oder Kinder – generell vorschreibt, gibt der Protestantismus allgemeine Empfehlungen, deren Missachtung nicht sanktioniert wird.

Die Nutztierhaltung zur Fleischproduktion kann stets als ein Indikator des Mensch-Tier-Verhältnisses der jeweiligen Zeit gesehen werden. Den Schilderungen des Alten Testaments zufolge hatten Menschen damals meist direkten Kontakt zu Nutz- und Arbeitstieren, da Lebewesen wie Schafe, Ziegen, Rinder, Esel und Tauben unter der Rubrik Haustiere angeführt werden. Hunde wurden hingegen gemieden, da sie oft als Bedrohung und Belästigung wahrgenommen wurden, obwohl deren Domestikation bereits für die spät- bzw. nacheiszeitliche Jäger-Sammler-Gemeinschaft angenommen wird. Viehzucht stellte eine wichtige Lebensgrundlage dar, wobei die wenigsten Menschen große Tierherden besaßen. Daher umsorgten sie die eigenen Tiere umfassend, zumal sie als wichtige Lieferanten für Milch, Fett und Wolle fungierten, jedoch selten nur für Fleisch.

Selbst affektive Bestandteile der Mensch-Tier-Beziehung werden in der Bibel angesprochen; so ist etwa in einem Gleichnis die Rede von einem armen Bauern, der sein einziges Lamm wie ein eigenes Kind behütet (2. Sam 12, 1-10). Ferner wurden Nutztiere gewisse Rechte zugesprochen, denen insbesondere der Respekt gegenüber ihrer Arbeitskraft zugrunde liegt (Riede 2002, S. 57-64). Auf diesem Wertekanon fußt nach wie vor das Tierverständnis des jüdisch-christlichen Kulturkreises, in welchem das zwiespältige Verhältnis zu Tieren, die einerseits Mitgeschöpfe darstellen, die sich der Mensch andererseits jedoch nutzbar macht, verankert ist. Des Weiteren leitet sich die abendländisch-ethische Auseinandersetzung mit dem Mensch-Tier-Verhältnis durchaus aus der christlichen Tradition ab (Lemke 2007).

Auf den Islam, der im Kontext der monotheistischen Religionen Judentum und Christentum im 7. Jahrhundert entstand und der ebenfalls Speisevorschriften in den religiösen Schriften niedergelegt hat, sei hier nur am Rande verwiesen. So wird, wie im Judentum, zwischen reinen und verbotenen Speisen unterschieden, so dass z. B. Schweinefleisch entsprechend auf dem Speiseplan fehlt. Ähnlich wie im Christentum besteht eine maximal 30-tägige Fastenzeit, die im neunten Monat des islamischen Mondkalenders begangen wird. Allerdings verzichten Muslime dabei von der Morgendämmerung bis zum Sonnenuntergang komplett auf Nahrung und Flüssigkeit. Schließlich sei erwähnt, dass auch Buddhismus und Hinduismus eine religiös begründete Einstellung zu Tieren kennen. Beide Religionen verbieten das Töten von Tieren zur Nahrungsaufnahme. Daher isst man in den durch sie geprägten Kulturkreisen überwiegend vegetarisch. Grundsätzlich abgelehnt wird der Verzehr von Rindfleisch im Hinduismus, da die Kuh hier als heiliges Tier verehrt wird. Dies verweist auf den immens hohen Stellenwert, den Tiere dort einnehmen können.

War und ist die Frage, ob und wie man welche Tiere essen darf, in den Religionen stark ideologisch geprägt, gingen die griechische und die römische Antike mit dem Thema eher pragmatisch um (Lorenz 2000). Die griechischen Vorstellungen vom Essen waren einerseits von der ganzheitlichen und wissenschaftlichen Ernährungslehre geprägt, der *Diätetik*, andererseits von einem neugierigen wissenschaftlichen Zugang, für den nicht zuletzt Aristoteles stand, der sich im antiken Standardwerk *Untersuchung von Tieren* ausführlich mit der Fauna seiner Zeit befasst hatte. Das Tier war ein zu essendes, es stand ganz im Dienst des Menschen. Beim Autor des hippokratischen Ernährungstextes *Regimen* findet sich eine fast industrielle Sichtweise auf das Tier. Er empfahl das gegrillte Fleisch ausgewachsener Hunde für bestimmte Diäten, dasjenige von Hundewelpen wiederum bei anderen Diäten. Insgesamt war der Hundekonsum jedoch rückläufig, und ab dem zweiten nachchristlichen Jahrhundert verzichtete man offenbar völlig auf den Verzehr von Hundefleisch. Hier trat ein neues kulturelles Muster in den Vordergrund. Der Hund war zu sehr zum Freund des Menschen geworden. Auf diese Weise entstand im Laufe der Entwicklung ein lange wirksames Nahrungstabu. Weil der Hund zum Schoßtier geworden war, aß man das im Grunde schmackhafte Fleisch nicht mehr (Hirschfelder 2005, S. 66).

Das antike Rom, das sein Nahrungssystem im Zuge der staatlichen Expansion bis weit nach Europa hinein verbreitete, fußte einerseits auf griechischen Traditionen, andererseits aber war es nochmals deutlich diesseitsgewandter und pragmatischer. Das Tier war endgültig zum Nutztier geworden. Gerade das Schwein wurde dabei allein für Schlachtungszwecke gehalten. Vor allem in der Spätphase Roms entstand für alle jene, die es sich leisten konnten, eine Spitzengastronomie, welche Tiere – ähnlich wie es heute der Fall ist – primär als Prestigeprodukte verwendete. Eine besondere Mode bestand darin, Kreationen zu entwerfen, deren Ziel es war, die wahre Natur der Einzelbestandteile zu verbergen. Meisterköche verstanden es, ein viertel Schwein als Geflügel erscheinen zu lassen, oder die Zitzen einer Sau, die man besonders schätzte, als Fisch zuzubereiten und zu servieren. In seinem Schelmenroman *Satyricon* schildert Petronius in diesem Zusammenhang einen ebenso bekannten wie beliebten Koch: „Keiner ist so wertvoll wie er. Wenn du willst, macht er dir aus Saueuter einen Fisch, aus Schmalz eine Taube, aus Schinken eine Turteltaube, aus einer Schweinshaxe ein Huhn“ (Petron 1968, S. 81; vgl. Hirschfelder 2005, S. 77ff.). Diese experimentelle wie kreative Küche führt vor, dass keine Berührungsängste bestanden, Tiere für Nahrungszwecke heranzuziehen. Allerdings war der Verzehr von Fleisch vorrangig von den Einkommensverhältnissen abhängig. Während für einen Großteil der Bevölkerung Fleisch, wenn überhaupt, nur in geringen Mengen auf den Tisch kam, wurde Fleisch für einen betuchten Kreis bereits zum alltäglichen Gut und auf Festen im Überfluss angeboten. Über ein derartig üppiges Gelage kann man etwa bei Macrobius, einem spätantikem Schriftsteller, nachlesen, der ein überbordendes Mahl zu Zeiten Caesars beschreibt, in dem über mehrere Gänge hinweg, von Meerestieren und Fisch bis hin zu Wild, die Vielfalt der Tierwelt aufgefahren wird (Grimal 1961, S. 412f.; Apicius 1999, S. 49f., 78). Zunächst wurde versucht, solche Demonstrationen von Luxus einzugrenzen, indem die Gästezahl begrenzt wurde und die möglichen Ausgaben für Gastmähler limitiert wurden. Allerdings wurden diese Einschränkungen untergraben und bis zur Mitte des ersten vorchristlichen Jahrhunderts erhöhte sich der für Gastmähler zulässige Aufwand plausiblen Berechnungen zufolge um rund 750 Prozent. Hierbei wurde zunehmend Wert auf exquisite Qualität und Exklusivität gelegt; so bezahlte Metellus Scipio z. B.

für eine Ladung Drosseln 60.000 Sesterzen, was dem 125-fachen Jahreslohn eines Legionärs entsprach (Will 1991, S. 15f.).

Der Übergang von der Antike zur frühmittelalterlichen Völkerwanderungszeit bewies um die Mitte des ersten nachchristlichen Jahrtausends, dass Prozesse der kulturellen Differenzierung durchaus umkehrbar waren, denn die Völkerwanderung zerstörte die römische Esskultur weitgehend. Zunächst war exquisite tierische Importware zumindest nördlich der Alpen kaum mehr zu bekommen. Noch wichtiger für unser Thema ist der Tatbestand, dass in der römischen Gesellschaft viele Menschen keinen unmittelbaren Kontakt zu Tieren und Landwirtschaft hatten. Sie lebten urban und abgeschottet von Großgütern wie Kleinbauern. Das änderte sich im Mittelalter radikal. Die städtische Kultur kam im Fränkischen Reich, aus dem später Frankreich und Deutschland hervorgehen sollten, zum Erliegen. Das frühe und hohe Mittelalter waren landwirtschaftlich geprägt, und wer nicht im Kloster lebte, konnte der Tierhaltung kaum entgehen, denn Fleisch stand im Zentrum der Ernährung. Wegen des Futtermangels musste ein großer Teil des Viehbestandes zu Beginn des Winters geschlachtet werden. Das frische Fleisch wurde meistens gekocht. Wenn man es räucherte oder pökelte, war es haltbarer und konnte auch im Winter und im Frühjahr als Fleischvorrat dienen. Wild spielte eine erstaunlich geringe Rolle. Der archäologische Befund in Siedlungsgrabungen zeigt, dass der durchschnittliche Anteil der Wildknochen für die Zeit um 500 n. Chr. lediglich etwa drei Prozent beträgt. Dennoch aßen die meisten frühmittelalterlichen Menschen zumindest in guten Jahren auch im Vergleich zu heute außerordentlich große Mengen Fleisch. Die *Lex Salica* erwähnt umfangreiche Bestimmungen zur Schweinezucht, und auch Anthimus befasst sich in seinen Schriften intensiv mit dem Schwein. Demnach war Speck eine ausgesprochene Leibspeise der Franken. Schinken wurde nicht nur geräuchert, sondern auch gekocht. Roher Speck gehörte zu den wichtigsten Heilmitteln. Zur Mast wurden die Tiere vorwiegend in den Wald getrieben. Meist begleitete aber ein Hirte die Tiere. Hühner spielten schon früh eine große Rolle, während das Rind sich erst in karolingischer Zeit seit dem 8. Jahrhundert stärker durchsetzte (Hirschfelder 2005, S. 94ff.).

Wie sich das Verhältnis zwischen Mensch und Tier gestaltete, ist nur schwer zu sagen. Fest steht zumindest, dass die Menschen grundsätzlich eng mit den Tieren zusammenlebten, dass Geburt, Aufzucht, Hege und Schlachten integrativer Bestandteil des Alltags waren. Da die Franken erst seit der Zeit um 500 christianisiert wurden, dürften noch eine Weile lang ältere germanische Glaubensvorstellungen vorgeherrscht haben. Die wenigen vorhandenen Quellen, die oft auch noch sehr stark durch eine Außensicht geprägt sind, liefern zwar Anhaltspunkte in Bezug auf das zu der Zeit vorherrschende Mensch-Tier-

Verständnis, lassen aber keine tiefergehenden Rückschlüsse auf Beweggründe und Wertvorstellungen zu. In der zentralen Bedeutung von Tieren in den keltisch-germanischen Glaubensvorstellungen – unter anderem als Sinnbilder der Götter und in Weissagungen – kommt eine hohe Wertschätzung zum Tragen. Dies stand aber in keinerlei Widerspruch dazu, Tiere als Opfergaben und für Nahrungszwecke zu töten. So wurden tierische Opfergaben teils auch in einem anschließenden gemeinsamen Mahl verspeist (Maier 2000, S. 145-180).

Im Laufe der merowingischen Geschichte begannen dann die christlichen Normen zum Umgang mit Tieren stärker Raum zu greifen. Daraus resultierte jenes zwischen Achtung und Nutzbarmachung oszillierende Verhältnis zu Tieren, das auch für die Gegenwart kennzeichnend ist. Allerdings verschwanden Tiere zusehends aus dem Zentrum religiöser Vorstellungen. Jedenfalls dürften kaum moralische Bedenken gegen das Töten und Essen von Tieren bestanden haben, waren sie doch trotz allem in gewisser Weise Geschenk Gottes. Gleichwohl kann nicht ausgeschlossen werden, dass viele Menschen, die eng mit ihren Tieren lebten und für sie sorgten, eine durchaus emotionale Beziehung zu ihren Tieren pflegten und sie das notwendige Töten dann auch stark belastete. Es kann gleichwohl festgehalten werden, dass den Tieren eine essentielle Rolle im Rahmen der Agrarwirtschaft und der Ernährung zugesprochen wurde und Fleisch eine hohe Wertigkeit besaß.

All die frühmittelalterlichen Bedingungen änderten sich im Übergang zum Hochmittelalter kaum. Allerdings führte eine deutliche Klimaerwärmung um die Mitte des 10. Jahrhunderts zu einem Ausbau der Getreidewirtschaft und in der Folge auch im 11. und vor allem im 13. Jahrhundert zu einer Welle von Städtegründungen. Das hatte vor allem zwei Folgen: Zum Einen waren Landwirtschaft und Kultur nun nicht mehr so extrem auf die Nutztiere ausgerichtet, und zum Anderen wurde der Umgang mit Tieren wegen der Stadt- und Geldwirtschaft professionalisiert: Es entstanden zahlreiche Handwerksberufe, die sich mit der Verwertung von Tieren befassten. Dadurch wurde der Umgang mit Tieren rationalisiert, und vor allem in den Städten wurde der Konsum von Fleisch zum Privileg für jene, die sich dies auch leisten konnten. Das wiederum steigerte die kulturelle Begehrlichkeit tierischer Produkte – eine Tendenz, die sich seit dieser Zeit fast stetig verstärkte, und die sich erst zu Beginn des 21. Jahrhunderts umkehrte (Baum 1989, S. 541ff.; Doll 1999, S. 445ff.).

Die Strukturen des Fleischverzehrs änderten sich für längere Zeit kaum. Allerdings schwankten die konsumierten Mengen stark: Während im Spätmittelalter seit der Mitte des 13. Jahrhunderts mit etwa 100 kg pro Kopf und Jahr noch mehr Fleisch gegessen wurde als heute, sank dieser Wert nach der Reformation allmählich auf nur noch gut 20 Kilogramm.

Die Renaissance und später darauf aufbauend die Aufklärung haben die Stellung des Menschen zum Tier seit dem 16. Jahrhundert massiv verändert (Suutala 1990). Hier gelangte das Mensch-Tier-Verhältnis in den Blickpunkt der Wissenschaft. Besonders die Philosophie beschäftigt sich ausführlich mit Gegenüberstellungen von Mensch und Tier, vor allem um durch Vergleiche die Position der Menschen in der Welt herauszustellen. Einerseits setzte man sich mit der Frage, ob Tiere Seelen besitzen, auseinander, andererseits sprach z.B. René Descartes (1596-1650) den Tieren jeglichen Verstand ab und klassifizierte sie als von Gott geschaffene Maschinen bzw. Automaten. Die nachfolgenden Cartesianer erweiterten diese Lehre um die Aussage, Tiere würden keinerlei Schmerz empfinden (Münch 1998, S. 328-333). Diese Thesen waren für die Praxis, Tiere für Nahrungszwecke zu nutzen, nahezu irrelevant, erleichterten aber die Rechtfertigung der Tiertötung.

Eine scharfe Zäsur im Umgang mit Tieren und Fleischkonsum ist dann im frühen 19. Jahrhundert mit dem Übergang zum Industriezeitalter zu verzeichnen. Vor allem die Tatsache, dass die Mitglieder der neu entstehenden Klasse der Fabrikarbeiter, das Proletariat, dem ländlichem Umfeld und damit auch der Lebensmittelproduktion entfremdet wurden, hatte zur Folge, dass sie das Fleisch, das sie sich nun zunehmend leisten konnten, als Produkt wahrnahmen, welches losgelöst vom Tier war. Diese Entfremdung schuf die Voraussetzung für die später ablaufende Technisierung und Industrialisierung von Tierproduktion und Fleischverarbeitung. Wie in anderen Wirtschaftsbereichen auch, hielt hier besonders der Aspekt der Nutzenoptimierung Einzug (Buchner-Fuhs 1996, S. 191). Die negativen Begleiterscheinungen des Fleischkonsums der Gegenwart wurzeln grundsätzlich in diesem Prozess. Der allerdings lief in den USA früher und dramatischer ab als in Kontinentaleuropa, wo vormoderne Produktionsweisen noch im ganzen 20. Jahrhundert anzutreffen waren. In Amerika aber entstanden erste arbeitsteilig und zentral organisierte Schlachthöfe bereits in der Mitte des 19. Jahrhunderts und erfuhren gut 30 Jahre darauf weite Verbreitung. Der extremen Ausprägung der Schlachthöfe in Chicago hat Upton Sinclair mit seinem Roman *The Jungle* (*Der Dschungel*) 1906 ein literarisches Denkmal gesetzt, das bis heute nachwirkt.

Seit den Anfängen der Industrialisierung hat sich die Ökonomisierung der Fleischproduktion kontinuierlich weiterentwickelt. Heute findet sie weitgehend im Verborgenen statt. Sie ist den Produzenten, aber auch den Konsumenten peinlich. Gleichwohl sind die kulturellen Muster, die dem Fleisch eine hohe Wertigkeit zusprechen, so stark und die Preise für Fleisch so absurd niedrig, dass die Versuchung für die Mehrzahl der Konsumenten noch zu groß ist, um auf Fleisch zu verzichten.

Abb. 3: Anders als hier in Mexiko dulden mitteleuropäische Konsumenten kaum, wenn Fleisch ihnen so unverarbeitet angeboten wird, dass der tierische Ursprung unmittelbar offensichtlich ist (Foto: Hirschfelder).

Gegen den Fleischkonsum formierte sich allerdings immer wieder auch Widerstand, und nicht zufällig direkt proportional zur Pervertierung der Fleischproduktion. Es geht um den Vegetarismus, der vor allem im Zuge von Lebensreformbewegung und Zivilisationskritik rasch Aufschwung nahm. Sein Ziel war die Schaffung einer lebenswerteren Welt, seine Konsequenz eine Ideologisierung der Ernährung (Briesen 2010).

Unter dieses Stichwort könnte man auch weite Teile der Entwicklung des 20. Jahrhunderts fassen. „Erst kommt das Fressen, dann kommt die Moral!", entgegnete Bertold Brecht 1928 in seiner *Dreigroschenoper* einer Bourgeoisie, die vom hohen Ross materieller Wohlsituiertheit den niederen Schichten Moral predigen wollte. Dieses Fressen ließ im frühen 20. Jahrhundert im und nach dem Ersten Weltkrieg den Tieren wenig Aufmerksamkeit entgegenbringen. Anschließend sorgte der Nationalsozialismus in seiner ihm typischen Schizophrenie dafür, dass zwar durchaus schmale und fleischarme Kost propagiert wurde, aber das Regime sich das Wohlwollen der Volksgemeinschaft zu erkaufen suchte, indem man für eine möglichst gute Fleischversorgung sorgte. Das Tier hatte sich dabei dem System ebenso unterzuordnen wie der einzelne Mensch.

Auch nach dem Krieg waren die europäischen und allen voran die deutschen Konsumenten zu beschäftigt, um die Frage nach dem Verhältnis zu den Tieren diskutieren zu wollen, zumal der Grüne Plan, eine Bundesinitiative, die 1955 die Weichen für eine hemmungslose Industrialisierung und Chemisierung der Landwirtschaft stellte, einer weiteren industriellen Ausbeutung von Tieren Tür und Tor öffnete. Immer weiter schritt der Prozess der Entfremdung der Bevölkerung von den agrarischen Grundlagen voran, zumal die enorme Fortschrittsgläubigkeit der 1960er Jahre eher auf eine weitere Technisierung des gesamten Produktionsprozesses abzielte. Auch im heimischen Haushalt lagen vor allem moderne Designs und Haushaltstechnisierung im Trend. Beschleunigt wurde diese Entwicklung durch das Aufkommen der Tiefkühlkost und der Fertiggerichte. Immer weniger ist der Erhalt von Fleisch von nun an mit Anstrengung und Aufwand verbunden. Als bereits geformtes Stück Fleisch, welches keinerlei Assoziationen zum Tier erweckt, kann es im Supermarkt in einer Vielzahl von Varianten in der Theke begutachtet, ausgewählt und gekauft werden. Fleisch wurde auf diese Weise zu etwas Abstraktem, das hinsichtlich der Wahrnehmung vom Tier weitgehend entkoppelt war (Hirschfelder 2005, S. 234ff.).

Insgesamt verfügt das gegenwärtige Mensch-Tier-Verhältnis also über einen hohen Grad an Differenziertheit, der an dieser Stelle kaum umfassend dargestellt werden kann. In Bezug auf die Nahrungskette, in welcher der Mensch Tiere züchtet und hält, um sie für den Verzehr zu töten, kann aber immerhin Folgendes festgestellt werden: Da die Fleischproduktion durch Massentierhaltung und zentrale Schlachthöfe außerhalb des Alltagslebens der breiten Bevölkerung stattfindet, verknüpft der moderne Mensch mit dem Fleisch auf dem Teller kaum noch ein emotional aufgeladenes Bild des fleischgebenden Tieres. Zu stark ist inzwischen die Gewohnheit, Fleisch als allseits verfügbares Nahrungsmittel jederzeit genießen zu können.

Nutztiere sind damit größtenteils losgekoppelt vom christlichen Tierverständnis, welches sich auf Zuwendung und Barmherzigkeit für Haustiere konzentriert. Tierschutzorganisationen und Vegetarismusbewegungen versuchen zwar, diese Aspekte auch auf Nutztiere auszuweiten, aber es hat den Anschein, dass die Gesellschaft durchaus über die Vorgänge der Fleischproduktion informiert und in den Medien immer wieder damit konfrontiert wird, dies aber als Prämisse für günstige Fleischpreise in Kauf nimmt. Dennoch gewinnen die heute vorherrschenden Begebenheiten der Fleischproduktion zunehmend Einfluss auf die Höhe des Fleischkonsums, da diese Argumente instrumentalisiert werden, wenn Diskussionen nicht zuletzt aufgrund von Rinderwahn bis Dioxinskandal hohe Medienpräsenz erfahren.

Naive Gemüter.

(Aus dem Anzeigenteil einer Zeitung.) Arme Frau hat gestern aus der Markthalle versehentlich einen Kinderwagen mit einem Sack Kartoffeln nach Hause gefahren und dafür einen solchen mit einem einjährigen Kinde dagelassen. Falls Umtausch gewünscht wird, ist Näheres in der Expedition der Zeitung zu erfahren.

Phantasie des Herrn Rentier Hinterhuber.

„Schön wär's, wenn statt Kohlrabi und Salat, Würst' und Schweinshaxen wachsen würd'n!"

56

Abb. 4: „Schön wär's, wenn statt Kohlrabi und Salat, Würst' und Schweinshaxen wachsen würd'n!" Auch in den Krisenzeiten des 20. Jahrhunderts wurden Tiere vor allem unter funktionalen Gesichtspunkten wahrgenommen. Fliegende Blätter, Bd. 174, 1917, S. 56.

Abb. 5: Hähnchenstand am Bonner Bahnhof. Für niedrige Preise nehmen Kunden derzeit noch hochindustrialisierte Produktionsmethoden in Kauf (Foto: Hirschfelder).

Die dargelegten Mensch-Tier-Beziehungen verweisen auf den immensen Einfluss kultureller Prägungen. Beide Bereiche beeinflussen sich also auf komplexe Art und Weise wechselseitig, Auswirkungen sind derzeit aber vor allem von den moralisch und ethisch aufgeladenen Wertvorstellungen im Umgang mit Tieren auf die Ernährung zu erwarten, denn die Bevölkerung ist nicht zwingend auf Fleischkonsum angewiesen, da die Nahrungsversorgung durch genügend Fleischsubstituenten gewährleistet wäre. Nachdem ideologisch begründeter Fleischkonsum oder -verzicht auch zu identitätsstiftenden Elementen avancieren können und daher auf die starke Aussagekraft verweisen, welche über die Nahrungsmittelwahl evoziert werden kann, wird der Fleischesser bei zunehmender öffentlicher Kritik und Ablehnung vielleicht irgendwann sogar zum Stigmatisierten. Obwohl diese Aussicht derzeit recht unrealistisch erscheint mag, könnte eine Verringerung des Fleischverbrauchs gar nicht mehr so fern liegen. Durch verstärkte Einschränkungen und Auflagen in der Fleischherstellung und damit eingehender Verteuerung der Ware könnte auch der Konsum zurückgehen. Dabei beruht eine derartige Entscheidung wiederum vornehmlich auf ökonomischen Beweggründen, das emotional geprägte Mensch-Tier-Verhältnis wirkt nur sekundär im Hintergrund. Paradoxerweise trägt der Fleischkonsum teilweise gar zum Erhalt von Tierrassen bei, die anderweitig keinen Nutzen für Menschen hätten. Seit einigen Jahrzehnten zu beobachtende Tendenzen verweisen auf eine generelle Reduktion real lebender Tiere aus dem öffentlichen Umfeld breiter Bevölkerungsschichten in Deutschland (Bimmer 1991, S. 195f.), was unter anderem am zunehmenden Verschwinden von Nutztieren aus den Kulturlandschaften ersichtlich wird. Schlussendlich hängt das Mensch-Tier-Verhältnis stark vom jeweiligen Mensch-Tier-Kontakt ab. Wenn auch nicht mehr lebend so präsent in deutschen Haushalten, so landet das Endprodukt Nutztier in letzter Instanz als Fleisch doch auf dem heimischen Teller.

Literatur

Apicius, Marcus Gavinus (1999): Das Kochbuch der Römer. Eine Auswahl, gespickt mit literarischen Köstlichkeiten. Düsseldorf und Zürich.

Baranzke, Heike (2000). Leben – Töten – Essen. Anthropologische Dimensionen. Stuttgart.

Baum, Hans-Peter (1989): Artikel „Fleisch, Fleischer". In: Lexikon des Mittelalters, Bd. 4, München und Zürich (1989), Sp. 541-545.

Becker, Siegfried (Hrsg.) (1991): Mensch und Tier. Kulturwissenschaftliche Aspekte einer Sozialbeziehung. Marburg.

Bimmer, Andreas C. (1991): Kein Platz für Tiere. Über die allmähliche Verdrängung aus der Öffentlichkeit des Menschen – Ein Essay. In: Becker, Sigfried (1991) (Hrsg.): Mensch und Tier. Kulturwissenschaftliche Aspekte einer Sozialbeziehung. Marburg, S. 195-201.

Blanchot, Maurice/Char, René/Winnewisser, Rolf (1999): Das Tier von Lascaux. Münster.

Bosinski, Gerhard (1985): Der Neandertaler und seine Zeit. Köln und Bonn.

Briesen Detlef (2010): Das gesunde Leben. Ernährung und Gesundheit seit dem 18. Jahrhundert. Frankfurt a. M.

Buchner-Fuhs, Jutta (1996): Kultur mit Tieren. Zur Formierung des bürgerlichen Tierverständnisses im 19. Jahrhundert. Münster u.a.

Dinzelbacher, Peter (2000): Mensch und Tier in der Geschichte Europas. Stuttgart.

Dittmer, Lothar (2000): Genutzt – geliebt – getötet. Tiere in unserer Geschichte. Hamburg.

Doll, Monika (1999): „Im Essen jedoch konnte er nicht so enthaltsam sein..." Fleischverzehr in der Karolingerzeit. In: Stiegmann, Christoph/Wemhoff, Matthias (1999) (Hrsg.): Kunst und Kultur in der Karolingerzeit. Karl der Große und Papst Leo III. in Paderborn. Beiträge zur Katalog der Ausstellung Paderborn 1999. Mainz, S. 445-449.

Friedlander, Michal/Kugelmann, Cilly (2009) (Hrsg.): Koscher & Co. Über Essen und Religion. Berlin.

Grimal, Pierre (1961): Römische Kulturgeschichte. München und Zürich.

Hirschfelder, Gunther (2005): Europäische Esskultur. Geschichte der Ernährung in Europa von der Steinzeit bis heute. Studienausgabe, Frankfurt und New York.

Hirschfelder, Gunther (2007): Die kulturale Dimension gegenwärtigen Essverhaltens. In: Ernährung – Wissenschaft und Praxis Band 1, Heft 4 2007, S. 156-161.

Hirschfelder, Gunther (2009): Richtig essen? In: Engel, Corinna/Gold, Helmut/Wesp, Rosemarie (2009) (Hrsg.): Satt. Kochen – essen – reden (Kataloge der Museumsstiftung Post und Telekommunikation Bd. 28). Frankfurt a. M., S. 104-111.

Honegger, Thomas (2007): Tier und Religion. Berlin.

Kehnscherper, Günther (1990): Hünengrab und Bannkreis. Von der frühen Eiszeit an – Spuren früher Besiedlung im Ostseegebiet. 2. Aufl. Leipzig.

Klawitter, Nils (2011): Im Akkord zur Schlachtreife. In: Der SPIEGEL, 14. Februar 2011, S. 66-71.

Kuckenburg, Martin (1997): Lag Eden im Neandertal? Auf der Suche nach dem frühen Menschen. Düsseldorf und München.

Krokodil frisst jungen Mann in Australien. (2009): http://www.welt.de/vermischtes/article3540353/Krokodil-frisst-jungen-Mann-in-Australien.html; letzter Abruf am 15.3.2011.

Lemke, Harald (2007): Ethik des Essens. Eine Einführung in die Gastrosophie. Berlin.

Lorenz, Günther (2000): Tiere im Leben der alten Kulturen. Schriftlose Kulturen, Alter Orient, Ägypten, Griechenland und Rom. Alltag und Kultur im Altertum Band 5. Wien.

Maier, Bernhard (2000): Germanisch-keltisches Altertum. In: Dinzelbacher, Peter (2000) (Hrsg.): Mensch und Tier in der Geschichte Europas. Stuttgart, S. 145-180.

Mellinger, Nan (2000): Fleisch. Ursprung und Wandel einer Lust. Frankfurt und New York.

Müller-Karpe, Hermann (1998): Grundzüge früher Menschheitsgeschichte. Erster Band: Von den Anfängen bis zum 3. Jahrtausend v. Chr. Stuttgart.

Münch, Paul (1998): Die Differenz zwischen Mensch und Tier. Ein Grundlagenproblem frühneuzeitlicher Anthropologie und Zoologie. In: Ders. (1998) (Hrsg.): Tiere und Menschen. Geschichte und Aktualität eines prekären Verhältnisses. Paderborn u.a., S. 323-346.

Orschiedt, Jörg/Auffermann, Bärbel/Weniger, Gerd-Christian (1999): Familientreffen Deutsche Neanderthaler 1856-1999. Mettmann.

Petrikovits, Harald von (1978): Urgeschichte und römische Epoche. Düsseldorf.

Petron (1968): Satyricon. Ein römischer Schelmenroman. Übersetzt und erläutert von Harry C. Schnur. Stuttgart.

Reichholf, Josef (2008): Warum die Menschen sesshaft wurden. Das größte Rätsel unserer Geschichte. Frankfurt a. M.

Riede, Peter (2002): Im Spiegel der Tiere. Studien zum Verhältnis von Mensch und Tier im alten Israel. Freiburg, Schweiz und Göttingen.

Schmitz- Kahmen, Florian (1997): Geschöpfe Gottes unter der Obhut des Menschen. Die Wertung der Tiere im Alten Testament. Neukirchen.

Suutala, Maria (1990): Tier und Mensch der Deutschen Renaissance. Studia historica/Societas Historica Finlandiae 36. Suomen Historiallinen Seura. Helsinki.

Will, Wolfgang (1991): Der römische Mob. Soziale Konflikte in der späten Republik. Darmstadt.

Karin Richter

Tiere im Kinder- und Jugendbuch. Reflexion realer Kindheitserlebnisse oder ‚Wahrheiten' des gesellschaftlichen Lebens in Parabeln, Märchen und Fabeln

Das Tierbuch ist ein Genre der Kinder- und Jugendliteratur, das sich nicht nur durch eine große Offenheit auszeichnet, sondern in seiner Definition mit einer äußerst unscharfen Kennzeichnung verbunden ist. Die Bestimmung *Ein Tierbuch liegt immer dann vor, wenn Tiere allein oder zusammen mit Menschen den Mittelpunkt der Handlung ausmachen* und ... *zum Subjekt dieser Handlung werden* (Haas 2001; S. 287) deutet schon darauf hin, wie vage diese Definition ist. Deshalb dürfte es angesichts der Breite, Vielfalt und Differenziertheit des ‚Auftretens' von Tieren in Geschichten für Kinder sinnvoller sein, am Beispiel einzelner, herausragender Erscheinungen die Besonderheiten zu skizzieren als sich auf neue Definitionsübungen[1] einzulassen.

Bilderbücher zum Kennenlernen der Tiere

Auffällig ist, dass bereits in den ersten Büchern, die das kleine Kind erhält, die Abbildungen von Tieren eine dominierende Rolle spielen. Diese meist ohne Text erscheinenden Bilderbücher haben die Funktion, Kindern mit dem Bild die dazugehörige Bezeichnung zu vermitteln. Inzwischen sind sie häufig mit akustischen Signalen verbunden, indem die spezifischen Tierlaute über Knopfdruck gehört werden können. Zudem werden zunehmend auch Stoffapplikationen verwandt, um über deren Berührung eine Vorstellung vom Fell oder der Haut des Tieres zu vermitteln. Weiterentwickelt wird diese Begegnung mit Tieren durch Darstellung von Tieren auf Bauernhöfen, Dorfszenerien oder Zooanlagen. Insbesondere in den ersten beiden ‚Handlungsräumen' fällt ihre Ferne zur gegenwärtigen Dorfwelt auf.

---

1 Haas verweist auf die Problematik, bei diesem kinderliterarischen Genre überhaupt zu einer theoretisch überzeugenden Definition zu gelangen. Haas Beitrag stellt überhaupt einen ersten Versuch dar, dieses Genre wissenschaftlich überzeugend zu erfassen.

Bilderbuchgeschichten und kindliche Sozialisation

Auf ihrer nächsten Entwicklungsstufe begegnen die Kinder verschiedenen Tieren im Märchen oder in märchenhaften Geschichten. In den märchenhaften Geschichten erscheinen die Kinder zumeist als Gefährten der Tiere und sind um deren Existenz besorgt (z. B. Klemke/Rodrian *Die Schwalbenchristine*; *Hirsch Heinrich*). Zugleich wird davon erzählt, wie Kinder im Tier einen Partner finden, der ihrer Sozialisation Impulse verleiht. Ein derartiges Figuren-Handlungs-Modell reicht weit über das Kleinkind als Adressat hinaus (z. B. Boie *King-Kong, das Geheimschwein*; *Linnea findet einen Waisenhund*; Pressler *Nickel Vogelpfeifer*; *Wundertütentage*).

Das Gleiche gilt für Tiergeschichten, in denen die Tierwelt gleichnishaft für die menschliche Welt steht bzw. mit einer von Tieren getragenen Handlung Lebensweisheiten mit Tiefgang und Humor vermittelt werden. Als Beispiele für diese Art des Erzählens in Bild und Text können zwei herausragende Geschichten von Kirsten Boie und Paul Maar gelten.

Paul Maar erzählt in seiner ‚Tiergeschichte' *Das kleine Känguru auf Abenteuer* von einer allmählichen Entdeckung der Umwelt durch das kleine Känguru und die Springmaus, in der trotz seiner kindgemäßen Einfachheit der durch geistreichen Wortwitz getragene Humor nicht zu kurz kommt. Eine völlig andere Art der Verbindung von Tier- und Menschenwelt findet sich in Kirsten Boies Bilderbuchgeschichte *Josef Schaf will auch einen Menschen*. Der Wunsch eines Kindes nach einem Tier und die zunächst ablehnende Haltung der Eltern erfährt hier eine Umkehrung: Das kleine Schaf wünscht sich einen Hausmenschen, verspricht auch, regelmäßig dessen Käfig zu säubern und ihn zu füttern. Schließlich erhält Josef zum Geburtstag einen kleinen Menschen namens Purzel. Nachdem dieser wegläuft und Josef um den verlorenen Menschenfreund trauert, sucht die ganze Tiergesellschaft nach dem verschollenen Menschen und findet Josef Schafs allerliebsten Purzel doch wieder. Diese humorvolle Tiergeschichte hat eindeutig das Kind und den Erwachsenen als Adressaten und zielt auf ein gemeinsames Leseerlebnis, das sich in diesem Fall dadurch einstellen kann, dass der Text zwei verschiedene Ebenen mit zwei verschiedenen Leserrollen aufweist.

Abb. 1 und 2: Kirsten Boie: Josef Schaf will auch einen Menschen

Die Verlagerung menschlicher Probleme in eine Tierwelt kennzeichnet auch eine ganze Reihe von Text-Bild-Geschichten von Janosch (z. B. *Oh, wie schön ist Panama*; *Tiger und Bär auf großer Tour*; *Janoschs große Tigerschule*). Trotz seiner Vermarktung und seiner Einbettung in ein opulentes Merchandising-Programm fällt die Originalität von *Oh, wie schön ist Panama* bei einem Vergleich mit anderen Janosch-Geschichten auch heute noch auf. Gleichnishaft wird hier von einer Entdeckung einer Welt erzählt, in der das Abenteuer und der Reiz der fernen, fremden Sphäre auch nicht dadurch eingeschränkt wird, dass man am Ende erkennt, wie wenig man sich eigentlich vom Ausgangspunkt entfernt hatte. Aber die Entdeckungen liegen damit auch auf einer anderen, gewichtigeren Ebene, als zunächst erstrebt und angenommen. Damit bietet sich diese Geschichte für ein ‚Philosophieren mit Kindern' direkt an – ein Potential, das in dieser Hinsicht nicht wenige Tiergeschichten aufweisen, die nicht mit der Absicht verbunden sind, ausschließlich Sachinformationen zu vermitteln.

Dagegen lassen andere Janosch-Geschichten nicht selten eine eher vordergründige pädagogische Botschaft erkennen, die allerdings durch den humorvollen Gestus gleichsam gemildert wird. So verweist seine *Große Tigerschule* mit ihrer Szenerie in der Schule und dem Lernen in verschiedenen Fächern auf ein literarisches Original zurück, das man durchaus als Kinderliteraturklassiker im Bilderbuchbereich bezeichnen kann – *Die Häschenschule. Ein lustiges Bilderbuch* von Fritz Koch-Gotha und Albert Sixtus. Das 1924 erschienene Bilderbuch verdankt sein Überleben bis in die gegenwärtige Zeit vor allem den Zeichnungen von Koch-Gotha. Angemerkt wurde in nicht wenigen kritischen Äußerungen zu diesem Bilderbuch der biedere Text, aber auch die Anthropomorphisierung der ästhetischen Welt, das heißt die Übertragung menschlichen Denkens und Empfindens auf eine nichtmenschliche, in diesem Fall tierische Sphäre.

Beide Aspekte der Kritik können nicht überzeugen: eine Fülle ästhetisch anspruchsvoller Literatur – auch für Erwachsene – würde einem derartigen ‚Verdikt' zum Opfer fallen. Auch die Kritik an Sixtus Versen übersieht die Qualität der für das Kind eingängigen Sprache, die durchaus auch humorvolle Nuancen offenbart. Übertroffen wird dieser Gestus allerdings durch Koch-Gothas reizvoll-ironische Darstellung der Lehrpersonen oder der Szenen der Disziplinierung der Schüler, die zumeist einen ‚doppelten Boden' aufweisen.

Abb. 3: Die Sportstunde in der „Häschenschule"

Eine Tier-Szenerie als Projektionsfläche für die Vermittlung von moralischen Botschaften – im besten Sinne des Wortes und in Verbindung mit einem skurrilen Humor – kennzeichnet nicht wenige Tiergeschichten von Wolf Erlbruch, aus denen die *Fürchterlichen Fünf* herausragen. Die fürchterlichen Fünf sind eine Kröte, eine Ratte, eine Fledermaus, eine Spinne und eine Hyäne. Alle haben das gleiche Problem: Sie fühlen sich fürchterlich, weil sie von der Umwelt als schmutzig, eklig und hässlich wahrgenommen werden. Jeder verarbeitet das Problem auf unterschiedliche Weise, bis sie in ihrer Gemeinschaft zu einer Lösung finden, die nicht nur ihre Welt verändert, sondern auch ihrer Beziehung zu den Anderen eine völlig neue Qualität verleiht, so dass Freundschaft möglich wird. Damit bietet die Geschichte von Erlbruch, in der ausschließlich Tiere die Handlungsträger sind, ein Gleichnis für Probleme in der menschlichen Gemeinschaft: das Verhältnis von Schönem und Hässlichem, die Empfindung eigener Schwächen und mangelnden Selbstwertgefühls als Barriere in Beziehungen zu anderen, das Aufzeigen von tauglichen und untauglichen

Wegen, mit eigenen Schwächen umzugehen und Akzeptanz und Anerkennung zu finden.

Abb. 4: Titelbild zu Erlbruch „Die fürchterlichen Fünf"

Tierfiguren im Märchen

Auf diese Gleichnishaftigkeit verweisen auch viele Märchen, in denen Tiere die Handlung wesentlich bestimmen. Gerade die Märchen, in denen Mensch-Tier-Szenarien prägend sind, gehören zu den Geschichten, die Kinder in ihrer frühen Kindheit (vornehmlich im Kindergarten- und Grundschulalter) wahrnehmen. Das Genre Volksmärchen bietet mit seiner Vielfalt ‚tierischer Welten' ein Panorama unterschiedlichster Erscheinungen der Tiere, die durchaus kindliche Vorstellungen vom realem Tier und seinen Eigenheiten determinieren können.

Auf wenige Beispiele sei an dieser Stelle in der gebotenen Kürze verwiesen: der Wolf erscheint immer als ein Wesen, von dem Gefahren bis hin zur Vernichtung für das Leben von Menschen und Tieren drohen (*Rotkäppchen*; *Der Wolf und die sieben Geißlein*); der Bär dagegen ist eine Erscheinung, die zwar zunächst bedrohlich wirkt, sich aber dann als gutmütig erweist oder sogar als verwunschener Prinz offenbart (*Schneeweißchen und Rosenrot*); die Schwäne sind eindeutig positiv konnotiert und verweisen auf Verwandlung und Geheimnis (*Die wilden Schwäne*); Ähnliches trifft auf die Figur des Raben zu, der allerdings zudem noch mit einem unheimlichen Charakter verbunden ist.

Abb. 5 und 6: Die Bremer Stadtmusikanten

Ein dagegen direkt echtes Gleichnis einer Tierwelt für ein existentielles Problem der menschlichen Gesellschaft stellt das Märchen *Die Bremer Stadtmusikanten* dar. Die Vertreibung von vier Haustieren – Esel, Hund, Katze und Hahn –, die auf Grund ihres Alters den Menschen nicht mehr nutzbringend erscheinen, wird zu einem Gleichnis für einen immer wiederkehrenden Vorgang in der menschlichen Gesellschaft. Die nicht mehr ‚nutzbringenden' Alten werden an den Rand gedrängt, entsprechend des jeweiligen soziokulturellen Umfeldes ausgesondert und in eine Außenseiterposition befördert. Diese Ebene wird sicher nicht sofort in der kindlichen Rezeption erfassbar, aber in der Form, wie sie in einer herausragenden Illustration des Märchens durch Klaus Ensikat erfolgt, lässt sie sich auch für Kinder erkennen.

Das Märchen kennzeichnet mit seiner Aufbruchsstimmung – die Suche nach dem Weg nach Bremen – zugleich einen möglichen Ausweg aus einer aussichtslosen Lage. In einer Gemeinschaft suchen die Alten einen Weg für sich und finden ihn an einem unerwarteten Ort. Am Beispiel der Katze verdeutlicht der Illustrator die mögliche Veränderung durch die Erwartung oder Übernahme einer neuen Aufgabe.

Die Flucht der Räuber über einen stillgelegten Bahnhof setzt einen besonderen Akzent: Die Zeit scheint still zu stehen; die Bahnhofsuhr ohne Zeiger deutet auf einen eher zeitlosen Vorgang. Auf diese Zeitlosigkeit, die zugleich in jeder Zeit ihre eigene Prägung erhält, verweist auch das Abschlussbild, das sicher von Erwachsenen und Kindern anders gedeutet wird.

Abb. 7 und 8: Die Wandlung der Katze

Abb. 9: Der Hahn verjagt den Räuber

Während die erwachsenen Betrachter die Fragwürdigkeit derartiger Idylle erkennen, dürften Kinder eher zu der Interpretation des Bildes gelangen, dass die Vertriebenen nun einen Ort der Behaglichkeit und Ruhe gefunden haben.
Das Tier-Märchen verweist damit auf ein individuelles und gesellschaftliches Problem, das sich sowohl zeitlos als auch zeitgebunden entfaltet. Es existiert zu allen Zeiten und in allen kulturellen Räumen, aber es erhält immer eine spezifische Prägung. Die Dimension, die durch eine derartige Illustration im Kinderbuch erreicht wird, ist unverkennbar: Über eine märchenhafte Tierwelt können dergestalt soziale Erfahrungen gewonnen werden.

Abb. 10: Zufrieden im neuen Heim

Tierfiguren in Kinderliteraturklassikern

Die bisherigen Betrachtungen konnten bereits zeigen, dass derartige Tiergeschichten eher nicht die Absicht verfolgen, dem Kind etwas über reale Tier-Mensch-Beziehungen zu vermitteln. Auch in gegenwärtig noch intensiv rezipierten Kinderliteraturklassikern vergangener Zeit haben Tierfiguren zumeist eine andere Funktion, als über Verantwortung der Kinder für Tiere, über Tier-Kind-Freundschaften oder über Eigenheiten bestimmter Tiere zu erzählen.

Einer der bekanntesten Kinderliteraturklassiker ist Alan Alexander Milnes „Pu der Bär“ (1926). Die belebte Spielzeugwelt des Jungen Christopher Robin bietet Abenteuer und führt die Kinder in Episoden in eine in sich geschlossene Welt, in der sich zwischen dem kindlichen Protagonisten und seinen Spielzeugfiguren komische, partiell auch spannende und überraschende Dinge vollziehen, die dem Bedürfnis nach Humor und selbst erlebtem Abenteuer entsprechen dürften. Auch wenn der erwachsene Erzähler der eigentliche ‚Organisator‘ des Geschehens ist, so akzentuiert die Geschichte die Bedeutung des Kindes, das für seine Spielfiguren der Retter in der Not oder auch der überlegene Berater ist. Gerade diese Rolle der Kindfigur wird für den Erfolg dieses Klassikers als wesentlich betrachtet. Dabei ist es interessant, dass kindliche Leser die Geschichte tatsächlich als eine Welt erfahren, in der der Protagonist

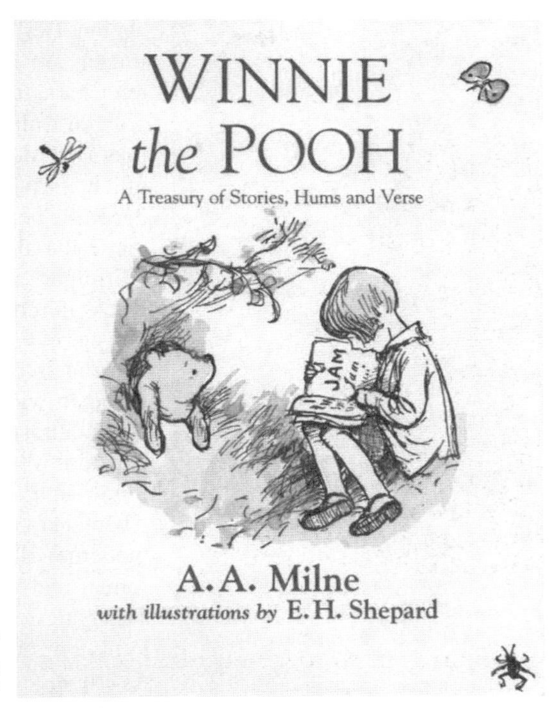

Abb. 11: Titelbild der englischen Ausgabe von „Pu, der Bär"

Christopher Robin Erlebnisse mit Tieren wahrnimmt, die im Einzelnen typenhaft gezeichnet sind: Pu als ein naives Wesen, das als von Christopher Robin besonders geliebte Spielfigur ohne Vernunft erscheint, die dann am Ende über sich hinauswächst; Ferkel als ängstliches Tier, das zugleich versucht, mit untauglichen Mitteln diese Angst zu kaschieren; Kaninchen als Tier, das sich durch Wichtigtuerei auszeichnet; die Eule als Pedant und halbgebildetes Wesen, das seine "Intelligenz" gern präsentiert; der Esel I-Ah als misslauniges, ständig unzufriedenes Geschöpf, das sich immer benachteiligt empfindet. Während die ‚Tiere' Pu der Bär, Ferkel, Kaninchen und Ruh eher eine Nähe zum Kind aufweisen, sind der Esel und die Eule Wesen, die Verhalten von Erwachsenen karikieren. Der Erwachsene kommt beim Lesen der entsprechenden Szenen auf seine Kosten: es handelt sich um eine erwachsenenliterarische Komik, die sich hier entfaltet und die die Mehrfachadressiertheit des Textes zeigt.

In *Pinocchio* (1881/82) als einem der wichtigsten Kinderliteraturklassiker spielen verschiedene Tierfiguren eine bedeutende Rolle – der Fuchs, die Katze, der Hund, die Grille, der Wal – und dennoch ist der Text alles andere

Abb. 12: Die Verfolgung von Pinocchio durch Hund und Katze

Abb. 13: Die Bedrohung durch den Hai

als ein Tierbuch. Die sprechenden Tiere tragen eher märchenhaften und fabelhaften Charakter und sind in ihrer zum Teil polaren Anlage dem Spannungspotential oder auch dem didaktischem Gestus verpflichtet. Während Fuchs und Katze in der Rolle von Verführern erscheinen, tritt die Grille als Mahner und pädagogische Warnfigur auf. Dabei sind Fuchs und Katze durchaus in ihrem Charakter als typisierte Fabelfiguren erfasst, von denen zudem die Spannung der Geschichte getragen wird und die zugleich als eine Art Kontrastfiguren auf die Naivität Pinocchios verweisen. In dem skizzierten Sinne ist *Pinocchio* eine Mischung aus Abenteuerroman, Kasperlegeschichte, moderner Bildungs- und Entwicklungsroman und moralischer Erzählung. Den Tierfiguren kommt dabei eine wichtige Funktion zu, ohne dass daraus die Berechtigung erwächst, von einem Tierbuch zu sprechen. Dass gerade derartige ‚Mischungen' und Verflechtungen verschiedener ästhetischer Elemente, die sich dem beliebten literaturtheoretischen Einordnungsdrang widersetzen, zu einer Originalität von Kunstwerken führen können, zeigen auch nicht wenige Texte, in denen vielfältige Mensch-Tier-Szenarien entworfen werden.

Dieses Urteil gilt auch für einen Kinderliteraturklassiker, der als das berühmteste Kinderbuch aller Zeiten gilt (vgl. O'Sullivan 1998, S. 47) und gerade in der gegenwärtigen Zeit durch verschiedene Verfilmungen neu belebt wurde: Lewis Carrolls *Alice im Wunderland.* Dieser 1865 erstmals erschienene phantastische Text hat bis heute seine Originalität nicht verloren, und seine Faszination dürfte sich auch und gerade aus dem Ensemble merkwürdiger Tierfiguren ergeben, die zwar noch im Bezug zu realen Tieren stehen, aber sich zugleich in ihrer phantastischen Prägung von ihnen entfernen: die Grinsekatze, der Froschlakei, das Ferkel, der Märzhase und vor allem das Kaninchen, das die kindliche Protagonistin in die verwirrende Welt der Wunder, der Verwandlungen und der beunruhigenden Abenteuer führt. Der Reiz der mehrfachadressierten Kunstwelt für das Kind dürfte gerade darin liegen, dass diese Figuren zum einen ihre Verbindung zu realen Tieren noch erkennen lassen, aber zugleich phantastisch und skurril verfremdet sind.

Abb. 14 Alice und die verrückte Teegesellschaft in der Version von L. Zwerger

Abb. 15: Alice und die Grinsekatze in der Version von Brigitte Smith

Alle genannten Beispiele machen deutlich, welch große Rolle Tiere in den literarischen Geschichten für Kinder spielen, auch wenn es sich bei allen erwähnten Texten um keine Tierbücher im genuinen Sinne handelt. Allerdings stellt sich – auch mit Blick auf Positionen von Gerhard Haas – die Frage, was sind eigentlich Tierbücher. Haas verweist auf Texte von Robert Siegel (*Der weiße Wal*/1995), von Ernest Thompson Seaton (*Tito. Die Geschichte einer Präriewölfin*/1947), die er – ähnlich wie bekannte Geschichten Jack Londons – dem Tierbuch zuordnet, weil die ‚tierische' Mittelpunktsfigur ein unverwechselbares Individuum darstellt, aber zugleich ganz Tier bleibt (vgl. Haas 2000, S. 288). Am Beispiel von *Tito* kennzeichnet Haas die Grundzüge derartiger Erzählungen: *Die geschehnisreiche Handlung berichtet, wie sich dieses unverwechselbare Tier-Individuum verhält, was seine biologische Eigenart ist und was mit ihm und in seinem Zusammenhang geschieht. Das alles besitzt Dramatik und einen hohen erzählerischen Reiz – aber die Tierfigur wird dabei nicht als Staffage für menschliches oder menschenähnliches Handeln und Denken benutzt, wie das im Gegensatz dazu in „Der Wind in den Weiden" … oder in Fritz Kochs „Die Häschenschule" … geschieht.* (Haas 2000, S. 288f.).

Allerdings ist nicht zu übersehen, dass es auch Tiergeschichten von hohem literarischen Rang gibt, in denen ein Tier-Individuum im Mittelpunkt steht, das sich nach seiner biologischen Eigenart verhält, aber von dem dennoch so erzählt wird, als sei es zu geistigen Operationen fähig, die eigentlich nur dem Menschen zugeschrieben werden. Der nicht zuletzt als Jugendschriftsteller anerkannte Jack London erzählt in seiner spannenden Tiergeschichte *Bruder des Wolfes* von dem Hund Buck, der einen Goldgräber begleitet und immer wieder den ‚Ruf der Wildnis' hört; dieser verfolgt ihn bis in seine Träume hinein. Nach dem Tod seines Herrn folgt er endgültig diesem Ruf, geht zu den Wölfen, deren Leittier er wird. Für die Menschen, die jenem Tier begegnen, ist er fortan der Geisterwolf, den sie fürchten. Diese spannende Tiergeschichte, die vielen bekannten Texten von London gleicht, offenbart, dass es auch in ihr nicht um das Erzählen eines realen Tierlebens und einer Tier-Mensch-Beziehung geht, sondern dass die fiktive Tierfigur Projektionsfläche für menschliches Dasein wird. Dabei sind auch die autobiographischen Bezüge unverkennbar.

Es ist bezeichnend für die Tiergeschichten insgesamt, dass sie sich zumeist nur dann als direkte Widerspiegelung einer Tier-Kind-Beziehung ‚begreifen', wenn sie sich an sehr junge Leser wenden. Sobald die Adressierung an ältere Kinder und Jugendliche erfolgt, treten – zumeist gleichnishaft – Fragen der menschlichen Sozialisation insgesamt ins Zentrum.

Pferdegeschichten mit literarischem Anspruch

Als Beispiel dafür sollen drei Mensch-Tier-Geschichten gelten, die sich auf die Beziehung eines Kindes zu einem Pferd konzentrieren. Neben Katze und Hund genießt das Pferd in den kindlichen Lektürevorlieben eine besondere Aufmerksamkeit. Das widerspiegelt sich zum einen in den vornehmlich weiblichen Interessen am Pferdebuch, die dem Sozialkontakt, dem Kult der Pferdepflege und des Pferdesports sowie dessen Repräsentationscharakter in der Gruppe der weiblichen Peers verpflichtet sind. Zum anderen haben auch Jungen Vorlieben für dieses Tier, allerdings sind diese weniger mit einer Sozialisierung über eine Tierbeziehung im Rahmen von dominanten Freizeitinteressen verbunden, als vielmehr mit dem Interesse an dem realen Wesen ‚Pferd' und den damit verbundenen Vorstellungen von einer Welt des Abenteuers.

Im Mittelpunkt von drei interessanten Erzählungen, die zu unterschiedlichen Zeiten entstanden sind, steht die Beziehung zwischen einem kindlichen Wesen und einem Pferd. In ihrer unterschiedlichen ästhetischen Anlage repräsentieren sie sehr verschiedene Facetten des Verhältnisses zwischen Kind und Tier. Siegfried Lenz erzählt in seiner Geschichte *Lotte soll nicht sterben* (1970), die in seiner masurischen Heimat spielt, von der Verantwortung des neunjährigen Rudi für die alte Stute Lotte. Als er erfährt, dass sein geliebtes Pferd weggeschafft und getötet werden soll, flieht er mit dem Tier und hofft auf Unterstützung des Großvaters. Doch ehe er diesen in der fremden Stadt erreichen kann, stirbt Lotte unterwegs an Altersschwäche. Rudi wird angesichts dieses Verlustes krank. Zunächst kümmern sich Fremde um den Jungen, die ihn im Wald neben dem toten Pferd gefunden hatten. Dann ist es der Großvater, der den Jungen nicht nur tröstet, sondern im Kontakt mit Rudis Vater dafür sorgt, dass bald im Stall eine neue Lotte steht, durch die Rudi den Verlust verarbeiten kann.

Es ist nicht selten, dass in Tiergeschichten Kinder von der großen Freude erfahren, die sich mit sozialen Beziehungen verbindet, und sie zugleich den Verlust und den Schmerz eines Abschiedes erleben. Während in Lenz' Erzählung der Kampf des Jungen um das alte Tier beschrieben wird, der mit dessen natürlichen Tod endet, erzählt Alfred Wellm in seiner Geschichte *Das Pferdemädchen* (1974) von der engen Beziehung eines Mädchens zu zwei Tieren, einem alten und einem jungen Pferd, und von einem Abschied, der das Kind geradezu erschüttert. Diese Geschichte hat in keinerlei Hinsicht etwas mit den klischeebeladenen Pferdebüchern für Teenies gemein. Die Erzählung, die sich an das jüngere und mittlere Lesealter richtet, konzentriert sich zunächst auf die Beziehung des Mädchens Irka zu einer alten, nahezu erblindeten Stute. Irka will den Verfall des Tieres nicht wahrhaben. Der äußerst sensibel gezeichnete Vater spielt zunächst Irkas Spiel mit, als das Mädchen eine wieder-erwachte Jugendlichkeit und Sehkraft bei der Stute zu erkennen glaubt. Tatsächlich vollzieht sich eine Art Wunder: Die Stute Raya bekommt ein Fohlen, ohne allerdings damit ihre Sehkraft wiederzuerlangen. Der Leser erlebt das Ringen von Vater und Tochter um das Fohlen und um die Entstehung einer Beziehung zwischen der alten Stute und dem Fohlen. In dieser Situation nötigt Irka dem

Vater das Versprechen ab, dass sie beide Tiere behalten werden. Ohne dass es im Text verbalisiert wird, spürt der Leser an den Reaktionen des Vaters, dass dieser in dem beschriebenen Moment der Tochter die Enttäuschung nicht zumuten wird, diese jedoch am Ende unausweichlich ist. Die Schlussszene beschreibt den Abschied Irkas von dem Fohlen und den Versuch ihrer neuen Zuwendung zu der alten Stute. Wie facettenreich die Darstellung gerade der Beziehung zwischen Mensch und Pferd im Kinderbuch sein kann, belegt auch Erwin Strittmatters außergewöhnliche Erzählung *Pony Pedro* (1959), die sich stärker auf das Wesen des Tiers konzentriert als auf den Kontakt zwischen Tier und Mensch. Das Besondere dieser Geschichte liegt vor allem darin, dass sie dem kindlichen Leser offenbart, welch intensiver Zuwendung zum Tier es bedarf, um dessen natürliches Verhalten zu begreifen und auf dieser Grundlage eine erfüllte Beziehung zu diesem Wesen zu gewinnen, die nicht vom menschlichen Egoismus getragen ist, sondern der Natur Rechnung trägt.

Tiergeschichten mit ökologischem Impetus

Damit ist dieser Text ein frühes Zeugnis für eine Literatur, in der Natur- und Artenschutz eine dominierende Rolle spielt und mit der auch jungen Menschen eine Verantwortung für die Erhaltung und Pflege der natürlichen Umwelt vermittelt wird. In diesem Kontext existieren verschiedene literarische ‚Mischformen', in denen sich erzählerische Zugänge mit Sachinformationen verbinden. Eine herausragende Erzählung in diesem Terrain stellt Nina Rauprichs *Die sanften Riesen der Meere* (1990) dar, in der es um den Schutz der Wale geht. In einer Geschichte um den zwölfjährigen Jungen Manuel wird von einer auf Madeira lebenden Fischerfamilie erzählt, die ihren Lebensunterhalt mit dem Walfang bestreitet. Manuel wird durch Delphine vor dem Tod gerettet – und damit beginnt ein ‚Lernprozess', der die gesamte Familie erfasst. Der Gewinn, den diese Geschichte jungen Lesern bieten kann, liegt nicht in einer erzählerischen Brillanz, sondern in dem Engagement für einen verantwortungsvollen Umgang mit der Natur, der in dieser zwischen Sach- und belletristischer Literatur angesiedelten Erscheinung dominant ist. Gerade angesichts der sehr unterschiedlichen, zuweilen auch unseriösen Darstellungen von Walen, Delphinen und Haien in den Unterhaltungsmedien kommt einer derartigen Tierdarstellung eine besondere Bedeutung zu. Zudem können Geschichten dieser Art im Umgang mit jungen Menschen auch dazu genutzt werden, um die historische Dimension der Begegnung der Menschen mit diesen Meeresbewohnern kenntlich zu machen und sich kritisch mit ‚literarischen Bildern,, auseinanderzusetzen, wie sie in Hermann Melvilles *Moby Dick* (1851) vermittelt wurden (vgl. Haas 1992, S. 9-25).

Mit den erwähnten Tiergeschichten, denen Kinder und Jugendliche in ihrer Lektüre begegnen, sind natürlich noch lange nicht alle Facetten erfasst, die diese Literatur in Vergangenheit und Gegenwart aufweist. Aber die wenigen Beispiele, auf die in diesem beschränkten Rahmen hingewiesen werden konnte, zeigen die Vielfalt dieser künstlerischen Welten.

Tiergeschichten im kindlichen Lektürespektrum

Interessant ist zudem, welche Rolle die Tiergeschichten im kindlichen Lektürespektrum gegenwärtig einnehmen. In zwei repräsentativen Erhebungen hat eine Erfurter Forschungsgruppe im Rahmen von Lesemotivationsstudien die kindlichen Lese- und Medienvorlieben erfasst. Sowohl die Untersuchung von 2001 (in Thüringen) als auch eine Langzeitstudie von 2008–2010 (in Sachsen) dokumentieren den Stellenwert dieser Literatur bei Jungen und Mädchen.

Tabelle 1: Befunde der Erfurter Studie von 2001

Ich lese gern Texte,	Ges. (%)	Klassenstufe (%)			Geschlecht (%)	
		2	3	4	Ju	Mä
... die über bestimmte Dinge informieren	55,9	61,5	58,3	48,9	59,0	52,9
... in denen Abenteuer erzählt werden	64,4	69,0	60,1	64,5	63,7	65,1
... in denen Märchen, Sagen und Phantasiegeschichten erzählt werden	45,0	58,3	41,2	37,2	35,0	55,1
... in denen Tiergeschichten erzählt werden	45,4	67,0	41,9	29,7	31,7	59,0
... in denen wahre Geschichten erzählt werden	25,0	38,4	19,6	18,6	25,0	25,1
... in denen es um Fernsehsendungen oder Fernsehfilme geht	27,1	37,7	25,9	18,9	28,6	25,6

Der Rückgang des Interesses an Tiergeschichten im Laufe der Schuljahre lässt vor allem einen geschlechtsspezifischen Hintergrund erkennen. Das nachlassende Interesse der Jungen an diesem Genre und Erzählinhalten ist allerdings nicht mit einem Anstieg anderer „innerliterarischer" Interessen verbunden, sondern mit einem ‚Teilausstieg' aus dem Komplex ‚Literarische Bildung' (vgl. Richter 2007, S. 10f.).

Die Frage ‚Welche Bücher/Geschichten liest du gern', war mit der Aufforderung verbunden, neben dem Ankreuzen der vorgegebenen Genres (die für Kinder dieser Altersstufe vereinfacht werden mussten) ein Textbeispiel zu nennen. Durch diese Angaben war es möglich, nicht nur die Richtigkeit der Einordnung zu überprüfen, sondern auch die kindlichen Lektürevorlieben genauer erfassen zu können. Bei den Tiergeschichten erfolgten Nennungen (47), die auf einen filmischen Hintergrund deuteten (*Dschungelbuch*; *König der Löwen*). In der gleichen Häufigkeit lagen die Angaben zu Pferdegeschichten (47). Weitere 90 Nennungen fielen auf Tiergeschichten ‚allgemein' (*Tiere des Waldes*; *Die schönsten Tiergeschichten*) sowie auf *Hundegeschichten* (25) und *Katzengeschichten* (20). Interessant war auch, dass Märchen mit Tierfiguren den Tiergeschichten zugeordnet wurden (*Die Bremer Stadtmusikanten*; *Der Hase und der Igel*). Von den insgesamt 226 Nennungen von Tiergeschichten (insgesamt wurden 1188 Probanden befragt) entfielen nur 53 auf Notierungen der Jungen (vor allem zu *Dinos*; *Dschungelbuch* und *König der Löwen*). Es war zudem interessant, dass von den 47 Nennungen in der Sparte *Pferdegeschichten* nur 2 von Jungen erfolgten (vgl. Richter/Plath 2005, S. 69f.).

Die neue empirische Erhebung, die über einen Zeitraum von 3 Jahren an sechs Grundschulen des Freistaates Sachsen durchgeführt wurde, bietet ein ähnliches Bild, auch wenn gerade bezogen auf die Tiergeschichte partielle Änderungen erkennbar sind:

Tabelle 2: Lektürepräferenzen nach Befragungszeitraum, Genre und Geschlecht (in Prozent)

Genre	2001	2008			2009			2010		
	Ges.	Ges.	Ju	Mä	Ges.	Ju	Mä	Ges.	Ju	Mä
Abenteuer	64,4	63,9	62,2	65,9	61,2	63,2	59,1	66,8	64,9	68,7
Sachbücher	55,9	55,7	59,8	50,8	53,3	58,9	47,5	47,3	56,1	38,6
Tierbücher	45,4	37,1	23,9	52,6	37,1	27,6	46,7	29,6	19,7	39,4
Märchen	27,1	27,4	19,9	36,2	29,3	23,3	35,4	21,4	15,3	27,5
Fernsehbegleitlit.	27,1	26,3	29,1	22,9	23,2	23,9	22,4	21,3	23,6	18,9
Realist. Lit.	25,0	18,9	16,5	21,7	19,4	17,2	21,6	14,4	13,2	15,5

Daten der Sächsischen Studie (2008–2010) im Vergleich zur Erfurter Studie (2001)

Die detaillierte Auswertung der Befunde, die in den nächsten Monaten erfolgen wird, kann sicher verdeutlichen, welche Wandlungen sich auf der Textebene vollzogen haben oder ob die Angaben zu den kindlichen Lektürevorlieben – auch unter Genderaspekt – eine deutliche Konstanz aufweisen. All unsere Untersuchungen, die wir in den letzten Jahren in der Erfurter Forschungsgruppe durchgeführt haben, deuten eher auf Konstanten im kindlichen Lektüreverhalten als auf gravierende Veränderungen.

Literatur

Primärliteratur

Boie, Kirsten (1989): King-Kong, das Geheimschwein. Hamburg.
Boie, Kirsten/Waechter, Philip (2002): Josef Schaf will auch einen Menschen. Hamburg.
Brüder Grimm/Klaus Ensikat (1994): Die Bremer Stadtmusikanten. Berlin und München.
Collodi, Carlo (2005): Pinocchio. Mit neuen Bildern von Roberto Innocenti. Düsseldorf.
Carroll, Lewis (1999): Alice im Wunderland. Mit Illustrationen von Lisbeth Zwerger. Gossau-Zürich-Hamburg-Salzburg.
Carroll, Lewis (1994): Alice im Wunderland und hinter den Spiegeln. Mit Illustrationen von Brigitte Smith. Wien-München.
Erlbruch, Wolf (1991): Die Fürchterlichen Fünf. Wuppertal.
Janosch (1978): Oh, wie schön ist Panama. Weinheim und Basel.
Janosch (2008): Tiger und Bär auf großer Tour. Weinheim und Basel.
Janosch (2006): Große Tigerschule. München.
Koch-Gotha, Fitz/Sixtus, Albert (1924): Die Häschenschule. Leipzig.
Lenz, Siegfried (1970): Lotte soll nicht sterben. In: Harenski, Rita (Hrsg.)(2005): Von großen und kleinen Tieren. Die schönsten Geschichten der Weltliteratur. Würzburg, S. 67-81.
London, Jack: Bruder des Wolfes. In: Harenski, Rita (Hrsg)(2005): Von großen und kleinen Tieren. Die schönsten Geschichten der Weltliteratur. Würzburg, S.26-40.
Maar, Paul (1989): Das kleine Känguru auf Abenteuer. Hamburg.
Rauprich, Nina (1990): Die sanften Riesen des Meeres. München.
Strittmatter, Erwin (1959): Pony Pedro. Berlin.
Wellm, Alfred (1974): Das Pferdemädchen. Illustrationen Werner Klemke. Berlin.
Wellm, Alfred (1996): Das Pferdemädchen. Weinheim und Basel.

Sekundärliteratur

Haas, Gerhard (1992): Nina Rauprich: Die sanften Riesen der Meere. In: Lesen in der Schule mit dtv junior. München.
Haas, Gerhard (2000): Das Tierbuch. In: Lange, Günter (Hrsg.): Taschenbuch der Kinder- und Jugendliteratur. Band 1: Grundlagen – Gattungen. Baltmannsweiler. S. 287-307.
O Sullivan, Emer (1998): Alice über Grenzen. Vermittlung und Rezeption von Klassikern der Kinderliteratur. In: Hurrelmann, Bettina/Richter, Karin (Hrsg.): Das Fremde in der Kinder- und Jugendliteratur. Interkulturelle Perspektiven. Weinheim und München, S. 45-57.
Richter, Karin/Plath, Monika (2005): Lesemotivation in der Grundschule. Empirische Befunde und Modelle für den Unterricht. Weinheim und München.
Richter, Karin (2007): Kinderliteratur im Literaturunterricht der Grundschule. Befunde – Konzepte – Modelle. Baltmannsweiler.

Elke Deininger

Wenn Menschen zu viele Tiere haben – das Phänomen des Animal Hoarding

Einer der bekanntesten Fälle von Animal Hoarding machte Ende 2008 Schlagzeilen, als aus einer Zwei-Zimmer-Wohnung in Berlin über 1500 Wellensittiche herausgeholt werden mussten. Der Halter, ein ca. 60-jähriger Frührentner, hatte nach eigenen Angaben zwei Jahre zuvor einen kranken Wellensittich gefunden, den er gepflegt hatte. Danach habe er sich weitere Vögel zugelegt, die sich in der Folge stark vermehrten, was dann mit der Beschlagnahmung eines Vogelbestandes von mehr als 1500 Tieren endete.

Auch im Jahr 2010 finden sich immer wieder Schlagzeilen in den Zeitungen, die ähnliche Zustände beschreiben: „Kot und Müll – 60 Chinchillas aus verdreckter Wohnung geholt", „Jahrelang Tiere gesammelt: Amt schreitet ein", „Retterin oder Tierquälerin – mehr als zwanzig Pferde in schlechtem Zustand", „Polizei hebt Tierhölle aus" oder „Wenn Tierliebe zur Tierqual wird".

Im Folgenden soll beleuchtet werden, was die Fälle des Animal Hoardings gemeinsam haben, welche Probleme damit verbunden sind und welche Lösungsansätze es gibt.

Definition des Begriffes „Animal Hoarding"

Der englische Begriff „Animal Hoarding" bezeichnet das pathologische Sammeln und Horten von Tieren. Übersetzt werden kann der Begriff am ehesten mit Tiersammelsucht, an der eine Person leidet, die Tiere in einer großen Anzahl hält, ohne Mindeststandards an Haltung, Nahrung, Hygiene und tierärztlicher Versorgung gewährleisten zu können (Patronek 1999, S. 82).

Patronek/Loar/Nathanson (2006, S. 1) geben folgende Kriterien für das Vorliegen eines Falls von Animal Hoarding an:

- Versagen des Hoarders, minimale Standards an Hygiene, Platzangebot, Ernährung, Wasser und medizinischer Versorgung zu gewährleisten,
- Unvermögen des Hoarders, zu erkennen, was er den Tieren, den anderen Menschen und sich selbst antut; dies ist oft verbunden mit dem Leugnen oder Verniedlichen der Probleme,

- Versuche, immer weitere Tiere aufzunehmen bzw. die Tiersammlungen aufrecht zu erhalten, obwohl sich die Bedingungen für die Tiere immer weiter verschlechtern.

Der Blick auf das Tierleid – ein Beispiel

Das Elend der Tiere ist unbeschreiblich groß. Oftmals wird erst am Tag der Sicherstellung durch Behörden und Tierschützer das volle Ausmaß des Tierschutzfalls sichtbar: Eine riesige Anzahl von verwahrlosten, kranken und nicht selten auch toten Tieren kommt zum Vorschein. Hinzu kommt, dass häufig die Unterkünfte der Tiere und in vielen Fällen auch der Wohnraum der Menschen mit Exkrementen und Müll übersät sind. Das Tierelend wird im Folgenden anhand des Beispiels einer Pferdeherde in einem Hoarding-Fall dargestellt, mit dem sich der Deutsche Tierschutzbund über viele Jahre intensiv auseinandergesetzt und folgendes dokumentiert hat (Deininger 2010, S. 28):

Hengste, Wallache, Stuten und Fohlen wurden zusammen auf einer Weide gehalten. Rangordnungskämpfe mit Verletzungen und eine ständige Vermehrung des Pferdebestandes waren die Folgen. Die Pferde tummelten sich auf unstrukturierten Matschkoppeln. Bei Regenwetter standen sie bis zu den Sprunggelenken im Matsch. Da eine derartig geschädigte Bodenoberfläche auch bei mehreren Tagen Sonnenschein nicht abtrocknet, standen die Pferde dauerhaft im Morast. Das Futter wurde einfach in den Matsch geworfen. Auch das Heu wurde nicht in dafür notwendigen Vorrichtungen untergebracht. Ein Großteil des Heus wurde zertrampelt sowie von ebenfalls auf dem gleichen Gelände gehaltenen Schweinen als Suhl- und Mistplatz genutzt. Parasiten, die auf der Haut nicht zu übersehen waren, konnten sich ungehindert ausbreiten. Die meisten Pferde wiesen massive Schäden in der Haut- und Fellbeschaffenheit auf.

Viele alte Pferde hatten nicht mehr die Energie, sich bei den ständigen Rangordnungskämpfen durchzusetzen und wurden von den Futterplätzen vertrieben. Etliche waren bis auf die Knochen abgemagert, viele starben. Pferdeleichen lagen teilweise tagelang auf dem Hof herum, bevor sie beseitigt wurden.

Zahlreiche Tiere wiesen offene Wunden auf, die sie sich bei den ständigen Auseinandersetzungen zuzogen. Aber auch viele alte unbehandelte Schäden waren sichtbar: erhebliche Beinverletzungen mit Lahmheiten und vermutlich auch alte Frakturen. Die Hufe der Pferde wurden nicht gepflegt und so kam es zu schlimmsten Hufdeformationen und Beinfehlstellungen.

Das ganze Jahr waren trächtige Stuten in der Gruppe. Die Geburtstermine waren nicht bekannt. Teilweise wurden kleine Ponystuten durch Großpferdhengste gedeckt. Alte und kranke Stuten, die vor dem Schlachter „gerettet“ wurden, waren jedes Jahr tragend. Stuten verendeten bei der Geburt grausam, und auch für viele neugeborene Fohlen gab es keine Überlebenschance: Der tiefe Matsch und die ständigen Rangordnungskämpfe in der Herde führten dazu, dass Fohlen nach der Geburt starben. Ein Teil der Fohlen wurde tot getrampelt.

Die Pferde waren in einem katastrophalen Pflege- und Gesundheitszustand. Sie waren tiermedizinisch völlig unterversorgt. Dringend nötige Zahn- oder Hufbehandlungen wurden nicht durchgeführt.

Das Leid der Tiere ist in jedem Fall von Animal Hoarding unbeschreiblich groß. Ähnliche Beschreibungen gibt es von Katzen oder Hunden, die zu Massen in Wohnungen oder Hinterhöfen gehalten werden, oder aber auch von Kleintieren wie Ratten, Meerschweinchen oder Kaninchen sowie von Reptilien und Spinnen. Animal Hoarding kann alle Tierarten betreffen.

Empirische Daten zum Animal Hoarding

Sämtliche wissenschaftliche Erkenntnisse, die bislang zu Animal Hoarding vorliegen, stammen aus den USA. In einer systematischen Untersuchung wurden 54 Fälle von Animal Hoarding ausgewertet. Hierbei wurden folgende Merkmale dieses Phänomens festgestellt (Patronek, 1999, S.4f):

- 76 % der Animal Hoarder sind Frauen.
- 46 % der Animal Hoarderinnen sind über 60 Jahre, die anderen sind überwiegend zwischen 50 und 59 Jahre alt.
- Über 50 % der Animal Hoarder leben allein.
- In knapp 60 % der Fälle nehmen die Hoarder das Problem nicht wahr.
- Zu 65 % wurden Katzen und zu 60 % Hunde gehortet.
- Die durchschnittliche Anzahl der betroffenen Tiere lag bei 39; in vier Fällen waren mehr als 100 Tiere betroffen.
- In 69 % der Fälle war der Boden der Wohnung mit Tierkot verschmutzt, in 25 % der Fälle war sogar das Bett des Hoarders durch tierische Exkremente verunreinigt.
- In 80 % der ausgewerteten Fälle gab es kranke und tote Tiere.

In den USA werden jährlich etwa 1000 Animal Hoarding Fälle bekannt. Mit einer doppelt so großen Dunkelziffer muss indes gerechnet werden.

In Deutschland fehlen bisher systematische wissenschaftliche Untersuchungen. Eine veterinärmedizinische Doktorarbeit, die die aktuelle Situation in Deutschland erfasst, ist in Vorbereitung (Tierärztliche Hochschule Hannover; Fachbereich Geschichte der Veterinärmedizin; voraussichtlicher Abschluss der

Dissertation 2012). In einer repräsentativen Marktforschungsstudie (Deutscher Tierschutzbund 2010) unter den dem Deutschen Tierschutzbund angeschlossenen Tierheimen wurden 240 Fälle von Animal Hoarding im Jahr 2009 detailliert beschrieben. Eine schriftliche Anfrage zum Thema Animal Hoarding im Landtag Baden-Württemberg wurde im Mai 2010 wie folgt beantwortet: In Baden-Württemberg wurden in einem Zeitraum von drei Jahren (2007 bis 2009) 88 Fälle von Animal Hoarding registriert. Es lagen dem Land Baden-Württemberg keine exakten Zahlen vor, doch sind mehrere Fälle mit mehr als 100 Tieren bekannt. Die betroffenen Tierarten waren: Hunde, Katzen, Kaninchen, Goldhamster, Wellensittiche, Pferde, Exoten (z. B. Schildkröten, andere Reptilien) und Wildtiere (z. B. Waschbären) (Landtag von Baden-Württemberg 2010).

Die repräsentative Befragung (Deutscher Tierschutzbund 2010) unter den deutschen Tierheimen (n = 514) ergab, dass fast die Hälfte (44 %) aller Tierheime im Jahr 2009 Tiere aus mindestens einem Fall von Animal Hoarding aufgenommen hat. Von diesen war wiederum mehr als die Hälfte von mehr als einem Fall betroffen (durchschnittlich 2,1 Fälle). In über der Hälfte der aufgenommenen Fälle waren Hunde und Katzen betroffen, gefolgt von kleinen Heimtieren. Im Durchschnitt wurden 2,5 unterschiedliche Tierarten pro Fall gehalten. Ein Animal Hoarding Fall umfasste gemäß der Umfrage durchschnittlich 48 Tiere. Während Fälle, bei denen Hunde und Katzen betroffen sind, am weitesten verbreitet sind, wurden bei Fällen mit Vögeln, kleinen Heimtieren (z. B. Meerschweinchen, Kaninchen, Chinchillas) zahlenmäßig mehr Tiere pro Fall durch die Tierheime aufgenommen.

Typologie

Es gibt nicht *den* Hoarder. Patronek/Loar/Nathanson (2006, S.20) unterscheiden verschiedene „Typen“ von Animal Hoardern:

Der *übertriebene Pflegertyp* ist meist sozial isoliert (Tiere sind oft Ersatz für Sozialkontakte), sorgt anfangs für die Tiere; allerdings wächst ihm die steigende Anzahl irgendwann über den Kopf. Tiere haben bei ihm einen hohen Stellenwert. Er sammelt nicht so sehr aktiv, sondern versäumt es durch Kastration bzw. Trennung nach Geschlechtern, die unkontrollierte Vermehrung zu unterbinden. Dieser Typ leugnet das Problem nicht völlig, spielt es aber herunter.

Der *Retter/Befreier* sammelt Tiere aktiv und wird getrieben von der festen inneren Überzeugung, dass die Tiere es nur bei ihm gut haben. Er hat eine missionarische Sammeltendenz, kann kein Tier ablehnen, bis die Anzahl der Tiere es ihm unmöglich macht, diese vernünftig zu versorgen. Der Rettertyp leidet meist selbst an (extremer) Todesangst. Er lehnt Euthanasie auch bei schwer leidenden, unheilbar kranken Tieren strikt ab. Dieser Typ ist nicht unbedingt sozial isoliert und kann auch einen Beruf ausüben. Diese Menschen meiden Autoritäten, und es gelingt ihnen sogar, die Behörden geschickt zu täuschen.

Der *Züchtertyp* hat die Tiere ursprünglich zum Zweck der Ausstellung und des Verkaufs gezüchtet, aber den Überblick über die sich vermehrenden Tierbestände verloren.

Der *Ausbeutertyp* sammelt Tiere aktiv nur aus eigennützigen Gründen, z. B. als Statussymbol. Er hat keine emotionale Bindung zum Tier, ist narzisstisch veranlagt, hat keinerlei Schuldbewusstsein zum Leid der Tiere und versucht, behördliche Auflagen zu umgehen. Da er über ein eloquentes Auftreten verfügt, kann er Behörden und der Außenwelt erfolgreich etwas vorspielen.

Daneben gibt es noch den beginnenden Hoarder-Typ, dessen Tiere noch in tolerablem Zustand sind und Zwischenformen der beschriebenen Hoarder-Typen.

Seelische Erkrankungen

Nach Gross (2009, S. 84) bestehen Ähnlichkeiten zu „Messies“, also Menschen, die massive Probleme mit der räumlichen und zeitlichen Organisation ihres Alltags haben, die sich im äußeren Chaos ihrer Lebensverhältnisse zeigen. Besonders stark findet man diese Strukturlosigkeit beim sogenannten Vermüllungssyndrom, worunter man die extremste Ausartung des unstrukturierten Hortens und Sammelns von Gegenständen versteht. Wustmann (2006, S.27) gibt an, dass in 22,9 % der Fälle des Vermüllungssyndroms Tiere mitbetroffen sind.

Die Ursachen sind nach Gross (2009, S.86) vielfältig. Suchterkrankungen können die Ursache sein, Zwangserkrankungen ebenso wie Neurosen (z. B. Depression, Angst, Beziehungsstörungen). Daneben können Persönlichkeitsstörungen (z. B. Borderline) und Psychosen (Schizophrenie, manisch-depressive Erkrankungen) ursächlich für das Entstehen von Animal Hoarding sein. Auch Alterserscheinungen (Demenz, Alzheimer) und ADHS (Aufmerksamkeits-Defizit-Hyperaktivitäts-Syndrom) findet man häufig bei den Tiersammlern. Patronek/Nathanson (2009, S.7) verglichen das Horten von Objekten und das Horten von Tieren miteinander und konnten aufzeigen, dass kindliche Entwicklungsstörungen einen Einfluss auf das spätere Verhalten der Hoarder haben.

Berry/Patronek/Lockwood (2005, S.183) zeigten, dass viele Tierhorter nach Wegnahme der Tiere wieder mit dem Sammeln beginnen, zum Teil schon am zweiten Tag nach Beschlagnahmung der Tiere.

Erkennen von Animal Hoarding

Der beginnende Animal-Hoarding-Fall

Eine interdisziplinäre Arbeitsgruppe, die sich aus zwei Psychologen, zwei Tierärzten und einer Juristin zusammensetzte, erarbeitete 2008 eine Checkliste zur Erkennung von Animal Hoarding (Deininger 2010, S.30). Es kam der Gruppe vor allem darauf an herauszuarbeiten, ab welchem Zeitpunkt Animal Hoarding beginnt, ohne dass zu diesem Zeitpunkt bereits Schäden bei den Tieren festgestellt werden müssen. Für die Arbeitsgruppe ist das Anfangsstadium von Animal Hoarding bereits erreicht, wenn folgende drei Kriterien zutreffen:

1. Es werden mehr als die durchschnittliche Anzahl Haustiere in deutschen Haushalten gehalten (Anlehnung an durchschnittliche Tierhaltung in Deutschland: bis ca. 3 Hunde, ca. 3-4 Katzen, ca. 5 Nager etc.).
2. *Und:* Es leben für das vorhandene Platzangebot zu viele Tiere in den Räumlichkeiten bzw. auf dem Gelände (Minimalanforderungen nach Tierschutzgesetz[1], Einschätzung des Amtstierarztes).
3. *Und:* Die Person zeigt trotz überdurchschnittlich hoher Tierzahl und zu geringem Raumangebot keine Einsicht, dass der Tierbestand reduziert werden muss (im Gegenteil: es werden weitere Tiere aufgenommen oder der vorhandene Tierbestand vermehrt sich weiter).

Der fortgeschrittene Fall von Animal Hoarding:

Häufig kann bei einem fortgeschrittenen Fall Folgendes beobachtet werden:

- Hygienischer Zustand der Wohnung/des Geländes ist bedenklich (Kot/Urin auf dem Boden, mit Fäkalien deutlich verschmutzte Katzenklos, Käfige oder Zwinger, überweidete verschlammte Weideflächen).
- Tiere sind unterernährt, fehl ernährt, es ist kein oder nur verschmutztes Trinkwasser bereitgestellt.
- Tiere sind krank und werden trotz bestehender gesundheitlicher Beschwerden nachweislich nicht tiermedizinisch versorgt, erforderliche Nachversorgung durch den Tierhalter unterbleibt.
- Pflegezustand der Tiere ist bedenklich (verkotetes und/oder verfilztes Fell, Ohrenentzündungen, Zahnstein, Ungezieferbefall, fehlende Huf- und Klauenpflege).
- Innerhalb der Spezies findet trotz fehlender Kastration keine Geschlechtertrennung (ohne aktives Verfolgen von Zucht) statt – Tiere vermehren sich unkontrolliert.

---

1 Konkretisierte Angaben pro Tierart sind erhältlich beim Deutschen Tierschutzbund (www.tierschutzbund.de) und bei der Tierärztlichen Vereinigung für Tierschutz (www.tierschutz-tvt.de).

- Person versteckt vor anderen die Gesamtzahl der Tiere, verheimlicht Umstände und verweigert Außenstehenden den Zutritt zum Areal und den Kontakt zu den Tieren.
- Person weigert sich trotz offensichtlicher und zahlreicher Begründungen des Veterinärs, dass Tiere weitervermittelt werden.
- Person zeigt trotz offensichtlich schlechten Zustandes der Tiere und untragbarer hygienischer Zustände der Wohnung/des Geländes kein Einsehen für das Vorliegen eines Problems.

Kosten

Die anfallenden Kosten, die durch Fälle des Animal Hoarding verursacht werden, sind sehr hoch. So sind für die Unterbringung, Pflege und tierärztliche Versorgung von beispielsweise 132 Katzen im Tierheim Mannheim in der Zeit vom 16.03.-03.04.2009 mehr als 20.000 EUR an Ausgaben angefallen. Für die Unterbringung von 43 Hunden für den Zeitraum von 138 Tagen sind einem Tierschutzverein im Kreis Fulda über 65.000 EUR Kosten entstanden, wobei die Fahrtkosten zur Verteilung der Tiere auf umliegende Tierschutzvereine nicht berechnet worden sind. Für die Unterbringung und Versorgung von acht erwachsenen Hunden und zwölf Welpen für die Dauer von zehn Tagen im Tier-, Natur- und Jugendzentrum in Weidefeld entstanden Auslagen von 10.871 EUR. Allein die Tierarztkosten beliefen sich hierbei auf 4.336 EUR. Die restlichen 47 Hunde dieses Falls sowie die Papageien, die Katze und die Fische wurden auf verschiedene andere Tierheime verteilt und fanden in der Kostenaufstellung keine Berücksichtigung. Die Gesamtkosten lagen damit um ein Vielfaches höher.

Eine repräsentative Umfrage unter den dem Deutschen Tierschutzbund angeschlossenen Tierheimen ergab, dass die durchschnittlich anfallenden Kosten für ein Tierheim pro Fall 3.416 EUR betragen. Es wurden bei dieser Erhebung 240 Fälle von Animal Hoarding detailliert beschrieben. Die Tierheime lagen über das ganze Bundesgebiet verteilt. Hochgerechnet ergeben sich für die Tierheime allein für diese beschriebenen 240 Fälle 819.800 EUR an Ausgaben (Deutscher Tierschutzbund 2010).

Tierschutzrechtliche Aspekte

Der strafrechtlich relevante Missstand entwickelt sich erst mit zunehmender Bestandsgröße. Eine freiwillige Tierbestandsreduktion findet selten statt. Die Tierzahl und das Tierleid steigen weiter an, bis eine Auflösung des völlig verwahrlosten Tierbestandes die Behörden vor eine finanziell und logistisch fast unlösbare Aufgabe stellt, die ohne die Mitwirkung der Tierschutzvereine nicht mehr zu bewältigen ist. Der Animal Hoarder entzieht sich der Vollstreckung nicht selten dadurch, dass er den Standort wechselt oder mit Selbstmord droht, wenn ihm auch nur ein Tier weggenommen wird.

Das Leid, das den Tieren in den Hoardingfällen zugefügt wird, ist vielschichtiger als bei den üblichen Fällen von Tiermisshandlung, und es betrifft eine große Tierzahl über einen meist jahrelangen Zeitraum. Die Tiere sind unterernährt, dehydriert und leiden an Parasiten, Infektionen und unbehandelten Erkrankungen und Verletzungen. Die häufig unhygienischen und nicht artgerechten Lebensbedingungen sowie der Mangel an Verköstigung und tierärztlicher Versorgung addieren sich zu einer erheblichen Verwahrlosung der Tiere bis hin zu länger anhaltenden erheblichen Schmerzen und Leiden. Dies erfüllt als quälerische Misshandlung den Straftatbestand der Tierquälerei im Sinne des § 17 Nr. 2 b Tierschutzgesetz (TierSchG), der bei Vorhandensein einer Garantenstellung auch durch Unterlassen begangen werden kann. Diese Garantenstellung im Sinne des § 13 Strafgesetzbuch (StGB) enthält die Pflicht, dafür Sorge zu tragen, dass den Tieren nicht ohne vernünftigen Grund vermeidbare Schmerzen, Leiden oder Schäden zugefügt werden. Sie ergibt sich bei den Tierhaltern bereits aus § 2 Nr. 1 TierSchG. Bei der Hundehaltung wird diese zusätzlich konkretisiert durch die Vorgaben der Tierschutz-Hundeverordnung[2], in der konkrete Anforderungen an die Haltung von Hunden festgelegt sind.

Nach § 2 Nr. 1 TierSchG muss derjenige, der ein Tier hält, betreut oder zu betreuen hat, das Tier seiner Art und seinen Bedürfnissen entsprechend angemessen ernähren, pflegen und verhaltensgerecht unterbringen.

Die Pflichten aus § 2 TierSchG, die auch die notwendige tierärztliche Versorgung beinhalten, sind aus sich heraus verbindlich. Verstöße dagegen sind auch ohne zusätzliche Behördenauflage bereits als Ordnungswidrigkeit zu ahnden.

Im folgenden Beispiel (Ofensberger 2009, S.118) handelt es sich um eine 47-jährige Tierhalterin des sogenannten *Züchtertyps*. Sie lebte mit ihren zahlreichen Hunden zwecks Zucht und Verkauf auf einem verwahrlosten Hof in Schleswig-Holstein. Die Tierhalterin ist strikte Gegnerin der Kastration und riet auch den Käufern von einer Kastration der Hunde dringend ab. Den Käufern, vor denen sie geschickt die katastrophalen Haltebedingungen ihrer Tiere verbergen konnte, riet sie, die Hunde zum Decken zu ihr auf den Hof zu bringen. Es handelte sich um Berner Sennenhunde, Schäferhunde, Eurasier, Bernhardiner, Kuvasz, Jack Russel Terrier, Möpse und Dackel. Es gab Rassewelpen

2 Die Tierschutz-Hundeverordnung ist erhältlich beim Deutschen Tierschutzbund (www.tierschutzbund.de)

sowie Mischlingswelpen aus der unkontrollierten Vermehrung. Die Käufer bekamen nur die Welpen zu Gesicht. Als die versprochenen Zuchtpapiere ausblieben, wurde gegen die Züchterin Strafanzeige wegen Betrugs erstattet. Die eingeschaltete Staatsanwaltschaft Flensburg (AZ.: 105 Js 12221/07) ordnete nach der Feststellung eines Anfangsverdachts gemäß § 152 Abs. 2 Strafprozessordnung (StPO) eine Hausdurchsuchung (§ 102 StPO) und eine Sicherstellung sowie Beschlagnahmung (§§ 94, 98 StPO) des gesamten Tierbestandes zu Beweiszwecken an. Am 24. Juli 2007 bargen das Kreisveterinäramt und mehrere Tierschutzvereine 67 Hunde (davon 18 Welpen), acht Papageien, eine tote Amazone in der Voliere, eine Bengalen-Katze sowie etliche Teich- und Zierfische. Einige Hunde und die Katze waren trächtig. Die Tiere waren in dunklen, schlecht belüfteten Bretterverschlägen, zum Teil gänzlich ohne Tageslicht, eingepfercht, unter anderem in völlig verkoteten und verdreckten Flugboxen, die hinter Müllbergen versteckt waren. Die Katze wurde in einem kleinen Käfig gehalten, das Katzenklo war mit einer 30 cm dicken Kotschicht gefüllt. Die Frau selbst lebte in verschimmelten Wohnräumen – die Folge eines nicht reparierten Wasserschadens. Schlafzimmer und Küche waren vollkommen vermüllt. Auch im Wohnzimmer, das zusätzlich als Vogelkäfig diente, befanden sich Hundezwinger. Urin an den Wänden sorgte für beißenden Geruch.

Der Pflege- und Gesundheitszustand der Tiere war schwer mangelhaft. Die Augenlider der Bernhardiner waren teilweise so entzündet, dass die Augen gar nicht geöffnet werden konnten. Die Welpen hatten starken Wurmbefall und teilweise Pilzerkrankungen auf der Haut. Die Katze hatte Katzenschnupfen, Pilzbefall und wie fast alle Hunde Ungezieferbefall. Viele Hunde zeigten Bewegungsstörungen und Verhaltensauffälligkeiten. Sie kannten weder den Umgang mit der Leine noch ihre Umgebung außerhalb des Verschlages. Erbkrankheiten infolge von Inzucht wurden vermutet. Die Züchterin selbst zeigte Anzeichen einer psychischen Erkrankung.

Aufgrund des vorgefundenen Zustandes der Tiere erhärtete sich der Verdacht einer Tierquälerei. Im Tierschutzgesetz können Tiere, auf die sich der Straftatbestand der Tierquälerei bezieht oder die Opfer einer Tiermisshandlung geworden sind, eingezogen werden (§ 19 TierSchG in Verb. mit § 74 StGB). Einfache Verdachtsgründe reichen für eine Beschlagnahmung des Tierbestandes nach § 111 b StPO wegen der zu erwartenden Einziehung zunächst aus. Voraussetzung ist allerdings, dass der Tierbestand im Eigentum des Betroffenen steht. Die ausdrückliche Beschlagnahmung nach § 111 b StPO verbietet der Züchterin jede weitere Verfügung über die Tiere (§ 111 c Abs. 5 StPO, § 136 BGB). Zwar muss die Tierhalterin hierzu vorher angehört werden. Diese Anhörung konnte jedoch unterbleiben, da die Züchterin angab, dass sie mit ihren Tieren gerade vom Hof wegziehen wollte. Dadurch war der Zweck der Beschlagnahmung durch eine weitere Verzögerung gefährdet.

Die weitere Unterbringung der Tiere erfolgte in der Obhut verschiedener Tierschutzvereine auf Kosten der anordnenden Behörde, hier der Staatsanwaltschaft (§ 111 f StPO). Acht Tage später, am 01. August 2007 wurde von der Staatsanwaltschaft die Notveräußerung der Tiere nach § 111 l StPO im Wege des freihändigen Verkaufes angeordnet und durchgeführt. Damit war der Weg frei, die Tiere und die inzwischen geborenen bzw. erwarteten Nachkommen an gute Pflegeplätze dauerhaft weiterzuvermitteln. Das Strafverfahren gegen die Züchterin ist rechtskräftig. Sie erhielt eine Geldstrafe und ein zweijähriges Verbot, Tiere zu halten und zu handeln. Das vorläufige Tierhalteverbot wurde auf diese Strafe angerechnet (Urteil vom 28.10.2009/rechtskräftig seit 5.11.2009).

In der Zwischenzeit fand eine zweite Beschlagnahmung statt, da die Tierhalterin erneut Hunde an einem anderen Ort aufgenommen hat, die sich wieder vermehrten. Die zweite Beschlagnahmung wurde beim Urteil bereits berücksichtigt.

Die Rolle des Veterinäramts

Das Veterinäramt erhält in der Regel die ersten Informationen aus der Bevölkerung oder über einen Tierschutzverein, der auch wiederum durch Anwohner informiert wurde. Schon der Erstkontakt bereitet meist Schwierigkeiten, weil sich der Hoarder – wie bereits dargestellt – oftmals von der Öffentlichkeit abschirmt und seine Privatsphäre nach außen verbirgt. Tierhorter sehen sich in der Regel selbst als Tierfreund und sind nicht in der Lage, ihre eigene Situation und die der Tiere, die sich in ihrer Obhut befinden, realistisch zu erkennen und Missstände zu beseitigen. Es sind zahlreiche Rechtfertigungs- und Entschuldigungsstrategien bekannt, die viele Tierhorter verwenden (Vaca-Guzman/ Arluke 2005, S.338ff). Nicht selten kommt es insbesondere im Augenblick der Beschlagnahmung zur Konflikteskalation, wobei auch tätliche Angriffe oder Selbstmorddrohungen möglich sind. Häufig geht auch der Tierhalter in die Offensive und versucht über die Einschaltung eines Rechtsanwaltes, durch Anzeigen wegen Hausfriedensbruch oder mit Dienstaufsichtsbeschwerden eine Beschlagnahmung abzuwenden. Die meisten Hoarder sind nicht in der Lage, Auflagen, die durch das Veterinäramt erteilt werden, um die Situation zu verbessern, umzusetzen. Daraus erwächst häufig eine sehr lange Zeitspanne, in der über Gespräche, Auflagen und Bußgeldverfahren versucht wird, die Situation vor Ort zu verbessern. Trotz aller Bemühungen verschlechtert sich die Situation in der Regel immer weiter.

Der Amtstierarzt muss eine präzise schriftliche und fotografische Dokumentation vornehmen (Wilzcek 2009, S.91). Weiterhin ist es sehr wichtig, dass eine frühzeitige Kontaktaufnahme zu verschiedenen Behörden, wie der der zuständigen Polizei- und Ordnungsbehörde und dem Gesundheitsamt bzw. dem sozialpsychiatrischen Dienst aufgebaut wird.

Bei gravierenden Haltungsmängeln und erheblichen Verstößen gegen das Tierschutzgesetz ist dem Veterinäramt auch heute bereits das Instrument in die Hand gegeben, einen Tierbestand zu beschlagnahmen.

Werden Tierbestände beschlagnahmt und in Folge ein gerichtlich bestätigtes Tierhalteverbot verhängt, muss die Einhaltung in möglichst kurzen zeitlichen Abständen kontrolliert werden. Dies fällt zum gegenwärtigen Zeitpunkt in das alleinige Aufgabengebiet des Veterinäramtes, was jedoch aufgrund personeller Ausstattung der Veterinärämter oftmals im Alltag scheitert. Besonders schwierig wird die Situation, wenn sich der Tierhalter der Zuständigkeit des Veterinäramtes durch Umzug entzieht. Da die Veterinärämter regional strukturiert sind und bisher kein bundesweites Meldesystem zur Erfassung von Animal-Hoarding-Fällen bzw. von Haltern, denen ein Tierhalteverbot auferlegt wurde, existiert, kommt es immer wieder vor, dass das Tiersammeln an einem anderen Ort wieder von Neuem beginnt, ohne dass das dort zuständige Veterinäramt Kenntnis über frühere Ereignisse erhält.

Die Rolle des Tierschutzvereins

Tierheime sind gesellschaftlich notwendige Einrichtungen, die aus der ethischen Verantwortung für das einzelne Tier eine gemeinnützige und humanitäre Aufgabe im öffentlichen Interesse wahrnehmen. Die wesentliche Funktion eines Tierheimes besteht darin, in Not geratenen Tieren sofort und unbürokratisch eine Bleibe und Versorgung zu bieten.

Dieses schnelle und unbürokratische Handeln wird insbesondere bei Animal-Hoarding-Fällen immer wieder deutlich. Wenn die Beschlagnahmung des Tierbestandes durch das Veterinäramt angeordnet ist, wird oftmals das im gleichen Landkreis wie das Veterinäramt liegende Tierheim von der Behörde informiert. Mitarbeiter des Tierheims kommen mit Fallen, Transportkisten und entsprechenden Geräten ausgerüstet am Tag der Beschlagnahmung zu dem betreffenden Tierhalter. Unter Anweisung des Veterinäramts werden die Tiere eingefangen. Der Zeitpunkt der Beschlagnahmung stellt für alle Beteiligten meist eine außerordentlich große körperliche und psychische Belastung dar.

Anschließend stellt sich das logistische Problem der Unterbringung der großen Tierzahlen. Insbesondere in den Sommermonaten stoßen viele Tierheime an ihre Kapazitätsgrenze, was die Aufnahme von Tieren angeht. Gerade in der sommerlichen Urlaubszeit werden vermehrt Hunde und Katzen im Tierheim abgegeben oder auch ausgesetzt. Hinzu kommen die vielen Katzenwelpen, die auch gerade in dieser Jahreszeit die Tierheime überschwemmen. Wenn jetzt noch ein Animal-Hoarding-Fall hinzu kommt, aus dem in kürzester Zeit ein großer Tierbestand untergebracht werden muss, ist dies für ein Tierheim nicht zu bewältigen. Oftmals werden die Tiere provisorisch auf dem Gelände des Tierheims untergebracht und von dort in mehrere Tierheime verteilt. Ganz besondere Schwierigkeiten treten auf, wenn Großtiere – wie Pferde oder Schweine – oder Wildtiere untergebracht werden müssen.

Die Tiere sind zum Teil sehr krank, nahezu alle Tiere sind in einem schlechten Pflegezustand und leiden an Würmern und Parasiten. Junge Hunde und Katzen müssen häufig strenger Quarantänemaßnahmen unterzogen werden, da sie nicht selten an ansteckenden Infektionskrankheiten, wie beispielsweise Katzenseuche leiden und damit den anderen, gesunden Tierheimbestand gefährden. Ein hoher Betreuungsaufwand ist in der Regel notwendig. Eine weitere Schwierigkeit stellt die Tatsache dar, dass in der Regel ein Teil der Tiere trächtig ist. Hieraus ergibt sich erneut ein anwachsender Tierbestand, dem sowohl im Platzbedarf als auch in der Betreuung Rechnung zu tragen ist. Insbesondere bei Hunden, Katzen und Pferden wurde beobachtet, dass diese Tiere in Folge der oftmals über viele Jahre andauernden falschen Haltung und Pflege traumatisiert sind, d.h. ein Teil der Tiere weist Verhaltensstörungen auf oder ist schwierig im Umgang (z.B. scheu oder aggressiv). Die Folge davon ist, dass diese Tiere oftmals sehr schwer bis nicht mehr vermittelbar sind und viele Monate, Jahre oder gar den Rest ihres Lebens im Tierheim verbringen.

Neben den außerordentlich hohen Kosten (vgl. Kapitel „Kosten“) kommt ein Tierheim häufig an die Grenzen seiner personellen Kapazität. Meist ist die Bewältigung eines solchen Tierschutzfalls nur durch den enormen persönlichen Einsatz der Tierheimmitarbeiter möglich. Nicht zu vergessen ist die extreme psychische Belastung der Tierheimmitarbeiter, die mit dem großen Tierleid konfrontiert werden. Eine nicht zu unterschätzende Belastung stellt auch die Tatsache dar, dass allen Mitarbeitern bewusst ist, dass das Tiersammeln mit hoher Wahrscheinlichkeit ohne therapeutische Begleitung, die in Deutschland noch gänzlich fehlt, wieder beginnt.

Die Rolle des Sozialen Dienstes

Fälle des Animal Hoarding fallen insofern auch in den Verantwortungsbereich sozialer Institutionen als die Betroffenen – wie oben erwähnt – oftmals unter sozialpsychologischen Störungen leiden, die einen Hilfe- oder auch Interventionsbedarf anzeigen. Falls Kinder im Haushalt leben, liegt es zudem nahe, dass die Überforderungen bei der Tierpflege auch die Kinderfürsorge betreffen. Die kann es erforderlich machen, dass von Seiten des Jugendamtes auch Kinderschutzmaßnahmen eingeleitet werden müssen.

Da der Betroffene selbst nicht oder nur eingeschränkt erkennt, dass die in seiner Obhut lebenden Tiere kein tiergerechtes Leben führen, vielmehr leiden, zieht der Hoarder wegen seiner Tierhaltung in der Regel keine Hilfe hinzu. Oftmals sind es ganz andere Gründe, warum der betreffenden Person ein gesetzlicher Betreuer angewiesen wird oder der soziale Dienst (oft auf Bitte von Verwandten) aufmerksam wird. Dann kann es sein, dass sich zu dieser helfenden Person ein Vertrauensverhältnis entwickelt. Während das Veterinäramt häufig als „Feind“ wahrgenommen wird, ist die Bedeutung eines engen Verwandten oder einer Bezugsperson des sozialen Dienstes als Vertrauensperson insbesondere im Anfangsstadium von Animal Hoarding oder nach einer Tierwegnahme sehr groß.

Die Bezugsperson sollte frühzeitig erkennen, ob es sich hier möglicherweise um einen Fall von Animal Hoarding handeln könnte. Eine persönliche Kontaktaufnahme mit dem Veterinäramt und die Besprechung der gemeinsamen Vorgehensweise sind wichtig.

Während im Anfangstadium Schlimmeres durch ein kontrolliertes Verbot, neue Tiere aufzunehmen, verhindert werden kann, muss in einem fortgeschrittenen Stadium der gesamte Tierbestand weggenommen werden. Wie bereits dargelegt, stehen psychische Erkrankungen hinter dem Phänomen des Animal Hoarding, so dass die alleinige Wegnahme der Tiere ohne weitere Begleitung und Betreuung der betroffenen Menschen, immer wieder zum gleichen Problem führen wird.

Interessant ist auch das Urteil des OLG Celle, wonach die Pflicht des gesetzlichen Betreuers zur Verhinderung von Verstößen gegen das TierSchG besteht. In diesem Fall wurde eine schriftliche Tierzahlbegrenzung auf fünf Kaninchen durch die zuständige Veterinärbehörde festgelegt. Vom Amtsgericht wurde der betroffenen Person ein gesetzlicher Betreuer zur Seite gestellt, der auch die Tierhaltung zu kontrollieren hatte. Bei einer wiederholten Veterinärkontrolle war die Zahl auf 49 Kaninchen, zum Teil stark verwahrlost und krank, angewachsen. Während das Amtsgericht den Betreuer vom Tatbestand der Tierquälerei freisprach, bestätigte das Oberlandesgericht Celle den Tatvorwurf.

Nachfolgendes Beispiel zeigt eine erfolgreiche Zusammenarbeit in einem Fall von Animal Hoarding, in dem ca. 150 Kaninchen in diversen Käfigen und Kisten gehalten wurden. Die Tiere vermehrten sich und litten unter einer nicht-tiergerechten Haltung. Gerade am Morgen der ersten Überprüfung durch das Veterinäramt erfolgte ein Wechsel der Sozialarbeiterin, die die betreffende

Person zu diesem Zeitpunkt seit ca. neun Monaten aufgrund einer Depression betreute. Diese zusätzliche Belastung brachte die betreffende Person am Tag der Kontrolle durch das Veterinäramt in eine für sie ausweglose Situation und als Folge drohte sie beim Besuch des Veterinäramtes mit Selbstmord. Die Überprüfung wurde daraufhin abgebrochen. Dem Veterinäramt gelang es, Kontakt zur Sozialarbeiterin, zu einer familiären Bezugsperson sowie zu einer praktizierenden Tierärztin, der die Kaninchen in der Praxis vorgestellt wurden, herzustellen. Gemeinsam waren sich alle darüber einig, dass die Tierhaltung sehr problematisch ist, kranke Tiere tierärztlich behandelt werden müssen und eine Haltungsverbesserung sichergestellt werden muss. Gemeinsam mit dem Veterinäramt, den Bezugspersonen und dem betroffenen Tierhalter selbst einigte man sich auf die Reduzierung des Bestandes auf 64 Tiere. Während dem Veterinäramt diese Zahl zwar viel zu hoch erschien und es eine weitere Reduzierung zunächst für notwendig ansah, bestand der Tierhalter auf dieser „magischen“ Zahl 64, deren Herleitung keiner der Anwesenden verstand. Unter der Zusage, dass sich die betreuende Sozialarbeiterin und die familiäre Bezugsperson um die Versorgung der Kaninchen kümmern, wurde festgelegt, dass maximal 64 Kaninchen gehalten werden dürfen. Die anderen Kaninchen wurden mit Abgabevertrag vermittelt und alle männlichen Kaninchen kastriert. Anschließend wurden Gehege gebaut, in denen die Tiere ab diesem Zeitpunkt in Gruppenhaltung gehalten wurden. Die Nachkontrollen des Veterinäramts ergaben, dass bei vorhandener Unterstützung durch die Sozialarbeit und die familiäre Bezugsperson eine Tierhaltung in dieser Form möglich ist. Durch die gemeinsame Einigung auf eine bestimmte Tierzahl wird das Veterinäramt in diesem Fall nicht in der Rolle des „Feindes“ gesehen. Dieser Fall ist als ein individuelles Beispiel zu sehen, in dem es gelungen ist, den „Teufelskreis“ zu durchbrechen und eine kontrollierte Tierhaltung mit Unterstützung von Betreuern aufzubauen. Da sich jeder Fall jedoch anders darstellt und für sich bewertet werden muss, ist jedoch keine Verallgemeinerung daraus abzuleiten.

Ausblick

Animal Hoarding bereitet im Alltag vielschichtige Probleme. Das Tierleid ist in diesen Fällen meist unbeschreiblich groß und entwickelt sich über einen sehr langen Zeitraum, denn die oftmals sehr zurückgezogene Lebensweise des betroffenen Tierhalters hat zur Folge, dass die Fälle meist erst zu einem sehr späten Zeitpunkt bekannt werden. Erschwerend kommt hinzu, dass dem Veterinäramt noch kein Instrument an die Hand gegeben worden ist, das ihm bereits in einem sehr frühen Stadium ermöglichen würde, konsequent die Tierzahl zu reduzieren. Auch nach einer Tierbeschlagnahmung oder einer Tierzahlreduzierung muss eine regelmäßige Kontrolle stattfinden, was jedoch durch die personelle Ausstattung der Veterinärämter nur selten umgesetzt werden kann. Die Regionalität der Veterinärämter und ein fehlendes überregionales Meldesystem erschweren die Nachkontrolle nach Wegnahme der Tiere, wenn die betroffenen Tierhalter in ein anderes Zuständigkeitsgebiet umziehen. Zum Zeitpunkt der Beschlagnahmung kommen logistische und finanzielle Probleme hinzu. Ein nahezu unerforschtes Gebiet ist die Therapie des an Tiersammelsucht leidenden Menschen.

Mit den heute zur Verfügung stehenden Möglichkeiten ist es wichtig, dass Animal Hoarding frühzeitig identifiziert wird, bevor die Situation eskaliert. Die konstruktive Zusammenarbeit von Verwandten, Bezugspersonen, sozialen Diensten und Veterinäramt hat für den betroffenen Menschen und für die Tiere viele Vorteile und sollte dringend erfolgen.

Literatur

Berry, Colin/Patronek, Gary J./Lockwood, Randall (2005): Long Term outcomes in animal hoarding cases. In: Animal Law; Vol 11/167; S. 167-194.

Deininger, Elke (2010): Animal Hoarding – Was ist das? In: Kleintier.Konkret; 2; S. 26-31.

Deutscher Tierschutzbund (2010): Repräsentativerhebung durch das MAFO-Institut Schwalmbach zur Lage der Tierheime; Baumschulallee 15, 53115 Bonn.

Gross, Werner (2009): „Animal Hoarding" – Betrachtungen aus sozial-psychologischer Sicht. In: Deutsche Tierärztliche Wochenschrift 116; S. 84-89.

Landtag von Baden-Württemberg (2010): Antrag der Abg. Karl Rombach u.a (CDU) und Stellungnahme des Ministeriums für Ländlichen Raum, Ernährung und Verbraucherschutz. Animal Hoarding (krankhaftes Sammeln von Tieren). Drucksache 14/6270.

Ofensberger, Evelyn (2008): Animal Hoarding – Tiere sammeln. In: Amtstierärztlicher Dienst und Lebensmittelkontrolle; 2/2008; S. 117-124.

Patronek, Gary J. (1999): Hoarding of Animals: An Under-Recognized Public Health Problem in a Difficult-to-Study Population. In: Public Health Reports; 114; S. 81 – 87.

Patronek, Gary J./Loar, Lynn/Nathanson, Jane N. (2006): Animal Hoarding. Structuring interdisciplinary responses to help people, animals and communities at risk. Tagungsband 2006. Hoarding and Animal Research Consortium.

Patronek, Gary J./Nathanson, Jane N. (2009): A Theoretical Perspective to Inform Assessment and Treatment Strategies for Animal Hoarders. In: Clinical Psychology Review; 29; S. 274-281.

Vaca-Guzman, Maria/Arluke, Arnold (2005): Normalizing passiv cruelty: the excuses and justifications of animal hoarders. In: Antrozoos; 18/4; S. 338-357.

Wilcek, Christa (2009): Animal Hoarding: Vollzug aus amtstierärztlicher Sicht. In: Deutsche Tierärztliche Wochenschrift; 116; S. 90-96.

Wustmann, Tobias M. (2006): Verwahrlosung, Vermüllung und Horten – eine katamnestische Studie in der Stadt Halle (Saale). Dissertation; Medizinische Fakultät der Martin-Luther-Universität Halle-Wittenberg.

Martina Bodenmüller

Hunde auf der Straße – Gefährten für wohnungslose Menschen

Das Leben in Wohnungslosigkeit ist eine existentielle Notlage. Es bedeutet meist jeden Tag auf's Neue, eine Unterkunft suchen zu müssen, auf Privatsphäre und Privateigentum weitgehend zu verzichten und sich den Gefahren und Risiken der Straße und des Wetters auszusetzen, insbesondere im Winter. Körperpflege und Hygiene sind nur eingeschränkt möglich, chronische Krankheiten oft die Folge. Die medizinische Versorgung auf der Straße ist schlecht, viele trauen sich nicht zum Arzt oder haben kein Geld für Medikamente. Zum Alltag gehören Polizeikontrollen, Bahnhofs- und Platzverbote.

Das Leben auf der Straße ist ein Leben in Armut und Unterversorgung. Mit dem täglich ausgezahlten Tagessatz an Sozialgeld oder monatlich überwiesenen Arbeitslosengeld II (für Wohnungslose mit Konto und festem Aufenthalt) lässt sich das vergleichsweise teure Leben auf der Straße kaum bestreiten. Es gibt keine Möglichkeit, Vorräte zu lagern oder selbst zu kochen. Auch wenn Einrichtungen der Wohnungslosenhilfe günstige Mahlzeiten anbieten, kann dies die Lücke nicht füllen. Viele sind auf Betteln, Diebstähle oder Gelegenheitsprostitution angewiesen, um über die Runden zu kommen.

Wer die Hilfe einer Einrichtung oder Notschlafstelle annimmt, muss sich auf deren Bedingungen einlassen. Für Menschen, die jahrelang auf der Straße gelebt haben, ist das nicht immer einfach. Enge Vorgaben und Gemeinschaftsregeln können und wollen viele nicht einhalten. Für etliche ist das dichte Zusammenleben z. B. in Mehrbettzimmern nicht zu ertragen. Suchterkrankungen, körperliche und psychische Krankheiten sind häufig Folgen jahrelanger Wohnungslosigkeit. Unter diesen Bedingungen scheint es zunächst verwunderlich, wenn Wohnungslose auch noch ein Haustier besitzen und dieses mit versorgen.

1 Hundehaltung unter Wohnungslosen ist keine Seltenheit

Wie groß der Anteil der Wohnungslosen ist, die Hunde oder andere Tiere halten, darüber gibt es kaum Zahlenmaterial. Als Streetworkerin in Münster, wo ich wohnungslose Jugendliche und junge Erwachsene begleitete, war die Haltung von Hunden insbesondere in der Punk-Szene von großer Bedeutung. Zu unserem offenen Frühstücksangebot kamen an manchen Vormittagen über 50 Personen mit zehn Hunden in die Anlaufstelle. Von den neun vormals wohnungslosen jungen Erwachsenen, mit denen wir für das Buch „Streetwork und Überlebenshilfen" lebensgeschichtliche Interviews geführt hatten, hielten sieben zeitweise einen oder sogar zwei Hunde (vgl. Bodenmüller/Piepel 2003, S. 289). Aber es gab auch Phasen, in denen die Hundehaltung in der Szene deutlich geringer war.

Von den Tierhalter/innen, die von den deutschen Tiertafeln versorgt werden, sind nach Schätzung der Vorstandsvorsitzenden Claudia Hollm etwa 15% Wohnungslose. In Düsseldorf stellte der Verein Asphalt e. V. im Rahmen der Straßensozialarbeit einen hohen Anteil an Tierhalter/innen unter den Wohnungslosen fest und konzipierte mit dem Projekt „Underdog" sogar ein eigenes Angebot, um den Bedürfnissen von Wohnungslosen mit Tieren gerecht zu werden. Geschätzt wird die Zahl der wohnungslosen Tierhalter/innen in der Stadt auf ca. 200 (vgl. Richter 2009). Bei der Annahme von ca. 1200 Wohnungslosen in Düsseldorf – 1000 Personen in ungesicherten Wohnverhältnissen und Notunterkünften sowie 200 Menschen ohne jede Unterkunft (vgl. Kaufmann 2008, S. 1) wären dies 17%. Im Verlauf des Projektes wurden in einem Zeitraum von neun Monaten zwischen Juli 2008 und März 2009 immerhin 72 Haushalte mit Tieren (von insgesamt 109 Haushalten) aufsuchend beraten (vgl. Asphalt e. V./ fiftyfifty 2009, S. 4).

Hunde sind dabei nicht die einzigen Tiere, die von Wohnungslosen auf der Straße gehalten werden. Ratten kommen ebenfalls vergleichsweise oft vor, seltener auch Katzen, Mäuse, Meerschweinchen oder Frettchen. In meinem Artikel will ich Hunde in den Mittelpunkt stellen, da ihre Bedeutung als „Freund" und Gefährte weitaus größer ist und sie das Leben ihrer Halter/innen viel mehr beeinflussen als ein Kleintier, das durchaus im Käfig gehalten werden kann.

2 Der Hund als Gefährte und Helfer – warum Wohnungslose mit einem Hund zusammenleben

Das Zusammenleben von Menschen und Hunden hat eine mindestens 15.000 Jahre lange Geschichte. Vermutlich waren es sogar die Ähnlichkeiten im Sozialverhalten, die Menschen dazu veranlassten, Wölfe zu domestizieren und zu Hunden weiterzuzüchten. Hierzu wählten Menschen die Tiere aus, die sich beherrschbar verhielten, sich leichter in soziale Systeme einfügten (vgl. Feddersen-Petersen 2004, S. 30f). So sind unsere heutigen Hunde sozial lebende Tiere, die sich in einen zugewiesenen Platz in der Gemeinschaft einfügen. Sie kommunizieren untereinander und akzeptieren den Menschen als Rudelgenossen. Im Gegensatz zu anderen Haustieren leben sie *mit* und nicht *neben* dem Menschen. Sie schließen sich eng an Menschen an und gehen mit ihnen dauerhafte, tiefe Beziehungen ein (vgl. Schöll 2005, S. 7). Hunde sind lernbegabte, intelligente Tiere, die ihre Gefühle für Menschen erkennbar ausdrücken.

Hunde erfüllen im Zusammenleben mit Menschen vielfältige soziale Funktionen und werden aus unterschiedlichen Gründen gehalten. Vom Beschützer und Jagdhelfer in frühen Zivilisationen entwickelte sich der Hund zum Hüter und Treiber von Tierherden. Heute finden wir Hunde in einer Vielfalt weiterer Rollen: z. B. als Schlittenhunde, Lastenträger, als Helfer für blinde oder taube Personen, als Co-Therapeuten bei Therapien, als Drogen- oder Sprengstoffsucher oder einfach als Freund und Gefährte (vgl. Fox 1994, S. 27ff). Für Wohnungslose erfüllen Hunde ebenfalls eine Vielfalt unterschiedlicher Funktionen, von denen ich die bedeutsamsten hier darstellen möchte.

2.1 Beschützen und Bewachen

Das Leben auf der Straße ist geprägt von Unsicherheit und Gefahren. Wer draußen schlafen muss, fühlt sich durch einen Hund als „Beschützer“ wesentlich sicherer und wird auch seltener angegriffen. Hunde nehmen die Aufgabe, ihre/n Halter/in zu bewachen, zuweilen sehr ernst. „Als ich auf der Straße gepennt hab, hat die immer auf mich aufgepasst, vor allem nachts“, berichtet der vormals wohnungslose Dirk (Schalley o.J.). Sie bewachen darüber hinaus Gepäck oder einen bestimmten Platz. Insbesondere für Mädchen und Frauen, die alleine im Freien übernachten, übt der Hund eine wichtige Schutzfunktion aus. Darüber hinaus wärmen sich Hund und Mensch gegenseitig in kalten Nächten. In Streit- und Konfliktsituationen nehmen Hunde Bedrohungen und Angriffe gegen ihre Besitzer/innen wahr und reagieren darauf. Viele greifen bei körperlichen Auseinandersetzungen ein und verteidigen ihre Halter/innen. Zusammen mit dem Wunsch nach Nähe bezeichnet Asphalt e. V. den Stellenwert von Schutz und Begleitung als besonders bedeutsam für ihr wohnungsloses Klientel (vgl. Asphalt e. V. 2007, S. 3)

2.2 Hilfe beim Betteln

Viele Wohnungslose berichten, dass das Betteln mit Hund einfacher und einträglicher sei. Bei der Streetwork Münster schilderten mir viele Jugendliche, dass gerade mit kleinen Hunden oder Welpen ihre Betteleinnahmen deutlich höher seien. Ein von Simon interviewter Wohnungsloser beschreibt dies so: „Weil, wenn du ‘n Hund dabei hast, der verdient das Geld, nicht du. Da verdient immer der Hund das Geld. Weil die Leute haben in dem Moment jetzt

Mitleid mit dem Hund, nicht mit dir als Menschen. Als Mensch kannste verrecken, aber mit dem Hund ha'm se Mitleid“ (Simon 1996, S. 258). Demgegenüber stehen natürlich die tatsächlichen Kosten, die die Hundehaltung verursacht. Es mag aber für viele leichter sein, mit einem Hund zu betteln, da sie dadurch vermitteln, dass sie das Geld nicht nur für sich verwenden, sondern auch für das Tier.

2.3 Kontaktvermittlung

Vielfach kommen Hundehalter/innen über die Tiere schneller mit anderen ins Gespräch, sowohl mit anderen Hundehalter/innen als auch mit Passant/innen. Die Tiere bauen die Hemmschwelle ab, aufeinander zuzugehen, sie bieten sich als Gesprächsthema praktisch an (vgl. auch Schöll 2005, S. 10). Zwar bekommen Wohnungslose durchaus zu hören, dass es unverantwortlich sei, in ihrer Situation ein Tier zu halten – vielfach bekommen sie aber positive und interessierte Rückmeldungen. Oft interessieren sich Passant/innen erst einmal mehr für den Hund als für den Menschen. Aus „Mitleid“ mit den Tieren kaufen manche Wurst für die Hunde oder sprechen ihre Halter/innen an, wie z. B. Carlo berichtet: „Die meisten Passanten mögen Bagira und kaufen mit Futter für sie“ (Schalley o.J., S. 1). Über das Interesse am Hund lassen sie sich auf den wohnungslosen Menschen und den Kontakt mit ihm ein.

2.4 Lebensgefährten

Wohnungslosigkeit ist häufig verbunden mit Ausgrenzung und dem Verlust sozialer Kontakte. Dies führt oft zu Misstrauen und Einsamkeit. Auch wenn etliche junge Wohnungslose vielfältige Kontakte innerhalb einer Szene haben, so nehmen die Außenkontakte meistens mit andauernder Wohnungslosigkeit immer mehr ab. Viele Betroffene berichten von Einsamkeit, wie zum Beispiel die zum Interviewzeitpunkt 20-jährige Andrea: „Ohne die Hunde würde ich gar nicht klarkommen (…) Ich hab halt, wie gesagt, nur mit zwei Leuten zu tun. Ich glaub, ohne die wär ich ziemlich einsam.“ (Bodenmüller/Piepel 2003, S. 194)

Ein Hund kann über einsame Zeiten hinweg helfen und in Phasen der Isolation eine wichtige Stütze sein. Tiere übernehmen darüber hinaus als Kommunikationspartner oft die Funktion eines Gesprächspartners, dem Ängste und Sorgen erzählt werden. Diese Form der Kommunikation stellt eine Alternative zum Selbstgespräch dar und kann beim Ausbilden oder Ändern der eigenen Meinung behilflich sein (vgl. auch Robert Koch-Institut 2003, S. 8).

Viele Wohnungslose wurden von menschlichen und insbesondere familiären Beziehungen massiv enttäuscht. Mit dieser Erfahrung suchen sie sich lieber einen Hund als verlässlichen „Partner“. Sie sehen in ihrem Hund einen Gefährten, der ihnen treu ist und von dem sie hoffen, dass er sie nicht so schnell enttäuschen kann. Die Beziehung zu einem Tier kann Trost spenden und so ein wenig über Verletzungen hinweghelfen. Mit dem Hund wird eine neue „kleine Familie“ geschaffen – eine Lebensgemeinschaft. So beschreibt es z. B. der 22-jährige Bernd: „Den Hund hab ich jetzt seit anderthalb Jahren. Das ist mein bester Kollege. Mit dem lebe ich zusammen. Mit dem teile ich mir eigentlich so gut wie alles“ (Bodenmüller/Piepel 2003, S. 164).

2.5 Förderung von Tagesstruktur und Gesundheitsprävention

Einen Hund zu halten heißt Verantwortung zu übernehmen und sich um jemanden zu kümmern. Dies verlangt eine Strukturierung des Tagesablaufs und ein gewisses Maß an vorausschauender Lebensplanung. Diese Verantwortung für ein Tier kann hilfreich sein, um das eigene Leben zu strukturieren und zu gestalten. Sie kann letztendlich sogar vor Depression oder Suizid bewahren, weil sie eine Aufgabe für jeden Tag vermittelt, für die es sich lohnt zu leben. Insofern verhilft die Verantwortung für den Hund auch dazu, Verantwortung für das eigene Leben zu übernehmen. „Ohne meine Sheila hätte ich den Alkohol nicht unter Kontrolle“, berichtet z. B. der wohnungslose H. (Huber 2000, o. S.). Andrea nimmt wegen des kranken Hundes das Angebot an, im Mädchen-Sleep-In zu schlafen, wo als Ausnahmeregelung Hunde mitgebracht werden können, statt weiterhin draußen zu schlafen (Bodenmüller/Piepel 2003, S. 190). Immer wieder berichteten mir Wohnungslose, dass ihr Hund sie fit halte und sie wegen des Tieres ihren Drogenkonsum einschränken.

Dass Tierhaltung im Allgemeinen gesundheitspräventiv wirkt und sich insbesondere günstig auf Entspannung, Stressabbau, Herz, Kreislauf und Blutdruckwerte auswirkt, wird in verschiedenen Studien belegt (vgl. z. B. Robert Koch-Institut 2003, S. 8ff).

2.5 Stärkung des Selbstbewusstseins

Vor allem auf das Selbstwertgefühl wirkt sich das Zusammenleben mit einem Hund in der Regel positiv aus. Im Gegensatz zu Menschen nimmt der Hund seinen Besitzer so an, wie er ist. Alter, Einkommen oder Aussehen spielen keine Rolle (vgl. Schöll 2005, S. 7). „Der mag mich so, wie ich bin, hält zu mir und ist immer treu. Einen besseren Freund kann man sich nicht wünschen“, berichtet der 42-jährige Stefan (Schalley o. J., S. 2). Dies wirkt sich zusammen mit der Verantwortungsübernahme positiv auf Selbstbewusstsein und Selbstwertgefühl aus.

Einen Hund zu versorgen und mit ihm richtig umzugehen, verlangt vielfältige Fähigkeiten. Der Hund muss richtig gefüttert und erzogen und Verletzungen müssen behandelt werden. Viele Wohnungslose haben Erfahrungen des Scheiterns hinter sich oder fühlen sich als Versager/in, z. B. aufgrund von Scheidung, Verlust von Wohnung und Arbeitsplatz oder bei Jüngeren durch Ausgrenzung von Seiten der Eltern, Schulabbrüche oder das Hin- und Hergeschobenwerden zwischen Heimen und Psychiatrien. Auch wenn hierfür meist widrige Lebensumstände und gesellschaftliche Missstände verantwortlich sind, bleibt für viele letztendlich das Gefühl zurück, persönlich versagt zu haben. Und in der Gegenwart erfahren sie, dass ihnen nichts zugetraut wird.

Ein Tier zu halten kann diesen Kreislauf durchbrechen. Es ermöglicht, eigene Fähigkeiten auszuprobieren, einzusetzen und nach außen zu zeigen. Der Hund verhilft, Expertin oder Experte zu werden, Wissen und Können anzueignen und z. B. in Gesprächen mit anderen Hundebesitzern weiterzugeben.

3 Die Situation der Hunde

Die vielfältigen Bedeutungen, die Hunde für Wohnungslose haben, ergeben sich in der Regel aus einer gewachsenen Beziehung zwischen Mensch und Tier. Gerade das Leben auf der Straße bedeutet für den Hund meist ein intensives Zusammenleben mit dem Menschen. Denn der oder die Wohnungslose hat im Gegensatz zu einem Besitzer, der mehrere Stunden täglich arbeitet, den ganzen Tag Zeit für den Hund. Die meisten Wohnungslosen nehmen daher Bedürfnisse und Belange des Hundes direkt wahr und räumen ihnen einen hohen Stellenwert ein. So berichtet Huber, dass die meisten Hunde „gut versorgt“ seien (vgl. 2000). Auch meiner Erfahrung nach werden die Hunde in der Straßenszene im Allgemeinen gut behandelt. Ritzkowsky beschreibt die Beziehungen Wohnungsloser zu ihren Hunden als „manchmal herrische, oft aber freundschaftliche oder sogar partnerschaftliche“ (2001, S. 67). Aber natürlich sind selbst Wohnungslose nicht davor geschützt, erlebtes Leid an ein Tier weiterzugeben. Oft in dem Glauben, es selbst besser zu machen, als die eigenen Eltern, haben wir manchmal Jugendliche erlebt, die ihre Hunde geschlagen oder hart gestraft haben, auch wenn dies eher die Ausnahme darstellte.

Hundeerziehung ist ein viel diskutiertes Thema in der Szene. Verschiedene Methoden und „Schulen“ werden kontrovers erörtert – ähnlich wie bei jungen Eltern auf Kinderspielplätzen. Wer seinen Hund offensichtlich schlecht behandelt, erntet von anderen Wohnungslosen in der Szene oft herbe Kritik. Szeneprügeleien hatten durchaus manchmal eine Meinungsverschiedenheit bezüglich der Tierhaltung zur Ursache. Die Diskussionen um Einstellungen und Umgehensweisen mit dem Hund werden oft hochemotional geführt. In dem Moment, wo die Hundehaltung zum wichtigen Bestandteil des eigenen Selbstbildes wird, kann bereits eine kleine Kritik diesbezüglich als Angriff auf die eigene Person wahrgenommen werden.

Das Zusammenleben zwischen Mensch und Hund bedeutet meist auch für den Hund die Übernahme von Verantwortung. Wie kein anderes Haustier übernehmen Hunde Aufgaben im Alltag und führen diese gerne aus, so auch beim Leben auf der Straße. Hunde finden z. B. den Weg zum Schlafplatz, wenn der Besitzer zu betrunken ist, bewachen ihre Halter/innen, wenn sie schlafen, bewachen Gepäck oder verteidigen ihre Halter/innen in Streit- und Konfliktsituationen. So berichtet der 42-jährige Stefan bei Schalley: „Nur einmal, als ein Besoffener nachts auf mich los wollte, als wir auf der Straße gepennt haben, ist er durchgegangen, wollte mich beschützen. Der hat den Kerl gebissen." (o. J., S.2). Die Wahrnehmung dieser Beschützerrolle kann allerdings sogar soweit führen, dass Hunde ihr bewusstloses Herrchen gegen Sanitäter, die helfen wollen, verteidigen und diese nicht heranlassen (vgl. Schöll 2005, S. 9).

Der relativ enge und freundschaftliche Kontakt bedeutet auch, dass es für die wenigsten in Frage kommt, den Hund wieder abzugeben, auch wenn sie dafür Nachteile in Kauf nehmen müssen. Nur in einem einzigen Fall haben wir in Münster erlebt, dass ein Hund ausgesetzt wurde, weil seiner Besitzerin die Versorgung über den Kopf wuchs. Aber gerade für Menschen, die auf der Straße leben, gibt es immer wieder Situationen, in denen Hunde unfreiwillig abgegeben werden müssen. Ein Wohnungsloser mag auf den Aufenthalt in einer Übernachtungseinrichtung verzichten, weil er den Hund nicht mitnehmen kann, aber im Falle einer Inhaftierung oder Einweisung in die Psychiatrie werden Hund und Halter/in zwangsläufig getrennt, wie es zum Beispiel der 30-jährige Carlo erlebt hat, dessen Hund von Bekannten weiter versorgt wurde (vgl. Schalley o. J., S. 1).

4 Hunde als Hindernis bei der Integration

Den positiven und förderlichen Aspekten der Hundehaltung auf der Straße stehen etliche Hindernisse gegenüber. Allein schon in finanzieller Hinsicht erschwert das Halten eines Hundes die Lebenslage auf der Straße. Neben der alltäglichen Versorgung des Tieres müssen Hundesteuern entrichtet und Tierarztrechnungen beglichen werden – auch gesunde Hunde müssen regelmäßig geimpft und entwurmt werden. Ohr/Zeddies schätzen die laufenden Kosten für einen Hund auf monatlich 80 bis 90 Euro (2006, S. 26). Das bedeutet für einen Arbeitslosengeld-II-Empfänger, dass er etwa ein Fünftel bis ein Viertel der ausgezahlten Hilfe zum Lebensunterhalt für die Versorgung des Hundes aufwenden muss. Die eigenen Bedürfnisse müssen drastisch eingeschränkt werden. Hinzu kommen ggf. Kosten für Sachkundeprüfungen und Wesenstests für bestimmte Hunderassen, Bußgelder wegen Nichtanleinens oder Unfällen und Verletzungen, die von Hunden verursacht wurden. Insbesondere hier können die Kosten schnell unüberschaubar hoch werden. In jedem Fall reduziert die Hundehaltung das ohnehin knappe Budget der Sozialleistungen für Wohnungslose und trägt als Risikofaktor zum Problem der Verschuldung bei.

Vorurteile gegenüber wohnungslosen Hundehalter/innen erschweren die Integration. Wohnungslose bekommen häufig zu hören, dass sie den Hund abgeben sollten oder dass man ihnen den Hund weg nehmen sollte. „Oft kommt auch so ein Mist wie, dass es dem Hund bei uns schlecht gehen würde, dass wir sie quälen und deshalb abgeben sollten", berichtet der 35-jährige Stain (Schalley o. J., S. 2). Besonders schmerzlich ist dies, wenn sie solche Aussagen in Institutionen hören, wo sie Unterstützung erwarten, wie z. B. in Hilfeeinrichtungen oder auf Ämtern.

Des Weiteren behindert die Haltung eines Hundes die Wohnungssuche immens. Viele Vermieter und Wohnungsgesellschaften sind nicht bereit, Mieter/innen mit Hunden aufzunehmen. Zum Stigma der Wohnungslosigkeit und Arbeitslosigkeit kommt mit dem Hund ein weiteres Ausschlusskriterium hinzu, so wie es z. B. die 20-jährige Birgit beschreibt: „Das Problem sind halt immer die Hunde. Jetzt bei den ganzen Wohnungsgesellschaften und so. Die meisten, die hören ‚Hunde', dann ist schon Ende." (Bodenmüller/Piepel 2003, S. 149)

Hunde sind oft ein Grund, warum eine gerade bezogene Wohnung wieder verlassen werden muss. Weil sie die Wohnung mit Hund gar nicht bekommen hätten, verheimlichen manche die Tierhaltung vor dem Vermieter. Aber auch wenn Tierhaltung erlaubt ist, beschwert sich oftmals die Nachbarschaft, und der Vermieter verlangt, dass der Hund weg gegeben wird. Dies ist undenkbar, wenn der Hund einen Lebensgefährten darstellt, wie z. B. bei Birgit: „Aber meine Hunde gehen mir schon über alles, so. Irgendwie, die sind schließlich immer da, wenn's mir Kacke geht. (...) Also ich würd die nicht einfach so weggeben. Da würd ich lieber auf meine Wohnung verzichten und gucke, dass ich irgendwie was anderes find, als dass ich meine Hunde weg geb." (ebd.)

Wenn schließlich mit dem Hund doch noch eine Wohnung gefunden wird, verhindert die Aufgabe, sich um den Hund zu kümmern, häufig die Aufnahme einer Ausbildung oder Beschäftigung. Alleine zu wohnen und Vollzeit einer Arbeit nachzugehen ist mit einem Hund praktisch kaum realisierbar. Die meisten können sich gar nicht vorstellen, den Hund viele Stunden am Tag allein zu lassen, wie z. B. die 20-jährige Andrea, die höchstens halbtags arbeiten möchte: „Auch wegen den Hunden, weil ich die nicht 'nen dreiviertel Tag lang nicht sehen will, und dass die hier abhängen. Weil ich nicht irgendwelche Hunde haben möchte, mit denen man einmal am Tag rausgeht und ansonsten nur faul rumhängt." (ebd. S.195).

Auch die weiteren Zukunftsperspektiven schränkt der Hund ein, wie die 20-jährige Julia beschreibt: „Ich hab auch den Hund so, für den hab ich mich entschieden, den werd ich auch nicht abgeben. Also, sonst hätt ich mir wahrscheinlich schon irgendwie was überlegt, wie 'n Jahr mal ins Ausland zu gehen und dann vielleicht 'n freiwilliges soziales Jahr zu machen oder so. Aber das ist mit dem Hund irgendwie alles nicht so möglich." (ebd. S. 181f)

5 Hund oder Hilfe? Die Alternativen sind falsch gesetzt

Die Einstellung, dass wer Hilfe möchte, auf den Hund verzichten soll, ist leider durchweg noch verbreitet. Hier wird die Bedeutung, die das Tier für den Wohnungslosen hat, völlig außer acht gelassen. Aber auch wenn lebensweltnahe Ansätze umgesetzt werden, ist im Rahmen der Wohnungslosenhilfe eine Unterbringung mit Hund nur selten möglich. Laut Schöll (2005, S. 3) verfügen die meisten Einrichtungen nicht über die Kapazitäten und die Flexibilität, Hundebesuch oder -haltung zu ermöglichen.

So berichten z.B. die Mitarbeiter/innen des Projektes „Underdog", dass es in Düsseldorf derzeit nur eine Frauen-Notschlafstelle mit acht Plätzen gibt, die erlaubt, Hunde mitzubringen. Ansonsten stehen keinerlei Notschlafplätze für Tierhalter/innen zur Verfügung. Im betreuten Wohnen gibt es lediglich drei Plätze für Tierhalter/innen, und selbst Tagesstätten und Kleiderkammern schließen mit wenigen Ausnahmen das Mitbringen von Tieren aus.

Auch in vielen anderen Städten gibt es kaum oder keine Unterbringungsmöglichkeiten mit Hunden. Vielfach wird an die Aufnahme in Einrichtungen oder Betreutes Wohnen die Bedingung geknüpft, den Hund abzugeben. Für die Betroffenen ist es jedoch unvorstellbar, „den besten Freund zu verraten", wie es der wohnungslose Klaus ausdrückt. Und weiter: „(...) bevor ich meine Hündin Tina aufgebe, verrecke ich lieber auf der Straße" (Huber 2000, o. S.).

Mit der Verbreitung lebensweltnaher Arbeitsansätze zeichnet sich jedoch ab, dass das Thema diskutiert und einbezogen wird. In diesem Zusammenhang entschließen sich Einrichtungen dazu, das Mitbringen von Tieren zu erlauben oder nach Absprache in ihren Räumen zu dulden. So zählte Huber (2000) im Jahr 2000 für Berlin bei 814 Übernachtungsplätzen nur sieben, bei denen Tiere mitgebracht werden konnten. Im vier Jahre später erschienenen und im Internet aktualisierten Berliner Ratgeber weisen immerhin zwei Einrichtungen mit 12 und 60 Plätzen darauf hin, dass die Aufnahme mit Hunden möglich ist (vgl. Pfefferwerk Stadtkultur gGmbH 2004).

Trotz des Wissens um die Problematik stellt es sich vielerorts als schwierig heraus, verträgliche Ansätze zu finden. Vielfältige Faktoren wie Hundeverhalten, die Anzahl der Anfragen mit Hund, Hygiene und Bedürfnisse der Nachbarschaft sind dabei gegeneinander abzuwägen. Nicht in jeder Einrichtung ist ein Mitbringen von Hunden tragbar, oft müssen Einzellösungen gefunden werden. So schildert Schöll (2005, S. 23) z. B. die Probleme einer Tagesaufenthaltsstätte mit Hygieneanforderungen, in der das Mitbringen von Hunden möglich ist. Versuche, die Tiere im Keller oder angeleint im Hof unterzubringen, scheiterten insbesondere an der Nachbarschaft. Kompromisslösungen sind inzwischen die Unterbringung in dafür aufgebauten Hundezwingern im Hof bei gleichzeitiger Verschiebung der Öffnungszeiten aus Rücksicht auf die Nachbarn.

Angebote und Einrichtungen der Wohnungslosen- und Jugendhilfe, therapeutische Einrichtungen und alle weiteren Anbieter für Betreutes Wohnen sollten ihre Einstellung zur Hundehaltung überdenken, statt per se Bedürftige, die Tiere halten, auszugrenzen. Das heißt nicht, dass jede Einrichtung der Wohnungslosenhilfe fortan ungeachtet ihrer spezifischen Situation Hunde aufnehmen müsste. Aber das Netzwerk der Wohnungslosenhilfe einer Stadt sollte gemeinsam ermitteln: Wie sieht der Bedarf an Angeboten für Tierhalter/innen in der jeweiligen Stadt und Zielgruppe aus? Wer kann und will Menschen mit Hunden Aufenthalt bzw. Übernachtung ermöglichen? Es gilt – gegebenenfalls auch experimentelle und individuelle – Lösungen für Hundehalter/innen zu suchen, die ihrer Lebenswelt gerecht werden.

6 Hilfsangebote für Tiere

In letzter Zeit greifen Tiertafeln und Tierschutzvereine die Situation der Tiere von Menschen mit geringem Einkommen verstärkt auf und bieten Hilfe. Ziel ist, zu unterstützen: „Wir helfen, damit niemand aus finanziellen Gründen sein Tier abgeben muss“, formuliert Claudia Hollm, Gründerin des Vereins Tiertafel in Deutschland (Hamburger Abendblatt 2007, o. S.). Dieses Angebot mag auch für Wohnungslose eine große Unterstützung darstellen – etwa 15% der Nutzer/innen sind nach Auskunft der Vorstandsvorsitzenden Claudia Hollm wohnungslos. Mit der Futterausgabe verbunden sind Ernährungs- und Haltungstipps für den Hund – mitunter avancieren die Anlaufstellen am Tag der Ausgabe zu Gesprächsräumen. Nach Auskunft von Hollm wurde dabei oftmals Wohnungslosen in Notsituationen weitergeholfen, wie z. B. durch Vermittlung einer Wohnung oder eines Entgiftungsplatzes. Dies geschieht mit viel Engagement auf ehrenamtlicher Basis, aber ohne kontinuierliche Mitarbeit sozialarbeiterischer Fachkräfte. Teilweise geht mit der Futterausgabe ein gewisses Maß an Kontrolle dazu einher, ob das Tier gut versorgt ist. „Ohren, Augen und

Krallen müssen gepflegt sein. Da habe ich immer ein Auge drauf", betont Hella Richter, Helferin der Magdeburger Tiertafel (Gorges 2010, S. 32). Wenn die Tiere nicht regelmäßig mitgebracht werden, machen die Mitarbeiter/innen der Tiertafel unangekündigte Hausbesuche, ebenso werden Impfausweise kontrolliert (ebd. 32f). Dies mag sicherlich im Interesse des Tierschutzes sein, kann aber durchaus so manchen Wohnungslosen in seiner prekären Lebenssituation, mit der oft die Angst vor Kontrolle und Bevormundung einhergeht, abschrecken.

7 Lebensweltnah helfen heißt auch: Hundehaltung berücksichtigen – Beispiele für verwirklichte Projekte

Weder der Ausschluss von Hunden noch der fokussierte Blick auf das Tier wird den wohnungslosen Hundehalter/innen in umfassender Weise gerecht. Es gilt die große Bedeutung des Haustiers zu berücksichtigen und anzuerkennen, welche Rolle das Tier nicht nur während des Lebens auf der Straße, sondern auch in Phasen des Übergangs und der Stabilisierung einnimmt. Denn insbesondere, wenn Wohnungslose sich aus der Szene zurückziehen wollen, den Weg in eine Einrichtung wagen, erste Schritte zur Stabilisierung unternehmen, eine Wohnung beziehen oder sich bei Drogen- oder Alkoholabhängigkeit in eine stationäre Therapie begeben wollen, kann die Beziehung zum Hund eine wertvolle Stütze sein. Daher möchte ich zum Abschluss kurz drei Praxisbeispiele vorstellen, die die Hundehaltung in der Arbeit mit Wohnungslosen berücksichtigt haben.

7.1 Tierverträgliche Wohnprojekte

In Münster haben wir mit dem Konzept „Wohnhilfen" kleinräumige Bauwagenprojekte realisiert, bei denen sich junge Wohnungslose selbst ein neues Zuhause schaffen konnten, indem sie beim Ausbau eines Bauwagens oder einer Wohnung mitarbeiten und dabei auch eigene Wünsche verwirklichen konnten. Insbesondere in den selbst ausgebauten Bauwagen am Stadtrand war die Hundehaltung bereits im Konzept vorgesehen. Ein wichtiger Aspekt war hier die Kleinräumigkeit. Durch die Schaffung von maximal vier Wohneinheiten pro Platz konnten die Projekte für die Nachbarschaft sozialverträglich gestaltet werden. Zusätzlich wurden die Projekte kontinuierlich durch einen Mitarbeiter der Streetwork begleitet (vgl. Bodenmüller/Piepel 1998, S. 11f).

7.2 Stationäre Therapie mit Hund

In der stationären Drogentherapie haben inzwischen einige Kliniken die Bedeutung von Hunden als Begleiter und Freund erkannt und ermöglichen ihren Patient/innen, Hunde mitzubringen. Erfahrungsgemäß ist ein Teil dieser Zielgruppe wohnungslos. So bietet zum Beispiel die Fachklinik Horizont in Rees Patient/innen die Möglichkeit, ihr Haustier nach vorheriger individueller Absprache und Abstimmung zur Therapie mitzubringen. „Die Tiere stellen ein Bindeglied dar und helfen neuen Patienten, sich schneller und besser in der Klinik einzuleben." (Horizont – Fachklinik Rees gGmbH für Drogenabhängige o.J., S. 2). Als positive Aspekte hebt die Klinik hervor, dass der Kontakt zu Tieren das Verantwortungsgefühl der Patienten fördert und ihre Beziehungsfähigkeit mitentwickelt. Eine weitere Klinik, die Hundehaltung ermöglicht, ist die Fachklinik Bussmannshof in Bochum, die hierfür mit dem örtlichen Tierheim zusammenarbeitet.

7.3 UnderDog: Streetwork für Mensch *und* Hund

Aber auch in der Wohnungslosenhilfe gibt es inzwischen vielversprechende Ansätze, die Hundehaltung Wohnungsloser zu berücksichtigen. Bemerkenswert ist das Konzept von UnderDog, das nicht nur Hilfe für den Hund bietet, sondern die Tierhaltung als „Türöffner" für den Kontakt zum Menschen nutzt.

Aufgrund der Erfahrung der Düsseldorfer Straßensozialarbeit von Asphalt e.V., dass Tierhaltung ein spezielles Anliegen wohnungsloser Menschen ist und für sie eine besondere Bedeutung hat, konzipierte der Verein das Projekt „Underdog", das an der Lebenssituation wohnungsloser Tierhalter ansetzt. Ziel ist, über die Unterstützung der Versorgung der Tiere und insbesondere das Angebot einer mobilen tierärztlichen Sprechstunde Kontakt und Vertrauen zu wohnungslosen Tierhalter/innen aufzubauen und ihnen Hilfemöglichkeiten zugänglich zu machen (vgl. Asphalt e. V. 2007, S. 5). Grundlage der Arbeit ist, das Anliegen Wohnungsloser, Tiere zu halten, ernst zu nehmen und zu unterstützen. Dies „bahnt ein Fundament zum Beziehungsaufbau. Innerhalb dieser Arbeitsbeziehung wird Raum geschaffen, die Ressourcen, die zur Tierhaltung unabdingbar sind, wie die Übernahme von Verantwortung und die Entwicklung einer Tagesstrukturierung, zu fördern und auf andere Lebensbereiche zu übertragen." (ebd.)

Das besondere an diesem Projekt ist, dass es beide Seiten im Blick hat: die Situation der Wohnungslosen und die Bedürfnisse ihrer Tiere. Gerade dieser beidseitige Blick ermöglicht oft erst die Hilfe: „Die Synergie zwischen sozialem und tiermedizinischem Angebot eröffnet den Betroffenen die Option zum Einstieg in die Integration in das bestehende Hilfesystem." (ebd.)

Zweimal im Monat bietet Underdog eine mobile tierärztliche Sprechstunde für die Tiere von Wohnungslosen an. Mit einem zur mobilen Praxis ausgebauten Kleinbus fährt das Team – eine Streetworkerin, eine tierärztliche Assistentin und jeweils ein/e ehrenamtlich arbeitende/r Tierarzt oder Tierärztin – verschiedene Düsseldorfer Standplätze ab und bietet eine Grundversorgung der Tiere von Menschen, die ihren Lebensmittelpunkt auf der Straße haben. Neben der Behandlung von Krankheiten werden Entwurmungen und Impfungen durchgeführt und Pflegetipps gegeben. Auch für alle anderen Belange bezüglich der Tierhaltung (z. B. bei Anmeldung, Hundehaftpflicht oder der Nachweispflicht für als gefährlich eingeschätzte Rassen) ist das Team von Underdog ansprechbar. Aufgrund der großen Nachfrage müssen die Tiere vorher angemeldet werden. 30 Anmeldungen pro Angebotstag sind keine Seltenheit (vgl. Richter 2009). Daher ist geplant, im Laufe des Jahres 2010 zusätzlich eine weitere Sprechstunde im Monat einzurichten.

Grundsätzlich ist parallel zur Tiersprechstunde immer eine Sozialarbeiterin ansprechbar, die sich um die weiteren Belange der Wohnungslosen kümmert. Viele Wohnungslose haben durch die Behandlung des Tieres Vertrauen gefasst und den Mut gewonnen, sich mit ihren Anliegen an die Streetworkerin zu wenden. So konnten im Projektzeitraum zwischen Juli 2008 und März 2009 223 Beratungen in 61 „Haushalten" und 11 Vermittlungen in Wohnraum oder stationäre Einrichtungen durchgeführt werden. Darüber hinaus fanden 39 Vermittlungen in ambulante weiterführende Hilfen statt (vgl. Asphalt e. V./fiftyfifty 2009, S. 13f). Dies zeigt, dass durch das Praxiskonzept, an der Tierhaltung anzusetzen, Kontakt und Vertrauen zu den Wohnungslosen aufgebaut und weiterführende Hilfen zur Stabilisierung ihrer Lebenssituation eingeleitet werden konnten.

8 Ausblick

Die Projektbeispiele – so unterschiedlich sie von ihrem Ansatz her sein mögen – zeigen, dass die Einbeziehung und Akzeptanz der Hundehaltung Wohnungsloser nicht nur ihrer Lebenssituation eher gerecht wird, sondern auch ein vielversprechender Ansatz ist, Vertrauen aufzubauen und weiterführende Hilfen einzuleiten. Für die Wohnungslosenhilfe stehen vielerorts immer noch die negativen und hinderlichen Aspekte der Hundehaltung wie Kosten und Vermittlungshindernisse im Vordergrund. Stattdessen sollten die positiven und förderlichen Aspekte der Hundehaltung für Wohnungslose in den Blick genommen werden: Kompetenz, Selbstbewusstsein, Schutz und Tagesstruktur können wertvolle Ressourcen für Menschen sein, die sich von den Hilfeeinrichtungen abgewendet haben oder abgewiesen wurden. Die Einbeziehung und

Förderung dieser Ressourcen durch das Hilfesystem verspricht eine Chance zur Integration, die es wahrzunehmen gilt.

Literatur

Asphalt e.V. (2007): Konzeption des aufsuchenden Beratungsangebotes underdog – erste Hilfe für Mensch und Tier. Düsseldorf.

Asphalt e.V./fiftyfifty (2009): Ziel- und Maßnahmenplan im Rahmen des NRW-Landesprogramms Wohnungslosigkeit vermeiden – dauerhaftes Wohnen sichern, Projektbericht 01.07.08–01.04.09. Düsseldorf.

Bodenmüller, Martina/Piepel, Georg (2003): Streetwork und Überlebenshilfen – Entwicklungsprozesse von Jugendlichen aus Straßenszenen. Weinheim, Berlin, Basel.

Bodenmüller, Martina/Piepel, Georg (1998): Streetwork schafft Wohnprojekte für Punks – Gefährden Wohnhilfen den Streetwork-Ansatz? In: SOZIALEXTRA 5/98, S. 11-13.

Feddersen-Petersen, Dorit Urd (2004): Hundpsychologie. Sozialverhalten und Wesen, Emotionen und Individualität. Stuttgart.

Fox, Michael (1994): Partner Hund. Rüschlikon.

Gorges, Sabrina (2010): Es ist angerichtet: Soziale Not auf vier Pfoten. In: Aspekt – Magazin für Sachsen-Anhalt, Deutschland und die Welt, Ausgabe 05/2010, S. 32-33.

Hamburger Abendblatt vom 9.10.2007: Altona: Kostenlose Futterausgabe in Obdachlosen-Tagesstätte. Verein versorgt Tiere Bedürftiger. Hamburg.

Horizont – Fachklinik Rees gGmbH für Drogenabhängige (o. J.): Tierhaltung – Angebot (Flyer). Rees.

Huber, Constanze (2000): Underdogs. In: Ein Herz für Tiere 09/2000, o. S.

Kaufmann, Stefan (2008): Altstadt als Wohnzimmer: So sehen Obdachlose Düsseldorf. Online im Internet: http://www.rp-online.de/duesseldorf [Stand: 07.06.2008]

Ohr, Renate/Zeddies, Götz (2006): Ökonomische Gesamtbetrachtung der Hundehaltung in Deutschland. Göttingen.

Pfefferwerk Stadtkultur gGmbH (2004): ofw-leitfaden. Onlineversion des Leitfaden für Wohnungslose. Online im Internet: http://www.ofw-leitfaden.de

Richter, Verena (2009): Tierfreunde als Streetworker – Das Düsseldorfer Obdachlosenprojekt „Underdog“. In: Aachener Zeitung/Aachener Nachrichten Magazin Nr. 224 (26.09.09).Aachen.

Ritzkowsky, Joachim (2001): „Die Spinne auf der Haut“. Leben mit Obdachlosen. Berlin.

Robert Koch-Institut (2003) (Hrsg.): Heimtierhaltung – Chancen und Risiken für die Gesundheit. In Zusammenarbeit mit dem Statistischen Bundesamt: Gesundheitsberichterstattung des Bundes, Heft 19. Berlin.

Schalley, Rebekka (o. J.): Hunde-Leben. Obdachlose und ihre Tiere. Geschichten über die größte Freundschaft unter schwierigsten Bedingungen. Online im Internet: http://www.fiftyfifty-underdog.de/reportage

Schöll, Christiane (2005): Wohnungslosigkeit und Hundehaltung, Beziehungsstrukturen zwischen Mensch und Hund. Reaktionen des Hilfesystems auf die Hundehaltung bei wohnungslosen Menschen. München, Ravensburg.

Simon, Titus (1996) (Hrsg.): Standards in der Wohnungslosenhilfe. Ergebnisse einer bundesweiten Untersuchung. Bielefeld.

Ulrike Zier | Heiko Rüger | Eva Münster

Heimtierhaltung in Armut. Ausgewählte Ergebnisse einer Gesundheitsstudie in überschuldeten Haushalten

1 Einführung: Überschuldungsproblematik in Deutschland

Unter dem Begriff der Überschuldung oder der dauerhaften Zahlungsunfähigkeit ist zu verstehen, dass das Einkommen einer Privatperson nach Abzug der notwendigen Lebenshaltungskosten nicht ausreicht, um alle ausstehenden Zahlungsverpflichtungen in absehbarer Zeit zu erfüllen (Wimmer 2006, S. 1682). Selbst bei einer Reduzierung des eigenen Lebensstandards besteht in diesem Fall keine Perspektive, die Rechnungen oder Schulden langfristig abzubezahlen. Betroffene und die zum Haushalt gehörenden Personen und ggf. Haustiere sind damit in ihrem Alltag von akuter Ausgabenarmut betroffen, so dass selbst die Grundversorgung nicht gewährleistet und soziale Teilhabe eingeschränkt sein können.

Im Jahr 2011 waren in der Bundesrepublik Deutschland schätzungsweise 6,41 Millionen volljährige Privatpersonen dauerhaft zahlungsunfähig oder von nachhaltigen Zahlungsstörungen betroffen (Creditreform Wirtschaftsforschung 2011, S. 4f). Dies entspricht rund drei Millionen betroffenen Haushalten. Damit befindet sich der Anteil der überschuldeten Privatpersonen mit 9,38% der erwachsenen Bevölkerung auf dem zweitniedrigsten Stand seit 2004, nachdem aufgrund der Wirtschaftskrise im Jahr 2010 ein leichter Anstieg zu erwarten war (Creditreform Wirtschaftsforschung 2011, S. 4).

Zum 1. Januar 1999 wurde die Verbraucherinsolvenz als Möglichkeit zur Reintegration und Entschuldung der Betroffenen eingeführt. Am Ende der erfolgreichen Verbraucherinsolvenz steht nach einer Wohlverhaltensphase von mindestens sechs Jahren, in welcher der pfändbare Teil des Einkommens an einen Treuhänder abgetreten werden muss, die Restschuldenbefreiung (Angele u.a. 2008, S. 964). Bis Ende Dezember 2009 wurde dieses Verfahren von 601.250 Privatpersonen beantragt. Dabei entfallen auf das Jahr 2009 101.102 Anträge, die gegenüber dem Vorjahr eine Zunahme von 3,0 Prozent darstellen (SCHUFA Holding AG 2010, S. 73).

Ein Zusammenhang zwischen Armut und Gesundheit der Betroffenen und ihrer Haushaltsmitglieder wurde weltweit und auch für Deutschland bereits vielfach wissenschaftlich nachgewiesen (Helmert u.a. 1997a; 1997b; Knopf u.a. 1999; Mackenbach u.a. 1997; Marmot 2001; 2005; Marmot/Bobak 2000; Mielck 2005; Lampert 2005). Dabei wird Armut meist auf Basis des Bruttoeinkommens definiert. Weitergehende Differenzierung findet ggf. in Bezug auf das formale Bildungsniveau bzw. den Berufsstatus statt. Dem vielschichtigen und mehrdimensionalen Phänomen der Armut wird diese Erfassung jedoch nicht gerecht. Besondere Risikogruppen werden deshalb oft nicht wahrgenommen. Dies gilt speziell für die Gruppe der überschuldeten Privatpersonen, die sich aufgrund von Zahlungsschwierigkeiten in einer Situation der akuten Ausgabenarmut befinden und in ihrem Alltag gravierende Einschränkungen hinnehmen müssen. In dieser Risikogruppe befinden sich auch Personen aus mittleren und hohen Einkommensschichten, die aufgrund der Schuldensituation de facto nur ein geringes Einkommen zur freien Verfügung haben. Eine differenzierte Untersuchung zur gesundheitlichen Situation dieser Risikogruppe stand bislang für Deutschland aus. Dieses Forschungsdefizit konnte von Münster und Mitarbeitern bearbeitet werden (Münster u.a. 2007; 2009; 2010), wobei nachfolgend die Gesundheitssituation von überschuldeten Privatpersonen in Deutschland und im speziellen die Situation der Heimtierhaltung in überschuldeten Haushalten dargestellt wird.

International war bisher ein Zusammenhang zwischen finanziellen Stressfaktoren (Schulden) und psychischen Problemen bzw. Depressionen nachgewiesen worden (Marmot/Ryff/Bumpass/Shipley/Marks 1997; Weich/Lewis 1998a; 1998b). Dabei bleibt der zeitliche kausale Verlauf von Ursache und Wirkung weiterhin unklar. Längsschnittuntersuchungen deuten jedoch darauf hin, dass die finanzielle Belastung Ursache der psychischen Probleme sein könnte (Stradling 2001; Webley/Nyhus 2001; Wildmann 2003). Des Weiteren zeigen Längsschnittstudien, dass eine durch Schulden verursachte hohe finanzielle Belastung zu Verlust von Selbstbewusstsein und Selbstvertrauen sowie zum Auftreten von Depressionen führen kann (Pearlin/Lieberman/Menaghan/Mullan, 1981; Price/Choi/Vinokur 2002). Ein verstärkender Einfluss von Defiziten im sozialen Netzwerk auf das Auftreten von Depressionen aufgrund von Überschuldung wird angenommen (Rüger u.a. 2010).

Verschiedene Untersuchungen verweisen auf den potentiellen positiven Einfluss von Haustieren auf die menschliche Gesundheit im Allgemeinen (Serpell 1991) und die psychische Gesundheit im Besonderen (Clark Cline 2010). Für Besitzer von Haustieren, insbesondere von Hunden, wird eine erhöhte sportliche Aktivität festgestellt, die die Gesundheit positiv beeinflussen kann (Müllersdorf u.a. 2010). Der Effekt auf die psychische Gesundheit wird zudem vor allem mit zwei Wirkungsmechanismen erklärt: Durch die vorbehaltlose emotionale Bindung zum Haustier, durch zusätzliche Interaktionsmöglichkeiten und durch die Entspannung, die im Umgang mit Tieren sowie bei deren Versorgung auftritt, wird Stress aufgefangen und Selbstbestätigung generiert (Clark Cline 2010; Virués-Ortega/Buela-Casal 2006). Einerseits könnten Haustiere im Fall von überschuldeten Privatpersonen also durch die Verbesserung von Bewältigungskompetenzen ggf. helfen, stressinduzierten Krankheitsrisiken entgegenwirken. Andererseits kann die Betreuung eines Haustieres mit den daraus entstehenden Fremd- und Eigenerwartungen und Verpflichtungen als eine Belastung wahrgenommen werden und zu zusätzlichem Stress führen (Clark Cline 2010). Besonders im Fall der Zahlungsknappheit oder -unfähigkeit könnten die Kosten der Haustierhaltung als zusätzliche Belastung ins Gewicht fallen. Im Jahr 2005 gaben bundesdeutsche Haushalte mit durchschnittlich 11 Euro pro Monat etwa 5 % ihres Freizeit- und Unterhaltungsbudgets für Haustiere aus. Betrachtet man diese Ausgaben differenziert nach Haushaltstypen, zeigt sich, dass Alleinlebende und Alleinerziehende mit 7 Euro bzw. 10 Euro zwar nominal am wenigsten Geld in Haustierhaltung investieren. Stellt man die Ausgaben dieser Haushalte jedoch in Bezug zu den gesamten Ausgaben für Freizeit und Unterhaltung, wird deutlich, dass Alleinerziehende mit 6 % einen größeren Anteil für Haustierhaltung ausgeben als Alleinlebende und Paare mit Kindern (Statistisches Bundesamt u.a. 2008, S. 372ff). Für überschuldete Menschen könnte durch die finanzielle Zusatzbelastung der Haustierhaltung eine Zunahme von stressinduzierten Erkrankungen auftreten. Insgesamt sind damit Effekte in beide Richtungen denkbar.

Die vorliegende Arbeit gibt mit den Ergebnissen der Studie Armut, Schulden und Gesundheit (ASG-Studie) einen ersten Einblick in die Lebenswelt überschuldeter Personen, unter besonderer Berücksichtigung der Haustierhaltung. Dazu wird zunächst die ASG-Studie in ihrer Methodik kurz vorgestellt (Abschnitt 2), bevor die Situation überschuldeter Menschen im Hinblick auf soziale Unterstützung und auf ihre Gesundheit aufgezeigt wird (Abschnitt 3). Anschließend werden erste Befunde zur Heimtierhaltung in betroffenen Haushalten dargestellt werden (Abschnitt 4). Zuletzt wird ein Fazit gegeben und es werden die Implikationen aus der geschilderten Situation abgeleitet (Abschnitt 5).

2 Die Studie Armut, Schulden und Gesundheit

Die ASG-Studie ist eine Querschnittsstudie mit überschuldeten Privatpersonen, die zwischen Juli 2006 und März 2007 in Rheinland-Pfalz durchgeführt wurde. Im Vorfeld wurde die Studie durch den Landesbeauftragten für Datenschutz Rheinland-Pfalz sowie von der Ethikkommission der Landesärztekammer Rheinland-Pfalz geprüft.

In Kooperation mit dem Schuldnerfachberatungszentrum der Johannes Gutenberg-Universität Mainz und allen 53 offiziell nach § 305 Insolvenzordnung (InsO) anerkannten Schuldner- und Insolvenzberatungsstellen in Rheinland-Pfalz wurde eine anonyme, einmalige schriftliche Befragung organisiert. Von der Durchführung wurden vorab zwei Schuldnerberatungsstellen, die bei den Handwerkskammern angesiedelt waren, ausgeschlossen, da dort nicht ausschließlich Privathaushalte betreut werden. Schuldner- und Insolvenzberatungsstellen zeichnen sich dadurch aus, dass sie Menschen in der Lebenskrise der Zahlungsunfähigkeit beraten. Dies bedarf nicht nur juristischer und wirtschaftlicher Kenntnis, sondern ebenso pädagogischer und sozialer Kompetenz, um die Kommunikation mit den betroffenen Personen effektiv führen zu können.

Der speziell für die ASG-Studie entwickelte Fragebogen enthielt 58 vorrangig geschlossene Fragen zum gesundheitlichen Status der Probanden, der Überschuldungssituation, zu Strukturen und Qualität des egozentrierten sozialen Netzwerks sowie zur Heimtierhaltung. Der Fragebogen wurde zusammen mit adressiertem und frankiertem Rückumschlag von den Schuldnerberatern an ihre Klienten mit der Bitte um Teilnahme ausgegeben. Die Klienten mussten zur Teilnahme ein Mindestalter von 16 Jahren erreicht und bereits mindestens einen zweiten Termin bei der Schuldnerberatungsstelle wahrgenommen haben. Es wurde jeweils nur eine Person pro Haushalt befragt.

Insgesamt wurden 2235 Fragebögen an die 53 teilnehmenden Schuldner- und Insolvenzberatungsstellen ausgegeben, von denen im Erhebungszeitraum 1876 Fragebögen an Klienten weitergegeben wurden. Bei einer Teilnehmerrate von 35,5 % wurden bis Ende März 2007 insgesamt 666 schriftlich ausgefüllte Fragebögen an die Studienzentrale geschickt. Die Studienstichprobe ist ausführlich bei Münster und Letzel (2008) beschrieben.

Zur Prüfung der Repräsentativität der ASG-Studienpopulation im Vergleich zu allen überschuldeten Privatpersonen, die in einer rheinland-pfälzischen Schuldner- und Insolvenzberatungsstelle betreut werden, wurden die Daten der Landesstatistik von 2006 zu den Schuldnerberatungsstellen in Rheinland-Pfalz durch das Ministerium für Arbeit, Soziale, Gesundheit, Familie und Frauen Rheinland-Pfalz zur Verfügung gestellt. Es zeigten sich weder bei der Verteilung nach Geschlecht noch nach Alter statistisch signifikante Unterschiede zwischen dem Studienkollektiv und dem Landeskollektiv. Jedoch unterscheidet sich die Verteilung des Familienstands, der Nationalität und der Schuldenhöhe innerhalb der ASG-Studie statistisch von der Verteilung der Landesstatistik 2006. Im Studienkollektiv sind Probanden mit einer nichtdeutschen Staatsbürgerschaft unterrepräsentiert, ebenso verheiratete und verheiratete, aber getrennt lebende Personen sowie Klienten mit weniger als 5000 Euro Schulden. Signifikant häufiger sind ledige Personen im Studienkollektiv enthalten.

Für nachfolgende Analysen gilt ein Signifikanzniveau von $\alpha = 0{,}05$. Bivariate Gruppenunterschiede wurden mittels Chi²-Test geprüft. Sämtliche Analysen wurden mit dem statistischen Programmpaket SPSS 18.0 durchgeführt.

3 Gesundheit und soziale Netzwerke bei überschuldeten Menschen

Insgesamt gaben 79,1 % (n = 467) der Probanden an, an mindestens einer Erkrankung zu leiden. Dabei waren Mehrfachnennungen von Erkrankungen möglich. Durchschnittlich wurden zwei vorhandene Erkrankungen (Median = 2, Mittelwert = 2,3) pro Person genannt. Ein Viertel aller Studienteilnehmer nannten drei oder mehr Erkrankungen. Die Punktprävalenz der einzelnen Erkrankungen ist in Abbildung 1 dargestellt.

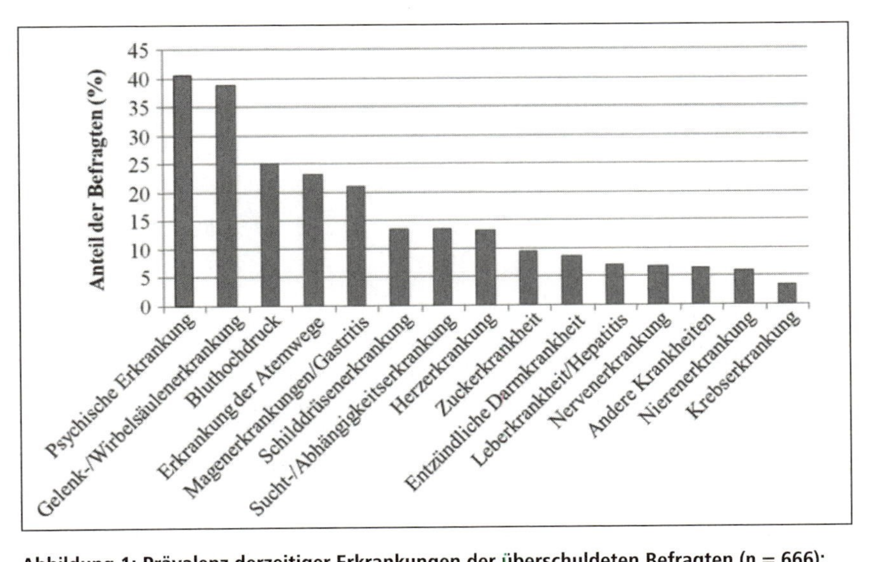

Abbildung 1: Prävalenz derzeitiger Erkrankungen der überschuldeten Befragten (n = 666); Quelle: vgl. Münster u.a. 2007, S. 631

Es wird deutlich, dass psychische Erkrankungen (z. B. Angstzustände, Depressionen, Psychosen) gefolgt von Gelenk- und Wirbelsäulenerkrankungen mit jeweils ca. 40 % am häufigsten als derzeitige Erkrankungen angegeben werden. Dabei geben Frauen signifikant häufiger an, unter diesen Erkrankungen zu leiden als Männer. Das Gleiche gilt für Schilddrüsenerkrankungen von Frauen (19,4 %) im Vergleich zu Männern (7,1 %). Die einzige von Männern (18,5 %) im Vergleich zu Frauen (8,5 %) häufiger genannte Erkrankung ist eine Sucht- oder Abhängigkeitserkrankung.

Zusätzlich zu der starken gesundheitlichen Belastung von Überschuldeten zeigt sich mangelnde soziale Unterstützung für diese Personengruppe. Mit Hilfe des Standardmessinstruments „F-SozU“ (Sommer/Fydrich 1989) wurde die Qualität des egozentrierten sozialen Netzwerks erfasst. Im Selbstbeurteilungsverfahren werden erhebliche Defizite bei der sozialen Unterstützung für 21,3 % der Befragten deutlich (Abb. 2). Rüger u. a. (2010) weisen darüber hinaus auf einen signifikanten Zusammenhang zwischen Defiziten im sozialen Netzwerk und psychischen Erkrankungen bei Überschuldeten hin. Dort zeigt sich, dass 61,8 % der Personen mit defizitärem sozialen Netzwerk unter psychischen Erkrankungen leiden.

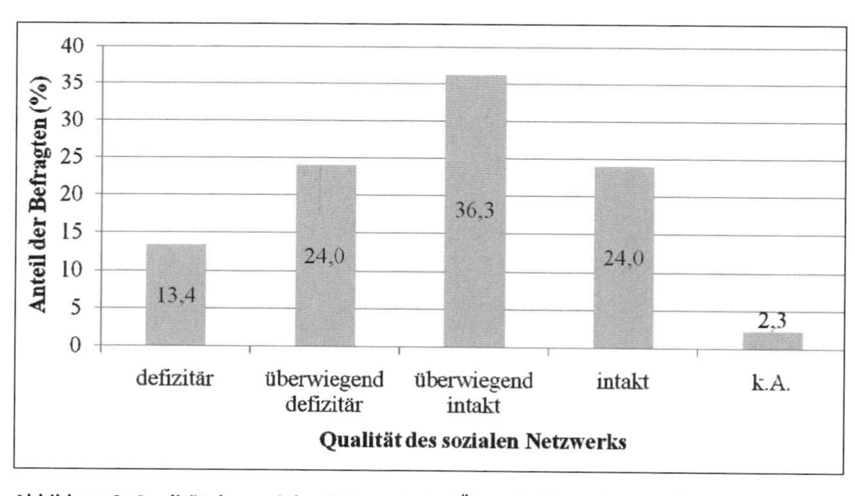

Abbildung 2: Qualität des sozialen Netzwerks bei Überschuldeten (n = 666)

Einen gesundheitlichen Grund als Hauptursache für ihre finanziellen Probleme, sei es durch Unfall (2,3 %), Krankheit (23,3 %) oder Sucht (12,6 %), nannten 32,6 % der Befragten. Dabei konnten keine signifikanten Geschlechterunterschiede festgestellt werden. Umgekehrt beurteilten 37,8 % der Befragten die Aussage „Ich bin wegen der Schuldensituation krank geworden“ als zutreffend. Hier ist auffällig, dass lediglich 20,6 % (n = 137) der Befragten diese Aussage absolut negierten.

Die häufige Nennung von gesundheitlichen Gründen als Hauptursache der finanziellen Situation lässt die Vermutung zu, dass die soziale Notlage der Überschuldeten durch Krankheiten und Unfall mit verursacht sein könnte. Der umgekehrte kausale Zusammenhang dürfte aber ebenfalls auftreten. Die absolute Verneinung dieses Wirkungszusammenhangs bei lediglich 20 % der Befragten deutet auf die finanzielle Situation als Krankheitsverursacher hin. Aufgrund des Querschnittdesigns der Studie kann ein zeitlicher oder kausaler Zusammenhang zwischen Überschuldung und Krankheit an dieser Stelle nicht wissenschaftlich nachgewiesen werden. Durch den Aufbau des Fragebogens ließen sich jedoch Hinweise eruieren.

Damit zeigen sich in der ersten quantitativen Erhebung zum Gesundheitszustand überschuldeter Privatpersonen in der Bundesrepublik Deutschland deutliche Defizite: acht von zehn Befragten geben an, derzeit unter einer länger andauernden Erkrankung zu leiden. Es liegen Hinweise auf zwei Wirkmechanismen vor: „Überschuldung kann krank machen“ und „Krankheit kann zur Überschuldung führen“.

4 Haustiere in überschuldeten Haushalten

Haustiere sind häufig Teil der Lebenswelt überschuldeter Menschen: 46,1 % (n = 307) der 666 befragten Personen aus Rheinland-Pfalz gaben an, mindestens ein Haustier zu besitzen (Abb. 3). Zur Frage nach Haustierbesitz äußerten sich 12 Personen (1,8 %) nicht. Diese Fälle wurden in den folgenden Analysen nicht berücksichtigt. In 18,8 % (n = 125) der Haushalte gab es zum Zeitpunkt der Befragung mindestens einen Hund und in 22,1 % (n = 147) der Fälle mindestens eine Katze. Die Quote der Haushalte mit Heimtieren ist damit unter den Überschuldeten geringfügig niedriger als in der Allgemeinbevölkerung, für die eine Quote von 49,7 % angenommen werden kann (IVH 2009, S. 3).

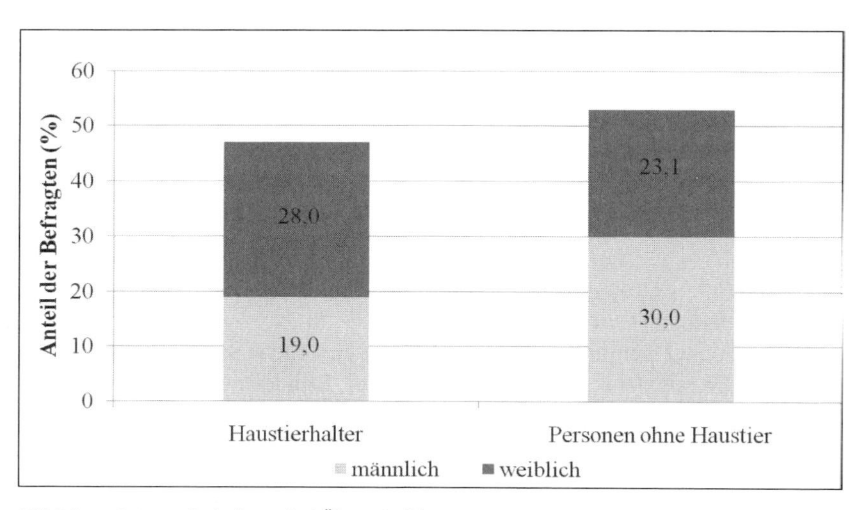

Abbildung 3: Haustierhaltung bei Überschuldung, stratifiziert nach Geschlecht (n=654)

Betrachtet man die sozio-demographischen Merkmale der Gruppe der überschuldeten Haustierbesitzer genauer, fallen einige Unterschiede im Vergleich zu den übrigen Überschuldeten auf: So sind Frauen unter den überschuldeten Tierbesitzern mit 59,6 % überrepräsentiert ($p < 0{,}001$) (vgl. Abb. 3). Dies lässt sich insbesondere auf den mit 63,3 % deutlich erhöhten ($p < 0{,}001$) Anteil von Frauen unter den Katzenhaltern zurückführen (unter den Hundehaltern: 51,6 %). Hinsichtlich ihrer Altersstruktur unterscheiden sich die beiden Gruppen dagegen nicht wesentlich voneinander. Lediglich eine leichte, nicht signifikante Überrepräsentation in der Altersgruppe der 31- bis 40-Jährigen (30,6 % vs. 24,8 %) ist auffällig.

Bei Einbeziehung der Familienstrukturen zeigt sich kein Zusammenhang zwischen Haustierhaltung und Kindern im Alter unter 14 Jahren im Haushalt. Ein statistisch signifikanter Unterschied ($p < 0{,}001$) ist jedoch im Hinblick auf das Vorliegen einer Partnerschaft festzustellen: Der Anteil der Haustierbesitzer unter den Personen, die in einer festen Partnerschaft leben, ist mit 53,2 % höher als der unter Personen ohne Partner (38,5 %) (Abb. 4). Für den Anteil der Hundebesitzer ist die Diskrepanz zwischen Partnerlosen (13,1 %, $p < 0{,}001$) und Personen in einer Partnerschaft (23,7 %) deutlicher als für den Anteil von Besitzern anderer Haustiere (zumeist Katzen) (29,5 % vs.25,5 %, $p < 0{,}001$). Insgesamt deuten diese Ergebnisse darauf hin, dass eventuelle Einsamkeit bei Alleinstehenden oder kinderlosen Personen von den Befragten nicht durch Haustiere kompensiert wird. Auch für die Allgemeinbevölkerung ist ein leichter Anstieg der Haustierhaltung bei Haushalten mit mehreren Personen gegenüber denen mit einer Person zu verzeichnen (IHV 2009, S. 3). Dieser Zusammenhang könnte dadurch zu erklären sein, dass in Haushalten mit mehreren Personen insgesamt mehr Ressourcen zur Versorgung und Betreuung von Tieren zur Verfügung stehen.

Die häufig als schwach erlebte soziale Unterstützung der überschuldeten Personen wurde bereits im dritten Abschnitt aufgezeigt. Man könnte deshalb annehmen, dass Personen mit einem schwachen sozialen Netzwerk dazu tendieren, die mangelnde Unterstützung durch eine enge emotionale Bindung an Haustiere zu kompensieren. Wie bei den Familienbeziehungen finden sich auch bei den egozentrierten sozialen Netzwerken keine Hinweise auf dieses Verhalten. Die Qualität des sozialen Netzwerks, gemessen mittels des standardisierten Fragebogens „F-SozU", unterscheidet sich nicht signifikant zwischen Tierbesitzern und den übrigen Befragten. Tendenziell scheinen Personen mit Tieren sogar seltener ein defizitäres und häufiger ein intaktes Netzwerk aufzuweisen. Dies entspräche dem aus internationalen Studien (Wood u.a. 2005) bekannten Befund, wonach Tierbesitzer eher gesellig sind und mehr Kontakt zu anderen Menschen haben.

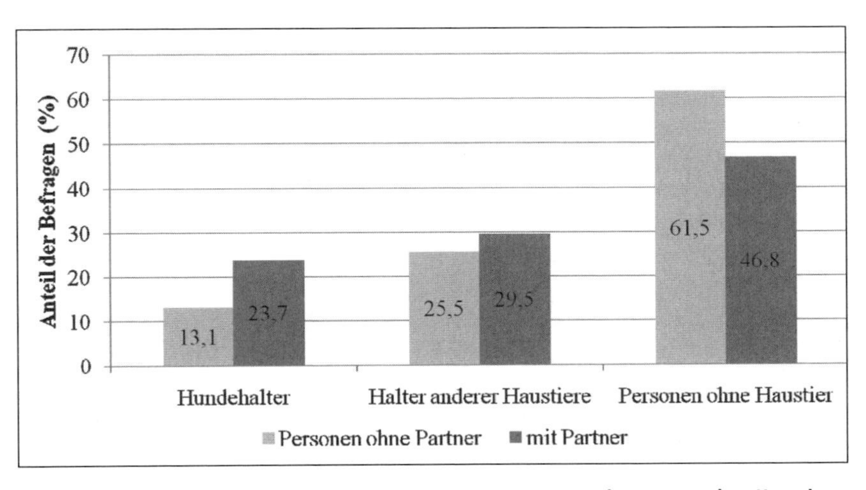

Abbildung 4: Anteil der Hundehalter, Halter anderer Haustiere und Personen ohne Haustiere an Personen mit (n = 376) und ohne Partnerschaft (n = 278) bei Überschuldung

Hinsichtlich der sozio-ökonomischen Lage zeigen sich in einigen Punkten Differenzen zwischen Haushalten mit und ohne Tiere. So sind geringe Unterschiede hinsichtlich des Bildungsniveaus und des Beschäftigungsstatus vorhanden.

Es fällt auf, dass überschuldete Privatpersonen mit Tieren im Haushalt etwas häufiger in einem Teilzeitbeschäftigungsverhältnis mit einer Wochenarbeitszeit von weniger als 15 Stunden arbeiten (15,3 %) und etwas seltener vollzeitbeschäftigt (23,8 %) sind als Überschuldete ohne Tiere (10,7 % bzw. 28,8 %). Zudem ist der Anteil der Tierhalter unter den überschuldeten Haushalten mit einem Einkommen von über 1500 Euro pro Monat mit 56,5 % signifikant größer ($p = 0{,}002$) als unter Personen mit einem niedrigeren Haushaltseinkommen mit 43,2 %. Diese Differenz lässt sich insbesondere auf den Anteil von Hundehaltern zurückführen, der unter Personen mit einem höheren Haushaltseinkommen mit 26,1 % ($p = 0{,}003$) deutlich höher ausfällt als unter Personen mit einem niedrigeren Haushaltseinkommen mit 16,4 % (Abb.5). Dieses Ergebnis zeigt auf, dass eher die Haushalte mit vergleichsweise höherem Einkommen die zum Teil hohen Kosten, die für Anschaffung und Versorgung von Haustieren und insbesondere Hunden aufgewendet werden müssen, tragen. Dies könnte als Indiz für einen verantwortungsbewussten Umgang mit der Entscheidung für oder gegen ein Haustier gewertet werden, da in den besser verdienenden Haushalten die Versorgung des Tieres in finanzieller Hinsicht eher gesichert werden kann.

Überschuldungsspezifische Indikatoren wie angegebene Schuldenhöhe oder das Stellen eines Insolvenzantrags zeigen keine differierenden Ausprägungen zwischen Personen mit und ohne Haustiere auf. Betrachtet man jedoch die Art der Haustiere, zeigt sich für Hundehalter eine signifikant ($p = 0{,}019$) höhere Schuldensumme als für Halter anderer Haustiere oder Personen ohne Haustiere. Dieses Ergebnis ließe sich dadurch erklären, dass Hundehalter eher über ein höheres Einkommen verfügen. Personen mit einem höheren Einkommen können insgesamt mehr Geld bewegen und damit auch höhere Schulden verursachen.

Betrachtet man das Konsumverhalten von Überschuldeten, wird deutlich, dass überschuldete Personen mit Haustieren eher dazu tendieren, an den Ausgaben für sich selbst zu sparen als Personen ohne Haustiere. So gibt beispielsweise ein signifikant höherer Anteil an Haustierhalter an, an Alkohol oder Tabak (66,8 %, $p = 0{,}009$) sowie an ihrer eigenen Person (87,9 %, $p = 0{,}011$) zu sparen als bei den übrigen Befragten (56,8 % bzw. 80,7 %). Vermutlich wird gespart, um die Versorgung der Haustiere sicherzustellen.

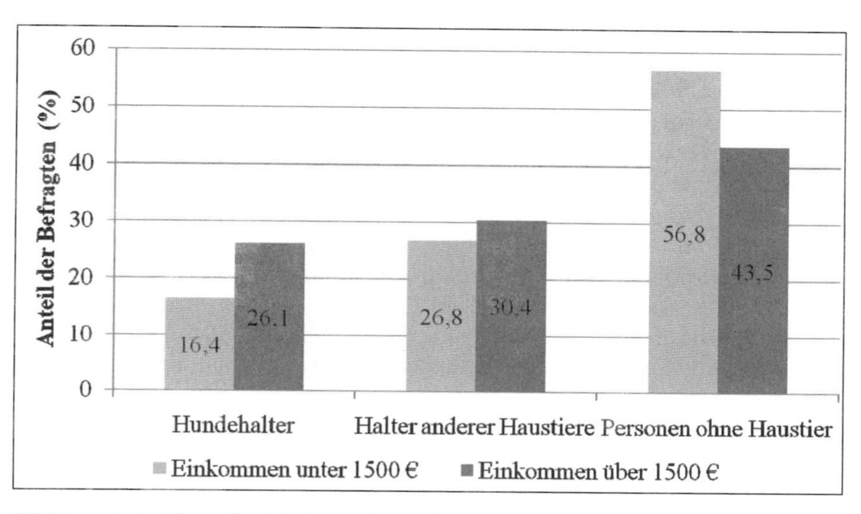

Abbildung 5: Anteil der Hundehalter, Halter anderer Haustiere und Personen ohne Haustiere an Personen mit einem Haushaltsnettoeinkommen über (n = 184) und unter 1500 €/Monat (n = 470) bei Überschuldung

In Abschnitt 3 wurde bereits die schwierige gesundheitliche Situation von überschuldeten Privatpersonen dargelegt. Sie sind besonders stark von psychischen und Gelenk- oder Wirbelsäulenerkrankungen betroffen (vgl. Abb. 1). Die Halter von Haustieren unterscheiden sich in diesen Erkrankungen nicht signifikant von den übrigen Befragten, weisen also auch einen sehr hohen Anteil von Betroffenen (36,3 % bzw. 42,0 %) auf. Signifikante Unterschiede zwischen den beiden Gruppen finden sich insgesamt nur bei wenigen Erkrankungen: Überschuldete Privatpersonen, die Haustiere halten, geben häufiger Erkrankungen der Atemwege an (27,0 %, $p = 0{,}032$) als Personen, die kein Haustier halten (19,9 %). Umgekehrt leiden Haustierhalter mit einem Anteil von 8,8 % seltener ($p = 0{,}008$ bzw. $p = 0{,}001$) an einer Sucht- oder Abhängigkeitserkrankung als Personen ohne Haustiere (17,3 %). Das gleiche gilt für Personen mit einer Leberkrankheit oder Hepatitis (4,2 % vs. 9,5 %, $p = 0{,}001$). Eine inhaltliche Interpretation dieser Zusammenhänge ist mit den vorliegenden Daten nur schwer möglich. Es ist durchaus denkbar, dass es sich hierbei um zufällig auftretende Korrelationen handelt. Insgesamt kann auf der Basis dieser Ergebnisse zumindest nicht auf einen deutlichen positiven oder negativen Einfluss von Haustieren auf die körperliche oder psychische Gesundheit von überschuldeten Personen geschlossen werden.

5 Fazit

Der vorliegende Beitrag untersuchte auf Grundlage der ASG-Studie Heimtierhaltung bei überschuldeten Privatpersonen und ermöglichte einen ersten Einblick in die Lebenswelt der betroffenen Haushalte. Dabei wurde den Fragen nachgegangen, wie häufig Haustiere in überschuldeten Privathaushalten anzutreffen sind und ob sich überschuldete Personen mit Tieren im Haushalt von jenen ohne Tiere im Haushalt hinsichtlich sozio-demographischer, sozioökonomischer Merkmale oder dem Auftreten bestimmter Erkrankungen unterscheiden. Wer sind die überschuldeten Privatpersonen, die Tiere im Haushalt haben? Welche möglichen Folgen sind für die überschuldeten Personen mit dem Besitz von Tieren verbunden? Lassen sich Hinweise auf die Situation der Tiere finden?

Daneben wurde nach der Art der Tiere unterschieden und untersucht, ob sich diejenigen Personen, die mindestens einen Hund besitzen, von jenen unterscheiden, die keinen Hund, dafür jedoch andere Tiere (zumeist Katzen), besitzen.

Mit den Ergebnissen der ASG-Studie konnte am Beispiel von Rheinland-Pfalz zunächst der allgemeine Gesundheitszustand überschuldeter Privatpersonen in der Bundesrepublik Deutschland aufgezeigt werden. Dieser ist insgesamt als defizitär zu bewerten: Acht von zehn überschuldeten Privatpersonen geben an, derzeit unter einer länger andauernden Erkrankung zu leiden. Dabei werden psychische Erkrankungen und Gelenk-/Wirbelsäulenerkrankungen am häufigsten angeführt. Auffällig ist auch die oft als defizitär empfundene soziale Unterstützung überschuldeter Menschen.

Die Analysen zur Haustierhaltung ergaben, dass rund jede zweite der befragten überschuldeten Personen aus Rheinland-Pfalz (46,1 %) angab, mindestens ein Haustier zu besitzen. In jeweils rund jedem fünften Haushalt gab es mindestens einen Hund bzw. mindestens eine Katze.

Die Tierhalter unter den Überschuldeten unterscheiden sich hinsichtlich sozio-demographischer und sozioökonomischer Merkmale punktuell von denjenigen ohne Tiere im Haushalt. So sind Frauen häufiger unter den Tierbesitzern zu finden, was im Wesentlichen auf den höheren Anteil an Katzenhaltern unter den Frauen zurückzuführen ist. Personen, die in einer Partnerschaft leben, haben häufiger Tiere als partnerlose Personen. Dies deutet zum einen darauf hin, dass Überschuldete nicht versuchen, eine fehlende Partnerschaft und damit gegebenenfalls verbundene Einsamkeit durch den Besitz eines Haustieres zu kompensieren. Zum anderen bestätigt sich mit dem Befund der auch für die Allgemeinbevölkerung geltende positive Zusammenhang zwischen Anzahl der Personen im Haushalt und der Wahrscheinlichkeit von Haustierbesitz. Offensichtlich stehen den Haushalten mit mehreren erwachsenen Personen auch mehr Ressourcen zur Versorgung der Haustiere zur Verfügung. Die Tierhalter unter den Überschuldeten verfügen demnach auch über ein höheres Haushaltsnettoeinkommen. Insbesondere für die Hundehalter lässt sich eine bessere sozioökonomische Position nachweisen. Dem Umstand, dass die Haltung von Tieren mit teils erheblichen Kosten verbunden sein kann und gerade für überschuldete Haushalte eine große zusätzliche finanzielle Belastung darstellen könnte, wird scheinbar in der Praxis insofern Rechnung getragen, dass überwiegend die finanziell besser gestellten Haushalte unter den überschuldeten Haushalten Tiere, und insbesondere kostenintensive Hunde, halten.

In verschiedenen Untersuchungen ließen sich Hinweise auf den potentiellen positiven Einfluss von Haustieren auf die menschliche Gesundheit im Allgemeinen und die psychische Gesundheit im Besonderen finden. Nach unseren Befunden lassen sich jedoch kaum Unterschiede zwischen überschuldeten Personen mit und ohne Tiere hinsichtlich des allgemeinen Gesundheitszustandes sowie der Prävalenz von psychischen Erkrankungen ausmachen. Möglich ist, dass hier zwar bei einigen Personen ein positiver Effekt durch den Umgang und die emotionale Bindung zum Haustier vorliegt, bei anderen jedoch die finanzielle Belastung zu einem weiteren Stressor wird. Um das Vorhandensein solcher Effekte nachzuweisen, sind weitere Untersuchungen nötig, die Messungen zu mehreren Zeitpunkten vorsehen und eine genauere Stratifizierung zulassen.

Die geringe Teilnehmerquote von 35,5 % stellt trotz der Repräsentativität der Befragten im Hinblick auf Alter und Geschlecht eine gewisse Limitierung für die Übertragbarkeit der Ergebnisse auf die Gruppe der Überschuldeten dar. Diese Einschränkung ist der Methodik der schriftlichen Befragung ohne Erinnerungsverfahren geschuldet. Weitere Untersuchungen zur Heimtierhaltung in überschuldeten Haushalten sind erforderlich, um die Zusammenhänge zu spezifizieren. So bleiben in der bisherigen Betrachtung tatsächliche Motive zur Haustierhaltung oder auch zum Sparverhalten unklar.

Die Ergebnisse zeigen insgesamt weder einen positiven noch einen negativen Effekt von Tierhaltung auf die Gesundheit des Menschen bei Überschuldung. An dem großen Anteil von Haushalten mit Tieren wird ersichtlich, dass auch in der Überschuldungssituation viele Menschen eine Vorliebe für Haustiere haben und diese leben. Die Beobachtung, dass Tiere eher in Haushalten gehalten werden, die ein hohes Einkommen beziehen, verweist dabei auf die hohen Kosten, die mit Tierhaltung verbunden sein können. Von finanzieller Seite betrachtet, stellen Haustiere eine zusätzliche Belastung dar, die die Entschuldung erschwert. Dieser Zwiespalt zeigt sich auch darin, dass Tierbesitzer häufiger an Ausgaben, die ihre Person betreffen, sparen. Die emotionale Bindung an die Haustiere scheint in vielen Fällen so stark, dass Einschnitte bei den eigenen Bedürfnissen hingenommen werden. Im Hinblick auf die Gesundheit der Haustiere liegen keine Studienergebnisse vor, so dass Forschungsbedarf attestiert werden kann: Inwieweit können überschuldete Haushalte die Futterversorgung sowie die tierärztliche Versorgung der Haustiere vollständig finanzieren?

Unabhängig davon sollte in der sozialen Arbeit, im Speziellen in der Schuldner- und Insolvenzberatung, nach der Haustierhaltung im Einzelfall gefragt werden, um den Gesamtblick über den Haushalt und über mögliche Defizite erhalten zu können.

Literatur

Angele, Jürgen/Frank-Bosch, Birgit/Neuhäuser, Jenny (2008): Überschuldung privater Personen und Verbraucherinsolvenzen. In: Wirtschaft und Statistik, Bd. 11, S. 963-973.

Clark Cline, Krista Marie (2010): Psychological effects of dog ownership: role strain, role enhancement, and depression. In: The Journal of Social Psychology, 150, 2, S. 117-31.

Creditreform Wirtschaftsforschung (2009) (Hrsg.): SchuldnerAtlas Deutschland. Neuss.

Helmert, Uwe/Mielck, Andreas/Shea, Steven (1997a): Poverty and health in West Germany. In: Sozial- und Präventivmedizin, 42, 5, S. 276-285.

Helmert, Uwe/Mielck, Andreas/Shea, Steven (1997b): Poverty, health and nutrition in Germany. In: Reviews on environmental health, 12, 3, S. 159-170.

Industrieverband Heimtierbedarf (IVH) e.v. (Hrsg.) (2009): Der Deutsche Heimtiermarkt. Struktur & Umsatzdaten. Online im Internet: http://www.ivh-online.de/uploads /media/Heimtiermarkt_A4_2009.pdf [Stand: 15.10.2010].

Knopf, Hiltraud/Ellert, Ute/Melchert, Hans-Ulrich (1999): Social class and health. In: Das Gesundheitswesen, 6,1 Spec No, S. 169-177.

Lampert, Thomas (2005): Schichtspezifische Unterschiede im Gesundheitszustand und Gesundheitsverhalten. Berlin.

Mackenbach, Johann P./Kunst, Anton E./Cavelaars, Adrienne E./Groenhof, Freikje/Greuts, José J. (1997): Socioeconomic inequalities in morbidity and mortality in western Europe. The EU Working Group on Socioeconomic inequalities and Health. In: Lancet, 349, 9066, S. 1655-1659.

Marmot, Michael (2001): Economic and social determinants of disease. In: Bulletin of the World Health Organization, 69, 10, S. 988-989.

Marmot, Michael (2005): Social determinants of health inequalities. In: Lancet; 365(9464), S. 1655-1659.

Marmot, Michael/Bobak, Martin (2000): International comparators and poverty and health in Europe. In: BMJ; 321, 7269, S. 1124-1128.

Marmot, Michael/Ryff, Carol D./Bumpass, Larry L./Shipley, Martin/Marks, Nadine F. (1997): Social inequalities in health: next questions and converging evidence. In: Social science & medicine, 44, 6, S. 901-910.

Mielck, Andreas (2005): Soziale Ungleichheit und Gesundheit. Einführung in die aktuelle Diskussion. Bern.

Müllersdorf, Maria/Granström, Frederik/Sahlqvist, Lotta/Tillgren Per (2010): Aspects of health, physical/leisure activities, work and socio-demographics associated with pet ownership in Sweden. In: Scandinavian Journal of Public Health, 38, 1, S. 53-63.

Münster, Eva/Rüger, Heiko/Ochsmann, Elke/Alsmann, Christine/Letzel, Stephan (2007): Überschuldung und Gesundheit. Sozialmedizinische Erkenntnisse für die Versorgungsforschung. In: Arbeitsmedizin Sozialmedizin Umweltmedizin, 42, S. 628-634.

Münster, Eva/Letzel, Stephan (2008): Überschuldung, Gesundheit und soziale Netzwerke. Expertise erstellt im Auftrag des Bundesministeriums für Familie, Senioren, Frauen und Jugend. In: Bundesministerium für Familie, Senioren, Frauen und Jugend (Hrsg.): Materialien zur Familienpolitik. Lebenslagen von Familien und Kindern. Überschuldung Privater Haushalte. Expertisen zur Erarbeitung des dritten Armuts- und Reichtumsberichts der Bundesregierung. Nr 22/2008, S. 56-140.

Münster, Eva/Rüger, Heiko/Ochsmann, Elke/Letzel, Stephan/Toschke, André M. (2009): Overindebtedness as a marker of socioeconomic status and its association with obesity: a cross sectional study. In: BMC Public Health, 9, S. 286.

Münster, Eva/Rüger, Heiko/Ochsmann, Elke/Alsmann, Christine/Letzel, Stephan (2010): Überschuldung und Zuzahlungen im deutschen Gesundheitssystem – Benachteiligung bei Ausgabenarmut. In: Das Gesundheitswesen, 72, 2, S. 67-76.

Pearlin, Leonard I./Lieberman, Morton/Menaghan, Elizabeth/Mullan, Joseph (1981): The stress process. In: Journal of health and social behavior, 22, S. 337-356.

Price, Richard H./Choi, Jin/Vinokur, Amiram (2002): Links in the chain of adversity following job loss: low financial strain and loss of personal control lead to depression, impaired functioning, and poor health. In: Journal of occupational health psychology, 7, S. 302-212.

Rüger, Heiko/Löffler, Isabel/Ochsmann, Elke/Alsmann, Christine/Letzel, Stephan/Münster, Eva (2010): Psychische Erkrankung und Überschuldung. Psychische Erkrankung, soziale Netzwerke und finanzielle Notsituation bei Überschuldung. In: Psychotherapie, Psychosomatik, medizinische Psychologie, 60, S. 250-254.

SCHUFA Holding AG (2010) (Hrsg.): Kredit-Kompass 2010. Empirische Indikatoren der privaten Kreditaufnahme in Deutschland. Auswirkungen der Wirtschaftskrise. Wiesbaden.

Serpell, James (1991): Beneficial effects of pet ownership on some aspects of human health and behaviour. In: Journal of the Royal Society of Medicine, 84, S. 717-720.

Sommer, Gert/Fydrich T (1989): Soziale Unterstützung, Diagnostik, Konzepte, Fragebogen F-SozU. Tübingen

Statistisches Bundesamt/Gesellschaft Sozialwissenschaftlicher Infrastruktureinrichtungen, Mannheim, Zentrum für Sozialindikatorenforschung/Wissenschaftszentrum Berlin für Sozialforschung (2008) (Hrsg.): Datenreport 2008. Ein Sozialbericht für die Bundesrepublik Deutschland. Bonn.

Stradling, Steve (2001): The psychological cost of student debt. Student dept: The consequences of undergraduate borrowing in the UK. Bristol.

Virués-Ortega, Javier/Buela-Casal, Gualberto (2006): Psychophysiological Effects of Human-Animal Interaction. Theoretical Issues and Long-Term Interaction Effects. In: The Journal of Nervous and Mental Disease, 194, 1, S. 52–57.

Webley Paul/Nyhus, Ellen K. (2001): Life-cycle and dispositional routes into problem debt. In: British journal of psychology, 92, 3, S. 423-446.

Weich, Scott/Lewis, Glyn (1998a): Material standard of living, social class, and the prevalence of the common mental disorders in Great Britain. In: Journal of epidemiology and community health, 52, 1, S. 8-14.

Weich, Scott/Lewis, Glyn (1998b): Poverty, unemployment, and common mental disorders: population based cohort study. In: BMJ, 317, 7151, S. 115-119.

Wildman, John (2003): Income related inequalities in mental health in Great Britain: analysing the causes of health inequality over time. In: Journal of health economics; 22, 2, S. 295-312.
Wimmer, Klaus (2006) (Hrsg.): Frankfurter Kommentar zur Insolvenzordnung, 2. Auflage, Vor §§ 286 ff, Rn. 3. München.
Wood, Lisa/Giles-Corti Billie/Bulsara, Max (2005): The pet connection: pets as a conduit for social capital? In: Social Science in Medicine, 61, 6, S. 1159-73.

Massimo Perinelli

Sexy Tiere. Visuelle Lust und tierische Liebe

Dieser Beitrag versteht sich weniger als eine abgeschlossene Analyse, sondern eher als ein offener und in diesem Sinne unsicherer Streifzug durch die Geschichte des visuellen/imaginären Tieres der Moderne. Präziser: es soll um die Lust gehen, Tiere anzuschauen. Dabei soll auch jener Aspekt thematisiert werden, der in der Forschung bisher weniger als wenig betrachtet wurde und in dem, so scheint es mir, der Affekt die Analysefähigkeiten der Geisteswissenschaften zu überlagern scheint: gemeint ist der Aspekt der sexuellen Lust auf das Tier. Hier herrscht ein extremes Ungleichgewicht zwischen den einerseits leeren Regalen in den Kulturwissenschaften und den andererseits sehr vollen Regalen der Pornoindustrie und den – wohl meist gut versteckten – privaten DVD-Sammlungen und Festplattenordnern in den Haushalten eines stetig wachsenden Publikums von Mensch-Tier-Pornografie.

Die neue Technologie der Fotografie markiert einen wichtigen Zugang in der Geschichte der Visualisierung des Tiers. Im Zuge der verloren geglaubten Natur etablierten sich um die Jahrhundertwende Naturparks, die exotische Tiere visuell popkulturell repräsentierten. Es lässt sich von einer veränderten Wahrnehmung des Metropolen-Menschen vom Tier sprechen (Möhring/Perinelli/Stieglitz 2009; S. 6 f.). Der Diskurs der Krankheit Neurasthenie, die es heute nicht mehr gibt, von der aber laut damaliger medizinischer Expertise offiziell ein Drittel der Bevölkerung in den sich industrialisierenden Ländern befallen war, diagnostizierte ein Fehlen an Natur in dem nun überzivilisierten modernen Menschen, der von der Taktung der industriellen Stechuhr und der neuen Geschwindigkeit der Metropolen – wie es damals hieß – nervös gewordenen war. Die Therapie – zumindest für die nervösen Männer – war ein Ausflug in die gerade geschaffenen Naturparks zur Wiedererlangung der verlorenen Virilität. Neurasthenischen Frauen wurde im Gegensatz dazu strikte Bettruhe verordnet. Dabei ging es für den modernen Mann einerseits um ein Erleben von etwas, was Natur genannt wurde, was aber vor allem durch den visuellen Konsum gekennzeichnet war. Natur als Ausstellungsobjekt und damit im Register des Visuellen wurde ein entscheidender Teil einer modernen urbanen Subjektivität.

Die Schaulust auf etwas ausgestelltes Vorsprachliches, etwas vermeintlich Natürliches, wurde zu einem konstituierenden Aspekt für den Prozess des modernen Bürgers. Demnach braucht das Subjekt beständig ein visuelles Anderes als Bild, in dem es sich selbst erkennen oder aber abgrenzen kann und durch das es vollständig wird. Diese Vorstellung einer Spaltung und Einswerdung kann als ein Moment der modernen vergeschlechtlichten Subjektbildung unter den Bedingungen des modernen Kapitalismus historisiert werden. In ihr setzt sich der Kulturmensch vom natürlichen Anderen ab und entwickelt ein neues Verhältnis zum Tier.

Im Übergang zum 20. Jahrhundert setzte das Kino diesen Prozess fort und dynamisierte ihn durch industrielle Serialisierung auf eine massenkulturelle Weise. Im Film konnten durch die Verkettung des Bildes in ein Narrativ nun ganze Dramen durchgespielt und populärkulturell beliebig oft und an beliebig vielen Orten gleichzeitig wiederholt werden. Das Tier spielte dabei von Anfang an eine entscheidende Rolle. Akira Mizuta Lippit betont, dass das filmische Tier deswegen von großer Bedeutung ist, weil es das Reale in den Film, also in den Bereich des eigentlich Imaginären und Symbolischen hineinträgt und dadurch einen anderen Kontakt mit dem Bild erzwingt (Lippit 2002; S. 9). Dieser Kontakt verlangt vor allem einen körperlichen Affekt und wird dadurch als realer als alle anderen Bilder auf der Leinwand empfunden (Koch 2004; S. 44). Das stumme Tier grenzt als das ganz Andere das Subjekt, was sich im Spiel zwischen Imaginärem und Symbolischem herausbildet, ab: das Tier, das bin nicht ich. Und doch beziehungsweise gerade deswegen verweist es auf einen Teil des Ichs, der im Diskurs moderner Subjektivität als Abgespaltenes begriffen und als Verlust betrauert wird. Die Lust, Tiere anzuschauen, liegt hierin begründet.

Aber natürlich ist die Sache komplizierter. Denn es gilt zu unterscheiden, welches Tier angeschaut wird, wer schaut, und was etwa passiert, wenn das Tier uns anschaut oder wir seinen Blick im Film teilen. Ein geschichtliches Beispiel dafür gibt uns der Historiker Olaf Stieglitz in seiner Untersuchung der 1950er-Jahre TV-Serie *Lassie*: Die Collie-Dame Lassie erkennt stets die Gefahr für Haus und Hof und sorgt vor allem für den ihr schutzbefohlenen Jungen Timmy. Sie organisiert immer wieder aufs Neue Rettung oder holt Hilfe. Und wir als Zuschauer erkennen die Gefahr und die erzieherische Sorge um den kleinen Timmy durch die tierischen Qualitäten von Lassie. Die Hündin vermittelt über den körperlichen Affekt der Gefahrenwitterung eine ergänzende Pädagogik, die es in den prosperierenden Ländern während des Kalten Krieges zu entwickeln und in die Wohnzimmer der fernsehenden Familien zu übermitteln galt. (Stieglitz 2009; S. 225, 231) Der wohlwollende Blick auf Lassie als besseres Familienmitglied wird gekoppelt mit Lassies Blick auf den Sohn der

Familie, den sie zu erziehen hat. Die Liebe, die in dieser Blickanordnung organisiert wird, ist eine pastorale Liebe, die Aristoteles mit dem Begriff *Agape* beschreibt als jener herabsteigenden Liebe, die Gott zu den Menschen, der Hirte zu seiner Herde oder die Eltern zu ihren Kindern empfinden und die umgekehrt für eben diese Liebe geliebt werden. Es ist eine wechselseitige hierarchische Liebe, in der die Menschen Gott lieben, weil sie von ihm geliebt werden und Haustiere uns lieben, weil wir sie lieben, andersherum aber auch Gott nur die Menschen liebt, weil er von ihnen geliebt wird und auch der Mensch nur deshalb Lassie und seine anderen Haustiere liebt, weil diese ihm treu ergeben sind. Lassie versteht sogar die menschliche Sprache und verbleibt dennoch als Tier auf der Ebene des Realen.

Was aber wenn uns die Tiere im Film einen anderen körperlichen Affekt abverlangen? Tarantula zum Beispiel scheint direkt aus der im Unterbewussten angesiedelten apokalyptischen Nachkriegsangst vor totaler Devolution im atomaren Zeitalter zu uns emporzukrabbeln. Die gigantische Spinne transportiert die Angst an jeglichem Diskurs der Rationalität vorbei und in unseren kulturellen Bildervorrat hinein, aus dem wir uns ein Bild von der Welt und uns darin machen. Die Spinne, so wie viele andere Insekten, reagiert auf keinen Namen, sie versteht den Menschen nicht, keine pastorale Liebe fließt zu ihr oder von ihr. Stattdessen verweisen die Insekten in ihrer Schwarmhaftigkeit auf ein Schwärmen, Huschen und kollektives Verführen, in der jede Subjekthaftigkeit an ihr Ende kommt (Reichert 2004). Dass dies nicht nur als Horrorszenario inszeniert werden kann, sondern auch als lustvolle alternative Vergesellschaftungsform, zeigen Filme, die in Zeiten beschädigter hegemonialer Diskurse gedreht wurden, wie etwa in der unmittelbaren Nachkriegszeit der späten 1940er-Jahre. Aber auch noch spätere Filme weisen dieses Moment der Lust am Verschwinden aus der bürgerlichen Ordnung auf, wie z. B. *The Incredible Shrinking Man* (Jack Arnold, 1957), in dem ein Ehemann langsam aber sicher aus seiner vergeschlechteten bürgerlichen Subjektivität herausrutscht, verschiedene Formen der Tierwerdung durchläuft, am Ende ganz aus der Logik der Tier-Mensch-Beziehung verschwindet und im deleuzianischen Sinne unwahrnehmbar wird. (vgl. Deleuze, Guattari 1992)

Ich mache nun einen Sprung und komme auf jene Form der Tierliebe zu sprechen, über die im allgemeinen, das heißt im öffentlichen, akademischen, pädagogischen oder auch nur feuilletonistischen Rahmen nicht gesprochen wird. Denn neben der fürsorglichen *Agape* und der kameradschaftlichen *Filia*, mit der viele Tierbesitzer ihre Beziehung zu ihrem Haustier kennzeichnen würden, gibt es eine dritte – aufsteigende – Liebe, die Aristoteles *Eros* nannte. Während die ersten beiden Linien der Liebe, die absteigende und die horizontale, gleichgestellte Liebe anerkannt werden und in der Tier-Mensch-

Beziehung als legitim gelten, ist die dritte, die aufsteigende Linie der Liebe zum Tier absolut tabuisiert. Als ich in meinem Seminar *Liebe im Film* in der letzten Sitzung Ulrich Seidls Dokumentarfilm *Tierische Liebe* (1996) zeigte, verließ mehr als die Hälfte des Kreises empört die Vorführung. Obwohl wir schon einige durchaus ungewöhnliche und herausfordernde Liebesfilme im Laufe des Semesters gesehen hatten, war die Diskussion der darauffolgenden Sitzung – gelinde gesagt – ungleich emotional aufgeladen. Die Szenen, die die stärksten Abwehraffekte ausgelöst hatten, waren vor allem jene, in denen die Besitzer der Haustiere – meist Hunde – selber tierisches Verhalten an den Tag legten. So wälzen sich im Film manche Herrchen und Frauchen mit ihren Lieblingen auf dem Bett, stoßen unverständliche Laute aus, wühlen und graben mit ihren Gesichtern im Fell der Tiere und bewegen sich unkontrolliert beziehungsweise mimetisch auf die Bewegung ihres Hundes. Viele dieser Szenen überschreiten die Grenze des Sexuellen beziehungsweise unterscheiden nicht mehr zwischen infantilem Spiel und erwachsener Sexualität sowie nicht mehr zwischen Tier- und Menschsein. Das meist lustvolle Knurren und Jaulen der oft halbnackten Menschen in tierischen Positionen löste bei vielen Studierenden einen rigorosen Abwehrreflex aus, während etwa Gewaltszenen in anderen Filmen problemlos ausgehalten und kritisch reflektiert werden konnten.

Deutlich wurde, dass Tiersex oder Sex mit Tieren im Film differenziert betrachtet werden muss. Handelt es sich etwa um fetischisierte phallische Tiere, die dem (männlichen) Zuschauerauge Identifikation ermöglichen oder gegensätzlich um solche Tiere, die eine phallische Inszenierung unterlaufen oder sich dieser widersetzen? Im klassischen Falle eines hypermaskulinisierten Filmtieres fungiert etwa die Protagonistin auf der Leinwand als Objekt eines männlichen Begehrens, für dessen Potenz das vermeintlich wilde, kraftvolle Tier steht. *King Kong* (Merian C. Cooper, Ernest B. Schoedsack, 1933) verhandelt in kolonialer Sehgewohnheit eben jene Männlichkeit, die den vermeintlich neurasthenischen Männern der hektischen Metropolen abhanden gekommenen war. Der perspektivlose Bootsmann John Driscoll, Held des Filmes, erlangt seine Potenz erst darüber, dass er den Riesenaffen, der sich die Frau, die er begehrt, einfach genommen hatte, am Ende besiegt. Der überpotente Silberrücken *King Kong* tritt als eine primitive Form phallischer Männlichkeit auf. Am Ende kann und muss er sterben, denn seine wesentlichen Potenzqualitäten wurden einerseits vom ehemals neurasthenischen Mann der Moderne inkorporiert, andererseits von seinen primitiven, also gewaltvollen Eigenschaften befreit. Ganz anders verhält es sich mit Tieren, die nicht phallisch konnotiert sind. Etwa bei dem Schimpansen Max in *Max mon Amour* (Nagisa Ôshima, 1986), der eine sexuelle Liebesbeziehung mit einer Diplomatengattin und Mutter eines zwölfjährigen Sohnes unterhält. Was bei *King Kong* auf einer visuellen Ebene Sinn zu machen scheint, nämlich das ausagierte Begehren eines riesenhaften Gorillas gegenüber einer menschlichen Frau, scheint in diesem Film gänzlich unsinnig zu sein. Peter, der Ehemann, kann einfach nicht glauben, dass seine Frau einen Schimpansen auch körperlich lieben kann. Um diese Frage beantworten und die Liebesbeziehung kontrollieren zu können, lässt er Max in die gemeinsame Wohnung ziehen. Dort beginnt für Peter ein Prozess, der mit Michel Foucault präzise als Wille zum Wissen als Bedingung moderner Subjektbildung beschrieben werden kann. In seiner Subjekthaftigkeit als Ehemann, Vater und Konsul der britischen Krone bedroht, versucht Peter das Geheimnis der Liebe zwischen Margaret und Max zu entschlüsseln und zu verstehen, und zwar über eine laborhafte Anordnung der Visualisierung. So sucht er Fachmänner auf, Psychologen und Biologen, die ihm etwa dazu raten, die Wohnung heimlich mit Kameras auszustatten. Ein anderes Mal möchte Peter durch das Schlüsselloch seiner Frau beim vermeintlichen Liebesakt zuschauen. Und schließlich heuert er eine Prostituierte an, die vor seinen Augen mit Max schlafen soll. Doch Max interessiert sich nicht für die nackte Schönheit, schließlich liebt er ja Margaret. Peter wird nichts zu sehen bekommen und auch das Publikum sieht „es“ nicht. Genau hier bricht der Film mit der klassischen Schaulust und schafft etwas radikal anderes. Denn als Peter seine Untersuchung aufgibt und den Macht-Wissen-Komplex verlässt und sich ebenfalls von Max affizieren lässt, kann er am Kreis der polymorphen Liebe zu dem Tier partizipieren. Das Aufgeben seiner Suche ist indes nichts weniger als die Absage an eine männliche Subjektposition, die sich über den männlichen penetrierenden Blick auf die Frau als Objekt konstituiert. Hier markiert sich genau jener Unterschied im intimen Kontakt zum Tier, der mir wichtig erscheint. Max ist nicht phallisch, er besitzt Margaret nicht, so wie auch sie ihn nicht besitzt. Stattdessen gelingt es den Protagonisten im Film, aus ihrer bürgerlichen Wohnung einen heterotopischen Ort zu schaffen, der sich über eine posthumane Liebe realisiert. Kein Wunder, *Max, mon amour*, von dem berühmten Regisseur Nagisa Ôshima mit Starbesetzung wie Charlotte Rampling gedreht, hat in Europa und den USA nie einen Verleih gefunden (mehr zu *Max, mon amour* vgl. Möhring/Perinelli 2009; S. 256-261).

Eine Szene aus dem Film scheint mir indes interessant zu sein im Hinblick auf die Frage nach der tierischen Liebe. Immer noch dem Geheimnis auf der Spur lädt Peter seine Sekretärin und Geliebte Camille zu einem Zoo-Besuch ein. Vor dem Affen-Gehege fragt er Camille, ob sie sich vorstellen könne, mit einem Affen Sex zu haben. Entsetzt antwortet sie, „natürlich nicht, niemals!“, jedoch nur um direkt anzuschließen, „mit einem Hund oder einem Pferd, das wäre natürlich etwas ganz Anderes“. Dieses „etwas ganz Anderes“ verweist indes nicht auf die Grenze Tier-Mensch, sondern im Register des Visuellen auf die Grenze zwischen einerseits einem phallischen Begehren und andererseits Begehrensformen, die das bürgerliche Subjekt aufzulösen drohen.

Dass Sex zwischen einer Frau und einem Hund/Hengst „ganz etwas Anderes“ ist, nämlich etwas, was durchaus einen Verleih auf dem Filmmarkt findet, bezeugt die Flut der Tierpornografie, die mit dem Zusammenbruch der Blockkonfrontation aus Osteuropa in den Westen kam und hier den kleineren dänischen, italienischen und holländischen Markt, sowie die zahlreichen Produktionen aus Brasilien vervielfachte. Dieser Multimillionen-Euro-Film-Markt verweist auf eine millionenfache Schaulust an dem Anblick eines fetischisierten, phallischen Tieres, das sich scheinbar unendlich potent – in Wirklichkeit meist desinteressiert und unbeteiligt – eines davon erregten – ebenfalls meist deutlich sichtbar gelangweilten – Frauenkörpers bemächtigt. Merkwürdig genug existiert fast keinerlei Forschung über diese sehr große Pornosparte. Während in den letzten Jahrzehnten feministische Pornstudies das Phänomen der Pornografie bearbeitet haben und in den jüngsten Jahren eine boomende post-porn-theory an den heterogenen Erscheinungsformen von Pornografie interessiert ist (vgl. Stüttgen 2009), schweigt die kritische Wissenschaft zur Lust am Tier-Mensch-Sex. Dabei wäre gerade hier viel Erkenntnispotential zu erwarten. Denn es ließe sich fragen, inwiefern die extrem heteronormativbinäre Tier-Mensch-Sexualität, also Sex zwischen einem männlichen aktiven phallischen Tier und einem weiblichen verführenden Menschen, nicht auch Elemente von Aneignungsstrategien der Protagonistinnen enthält. Denn zwar fungiert der phallische Hund als Symbol einer hypervirilen Männlichkeit, gleichzeitig ersetzt er aber eben auch den Mann als Akteur im Sex und macht ihn evtl. vielleicht sogar überflüssig. Eine queere porn-theory könnte auf die Überlegungen von Judith Butler über den lesbischen Phallus zurückgreifen und mit einem Denken über das begehrte und begehrende Tier erweitern. Das Konzept der Dildonics der Philosophin und Queer-Theoretikerin Beatriz Preciado könnte sicher mit einem Konzept des Dildogs im Sinne einer posthumanen Philosophie, wie sie Donna Haraway gerade in Hinblick auf das Tier-Mensch-Verhältnis formuliert hat, bereichert werden (vgl. Butler 1995; Preciado 2003; Haraway 2008).

Sicherlich stellt ein Großteil der Tierpornofilme eine Verschärfung in der ohnehin schon inhärenten Entwürdigung der Frau innerhalb der Pornografie dar. Dennoch ließe sich fragen, ob nicht die extreme Anthropomorphisierung und Erotisierung des phallischen Tieres – Gorilla, Hengst, Rüde oder Würgeschlange – in Porno-, Spiel- und Werbefilmen nicht auch als deleuzianisches Tierwerden gelesen werden könnten, die die extrem stabil wirkende Mensch-Tier-Grenze des bürgerlichen Subjekts hinterfragt, welche eine posthumane Kritik schon längst ins Fadenkreuz ihrer Kritik genommen hat. Die Forderung wäre dann nicht die Abschaffung des Tiers als erotisches Gegenüber, sondern eine Forderung nach der Produktion anderer, nicht heterosexistischer Filme beziehungsweise Bilder von erotischen Tier-Mensch Verhältnissen.

Solche Filme erlaubten einen neuen Umgang mit Tieren, der auf der Tierwerdung des Menschen basieren würden. Denn zwar dürfen Tiere zu Menschen, zu Familienmitgliedern, zu treuen Kameraden oder zu geliebten und zu Tode geschmusten Kuscheltieren werden, niemals jedoch darf der Mensch zu dem Tier hinab sinken. Sexuelles Begehren gegenüber dem Tier bedeutet das Überschreiten jener kulturellen Grenze, die um den Preis des gesellschaftlichen Ausschlusses nicht überschritten werden darf. Dabei geht es nicht um den Schutz der Tiere, die ansonsten nach Belieben ge- und verkauft, befohlen, gestreichelt, zu pädagogischen Zwecken eingesetzt, zur Arbeit angehalten, getestet, gemästet, eingesperrt, getötet und gegessen werden dürfen, sondern um die radikale Infragestellung des bürgerlichen Subjekt selbst. Dennoch ist es eben diese Qualität, das heißt die Erlaubnis, die intersubjektive Ordnung loslassen zu können, die den Wunsch nach dem haptischen wie auch visuellen Kontakt zum Tier hervorruft. Nicht die ethische Debatte um die Vermenschlichung des Tieres, sondern eine Diskussion über das Tabu der Tier-Werdung des Menschen wäre eine interessante Wendung im Denken über den Umgang mit Tieren – und Menschen.

Literatur

Butler, Judith (1995): Körper von Gewicht. Die diskursiven Grenzen des Geschlechts. Berlin.

Deleuze, Gilles/Guattari, Félix (1992): Tausend Plateaus. Kapitalismus und Schizophrenie. Berlin.

Haraway, Donna (2008): When Species Meet. Minneapolis.

Koch, Gertrud (2004): „Von der Tierwerdung des Menschen. Zur sensomotorischen Affizierung". In: Böhme, Hartmut u.a. (Hg.): Tiere. Eine andere Anthropologie, Köln/Weimar/Wien, S. 41-50.

Lippit, Akira Mizuti (2002): „The Death of an Animal". In: Film Quartely 56/1, S. 9-23.

Möhring, Maren/Perinelli, Massimo/Stieglitz, Olaf (2009) (Hg.): Tiere im Film. Eine Menschheitsgeschichte der Moderne. Köln, Weimar, Wien.

Möhring/Perinelli (2009): Utopia, mon amour. In: Möhring/Perinelli/Stieglitz (Hg.): Tiere im Film, S. 249-263.

Preciado, Beatriz (2003): Kontrasexuelles Manifest. Berlin.

Reichert, Ramón (2004): „Huschen, Schwärmen, Verführen". In: KunstMedien 2, S. 1-16.

Stieglitz, Olaf (2009): Citizen Lassie – Tiere als bessere Staatsbürger im US-Fernsehen der 1950er Jahre. In: Möhring/Perinelli/Stieglitz (Hg.): Tiere im Film, S. 223-236.

Stüttgen, Tim (2009) (Hg.): PostPornPolitics. Queer_Feminist Perspective on the Politics of Porn Performance and Sex_Work as Culture Production. Berlin.

3 Die Beziehung zum Tier – eine Frage kultureller Differenz

Flavien Ndonko

Deutsche Hunde. Ein Beitrag zum Verstehen deutscher Menschen[1]

Ich betreibe eine Art fröhliche Wissenschaft zum Studium der Deutschen. Vielleicht kann ich das meinen deutschen Lesern zunächst am besten mit Hilfe einer Anekdote vermitteln. Als ich mich 1990 entschlossen hatte, eine ethnographische Datenaufnahme zur Frage der Beziehungen zwischen Deutschen und Hunden zu beginnen, machte ich einen ersten Anfang, indem ich hundebezogene Postkarten und andere Geschenkartikel erwarb, wie sie in so vielen deutschen Geschäften angeboten werden. Natürlich schickte ich auch einige dieser Postkarten an meine Angehörigen und Freunde zu Hause. Die Karten zeigten Motive wie den „Pudel", den „Boxer" oder auch den „deutschen Schäferhund". Wie haben meine Freunde und Verwandten darauf reagiert? Nun, sie schickten mir Antwortbriefe, in denen sie meist verkündeten, dass sie diesen oder jenen Hund gerne besitzen würden, denn sie fanden ihn „gut aussehend", „hübsch" oder „prachtvoll". Aber in ihrer Vorstellung ging es in erster Linie um Tiere, von denen sie erwarten würden, dass sie die Nahrungsreste des Haushaltes verwerten und, wenn sie dabei hungrig bleiben, in den Abfallhaufen der Nachbarn weitersuchen. In der Vorstellung meiner afrikanischen Verwandten und Freunde ging es um Tiere, die unter offenem Himmel schlafen, und wenn ich ihnen erklärte, dass dem nicht so ist, sondern dass diese Hunde sogar ihre eigene Spezialnahrung zu sich zu nehmen gewohnt sind, fragten sie mich verwundert: „Sind diese Hunde denn Kinder oder wie?" Was ich ihnen zu erzählen hatte, fügte sich für sie in die Logik einer verkehrten Welt. Auf diese Weise können meine deutschen Leser vielleicht verstehen, was es bedeutete, wenn ich meinen Freunden und Verwandten in Afrika von Hundeversicherungen erzählte, von Schönheitssalons für Hunde, von kaninen Ambulanzen und Schönheitswettbewerben, von hundebezogenen Informationszentren, von Hundefriedhöfen oder gar von Loriot und seinem sprechenden Hund! Das war

1 Der Beitrag erschien erstmalig in: Thomas Hauschild, Bernd Warneken (Hg.): Inspecting Germany. Internationale Deutschland-Ethnographie der Gegenwart. Münster u.a. 2002, 53-73. Für die vorliegende Veröffentlichung wurde der Text gekürzt. Wir danken dem Autor, den Herausgebern und dem LIT Verlag für die Möglichkeit zum Zweitabdruck. Wir danken zudem Kathrin Körn, Studentin der FH Frankfurt am Main, für die Übertragung des ursprünglichen Buchtextes in eine elektronische Datei.

für sie kaum zu verstehen, und warum sollte es das auch sein? Für viele nichtdeutsche Menschen auf der Welt ist ein Hund einfach ein Hund. Da wird man sich doch fragen dürfen, was Hunde eigentlich für die Deutschen sind. Seit ich das erste Mal Kontakt mit Europäern hatte, und das waren in meinem Falle Deutsche, hat mich diese Frage nicht mehr losgelassen.

Seltsame Deutsche

(...)
Ein auf zwei Monate Aufenthalt ausgelegter Reiseplan sah zahlreiche Fahrten in verschiedene deutsche Städte vor. Und ich hatte Glück. Auf der Fahrt von Hamburg nach München hatte ich das nicht weniger erstaunliche Erlebnis, Fahrzeuge zu beobachten, die mit hoher Geschwindigkeit hintereinander herfuhren – und dann sah ich doch tatsächlich, dass im Fond eines hinter uns fahrenden Autos ein Hund saß! Ich dachte, ich hätte nicht richtig hingesehen, und konnte es nicht glauben. Nun unterzog ich die Insassen aller Wagen, die uns überholten, einer systematischen Kontrolle. Nach nur zehn Minuten wurden wir von einem weiteren Hund überholt. Ich verlor die Fassung und rief: „He, da ist ein Hund im Wagen!" Mein deutscher Freund war wenig beeindruckt von dieser „Entdeckung" und sagte: „Sie fahren nach Süden, um Ferien zu machen." Da dachte ich bei mir: „Du wirst hier bei diesen Deutschen eine Menge zu sehen bekommen!" Was sagen Sie dazu, dass ich auf einem Alpengipfel einen Hund entdeckt habe? Ich bekam langsam das Gefühl, nicht ganz normal zu sein, denn meine deutschen Freunde hielten so etwas für ganz natürlich. Für mich war das der Anlass, mir die anthropologische Debatte über die Beziehungen zwischen Insider und Outsider ins Gedächtnis zu rufen (Headland u.a. 1990). (...)

Mein Staunen, mein Kulturschock war ein Ergebnis des Blicks von außen. Deutsche sind durchaus auch in der Lage, ihre eigene Kultur mit einem verfremdenden Blick zu betrachten, ja, es ist mittlerweile üblich geworden, dass Anthropologen ihre eigene Gesellschaft ins Visier nehmen und dort Forschungen durchführen (Jackson 1987). Aber ich stehe auf dem Standpunkt, dass man ohne die Erfahrung der Alterität, ohne Distanzierung von der eigenen Kultur kaum in der Lage sein wird, das, was sich da vor den Augen abspielt, wirklich zu sehen. Nach zwei Monaten Aufenthalt hatten sich in meinem Kopf so viele Fragen angesammelt, dass ich es nicht mehr erwarten konnte, eine ethnographische Forschung durchzuführen. (...)

Felderfahrungen mit Hund

Nach meinem zweimonatigen Aufenthalt im Jahre 1989 wurde mir ein DAAD-Stipendium bewilligt, das es mir möglich machte, in Deutschland meine Doktorarbeit zu schreiben, und so kam ich weniger als ein Jahr später wieder zurück. Ich nutzte diese Gelegenheit, um systematisch Daten über die Deutschen und ihre Hunde zu sammeln. Drei Jahre lang führte ich Interviews durch, sammelte Zeugnisse der materiellen Kultur (Bücher, Postkarten, Zeitungsausschnitte, Photographien, Hundenahrung, Accessoire), und gelegentlich beobachtete ich auch aktuelles Verhalten gegenüber Hunden, indem ich mich einer speziell dazu entwickelten Methode bediente.

Es war gar nicht so leicht, als Afrikaner hunderelevantes Verhalten der Deutschen zu beobachten. Ich interessierte mich zum Beispiel dafür, was in diesen Schönheitssalons für Hunde passiert. Manchmal wurden meine Anfragen von deren Betreibern mit der Bemerkung quittiert, ich solle mich doch lieber um die Probleme von Hunger und Krankheit in Afrika kümmern. Eine Frau ging so weit zu behaupten, dass der Hund sich unwohl fühlen würde, wenn so viele Menschen während seiner Schönheitspflege um ihn herumstünden. (...)

Hund und Gesellschaft

Physische Präsenz und soziales Ansehen des Hundes

Hunde sind in der deutschen Öffentlichkeit allgegenwärtig. Sie gehen auf den Straßen bei Fuß mit ihrem Herrn oder folgen ihm, wenn er mit dem Fahrrad fährt. Sie machen es sich in Autos bequem, und dazu gibt es sogar spezialangefertigte Sicherheitsgurte. Geduldig warten sie vor den Eingängen der Supermärkte auf ihre Herren, weil ihnen durch betont freundlich gehaltene Erklärungen der Zugang zu Ladengeschäften verwehrt ist. Es heißt nicht „Für Hunde verboten“, sondern: „Wir müssen leider draußen bleiben“. Man sieht sie auch viel in den öffentlichen Verkehrsmitteln, in Bussen und U-Bahnen. In den Parks fühlen sie sich besonders wohl, sie rennen herum, rollen sich auf dem Boden und bellen, wie es ihnen gefällt. Manchmal ist das Anlass zu Auseinandersetzungen zwischen Hundefreunden und Hundefeinden, denn die Hundefeinde fühlen sich von den Hunden gestört, wenn sie schon mal, was in diesen Breiten ja selten genug geschieht, in der Sonne liegen. Manchmal sind sie dann gezwungen, den Schauplatz zu verlassen, nicht ohne die Hunde und ihre Herren mit ihren Bannflüchen zu überziehen. Dabei sollte man bedenken, dass Parks im Leben dieser Menschen eine zentrale Rolle spielen. Im Park befindet man sich in einer mehr oder weniger natürlichen Umgebung. Es ist ein Treffpunkt für Erwachsene wie Kinder. Aber auch die Hundebesitzer benutzen gerne den Park, denn das ist die ideale Erholung für ihren „Freund“. Da die Hunde sehr unterschiedlich aussehen, wirkt der Park wie eine große Wohnanlage für Hunde. Ob man nun Hundefreund oder Hundefeind ist, man muss sich mit den Hunden auseinandersetzen. Selbst auf den Straßen des Landes findet man sie noch überall: Man hat den Eindruck, dass sie das Reisen genießen. Insofern überrascht es nicht, dass man selbst in den Amtsstuben des Landes Hunde vorfinden kann.

Die Präsenz der Hunde im öffentlichen Leben erschöpft sich nicht im passiven Dabeisein. Hunde tragen mit ihren Aktivitäten auch zu den Nachrichtensendungen des Landes bei. Hunde verursachen in Deutschland jährlich um die 50.000 Fälle von Verletzungen an Menschen, 10.000 davon bei Kindern („Stern“, Heft 37, 22. August 1991). Menschen und Hunde bevölkern tagtäglich dieselbe Umwelt und müssen es daher unabhängig von der zahlenmäßigen Stärke der Gesamtpopulationen 1:1 miteinander aufnehmen. Dabei sollte man nicht übersehen, dass 1989 in der damaligen Bundesrepublik Deutschland etwa 38 Millionen Hunde lebten, was die BRD in dieser Hinsicht auf den vierten Platz nach Irland, Frankreich und Großbritannien verwies, Länder, die noch einen weit höheren Anteil „bellender Staatsbürger“ vorzuweisen haben (Mermet 1991: 223). Durch die Vereinigung mit der DDR im Jahre 1990 – auch hundemäßig besehen ein relevantes Datum — soll die Zahl noch einmal beachtlich gesteigert worden sein.

Nicht nur physisch, sondern auch optisch sind Hunde in der deutschen Gesellschaft omnipräsent. Werbeplakate, das Fernsehen, Postkarten, andere Massenmedien und einige spezialisierte Zeitschriften verbreiten Hundebilder, um wiederum Werbung für Gebrauchsartikel zu machen oder um ihre Kunden mit Informationsmaterial zu versorgen. So gibt es Aufnahmen von Hunden im Kreise ihrer menschlichen Familie, mit denen man dem Betrachter eine Versicherung schmackhaft zu machen versucht. Man sieht Hunde beim Fressen und Hunde, die gerade Geburtstag feiern, rauchende Hunde und autofahrende Hunde. Es gibt Abbildungen von Hunden, die einander küssen, von gelehrten Hunden mit Brille und Schlips usw. Das in den 1990er Jahren weit verbreitete „Zeit-Magazin“ brachte mehrere Ausgaben, in denen es vorrangig um Hunde ging und die auf dem Cover Hunde abbildeten: Nr. 51 vom 13. Dezember 1991 und Nr. 50 vom 4. Dezember 1992 titelten: „Hund-Couture: Ob Dackel oder Dobermann, was zieht der Hund von morgen an?“ Oder: „Des Pudels Kern: Auf allen Vieren des Kleintiers wahres Wesen suchend“. All das bezeugt das bedeutende Image des Hundes in Deutschland und demonstriert die Fürsorge und das Interesse einer Gesellschaft für eine Sorte von Zeitgenossen, die man kaum noch der Kategorie Tier wird zuordnen können.

Hundenahrung

In Deutschland gibt es fast keinen Hund mehr, der noch selbst für seine Nahrung sorgen muss. Das erledigen ihre Besitzer. Und es ist auch nicht so, dass die Hunde sich mit dem zufrieden geben müssen, was beim Menschen übrig bleibt. O nein, in der Regel können Hunde auf ihre eigenen Nahrungsmittel zurückgreifen. Ein Teil ihrer Ausbildung durch den Menschen zielt darauf ab, dass sie sich den Antrieb zum Aufnehmen frei herumliegender Nahrungsreste, von Aas usw. abgewöhnen. Ein Hund, der allzu sehr in Richtung auf diese angestammten Formen der Ernährung durch Nahrungsreste hin taktiert, gilt als „unerzogen". „Gute Hunde" sitzen brav in der Ecke und warten, bis ihre Herren mit dem Essen fertig sind. Viele Hundebesitzer, denen an einer gründlichen Ausbildung ihrer kleinen Freunde gelegen ist, werden Nahrungsreste eher in die Mülltonne werfen als sie an den Hund verfüttern. Das wird natürlich indirekt von Industriezweigen unterstützt, die sich mit der Herstellung von Hundenahrung befassen. Sie empfehlen ihren Kunden, bei der Ernährung des Hundes besondere Sorgfalt walten zu lassen. Ihre Broschüren unterstellen, dass das, was wir Menschen essen, nicht unbedingt gut ist für unsere „vierbeinigen Freunde". Außerdem drohten Übergewicht, Infektionen, Allergien, Diabetes und vieles andere, wenn man seinen Hund nicht mit hundegerechter Nahrung füttere.

Hundenahrung wird in einer Fülle von Variationen angeboten. Man muss nur einmal durch Karstadt, den Toom Markt oder ALDI schlendern, um sich das bewusst zu machen. Es gibt da Dosennahrung, kartonierte und in Plastiksäcken verpackte Angebote.

(…)

Es handelt sich bei Hundenahrung generell um Fertiggerichte oder um Mahlzeiten, die lediglich noch mit Milch angerührt werden müssen. Das spart Zeit und gibt den Beteiligten das Gefühl, rationale Haushaltsführung zu treiben. Aber nicht nur bei der Zubereitung von Hundenahrung wollen die Menschen den Zeitaufwand möglichst knapp halten. Sie sparen auch Zeit, indem sie in Restaurants essen oder in unterschiedlichem Ausmaß präfabrizierte Gerichte kaufen. Da viele Menschen in dieser Weise „zivilisierte" Nahrung zu sich nehmen, ist das Verzehren naturnaher Produkte unerwartet zu einem Luxus geworden. So findet man in manchen Geschäften „natürliche" neben „industriellen" Eiern. Erstere stammen von Hühnern, die im Freien leben, und daher ist ihr Preis doppelt so hoch wie der Preis der industriell hergestellten Eier. Ich kann hier nur auf dieses erstaunliche Phänomen einer luxuriösen Form der Rückkehr zu naturnaher Ernährung hinweisen und meine Verwunderung darüber ausdrücken, denn dies geschieht, während die Menschen, die in Wäldern leben, sich immer mehr für Dosennahrung und Cornflakes begeistern.

Es hängt vom Alter eines Hundes ab, wie viele Mahlzeiten pro Tag ihm zuträglich erscheinen mögen. Hundebesitzer erbauen sich in dieser Frage an den Gebrauchsanweisungen dieser oder jener Futtermarke. Man beachte, wie sorgfältig manche Menschen die Fütterung ihres (Hunde-)„Babys“ in den ersten Lebensmonaten planen: In den ersten zwei Monaten nach der Geburt benötigen sie drei bis fünf Mahlzeiten, die zwischen 7 Uhr morgens und 7 Uhr abends verabreicht werden müssen. Im vierten und fünften Lebensmonat gibt es drei Mahlzeiten, die zwischen 9 Uhr morgens und 5 Uhr nachmittags stattfinden, im sechsten und siebten Monat zwei Mahlzeiten zwischen 8 Uhr morgens und 6 Uhr abends. Vom neunten bis zwölften Monat gibt es zwei Mahlzeiten zwischen 9 Uhr morgens und 3 Uhr nachmittags, und dann, ab Vollendung des ersten Jahres, wird nur noch eine regelmäßige Mahlzeit pro Tag gegeben, immer zu derselben Stunde (zwischen 13 und 18 Uhr), ergänzt durch zwei tägliche Snacks.

Nicht alle Hundebesitzer füttern ihren Hund mit Fertiggerichten. Oft werden zusätzlich andere Nahrungsmittel wie Reis gekocht und mit oder auch ohne Dosenfutter verabreicht. Und Hunde, wie zivilisiert sie auch immer sein mögen, brauchen Knochen, die sie aber in Deutschland nicht mehr aus den Abfalltonnen zusammensuchen dürfen. Knochen werden also in spezialisierten Geschäften erworben. Diese künstlichen Knochen sind aus Ochsenpenis oder Büffelhaut hergestellt und gelten als sehr resistent. (…)

Körperpflege und Ornament

Als ich das erste Mal beobachtete, wie einem Hund das Duschen beigebracht wurde, dachte ich, dass sein Besitzer unweigerlich verrückt geworden sein müsse. Ich machte den Fehler, diesen Vorgang so zu betrachten, als würde hier ein Ziegenbock gebadet oder ein Hahn. Nachdem ich wiederholt dabei war, wie Hunde gewaschen wurden, verstand ich, dass es sich hier um einen ganz normalen Vorgang handelte. Die Hunde werden nicht nur gewaschen, sondern auch mit Handtüchern abgetrocknet! Dann werden sie sorgfältig gekämmt oder gebürstet, dabei kommen unterschiedliche, dem jeweiligen Fell des Tieres angepasste Kämme und Bürsten zum Einsatz.

Zur weiteren Verschönerung werden Hunde in Salons gebracht, wo man ihr Haar bündelt oder das Tier so sorgfältig durchbürstet, dass wir den Eindruck bekommen, jedes Haar sei kunstvoll einzeln so eingesteckt worden. Manchmal wird das Haar auch zu Locken geformt oder geschoren. Dann werden die Hunde auch geschmückt, man legt ihnen Halsbänder an, die mit verschiedensten Schleifen, Medaillons, Kettchen, Gemmen verziert sind. Das Frisieren und Verzieren der Hunde scheint eine Gewohnheit zu sein, die besonders bei älteren Damen beliebt ist, welche auch nicht zögern dürften, die Farbe ihrer eigenen Kleidung auf die farbliche Wirkung des Hundes einzustellen, damit beides so wirkt wie zwei Gestaltungsformen eines harmonischen Ganzen. Kleine Hunde, insbesondere solche mit langem Haarwuchs wie die Pudel, können bei all dieser Verzierung wie Schönheitsköniginnen wirken.

In Deutschland werden Hunde auch gekleidet, und manchmal zieht man ihnen Schuhe an. Es gibt europäische Nachbarn, die das irritierend finden und sich fragen, wie eine so eng mit ihnen verwandte Kultur auf solche Ideen kommt (Bjcerneboe 1991). Diese Anzüge und Schuhe sind manchmal teurer als die Kleidung von Menschen. Sie werden in spezialisierten Geschäften angeboten, die gelegentlich sogar mit Anzeigen in den Zeitungen für ihre Artikel werben.

Gesundheitsversorgung und Versicherungen

(…)

Wenn Hunde krank sind, kann man sich auf eine Vielzahl ärztlicher Spezialisten verlassen. Es gibt sogar Kliniken, in denen sie untergebracht werden können. In Hamburg zum Beispiel gibt es 15 Kliniken und Polikliniken für Hunde sowie 100 Veterinäre, unter denen sich auch zwei Homöopathen befinden. Und seit fast zehn Jahren gibt es eine Ambulanz, in der man seinen kranken Hund notversorgen lassen kann.

Krankheitsgrund bei Hunden ist in allererster Linie das Übergewicht. Es verursacht Infektionen, Diabetes und Diarrhoe. Dagegen wiederum gibt es eine Reihe sehr wirkungsvoller Kuren. Aber manche Hunde brauchen gar nicht bis zum Moment einer Erkrankung warten, um einem Arzt vorgeführt zu werden; man macht sie vielmehr zum Gegenstand einer gründlichen Vorsorge. Jeder Hund muss ein Siegel am Nacken tragen, aus dem hervorgeht, dass er nach allen Regeln der Kunst Schutzimpfungen hat über sich ergehen lassen. Zuhause hat er einen internationalen Impfpass liegen, der nicht nur über Datum und Art der Impfung Auskunft gibt, sondern auch über Geburtsdatum, Geschlecht, Rasse, besondere Merkmale sowie die Adresse seines Besitzers. Es ist wichtig, dass man die Unterschrift und das Siegel des Veterinärs deutlich auf dem Zeugnis erkennen kann. Generell werden Hunde gegen Krätze, die Carré-Krankheit, infektiöse Hepatitis und Leptospirose geimpft. Anleitungen zur herkömmlichen Vorsorge geben Broschüren und Heftchen, die man den Hundebesitzern zugänglich macht.

Im Allgemeinen sind Hunde auch „Kunden" der Versicherungsgesellschaften. Eine große, mittlerweile mit Filialen in 17 deutschen Städten vertretene Gesellschaft hat sich darauf spezialisiert, nur die Gesundheitsversorgung von Katzen und Hunden zu versichern. Die „Vereinigte Tierversicherungs-Gesellschaft AG" hat ihren Sitz in Wiesbaden. Der Hund muss sich mit dem vierten

Lebensmonat versichern und kann dann bis zum fünften Lebensjahr in der Versicherung verbleiben; das kostete 1999 50 DM pro Jahr. Ich kannte bereits Krankenversicherungen für Menschen, bei uns sind sie nicht allgemein verbreitet, es gibt keine Pflichtversicherungen – und es gibt immer noch viele Menschen auf der Welt, die keine solche Versicherung haben. Autoversicherungen werden auch in Kamerun zwangsweise geschlossen, und man bekommt Ärger mit der Polizei, wenn man keine hat. Wenn ich den Leuten in Kamerun erzähle, dass es in Deutschland Hundeversicherungen gibt, sterben sie fast vor Lachen. Und nachdem sie es überlebt haben, werden sie mich fragen, ob man sich in Deutschland vor der Polizei fürchten muss, wenn man keine Versicherung für seinen Hund abgeschlossen hat. Du wirst ihnen antworten, dass es nicht der Polizei wegen geschieht, sondern zur Sicherheit des Hundes. Und dann werden sie schockiert sein. Man muss sich in Afrika wirklich ein bisschen vorsehen mit Erzählungen über „deutsche Themen".

Wenn der Hund nicht mehr da ist

Auf der Suche nach ihren verlorenen Hunden bedecken ihre Herren Wände, Telefonzellen und Elektromasten mit Suchanzeigen. Diese Texte sind sehr pathetisch gehalten, so dass man sich unmittelbar dazu aufgerufen fühlt, auf die Suche nach dem armen Tier zu gehen — nicht weil man den stattlichen Finderlohn einzukassieren versucht, sondern vor allem, um dem armen Hundebesitzer zu helfen. In diesen Suchanzeigen werden nicht nur die physischen Charakteristika (Rasse, Größe, Fell- und Augenfarbe) der Tiere aufgelistet, sondern auch ihre Charaktermerkmale (brav, lieb, gehorsam, süß). Die Besitzer demonstrieren damit eine genaue Kenntnis ihrer Hunde. Wenn man sich vorstellt, wie traurig ein Deutscher sein kann, der seinen Hund verloren hat – obwohl ja noch Hoffnung besteht, dass er sich wieder findet –, dann kann man den unbeschreiblichen Verlust ermessen, den der Tod des Hundes für ihn darstellt.

Wenn der Hund stirbt, geht es seinem Besitzer elend. Er benachrichtigt seine Freunde und Verwandten, als habe es sich um einen seiner menschlichen Lieben gehandelt. Wie kann ich nur auf die Idee kommen, dass ein Hund nicht einer der „Lieben" des Menschen sei? Sie bestellen einen Sarg und begraben ihn im Garten oder auf einem Friedhof. Es gibt immer luxuriöser ausgestattete Särge auf dem Markt ebenso wie preiswertere Angebote, die sich wirklich jeder leisten kann. (...)

In verschiedenen Gebieten Norddeutschlands habe ich insgesamt vier Hundefriedhöfe besucht. Dabei habe ich das Aussehen der Friedhöfe und einzelner Gräber fotografisch dokumentiert. Sie können sich vielleicht vorstellen, wie schwierig es für mich ist, meine Freunde und Verwandten in Yaoundé davon zu überzeugen, dass es sich hier um Gräber für Hunde und nicht für Menschen handelt. Schon dass ich überhaupt Fotografien von Friedhöfen besitze, erregt ihr Misstrauen. Aber auch einer meiner Hamburger Freunde konnte es nicht glauben, als ich ihm erzählte, dass ich gerade vom Besuch eines Friedhofs zurückkäme, auf dem seine Landsleute Hunde begraben. Ich konnte ihn dadurch überzeugen, dass ich ihm die Adresse des Friedhofs nannte (Am Himmelmoor, der Betrieb wurde im April 2000 eingestellt). Aber meine Leute werden es nicht glauben, bis sie es mit eigenen Augen gesehen haben. Es fällt ihnen erst recht schwer, wenn sie die frisch geschnittenen Blumen und die luxuriösen Grabsteine mustern. Sie sind es gewohnt, einen toten Hund einfach wegzuschmeißen oder, wenn überhaupt, anonym zu verscharren.

Deutschen gefällt es, ihr Hundegrab regelmäßig zu besuchen und zu pflegen, sie geben dem Grab frische Blumen bei oder auch ein Spielzeug, das der Hund besonders geliebt hat. Dabei fällt gar nicht ins Gewicht, dass der Stein, der auf dem Grab errichtet wurde, um die 2000 DM gekostet hat – weitaus wichtiger sind Text und Ton der Inschrift. Neben dem Namen und den Lebensdaten des Verstorbenen findet man Anrufungen wie „Warum so früh?“ oder „lieber XY, Du lässt uns in Trauer zurück“ oder „Meine Liebe“ oder „Hier ruht mein einziger wahrer Freund Teddy, 30. 9. 83 – 3. 12. 91“, nebst „Ich werde Dich nicht vergessen“ und „Ruhe sanft, Rocky, Danke“. (…) Es überrascht in diesem Zusammenhang auch nicht, dass Sylvia Barbanell (1965) mit ihrem Buch „Wenn deine Tiere sterben“ mehrere deutsche Auflagen hatte. Das Buch ist wirklich gut geschrieben, aber man sollte es einmal einem Kameruner zu lesen geben! Es wäre ein ziemlich übles Geschenk.

Hund, Wirtschaft, Recht

Menschen verhelfen Hunden zum Leben, das kann man wohl angesichts der Behandlung, welche Deutsche ihren Hunden angedeihen lassen, mit Fug und Recht behaupten. Aber es ist nicht minder richtig zu behaupten, dass Hunde dem Menschen zu leben geben. Hunde sind in Deutschland ein milliardenstarker Wirtschaftsfaktor, denn sie sind in allen gesellschaftlichen Bereichen gegenwärtig, von der Produktion bis zur Distribution von Gütern und Dienstleistungen. Schon aufgrund ihrer in die Millionen gehenden Zahl sind sie eine gesellschaftliche Tatsache, mit der man rechnen muss. Wenn es jemandem gelingt, auch nur eine Sorte Kekse herzustellen, die deutschen Hunden ganz besonders mundet, wird er sich zu den reichsten Menschen dieser Welt zählen können. Die Herstellung und der Vertrieb von Hundenahrung in Deutschland liegen in den Händen einiger weniger Firmen wie „Pedigree Pal“ oder „Rheiner Tiernahrung“. Sie beliefern die großen Supermärkte ebenso wie kleine

Ladengeschäfte. Allein ihr Umsatz muss bei Hunderten von Millionen Euro liegen.

Gute Geschäfte machen auch Firmen, die Accessoires und Schmuck für Hunde herstellen, ebenso die medizinische und pharmazeutische Industrie, die sich mit der Produktion hundegeeigneter Artikel befasst. Hinzu kommen eine ganze Reihe kleinerer Dienstleistungsbetriebe, Hundeheime, spezialisierte Verlagshäuser, Agenturen, die Schönheits- und Sportwettbewerbe für Hunde organisieren, Beerdigungsinstitute, Ausbildungszentren, Clubs und Vereinigungen – sie alle machen Geld mit Hunden. Darüber hinaus gibt es einen Sektor der deutschen Tourismusbranche, die sich mit Hunden befasst, ferner die auf den Handel mit Postkarten und ähnlichem spezialisierten Betriebe. Im Folgenden gebe ich eine Auflistung von hundespezifischen Dienstleistungsbetrieben in Hamburg wieder:

Tabelle 1: Dienstleistungen im Zusammenhang mit Hunden in Hamburg

Art der Dienstleistung	Zahl der Betriebe
Ärzte	94
Kliniken und Polikliniken	16
Ambulanzen	1
Taxiunternehmen	2
Hotels	2
Pensionen	1
Clubs	2
Zuchtanstalten	7
Ausbildungsstätten	3
Schulen	6
Schönheitssalons	45
Friedhöfe	8
Homöopathen	2

Es gibt auch eine Hundesteuer, die jährlich von der Gemeinde erhoben wird. Selbst der Hundekot ist noch ein Wirtschaftsfaktor, denn es gibt Firmen, die sich auf die Produktion von Fegern und Papiertüten zu seiner Beseitigung spezialisiert haben – und es gibt sogar Maschinen, mit denen der Kot sachgemäß entsorgt werden kann.

Es ist auch nicht ohne Interesse, den Bezug der Hunde zu Recht und Politik in Deutschland zu erörtern. (…)

Dem Paragraphen 90a des Bürgerlichen Gesetzbuches (BGB) können wir entnehmen, dass Tiere keine Sachen sind, also nicht als Dinge oder Besitztümer behandelt werden sollten. Man riskiert Gefängnis, wenn man es doch tut. Wie sind die Deutschen nur auf diese Idee gekommen? Um das zu verstehen, sollten wir auf folgenden Kommentar hören: „In Deutschland werden Tiere vom Bürgerlichen Gesetzbuch als ‚Dinge' oder Eigentum betrachtet. Der Druck der öffentlichen Meinung, die sich über die Behandlung von Tieren beim Schlachten, bei Laborexperimenten usw. erregte, führte zu einer Gesetzesveränderung, wonach Tiere nun als ‚Kreaturen von Fleisch und Blut' angesehen werden." (Mermet 1991: 223)

Die Vermenschlichung der Hunde

(…)

Der Hund als vollgültiges Mitglied der Familie

Deutsche Familien setzen sich zunehmend aus zwei kinderlosen Erwachsenen zusammen. Der weitverbreitete Individualismus hinterlässt ein soziales Vakuum. Hunde sollen diese Leerstelle füllen und werden darum zu vollgültigen Mitgliedern der Familie gemacht. Sie spielen die Rolle des Ehemannes oder der Ehefrau, des Kindes oder des Freundes. Menschen sprechen mit Hunden, sie berichten den Tieren über ihre Gefühle, sie vertrauen sich ihnen an. Hunde gewöhnen sich an diese Rolle, und es kann so weit kommen, dass auch sie diese Beziehung eifersüchtig zu bewahren suchen. Ältere Menschen, insbesondere ältere Frauen, haben oft nur einen einzigen Gefährten, den Hund. Das Tier steht nun im Mittelpunkt ihrer Interessen. Sie planen die Ausgänge, die täglichen Aktivitäten in Abstimmung mit ihrem Hund. Sie nehmen sich Zeit, das Tier zu streicheln, mit ihm zu sprechen und ihm sonstwie ihre sorgende Zuneigung zu beweisen. Auch wenn der Hund nicht spricht, so hört er doch zu, und das Gefühl, dass einem jemand zuhört, ist von großer Bedeutung für Menschen. Ansonsten werden auch Psychologen bemüht, die sich Geschichten über Krankheiten anhören, die man vermeiden oder kurieren könnte, nur weil die Menschen das Gefühl haben, dass ihnen jemand zuhört.

Aber es sind nicht nur ältere Mitbürger, sondern auch junge Erwachsene, die sich einen Hund zulegen. Als Beispiel kann man Prostituierte nennen, Punks und Bettler. Letztere bevorzugen oft kräftige und aggressive Hunde. Es werden viele Geschichten über Bettler und ihre Hunde erzählt. So wird behauptet, dass diese ihre Mahlzeit mit dem Hund teilen und wie er Hundenahrung verspeisen. Es scheint auch so zu sein, dass sie Hunde mitnehmen, weil dies das Betteln in Deutschland profitabler macht. Die Menschen waren, das kann man daraus schließen, vom bemitleidenswerten Anblick des Bettlers nicht in dem Maße angesprochen wie von dem bettelnden Hund. Die milde Gabe wird dem Bettler nicht für den Eigenverbrauch gegeben, sondern damit er seinem Hund zu fressen kauft. Und man muss sagen, dass es sich in diesem Falle wirklich um einen ehrlichen Bettler handelt: Immerhin isst er seinen Hund nicht auf, sondern er nutzt seine Präsenz und begnügt sich mit dem, was der Hund übrig lässt, wie es den Dienern und dem Hausgesinde geziemt.

Hunde und soziale Normen

Ich habe schon darauf hingewiesen, dass der Hund seinen Bürgerpflichten nachkommt, indem er brav seine Steuern entrichtet. Auch sonst hält er sich an die für ihn gültigen Normen, indem er sich immer wieder seine Herkunft bewusst macht. Seine Genealogie wird säuberlich notiert, so dass man genau weiß, wer seine Eltern, seine Großeltern und sogar seine Urgroßeltern waren. Man erzählt dann, dass der Großvater aus Süddeutschland gekommen sei oder aus einem Nachbarland oder sogar von einem anderen Kontinent. Mancher Hundebesitzer kennt die Abstammungslinie seines Tieres in- und auswendig. Aber welcher Abstammung auch immer, alle Hunde werden gründlich erzogen.

Hundetraining kann mehr oder weniger formalisiert vollzogen werden und besteht hauptsächlich darin, den Tieren wünschenswerte Eigenschaften anzuerziehen oder ihnen auch bestimmte Dinge abzugewöhnen: z. B. dass sie nicht immer und überall fressen, sich nicht herumstreiten und überall hinpinkeln, dass sie nicht einfach über die Straße laufen, sondern die Verkehrsampeln respektieren, dass sie entgegenkommend und respektvoll auftreten und kommunikative Kompetenz im Umgang mit ihrem Herrn beweisen. Das ABC der Hundeausbildung beginnt mit den Kommandos „Sitz!", „Komm!", „Raus!". Die Ausbildung wird manchmal vom Herrn selbst durchgeführt, der sich dabei an wahllosen frei verkauften Handbüchern orientieren kann. Wenn ein Hund schwierig wird, kann man auch auf spezialisierte Zentren zurückgreifen, in denen der Hund nacherzogen wird. Es gibt auch Zentren, in denen Hunde einer gründlichen Ausbildung unterzogen werden. Hunde, die dort ihren Abschluss erwerben, sind regelrechte Profis, die sich auf Rettung von Ertrinkenden, Menschen in Bergnot, die Suche nach Überlebenden bei Katastrophen spezialisiert haben oder aber auf Drogenfahndung, Blindenbetreuung, erotische Dienstleistungen und sogar käuflichen Geschlechtsverkehr! Bei dieser Gelegenheit sollte nicht unerwähnt bleiben, dass in Deutschland der Sex mit Hunden und jeglichem anderen Haustier verboten ist, und das gilt auch für den Handel mit tierbezogenem pornographischem Material. (…)

Die Kosten der Vermenschlichung

(…) Afrikanische Hunde können keine Vorstellung von dem entwickeln, was ihre deutschen Artgenossen durchzumachen haben. Wenn der Herr den Tag hindurch unterwegs ist, werden sie kurzerhand eingesperrt. Ließe man sie nämlich frei herumlaufen, bestünde immer die Gefahr, dass sie von den zahlreichen und schnell fahrenden Automobilen überrollt würden. Sie werden also eingesperrt, um sie vor Autounfällen zu bewahren. Im Winter sperrt man die Hunde außerdem ein, um sie vor der Kälte zu schützen. Während der kalten Jahreszeit zeigt sich immer wieder, dass es Hunde gibt, die keinerlei Interesse mehr daran haben, das Haus zu verlassen, nicht einmal für einen kurzen Gang. Aber das kann sich als unglücklich erweisen, wenn ihre Herren das Umhergehen mit dem Hund gewohnt sind, der sich nun den Menschen anpassen und ins Kalte hinaus muss. Ich entnehme das unter anderem einer Witzzeichnung, in der sich ein Hund bei einem anderen über die Capricen und Launen seines Herrn beschwert, der ihn immer mit sich in die Kälte hinausnimmt.

Man kann sich die Kosten der Vermenschlichung auch im Zusammenhang mit der Verfeinerung der Hundenahrung vor Augen führen. Ist es gut für Hunde, all diese eingedosten und verpackten Lebensmittel zu sich zu nehmen? Diese Fehlernährung im Zusammenhang mit einem eingesperrten Leben, bei dem die Hunde kaum zu der nötigen Bewegung kommen, schafft Probleme, die ihren Artgenossen in anderen Weltgegenden beim täglichen Kampf um die mageren Nahrungsressourcen fremd sein dürften. Manche Hunde müssen sich aus den genannten Gründen sogar einer Abmagerungskur unterziehen, unter der sie dann zu leiden haben. Ich beziehe mich da auf eine Postkarte, auf der sich übergewichtige Hunde über ihre Kuren austauschen. Eine Abmagerungskur ist nicht immer leicht, weder für den Hund noch für seinen Herrn.

Die schlimmste Erniedrigung, die ein Hund erleiden muss, ist das Schicksal der Aussetzung. Besonders oft werden Hunde vor einer Ferienreise ausgesetzt. Der Freund des Menschen wird zum Störfaktor, und sein Herr lässt ihn, wenn auch nicht ohne Schuldgefühle, auf einem Parkplatz zurück. Es gibt Tierschutzorganisationen, die diese Praktiken heftig anprangern und sich für die Hunderechte einsetzen. Oftmals werden die ausgesetzten Hunde von irgendwem aufgenommen und in Tierheimen abgegeben – aber da beginnt für einige erst der Alptraum. Manche Hunde werden depressiv, wenn man sie ausgesetzt hat oder wenn ihr Herr lange Zeit abwesend ist. Das kann besonders dann geschehen, wenn die Besitzer sich verliebt und einen neuen Freund oder eine neue Freundin gefunden haben. Das wird von Hunden anscheinend im tiefsten Innern empfunden, und aus purer Eifersucht können sie sogar bösartig gegen die neuen Partner werden. Wir sind sicherlich nicht weit von einer Situation entfernt, in der Hunde und ihre Besitzer sich in den Wartezimmern der Psychiater wieder begegnen, wenn das nicht sogar schon irgendwo in der Realität existiert.

Hunde müssen auch eine strenge Kontrolle ihres Sexuallebens aushalten. Männliche Hunde werden kastriert, damit sie nicht mehr das Begehren juckt und sie hinter weiblichen Hunden herlaufen. Hundebesitzer tauschen sich offen über die Vorteile der Kastration aus; sie soll das Tier kräftiger und zahmer machen und für die seelische Stabilität sorgen. Weiblichen Hunden werden die Eierstöcke und die Cervix entfernt, um die Regelblutung zu vermeiden. Die Herren entscheiden, kurz gesagt, darüber, ob ein Tier noch seine Fähigkeit zur Reproduktion besitzt oder nicht, und wenn er seinem Hund erlaubt, sich fortzupflanzen, wird er für die Wahl eines Partners sorgen, der sich aus seiner Sicht als passend erweist. Man kann also sagen, dass Hunde kein unabhängiges Sexualleben zu führen in der Lage sind und dass sich in diesem Bereich alles nach den Wünschen des Herrn richten muss.

Gegen diese Einschnitte und andere tägliche Behinderungen der Hunde durch ihre Besitzer erhebt sich nie ein erkennbarer Protest. Hunde widersprechen ihren Herren nicht, denn die haben immer Recht. Und das ist auch der Unterschied zum Menschen, den es immer zu Ungehorsam, Widerspruch und Protest drängt. Schon kleine Kinder wehren sich gegen ihre Eltern, verlangen dies oder jenes, weigern sich, bestimmte Dinge zu tun und erinnern die Eltern gelegentlich an die Menschenrechte. Das markiert den Unterschied zum Hund, der seinen Herrn unumschränkt herrschen lässt. Ist das der tiefere Grund für die wachsende Beliebtheit der Hunde? Werden die Hunde, ob sie wollen oder nicht, zum Medium einer Strategie der Intoleranz und der Herrschaft, die es modernen Menschen erlaubt, in einer von rechtlichen Regulierungen und Mechanismen der Strafe nur so durchzogenen Gesellschaft ihre Machtinstinkte auszuleben?

(…)

Literatur

Barbanell, Sylvia. 1965. Wenn deine Tiere sterben. Eschwege [Orig.: When your animal dies; aus dem Englischen von Eberhard Maria Körner].

Bjœrneboe, Jens 1991. Deutschlands Hunde. In: Die Horen. Zeitschrift für Literatur, Kunst und Kritik 36 (3):7f.

Buff, S. 1994. Love your dog! Everything you need to know to raise a happy, healthy pet. North Dighton.

Dundes, Alan. 1985. Sie mich auch. Das Hinter-Gründige der deutschen Psyche. Weinheim.

Headland, Thomas N. (Hg.). 1990. Emics and etics. The insider-outsider debate. Newbury Park u.a.

Jackson, Anthony (Hg.). 1987. Anthropology at home. (A selection of papers presented at the ASA conference, held at the University of Keele, England, in March 1985). London u.a.

Jauernig, Othmar. 1994. Bürgerliches Gesetzbuch. 7., neubearb. Aufl. München.

Laplantine, Francois. 1987. L'Anthropologie. Paris.

Meier, Ingeborg Frauke. 1990. Das kleine Hunde-Buch. München.

Mermet, Gérard. 1991. Euroscopie. Les Européens: qui sont-ils? Comment vivent-ils? Paris.

Thomas Kunz

Von Hammeln und Hunden. Das Mensch-Tier-Verhältnis als Bestandteil von Fremdheitskonstruktionen in der Einwanderungsgesellschaft

Einleitung

„Haustiere miauen, bellen oder fiepen rein statistisch in jedem dritten deutschen Haushalt. Beliebteste Vierbeiner der Deutschen sind Katzen, von denen rund 8,2 Millionen durch Wohnzimmer und Gärten schleichen. Auf dem zweiten Platz folgen 5,6 Millionen Kleintiere wie Meerschweinchen und Ratten. Der angeblich beste Freund des Menschen, der Hund, ist nach Angaben des Zentralverbandes Zoologischer Fachbetriebe (ZZF) lediglich mit 5,4 Millionen Exemplaren vertreten." (greenpeace magazin 2011).

Deutschland ist ein Einwanderungsland, so lautet die mittlerweile geläufige und nur noch selten, von einigen Unbelehrbaren bestrittene demographische Einsicht, wobei hier angesichts eines zuletzt negativen Wanderungssaldos (vgl. Bundesministerium des Innern 2011, 17ff.) zu präzisieren ist: Deutschland ist ein Land, dessen Gesellschaft ganz maßgeblich von Wanderungsprozessen geprägt ist. Dies schlägt sich unter anderem in der Feststellung nieder, dass fast ein Fünftel der Wohnbevölkerung einen sogenannten Migrationshintergrund hat. Anknüpfend an das Eingangszitat zur deutschen Heimtierhaltung könnte die weiterführende Frage also lauten, ob und inwieweit die Feststellung über tierische Lautäußerungen, die „rein statistisch in jedem dritten deutschen Haushalt" (ebd.) zu vernehmen seien, eben auch Haushalte mit einschließt, die einen sogenannten Migrationshintergrund haben? Oder anders gefragt: Was versteht der Zentralverband Zoologischer Fachbetriebe (oder das von ihm mit der Erhebung betraute Institut) unter einem *deutschen Haushalt*? Dieser Gedanke ist auch insofern von Bedeutung, als die Marktforschung zunehmend die Bevölkerung mit Migrationshintergrund für sich zu entdecken scheint. Nicht zuletzt auch deswegen, weil sich, allen IntegrationsskeptikerInnen zum Trotz, hier ein neues, äußerst lukratives KonsumentInnensegment eröffnet, welches es künftig zielgruppengerecht und marketingtechnisch angemessen zu erschließen gilt. Frei nach dem Motto: als MitbürgerInnen nicht wohl gelitten, aber als KonsumentInnen heftig umworben.

War die Bevölkerungs- und KonsumentInnenbeobachtung bis dato entweder nur an der Unterscheidung deutsch/ausländisch orientiert, ist in den vergangenen Jahren ein zunehmendes Interesse an den Menschen mit Migrationshintergrund zu erkennen. Hierauf deutet nicht zuletzt der Einzug der Kategorie „Migrationshintergrund" in die amtliche Bevölkerungsstatistik hin (hierzu später mehr), aber auch die Hinwendung der kommerziell ausgerichteten Marktforschung zu den Menschen mit Migrationshintergrund, wie sie sich beispielsweise in den Sinus-Milieustudien niederschlägt, die jetzt auch für die Bevölkerung mit Migrationshintergrund spezifische Milieus herausarbeiten (vgl. Kunz 2008, ders. 2010a).

Im nachfolgenden Beitrag geht es *nicht* um die Frage, inwieweit Tiere einen Beitrag zur Praxis Sozialer Arbeit in der sogenannten Einwanderungsgesellschaft leisten oder leisten könn(t)en. Und es geht ebenso wenig um die Beantwortung der Frage, ob in der Bevölkerung mit sogenanntem Migrationshintergrund Besonderheiten in deren Verhältnis zu Tieren, d.h. sowohl Haus- wie Nutztieren, bestehen. Bereits die Formulierung solch einer Frage impliziert einen Fehlschluss, unterstellt sie doch, es gäbe eine Bevölkerungsgruppe, die sich über das Kriterium des Migrationshintergrundes im Allgemeinen als homogene begreifen ließe und die sich darüber hinaus im Besonderen durch ein scheinbar einheitliches und von der sogenannten Mehrheitsgesellschaft abweichendes Verhältnis zu Haus- wie Nutztieren auszeichnet. Solche Art von Fragen erscheint insofern problematisch, als sie lediglich die geläufige Vorstellung bedient, auch über den Gegenstand des Mensch-Tier-Verhältnisses die Unterschiedlichkeit zwischen „uns" und „ihnen" bekräftigen zu wollen.

Statt dessen handelt es sich hier um einen höchst heterogenen und differenziert zu betrachtenden Bevölkerungsteil – sofern ein solcher „an sich" überhaupt existiert, d.h. eindeutig abgrenzbar ist. Der Zweifel an dem zuvor artikulierten Fehlschluss gründet letztlich auf der Einsicht, dass es sich beim Rückgriff auf das Kriterium „mit Migrationshintergrund" um eine in diesem Sinne artifiziell vereinheitlichte Bevölkerungsgruppe handelt, deren Umfang und Zusammensetzung wesentlich von den geltend gemachten Unterscheidungen und Differenzen abhängt und deren Fassung mithin gesellschaftlichen Definitionskonjunkturen unterworfen ist, bspw. durch aufenthaltsrechtliche Bestimmungen oder die Festlegung, wie weit, d.h. wieviel Generationen ein Migrationshintergrund zurückreiche. So betrachtet wird auch deutlich, was darunter zu verstehen ist, wenn der gesellschaftliche Konstruktionscharakter des „Migrationshintergrundes" betont wird. Dieser Konstruktionscharakter ist dem vermeintlich präexistenten Beobachtungsgegenstand „Bevölkerung mit Migrationshintergrund" immanent und verweist auf dessen dynamischen Gehalt und seine Abhängigkeit von der Durchsetzung und Etablierung gesellschaftlicher Beschreibungsroutinen. Er verweist darauf, dass – wie sollte es anders sein – der Gegenstand, von dem hier die Rede ist, im Wesentlichen beobachterInnenabhängig ist.

So paradox es klingen mag: Genau aus diesem Grunde ist die oben kritisierte Frage, ob sich mit Blick auf die Bevölkerung mit sogenanntem Migrationshintergrund Besonderheiten in deren Verhältnis zu Tieren identifizieren ließen, dennoch durchaus interessant und eine Beschäftigung mit ihr ergiebig – allerdings aus einer anderen Perspektive: Es geht nämlich darum auszuloten, inwieweit Verweise auf das Feld der Mensch-Tier-Beziehung in der Einwanderungsgesellschaft herangezogen werden, um über medial vermittelte Narrative, die wesentlich kulturalisierende Klischees von Mensch-Tier-Beziehungen enthalten, Menschen mit sogenanntem Migrationshintergrund gerade auch über das Verhältnis zu Tieren kollektiv in einer vermeintlichen Andersartigkeit und Fremdheit zu fixieren.

Jene Klischees erstrecken sich sowohl auf den Bereich der Haustier- als auch auf den Bereich der Nutztierhaltung. Es lassen sich hier markante Diskursfiguren und Stereotypen, aber auch Paradoxien, Brüche und Widersprüchlichkeiten identifizieren, wobei sich just in der Verwischung jener Abgrenzung zwischen Haustier- und Nutztierhaltung eine zentrale Figur zeigt, die häufig herangezogen wird, um das vermeintlich Andere bei MigrantInnen zu betonen – doch dazu später mehr.

Der nachfolgende Beitrag will mit seinen Überlegungen eine Sondierung dieses Forschungsgegenstandes vornehmen. Er versucht, zwei prominente Diskursfiguren zur Mensch-Tier-Beziehung in der Einwanderungsgesellschaft zu identifizieren, zu reflektieren und deren Aussagegehalte auszuloten, d.h. er verlegt sich auf das Beobachten – das Beobachten nicht der MigrantInnen und ihres tatsächlichen oder vermeintlichen Umganges oder Verhältnisses zu Tieren, sondern das Beobachten der gesellschaftlichen Kommunikation darüber. Insofern werden die nachfolgenden Betrachtungen keine typisierenden Einsichten in Verhaltensweisen spezifischer MigrantInnengruppen liefern.

Allein die Rede von *der* Gruppe der Menschen mit Migrationshintergrund – im Sinne einer über dieses Kriterium als einheitlich vorstellbaren Gruppe – ist bereits ein Fehlschluss, der im Übrigen auch nicht dadurch vermieden werden kann, diese Großkategorie beispielsweise entlang Herkunftsnationalitäten aufzuschlüsseln und/oder mittels Aufenthaltstiteln in Untergruppen zu gliedern. Dies erweist sich im Kern als ein weiterer Versuch, Differenzierung zu simulieren, um letztlich bloß eine weitere homogenisierende Beobachtung gültig zu machen.

Die nachfolgenden Überlegungen besitzen deshalb einen explorativen Charakter. Es wird der Versuch unternommen, die genauere Betrachtung des Mensch-Tier-Verhältnisses auch für die Beobachtung und Analyse gesellschaftlicher Kommunikationsprozesse in der sogenannten Einwanderungsgesellschaft fruchtbar zu machen.

Der Begriff der Einwanderungsgesellschaft

Zunächst ist – angesichts seiner mittlerweile doch sehr verbreiteten Verwendung – grundsätzlich auf den Terminus „Einwanderungsgesellschaft" bzw. „Einwanderungsland" einzugehen: Er erscheint in dem Sinne angemessen, dass mit ihm anerkannt wird, dass die Bundesrepublik Deutschland von Beginn ihrer Geschichte an durch Zu-/Einwanderung, d.h. Zu-/Eingewanderte und den von diesen erbrachten Leistungen ganz wesentlich miterbaut, mit gestaltet und geprägt worden ist. Nicht zuletzt der Sachverhalt, dass knapp ein Fünftel der bundesdeutschen Wohnbevölkerung einen sogenannten Migrationshintergrund hat (vgl. Konsortium Bildungsberichterstattung 2006, 140), bekräftigt diese Einschätzung. Der Terminus ist aber auch fragwürdig bzw. zumindest ambivalent, denn der Blick auf den aktuellen sogenannten Wanderungssaldo zeigt, dass – verrechnet man die Zahl der Gesamtzuzüge und -fortzüge aus Deutschland – im Jahr 2009 mehr Menschen abwanderten als zuwanderten (vgl. Bundesministerium des Innern 2011, 17f.). Demnach wäre es angemessener von einem Auswanderungsland zu sprechen. Darüber hinaus ist der Begriff „Einwanderungsland" ein Euphemismus, als er nahelegt, die Bundesrepublik sei ein Land, welches Zu- bzw. Einwanderung leicht mache, gar befördere. Das Gegenteil ist der Fall: Begrenzung, Selektion, Abwehr, Erschwerung und Illegalisierung sind Stichworte, welche viel eher das herrschende Zuwanderungsregime charakterisieren – was zumindest auch Gründe dafür sein dürften, dass mehr Menschen ab- als zuwandern. So betrachtet erscheint die Bezeichnung „widerwilliges Einwanderungsland" (Bade 2007, 33) angemessener.

Der ambivalente Erkenntnisgewinn der Kategorie „Migrationshintergrund"

Ebenfalls der grundlegenden Klärung bedarf der Begriff „Migrationshintergrund", der in der öffentlichen und Fachdiskussion nicht minder prominent Verwendung findet. Es handelt sich um ein Etikett, welches im Mikrozensus 2005 erstmals zu bundesweiter, bevölkerungsstatistischer Relevanz und Berühmtheit gelangte. Mit dem Begriff sind all die Menschen bezeichnet, die als

AusländerInnen in die Bundesrepublik Deutschland einreisten und hier leben. D.h. zu dieser Gruppe gehören: nichtdeutsche Staatsangehörige mit eigener Wanderungserfahrung, alle in Deutschland geborenen AusländerInnen (also: ohne eigene Wanderungserfahrung), alle Eingebürgerten sowie alle SpätaussiedlerInnen; hinzu kommen Kinder, von denen mindestens ein Elternteil einer der eben genannten Gruppen angehört. (Vgl. Statistisches Bundesamt 2006, 73f., vgl. auch Statistisches Bundesamt 2010)

Diese Klärung ist wichtig, zumal der Begriff Migrationshintergrund hinsichtlich der Intensivierung seiner Verwendung nicht nur einen signifikanten Wandel in der demographischen Beschreibung der bundesdeutschen Wohnbevölkerung mit sich brachte (s.o.), sondern auch im Kontext migrationsspezifischer Begriffskonjunkturen gedeutet werden muss. Er ist gewissermaßen kategorialer Widerschein und semantische Manifestation der gegenwärtigen Phase der Einwanderungsgesellschaft, d.h. er ist aktueller Indikator dafür, wie das demographische Geschehen kommunikativ eingearbeitet wird. Wurden während der 1950er und 1960er Jahre die Menschen, die für die Arbeit in Deutschland angeworben wurden, als „Gastarbeiter" und teils gar noch als „Fremdarbeiter" tituliert, wandelte sich der hegemoniale Terminus im Laufe der Jahre über „Ausländer" hin zu „ausländischen Mitbürgern" – was nicht heißt, die Begriffe fänden nicht auch gleichzeitig Verwendung im Diskurs. Jedoch lässt sich für jede Phase der Einwanderungsgesellschaft eine Bezeichnung als hegemoniale identifizieren. Im Grund indizieren die Begriffe – und die beobachtbaren Begriffswandlungen – jeweils die Konsolidierung lebensweltlicher Perspektiven von Zugewanderten (und deren Nachkommen) aus Sicht der sogenannten Aufnahmegesellschaft: zu Beginn, beim Begriff „Gastarbeiter", stand der Anlass des Aufenthaltes im Mittelpunkt. Das Motiv war Arbeit, die Aufenthaltsdauer galt als an die Dauer eines befristeten Arbeitsverhältnis gekoppelt (deshalb „Gast"), mithin dokumentierte die Kategorie „Gastarbeiter" den Wunsch der einheimischen wie teils auch der zugewanderten Bevölkerung, dass der Aufenthalt nur vorübergehend sein sollte. Nachdem jedoch die Menschen, die gerufen wurden, blieben und sich in Deutschland einlebten und verwurzelten, rückte mit Blick auf die Staatsangehörigkeit als markantes Kriterium der Terminus „Ausländer" an die Stelle des „Gastarbeiters". Er leistete fortan die semantische Kenntlichmachung vermeintlicher Nichtzugehörigkeit zu bzw. Abgrenzung von der sogenannten Mehrheitsgesellschaft, die als „deutsche" vorgestellt wurde – eine Abgrenzung, die nur vorübergehend und nur scheinbar distinktive Gewissheiten versprach.

Denn das demographische Geschehen (die Geburt „ausländischer" Kinder in Deutschland, Einbürgerungen etc.) ließ auch diesen Begriff untauglich werden. Hier nun setzt der als innovativ geltende Begriff des „Migrationshintergrundes“ an. Er ermöglicht es, dem Kollektiv derer mit Migrationshintergrund fortan – neben den „Ausländern“ im Sinne nichtdeutscher Staatsangehöriger – auch deutsche Staatsangehörige zuzuschlagen, die bestimmte Kriterien erfüllen. Insofern leistet der Begriff Migrationshintergrund eine Ausweitung: Er dehnt den demographischen Suchfokus, der bislang vor allem Personen ohne deutsche Staatsangehörigkeit und faktisch Zugewanderte betraf, auf die quantitativ nicht unbeträchtliche und zunehmende Bevölkerungsgruppe aus, die Kraft ihrer deutschen Staatsangehörigkeit durch das Beobachtungsraster der DemographInnen und BevölkerungstatistikerInnen gefallen ist. Dies hat den Effekt, die deutsche Bevölkerung, d.h. Personen mit deutscher Staatsangehörigkeit in eine Gruppe *mit* und eine *ohne* Migrationshintergrund unterteilen zu können.

Der Migrationshintergrund als desintegratives Etikett

Insofern verbirgt sich in der *en vogue* scheinenden Verwendung des Begriffes „Migrationshintergrund“ ein desintegrativer Bedeutungsgehalt. Gemeinhin gilt die Bezeichnung „Migrationshintergrund“ als progressiv und weniger ausgrenzend, mindestens aber als neutraler im Vergleich zu den o.g. historischen und meist deutlich negativ konnotierten Termini des „Gastarbeiters“, „Asylanten“ oder „Ausländers“ (vgl. hierzu auch Krüger-Potratz 2005, 183ff.) – Bezeichnungen von Personengruppen also, bei denen der individuelle Aufenthaltsanlass oder deren staatsangehörigkeitsrechtlicher Status je begriffsbildend war. Es sind dies Gruppen, die im Übrigen alle im Kollektiv derer mit Migrationshintergrund (in seiner aktuell gültigen Definition) mit enthalten sind.

Dem Eindruck, der Begriff Migrationshintergrund sei weniger problematisch, ist entgegenzuhalten: er ist es mitnichten. Er ist aus der Perspektive der Bezeichneten eine Fremdzuschreibung. Er separiert Personen aus der Gruppe der deutschen Staatsangehörigen, etikettiert sie als Migrierte selbst dann, wenn es sich um Personen handelt, die über keinerlei eigene Migrationserfahrung verfügen. Er macht den Begriff Migration zu einem diffusen Label, welches nachkommenden Generationen kraft amtlicher Definition und unabhängig davon, ob die damit Bezeichneten diesen Begriff für sich als gültig und überhaupt relevant erachten, angeheftet wird. Der Migrationshintergrund wird damit top-down festgestellt und zugeschrieben. Die beschriebene Dynamik ist kein Zufall. Sie folgt der oben angesprochenen demographischen Entwicklung ebenso wie sie sich in die Umgangskultur dieser Gesellschaft mit „ihren“ Migranten einfügt.

Die Diagnose „Migrationshintergrund“ hält die Nachkommen der MigrantInnen im eigentlichen Sinne und auch deren Kinder „gefangen“ im Ghetto eines Sonderstatus. Sie wird bevölkerungsstatistisch fortgeschrieben, indem sie quasi ungefragt übertragen wird. Mag es aus Sicht von SozialwissenschaftlerInnen und DemographInnen durchaus Forschungs- und Erkenntnisinteressen geben, die die Verwendung der Kategorie des Migrationshintergrundes zu rechtfertigen scheinen, so wäre dies jedoch abzuwägen gegen die aufgezeigten desintegrativen symbolischen Effekte, die sie gesellschaftlich und individuell zugleich erzeugt.

Wenn Menschen mit Migrationshintergrund Tiere halten

Bei der Beschäftigung mit „fremden Kulturen“ spielt das Verhältnis zu Tieren als Kristallisationspunkt des Befremdlichen seit jeher eine Rolle. So taucht es nicht selten im Kontext von vermeintlich ungewöhnlichen Speisenzubereitungen und Ernährungsgewohnheiten auf. Entweder wird hervorgehoben, dass Haustiere, die als Schoß- und Spieltiere gelten, von anderen Völkern unvorstellbarer Weise verspeist werden (bspw. Hunde, Katzen oder Meerschweinchen), oder es wird geschildert, dass ihnen Tiere zum Verzehr dienen, die als schädlich oder ungenießbar erscheinen, bzw. mit Ekel besetzt sind (bspw. Insekten, Larven, Würmer). Diese Darstellungen changieren zwischen Exotisierung und zynisch-kulinarischem Multikulturalismus (Radtke 1992).

Auch in anderer Weise wird die Mensch-Tier-Beziehung in Gestalt von Exotisierungen und Naturalisierungen herangezogen, um kulturelle Andersartigkeit und Fremdheit von Menschen zu bebildern. Sie ist quasi historisch eingelassen in die Prozesse des Fremdmachens oder des sog. *Otherings* (Spivak 1984), wie dies schon Vorgänge aus der Kolonialzeit veranschaulichen können (vgl. Arndt/Hornscheidt 2004). Während dieser galten BewohnerInnen annektierter und ausgebeuteter Gegenden dieser Welt den Kolonialherren als „Wilde“. Sie wurden quasi als tiergleich angesehen – und folglich so behandelt; sei es, indem ganze Bevölkerungen „abgeschlachtet“ oder eben fast wie Nutztiere betrachtet und ausgebeutet wurden. Diese menschenverachtende Ausbeutungslogik markiert in gewisser Weise ebenfalls eine Referenz auf eine Mensch-Tier-Beziehung: wurden doch jene Menschen hiermit Tieren zunächst gleichgesetzt, um dann, entsprechend den rassistischen Ideologien und Überlegenheitsphantasien der Kolonialherren, die sich ihnen gegenüber als wahre, d.h. zivilisierte und entwickelte Menschen konstruierten, untergeordnet zu werden.

Dieser Aspekt verdient auch bei der Reflexion gegenwärtiger Mensch-Tier-Beziehungen in der Einwanderungsgesellschaft Berücksichtigung. Denn gerade auch in die aktuellen Vorstellungen von kultureller Differenz sind Bilder besonderer Mensch-Tier-Beziehungen eingelassen und von Über- oder Unterordnungsverhältnissen bzw. von Überlegenheitsphantasien seitens der Mehrheitsgesellschaft durchzogen. Die jeweiligen Herkunftsländer der „Menschen mit Migrationshintegrund“ galten und gelten gerne als Regionen, in denen ebenso unbekannte wie wilde Tiere hausen. Zugleich wird der Umgang der dort lebenden Menschen mit Tieren, d.h. die Mensch-Tier-Beziehung zum Gegenstand von Charakterisierungen sozialer Beziehungen und gesellschaftlicher Strukturen. Nicht zuletzt die Zuschreibung der Adjektive „vormodern“ bzw. „traditionell“, die im aktuellen Diskurs besonders oft herangezogen werden, um beispielsweise die Qualität von Geschlechter- und Paarbeziehungen bei Zugewanderten und Menschen mit Migrationshintergrund pauschal als negativ zu charakterisieren – um umgekehrt Geschlechterbeziehungen in „unserer“ Gesellschaft hierüber als moderner, aufgeklärter, d.h. letztlich: als besser und moralisch höher stehend erscheinen zu lassen – durchzieht auch die Ausgestaltung und die Illustration der tatsächlichen oder vermeintlichen Mensch-Tier-Beziehung von Menschen mit Migrationshintergrund.

„Warum Türken keinen Dackel haben?“ Oder: Wer falsch fragt, bekommt meist falsche Antworten

Jedoch soll bei den weiteren Überlegungen der Blick historisch nicht so weit zurück schweifen, wie die Verweise auf den Kolonialismus nahelegen. Interessanter erscheint es, auf aktuelle Figuren aufmerksam zu machen, die sich im Mediendiskurs entdecken lassen. Diese lassen sich – wie noch zu zeigen sein wird – dahingehend deuten, dass die Mensch-Tier-Beziehungen von Menschen mit Migrationshintergrund entweder gar nicht gesehen werden (unsichtbar bleiben), sofern sie herrschenden Normalitätsvorstellungen entsprechen, oder aber um so mehr herangezogen werden, wenn sie dazu geeignet scheinen, MigrantInnen besondere Bedrohlichkeit oder Brutalität nachzuweisen, besondere Religiosität (welche sich zudem in der in Position gebrachten Glaubensrichtung erneut als besonders brutal und unmenschlich zeigt) oder aber deren Vormodernität und Traditionalität betont, wenn es um Nutztierhaltung geht.

Beispiel 1: Wozu und wie einen Hammel halten?

Jene oben angesprochenen Überlegenheitsphantasien manifestieren sich beispielsweise in Gestalt gesellschaftlicher Diskussionen und (teils empörter) Kritiken an sogenannten rituellen Schlachtungen, insbesondere unter Verweis auf eine islamische Religionszugehörigkeit. Tierschutzrechtliche und ethische Gründe werden ins Feld geführt, um die Kritik hieran zu untermauern.

Es geht an dieser Stelle nicht darum, die Berechtigung jener tierschutzrechtlichen und ethischen Gründe grundsätzlich in Zweifel zu ziehen. Allerdings ist beabsichtigt, die Einseitigkeit oder zumindest Widersprüchlichkeit solch eines Bezuges in den Blick zu nehmen. Es lassen sich, sobald es um die religiösrituellen Tötungen geht, Bezugnahmen entdecken, welche beabsichtigen, diese als Indizien für besondere Brutalität, Archaik sowie ein Verhaftet-Sein in vormodernen Traditionen zu deuten und diese auf die damit pauschal identifizierte Gruppe (hier: Muslime) zu übertragen. Die Bedeutung und Geltung, die das rituelle Schlachten des Hammels im Diskurs besitzt, korrespondiert nicht mit dessen Relevanz hinsichtlich der Bevölkerung mit Migrationshintergrund, gilt aber als prototypisches Beispiel, wenn es darum geht, die Unterschiedlichkeit zwischen Migranten und Mehrheitsgesellschaft zu belegen. Zum einen werden durch das In-den-Mittelpunkt-rücken dieses Beispieles Muslime stellvertretend für alle Menschen mit Migrationshintergund herausgegriffen und entsprechende Entrüstung, Kritik etc. auf die Gesamtgruppe zurück übertragen. Zum anderen wird anscheinend davon ausgegangen, diese Handlung sei allen Muslimen eigen, sei gewissermaßen typisch, d.h. es wird auch über bestehende Unterschiede innerhalb der Glaubensgruppe der Muslime hinweg generalisiert. Dass es mehr und auch weniger religiöse Menschen muslimischen Glaubens gibt, wird hierbei nicht zur Kenntnis genommen.

Eine weitere Widersprüchlichkeit besteht darin, die in dieser Gesellschaft existierende Massentierhaltung und den an kapitalistischen Verwertungsmaximen orientierten agrarindustriellen Komplex zwar auch durchaus kritisch zu sehen, aber offensichtlich nicht mit der gleichen *Verve* und Entrüstung die Lebens- und Tötungsbedingungen anzuprangern, die in diesen modernen Tierindustrien herrschen. Laut Recherchen des Vegetarier-Bundes (2010) stammten „99 Prozent aller in Deutschland verzehrten Tiere aus ‚Massentierhaltungsbetrieben'" (Vegetarier Bund 2010, o. S.). Diesbezüglich gerät die gesellschaftliche Kritik – im Vergleich – zurückhaltend, sieht man von den Konjunkturen der Kritik im Zuge der üblichen Lebensmittelskandale einmal ab. Zumindest lässt sich bei diesen Anlässen aus Sicht der Mehrheitsgesellschaft kein Widerpart der „Anderen" identifizieren, der es den KritikerInnen von Massentierhaltung und Lebensmittelskandalen ermöglicht, die kritikwürdigen Zustände einem Kollektiv der kulturell Abweichenden, d.h. einem in diesem Sinne dieser Gesellschaft nichtzugehörigen Außen zuzurechnen. Offensichtlich taugt der angesprochene Kontext (agrarindustrielle Massentierhaltung) in dieser Gesellschaft nicht zur Illustration der Andersartigkeit „ihrer" MigrantInnen. Ein Grund für diese Untauglichkeit könnte auch darin zu suchen sein, dass die kritisierte Massentierhaltung wenig kompatibel ist zu den Implikationen, welche mit den geläufigen Zuschreibungen in Bezug auf MigrantInnen verbunden sind: Letztlich gilt in der Topologie gesellschaftlicher Entwicklungsverläufe industrialisierte Nutztierhaltung trotz aller mit ihr einhergehenden negativen Begleitumstände als modern und hochentwickelt – und insofern als fortschrittlich, hingegen das Schächten als rückschrittlich und vormodern.

Mehr noch, es ist davon auszugehen, dass die Formulierung und Auslegung tierschutzrechtlicher Aspekte sich letztlich funktional zur industrialisierten Tierproduktion verhält. Die Kritik daran führt allenfalls zur Anpassung und Effizienzsteigerung bestehender Tierhaltungs- und Tötungsstandards, nicht zur Beendigung dieser Praxen. So lange sich Tierhaltungs- und Tötungspraktiken jedoch als die Praktiken der kulturell „Anderen“ (hier: MigrantInnen) verhandeln lassen, wird skandalisiert und eskaliert, der Ton der Kritik bisweilen schrill.

Im Falle des besagten Schächtens tritt mit Blick auf den Ort der Haltung und Tötung des Tieres noch eine besondere Verknüpfung hinzu, die nicht nur auf eine beargwöhnte religiös aufgeladene Mensch-Tier-Beziehung abhebt, sondern den Fremdheitscharakter der Konstruktion noch steigert, in dem die Unterscheidung zwischen Haus- und Nutztier(haltung) aufgehoben wird: dann nämlich, wenn der „Hammel in der Badewanne“ geschlachtet wird. Jenseits der Kritik am Umgang mit dem Tier, d.h. dem als brutal und archaisch konstruierten rituellen Tötungsakt, erweist sich auch die Vorstellung über den Ort der Tierhaltung (hier: des Hammels) als klischeebeladen: So findet sich bereits im Jahr 1982 die Rede vom „Hammel in der Badewanne“ (DER SPIEGEL Nr. 9/1982, 26). Es ist nicht unwichtig anzumerken, dass diese plakative Figur seinerzeit just im Kontext einer ausländerfeindlichen Debatte hervorgehoben wurde. Nicht minder wichtig erscheint der Umstand, dass es damals, also fast dreißig Jahre vor Sarrazin & Co. führende SPD-Politiker waren, die unter Bezugnahme auf das Beispiel auch von Integrationsverweigerung sprachen und für eine schärfere Ausländerpolitik plädierten. Allen voran untermalte der damalige stellvertretende Parteivorsitzende Hans-Jürgen Wischnewski diese Position dramatisch und sprach laut SPIEGEL „von Türken, die ihren ‚Hammel in der Badewanne schlachten‘“ (ebd., vgl. ders. Nr. 18/1982, 35).

Diese Figur ist im Kontext der Diskussion des Mensch-Tier-Verhältnisses deshalb aufschlussreich, weil sie die oben bereits angesprochene Botschaft einer besonderen Brutalität, Blutrünstigkeit und Traditionsverwurzelung türkischer Muslime, die pars pro toto für alle Migranten in Deutschland stehen, noch um ein Klischee erweitert: die Figur des „Hammels in der Badewanne“ verwischt die Grenzen zwischen Haus- und Nutztier, zwischen Wohnung, Stall und Schlachtraum. Dem Türken bei „uns“ sei der Hammel Haus- wie Nutztier und die Wohnung würde zum Stall und zum Schlachthaus umfunktioniert. Damit lösen sich die etablierten räumlichen und funktionalen Trennungen auf, die eine zivilisierte, postagrarische, moderne Gesellschaft kennzeichnen, und sie liefern ein weiteres Indiz für die behauptete Unterentwickeltheit der damit identifizierten Kultur.

Beispiel 2: Wenn Menschen mit Migrationshintergrund auf den Hund kommen

Eine weitere prominente Tierfigur im Mediendiskurs ist die des Kampfhundes. Er verkörpert just jene Eigenschaften, die vorwiegend männlichen Jugendlichen mit Migrationshintergrund zugeschrieben werden. Das Klischee des bedrohlichen, aggressiv-gewalttätigen jungen Mannes überträgt sich quasi auf den Hund. Verfolgt man diese Deutungsspur weiter und verweilt bei diesem Bild, lässt sich auch ein tierischer Widerpart identifizieren, der sozusagen die tierische Seite der Aufnahmegesellschaft verkörpert: Als idealisiertes Gegenüber zum als archaisch wild und unkontrollierbar konstruierten Kampfhund fungiert der Schäferhund, der ähnlich dem „röhrenden Hirsch" als Ikone deutscher Tierbilder gelten kann.

Diese Deutung lässt sich auch durch den Befund stützen, dass die einschlägigen Kampfhunderassen durch die permanenten Hinweise auf ihre nicht-deutschen Importländer und durch ihre fremdsprachigen Bezeichnungen (bspw. Dogo Argentino, Fila Brasileiro, Bandog etc.) als ausländisch konnotiert werden. Demgegenüber steht prototypisch der explizit national kodierte sogenannte Deutsche Schäferhund. So findet sich also auf der einen Seite der Kampfhund als anabolikagesättigte, muskelbepackte und kaum kontrollierbare Kampfmaschine, die „auf Befehl" alles „zerfleischt" (DER SPIEGEL Nr. 8/1986, vgl. auch DER SPIEGEL Nr. 27/2000). Er ist ein tödliches Tier, das durch nichts zu bremsen ist, letztlich eine Waffe. Er wird als die tierische Verkörperung des Wesens seines Halters inszeniert und als Requisite der Männer mit Migrationshintergrund, wobei allein über das Namensmerkmal dieser Zusammenhang transportiert wird: „Jeden Abend trainierte *Ibrahim K.*, 23, seinen Zeus hier. ‚Training' hieß, dass Ibrahim der Kommandant war und der Hund sein GI." (DER SPIEGEL Nr. 27/2000, 76; Hervorh. TK).

Auf der anderen Seite steht der Schäferhund, der in der gesellschaftlichen Wahrnehmung – und entgegen den Zahlen aus amtlichen Hundebissstatistiken (vgl. Frankfurter Rundschau 2009)[1] – als Schutz- und Wachhund (*Schä-*

1 Diese Deutung legt zumindest der angesprochene Zeitschriftenbeitrag unter Berufung auf die Hunde-Beißstatistik des Landes Hessen nahe. Der Beitrag kritisiert zunächst eine seitens der hessischen Behörden erzeugte Intransparenz, da jene Statistik vom zuständigen Landesinnenministerium wie ein Staatsgeheimnis gehütet werde – ein Befund, der dadurch bekräftigt wird, dass jene Beißstatistik, die der Berichterstattung zugrunde liegt, der Zeitung zugespielt worden sei (vgl. Frankfurter Rundschau 2009) Mit Blick auf die oben erwähnte Gefährlichkeit des Schäferhundes im Vergleich zu Kampfhunden sei festzuhalten: „Nicht die zehn Rassen, die in

*fer*hund) wahrgenommen wird und der Eigenschaften verkörpert, die letztlich positiv besetzt sind.

Die polarisierenden Attribute und Verhaltensweisen, die mit den Hunde*rassen* (Kampfhund einerseits, Schäferhund andererseits) jeweils in Verbindung gebracht werden, reproduzieren auffällig die Entgegensetzung der Attribute und Verhaltensweisen, die ihren Besitzern öffentlich zugeschrieben werden. So fällt auf, dass auch die männlichen Jugendliche mit Migrationshintergrund in den stereotypen Darstellungen des öffentlichen Diskurses (vgl. Leenen/Grosch 2009) bis hin zu jenen in den popularkulturellen Medien, wie beispielsweise Jugendzeitschriften (vgl. Kunz 2010b), vor allem bedrohlich, d.h. negativ präsentiert werden.

Die Mensch-Tier-Beziehung als Variation des Modernitätstopos

Es zeigte sich, dass gesellschaftliche Vorstellungen über die Mensch-Tier-Beziehung den sogenannten Modernitätstopos variieren, der bei Fremdheitsbildern häufig anzutreffen ist. Hierunter ist eine Diskursfigur zu verstehen, mit der den MigrantInnen bzw. ihren Herkunftsländern Vormodernität zugeschrieben wird, indem zum Beispiel bei der Charakterisierung dieser Länder vorherrschend agrarische und kleinbäuerliche Strukturen betont, ein geringer Technisierungs- oder Industrialisierungsgrad hervorgehoben oder auch auf den Umstand verwiesen wird, dass die Menschen in solchen Ländern den Widrigkeiten der Natur (Witterungsbedingungen, Naturkatastrophen etc.) zumeist ganz besonders und ungeschützt ausgesetzt seien. Im Zentrum dieser Konstruktionen steht das gesellschaftliche Naturverhältnis, welches als besonders archaisch erscheint. Diese Figur wird häufig auf alle Lebensbereiche bezogen: so auch auf die Geschlechterbeziehungen, den Stand des Bildungssystems (sofern das Vorhandensein eines solchen zugestanden wird) – oder aber auch auf das Verhältnis zu Haus- wie auch Nutztieren.

Fremde und *eigene* Tierhalter – bekannte Entgegensetzungen

Die vorgestellten Beispiele machen deutlich, dass bei der gesellschaftlichen Wahrnehmung der Mensch-Tier-Beziehung in der Einwanderungsgesellschaft

dem Regelwerk als ‚gefährlich' aufgelistet sind, bissen am häufigsten zu. Vielmehr führen der Schäferhund und seine Kreuzungen die Statistik mit Abstand an. 284 Mal wurden Menschen in den Jahren zwischen 2004 und 2007 von dieser Rasse verletzt – zehnmal sogar schwer. Zum Vergleich: Mit dem als ‚Kampfhund' titulierten Pitbull (samt Mischungen) kam es in dieser Zeit zu elf Vorfällen mit Menschen, die sich dabei nur leichte bis mittlere Blessuren zuzogen." (ebd.)

eine Figur der Entgegensetzung im Zentrum steht: Auf der einen Seite, d.h. bei den MigrantInnen, erscheint das Tierische als das Wilde, das Ungezähmte oder gar Triebhafte. Auf der anderen Seite, d.h. bei der sog. Aufnahmegesellschaft, wird das Tierische als das Erzogene, das Kontrollierte, das zum Wohle und allgemeinen Nutzen gefügig gemachte Tier vorgestellt – und im Fall des Falls wird Wildheit dort zumindest ästhetisiert oder positiv umgedeutet. In gewisser Weise erscheint also die Zähmung jenes triebhaften und tierischen Momentes als Akt sogenannter Zivilisierung – und *vice versa*.

Auch die angeführten Illustrationen des Mensch-Tier-Verhältnisses in der Einwanderungsgesellschaft greifen auf ein Muster zurück, das als zentrale Figur des Zuwanderungsdiskurses gelten kann: die Gleichsetzung von MigrantInnen mit Menschen mit türkischem Migrationshintergrund und letztlich mit Muslimen. Dieses Herausgreifen und gleichzeitige Verallgemeinern überbetont und überrepräsentiert eine Teilgruppe, unterschlägt bestehende Unterschiede innerhalb dieser Gruppe und lässt sie in ihrer Zusammensetzung stattdessen als einheitlich und nuancenlos erscheinen.

Dies vollzieht sich darüber, dass die sogenannte „sie"-Gruppe, d.h. die dem implizierten „wir" (im Sinne von „uns" Deutschen) gegenüber Positionierten mit türkischer Nationalität überidentifiziert werden. Auch wenn, um diese Überidentifikation zu rationalisieren, gerne darauf verwiesen wird, dass Menschen mit türkischer Staatsangehörigkeit die größte Gruppe sogenannter Ausländer in Deutschland stellen, ist dieser im öffentlichen Diskurs häufig zu beobachtende Reduktionismus ein Indiz für eine entdifferenzierende Dynamik, die gesellschaftliche Fremdheitsbilder entwickeln. Zugleich erfolgt – nicht zuletzt im Zuge einer Verschärfung und Dramatisierung des Zuwanderungsdiskurses seit dem 11. September 2001 – eine Gleichsetzung jener Gruppe mit islamischer Religionszugehörigkeit. Islam bzw. islamischer Glauben wird hierbei kurzgeschlossen mit fundamentalistischen/fanatischen Haltungen und dem Verhaftet-Sein in vormodernen Traditionen. Der geläufige Dreischritt lautet dann Ausländer = Türken = Muslime. Prominente Sinnbilder für stereotypisierende Mensch-Tier-Beziehungen im Kontext von islamischer Religionszugehörigkeit sind das oben angesprochene rituelle Schlachten und das religiös bestimmte Verhältnis von Muslimen zum Hund (vgl. hierzu kritisch Kowanda-Yassin, 255ff.) – dem angeblich besten Freund des Menschen (vgl. greenpeace magazin 2011), aber laut Statistik bloß zweitliebsten Haustier in Deutschland (vgl. ebd., vgl. auch Zentralverband Zoologischer Fachbetriebe 2010). Schon die Rede vom Hund als bestem Freund des Menschen legt nahe, dass Mensch nicht sein kann, wer Hunde als Freunde ablehnt.

2005: Sie lieben Haustiere? Willkommen in Deutschland!

Die beiden in diesem Text vorgestellten Klischees (zu Haltung und Umgang mit Hammel und Kampfhund) finden sich, wenn auch nur indirekt, sogar in amtlichen Informationsmaterialien, die für Menschen gedacht sind, die neu nach Deutschland kommen und die diesen Orientierungswissen vermitteln wollen. Besagte Materialien informieren aufmerksam-kritische LeserInnen jedoch vor allem darüber, welche Vorstellungen in Deutschland über Neuzuwanderer herrschen. „A Manual for Germany. Ein Handbuch für Deutschland", so der Titel einer Schrift, die im Jahr 2005 von der Beauftragten der Bundesregierung für Migration, Flüchtlinge und Integration herausgegeben wurde, versucht, den Neuankömmlingen auch zum Thema Haustiere nützliche Tipps zu erteilen. Zwar finden sich nicht viele Informationen zum Thema Haustierhaltung, aber die – im hier vorgestellten Sinne – wohl wesentlichen.

Im Kapitel „Wohnen" heißt es unter dem Eintrag „Haustiere" zunächst: „*Ob* Haustiere in der Wohnung erlaubt sind, ist mit dem Vermieter zu klären." (Beauftragte der Bundesregierung 2005, 171; Hervorh. TK) Aber gerade auch, was ein Haustier ist, scheint angesichts der bislang behandelten Figuren den Neuankömmlingen gegenüber klärungsbedürftig: „Als Haustiere gelten Hunde, Katzen, Vögel, Hamster, Meerschweinchen etc. *Die Haltung von Nutztieren wie Schafen, Schweinen usw. ist in Privatwohnungen generell nicht erlaubt.*" (Ebd.; Hervorh. TK) Dieser Umstand scheint also von solch besonderer Bedeutung, dass er besonders hervorgehoben werden muss. Die Frage des Hammels scheint somit geklärt. Was fehlt? Genau: „Hundebesitzer müssen eine Hundesteuer bezahlen und bestimmte Pflichtimpfungen beachten. Informationen dazu gibt es im Rathaus. *Für sogenannte Kampfhunde und andere als gefährlich eingestufte Hunderassen gelten besondere Vorschriften zur Haltung.*" (Ebd.; Hervorh. TK)

Zur Kritik eines „Sonderforschungsgegenstandes" zum Thema Mensch-Tier-Beziehungen

Die Frage der Haus- wie der Nutztierhaltung vor dem Hintergrund einer von Einwanderung geprägten Gesellschaft zu stellen, ist abschließend differenziert zu beantworten. Bereits das Anliegen, in Bezug auf den genannten Fokus Besonderes zu vermuten, ist erklärungsbedürftig. Interessanterweise scheint die Frage mit Blick auf den Import exotischer Tierarten bislang wenig relevant. Dabei gelte es, wenn schon, diesen Aspekt besonders hervorzuheben: Kein Mensch interessiert sich jenseits der Zollbehörden oder den VerfechterInnen des Erhalts biologischer Artenvielfalt dafür, Änderungen in der Haustierhaltung als eine „Einwanderung von Haustierarten“ zu thematisieren und abseitige Vorlieben deutscher Haustierhalter *ohne* Migrationshintergrund als Problem zu fassen. Der Kaimann in der Kiesgrube taugt allenfalls zur Schlagzeile für das mediale Sommerloch. Demgegenüber weckt das Thema Haustierhaltung von Menschen mit Migrationshintergrund in dem Maße Interesse, wie dieses homogenisierte Bevölkerungsgruppenkonstrukt in den Fokus wissenschaftlicher wie öffentlicher Betrachtungen rückt.

Insofern ist vor allem darauf hinzuweisen, dass es, so wenig wie es *die* Gruppe derer mit Migrationshintergrund gibt, ebensowenig eine einheitliche Gruppe mit verallgemeinerbarem, d.h. einem aus dieser Gruppenzugehörigkeit ableitbarem einheitlichen Verhalten in Bezug auf Haustierhaltung gibt. Falsche Fragen, etwa wie die, ob und – wenn nein – warum sich Türken keine Dackel halten, provozieren von vornherein falsche Antworten.

Gleichwohl spielt der Umgang mit Tieren (und auch Haustieren) eine Rolle in gesellschaftlichen Diskursen, wenn es darum geht, die Andersartigkeit der Bevölkerungsgruppe der Menschen mit Migrationshintergrund zu illustrieren und zu plausibilisieren. Hierbei lassen sich dominante Narrative der Haustierhaltung identifizieren, die jener Bevölkerungsgruppe entweder eine besondere Ursprünglichkeit oder Archaik unterstellen oder eine von ihnen ausgehende, der Kriminalisierung nahestehende Gefahr, indem – im Gegensatz zur Mehrheitsbevölkerung – Roheit, Gewalttätigkeit oder gar Brutalität der Tierhaltung wie der Tiertötung exponiert werden oder aber die Gefahr der gehaltenen Tiere (wie das Beispiel Kampfhund zeigt) in exotisierender Weise betont wird. Als idealtypische Figuren erweisen sich einmal mehr der männliche Jugendliche oder junge Erwachsene mit Migrationshintergrund (vorgestellt als sog. Ghetto-Kid) mit seinem Kampfhund oder der religiöse Eiferer (sprich: Fundamentalist), der am Ritus des Schächtens festhält – im Zweifel gar gegen Recht und Gesetz, d.h. illegal. Brüche und Paradoxien innerhalb der homogenitätsfixierten Darstellungslogiken der mehrheitsgesellschaftlichen Wahrnehmungsmuster und der vorgenommenen moralischen Bewertungen werden dabei ausgeblendet: Die Gleichzeitigkeit des Konstruktes von „türkischen Jugendlichen“ als typischen (Kampf-)Hundehaltern koexistiert offensichtlich widerspruchsfrei mit dem Stereotyp, dass Menschen mit türkischem Migrationshintergrund, denen zugleich pauschal eine islamische Religionszugehörigkeit zugeschrieben wird, aus religiösen Gründen Hundehaltung ablehnen würden.

Literatur

Arndt, Susan/Hornscheidt, Antje (2004) (Hrsg.): Afrika und die deutsche Sprache. Ein kritisches Nachschlagewerk. Münster.

Bade, Klaus J. (2007): Versäumte Integrationschancen und nachholende Integrationspolitik. In: Aus Politik und Zeitgeschichte, Nr. 22-23. 2007. 32-38

Beauftragte der Bundesregierung für Migration, Flüchtlinge und Integration (2005) (Hrsg.): A Manual for Germany. Ein Handbuch für Deutschland. Berlin.

Bundesministerium des Innern (2011) (Hrsg.): Migrationsbericht des Bundesamtes für Migration und Flüchtlinge im Auftrag der Bundesregierung. Migrationsbericht 2009. Berlin.

DER SPIEGEL Nr. 9/1982, „Hammel in der Wanne“, S. 26-27.

DER SPIEGEL Nr. 18/1982, „Ausländer: ‚Das Volk hat es satt‘“, S. 32-35.

DER SPIEGEL Nr. 8/1986, „Zerfleischt auf Befehl alles“, S. 104-112.

DER SPIEGEL Nr. 27/2000, „Er machte alle kalt“, S. 76-77.

Frankfurter Rundschau (2009): „Hessische Hunde-Statistik. Die schlimmsten Beißer“ (Download von http://www.fr-online.de/rhein-main/die-schlimmsten-beisser/-/1472796/3344840/-/index.html; Stand: 25.01.2011)

greenpeace magazin (2011): Zahlen und Fakten zu Tieren in Deutschland (http://www.greenpeace-magazin.de/index.php?id=55&tx_ttnews[tt_news]=101793&tx_ttnews[backPid]=54&cHash=e66c63e396; Stand: 12.03.2011)

Konsortium Bildungsberichterstattung (2006) (Hrsg.): Bildung in Deutschland. Ein indikatorengestützter Bericht mit einer Analyse zu Bildung und Migration. Bielefeld.

Kowanda-Yassin, Ursula (2010): Naturnähe und Naturverständnis in den Grundlagen des sunnitischen Islams. Ein Beitrag zum aktuellen Umweltdiskurs. Dissertation an der Universität Wien. Wien.

Krüger-Potratz, Marianne (2005): Interkulturelle Bildung. Eine Einführung. Münster.

Kunz, Thomas (2008): „Kartoffelgrafik jetzt auch mit Migrationshintergrund. Die Übertragung des Sinus-Milieu-Ansatzes auf die Bevölkerung mit Migrationshintergrund in Deutschland“ in: Zeitschrift für Migration und Soziale Arbeit, 1/2008, S. 69-72.

Kunz, Thomas (2010a): „Von Hui-Milieus und Pfui-Milieus?! Eine kritische Würdigung des Zusammentreffens von Standortmarketing und Milieuansatz am Beispiel einer Studie zu Migranten-Milieus in München“ in: Forum Wohnen und Stadtentwicklung, Heft 6/2010, S. 311-315.

Kunz, Thomas (2010b): „When Ayse goes Pop“ in: Baros, Wasilios/Hamburger, Franz/Mecheril, Paul (2010) (Hrsg.): Festschrift für Georg Auernheimer. Zwischen Praxis, Politik und Wissenschaft. Die vielfältigen Referenzen Interkultureller Bildung. Berlin, S. 155-169.

Leenen, Wolf Rainer/Grosch, Harald (2009): „Migrantenjugendliche in deutschsprachigen Medien“ in: Ottersbach, Markus/Zitzmann, Thomas (2009) (Hrsg.): Jugendliche im Abseits. Zur Situation in französischen und deutschen marginalisierten Stadtquartieren. Wiesbaden, S. 215-241.

Radtke, Frank-Olaf (1992): „Die Konstruktion des Fremden im Diskurs des Multikulturalismus“ in: Kürşan-Ahlers, Elçin (1992) (Hrsg.): Die multikulturelle Gesellschaft: der Weg zur Gleichstellung? Frankfurt am Main, S. 129-141.

Spivak, Gayatri C. (1984): „The Rani of Sirmur“ in: Barker, Francis/Hulme, Peter/Iversen, Margaret/Loxeley, Diana (1984) (Ed.): Europe and its Others. Volume one. Essex, S. 128-151.

Statistisches Bundesamt (2006) (Hrsg.): Leben in Deutschland. Haushalte, Familien und Gesundheit – Ergebnisse des Mikrozensus 2005. Wiesbaden.

Statistisches Bundesamt (2010) (Hrsg.): Bevölkerung und Erwerbstätigkeit. Bevölkerung mit Migrationshintergrund – Ergebnisse des Mikrozensus 2008 – Fachserie 1, Reihe 2.2. Wiesbaden.

Vegetarier Bund (2010): „Zur Sachlage in Deutschland: eine Übersicht“ (http://www.vebu.de/attachments/Tiere%20Essen%20-%20Anmerkungsteil%20zur%20Sachlage%20in%20Deutschland.pdf; Stand: 23.03.2011)

Zentralverband Zoologischer Fachbetriebe (2010): Beliebtheit der Heimtiere in Deutschland. Mai 2010 (http://www.zzf.de/dateiarchiv/Beliebte_Heimtiere_2010.pdf; Stand: 12.03.2011)

Friederike Stibane

Wie eine abendländische Frau das Zusammenleben mit Tieren bei der indigenen andinen Bevölkerung erlebt. Ein Erfahrungsbericht aus der Entwicklungszusammenarbeit

Zwischen 1999 und 2003 lebte und arbeitete ich in Bolivien in ländlichen Regionen der Anden. Als Sozialarbeiterin und Handwerkerin entwickelte ich gemeinsam mit meinen bolivianischen Partnern Fortbildungskonzepte für KMU (Kleine und mittlere Unternehmen) im holzverarbeitenden Bereich und entwickelte Infrastrukturmaßnahmen für Kleinstunternehmen aus ländlichen Regionen. Gemeinsam mit meinem Mann lebte ich außerhalb der Stadt Cochabamba auf einem ehemaligen Hof und später am Rande der Kleinstadt Tarija auf circa 1.900 Metern Höhe, eine Tagesreise entfernt von der argentinischen Grenze.

Meine Arbeit ermöglichte mir viele Kontakte zu sehr unterschiedlichen Menschen und Einblicken in die Kultur, die ich als Touristin nie bekommen hätte. Die Zeit in Bolivien war unglaublich reich an Eindrücken, Erfahrungen und neuen Blickwinkeln auf bekannte Themen, die alte Denkmuster oft in Frage stellten. Vieles lässt sich mit unserer westlichen Sichtweise nicht verstehen, vieles hat mir neue Sichtweisen ermöglicht, vieles verunsicherte oder schockierte mich aber auch. Eines der Themen, die uns immer wieder beschäftigten, war der Umgang mit Tieren in Bolivien. Vieles hat mich irritiert und an die Grenzen meiner Toleranz gebracht. Über diese Konfrontationserlebnisse möchte ich hier berichten.

Ich bin als Handwerkerin und Sozialarbeiterin nach Bolivien gegangen. Meine Beobachtungen und Einschätzungen habe ich mit meinem Mann und meinen KollegInnen, den deutschen sowie den bolivianischen, intensiv diskutiert. Meine Betrachtungen sind also aus einem persönlichem Blickwinkel reflektiert, das Produkt der Reibung zwischen meiner, seit Kindheit (unbewusst) erlernten Kultursicht und dem bewussten Wahrnehmen und konfrontiert werden mit der fremden Kultur.

Ich bin selbst auf dem Land aufgewachsen. Tiere, meistens Nutztiere, gehörten zum Leben dazu. Tiere wurden gehalten und geschlachtet, um sie zu essen. Ein Hund hat das Haus bewacht und war mein Spielkamerad, auch mit den Schafen habe ich gespielt. Zeitweilig hatte ich einen Wellensittich und ein Meerschweinchen, für die ich Verantwortung übernehmen musste. Der Verantwortung gegenüber meinem Wellensittich war ich wohl nicht gewachsen, er lebte jedenfalls nicht allzu lange in seinem – aus meiner heutigen Sicht – viel zu kleinen Käfig.

Meine Erziehung, mein kultureller Hintergrund hat mich also dahingehend geprägt, dass Tiere für mich „Mitwesen" in meiner Welt sind. Haustiere nehmen eine bestimmte Rolle ein: Sie können Nahrungslieferanten, Beschützer oder Gefährten sein, häufig Verschiedenes gleichzeitig. Meine ländliche Lebenswelt hat mich gelehrt, dass Tiere einerseits nicht genauso wie Menschen leben und fühlen – einem Hund macht es z. B. nicht so schnell etwas aus, bei kalter Witterung draußen zu sein, Lämmer werden bei Frost geboren, ohne Schaden zu nehmen –, wir aber andererseits auch Verantwortung dafür haben, dass unsere Haustiere nicht leiden müssen – selbst wenn wir sie eines Tages schlachten sollten oder sonst wie ausbeuten, indem wir ihre Eier, die Milch oder den Honig nehmen. Dies ist jedenfalls die Perspektive, die ich in meiner unmittelbaren Umgebung lernen durfte – von den gequälten Kreaturen, die in Massentierhaltung dahinvegetierten, wusste ich als Kind noch nichts. Diese Sichtweise bezog sich auf Haustiere, aber auch andere, als „nützlich" betrachtete Tiere. Eine meiner prägenden Erfahrungen als Kind war, dass ich einen Regenwurm tottreten wollte – das schlechte Gewissen über diese Verletzung eines Tabus sucht mich heute noch manchmal in Träumen heim. Die „andere Kategorie" von Tieren, sogenannte „Schädlinge" wie Kakerlaken, Ratten oder Fliegen durften selbstverständlich getötet werden. Aber auch hier habe ich gelernt, das Tier dann „wenigstens" nicht leiden zu lassen.

Das ist meine gedankliche und moralische Welt, vor deren Hintergrund ich in den Anden lebte.

Wir lebten zunächst auf rund 2.500 Metern Höhe, ca. 20 Kilometer außerhalb der Stadt Cochabamba in einem Lehmhaus, das Teil eines kleinen Hofes war, den man hierzulande Aussiedlerhof nennen würde. Unsere beiden nächsten Nachbarn lebten in Rufweite.

Doña Justi, eine höchstens 1,50 m große Quechua-Frau von schwer schätzbarem Alter irgendwo zwischen 45 und 65 Jahren lebte in einer Lehmhütte mit ihrer Tochter und ihrem Stier namens Martín. Natürlich gehörten zu ihrem Hof auch einige Hühner, ein halbwilder Hund und eine Unmenge Cuí, Meerschweinchen, die in den Anden wichtige Eiweißlieferanten sind und fast überall gehalten werden.

Abb. 1: Blick aus dem Wohnzimmer in Tiquipaya bei Cochabamba (Foto: Stibane)

Doña Justi zog jeden Morgen mit ihrem Stier Martín los und verbrachte ihren Tag damit, Martín mit einer Weidenrute dorthin zu treiben, wo noch einige Grashalme oder Alfalfa zu finden waren, oft aber nur Kakteen oder irgendein Dornengestrüpp. Die Anden in dieser Region sind äußerst karg, Weidegründe sind längst abgeweidet, die Böden ausgewaschen, Wasser ist so gut wie nirgends zu finden. Daher werden Rinder, Lamas und Ziegen, selten Schafe, von ihren Besitzern bei der Nahrungssuche begleitet und gehütet. Während einer der vielen langwierigen Straßenblockaden wegen der Streitigkeiten um die Wasserrechte, die unseren Aktionsradius auf wenige Kilometer begrenzte, kamen Doña Justi und ich in der Chicharía unseres anderen Nachbarn, einer Schenke für selbst gebrautes Maisbier, über ihren Stier ins Gespräch. Es hat mich immer sehr beeindruckt, wie diese kleine Frau dieses riesige, imposante Tier mit ihrer kleinen Weidenrute kommandierte. Ich stellte mir vor, dass eine Frau, die seit Jahren Tag für Tag mit ihrem Tier unterwegs ist – vor Martín hatte es andere gegeben und nach ihm würden andere Rinder folgen – alles über Rinder wissen müsste. Um so erstaunter war ich, dass Doña Justi eigentlich nichts darüber wusste was ihr Martín und andere Rinder fressen, beziehungsweise was ihnen gut bekommt und was nicht. Ich war davon ausgegangen, dass es so ist, wie ich mit meinen Tieren umgehe: Ich beobachte ihr Fressverhalten, wie sie sich entwickeln, ob Fell oder Federn glänzen oder matt sind, wann sie Durchfall bekommen, wieviel Wasser sie benötigen, auf welche Lebensmittel sie sich besonders stürzen und ziehe daraus Schlüsse über das, was sie brauchen könnten – ohne zu bestreiten, dass das bisweilen falsche Schlüsse sein könnten, die vielleicht meiner allzu „menschlichen Betrachtungsweise“ entsprungen sind.

Dies war eine meiner ersten großen Irritationen. Ich konnte nicht verstehen wie jemand, der so eng mit seinem Tier lebt, keine nennenswerten Beobachtungen für die Bedürfnisse oder Verhaltensweisen dieses Tieres machen kann. Ich selbst weiß von meinem Hund oder meinen Hühnern, von welchem Futter sie Durchfall bekommen oder versuche die Ursache zu finden, wenn Fell oder Federn krank wirken, selbst wenn ich nicht den ganzen Tag mit ihnen verbringe. Daher konnte ich überhaupt nicht verstehen, wie man sich darüber *keine* Gedanken machen kann. Ich bin sehr davon geprägt, meine Umwelt zu beobachten und das Gesehene einzuordnen. Für Doña Justi scheint nicht relevant, was Martín frisst oder nicht, ihre Sicht auf die Welt ist völlig anders als meine.

Von unserem Haus aus schauten wir auf die Rückseite des Wohnhauses der Chichería. Zwischen unseren Höfen lag ein großes Feld, auf dem unser Nachbar in diesem Jahr Mais angebaut hatte. Alle Saaten müssen bewässert werden und sind daher teuer. Sie müssen gegen Ziegen oder andere herumstreunende Tiere, aber auch gegen Menschen geschützt werden. Das Grundstück war zwar schon durch eine ausgewaschene Lehmmauer geschützt, unsere Nachbarn wollten aber mehr Sicherheit. Eines Tages war in einer Ecke des Grundstücks unter einem kleinen schräggestellten Stück Wellblech ein kleiner, noch sehr junger Hund angebunden. Ich sah die Nachbarin gerade noch weggehen. Es dauerte Wochen, bis sich der Hund an seine Einsamkeit und seinen Aktionsradius von ca. drei Metern soweit gewöhnt hatte, dass er nicht mehr herzzerreißend gejault, geheult und gebellt hat. Ich war mehr als einmal versucht, über die Mauer zum Nachbargrundstück zu klettern und den kleinen Hund zu befreien. Der Hund, eigentlich ja ein Rudeltier, war von diesem Moment an völlig alleine, bekam einmal am Tag etwas zu fressen hingestellt und musste in seinem unmittelbaren Umfeld koten und urinieren, was Hunde als sehr reinliche Tiere von sich aus nie tun würden. Niemand ließ ihm auch nur die kleinste Aufmerksamkeit oder Zärtlichkeit zukommen.

Monate später hat sich dieser Hund von seiner kurzen Leine losgerissen und ein Kind gebissen. Er war zu einem bösartigen Einzelgänger geworden. Seine Besitzer haben ihn daraufhin getötet und den nächsten Welpen im Maisfeld festgebunden.

Für mich selbst war klar, dass, wer schon einmal mit Hunden gelebt hat, wissen müsste, wie wichtig soziale Kontakte für Hunde sind, entweder zu anderen Hunden oder auch zu ihrem Ersatzrudel, den Menschen. Doch für unsere Nachbarn war dies offenbar völlig anders – und für mich nur schwer zu ertragen. Insgesamt fristen unendlich viele Hunde in Bolivien ein einsames Dasein als Wachhunde, denen sich selbst ihre Besitzer nur mit einem Stock in der Hand nähern, um das Fressen hin zu stellen, weil die Hunde durch ihre Isolation und häufig weitere schwierige Bedingungen bösartig geworden sind.

Es geht die Mär, dass Hunde mit Chili geschärftes Fressen bekommen sollen, um sie aggressiv zu machen. Wem das noch nicht reicht, entzieht seinem Hund zusätzlich das Trinkwasser. Ein gut mit uns befreundeter Werkstattbesitzer, Don Hugo, klärte mich darüber auf, dass sein Hund tagsüber in der Sonne ohne Wasser in einer Blechkiste eingesperrt sei und dass das ein hervorragendes Mittel sei, damit er nachts das Gelände gut bewache. Hugo ist übrigens ein ausgesprochen netter und liebevoller Mensch, dem ich solche, aus meiner Sicht unglaublichen Grausamkeiten ansonsten überhaupt nicht zutrauen würde.

Solche Methoden sind weit verbreitet. Die Theorie ist: Je härter das Tier behandelt wird, desto böser wird es und desto besser bewacht es dann das Terrain. Diese Sicht vertreten im Übrigen auch viele der Kampfhundehalter in Deutschland und anderswo.

Auf einer langen Busreise in den Süden des Landes erlebte ich eine andere beispielhafte Situation in Bezug auf Hunde: Bei einer der seltenen Pausen stiegen ein vielleicht 5-jähriger Junge, der einen angeleinten Welpen auf dem Arm hielt, und mit seiner Mutter aus.

Busreisen sind ausgesprochen anstrengend, man schaukelt stundenlang auf bretharten Sitzen über Pisten und durch Flussbetten, das Gepäck drückt in den Rücken, liegt unter den Füßen, so dass man die Beine nicht richtig abwinkeln kann, die Leute vor und hinter einem erbrechen sich, rutschen im Schlaf auf einen drauf und sind sowieso viel zu eng gestopft. Die Busse sind allemal in einem katastrophalen Zustand, die wachen und nüchternen Passagiere stöhnen bei jeder neuen Kurve auf, in der sie ein weiteres Mal gerade noch dem Absturz in den Abgrund entgangen sind. Entsprechend angespannt sind die Reisenden.

Welpen werden häufig an Kinder als Spielzeug gegeben. Hundejunge sind sehr anhängliche Säugetiere, die die Nähe zu ihrem Rudel suchen und brauchen. Sie lernen die Selbständigkeit erst allmählich. Insofern sind sie sehr geeignete Kuscheltiere für Kinder, die ihre „Peluches“ immer mit sich herumschleppen, das Kuscheltier läuft dem Kind hinterher und verzeiht eigentlich alles. Viele der Tiere überleben das nicht. Diejenigen, die es überleben, werden als Spielzeug jedoch uninteressant, sobald sie groß sind. Sie werden dann verjagt oder bekommen eine andere Bestimmung.

Der Junge hatte den Welpen beim Aussteigen auf dem Arm, Kind und Welpe hatten wahrscheinlich schon seit Stunden das Bedürfnis zu pinkeln und sich zu bewegen. Kaum aus dem Bus ausgestiegen, setzte der Junge den Hund unsanft auf den Boden, der Hund wollte natürlich gleich loslaufen. Das Kind zerrte den Hund sofort an der Leine herum, schlug und trat nach dem Hund und ließ – so mein Eindruck – die eigenen, auf der strapaziösen Busfahrt aufgestauten Emotionen an dem Hund aus. Die Mutter stand daneben und gab keinerlei Zeichen, dass sie das Verhalten ihres Sohnes auch nur wahrnahm, geschweige denn, dass sie das Kind von seinem Tun abhielt, ihm zeigte mit dem Tier umzugehen und Respekt vor dem lebenden Wesen zu haben.

Meine Grundhaltung in dieser völlig anderen Kultur ist eigentlich eher, mich nicht einzumischen. Der gefühllose Umgang mit dem Hund und vor allem die völlige Nicht-Reaktion der Mutter veranlassten mich dann aber doch dazu, den Jungen zu fragen, warum er den Hund misshandele, ob er nicht denke, dass der Hund auch etwas spüre. Der Junge hörte daraufhin auf, den Hund zu traktieren, die Mutter sagte gar nichts dazu.

Meine Irritation an dieser Stelle und auch bei vielen anderen Gelegenheiten war, dass die Erwachsenen keinerlei Anstrengung unternehmen, den Kindern beizubringen, was Verantwortlichkeit gegenüber einem Lebewesen heißt. Sicherlich leiden unendlich viele Tiere auf dieser Welt darunter, dass die Kinder, die die Verantwortung für „ihre" Tiere übernehmen sollen, damit überfordert sind. Grundsätzlich finde ich es richtig, Kinder mit Tieren aufwachsen zu lassen und ihnen auch die Verantwortung zu übertragen. Es gibt aus meiner Sicht kaum eine bessere Möglichkeit zu lernen, was Verantwortung und damit auch Mitgefühl und Respekt vor dem anderen Lebewesen heißen. Ich meine aber auch, dass die Erwachsenen gleichzeitig Verantwortung dafür tragen, das Kind in diesem Lernprozeß zu „coachen", so dass das Tier nicht der Leidtragende ist.

„Erziehung" ist in Bolivien in der Regel jedoch völlig anders, als wir dies in unserem Kulturkreis kennen: Kindern wird normalerweise nicht erklärt, warum man etwas tun oder nicht tun sollte. Sie „laufen mit", vor allem Kinder in indigenen und ärmeren Familien sind, so wie es in Europa bis in das 18. Jahrhundert auch üblich war, eher „kleine Erwachsene", die meistens auf sich gestellt Erfahrungen machen und daraus lernen. Die Erziehung beschränkt sich in der Regel darauf, dass Erwachsene situationsbezogen etwas ge- oder verbieten, erlauben oder bestrafen, allerdings ohne zu erklären. Kindern wird zum Beispiel eher nicht gezeigt, nach links und rechts zu schauen und zu sehen, ob ein Auto kommt, bevor man eine Straße überquert. Wie die meisten Erwachsenen rennen sie los und schlängeln sich zwischen den Autos durch. Gerade die Menschen vom Land haben eher die Strategie „was ich nicht sehe, berührt mich nicht" und vermeiden daher, den Verkehr zu beobachten in der Hoffnung, so unbehelligt über die Straße zu kommen. Entsprechend viele Unfälle gibt es leider auch. Diese Strategien sind für uns absolut unverständlich. In unserer Kultur gilt: Ich beobachte etwas, ziehe daraus Schlüsse über Funktion oder Rahmenbedingungen, und reagiere darauf. Diese gedankliche Kette existiert in weiten Teilen der Kulturen, die ich in Bolivien kennen lernen durfte, nicht in dieser Form. Aymara, die größte Bevölkerungsgruppe der Hochanden, geht zum Beispiel in wichtige Verhandlungen rückwärts hinein: Für sie gilt der Blick zurück, auf Vergangenes, als handlungsleitend, denn das Vergangene kennen sie. Die Zukunft, das was vor ihnen liegt, kennen sie nicht und können darüber folglich nicht entscheiden. So wurden Planungen von der Bevölkerung als ein typisches Vorgehen von uns (westlichen) Ausländern betrachtet, mit dem wir immer wieder amüsiertes Kopfschütteln hervorgerufen haben. Die Planung des eigenen Lebenswegs oder auch der längerfristigen Ziele eines Projekts wird als ziemlich abwegig angesehen – denn wer weiß schon, was die Zukunft bringt…Ich vermute, dass das völlig andere Erziehungskonzept hier seinen Ursprung hat. Erziehung ist ein auf die Zukunft projizierender Prozess: Ich lerne jetzt etwas, was ich später brauchen kann. Wenn meine Weltsicht aber davon ausgeht, dass die Zukunft nicht planbar ist, macht es auch keinen Sinn, einen Prozess mit langfristiger Perspektive anzustoßen. Dann dient Erziehung eher dazu, den Moment so zu gestalten, wie es sich für die Erziehenden gerade als richtig darstellt.

Der zweite wichtige Faktor, der aus meiner Sicht Erziehung in Bolivien in für mich ungewohnter Weise beeinflusst, ist die Definition der zu mir gehörenden oder mich beeinflussenden Umwelt. Die Gesellschaft der Anden bzw. der Aymara und der Quechua ist sehr stark auf das Ayú ausgerichtet, das vielleicht am besten mit „erweiterter Clan“ zu beschreiben ist. Alles, was außerhalb dieser Gruppe liegt, also nicht zur „eigenen Welt“ gehört, ist nicht von „emotionalem Interesse“- so jedenfalls meine Erfahrung. Zum Ayú gehören, soweit ich diese Kultur verstanden habe, die Menschen. Tiere gehören natürlich auch zu der Gruppe, aber in einer anderen „emotionalen Kategorie“. Mir scheint, dass Tieren kein emotionales Empfinden zugebilligt wird, oder auch, dass tierische Emotionen kein „Mitempfinden“ bei den Menschen auslösen.

Diese Beobachtung kollidiert extrem mit dem in westlichen Kulturen gepflegten Bild vom „naturverbundenen Indianer“, der im Einklang und im tiefen Verständnis mit der Natur lebt. Zumindest die Kulturen, die ich in den Anden und bei einem früheren Arbeitsaufenthalt auch in Mittelamerika kennen lernen konnte, haben mit diesem romantischen Bild nichts gemeinsam.

Die beiden dargestellten kulturellen Merkmale – nämlich die fehlende Perspektive in die Zukunft (je nach Kultur stärker oder weniger stark ausgeprägt) und der sehr eng definierte Rahmen von „Umwelt“ sind aus meiner Sicht ausschlaggebend für das so sehr „andere“ Konzept bezüglich des Umgangs mit Tieren in Bolivien. Doch nicht nur hier, sondern auch beim Umgang mit anderen Menschen, mit der Natur insgesamt oder bei vielen Verhaltensmustern und

Denkkonzepten wurden wir immer wieder mit Befremdlichem und Irritierendem konfrontiert. Positiv daran ist, dass die eigenen Denkmuster so zwangsläufig immer noch einmal einer Prüfung unterzogen werden müssen – negativ ist aber auch, dass Abwehr gegenüber dem Anderen, dem Unverständlichen entstehen kann.

Neben der Funktion von Haustieren als Nahrungslieferanten und Spielgefährten sind Tiere auch als Zierde sehr beliebt. In vielen Haushalten werden Papageien oder Affen gehalten. Sicherlich sind deren Besitzer, nicht anders als in unserer Kultur, stolz auf diese Tiere. Hier wie dort schockiert mich, wie diese Tiere gehalten werden. In Bolivien bzw. Südamerika leben Papageien in der Regel mit gestutzten Flügeln auf einem kurzen Stock, der ihnen drei Schrittchen nach rechts und links ermöglicht, mehr nicht. Auch Affen werden vergleichbar gehalten, an einer kurzen Kette mit einer Länge von ein bis zwei Metern fristen sie ihr Dasein auf einer Plattform zum Sitzen. In Deutschland gibt es in der Regel wenigstens Käfige, in denen die Vögel noch ein wenig flattern können, aber auch das ist meilenweit von ihrem natürlichen Bewegungsdrang entfernt. Zumindest setzt sich in Deutschland nach und nach bei einer wachsenden Gruppe von Menschen die Erkenntnis durch, dass auch Haustiere ein Recht auf Bewegung und soziale Kontakte haben. Diesen Trend habe ich in Bolivien allerdings nicht sehen können.

Das Verhältnis zu wilden Tieren ist für mein Empfinden ebenfalls sehr materiell. Die wenigen wilden Tiere des Hoch- und Tieflandes werden erbarmungslos gejagt. Junge Männer ziehen zum Zeitvertreib abends mit der Flinte und einer Taschenlampe los. Sie leuchten ins Gebüsch und schießen, wenn unter einem Busch Augen reflektieren. Neben dem „Spaß“ gibt es auch einen finanziellen Aspekt: Wertvolle Tiere wie Jaguar, Leopard, Gürteltier und andere lassen sich wegen des Felles oder Fleisches gut verkaufen oder enden zum Beispiel als ausgestopfter Aschenbecherhalter auf dem Markt – besonders beliebt sind hierfür Alligatoren und seltene Froscharten. Die Tiere, die sich nicht vermarkten lassen, bleiben liegen und verrotten. Die in unserem Kulturkreis verbreitete Vorstellung, dass Tiere – aus verschiedenen Gründen – vor der Ausrottung zu bewahren sind, existiert nicht. Einzelne Menschen kämpfen dafür, werden aber von der Mehrheit der Bevölkerung dafür verlacht. Gesetze oder wirksame Regelungen, die die Bejagung oder Ausrottung der Wildtiere verhindern würden, gibt es zwar, aber nur auf dem Papier.

Abb. 2: Küchenschweine (Foto: Stibane)

Abb. 3: Hühner auf dem Markt (Foto: Stibane)

Neben den häuslichen Nutz- und Spieltieren und den wilden Tieren gibt es noch eine weitere Gruppe von Tieren, die in einem besonderen sozialen Bezug zu den Menschen stehen: Im Chaco lebt die Bevölkerungsgruppe der Guaraní, die, sofern sie sich aus der Leibeigenschaft befreien konnten, in unterschiedlich großen Gruppen unter sehr einfachen Bedingungen leben. Toiletten gibt es meistens nicht, die Menschen gehen ein Stück hinter den Hütten in den Wald. Sobald jemand alleine weggeht, kommen sofort einige Hunde mit. Sie leben im Wesentlichen vom Kot und halten so das direkte Lebensumfeld sauber. So sind sie eine Symbiose mit den Menschen eingegangen und werden in dieser Eigenschaft akzeptiert, sofern sie genügend Abstand von den Menschen halten. Weiter im Tiefland kommt es häufiger vor, dass Anakondas als wilde, hausgebundene Mitbewohner akzeptiert werden, denn sie halten das Haus von Ratten und Mäusen sauber. Auch diese Form des Zusammenlebens von Menschen und Tieren ist für uns EuropäerInnen gewöhnungsbedürftig, hat aber bei mir nicht, wie bei den eingangs beschriebenen Situationen, Frustrationen oder Abwehr, sondern „nur" Befremden ausgelöst. Mit dieser Form von Symbiose, die ich von Europa her gar nicht kenne, kann ich sehr gut leben. Aber wer weiß: Vielleicht bin ich auch hier nur „betriebsblind", denn die Spinnen, die laut meiner Mutter die Fliegen fressen, möchte ich nicht im Haus haben, sondern bringe sie mittels eines Staubsaugers um…

Das Unverständnis oder die Ratlosigkeit in Bezug auf den Umgang mit Tieren findet natürlich umgekehrt für Menschen aus anderen Ländern, die in Deutschland mit unserer Kultur konfrontiert werden, genauso statt. Die Kinder unserer aramäischen Nachbarn in meinem deutschen Wohnort lernen von klein auf von ihren Eltern, große Angst vor Hunden zu haben. Was bedeutet es für die aramäischen Eltern, wenn ihr Kind in die Nachbarschaft zum Spielen geht und dort ist ein Hund, der als Familienmitglied betrachtet wird? Das Kind wird irritiert zwischen beiden kulturellen Herangehensweisen stehen und die Unterschiedlichkeit nicht verstehen können. Das von den Eltern als gefährliches Wesen gesehene Tier wird von den deutschen Eltern als ungefährlicher Spielkamerad für die Kinder gehätschelt und umsorgt – diese kulturellen Brüche werden im Alltag wohl kaum thematisiert, reflektiert oder erklärt.

Die Unterschiedlichkeiten der Kulturen werden an vielen Stellen im Alltag deutlich, ohne thematisiert zu werden, oft sogar, ohne dass sie bewusst als kultureller Unterschied wahrgenommen werden. Die unbewusste Wahrnehmung, dass etwas „anders" ist als man selber es macht, kann leicht Abwehr hervorrufen – jemand tut etwas anderes als das, was in der eigenen Wahrnehmung doch „selbstverständlich" ist. Das fremde, unverständliche Umgehen wird eher als „schlecht" oder „falsch" bewertet. Ob sich dieses „Andere" im Umgang mit Tieren zeigt oder vielleicht darin, wie man sich gegenseitig begrüßt, wo oder wie lange oder in welcher Lautstärke Kinder spielen (dürfen), was oder wie jemand isst oder wie sich kleidet – überall existieren Unterschiede, die nur selten überhaupt genau wahrgenommen und reflektiert werden.

Meine Konflikterfahrungen in Bolivien hinsichtlich des dortigen Umgangs mit Tieren stehen exemplarisch für unzählige andere Kulturdifferenzen, die auch in Deutschland auftreten können – und dies nicht nur, weil viele eingewanderte Gruppen in Deutschland leben, sondern auch weil viele anderweitige Unterschiede zwischen den einzelnen Bevölkerungsgruppen aufgrund von Alters-, Schicht-, Bildungs- oder Geschlechterdifferenzen herrschen. Soziale Arbeit ist einmal mehr mit diesen Kulturunterschieden konfrontiert, weil ihre Fachkräfte i.d.R. mit Zielgruppen arbeiten, die nicht dem eigenen Kulturkreis und Sozialmilieu entstammen. Sie ist von daher in besonderer Weise darauf angewiesen, einen verstehenden Zugang zu fremden Kulturen zu finden. Sie muss auch in Deutschland das bewältigen, was ich – sozusagen im Extrem – in Bolivien erlebte.

Für die Soziale Arbeit ergeben sich daraus vielfältige Möglichkeiten, ein besseres Verständnis zu den Unterschiedlichkeiten der Kulturen herzustellen: Einerseits zur deutschen Kultur, die für die hier lebenden Menschen mit anderem kulturellen Hintergrund wahrscheinlich ebenso viele Fragezeichen hat wie die Kultur der Aymara oder Quechua für mich; andererseits aber auch zu den fremden Kulturen im eigenen Land, den Kulturen der Klientengruppen, aber auch unserer ausländischen Nachbarn, Kollegen, Freunde, um sie besser verstehen zu können. Es reicht meines Erachtens nicht zu wissen, dass man bei arabischen Gastgebern nur mit der rechten Hand essen darf – wichtig ist zu wissen, *warum* das so ist, um es verstehen und akzeptieren zu können. Aus der Sicht des „Anderen“ ist die fremde Verhaltensweise dann nicht mehr unbedingt irritierend, schlecht oder falsch, sondern eben nur „anders“, weil ein nun auch für mich nachvollziehbarer Grund dafür vorliegt, etwas „anders“ zu machen. Das Verständnis dafür, warum etwas „anders“ gesehen und gehandhabt werden kann, öffnet dann auf einer neuen Ebene den Weg zu der Frage, ob beide Verhaltensweisen gleichwertig stehen bleiben können oder ob „die andere“ vielleicht auch eine Option für mich darstellt – oder auch für mich als nicht akzeptabel erscheint.

Diese Begegnung mit dem Fremden könnte die Soziale Arbeit leisten, indem sie Unterschiedlichkeiten benennt und sich um eine Kommunikation zu den Gründen für die unterschiedliche Herangehensweise bemüht. Es ist ein guter Anfang, auf Festen die verschiedenen Speisen der beteiligten Kulturkreise anzubieten und im Kindergarten alle Feste, ob buddhistisch, christlich, orthodox, muslimisch, jüdisch usw. zu feiern, um so eine erste Annäherung aneinander zu ermöglichen. Die Fremdheit zwischen den Menschen macht sich aber in viel kleineren, weniger sichtbaren Verhaltensweisen und Aktivitäten fest, die unseren Alltag viel stärker, unmittelbar und vor allem unbewusst beeinflussen. Diese sollten auf allen Ebenen stärker ins Blickfeld gerückt werden. Im Kleinen wie im Großen kann eine Bewusstwerdung über eigene und fremde Werte und Sichtweisen nur dann statt finden, wenn eine Diskussion über Für und Wider in Gang kommt. Diese unscheinbaren kulturell bedingten „Stolpersteine“, die sich zum Beispiel auch im unterschiedlichen Umgang mit Tieren niederschlagen, bieten eine gute Möglichkeit dafür.

Lotte Rose

Hat die Tierliebe ein Geschlecht? Bestandsaufnahme zur Genderforschung in der Mensch-Tier-Beziehung

Dass Mädchen und Frauen eine besondere Zuneigung zu Tieren haben, gehört zum Popularwissen, ist beliebtes Medienthema (u.a. natur & kosmos 2001) und Anlass zu sexualisierten Anspielungen und Witzen, wie z.B. diesen: Ein junges Ehepaar geht in den Zoo. Vor dem Gorillagehege bemerken die beiden, dass sich das Gorillamännchen ganz besonders für den Ausschnitt der jungen Dame interessiert. Die findet das sehr erheiternd und beginnt lasziv mit den Hüften zu wackeln. Der Gorilla wird immer nervöser. Dann knöpft sie ihre Bluse auf. Der Gorilla tobt. Schließlich hebt sie ihren Rock. Der Gorilla ist nicht mehr zu bremsen, biegt die Gitterstäbe auseinander und rennt auf die Frau zu. „Was soll ich denn jetzt machen", schreit sie verzweifelt. „Mach's doch wie immer", schlägt der Mann vor, „sag ihm, du hast Migräne oder Deine Tage!"

Hier wird Weiblichkeit konstruiert – und zwar entlang der Demarkationslinie zwischen Mensch und Tier. Der Frau wird eine besondere Nähe zu Tieren unterstellt bis hin zum – wechselseitigen – sexuellen Begehren. Sie erscheint damit als Wesen, das nicht klar vom Tier abgegrenzt ist und so ein elementares Tabu einer Gesellschaft verletzt, deren Selbstverständnis auf der Idee der Nicht-Identität von Mensch und Tier beruht. Gleichwohl sind Märchen, Mythen, Volkslauben und Gruselgeschichten voller freundlicher, aber auch feindlicher Fabelwesen, in denen Menschliches und Tierisches phantastisch verschmilzt (Böhme 2002).

Die Figur des Affen aktualisiert im Übrigen in besonderer Weise die virulenten Grenzziehungen. Im 18. Jahrhundert spielt sie eine prominente Rolle bei den Bemühungen, zwischen Mensch und Tier, zwischen menschlicher und animalischer Sexualität systematisch zu unterscheiden (ebd. 149). Dabei kommt es „zu seltsamen Inversionen und Vertauschungen, bei denen eine Anthropologie des Affen wie eine Zoologie des Menschen entsteht" (ebd. 151). So werden dem Orang-Utan-Männchen schrankenlose Promiskuität und sexuelle Gewaltakte bescheinigt, während das Orang-Utan-Weibchen zunehmend dem

Ideal tugendhafter Weiblichkeit angeähnelt wird. Vielfach wird von sexuellen Beutezügen des Orang-Utans berichtet, in denen er – weiße – Menschenfrauen raubt, angeblich mit einer besonderen Vorliebe für Blondinen (151). Später ist es dann der Gorilla, der zum „Container weißer, männlicher Vergewaltigungssexualität avanciert ist" (153). Diese Geschichten sind insofern getragen von sexistischen und rassistischen Fantasien, als sie männliche Sexualmacht gegenüber Frauen und die Sexualgier des ‚Negers' verbildlichen.

Wir sehen: Bei der Beschäftigung mit den Abgrenzungen zwischen Mensch und Tier werden immer schon und immer auch Geschlechterimaginationen und -verhältnisse bearbeitet. Gleichwohl ist die wissenschaftliche Beschäftigung mit diesem Phänomen bislang spärlich – zumindest im deutschsprachigen Raum. In der deutschsprachigen Genderforschung lassen sich nur zwei einschlägige Aufsätze finden. Diese sind im Rahmen des Forschungsprojektes „Die Deutschen und das Tier" entstanden (Janshen 1996, Knoth 2008), einem Projekt, das schon in den 1990er-Jahren durchgeführt wurde, dessen Ergebnisse aber kaum der Öffentlichkeit zugänglich gemacht wurden. Auch Kultur- und Sozialwissenschaften und Ethologie liefern wenige Beiträge. Wenn überhaupt, so finden sich nur Aufsätze und Randnotizen in Publikationen zu anderen thematischen Schwerpunkten. Selbst in dem umfangreich entwickelten Fachdiskurs zur tiergestützten Therapie und Pädagogik spielen Geschlechterfragen nur selten eine Rolle. Ausnahmen finden sich nur in der Reitpädagogik (Schleehauf 2010, Kupper-Heilmann 1999, 45ff).

Anders sieht es in der englischsprachigen Genderforschung aus. Hier fand die Mensch-Tier-Beziehung im Kontext der feministischen Technik- und Naturwissenschaftskritik der 1980er-Jahre mehr Aufmerksamkeit (Haraway 1988). In den Human-Animal-Studies, die sich im anglo-amerikanischen Raum seit zwei Jahrzehnten mit Beteiligung verschiedener Disziplinen ausdifferenziert haben, spielt die Genderforschung eine größere Rolle, sowohl mit empirischen (Herzog 2007, Prato-Previde 2006) wie auch mit diskurstheoretischen Beiträgen (Fox 2010). In letzteren steht die Idee im Zentrum, Tiere wie auch technische Artefakte nicht als schlicht natürliche oder technische Materialität, sondern als integrales Konstitutionselement unseres Sozialwesens zu verstehen und die Mensch-Tier-Differenzierung wie andere Speziesgrenzen auch – z. B. Gender – als historische und flexible Differenzkategorien zu rekonstruieren.

Der nachfolgende Beitrag dokumentiert die Ergebnisse einer Recherche zur deutschsprachigen Literatur.[1] Es werden erstens die vorhandenen geschlechts-

1 Ich danke Christine Wiesenbach für die umfangreichen Literatur- und Datenrecherchen zu diesem Beitrag.

spezifischen empirischen Befunde präsentiert und zweitens die Theoriekonzepte, die in diesem Kontext rezipiert werden.

1 Empirische Geschlechterdifferenzen in der Mensch-Tier-Beziehung

Tiere in der Kinderwelt

Wissenschaftliche Hinweise zu Geschlechterunterschieden in der Kind-Tier-Beziehung finden sich schon frühzeitig. Bereits in den 1930er-Jahren förderte eine kinderpsychologische Untersuchung zum Verhältnis des Kindes zu Kleintieren unter anderem zutage, dass sich Mädchen ab einer bestimmten Altersgrenze fürsorglicher und emotionaler gegenüber dem Tier zeigten, während bei Jungen die technische Faszination dominierte (Krüger 1934).

„Der Knabe im Alter von über 3 Jahren ist mehr sachlich interessiert am Tier, ihn beschäftigen die Leistungen und Fähigkeiten der Tiere, das Küken kann fliegen und imponiert ihm damit ungeheuer, der Frosch kann so weit springen, und ähnliches mehr. Das Mädchen dagegen ist in diesem Alter liebevoll-zärtlich, die Erkenntnis des Tieres als Lebewesen erweckt vielleicht in ihr einen mütterlichen Instinkt, der sich in Achtsamkeit und liebevollem Besorgtsein äußert. Ihr Interesse am Tier beruht nicht auf seinen Leistungen, sondern auf Liebe zum Tier. Diese Verschiedenheit der Geschlechter prägt sich mit fortschreitendem Alter der Kinder … immer mehr aus.“ (Krüger 1934, 26f).

Dreißig Jahre später stellte Maria Zillig in ihrem Buch „Mädchen und Tier“ (1961) die Ergebnisse ihrer mehrjährigen quantitativen und qualitativen Untersuchung zur Rolle des Tieres im Erleben des Mädchens vor, in der Jungen als Vergleichsgruppe einbezogen waren. Die Autorin resümierte eine „dem Tier durchaus freundliche Grundeinstellung der Mädchen“, wenn diese auch anthropozentrisch ist (159). Mädchen wenden sich dem Tier anhänglicher und liebevoller zu, haben mehr Mitleid, praktizieren keine Tierquälerei. Anders als Jungen, die auch die Gefährlichkeit von Tieren sehen, neigen die Mädchen zu Verniedlichungen und unrealistischen Verharmlosungen. Dabei stieß Zillig auch auf Unterschiede zwischen Großstadt- und Landmädchen: „die Großstädterin kennzeichnet ein verspieltes, sentimentales, manchmal auch nur modisches Interesse, das Landmädchen eine verantwortungsbewusste, realistische, von Gefühlen echter Anhänglichkeit zeugende Einstellung den Tieren gegenüber.“ (162).

Als umfassende empirische geschlechtsspezifische Studie zur Kind-Tier-Beziehung ist Zilligs Werk bis heute einzigartig geblieben. Spätere Kindheits- und Jugendforschungen thematisieren die Tiere zwar auch, aber nicht schwerpunktmäßig. Die Befunde selbst bestätigen gleichwohl in ihrem Kern fortwährend die früheren Aussagen. Hartmann/Rost (1994) kommen bei ihrer Untersuchung von Schulkindern der 4. Jahrgangsklasse zu dem Ergebnis, dass Mädchen häufiger ein Haustier besaßen und es sich auch häufiger wünschten. Zudem war ihre Beziehung zum Tier etwas emotionaler wie auch für sie die Interaktionen mit dem Tier generell wichtiger waren (Hartmann/Rost 1994, 87). Schilke (1999) stellt in seiner qualitativen Studie zum Dinosaurier als Unterrichtsgegenstand in der Grundschule fest, dass es eher Jungen waren, die von diesen Figuren fasziniert waren. Diese Faszination galt auch anderen ‚gewaltigen' Tieren, z.B. Tiger oder Mammut. Mädchen äußerten dagegen eher Angst und Ablehnung gegenüber diesen Tieren.

Die Jugendstudie „null zoff & und voll busy" (Zinnecker u.a. 2002) konnte zeigen, dass Haustiere bei der Frage nach den wichtigen „Bezugspersonen" insgesamt weit oben rangieren. Für 90 % der befragten Kinder und 79 % der befragten Jugendlichen waren sie sehr wichtig oder wichtig (ebd. 32). Dennoch zeichnete sich auch eine größere Bedeutung des Tieres für Mädchen ab. Für mehr Mädchen als Jungen gehörte das Tier zu den liebsten Freizeitbeschäftigungen, auch nimmt das Interesse an den Tieren mit zunehmendem Alter bei den Jungen abrupter ab als bei den Mädchen. Im Kontakt mit den Tieren wird sehr „Menschliches" erlebt. „Besonders Kinder (und unter ihnen vor allem die Mädchen) wenden auf die Beziehungen zu ihnen Begriffe an, die ansonsten menschlichen Bezugspersonen vorbehalten sind" (ebd. 33).

Tabelle 1: Was Kinder mit Tieren teilen (Zinnecker u.a. 2002, 33)

	Mädchen	Jungen
Häufiges Zusammensein	16 %	7 %
Geheimnisse	11 %	3 %
Glück	12 %	3 %
Gemeinsam Lachen	8 %	4 %
Sorgen und Probleme	4 %	2 %
Tiere machen Ärger, Stress	1 %	0 %

(Kinder: 10–12 Jahre, n = 361)

Rohlfs (2006), der als einer der wenigen Kindheitsforscher in seiner qualitativen Kindheitsstudie der Tierbeziehung in einem eigenen Kapitel eine vergleichsweise herausgehobene Position einräumt, stellt fest, dass, auch wenn das Tier für Mädchen wie auch Jungen bedeutsam ist, es dennoch die Mädchen sind, die den Jungen „einen Schritt voraus“ sind: „Sie haben häufiger eigene Haustiere und beschäftigen sich intensiver mit ihren kleinen Freunden.“ (243). Bergler/Hoff (o.J.) stellen in ihrer Untersuchung zur Bedeutung des Haustierbesitzes für das Aufwachsen von jungen Menschen in der Großstadt fest, dass „die Mehrzahl der Kinder und Jugendlichen … ein Heimtier besitzt; in besonders ausgeprägtem Maße gilt dies für Mädchen.“ (o.S.)

Tiere in der Erwachsenenwelt

Was die Geschlechterbefunde zur erwachsenen Tierbeziehung betrifft, so finden sich auch hier regelmäßig Hinweise zu einer engeren und emotionaleren Beziehung der Frauen zu Haustieren. Nach der Studie „Die Deutschen und das Tier“ (Janshen 1996, Knoth 2008) haben Heimtiere für Frauen eher einen „kinderähnlichen Status in der Familie“ (Knoth 2008, 176). Frauen thematisieren häufiger die Abhängigkeit der Tiere von ihnen. Schmusebedürfnisse gegenüber dem Tier werden offener gezeigt, Pflege- und Sorgearbeiten mehr angesprochen (Janshen 1997, 272). Demgegenüber ist der männliche Bezug zum Tier vorzugsweise um das Körper-Thema zentriert. „Die Kraft des Tieres, die Schönheit seiner Stärke, seine Bereitschaft zu kämpfen, münden in vielfältige Formen der Interaktion.“ (ebd.). Insgesamt erscheinen die befragten Männer auch distanzierter. Die größte Distanz zeigen jene, die in der Nutztierhaltung beschäftigt sind (Knoth 2008, 178). Ein typischer Ausspruch von Männern ist: „Ein Tier gibt keine Widerworte!“ Keine einzige Frau äußerte dies, Frauen erwähnten dagegen Treue, Verlässlichkeit und Ehrlichkeit des Tieres. Auch was die Individualisierung des Tieres betrifft, zeigt sich ein Gender-Bias. „Männer weisen häufiger auf die Besonderheiten einer bestimmten Tierrasse hin als Frauen“ (ebd. 178). Vor allem die Männer, die beruflich mit Tieren zu tun haben, machen kaum individualisierende Aussagen.

Anders als für das Kindesalter wird das Datenmaterial zur Tierbeziehung der Erwachsenen in überwiegendem Maß von der kommerziellen Tiernahrungsbranche produziert und auch publiziert. Nach einer aktuellen Verbrauchs- und Medienanalyse, die auf der Info-Plattform einer Tiernahrungsfirma aufbereitet wurde, sind es in erster Linie Frauen, die Haustiere hegen und pflegen – und dies unabhängig von ihrer jeweiligen Lebensform. Auch bei den Motiven, ein Haustier zu halten, zeigen sich Unterschiede:

„Vorwiegend wird von den Frauen ein Haustier gehalten, damit sie jemanden um sich haben. Ebenso eine große Rolle für die Frauen spielt daneben der Gedanke, dass sie mit einem Haustier schwierige Phasen besser durchstehen und sich weniger alleine fühlen. Hauptsächlich pragmatische Gründe dagegen haben Männer, wobei diese eher zu einem Hund als zu einer Katze als Haustier tendierten. Männer sind der Meinung, dass ein Hund sie dazu motiviere, aus dem Haus zu gehen und sie sich dadurch regelmäßiger an der frischen Luft bewegen. Der Hund hat zudem aus der Sicht der Männer außerdem noch bestimmte Funktionen zu erfüllen – wie etwa den Schutz von Eigentum oder von Familienangehörigen.“ (Edelbacher o.J., 1).

Was die Hundehaltung betrifft, so bevorzugen 2/3 der Männer einen Rüden, während dies nur bei gut der Hälfte der Frauen der Fall ist (ebd.). Es sind auch mehr Frauen, die Beratungsangebote zur Tierpflege beanspruchen. Das Online-Beratungsangebot für Tierbesitzer, das der Zentralverband zoologischer Fachbetriebe (ZZA) als Hilfsangebot bei Problemen bei der Tierpflege im Jahr 2000 einrichtete, wird zu 80 % von Frauen genutzt (ZZA o.J).

Was die Geschlechterunterschiede bei den Vorlieben für bestimmte Tierarten betrifft, lieferte eine Umfrage für eine Frauenzeitschrift Anhaltspunkte: „Mehr Frauen (35 %) als Männer (22 %) haben Katzen. Bei den Hundehaltern ist der Unterschied nicht so krass: 21 % aller Frauen und 18 % aller Männer leben mit Hund. Überhaupt fällt auf, dass fast alle Tierarten etwas mehr bei einem Frauchen zuhause sind – sogar Mäuse (Männer 1 %, Frauen 2 %).“ (Petcom 2011)

Auch das Phänomen des „Animal Hoarding“ ist unter Frauen mehr als unter Männern verbreitet. Von den Menschen, die Tiere in großen Mengen und unter verwahrlosten Bedingungen ‚horten‘, sind ¾ Frauen (Patronek 1999).

Inwieweit die weibliche emotionale Bindung an das Haustier stärker ist als die männliche, eine These, die vielfach kolportiert wird, dazu sind die wissenschaftlichen Befunde genaugenommen widersprüchlich. Mauerer stellt bei ihrer Literatursichtung fest, dass Studien einerseits nur geringe Unterschiede zwischen Männern und Frauen bezüglich der Bindungsintensität an das Tier feststellen, andererseits aber auch von einer stärkere Bindung bei den Frauen sprechen (Mauerer 2009, 39).

Indirekt lassen sich auch Hinweise zu Unterschieden in der Mensch-Tier-Beziehung in der Vegetarierstudie 2007 finden (Friedrich-Schiller-Universität Jena o.J.). Nach dieser Online-Befragung ist nicht nur der Anteil der Frauen unter den Vegetariern doppelt so hoch wie bei den Männern, sondern Männer und Frauen äußern auch unterschiedliche Motive für den Fleischverzicht. Während für Frauen die moralischen Gründe stärker wiegen, dominieren bei den Männern die gesundheitlichen. Dies lässt eine stärkere emotionale Nähe zu Tieren bei Frauen vermuten.

Mädchen, Frauen und Pferde

Am umfangreichsten sind die Publikationen zur Geschlechterfrage in der Beziehung zum Pferd (u.a. Adolph/Euler 1994, Bergler u.a. 2011, Cerovina 2009, Döring 1997, Gohl 1996; Knauff 1953, Hengst 2000, Meyer 1982, Rose 1996, Wagenmann/Schönhammer 1994, Wegner/Steinmaier 1998[2]). Das Thema erfreut sich auch fortwährend eines besonderen medialen Interesses.

In den 1990er-Jahren kam es zu einem gewissen Boom von Publikationen zum Themenkomplex ‚Pferde, Frauen und Mädchen', z.T. auch mit populärwissenschaftlichem Charakter. Beliebt war das Thema auch in der feministischen (Sport-)Szene und Mädchen(arbeits)forschung (Die neuen Amazonen 1991, Donna Lotta 1995, Fellerer 1991, König 1987, Schleehauf 2010). Schon Anfang der 1980er-Jahre erwähnte Carol Hagemann-White im Mädchenforschungsklassiker „Sozialisation: weiblich männlich?" (1984): „‚Mädchen liebt Pferd-Bücher' stehen zu hunderten in besonderen Regalen der Jugendbüchereien, weil Schulmädchen sie begeistert verschlingen". Dieses Verhalten „bietet offensichtlich intensive Identifikationsmöglichkeiten für Millionen von vorpubertären und jugendlichen Mädchen" (Hagemann-White 1984, 38). Später folgten zahlreiche vertiefende Beiträge, das Reiten wurde als passendes Mädchenarbeitsangebot propagiert. 1995 brachte die Mädchenarbeitszeitschrift Donna Lotta (1995) ein Schwerpunktheft zu „Mädchen und Pferde" heraus.

In der Kindheits- und Jugendforschung gehört der Verweis auf die Mädchenkultur des Reitens zu den regelmäßigen Notizen, die aber bisher an keiner Stelle dann weiter vertieft werden. So weist Gebhard (2009) als einer von vielen darauf hin, dass auf der phänomenologischen Ebene die Pferdebegeisterung der Mädchen eindeutig ist, strittiger wären jedoch die Entstehungszusammenhänge (148).

Stärkstes empirisches Argument für die Eindeutigkeit der weiblichen Pferdefaszination ist in der Regel die Mitgliederstatistik der Deutschen Reiterlichen Vereinigung (FN). 2010 sind rund 75 Prozent (550.549) der Mitglieder der FN Mädchen und Frauen. Mit 186.321 Mitgliedern ist der männliche Anteil deutlich geringer. In der Statistik des Deutschen Olympischen Sportbundes (DOSB) von 2010 ist der Pferdesport bei den Mädchen und Frauen zwischen 15 und 18 Jahren nach Turnen und Fußball die dritt beliebteste Sportart. Auch in der Altersklasse zwischen 19 und 26 Jahren steht der Pferdesport bei den Frauen auf Platz drei der DOSB-Statistik (alle Angaben aus: Deutsche Reiterliche Vereinigung o.J.). Angesichts dieser quantitativen weiblichen Dominanz

2 Ein ausführlicher und kommentierter Überblick zu den geschlechtsspezifischen Publikationen zum Reiten und zur Pferdeliebe findet sich auf der Homepage von Constanze Schleehauf, www.therapie-mit-pferden.de/literatur.htm (letzter Zugriff: 30.8.2011)

im Pferdesport hat die FN gar die Jungen- und Männerförderung im Reiten in ihr Programm aufgenommen.

Aber auch in den Phantasieräumen spielen Pferde für Mädchen eine große Rolle. Mädchen lesen mit großer Begeisterung Pferdebücher und dies schon seit langem. Bis heute wurden beispielsweise 3 Millionen Exemplare der seit 30 Jahren produzierten Serie „Billie und Zottel“ von Tina Caspari verkauft (Cerovina 2009, 13).

Frauenberufe und Männerberufe mit Tieren

Wenn auch in den Meldungen zur besonderen weiblichen Tier-Affinität wiederholt auf die zahlenmäßige Überrepräsentanz von jungen Frauen in den Tierpflege- und Pferdeberufen verwiesen wird, widmet sich der wissenschaftliche Diskurs diesem Feld bisher nicht systematisch. Als grundsätzliche Schwierigkeit erweist sich hier die Tatsache, dass in den einschlägigen Statistiken Berufssparten unterschiedlich geclustert und z.T. soweit zusammengefasst sind, dass präzise Informationen zum tierbezogenen Berufsfeld nicht mehr zu erschließen sind.

Nach den vom IAB (o.J.) zur Verfügung gestellten Daten sehen die Geschlechterverteilungen in den Berufen mit Tierbezug wie folgt aus:

Tabelle 2: Sozialversicherungspflichtig Beschäftige in tierbezogenen Berufen im Jahr 2009 (IAB o.J)[3]

Beruf	Absolute Zahl	Anteil der Frauen
Tierärzt/in	7.166	63 %
Fischverarbeiter/in	4.452	54 %
Tierpfleger/in und verwandte Berufe	21.546	48 %
Tierzüchter/in	6.839	42 %
Fleisch- und Wurstwarenhersteller/in	29.699	36 %
Landwirt. Arbeitskraft, Tierpfleger/in	99.943	28 %
Landwirt/in	33.787	23 %
Fischer/in	922	18 %
Fleischer/in	51.681	9 %

3 Tabelle wurde nach Angaben des IAB von der Autorin selbst zusammengestellt.

Der Überblick macht deutlich, dass nicht in allen Berufsfeldern, in denen mit Tieren gearbeitet wird, mehr Frauen als Männer zu finden sind. Dies gilt zwar sehr wohl für die Tiermedizin, doch schon für die Tierpflege und Züchtung zeigt sich ein ausgeglichenes Bild. Die Zahl der Männer geht zudem dort hoch, wo die Tiertötung zum Aufgabengebiet gehört. Bei der Weiterverarbeitung Tierfleisches sind dann schon wieder deutlich mehr Frauen beteiligt. Ebenso ist festzuhalten, dass die Landwirtschaft, in der immer auch mit Tieren gearbeitet wird, noch eher als Männerberuf zu bezeichnen ist.

Da diese Daten Beschäftigte *aller* Altersgruppen umfassen, kann ein Blick in Ausbildungs- und Studiendaten Aufschluss darüber geben, inwieweit sich möglicherweise im Generationenvergleich Veränderungen abzeichnen. Der Berufsbildungsbericht 2008 vermeldet für die Ausbildungsverträge bei den „tierwirtschaftlichen Berufen“ für das Jahr 2007 34 % männliche und 66 % weibliche Azubis, wobei der Genderbias in den alten Bundesländern stärker ausgeprägt ist als in den neuen (BMBF 2008, 333). Der Bericht des BIBB zu den Auszubildenden liefert für das Jahr 2008 zudem differenziertere Daten für die tierbezogenen Berufe (BIBB o.J) (siehe nächste Seite).
Demnach sind junge Frauen nur, aber mit großer Deutlichkeit in jenen tierbezogenen Berufen stärker vertreten, in denen die Pflege des Tieres im Zentrum steht; zudem zeigt sich der Beruf des Tierpflegers bei den Auszubildenden sehr viel klarer verweiblicht als noch bei den insgesamt dort Tätigen. Die jungen Frauen treten jedoch dort in den Hintergrund, wo die Tiertötung und -verwertung (Jäger/in, Fleischer/in) oder das ‚eklige Tier‘ (Schädlingsbekämpfer/in) stärker präsent sind oder aber der Beruf nicht exklusiv auf das Tier ausgerichtet ist (Forstwirt/in, Landwirt/in). Auch in den verschiedenen Tierwirtsberufen, in denen das Tier primär land- und ernährungswirtschaftliches Verwertungsobjekt ist, zeigt sich eine leichte männliche Überzahl.

Schaut man auf die akademische Ausbildung zur Tiermedizin bestätigt sich diese Tendenz. Die Studierendenstatistik weist für das WiSe 2008/2009 in diesem Studienfach 1.221 männliche und 6.900 weibliche Studierende (Statistisches Bundesamt 2010, Gesamtsumme der deutschen und ausländischen Studierenden). Das zahlenmäßige Verhältnis von Männern zu Frauen beträgt also etwa 1: 6. Dieses zahlenmäßige Ungleichgewicht ist eine historisch neue Entwicklung, die von den Fachvertretern vor allem kritisch kommentiert wird. Gewarnt wird vor den Studentinnen, die mit falschen beruflichen Vorstellungen in das Studium gehen (Der Tierarzt heute 2003, 249) und vor der nahenden Versorgungsnot für Großvieh, denn die Tierärztinnen bevorzugen die Behandlung von Kleintieren.

Tabelle 3: Auszubildende in tierbezogenen Berufen im Jahr 2008[4]

Berufsrichtung	Männliche Azubis (absolut)	Weibliche Azubis (absolut)	Frauenberuf	Männerberuf
Fischwirt/in	252	6		X
Forstwirt/in	1.821	90		X
Landwirt/in	8.382	1.029		X
Revierjäger/in	42	0		X
Schädlingsbekämpfer/in	66	12		X
Fleischer/in	6.456	240		X
Pferdewirt/in*	381	1.785	X	
Tierarzthelfer/in	0	66	X	
Tiermedizin. Fachangestellte/r	165	4.374	X	
Tierpfleger/in (alle FR) Forschung und Klinik Tierheim, Tierpension Zoo o. FR	465 117 135 207 6	1.188 300 576 303 9	X X X	
Veterinärmedizinisch-technische/r Assistent/in**	24	199	X	
Tierwirt/in (alle FR) Geflügelhaltung Imkerei Rinderhaltung Schäfer/in Schweinehaltung	909 54 27 591 78 159	810 42 12 558 51 147		

* Seit 1993 hat sich in der Ausbildung zum Pferdewirt das zahlenmäßige Verhältnis von Frauen zu Männern zu Ungunsten der Männer verschoben. Kamen 1993 noch auf einen männlichen Azubi etwa drei weibliche Azubis, sind es jetzt mehr als 4.

** Die Zahlen zu diesem Ausbildungsbereich sind einer anderen Quelle entnommen (Ausbildung in Gesundheitsdienstberufen 2008/2009 o.J.)

4 Eigene Übersicht nach den Angaben des BIBB (o.J.)

Ehrenamtliches Engagement im Tierschutz

Nach dem DJI-Jugendsurvey 1997 lässt sich für junge Frauen ein leicht erhöhter Aktivitätsgrad bei Tierschutzinitiativen ausmachen (Junge Frauen – junge Männer 2002, 252). Der Freiwilligensurvey 1999 arbeitete bei seiner Untersuchung des freiwilligen Engagements nur mit einer generalisierenden Kategorie „Umwelt-/Natur-/Tierschutz", aber auch hier zeigten sich leicht erhöhte Werte bei den erwachsenen und jungen Frauen (ebd. 221 und 223). Hier muss jedoch offenbleiben, ob diese Differenz auch für das Engagement beim Tierschutz zutrifft.

Systematisches geschlechtsspezifisches Datenmaterial zu den Mitgliedern in Tierparteien, Tiervereinen und Tierschutzvereinen ist so gut wie nicht öffentlich zugänglich. Entsprechende Informationen zu finden gelingt nur bei einzelnen Institutionen, so z. B. bei der „Partei Mensch Umwelt Tierschutz": 75 % der Mitglieder sind hier weiblich (o.J, o.S.). Unsystematische Nachfragen in Tierschutzvereinen ergeben ebenso, dass dort tendenziell mehr Frauen als Männer organisiert und engagiert sind. Eine systematische genderbezogene Recherche von Christine Wiesenbach (2010) bei den hessischen Tiervereinen und Tierschutzvereinen (N = 48) im Jahr 2010 zu den personellen Vorstandszusammensetzungen ergab folgendes Ergebnis[5]: Insgesamt waren in den 48 Vereinen 175 Personen im Vorstand aktiv, davon waren 119 Frauen (76 %) und 38 Männer (24 %). Differenziert man die Funktionen, zeigt sich folgender Befund:

Tabelle 4: Frauen und Männer in den Vorständen Hessischer Tierschutzvereine (Wiesenbach 2010)

Funktion	Mann	Frau
1. Vorsitz	14	32
2. Vorsitz	12	30
3. Kasse	10	25
4. Protokoll	2	32

Geht man davon aus, dass in den Leitungsfunktionen von Institutionen die Geschlechterverteilung sich i.d.R. noch einmal männerdominierter zeigt als an der Basis, berechtigen diese Zahlen zu der Annahme, dass die Mitgliedschaft

5 In die Auszählung wurden nur die Vereine einbezogen, die zum ersten einen Internetauftritt hatten, zum zweiten dort Angaben zum Vorstand machten. Die differenzierenden Angaben zu den Funktionen sind unvollständig, weil nicht alle Vereine dazu vollständige Angaben veröffentlicht haben.

in den untersuchten Tierschutzvereinen stark weiblich bestimmt ist. Anders wird es vermutlich in vielen Tierzuchtvereinen aussehen, z. B. in Kaninchenvereinen, Imkervereinen, Geflügelzüchtervereinen, Brieftaubenvereinen, Angelvereinen. Hier fehlen allerdings solide Daten.

2 Theoretische Programme

Die Texte zur Geschlechterspezifik in der Mensch-Tier-Beziehung liefern nicht nur empirische Befunde, sondern auch Erklärungskonzepte für die vorfindbaren Geschlechterunterschiede. Es geht also immer darum, den Gender-Bias theoretisch zu plausibilisieren. Dies geschieht in unterschiedlichem Umfang, mit unterschiedlichem theoretischen Tiefgang und besonders intensiv in den Publikationen zur weiblichen Pferde- und Reitaffinität. Bei den Theoretisierungen kristallisieren sich einige zentrale Paradigmen heraus, die im Nachfolgenden vorgestellt werden sollen.

Produzent und Produkt des weiblichen Sozialcharakters

Die spezifische weibliche Beziehung zum Tier erscheint als Medium der weiblichen Geschlechtersozialisation. Zum einen erzeugt der Umgang mit dem Tier den weiblichen Sozialcharakter, zum anderen spiegelt er ihn wider. Diese Idee findet sich in frühen konservativen wie auch späteren fortschrittlichen Diskurskontexten. Elisabeth Knauff führt in ihrem Buch „Frau und Pferd" (1937) aus:

„Die Gesundung Deutschlands hat auch die deutsche Frau von den Schreckenswegen der Nachkriegszeit zurückgeführt zu Betätigungen, die ihren natürlichen Fähigkeiten entsprechen und ihre Erziehung fördern. Der Umgang mit der Natur und das Leben in ihr ist immer der beste Arzt für ungesunde Ideen. Der ständige Umgang, und sei es nur für einen oder mehrere Monate, mit diesem edlen Geschöpf weckt … die besten Eigenschaften einer jeden Frau. Eine Schulung durch Lehrmeister ‚Pferd' tut jedem jungen Menschen gut, gleichviel ob er den Beruf der Hausfrau und Mutter oder einen anderen erwählt. Motor und Maschine können der Gefühlswelt der Frau nichts geben. Sie braucht ein Wesen, das sie umsorgen kann." (Knauff 1937, 8)

Was hier noch stark nationalsozialistisch getönt aufscheint, ist auch in späteren Varianten zu finden. Knauffs Buch wird in den 1950ern fast unverändert wieder aufgelegt. Aus der oben zitierten Textsequenz wird nur der erste Satz herausgenommen (1953, 11f). Maria Zillig spricht in ihrem Klassiker zu „Mädchen und Tier" von dem weiblichen „Trieb, Lebendiges zu pflegen, zu schützen, zu schonen, in Verbindung mit Lustgefühlen an der Schönheit des

Lebendigen, sowie der Neigung zu weiblichem Mitleid und der Abwesenheit jeglichen Forscherdranges“ (1961, 162), der dafür sorgt, dass keine Tierquälerei bei Mädchen, aber bei Jungen zu finden ist.

Solche geschlechternaturalisierenden Argumentationsfiguren erscheinen ab den 1980er-Jahren dann soziologisch modernisiert. Heinz Meyer schreibt zur Pferdeleidenschaft der Mädchen (1982):

„Reiten bedeutet ... ein Lebewesen zu hegen und zu pflegen. Diese Aufgabe entspricht dem weiterhin gesellschaftlich vermittelten Bild des Mädchens beziehungsweise der Frau. Unabhängig von der Frage, inwieweit bei der Bereitschaft zur Hege und Pflege ererbte Dispositionen mitspielen, ist es eine unbestrittene Tatsache, dass die Sozialisation geschlechtsspezifisch verläuft und Hege und Pflege als zentrale Inhalte des Aufgabenkatalogs der Frau vermittelt werden. Aus dieser Sicht setzen die Mädchen im Reitstall das Verhalten am lebendigen und gewichtigen Objekt fort, das sie zuvor – vielfach im Umgang mit Puppen – in der familiären wie der außerfamiliären Sozialisation gelernt haben und von dem sie überzeugt sind, es in absehbarer Zukunft beim Umgang mit Partnern und Kindern verantwortungsvoll praktizieren zu müssen beziehungsweise zu dürfen.“ (95)

Bei Baum (1991) klingt es ähnlich: „Das Mädchen vollzieht an einem neutralen Gegenüber (dem Pferd, L.R.) in Eigenverantwortlichkeit und Freiwilligkeit Mutterpflichten und übt so die eigene Mutterrolle ein“(218).

Das Theorieparadigma basiert letztlich auf der Vorstellung einer Parallelität zwischen Tierbeziehung und Menschenbeziehung. Weil die Kultur für Frauen bestimmte, nämlich sorgende und emotionale Beziehungsaufgaben vorsieht, stellt das Tier den ‚Raum‘ dar, in dem das Mädchen die erforderlichen Kompetenzen erlernt. Genauso gilt: Weil Mädchen und Frauen geschlechtspezifisch sozialisiert sind, zeigen sie in ihrer Beziehung zum Tier jene weiblichkeitstypische sorgende und emotionale Haltung. Menschliches und animalisches Beziehungsobjekt, menschliche und tier-menschliche Interaktionen sind identisch und wechselseitig austauschbar – so die Idee.

Weiblicher Aufbruch in die Moderne

Mit der feministisch inspirierten Mädchen- und Frauenforschung erfährt diese Diskursfigur eine spezifische Korrektur, die sie den neuen emanzipatorischen Geschlechterutopien anpasst. Dies vollzieht sich jedoch wieder ausschließlich in den Beiträgen zum Reiten. Die Beziehung zum Pferd erscheint jetzt nicht mehr als Spiegel der traditionellen Frauen- und Mutterrolle, sondern als Raum der Entwicklung fortschrittlicher Weiblichkeit. Auch schon in frühzeitigeren Texten zur weiblichen Pferdeaffinität taucht im Übrigen das Motiv des weiblichen Rollenausbruchs auf, wenn von mächtigen und aggressiven, reitenden Frauen in Mythen und Geschichte berichtet wird (Knauff 1937, 7; Meyer 1975, 136). Dies wird aber (noch) nicht genutzt, um ein alternatives Weiblichkeitskonzept zu begründen wie dies später geschieht.

Mit den 1980er-Jahren wird das Pferd dann zum Symbol der Integration von Weiblichkeit und Männlichkeit, zum „Mittler zwischen zwei Prinzipien" (Donna Lotta 1995, 4) und damit zum Inbegriff und Instrument einer modernen weiblichen Sozialisation der Stärke. Dabei verschwinden die alten Deutungskonstrukte nicht, ihr Fortbestand spielt vielmehr eine wichtige Rolle angesichts eines Emanzipationsideals, das Weibliches nicht verbannen, sondern mit dem Männlichen verbinden möchte.

Im Zuge dessen mehren sich die Texte, in denen beschrieben wird, wie in der Beziehung zum Pferd vieles erfahren, gelebt und gelernt werden kann, was traditioneller Weiblichkeit überhaupt nicht entspricht (Donna Lotta 1995, König 1987, Rose 1996). Als eine der ersten geschlechterkritischen Autorinnen zum Reiten schreibt Angelika König: „Der Umgang mit den Ponys erlaubt den Mädchen … nicht nur das Einnehmen als typisch weiblich geltender Rollen wie pflegen, versorgen, bemuttern, sondern darüber hinaus zugleich das Ausleben sogenannter männlicher Rollenmuster wie Macht, Beherrschung, Stärke, Aktivität" (1987, 29). Die Mädchenarbeitszeitschrift „Donna Lotta" formuliert im Editorial zu ihrem Schwerpunktheft „Mädchen und Pferde": „Der Umgang mit dem Pferd erlaubt es dem Mädchen, dass sie sich … in neuen, für sie vielleicht ungewohnten Rollen ausprobieren kann" (ebd. 4). Hervorgehoben werden in diesen Argumentationskontexten die entgrenzenden Körper-, Risiko- und Abenteuererfahrungen beim Reitsport, die die übliche weibliche Sozialisation radikal konterkarieren.

Darüber hinaus hat der Aspekt der Macht in der Beziehung zum Pferd thematisch große Konjunktur. Meyer (1982) betont, dass das Reiten und die Pferdepflege nicht nur weibliche Kompetenzen abfragen, sondern ebenso den festen Zugriff erfordern. „Geist und Empfindung helfen zwar im Sattel; sie reichen aber zur Bewältigung des Pferdes nicht aus. Auf dem Rücken des Pferdes braucht man zeitweise eine Hand, die fester zupackt" (Meyer 1992, 80). In der Mädchenarbeit wird hieraus eine wertvolle pädagogische Chance abgeleitet. „Um mit einem Pferd gefahrlos umgehen zu können, muß das Mädchen das Pferd dominieren, d.h. die Funktion des Leittieres übernehmen. Hierbei sind Durchsetzungsvermögen, eigener Wille … gefragt. Wenn es ihr gelingt, das „Alpha-Tier" zu sein, bedeutet dies eine enorme Stärkung ihres Selbstbewusstseins und nicht zuletzt ihres Stolzes." (Donna Lotta 1995, 4). Damit wird das Pferd zu einem ‚Container', in dem neuralgische Themen der Frauenbewegung symbolisch aufgehoben sind.

Anders als noch kurz zuvor, als das Pferd dem Mädchen und der Frau die Erfüllung ihrer *natürlichen* und *traditionellen* Bestimmung und Neigung ermöglichen sollte und dies auch für gut befunden wurde, verspricht das Pferd nun die Überwindung all dessen. Dieses erscheint wiederum nicht nur als ausgesprochen positiv, sondern es wird auch als Ursache für die empirisch nachweisbare weibliche Reit- und Pferdebegeisterung vermutet: Mädchen und Frauen sind von dieser Welt fasziniert, gerade *weil* sie dort ‚aus der Rolle‘ fallen können und dürfen und dennoch weiblich bleiben. „Angesichts der Tatsache, daß sich auch heute das Selbstbild der Mädchen … durch ein schwaches Selbstwertgefühl auszeichnet, … könnte man sich die Attraktivität des Reitens für Mädchen denn auch als ‚Selbsttherapie‘ erklären wollen“ (Wagenmann/ Schönhammer 1994, 108).

Bei aller modernitätstypischen Veränderung erhält diese Diskursfigur doch auch ein altes Muster. Der Blick auf die menschliche Beziehung zum Pferd ist kanalisiert durch Geschlechterideale, wenn sie denn auch andere geworden sind. Virulente geschlechterpolitische Themen werden in der Interaktion zwischen Frau und Pferd wiedererkannt; animalisches und menschliches Beziehungsobjekt scheinen identisch. Das Verhalten gegenüber dem Pferd wird zur Skriptvorlage für weibliche Emanzipation.

Bewältigung von Entwicklungskrisen

Eine weitere intensiv genutzte Theoriefolie stellt das psychoanalytische Adoleszenzkonzept dar, aber auch dieses wiederum nur im Kontext der weiblichen Reit- und Pferdebegeisterung. Angesichts dessen, dass dieses Phänomen im frühen Jugendalter seinen Höhepunkt hat, um danach wieder abzuflauen, liegen adoleszenztheoretische Bezüge offenbar sehr nahe.

Erstens wird auf den Penisneid rekurriert. Danach ermöglicht die Beherrschung des mächtigen und bedrohlichen Pferdes und die Verschmelzung mit ihm beim Reiten, den phallischen Ehrgeiz des Mädchens auf magische Weise zu befriedigen und die Kränkung der Kastration zu besänftigen (Wagenmann/ Schönhammer 1994, 95). Zweitens fungiert das Pferd als helfendes und tröstendes „Übergangsobjekt“ (ebd. 111) im Ablösungsprozess von der Mutter. Seine libidinöse Besetzung füllt die beunruhigende emotionale Lücke nach der Entsetzung der elterlichen Liebesobjekte, um dann jedoch mit der wachsenden Stabilisierung ebenso rasch wieder an Bedeutung zu verlieren. In dem Moment, wenn sich das Mädchen erfolgreich neuen außerfamilialen und menschlichen Liebesobjekten zuwenden kann, kommt es zur Abwanderungen aus den Reitställen (Meyer 1982, 97). Die psychische ‚Schonraumfunktion‘ der Pferdeliebe hat sich erübrigt.

Drittens bietet das Pferd dem Mädchen einen Weg zur Integration sexueller Triebimpulse. Wagenmann/Schönhammer vermuten, dass bei der Liebe zu Pferden meist ein sexueller Faktor im Spiel ist. „wenn nicht gar im Kern (1994, 94). Das Pferd „läßt die erotisch-sexuell akzentuierte Zärtlichkeit problemlos ausprobieren; der Kontakt mit ihm vermindert im Vergleich zum Versuch beim menschlichen Partner das Wagnis. Das Pferd bereitet ... kaum Enttäuschungen; ... es bleibt vor allem verläßlich und treu. Darüber hinaus darf man solche Zärtlichkeit unverfänglich praktizieren; sie wird gesellschaftlich, vor allem von den Eltern und Erziehern toleriert, akzeptiert und nicht selten sogar gefördert" (Meyer 1982, 95f). Für das Mädchen ist das Pferd nicht nur ein Übungs- und Übergangsobjekt, sondern auch die „Verkörperung von (geschlechtsübergreifender Triebhaftigkeit" (ebd., 109). In der Annäherung an das Pferd wird damit auch die Annäherung an die eigene Triebhaftigkeit organisiert. Der schnelle Ritt erlaubt berauschende Gefühle, der Stallgeruch aktualisiert verpönte anale Wünsche.

Immer wieder diskutieren die Texte schließlich auch, ob das Reiten – in einem sexuell sehr vordergründigen Sinne – masturbatorischen Zwecken dient. Es werden Belege für offen sexuelle Funktionen angeführt (Hengst 1980, 193), um anschließend dann aber solche Vorstellungen wieder für haltlos zu erklären. Zumindest heißt es, dass die genitale Erregung keinesfalls das dominante Reitmotiv darstellt. Diese Relativierungen verhindern jedoch nicht, dass eine spezifische Anrüchigkeit im Kontext der weiblichen Pferdebegeisterung ideologisch weiter genährt wird.

Versöhnungsphantasien in einer bedrohten Welt

Eine völlig andere, und in den deutschsprachigen genderbezogenen Texten zur Mensch-Tier-Beziehung kaum rezipierte Perspektive eröffnen die diskurstheoretischen Beiträge aus dem Kontext der feministischen Herrschafts- und Wissenschaftskritik. Donna Haraway als eine ihrer Vertreterinnen rekonstruiert anhand der medialen Inszenierungen der Geschichten der gefeierten Primatenforscherinnen Jane Goodall, Birute Galdikas und Dian Fossey, dass und wie diese Frauenfiguren eine spezifische Verschiebung in den westlichen Herrschaftsprozeduren markieren. War es lange der Mann, der sich prototypisch als Wissender die Erde, andere Völker – und die Frau – unterworfen hatte, zeichnet sich jetzt mit den Primatenforscherinnen ein Wandel ab. Mit ihnen betritt die Figur der weiblichen und weißen Wissenschaftlerin die gesellschaftliche Bühne, deren Aufgabe ist, die Beschädigungen der Natur, die die männliche Herrschaft hinterlassen hat, wieder zu heilen und „den zerbrochenen Kosmos wieder zur Gänze zu fügen" (Haraway 1988, 806).

Ihr Einsatz zur Rettung der Primaten in der Wildnis ist mehrfach symbolträchtig. Nicht nur handelt es sich um die animalischen Wesen, die dem Menschen evolutionär am nächsten sind, also gewissermaßen um Mitglieder der eigenen Spezies, sondern die Rettung erfolgt auch mit Hilfe spezifischer Taktiken, die sich durchaus als weibliches Gegenprogramm zu den etablierten männlich konnotierten wissenschaftlichen Bemächtigungspraxen begreifen lassen: die Forscherinnen begeben sich *zu* den bedrohten Wesen, leben *mit* den Primaten – und ihren eigenen Kindern – in enger ‚familialer Gemeinschaft', und sie versuchen, ein artübergreifendes sprachbasiertes Verständigungssystem zu entwickeln. Demgegenüber stehen die Technologien männlicher Wissenschaft, die auf Distanz setzen: ihre „Instrumente sind Kamera und Gewehr" und „die Kunst des Ausstopfens von Tieren" (813).

Der Kampf um das ökologische Überleben der Erde erfolgt also über die radikale Entgrenzung der Mensch- und Tierkategorie und größtmögliche Nähe bis hin zur artübergreifenden Gemeinschaft. Dabei nähert sich nicht nur der Mensch dem Tier, sondern auch das Tier nähert sich dem Menschen. Zumindest ist dies der Kristallisationspunkt der Rettungsphantasien. Die wechselseitige Mensch-Tier-Berührung versinnbildlicht magisch die Überwindung der problematischen Kluft zwischen Natur und Kultur, Mensch und Tier. „Die Arbeit der Frauen besteht darin, Empfänglichkeit herzustellen, d.h. die Bedingungen hervorzubringen, unter denen sich das Tier nähern *kann* (Hervorhebung im Original, L.R.)" (812).

Die weibliche Wissenschaftspraxis im Dienst der Vermittlung zwischen Mensch und Natur hat „nichts mit den industriell orientierten Forschungsmaschinerien zu tun, die wie zuvor bereits in Chemie und Physik, während der Nachkriegsepoche auch in der Biologie auftauchten" (814). Sie findet nicht in Laboren statt, sondern in den bedrohten Lebensräumen. Sie bewegt sich auch jenseits der herrschenden Wissenschaftsinstitution – so jedenfalls die mediale Inszenierung. Die produzierten Filmbilder zu den Unterweisungen junger Nachwuchswissenschaftlerinnen im Urwald durch die ‚alten' Protagonistinnen der Primatenforschung lassen den Eindruck einer „Geheimlehre" (814) entstehen, die von Frau zu Frau weiter gegeben wird. „Die gesellschaftliche Organisation wissenschaftlicher Arbeit kann wohl kaum noch systematischer entstellt werden." (814).

Die medialen Erzählungen zu den Affenforscherinnen bringen somit einen idealisierten, spezifisch vergeschlechtlichten Code von Wissenschaft hervor, in dem die weibliche Wissenschaft nicht nur anders ist, sondern in der „Wissenschaft auch ihre Vollendung findet" (814). Gleichzeitig ist der Code ethnisiert. „Es ist nicht einfach der Mensch, der den Urwald in Gestalt und Körper der weißen Frau betreten hat, sondern es ist der *weiße* Mensch." (815). Dass es die *weißen* Frauen sind, die sich für das Überleben der Affen einsetzen, reproduziert einmal mehr den Fortbestand der Animalisierung der dunklen Rasse. Es macht sie als Vermittlerinnen zwischen Natur und Kultur untauglich.

Die Geschichten der Primatenforscherinnen erzeugen und nähren eine ‚Erlösungsillusion', in deren Zentrum die menschliche Renaturaliserung steht. "Und genau zu diesem Zweck werden Menschaffen und (weiße) Menschen *sowohl* in der ‚natürlichen' Welt des Urwaldes *als auch* (Hervorhebung im Original, L.R.) in der kulturellen Welt von Sprachbenutzern und Haustierhaltern zusammengeführt" (817). Der Status des Menschen ist in diesem Diskurskontext jedoch bezeichnenderweise auf die Frau verschoben – die Vergeschlechtlichung in der Mensch-Tier-Binarität.

Restauration der Geschlechterpolaritäten

Vor dem Hintergrund der Studie „Die Deutschen und das Tier" vertritt Doris Janshen (1997) die These, dass die klassischen Geschlechterpolaritäten, die gesamtgesellschaftlich erodieren, in der Beziehung zum Tier um so nachdrücklicher in archaischer Weise reproduziert werden (277). Wie schon der Theoriebeitrag von Haraway (1988) findet auch dieser in den deutschsprachigen Publikationen zu Gender in der Mensch-Tier-Beziehung bislang so gut wie keine Beachtung.

Janshens Konzept basiert auf drei symptomatischen Szenen des modernen Umgangs mit dem Tier. Erstens spielt die Geschlechtlichkeit des Tieres weit unverhohlener eine Rolle im Umgang mit dem Tier als dies – mittlerweile – in der menschlichen Welt möglich ist. Bei den „Ferntieren" – dies sind die Nutz- und Haustiere, mit denen nicht der eigene Wohnraum geteilt wird – entscheidet das Geschlecht radikal über seine Nutzung und Lebensmöglichkeiten. Weibliche Kühe und Hühner sollen Nahrungsmittel liefern, männliche Rinder werden als Fleisch verwertet. Bei den „Nahtieren", die im menschlichen Wohnraum mit leben, führt die Geschlechtlichkeit zu drastischen regulierenden Zugriffen gegenüber den weiblichen Tieren und Großzügigkeit gegenüber den männlichen. Die blutende Hündin ist lästiger und peinlicher als der Rüde mit Erektion. „Es wird nicht zufällig sein, dass eher Frauen als Männer die Last des weiblichen Tieres übernehmen" (271) und vor allem die weiblichen Hunde sterilisiert werden. Für den Kater, der begrifflich bezeichnenderweise unter der Kategorie der Katze subsumiert ist, also letztlich ein ‚weibliches' Tier ist, sieht dies schon anders aus. Er wird wie die Katze sterilisiert.

Zweitens ist die Arbeitsbeziehung zwischen Mensch und Tier männlich kontextualisiert. Tiere stellen zivilisationstheoretisch „Vorläufer der Maschine" dar (273), und es waren „vor allem Männer ... die sich die Stärken der

Tiere bei ihrer eigenen Arbeit zunutze machten" (274), z. B. bei der Jagd, beim Ackern, im Krieg und heute noch bei Katastrophen, Wachdiensten und der Polizeiarbeit. Frauenarbeit kam dagegen eher ohne animalische Helfer aus. Dennoch arbeiteten Frauen auch mit Tieren. Aber häufiger als Männer „arbeiten sie *mit* Tieren, indem sie *für* Tiere arbeiten" (275, Hervorhebung im Original, L.R.), sei es bei der Aufzucht des Jungviehs oder in den Tierpflegeberufen.

Hierzu passt, was Janshen noch nicht im Blick hatte, nämlich dass in den modernen Berufen tiergestützter Therapie und Pädagogik so viele Frauen tätig sind. Hier wird das Tier zwar ähnlich wie im männlichen Arbeitsterrain als Helfer genutzt, aber eben nicht als Kraftressource, sondern als kommunikativer Helfer.

Drittens sind es Männer, die Tiere töten und damit ein besonderes Privileg wie auch eine besondere Verantwortung in einem sozial hochbrisanten Feld innehaben. Wie schon im Krieg gegenüber Menschen so übernehmen sie bei der Tierschlachtung, der Jagd, Fischerei und Kammerjägerei die Tötungsaufgabe. Frauen kommen erst später bei der weiteren Verarbeitung des Tieres hinzu. „Frauen sind also nicht das Geschlecht, das sich – übrigens ähnlich wie bei Kriegshändeln gegenüber Menschen – dem Tötungsakt grundsätzlich widersetzt. Sie halten sich fern, weil der extreme Widerpart zu dem kulturell von ihnen verlangten Schutz des Lebendigen ihre Geschlechtsehre in Frage stellen würde." (277) Dennoch werden Tötungshandlungen von Frauen gegenüber Tieren in der modernen Arbeitswelt häufiger. Aber auch hier bleibt eine Geschlechterunterscheidung erhalten. Frauen tun dies i.d.R. aus Gründen der Euthanasie und mit der Spritze, also ohne eigenen körperlichen Einsatz gegen das Tier (ebd.). In dieser Praxis werden ‚Mütter' und ‚Krieger' als zentrale Figuren der Inszenierung der Geschlechterdistinktion wieder manifest.

Auch wenn die gesellschaftlichen Modernisierungen den Dualismus zwischen Mutter und Krieger zunehmend obsolet werden lassen und medizinische und technologische Entwicklungen die lebensbestimmende Bedeutung des Körpers zunehmend zu marginalisieren scheinen, offenbart doch der Umgang mit dem Tier, dass dabei existentielle Fragen zwischen den Geschlechtern offen geblieben sind. Tiere werden mit diesen „eigenen Ungeklärtheiten belastet, indem diese einerseits das verbotene Archaische ungeniert ausleben müssen oder aber mit ihrem Leben für den Unsterblichkeitswahn der sie beherrschenden Menschen zahlen müssen" (279). Bei alledem tun sich zudem scheinbar vergangene geschlechtsspezifische Arbeitsteilungen auf, die den gegenwärtigen Öffnungen der Geschlechterrollen so gar nicht entsprechen und von daher umso aufschlussreicher sind.

3 Begrenzungen der Genderforschung in der Mensch-Tier-Beziehung

Die Bestandsaufnahme zur Genderforschung in der Mensch-Tier-Beziehung offenbart einen in spezifischer Weise kanalisierten Diskurs, in dem einzelne Phänomene und Erklärungsangebote exponiert sind, anderes aber marginal oder völlig übergangen bleibt.

In den empirischen Studien dominieren quantitative Forschungsinstrumente, insbesondere Befragungsdesigns und entsprechende Daten. Praxeologische qualitative Ansätze, die die konkreten Vollzüge des Mensch-Tier-Verhältnisses empirisch einfangen, sind selten. Damit liegen vergleichsweise viele Informationen zu den sprachlichen Selbstkonstruktionen von Menschen in ihren Beziehungen zu Tieren vor, aber nur wenige Untersuchungen zur praktischen Gestaltung der Mensch-Tier-Beziehung und den ihr innewohnenden Bedeutungen.

Die Texte zu den Studien sind stark differenztheoretisch figuriert, d.h. sie erzeugen den Eindruck einer markanten Geschlechterdifferenz. Die präsentierten Befunde zeigen durchaus statistische Unterschiede, doch genaugenommen handelt es sich dabei oft genug nur um leichte Übergewichte in die eine oder andere Richtung, gibt es auch manche Gleichförmigkeiten zwischen den Geschlechtern. Dennoch neigt die textliche Aufbereitung dazu, die bestehenden Unterschiede zu Extremen zu vergrößern. So ist das vielfach kolportierte Bild der so ausgeprägten weiblichen Tieraffinität letztlich vielfach eher Ergebnis künstlicher Zuspitzungsvorgänge denn Realität.

Was die sozialen Differenzierungen jenseits der Geschlechterkategorie in diesen Studien betrifft, sind nur altersspezifische regelmäßig anzutreffen. Hatte Zillig (1961) noch die weiblichen Großstadt- und Landkinder unterschieden und dabei wesentliche Unterschiede entdeckt, finden sich solche oder andere Differenzierungen heute nicht mehr. Mögliche Einflüsse der Schichtzugehörigkeit, der Familiengeschichte, des Bildungsgrades, der Region und Religion und der ethnischen Kultur auf die Art des Umgangs mit dem Tier geraten bislang kaum in den Forschungsblick.

Im Hinblick auf die thematisierten Tiere zeigt sich eine eklatante Zentrierung auf das Pferd. Erst mit großem Abstand folgen weitere Heim-Säugetiere. Damit erhält die Beziehung zum Pferd eine prominente Exklusivität in der öffentlichen Wahrnehmung, und es verfestigt sich das Alltagsbild der massenhaften weiblichen Pferdebegeisterung. Dies wirft nicht nur die Frage auf, welche geschlechterdiskursiven Effekte dieses Bild hat, sondern auch, was den so besonderen Reiz des Forschungsgegenstandes ‚Frau-Pferd-Reiten' denn ausmacht. Ist es die Größe des Tieres, die es über sämtliche sonstigen Haustiere erhebt und zu einem enormen Machtsymbol macht, ist es vielleicht der Umstand der quantitativ sehr viel stärkeren weiblichen Besetzung dieses Tieres im Unterschied zu anderen, die es so interessant macht, oder sind es die sexuellen Symboliken, die bei diesem Tier so massiv in den öffentlichen Diskurs eingespeist werden? Gibt es gar eine besondere Lust an der Sexualisierung der Beziehung zum Pferd, da solche Deutungen auch den AutorInnen zu öffentlicher Aufmerksamkeit in den Medien verhelfen?

Die wissenschaftliche Beschäftigung mit der Mensch-Tier-Beziehung ist insgesamt wie auch im Kontext der Genderforschung als anthropozentrisch und idealisierend zu bezeichnen. Die Kaprizierung auf Heimtiere und das Pferd als „Nahtiere" des Menschen im Janshen'schen Sinne, die Fokussierung auf Säugetiere, die Ignorierung der sonstigen Haus- und Nutztiere bis hin zu all jenen Tieren mit größerer Distanz zur menschlichen Lebenswelt spiegeln eine selbstbezogene Verengung des Forschungsblicks wider. Die ausschließliche Beschäftigung mit den ‚tieraffinen' Kulturerscheinungen der libidinösen Besetzung ausgewählter Freizeittiere trägt insofern euphemisierende und realitätsverschleiernde Züge, als dabei alle Abwehr- und Gewaltakte in der Mensch-Tier-Beziehung tabuisiert werden. Doch diese gibt es mindest genauso umfangreich, und dies auch bei profilierten Tierliebhabern – und vermutlich auch in geschlechtspezifischen Varianten. Sich so ausschließlich auf die Phänomene der sympathischen Tierliebe zu konzentrieren, erzeugt zwischen den Zeilen, aber wirkungsvoll die phantastische Illusion vom tierliebenden guten Menschen und verleugnet die dunklen Seiten menschlichen Daseins.

Zu guter Letzt: Es ist die *weibliche* Tierbeziehung, die wissenschaftliches und populärwissenschaftliches Interesse weckt. Fast alle Texte kreisen um Mädchen und Frauen und um das, was sie mit Tieren erleben. Befunde zu Jungen und Männern tauchen sporadisch als – unterschwellig negativ getönte (!) – Kontrastfolie auf, Anlass zur offensiven Hinwendung zur Mann-Tier-Beziehung geben sie jedoch nicht. Die männliche Beziehung zum Tier so überhaupt nicht zu thematisieren, erzeugt ein weiteres Phantasma, nämlich das des Mannes, der keine Beziehung zu Tieren hat.

Literatur

Adolph, Helga; Euler, Harald: Warum Mädchen und Frauen reiten – eine empirische Untersuchung. Bd. 19. Kassel 1994

Ausbildung in Gesundheitsdienstberufen 2008/2009 o.J. http://datenreport.bibb.de/media2010/tab_a6_3-1.pdf (letzter Zugriff 2.9.2011)

Baum, Marlene: Das Pferd als Symbol. Frankfurt am Main 1991

Böhme, Hartmut: Monster im Schatten der Aufklärung. Literarische Experimente im Grenzbereich. In: Deutsches Hygiene-Museum (Hg.): Mensch und Tier. Eine paradoxe Beziehung. Ostfildern-Ruit 2002, 141-156

Bergler, Reinhold; Tanja, Hoff; Ellen, Kienzle: Psychologie der Mensch-Pferd-Beziehung bei jungen Reiterinnen. Theoretische Grundlagen und empirische Ergebnisse. Regensburg 2011

Bergler, Reinhold; Hoff, Tanja: (o.J.) Der Einfluss von Hunden auf das Verhalten und Erleben von Jugendlichen in der Großstadt Berlin. www.familienhandbuch.de/cms/Erziehungsbereiche_JugendHundneu.pdf (letzter Zugriff 30.8.2011)

BIBB: Auszubildende – Zeitreihen. O.J. www2.bibb.de/tools/db-aws/dtazub_z.php (letzter Zugriff 5.7.2010)

BMBF (Hg.): Berufsbildungsbericht 2008. Berlin 2008

Cerovina, Danielle: Das Glück der Erde lesend erleben. Mädchen-Pferdebuchserien – eine genderorientierte, strukturelle und inhaltliche Untersuchung. Würzburg 2009

Der Tierarzt heute. In: A. von den Driesch: Geschichte der Tiermedizin: 5000 Jahre Tierheilkunde. 2. aktualisierte und erweiterte Auflage, Stuttgart, New York 2003, 247-250

Deutsche Reiterliche Vereinigung: Zahlen, Daten, Fakten o.J. www.pferd-aktuell.de/cms-aussen-spezial/externalViews/ExternalViews.jsp?contentId=20835&printview=true (letzter Zugriff 1.9.2011)

Die neuen Amazonen. In: Emma 5/1991, 10-15

Donna Lotta: Zeitung zur Mädchenarbeit in Niedersachsen. Schwerpunktthema: Mädchen und Pferde 5/1995

Döring, Ulrike: „Pferde fand ich schon immer voll süß“. In: Theorie und Praxis der Sozialpädagogik, Heft 3/1997, 157-160

Edelbacher, Ingrid: Haustiere: Reine Frauensache? www.aras.de/wissen/report/artikel-246/artikel-246.htm (letzter Zugriff 1.9.2011)

Fellerer, Eva: Einer Sehnsucht folgend. Pferde – Frauen – Reiten. In: Susanne Bischoff (Hg.): ... auf Bäume klettern ist politisch. Hamburg 1993, 65-75

Fox, Rebeccah (2010): Gender and Animals. In: Martha Blomqvist/Ester Ehnsmyr (Hg.) Never Mind the Gap! Gendering Science in Transgressive Encounters. Uppsala: Uppsala University: 173-190

Friedrich-Schiller-Universität Jena o.J: Ergebnisse der Vegetarierstudie. www.vegetarierstudie.uni-jena.de/(letzter Zugriff 1.9.2011)

Gebhard, Ulrich: Kind und Natur. Die Bedeutung der Natur für die psychische Entwicklung. 3. überarbeitete und erweiterte Auflage. Wiesbaden 2009

Gohl, Christiane: Die „erste Liebe“ – Mädchen und Pferde. In: Pro Familia Magazin 5/1996, 11-13

Hagemann-White, Carol.: Sozialisation: weiblich-männlich? Opladen 1984

Haraway, Donna: Von Affen und Müttern. Eine Allegorie für das Atomzeitalter. In: Das Argument, 30. Jg./1988, Heft 172, 803-819

Hartmann Annette/Rost, Detlef H.: Haustierbesitz und sozio-emotionales Wohlbefinden von Kindern. In: Psychologie in Erziehung und Unterricht. J. 41, H. 4/1994, 241-248

Hengst, Heinz: Freundschaft mit Pferden. In: K.W. Bauer/Heinz Hengst: Wirklichkeit aus zweiter Hand. Reinbek 1980, 184-194

Hengst, Heinz: Vom Cow-boy zum Horse-girl. In: Guldberg, J.; Mouritsen, F. et al. (Hg.): Child and Youth Culture. Odense University 2000. In: www.humaniora. sdu.dk/kultur/arb_pap/horse-girl.pdf (letzter Zugriff 31.07.2008)

Herzog, Harold A.: Gender Differences in Human-animal Interactions. A Review. In: Anthrozooes 20 (1) 2007, 7-21

IAB: Berufe im Spiegel der Statistik o.J. bisds.infosys.iab.de/bisds/data/seite_401_BO_a.htm (letzter Zugriff 2.9.2011)

Janshen, Doris: Frauen, Männer und dann noch die Tiere. Zur kulturellen Integration des „Animalischen“. In: Ilse Modelmog, Edit Kirsch-Auwärter (H.): Kultur in Bewegung. Beharrliche Ermächtigungen. Freiburg im Breisgau 1996, 265-281

Junge Frauen – junge Männer. Daten zur Lebensführung und Chancengleichheit (AutorInnen: Waltraud Cornelißen u.a.). Opladen 2002

Knoth, Esther: Die Beziehung von Menschen zum Heimtier zwischen Anthropozentrismus und Individualisierung – ein Gegensatz? In: Ilse Modelmog u.a. (Hg.): Annäherungen und Grenzüberschreitungen. Sonderband 1 der Schriften des Essener Kollegs für Geschlechterforschung. 2008 (digitale Publikation), 172-183

König, Angelika: Mädchen und Ponys. In: Frauen und Schule 6/18, 26-30

Krüger, A. M.: Über das Verhältnis des Kindes zum Tiere. In: Zeitschrift für angewandte Psychologie 1/2 1934, S. 9-64

Kupper-Heilmann, Susanne: Getragenwerden und Einflussnehmen. Aus der Praxis des psychoanalytisch orientierten heilpädagogischen Reitens. Gießen 1999

Mauerer, Ina Maria: Besitz exotischer Haustiere und Persönlichkeit. Diplomarbeit Universität Wien 2009

Meyer, Heinz: Mensch und Pferd. Zur Kultursoziologie einer Mensch-Tier-Assoziation. Hildesheim 1975

Meyer, Heinz: Das Erlebnis Reiten. Psychologie und Soziologie des Reitens. Köln 1982

Natur & Kosmos: Miezen für Machos, Juli 2001, 97-100

Partei Mensch Umwelt Tierschutz. http://de.wikipedia.org/wiki/Partei_Mensch_Umwelt_Tierschutz_–_Die_Tierschutzpartei#Mitglieder_und_W.C3.A4hlerschaft (letzter Zugriff 27.9.2011)

Patronek, Gary J.: Hoarding of Animals: An Under-Recognized Public Health Problem in a Difficult-to-study Population. In: Public Health Reports Vol. 114/1999, 81-87

Petcom: Heimtierhaltung: die Deutschen lieben Katzen. 27.2.2011. In: www.petcom.at/deutschland/marktdaten/Heimtier-Populationen/Heimtierhaltung-Deutschland-2011.html (letzter Zugriff 1.9.2011)

Prato-Previde, Emanuela: Differences in Owners Interacting with Pet Dogs: An Obervational Study. In: Ethology 112/2006, 64-73

Rohlfs, Carsten: Freizeitwelten von Grundschulkindern. Eine qualitative Sekundäranalyse von Fallstudien. Weinheim, München 2006

Rose, Lotte: Das Glück der Erde ... Überlegungen zum Mädchentraum Reiten. in: Sozial extra 10/1996, 13-15

Schilke, Karl: Lernvoraussetzungen von Kindern zum Thema Dinosaurier. In: Zeitschrift für Didaktik der Naturwissenschaften. Heft 2/1999, 3 – 14

Schleehauf, Konstanze: Wege und Möglichkeiten in der pädagogisch-therapeutischen Arbeit mit dem Medium Pferd für Mädchen mit Gewalterfahrung – Hauptteil. Dissertation an der TU Berlin. Berlin 2010

Statistisches Bundesamt: Studierende: Deutschland, Semester, Nationalität, Geschlecht, Studienfach. Wiesbaden 2010

Wegner, Bärbel/Steinmaier, Helga: Von Frauen und Pferde. Zur Geschichte einer besonderen Beziehung. Königstein/Taunus 1998

Wiesenbach, Christine: Übersicht zu den Vorständen Hessischer und ausgewählter bundesweiter Tier(schutz)vereine (unveröffentlichter Projektbericht an der FH Frankfurt am Main). Frankfurt a. M. 2010

Zillig, Maria: Mädchen und Tier. Heidelberg 1961

Zinnecker, Jürgen u.a. (2002): null zoff & voll busy. Die erste Jugendgeneration des neuen Jahrhunderts. Opladen

Zoologischer Zentralanzeiger (ZZA): Beratung zur Heimtierhaltung. www.zza-online.de/artikel/050594.html

Jutta Buchner-Fuhs

Tiere und Klassendistinktion: zur Begegnung mit Pferden, Karrenhunden und Läusen

Einleitende Vorüberlegungen

Auch wenn es in der heutigen Zeit der emotionalen Tierpartnerschaft und hochentwickelten Heimtierhaltung mit Familienanschluss auf den ersten Blick verwundern mag: Menschen halten Tiere in der Regel aus menschlichen Interessen heraus, und grundsätzlich gilt, dass die menschliche Beziehung zum Tier am Nutzungsgedanken orientiert ist. Der Nutzungsbegriff wird dabei in einem umfassenden Sinne gefasst. Nutzung meint zunächst – ganz traditionell – die menschliche Verwendung der Tiere zu ökonomischen, wirtschaftlichen oder auch religiösen Zwecken. In einem weiten Sinne schließt Nutzung aber auch den direkten emotionalen Umgang mit Tieren ein, weil auch hier die Menschen aus ihrer Perspektive die Ziele der Tierhaltung festlegen und die Bewertung der gelingenden oder misslingenden Beziehung vornehmen. Auch geliebte und gehätschelte Tierchen, die keinerlei wirtschaftlichen Ertrag erbringen müssen, werden so für menschliche Belange genutzt.

Während Nutzung den Umgang mit einem Tier unter dem Aspekt des unmittelbaren (emotionalen, sozialen oder wirtschaftlichen) Ertrags meint, ist die Existenz aller Tiere letztlich daran ausgerichtet, ob sie den Menschen Nutzen oder Schaden bringen. Nutzorientierte Überlegungen sind also auch dann entscheidend, wenn bestimmte Tiere aus dem Fokus menschlicher Aufmerksamkeit geraten, sei es, dass der Lebensraum von Tieren eingeschränkt wird, Tiere anderen Zwecken, die als wichtiger erachtet werden, untergeordnet werden, oder Tiere als Schädlinge direkter Bekämpfung ausgesetzt sind. Der Nutzungsgedanke ist selbst dann nicht aufgehoben, wenn anthropozentrische Deutungen kritisiert und eine „Tiergeschichte“, die den Tieren selbst gerecht wird, gefordert werden. Die Nutzung der Tiere verschiebt sich lediglich, wenn zum Beispiel das Forschungsinteresse den Diskursen gilt, wenn also Deutungen im Kontext von Repräsentationen und andere wissenschaftliche Diskurse, die dem weiten und bislang unübersichtlichen Feld der Human-Animal Studies und der Animal Studies (vgl. Roscher, Krebber 2010) zugeordnet werden können, den Forschenden nützen. Wissenschaftliche Reputation ist durchaus durch die Abgrenzung vom Lebendtier zu erlangen, wie Charles Bergman anlässlich einer Konferenz in Milwaukee festgehalten hat: Die „meisten Vortragenden“ seien „sogar mit gewisser Leichtfertigkeit willens“ gewesen, „über das Tier als Tier hinwegzugehen“ (zit. in Rothfels 2010, S. 35). Dieses Ausblenden der Lebendtiere zugunsten medialer und symbolischer Deutungen ist, so kann hier festgehalten werden, ebenfalls eine Nutzung der Tiere, und zwar im Sinne der Erreichung eines höheren Grades an Abstraktion der wissenschaftlichen Auseinandersetzung, der wiederum der eigenen wissenschaftlichen Reputation nützen soll.

Gleichwohl leben Tiere und Menschen auch heute noch eng zusammen und diese Koexistenz hat eine lange Geschichte. Die Vielfalt der gemeinsamen Lebensformen von Mensch und Tier wird im Folgenden mit Bezug auf Bourdieu (1982) unter dem Gesichtspunkt der sozialen Distinktion betrachtet. Die Verortung im sozialen Raum auf der Basis kultureller Praxen findet auch über die Tierhaltung bzw. die Nähe oder Ferne zum lebenden Tier statt. Tiere, so die die weiteren Überlegungen, sind Teil von Lebensstil und Geschmack, über den Menschen abgegrenzt und ausgegrenzt werden. Bourdieu hat herausgearbeitet, dass der „Raum der Lebensstile“ homolog zum „Raum der sozialen Positionen“ ist, das heißt, der gezeigte Lebensstil und der mit ihm verbundene Geschmack ist Ausdruck sozialer Ungleichheit. Geschmackspräferenzen können als Ausdruck von Integration und Distinktion im sozialen Raum verstanden werden. In seiner Studie „Die feinen Unterschiede“ (1982) ist dieser Zusammenhang evident, und es ist interessant, dass Bourdieu ausgewählte Tierbereiche in seine Untersuchung aufgenommen hat. Die Vorliebe für die Jagd oder das Reiten zeigt die ökonomische Fraktion und ist mit hohen sozialen Positionen verbunden; Angeln dagegen ist ein Tierkontakt, der in unteren sozialen Gruppen zu finden ist (vgl. Bourdieu, 3. Aufl. 1984, S. 212 f.). Bourdieus Ergebnisse beziehen sich auf einen spezifischen Zeitausschnitt. In der historischen Perspektive bleibt jedoch festzuhalten, dass der Tierkontakt immer ein Ausdruck sozialer Unterschiede ist.

So ist auch für die Zeit um 1900, die im Folgenden näher betrachtet wird, die Tierhaltung in Bezug auf die Klassengesellschaft evident. Die Perspektive richtet sich auf Mensch-Tier-Konstellationen im sozialen Raum, wobei das Mensch-Tier-Verhältnis als soziales Phänomen und als komplexes Bedeutungsgefüge verstanden wird, das nur im Kontext historischer räumlicher und sozialer Verortungen untersucht werden kann (vgl. Buchner 1996). Gefragt wird, wie Mensch-Tier-Begegnungen als Distinktionspraxen fungieren.

Da die Tierhaltung nicht isoliert betrachtet, sondern als konstituierendes Element sozialer Wirklichkeit verstanden wird, muss der Umgang mit dem Tier auch in der Begegnung (und Konfrontation) unterschiedlicher sozialer

Gruppen, Schichten oder Klassen gesehen werden. Die Tierhaltung impliziert immer auch die Begegnung anderer mit diesem Tier und seinen Lebensbedingungen und führt zu Prozessen sozialer Einordnung, etwa wenn ein Präsidentenhund zu einer begehrten Modetierart wird oder wenn mit einem Rottweiler auch heutzutage noch der Fleischerhund verbunden ist. Der Terminus Begegnung soll hier deshalb Verwendung finden, da die räumliche Nähe von Mensch und Tier unterschiedlicher sozialer Gruppen und ihrer jeweiligen Tiere für das Verständnis der sozialen Nutzung von Tieren entscheidend ist.

Der Beitrag ist mit Bedacht kulturhistorisch gehalten und zielt auf die historische Genese sozialer Wirklichkeit, um einen engen Blick auf Tiere zu vermeiden. Ein solches Vorgehen in einem Buch zur Sozialen Arbeit ist der Überlegung geschuldet, dass der Blick ins ausgehende 19. Jahrhundert es heute erlaubt, soziale Ungleichheiten im Kontext von Tierkontakten gleichsam wie durch ein Fernglas scharf zu sehen und damit Verstehenshorizonte auch für heutige Tiernutzung zu entwerfen. Die historische Distanz zeigt vergangene Umgangsweisen, tradierte Deutungsmuster und geschärfte Argumentationslinien, die in der Klassengesellschaft um 1900 virulent waren, soziale Konflikte widerspiegeln und Prozesse in Gang setzten, die noch heute nachwirken.

Ein kulturhistorischer Zugang, der soziale Unterschiede und kulturelle Wertungen bei Mensch und Tier zulässt, untersucht und deutet Mensch-Tier-Begegnungen aus der Perspektive der Lebenswelt des Menschen, verstanden als „bewegliche historisch-biographische Struktur netzartiger Verweisungs- und Orientierungszusammenhänge“ (Schweizer 2007 mit Bezug auf Corsaro und Waldenfels). Diese Lebenswelten, die die Gestaltung der Wirklichkeit in einem konstruktiven und rekonstruktiven Sinn meinen, unterliegen historischen Veränderungen, und das Tierverständnis als ein kulturelles Deutungsmuster verändert sich mit ihnen. Sowohl in historischer als auch aktueller Dimension fokussiert ein solcher Zugang auf die Gestaltung von menschlichen Praxen mit Tieren in sozialen Räumen. Auch der Raum ist dabei nichts Statisches, was fest vorgegeben ist, und er entsteht erst im Handeln von Mensch und Tier. Raum lässt sich daher als „relationale (An-)Ordnung von Lebewesen und sozialen Gütern an Orten“ (Löw 2001, S. 271) verstehen. Rücken nicht nur Menschen, sondern besonders die Tiere ins Zentrum des Interesses, so lässt die Raumorientierung zu, lebensweltliche Kontexte in der Mensch-Tier-Begegnung konkret zu verorten. Diese Hinwendung zur gemeinsamen, historischen Lebenswelt von Menschen und Tieren ist keineswegs selbstverständlich. Lebenswelt wird vielmehr immer dann in Forschungszugängen ausgeblendet, wenn das Mensch-Tier-Verhältnis entweder als bedeutsamer Gegenstand philosophischer, theologischer Grenzziehungen zum Tier oder als (zu erklärender) Ausdruck einer festen Verbundenheit zu Tieren beschrieben wird.

Ein lebensweltorientierter Zugang, der Menschen und Tiere in sozialen Räumen untersucht, muss dezidiert historisch ausgerichtet sein, will er nicht in platte Tierstereotype abgleiten. Er bietet für die Soziale Arbeit vielfältige theoretische Anschlussmöglichkeiten, die weit über die in erziehungswissenschaftlichen Kontexten verbreitete Biophilie-These (also die Vorstellung einer angeborenen Zuwendung zum Tier) hinausgehen. Diese These des Soziobiologen Edward O. Wilson greift als allgemeines Erklärungsmuster zu kurz, unterstellt sie doch die „menschliche Hinwendung zum Lebendigen" (Dialog im Kolloquium 2009, S. 153) und setzt sie die Verbundenheit durch gemeinsame Entwicklung zugrunde: „Über Millionen von Jahren hinweg haben sie [die Menschen, J.B.-F.] wahrscheinlich eine biologisch fundierte Affinität zum Leben und zur Natur ausgebildet" (Olbrich 2003, S. 69). Kotrschal (Dialog im Kolloquium 2009, S. 154) ist hier zuzustimmen, der das Konzept als „allumfassend" und „sehr schwammig" kritisiert. Aus einer historischen Sicht ist diese These bedenklich. Umso bedauerlicher ist die umfassende Rezeption der Biophilie-These durch die Tierpädagogik, die sich davon offensichtlich eine Aufwertung ihres noch jungen Ansatzes verspricht. In tierfreundlicher Absicht wählen sich erziehungswissenschaftliche RezipientInnen gerne – so die Beobachtung der Autorin in Seminaren und Abschlussarbeiten, in denen Ansätze zur tiergestützten Arbeit/Therapie vorgestellt werden – die Biophilie-These, wenn sie die möglichst lange, tiefe und nahe Verbundenheit zum Tier wissenschaftlich belegen wollen. Die Argumentation wird unscharf, ahistorisch und vermag damit theoretisch nicht zu überzeugen. Es scheint an der Zeit, den genauen Blick auf die soziale Realität historischer Tierhaltung zu schärfen.

Der Weg der sozialen, historisch-raumbezogenen Betrachtung, der hier zur Positionierung des Mensch-Tier-Verhältnisses in der Sozialen Arbeit vorgeschlagen wird, zielt auf eine genauere Untersuchung von Lebenswelten. Das gelebte Leben von Mensch und Tier erscheint zwar oft getrennt, wenn, um ein konkretes Beispiel zu nennen, beim Fleischkonsum ausgeblendet wird, dass das Essen eines Schnitzels ohne die Haltung und Schlachtung des Schweins nicht möglich ist (vgl. Hirschfelder und Lahoda in diesem Band), aber es ist in seinen vielfältigen Bezügen und Facetten miteinander verschränkt. Lebenswelt meint hier die Ebene der Handlungen und Deutungsmuster, die die Subjekte erfahren, erleben, reproduzieren und auch produzieren. Wenn etwa Thiersch (2005, S. 35) erläutert, dass die lebensweltliche Orientierung eine anwaltschaftliche Position ergreift, dann lässt sich dieser Gedanke auch auf Situationen, Handlungen und Praxen eines komplexen Alltags beziehen, der von Mensch und Tier gelebt wird. Lebensweltliche kulturelle Bedeutungen von komplexen und widersprüchlichen Mensch-Tier-Begegnungen gilt es daher im Folgenden sichtbar zu machen.

Überlegungen zum Mensch-Tier-Verhältnis nähren zumindest sprachlich gesehen den Eindruck, als gäbe es *den* Menschen und *das* Tier. Besser wäre es, von Menschen und Tieren in vielfältigen kulturellen Bezügen zu sprechen, wie ein Blick auf die Geschichte dieses prekären und ambivalenten Verhältnisses (Münch 1998, Buchner 1996) deutlich zeigt. Die Vielfalt und Diversität ist zu berücksichtigen, wenn auch im Folgenden aufgrund sprachlicher Vereinfachungen oftmals die singuläre Form Verwendung findet. Es wird um menschliche und animalische Begegnungen gehen, was freilich nicht unreflektiert gleichzusetzen mit Beziehung und Bindung ist.

Ein Blitzlicht auf die Pferdegesellschaft

Noch vor gut 100 Jahren waren Tiere in allen Kulturen der Welt unverzichtbarer Bestandteil sämtlicher gesellschaftlich relevanter Bereiche. Der Adel definierte sich über Pferde, die nicht nur für militärische Aufgaben, sondern auch zu Repräsentationszwecken genutzt wurden. Der Pferdekontakt und das gekonnte Umgehen mit den Tieren zu Reit- und Fahrzwecken waren wichtige Bereiche männlicher Identität, was mit Blick auf die heutige weiblich dominierte Pferdewelt verwundern mag. Das Pferd des 19. Jahrhunderts als Tier von Männern lässt sich mit dem heutigen Reitvergnügen der Mädchen im Freizeitsektor in keiner Weise vergleichen. Pferde waren etwa in der Kaiserzeit ökonomisch und kulturell bedeutsame Tiere, und der statusorientierte Umgang mit ihnen war eingebunden in gesellschaftliche Machtverhältnisse. Zugespitzt ließe sich sagen, dass im Zuge des Abschieds von der Pferdegesellschaft Mitte des 20. Jahrhunderts, in dem Moment also, in dem sich Jungen und Männer ganz der motorbetriebenen Fortbewegung (Auto, Flugzeug, Schlepper, Motorrad, Motorboot) zuwendeten, das Reiten zur Mädchentätigkeit wurde. Das heißt freilich nicht, dass es nicht in den vorautomobilen Zeiten von Kavallerie und landwirtschaftlichen Pferdegespannen Frauen gab, die eigenständige Reiterinnen und Kutschenfahrerinnen waren.

Die Klassengesellschaft um 1900, die sozial deutlich zwischen ‚oben und unten' unterschied, war – dies wird durch die Rede von der Technisierung der Kultur zumeist verdeckt – trotz der Hochindustrialisierung in wesentlichen Teilen auf Tiere angewiesen. Zwar war die Eisenbahn längst erfunden, aber der Einsatz animalischer Transportmittel gehörte zu den selbstverständlichen öffentlichen Praxen. Städtischer Verkehr zum Beispiel war ohne Pferde und Rinder nicht denkbar. Pferde zogen die vornehmen Kutschen, und Bauern, die Lasten transportieren wollten, spannten Kühe oder Ochsen vor ihre Wagen. Auch Ziegen und Hunde wurden für den Transport genutzt. Die Tiernutzung war in weiten Teilen im öffentlichen Raum noch sichtbar, wenngleich etwa mit dem Bau industrialisierter Schlachtanlagen Prozesse eingesetzt hatten, Schlachttiere und den Umgang mit ihnen aus dem Stadtraum zu verdrängen.

Zugtiere und Reittiere indes waren stets im Stadtraum präsent, ihre Nutzung war eingebunden in die Distinktionsmechanismen der plutokratischen Gesellschaft des ausgehenden 19. Jahrhunderts. Während die feine Gesellschaft aus Adel und gehobenem Bürgertum zum Vergnügen mit der Kutsche ausfuhr, waren nicht selten kleinbürgerliche oder auch proletarische Kinder damit beschäftigt, den Pferdekot aufzusammeln, der ein wichtiges Düngemittel darstellte. Der Kaiser, der vor dem Ersten Weltkrieg den Ausbau der Marineflotte energisch befürwortet hatte, was aus heutiger Sicht als Hinwendung zur Technik und damit einhergehend als Abwendung von der Pferdegesellschaft verstanden werden könnte, bewegte sich in Uniform selbstverständlich hoch zu Ross. Paraden als Machtdemonstration wurden auf dem Rücken der Pferde durchgeführt, und die Tiere gehörten zum selbstverständlichen Straßenbild. Das Militär und die Elite präsentierten sich hoch zu Ross – noch war die militärische Stärke mit der Pferdenutzung in der Kavallerie verbunden. Reitpferde konnten sich, das wussten schon die Kinder, prinzipiell nur die Wohlhabenden leisten. Die kaiserlichen Ausritte aber, die stattfanden, wenn zum Beispiel Kaiser Wilhelm II. in der Kurstadt Wiesbaden zu Gast war, schufen Begegnungsmöglichkeiten, die auch proletarische oder kleinbürgerliche Kinder für sich zu nutzen wussten.

„Und wenn die vorbeigeritten sind“ so berichtete Herr Schlosser (1898 als Arbeiterkind in Wiesbaden geboren) vom Kaiser und seinem Gefolge, „dann haben wir gewunken. ‚Hoch lebe der Kaiser, hurra!‘“ (zit. in Buchner, Fuhs 1987, S. 83). – „Wenn der Kaiser hier war, ist der jeden Morgen durch die Taunusstraße ins Nerotal geritten – das weiß ich noch. [...] Unsere Mutter hat uns fein angezogen: meinem Bruder seinen weißen Matrosenanzug und mir das weiße Kleid mit einer Schärpe und schwarz-weiß-roten Schleifchen und mit einem Blumensträußchen. Dann sind wir in die Taunusstraße, haben die Blumen dem Kaiser gegeben und ‚hurra‘ gerufen“ (Frau Fuhrmann als Tochter eines Handwerkers 1905 in Wiesbaden geboren, zit. in Buchner, Fuhs 1987, S. 89).

Wie nebenbei ist zu erfahren, dass die Kinder nicht nur fein, sondern ganz im Zeichen der Zeit angezogen wurden: Der Junge als einfacher Marinesoldat in spe, das Mädchen als kaisertreue Untertanin, dessen farbige Schleifchen das nationale Element der Flagge präsentierten. Der kaiserliche Ritt ist hier nicht weiter von Bedeutung, relevant waren die Blumenübergabe und der Jubel. Ein anderer Erzähler berichtete dagegen von einer Situation, in der der Kaiser vom Pferd abgestiegen sei, um den Kindern, die ihn mit einem Lied auf der Mundharmonika empfangen hatten, Geld zu schenken. Das Unwahrscheinliche war passiert: Der Kaiser ließ die ihn begleitende Reiterschar anhalten, er selbst stieg vom Pferd, unterhielt sich mit den Kindern aus dem armen Bergkirchenviertel und schenkte jedem Jungen 50 Pfennig – eine Geste, die sicherlich in besonderem Maße dazu beitrug, die Sympathie für die Monarchie zu befördern. Die Kinder wollten auffallen, sich durch ihr einstudiertes Lied aus der Menge hervortun, was ihnen gelungen war. Das Absteigen, um die Distanz zu verringern, wurde als besondere Geste von den Kindern verstanden. „Da gab es die herrlichen Equipagen, das kennt man ja gar nicht mehr. Vierspännig. Die Knob, die hatten die halbe Bierstädter Straße, das war der Park von Knobs. [...] und wenn die fuhren, dann gab es einen wunderschönen Blumenkorso. Da kamen also alle reichen Leute mit ihren Equipagen" (Frau Fischer-Dyck, 1896 geboren, die als Tochter eines vermögenden Rentiers in Wiesbaden aufwuchs, zit. in Buchner, Fuhs 1987, S. 94.)

Ein Vierergespann unterschied sich von einem Zweiergespann, ein Droschkenpferd von einem vornehmen Pferd, das eine private Kutsche zog. Hierarchien waren sichtbar, wenn etwa von abgemagerten Gäulen, edlen Tieren oder auch von Hundegespannen die Rede war. Tiergespanne, die in der plutokratischen Gesellschaft der Kaiserzeit in städtischen Räumen unterwegs waren, hatten soziale Wertigkeiten, die von der Bevölkerung wahrgenommen und gedeutet wurden. Wie sich jemand im Straßenverkehr bewegte, ob im vierspännigen offenen Landauer, in der Pferdebahn, der Kutsche eines Lohnkutschers oder zu Fuß, das präsentierte in Verbindung mit der entsprechenden Kleidung den sozialen Status. Tiere, Menschen und Gespanne machten soziale Distinktion nicht nur sicht-, sondern auch erfahrbar. Glanz und Prunk der Kaiserzeit konnten sich mit dem Anblick eleganter Kutschen verbinden, den unteren Klassen oblag es, die Fahrten als Zuschauer zu verfolgen. Die feinen Unterschiede (Bourdieu 1982) waren nicht nur sicht-, sondern auch hörbar, wie aus der Zusammenstellung der folgenden Zitate hervorgeht.

„Zwei herrlich schlanke Füchse konnten das „Gespann" einer „Hofequipage" bilden" (Jacobson zit. in Buchner 1996, S. 17). „Da hast du nur [...] die Pferde gehört, wenn's Gummi war", so beschreibt die großbürgerlich aufgewachsene Frau Baumgärtner, 1904 geboren, die Straßengeräusche ihrer Kinderzeit zu Beginn des 20. Jahrhunderts. Man habe gewusst, dass Vierergespanne nur bestimmten Leuten gehört hätten. „Das ist das Vierergespann von Geheimrat S. [...], so war das, das haben die Leut' schon gehört. [...] Vierer ist nicht so viel gefahren worden, das waren dann schon sehr reiche Leute. Aber Zweier. Ja, stimmt. Das Geklapper, dann hatten die Wagen ja Metallbeschläge oder Holzreifen. Ja, Holzreifen, und die Vornehmen, die hatten Gummis" (zit. in Buchner 1996, S. 20).

Im Interview, das Mitte der 1980er-Jahre noch geführt werden konnte, erinnerte sie sich an das spezifische Geräusch der Vollgummibereifung. Im Pferde-Kutschen-Ensemble galt die Geräuschlosigkeit, die mit dem technischen Fortschritt der Gummibereifung assoziiert wurde, als Ausdruck von Vornehmheit. Aus heutiger Distanz ist es aufschlussreich zu vermerken, dass das Tiergeräusch, das Klappern der Hufe von vier Pferden, nicht als Geräuschfaktor, sondern als Statusmerkmal wahrgenommen und bewertet wurde. Der großbürgerlichen Sicht lässt sich eine kleinbürgerliche an die Seite stellen. „Wenn wir verreist sind, dann durfte ich da hingehen – zum Droschkenhalteplatz. Telefon gab's noch nicht, die Droschken standen an der Straße. [...] Da bin ich schon in der Droschke mitgefahren, daheim vorgefahren. Ich glaub, ich hab mich gefühlt wie die Kaiserin selbst" (Frau Michaelis, 1905 als Tochter eines Droschkenkutschers in Wiesbaden geboren, zit. in Buchner 1996, S. 16).

Aus kleinbürgerlicher Perspektive beschreibt Frau Michaelis eine Erinnerung ihrer Kindheit, die ihr besonders im Gedächtnis geblieben ist. Die Besonderheit des Erlebnisses erschließt sich heutzutage nur durch den Hinweis, dass sie sich kaiserlich gefühlt habe, wobei sie das Bild der Kaiserin vor Augen hatte. Es handelt sich um ein Erlebnis, so ließe sich mit Bezug auf Schulze sagen, im Kontext des „Alltagslebens", das sicherlich „im situativ gegebenen Material verankert ist" (Schulze 1993, S. 735). Das Droschkenerlebnis, das sich auf eine Welt ohne die technischen Errungenschaften Telefon und Auto bezieht, hat indes lebensgeschichtliche Bedeutung erlangt. Während die Kutsche eine herrschaftliche Form der tierischen Mobilität markierte, gehört das Hundegespann zur Lebenswelt der kleinen Leute.

Karrenhunde: Menschen und Tiere als Gespann

Das Oral-History-Projekt, das in den 1980er-Jahren unter der Leitung von Jürgen Zinnecker und Imbke Behnken (Behnken 1990, 2006) in Wiesbaden und Leiden/Niederlande stattfand und von dem bereits einige Zitate zur Tierbegegnung vorgestellt wurden, weist keine Erzählungen über die von Hunden gezogenen Karren in Wiesbaden auf, die neben Kutschen und landwirtschaftlichen Gespannen ebenfalls zum urbanen Leben gehörten. Hunde, von denen im Zusammenhang von Arbeit erzählt wurde, waren Wachhunde. Gleichwohl ist davon auszugehen, dass es auch in Wiesbaden Karrenhunde gab, da sie ein verbreitetes Transportmittel von kleinen Händlern waren, was zahlreiche Beispiele aus Berlin, Braunschweig, Hamburg oder Oldenburg belegen. Polizei-Verordnungen und gesetzliche Regelungen wären hier eigens heranzuziehen, die die Verwendung von Zughunden regelten (vgl. auch die Verbindung zum

Tierschutz und die Kritik an der entsprechenden Verwendung des Hundes, Kaiser 1993, S. 101-110).

„Ambulanter Milchhandel", so betitelt Hermann Kaiser die Situation der Hundegespanne in Oldenburg im letzten Viertel des 19. Jahrhunderts. Dieser Handel stelle eine „ausgesprochen urbane Institution dar, galt er als Zeichen für die modern gewordene Abwendung von der Selbstversorgung, die zwar immer noch praktiziert wurde, aber ebenso wie die damit verbundenen Ställe und Misthaufen in der Stadt bereits fragwürdig geworden waren" (ebd., S. 85). Hundegezogene Milchwagen seien so gesehen ein Hinweis auf die „Modernität" der Stadt. Bildmaterialien des 19. Jahrhunderts veranschaulichen die Situation. Hundekarren, die nicht selten von Kindern begleitet wurden, transportieren Milch in die städtischen Zentren. Ein Mädchen etwa, so hat der Zeichner Robert Geißler im Jahr 1857 festgehalten, ist im dichten Verkehr an der Königsbrücke in Berlin unterwegs. „Sie hat sich einen Schultergurt umgelegt und zieht gemeinsam mit dem Hund den vierrädrigen Wagen" (ebd., S. 83). Dass es sich um eine körperlich sehr anstrengende Arbeit handelte, das lassen die vorgebeugte Haltung des Mädchens sowie die Zugposition des Hundes schließen. Kinderarbeit, die eng mit Tieren verbunden war, erinnert sei nur an die Gänsemagd oder an das Hüten von Kühen, gab es in städtischen und landwirtschaftlichen Kontexten. Es ist hier nicht der Platz, auf Unterschiede der Anspannung, der Wagentypen und städtischen Regelungen genau einzugehen (vgl. ausführlich dazu Kaiser 1993). Doch im Hinblick auf die gemeinsame Situation von Mensch und Karrenhund soll noch kurz auf den „Hamburger Milchkarren" eingegangen werden, der in der Großstadt recht weit verbreitet war. „Es handelt sich dabei um eine zweirädrige Handkarre […]. Charakteristisch dabei ist die Anspannung für den Hund, der hier unterhalb der Achse und zwischen den seitlich hängenden Kannen lief, während der Milchmann die Karre schob" (ebd., S. 87). Der Hund hatte „einen gewissen Bewegungsspielraum", er war zugleich Wächter der Milch. Mensch und Tier zogen also gemeinsam, nur zusammen war die schwere Arbeit zu bewältigen. Der Milchhändler hatte einen animalischen und das Tier einen menschlichen Gefährten.

In der gemeinsamen Arbeit von Mensch und Tier formt sich nicht nur der Mensch, sondern auch der Karrenhund. Wir blicken in eine gemeinsame Lebenswelt von Mensch und Tier und sind mit eng verflochtenen menschlichen und tierischen Biografien konfrontiert, die die Psyche und Körper beider Akteure beeinflusste. „Der Karrenhund des Scherenschleifers hatte […] mit dem eine Kinderkalesche ziehenden Jagdhund nichts zu tun" (ebd., S. 91). Von Hunden gezogene Kinderkutschen, das wäre hier zu ergänzen, waren im 18. und 19. Jahrhundert beliebt, zunächst beim Adel, dann auch in bäuerlichen Kreisen.

Feine Tier-Mensch-Differenzierungen geraten somit in den forschenden Blick. Jagdhunde, so berichtete Frau Baumgärtner (1904 in Wiesbaden als Tochter eines Bauunternehmers und Architekten geboren), hatten wiederum mit den Kindern nicht viel zu tun. In ihrem Elternhaus sei es üblich gewesen, dass das Dienstmädchen auch den für die Jagd gehaltenen Dackel ausführen musste. Die großbürgerliche Kindheit war bestimmt von Spaziergängen im Park, die ohne Hund, und unter strenger Bewachung durch das Kindermädchen durchgeführt wurden. Die Jagd war die bevorzugte Tätigkeit des Vaters, der dann tagelang unterwegs sein konnte. Der Einsatz von Karrenhunden zeugte dagegen von ärmlichen Verhältnissen. Ernst Floeßel, ein Hundeexperte seiner Zeit, spricht davon, dass die Zughunde „meist von Leuten der unbemittelten Volksklassen benutzt werden" (Floeßel 1906, S. 308). Das bedinge auch, dass es keine planmäßige Zucht gebe, es fehlten „zahlungskräftige Käufer". Zughunde zählten damit zu den ungezüchteten Mischlingen, zu den „Fixkötern", zu den „Hunde(n), deren Abstammung unrein und deren Gestalt häßlich ist", wie es etwa in einem populären Buch aus den Jahr 1920 heißt. Der Autor, Freiherr von Kapherr, spricht deutlich aus, worum es geht: diese Hunde seien mit „Proletariern" gleichzusetzen, „sie haben keine Lebensart" (Kapherr 1920, S. 154). Mensch und Zughund waren also der sozialen Degradierung ausgesetzt. Die vornehmen Luxus- oder Jagdhunde lebten mit ihren BesitzerInnen in getrennten städtischen Welten.

Biografische Deutungen: Läuse als Indiz für Armut

Zu Beginn des 21. Jahrhunderts sind biografische Interviews, die Rückblicke auf die Wilhelminische Kaiserzeit erlauben, ein besonderer Quellenschatz. Die folgenden Interviewauszüge stammen ebenfalls aus dem Fundus des Forschungsprojekts zur Kindheitsgeschichte als Zivilisationsgeschichte (Behnken 1990, 2006).

Wenn die befragten WiesbadenerInnen über Läuse sprachen, dann waren solche Erinnerungen in der Regel mit der Schulzeit verknüpft. Manches Mal wurde auch auf die Kriegszeit, die Zeit des Ersten Weltkriegs, verwiesen, um deutlich zu machen, dass Soldaten für die phasenweise auftretende „Lausplage" verantwortlich gewesen seien. Den ErzählerInnen fiel es in der Regel nicht leicht, über „eigene" Läuse zu sprechen. Läuse, es handelte sich um Kopfläuse, waren eine physische und soziale Erfahrung, die für die Kinder nicht einfach zu bewältigen war. Läuse galten als Zeichen der Unsauberkeit und als Indiz für Armut. Eine hohe Bevölkerungsdichte, die Enge des Zusammenlebens und geringe hygienische Standards waren für die Ausbreitung der ungeliebten Bewohner der Körperoberfläche förderlich.

Der Befund „Läuse“ trennte zunächst die befallenen von den nichtbefallenen Kindern, und in der Schule wurde der individuelle Läusebefall zu einem öffentlichen Thema. Die Befragten berichteten, dass monatlich ein Arzt und eine Krankenschwester in die Schule kamen, um die Kinder zu untersuchen. Die Krankenschwester, als „Läusschwester“ in der Erinnerung, hatte eine Stricknadel, mit der sie die Haare der Kinder gründlich durchsuchte. Schmerzhaft sei es gewesen, wenn die Behandlung mit Petroleum erfolgte.

Doch aus den Erinnerungen geht noch ein anderer „Schmerz“ hervor. Ergab die Stricknadeluntersuchung einen Läusebefall, dann mussten die Kinder die Schulbänke verlassen und sich in die Ecke stellen. Danach musste das Städtische Krankenhaus aufgesucht werden, wo man eine „Läusekarte“ bekam.

Der individuelle Befall, das zeigen die Erinnerungen, wurde öffentlich. Sauberkeit als Standard und Erziehungsnorm wird in einer Erinnerungsschilderung von Frau Baumgärtner deutlich. Sie wuchs – wie erwähnt – in großbürgerlichen Verhältnissen auf, also nicht im engen Bergkirchenviertel, sondern in einer Villa am Stadtring. Frau Baumgärtner berichtete vom elterlichen Zwang, der mit der weißen Kinderkleidung verbunden war. Das Kind musste sich sauber und reinlich präsentieren, wenn die Parkspaziergänge im weißen Kleidchen, mit weißen Schuhen und Strümpfen zu erfolgen hatten. Schon Schmutzspuren seien nicht erlaubt gewesen, und Läuse waren in dieser Kindheit, die hohen Reinlichkeitsansprüchen genügen musste, undenkbar. Mangelnde Hygienestandards schienen dagegen die Läuse der proletarischen Kinder zu befördern. Über die großbürgerliche Sicht geben die vorhandenen Quellen allerdings keine Auskunft. Eine Kindheitserinnerung aber, wie die folgende von Frau Monzel (1909 in Wiesbaden geboren), die in sehr armen Verhältnissen aufwuchs, ist für die Kinder aus gehobenen Elternhäusern nicht vorstellbar.

„Und da sagt sie (die „Läusschwester“, J.B.): ‚Ja, deine Mutter war arm, bist immer sauber [...] hergekommen.‘ Wenn man viel Geld hatte, dann ist das eine Kleinigkeit, aber wenn man es nicht hatte und ist dann noch sauber! Du hast keine Läuse auf dem Kopf.‘... Ja, eben auf der Schulbank. Und die Mutter, die hat mich gekämmt und immer geguckt; wenn man mal so gemacht hat, hat sie gesagt: ‚Komm, lass mich mal gucken, was los ist.‘

Und jetzt hatt’ ich mal eine Schulkameradin neben mir sitzen, die hatt’ so Schnecken, haben wir gesagt. So dick, und da sagt die Mutter: ‚Guck doch mal, ob da was läuft bei der Martha, die neben dir sitzt.‘ Und da hab ich auch geguckt, aufgepasst, und so hatte sie dann immer lauter so weißes Zeug im Haar, als wenn sie so weißen Sand oder was draufgeschmissen hat. Und die hat immer mal so gekratzt, und dann ist auf den Schnecken so was gelaufen, so kleine Tierchen. Da hab ich gesagt: ‚Ja, da läuft immer was auf den Schnecken, und die hat hinten lauter so weißes Zeug.‘

‚Und des sagst du dem Fräulein!‘ Weil ich da was auf dem Kopf hatte, die Mutter hatte was gefunden. Da hab ich's der Lehrerin gesagt, und da sagt die: ‚Wie kannst du denn so was sagen. Du hast deine Haare immer offen hängen, und die hat ihre Haare immer schön auf dem Ohr, die Schnecken. Wie soll die denn Läuse haben?‘ Da musste sie raus in der Pause, und ich musste auch da bleiben. Und da sagt die Martha: ‚Das sag ich meiner Mutter! Meine Mutter kämmt mich ja immer!‘ Und die Lehrerin hat geguckt, und da musste die ins Krankenhaus. Das waren lauter Niss‘ von den Läusen, das Weiße; und da musste die ins Krankenhaus und ist mit Sapatilessig, hat sich das damals genannt, hat die eine Haube aufgekriegt. … (Auf Verlangen der Lehrerin geht sie auch ins Krankenhaus.) Und da hab ich geweint, weil die Locken dann so geroppt wurden“ (Frau Monzel zit. in Buchner 1990, S. 235 f.).

Andere Schüler seien dann auch noch ins Krankenhaus gekommen. Wenn sich die Eltern nicht kümmerten, so die Erzählerin, dann „vermehrt sich der Kram“. Für die angemahnte elterliche Kontrolle waren freilich die Mütter zuständig, wie aus anderen Erinnerungen hervorgeht. Die Mütter setzten sich für die Haarpflege ein, sie wuschen und kämmten die Haare, übernahmen, so ließe sich hier formulieren, nicht nur die Fürsorge und Pflege, sondern auch die familieninternen Selbstkontrollen, wenn sie regelmäßig nach Läusen auf den Köpfen ihrer Kinder suchten.

Die Erinnerung von Frau Monzel ist nicht zuletzt deswegen bedeutsam, weil sie zeigt, dass soziale Grenzziehungen über den Läusebefall ausgetragen wurden: Zunächst der Hinweis der Lehrerin auf die reichen Familien, für die die Einhaltung der Hygiene einfach sei. Deutlich wird die Klassengesellschaft der Kaiserzeit als Kindheitserfahrung. Des Weiteren aber zeigt sich, dass die Quartiersbewohner untereinander die soziale Differenzierung fortführten. Läuse zu haben bedeutete nicht nur einen Makel, sondern führte darüber hinaus zur Stigmatisierung, was öffentlich sichtbar über die Haarlänge ausgetragen wurde. „Wenn jemand kurze Haare hatte, da haben die anderen gerufen: Läuskopp, Läuskopp“ (Herr Scheerer, 1900 als Sohn eines Arbeiters in Wiesbaden geboren, zit. in Buchner 1990, S. 236).

Es ist anzunehmen, dass es für die Mädchen weit demütigender als für die Jungen war, die Haare kurz tragen zu müssen. Wie wichtig die ordentliche Mädchenfrisur war, das lässt Frau Monzels Beschreibung der „Schnecken“ erahnen, die die Lehrerin zunächst davon abhielten, zu glauben, dass dieses säuberlich gekämmte Mädchen Läuse haben könnte. Wenn die Behörden eingriffen, das zeigen die Erinnerungen, dann war nicht allein das Kind, sondern auch die Familie von Stigmatisierung betroffen. Die regelmäßigen schulischen

Läusekontrollen richteten sich auf den Körper, was mit Angst vor sozialer Degradierung verbunden war. Die ErzählerInnen, die am unteren Ende der Hierarchie der Klassengesellschaft standen, versuchten dem staatlichen Zugriff auf den Körper durch Selbst- und Fremdkontrolle zu begegnen. Familienintern kontrollierten die Mütter, und die Kinder untereinander übernahmen ebenfalls Wächterfunktionen. Die unteren Klassen, grundsätzlich durch ihre Lebenslage ausgegrenzt, erfuhren durch die staatliche Kontrolle eine öffentliche Schuldzuweisung, und Familien, die diese Selbstkontrolle, die über die Hygiene ausgetragen wurde, nicht aufbrachten, waren von sozialer Degradierung besonders betroffen. Wenn die Kinder Läuse hatten, wurde ihnen – aufgrund der unterstellten mangelnden mütterlichen Hygiene-Arbeit – besondere Schuld zugewiesen.

Sozial akzeptierte Wertigkeiten von sauber und unsauber lassen die Läuse zu einem sozialen Phänomen werden, das vornehmlich denjenigen Familien zugeschrieben wird, die im Konsens des öffentlichen Bewusstseins durch ihren niedrigen Hygienestandard die Hauptschuld an der Ungezieferverbreitung trugen. Läuse zu haben wird mit Scham und Peinlichkeit belegt, was für Kinder, wie das folgende Beispiel sichtbar macht, dramatische Folgen haben konnte.

Frau Michaelis (1905 geboren), die als Kind eines Droschkenkutschers vergleichsweise wohlhabend im Bergkirchenviertel aufwuchs, beschreibt, dass sie für Läuse „sehr empfänglich“ gewesen sei. „Wenn eine Laus in der Schule war, ach, da hatte ich sie auch schon.“ Das Nach-Hause-Kommen war besonders schwierig. Die Mutter sei „bald verzweifelt“. „Bei Kundschaft hat sie mich geohrfeigt, das weiß ich ganz genau, obwohl ich ja nichts dafür konnte.“

Die ungerechte Behandlung, die in der Kindheit erfuhren wurde, hat sich tief in das Gedächtnis eingeschrieben. Schuldzuschreibung, Scham und Peinlichkeit und vermutlich der Wunsch, dass die Droschkenkundschaft vom familieninternen Läusebefall nichts erfahren sollte, zeigen die Bemühungen gegen die Stigmatisierung und gegen die Gefahr der sozialen Deklassierung vorzugehen.

Fazit

Die hier vorgestellten Begegnungen von Menschen und Tieren geben einen Einblick in historische Distinktionsmechanismen, die in die Handlungen und realen Praxen eingeschrieben waren. Die „gute Gesellschaft aus Adel und gehobenem Bürgertum“ grenzte sich von denen ab, die am anderen Ende der sozialen Hierarchie standen. Tiere, die mit Reichtum und gehobenem Lebensstil assoziiert wurden, gab es nicht in den armen Familien (und umgekehrt). Der Blick auf den Statusgehalt ist ein verdinglichter Blick (vgl. aber Latour 1998). Im gemeinsamen Gespann mit den Karrenhunden musste auch der Mensch seine Zugkraft einsetzen. Der Karrenhund, ein ‚Proletarier' unter den Hunden, und sein Mensch, die beide über körperliche Kraft für ihre Arbeit verfügen mussten, waren der sozialen Degradierung ausgesetzt. Die feinen Differenzierungen der Hundekarren und –gespanne (Handwerk, Kleinhandel, Männer, Frauen, Kinder) wären sicherlich noch genauer zu untersuchen.

Die Straßenkindheit, die für proletarische Kinder um 1900 typisch war, steht konträr zur verhäuslichten Kindheit der Mädchen und Jungen aus gutem Hause (zur Straßensozialisation vgl. Zinnecker 2001). Die schmutzige, staubige Kinderwelt war von der sauberen, reinlichen getrennt, was auch über die wirkmächtigen Bilder von Läusen und Armut ausgetragen wurde.

Ein Blick in die Geschichte der Mensch-Tier-Begegnungen zeigt, dass der Umgang mit Tieren fest eingebunden in den Lebensstil der Menschen war. Wer welches Tier wie sieht, das ist auch Ausdruck von sozialen Prozessen und sozialer Ungleichheiten. Zeigt die historische Perspektive, dass die Tierbegegnung immer auch eine Verortung im sozialen Raum war, so gibt es hier Anschlussmöglichkeiten für aktuelle Überlegungen. Für die Soziale Arbeit ist von Relevanz, dass Tiere zur Lebenswelt vieler Menschen gehören. Der Umgang mit Tieren im Kontext dieses Berufsfeldes stößt auf eine Reihe von Problemen, die eng an Fragen des Geschmacks, der Distinktion und der Bewertung verschiedener Tierarten im Kontext verschiedener Lebensstile gebunden ist. Rassetiere sind nach wie vor teure Tiere, denen Statuswert zugesprochen werden kann. Der Wunsch zu reiten ist für arme Kinder in Deutschland nur sehr schwer umzusetzen. Die Haltung eines Hundes in prekären Lebenslagen wird oftmals von der Pädagogik nicht unbedingt unterstützt, sondern – so ist zu vermuten – vielleicht sogar verhindert. So können sich zum Beispiel die Hygienevorstellungen in Familien, in denen soziale Fachkräfte aktiv werden, von den Sauber- und Reinlichkeitsnormen der Professionellen unterscheiden, zumal wenn letztere sich selbst nicht vorstellen könnten, mit einem Tier gemeinsam unter einem Dach zu leben.

Über Mensch-Tier-Begegnungen werden soziale Distinktionen erfahren und bewertet, und es ist keineswegs heutzutage obsolet, dass über Tiere auch das Klientel ausgegrenzt und stigmatisiert wird (z. B. tätowierter Halter eines Kampfhundes). Der „Tier-Geschmack" der Professionellen wäre ein eigenes Thema, das hier nur angedeutet werden kann. Tiere des Klientels sind keine Rassezüchtungen, und die historisch gewachsene Kultur der Distinktion über Tierkontakte ist auch heute noch ein zentrales Thema für das Verständnis der Kultur mit Tieren. Tierhaltung und der Wunsch nach Tieren trifft immer auf eine Form der sozialen Ungleichheit, die durch Ökonomie aber auch durch Bildung bestimmt wird. Soziale Arbeit sollte sich hier selbstreflexiv dem Problem stellen.

Literatur

Behnken, Imbke (Hrsg.) (1990): Stadtgesellschaft und Kindheit im Prozeß der Zivilisation. Opladen: Leske & Budrich.

Behnken, Imbke (2006): Urbane Spiel- und Straßenwelten. Zeitzeugen und Dokumente über Kindheit am Anfang des 20. Jahrhunderts. Weinheim, München: Juventa.

Buchner, Jutta/Fuhs, Burkhard (1987): Lilie und Läusekamm. Naturbegegnung in Wiesbaden. Kindheitserinnerungen der Generation 1885-1915. Wiesbaden (unv. Projektbericht).

Buchner, Jutta (1990): Von Pferden, Hühnern und Läusen. In: Behnken, Imbke (Hrsg.): Stadtgesellschaft und Kindheit im Prozeß der Zivilisation. Opladen, Leske & Budrich, S. 219-242.

Buchner, Jutta (1996): Kultur mit Tieren. Zur Formierung des bürgerlichen Tierverständnisses im 19. Jahrhundert. Münster, New York: Waxmann.

Bourdieu, Pierre (1982/1984): Die feinen Unterschiede. Kritik der gesellschaftlichen Urteilskraft. Frankfurt am Main: Suhrkamp.

Dialog im Kolloquium (2009). In: Otterstedt, Carola/Rosenberger, Michael (Hrsg.): Gefährten – Konkurrenten – Verwandte. Die Mensch-Tier-Beziehung im wissenschaftlichen Diskurs. Göttingen: Vandenhoeck & Ruprecht, S. 153-157.

Floeßel, Ernst (1906): Der Hund. Ein Mitarbeiter an den Werken des Menschen. Ein Beitrag zur Geschichte des Hundes. Wien, Leipzig: A. Hartleben's Verlag.

Kaiser, Hermann (1993): Ein Hundeleben. Von Bauernhunden und Karrenkötern. Zur Alltagsgeschichte einer geliebten und geschundenen Kreatur (= Materialien zur Volkskultur nordwestliches Niedersachsen, 19). Cloppenburg: Museumsdorf Cloppenburg.

Kapherr, Egon Freiherr von (1920): Der Freund des Menschen. In: Soffel, Karl (Hrsg.): Von Affen, Fledermäusen, Insektenfressern, Raubtieren, dem Walroß und den Robben. Leipzig: R. Voigtländer, S. 142-161.

Latour, Bruno (1998): Wir sind nie modern gewesen. Versuch einer symmetrischen Anthropologie. Frankfurt am Main: Suhrkamp.

Löw, Martina (2001): Raumsoziologie. Frankfurt am Main: Suhrkamp.

Münch, Paul/Walz, Rainer (Hrsg.) (1998): Tiere und Menschen. Geschichte und Aktualität eines prekären Verhältnisses. Paderborn: Schöningh.

Olbrich, Erhard (2003): Biophilie. Die archaischen Wurzeln der Mensch-Tier-Beziehung. In: Olbrich, Erhard/Otterstedt, Carola (Hrsg.): Menschen brauchen Tiere. Grundlagen und Praxis der tiergestützten Pädagogik und Therapie. Stuttgart: Kosmos, S. 68-76.

Roscher, Mieke/Krebber, André (und die Redaktion) (2010): Tiere und Geschichtsschreibung. In: WerkstattGeschichte. 56, S. 3-6.

Rothfels, Nigel (2010): Tiere berühren. Vierbeinige Darsteller und ihr Publikum. In: Brantz, Dorothee/Mauch, Christof (Hrsg.): Tierische Geschichte. Die Beziehung von Mensch und Tier in der Kultur der Moderne. Paderborn: Ferdinand Schöningh, S. 19-38.

Schulze, Gerhard (1993): Die Erlebnis-Gesellschaft. Kultursoziologie der Gegenwart. Frankfurt, New York: Campus.

Schweizer, Herbert (2007): Soziologie der Kindheit. Verletzlicher Eigen-Sinn. Wiesbaden: VS Verlag für Sozialwissenschaften.

Thiersch, Hans (2005): Lebensweltorientierte Soziale Arbeit. Aufgaben der Praxis im Sozialen Wandel. Weinheim, München: Juventa.

Zinnecker, Jürgen (2001): Stadtkids. Kinderleben zwischen Straße und Schule. Weinheim, München: Juventa.

4 Tiere im sozialpädagogischen Einsatz

Melanie Plößer

Das Bellen der Enten – Anerkennungsverhältnisse im Sozialprojekt „Ein Hotel für alle Felle" der Aidshilfe Bielefeld

Das „Hotel für alle Felle" ist ein Projekt der Aidshilfe Bielefeld mit dem Ziel langzeitarbeitslose Frauen und Männer mit und ohne HIV beruflich zu qualifizieren (vgl. Aidshilfe 2010). In dem Pensionsbetrieb im Bielefelder Stadtteil Jöllenbeck werden Hunde, Katzen und Kleintiere, deren Besitzer_innen verreist sind oder vorübergehend keine Zeit haben, aufgenommen und versorgt. Durch die Arbeit in der „Tierpension" sollen die Teilnehmer_innen des Projekts stabilisiert und so genannte „Vermittlungshemmnisse" wie z. B. fehlende Qualifikationen oder psychosoziale Belastungen, die einer Integration in den Arbeitsmarkt entgegenstehen könnten, bearbeitet und verringert werden. Das in der Startphase von der Europäischen Union geförderte Projekt hat im Sommer 2005 seine Arbeit aufgenommen. Aktuell sind 20 arbeitslose Frauen und Männer in dem Projekt beschäftigt. Neben der Projektleitung werden diese durch eine Sozialpädagogin und einen Tierpfleger in den Bereichen „Grundlagen der artgerechten Tierhaltung und Tierpflege", „Service und Kundenfreundlichkeit", „EDV-Grundlagen", „Soziales Kompetenztraining" und „Umgang mit Diskriminierung im Beruf" qualifiziert (vgl. Aidshilfe Bielefeld 2010).

Mit dem Konzept der Tierpension will die Aidshilfe explizit an die lebensweltlichen Erfahrungen und Zusammenhänge ihrer Klient_innen anknüpfen[1]. Während diese im Kontakt mit anderen Menschen vielfach unsicher und ängstlich seien und sie sich oftmals wenig um sich sorgten – so die Erfahrung der Mitarbeiter_innen der Bielefelder Aidshilfe – sei das im Kontakt mit Tieren anders: Gegenüber ihren Tieren zeigten sich die Klient_innen verantwortungsbewusst und fürsorglich. Frauen und Männer, denen durch unterschiedlichste

1 Im Rahmen eines qualitativ ausgerichteten Forschungsprojekts sollten die pädagogischen Effekte des lebensweltorientierten Zugangs der Aidshilfe-Arbeit näher fokussiert werden. Zu diesem Zweck wurden problemzentrierte Interviews mit den Organisator_innen des Projekts sowie mit drei Teilnehmer_innen geführt und mit Rückgriff auf die Interpretationsmethode der Grounded Theory (vgl. Glaser/Strauss 2005) ausgewertet. Der Schwerpunkt der Analyse galt dabei den pädagogischen Aspekten der durch die Mitarbeit in der Tierpension evozierten Mensch-Tier Beziehung.

Problemlagen (Obdachlosigkeit, Sucht, psychische Belastungen, HIV usw.) ein Zugang zum ersten Arbeitsmarkt erschwert wird, will die Bielefelder Aidshilfe deshalb eine Arbeitsmöglichkeit bieten, die direkt an deren Zuneigung zu Tieren anschließt. Henny Wendt, Leiterin des Sozialprojekts fasst den Ausgangsimpuls für die Einrichtung der Tierpension zusammen: „Das war an den Klienten gut zu beobachten, dass sie sich oft um die eigene Person nicht ausreichend gekümmert haben, aber um die Hunde haben sie sich sehr gut gekümmert und die Hunde sind immer in Ordnung gewesen. Und das haben wir dann aufgegriffen (...). Und wir haben uns überlegt, wo kann man denn eine Tierpension umsetzen und dann kamen die ganzen Auflagen."

Protest gegen die Tierpension oder: Die Kritiker_innen der Enten

Über all das, was dann kam, hat die Aidshilfe Bielefeld bereits eine eigene Chronik angelegt: So werden die für die Umsetzung der Tierpension notwendigen Baumaßnahmen bereits wenige Wochen, nachdem das Projekt seinen ersten Standort im Bielefelder Stadtteil Hillegossen bezieht, durch die angedrohte Klage eines Nachbarn, der durch einen Kynologen, einen so genannten Hundefachmann unterstützt wird, gestoppt. Anlass der angedrohten Klage: eine mögliche Lärmbelästigung durch Hundegebell. Durch den durch die unsichere Rechtslage bewirkten Baustopp kann auch ein Jahr nach dem Einzug in das Gebäude noch kein Tier aufgenommen werden. Im November 2006 wird der Aidshilfe von der Stadt Bielefeld ein neuer Standort vorgeschlagen, der – so die Argumentation der Stadt – noch weiter von angrenzenden Nachbar_innen entfernt liege. Noch bevor die Aidshilfe die Räumlichkeiten im Stadtteil Jöllenbeck beziehen kann, formiert sich auch an dem neuen Standort eine Interessengemeinschaft, die ihren Protest mit Transparenten („Tierpension – nein Danke" oder „Kitaplätze statt Tierpension") ausdrückt und mit einem Infostand auf dem Wochenmarkt Unterschriften gegen das Projekt der Aidshilfe sammelt. Im selben Monat verüben unbekannte Täter_innen einen Brandanschlag auf das von der Aidshilfe noch zu Schulungszwecken genutzte Haus in Bielefeld-Hillegossen.

Im August 2007 beginnt die Aidshilfe mit der Herrichtung der beiden Gebäude an ihrem neuen Standort in Jöllenbeck. Eine von den Nachbar_innen des neuen Standorts eingereichte Klage gegen das Projekt wird zurückgewiesen. Nach Beendigung der erforderlichen Baumaßnahmen am ersten Gebäude eröffnet im Januar 2009 das Hundehaus des „Hotels für alle Felle". Die ersten Pensionshunde werden aufgenommen. Im Nebengebäude laufen derweil die letzten Arbeiten zur Fertigstellung des Katzen- und Kleintierhauses. Juni 2009: Im Obergeschoss des Katzenhauses verursachen Unbekannte einen Schwelbrand. Die Kläger_innen gegen das Projekt reichen erneut einen Widerspruch gegen die Genehmigung der Tierpension ein. Juli 2009: Durch einen neuen Anschlag unbekannter Täter_innen brennt das fast fertig gestellte Katzen- und Kleintiergebäude wenige Wochen vor seiner Eröffnung nahezu vollständig aus.

Mit Henny Wendt, der Projektleitung gehe ich durch die ausgebrannten Räume des Katzen- und Kleintierhauses[2]. „Durch den Brandschaden hat es monatelang in das Haus rein geregnet. Daraufhin haben die Balken angefangen zu schimmeln. Das müssen wir jetzt erst mal in den Griff kriegen“, erzählt Henny Wendt. Betroffen zeigt sich die Betriebswirtin vor allem von den Reaktionen der Anwohner_innen: „Während des Brandanschlags ist keiner raus gekommen, was ganz ungewöhnlich ist. (…) Und danach ist auch keiner vorbei gekommen. Im Prinzip keine Solidarität – nichts.“

Anschließend gehen wir in das Hundehaus zurück. In einem der Pensionszimmer liegt ein großer Hund auf einem hohen Podest und schaut aus einem direkt an seine Liegefläche anschließenden Fenster. „Die Hunde müssen nach draußen gucken können“, betont Henny Wendt. „Deshalb haben wir hier die Podeste eingebaut.“ Dann zeigt sie auf eine Lüftungsanlage über der Eingangstür. „Die wiederum haben wir wegen der schallisolierten Fenster eingebaut (…). Das kommt noch aus der ersten Phase in Hillegossen. (…) Wir hatten ja noch die zwei Holzhäuser. Diese Holzhäuser waren nicht schallisoliert gewesen und mussten umgebaut werden. Und dann kam eben die Argumentation von der Gegenseite, dass, wenn alles schallisoliert ist, können die Hunde nicht mehr atmen, weil zu schlechte Luft innen ist und sie würden leiden.“ Als Konsequenz werden an dem neuen Standort neben den schallisolierten Fenstern in jedem Raum extra ummantelte Lüftungsanlagen eingebaut. „Wir wollten auf der sicheren Seite sein, dass wir keine Angriffsfläche mehr bieten und haben das mit durchdacht. Der Architekt hat dann (...) alles umgesetzt. Also Schallfenster rein, Belüftungsanlage rein. Und noch mal die Lüftungsanlage ummanteln, damit sie schallisoliert ist, damit die Hunde nicht über Nacht durch dieses Rauschen der Belüftungsanlage gestört werden (...). Das kam auch vom Kynologen. Dass er gesagt hat, diese Apparate (...) produzieren ein Geräusch und der Hund ist ja sehr sensibel, hat ein sehr gutes Gehör. Das würde den Hund dann stören über Nacht, und der würde dann aggressiv werden und Aggressivität bedeutet, er würde bellen. Also immer verknüpft mit diesem ‚mehr Bellen‘.“

Lärmbelästigung durch Hundegebell, das ist das Hauptargument, mit dem die Nachbar_innen ihre Klage gegen das Projekt der Aidshilfe begründen und

2 Mein Dank gilt den Teilnehmer_innen des Projekts und den Mitarbeiter_innen der Aidshilfe Bielefeld für ihre Offenheit und Gastfreundschaft. Benedikt Sturzenhecker danke ich für die Diskussionen zu dem Text.

gerichtlich durchzusetzen suchen. Gleichzeitig wird argumentiert, dass die Projektteilnehmer_innen nicht mit den Hunden umgehen können, weil sie ja krank seien: „Also es ist ganz klar formuliert worden, dass kranke Menschen nicht mit Hunden raus gehen dürfen, also dass das nicht zu verantworten wäre."

Das Gebell der Hunde bleibt weiterhin Thema des Aidshilfe. Immer wieder kommt es zu Beschwerden, die allerdings nicht bei der Tierpension direkt, sondern bei den Ämtern, wie etwa dem Ordnungsamt und dem Bauamt, eingereicht werden. „Uns gegenüber sagt sowieso keiner was, wir kriegen das ja nur über die Ämter wieder zu hören und die rufen dann auch sofort an und sagen Bescheid." Die Nachbar_innen, die die Beschwerden einreichen, können sich dabei auf eine Betriebsordnung berufen, in der formuliert wird, dass unruhige Hunde unverzüglich zu betreuen, zu beruhigen und – sofern die Maßnahme nicht innerhalb von drei Minuten Erfolg zeigt – in geschlossenen Räumen unterzubringen sind, bis sie sich beruhigt haben. Als unruhig gelten nach dieser Ordnung Hunde, die innerhalb eines Zeitraums von drei Minuten mindestens zehnmal bellen. „Da steht dann jemand draußen und macht eine Strichliste und diese Strichliste wird dem Bauamt übergeben. Aber wenn mehrere zehnmal bellen, kannst du ja die Stimmen kaum auseinander halten. Wir müssen dann immer laufen und holen die Hunde sofort rein."

Durch die Hunde zum Subjekt werden

Nach dem Gespräch mit der Projektleitung treffe ich mich mit Daniel[3], einem der Projektteilnehmer_innen. Der 26-Jährige, der selber zwei Hunde besitzt, hat viele Jahre auf der Straße gelebt. Seit einigen Monaten wohnt er in einer Einrichtung des Dezentralen Wohnens – vermittelt durch einen Straßensozialarbeiter. Die Arbeit in der Tierpension versteht Daniel für sich als „Integrationshilfe", durch die er sich Geld dazuverdienen kann und die für ihn einen ersten Schritt zur Verwirklichung seines Lebenstraums darstellt: eine Ausbildung zum Hundetrainer. Daniel erzählt von seinem Tagesablauf in dem Projekt: „Ja, wir gehen mit den Hunden raus. Es gibt drei bis vier Runden am Tag. Ab acht die erste, bis halb zehn sind wir dann durch. Elf, halb zwölf dann die nächste Runde. So eine Runde geht vielleicht zwanzig Minuten, dreißig, wenn man langsam läuft. Von eins bis drei ist dann Mittagsruhe, da darf also auch kein Hund raus. Um 15 Uhr dann die nächste Runde und 18 Uhr noch mal. Und das ist dann ja auch der Zeitpunkt, wo viele Hunde wieder abgeholt werden. Wenn man mal nicht ne Runde macht mit den Hunden, dann wird sauber gemacht,

3 Alle Namen der Pensionsgäste und Projektteilnehmer_innen wurden geändert. Ein Überblick über das Projekt und die bisherigen Gäste findet sich auf der Homepage der Tierpension: http://www.tierpension-in-bielefeld.de.

gekocht oder, na ja ich setze mich dann meistens mit den Hunden hin und spiel dann und kuschel und mach und tu. Weil dafür bin ich ja hier. Bin nicht hier um Kaffee zu trinken oder doof rumzusitzen, sondern ich bin wegen den Hunden hier."

In Daniels Leben haben Hunde schon immer eine große Rolle gespielt: „Ich bin mit Hunden aufgewachsen. Meine Eltern sind Hundeführer. Der eine gewesen – ist ja tot – der andere immer noch. Ja, Katzen haben wir immer auch gehabt, aber Hunde waren halt das Große. Also Krabbeln gelernt und schon recht früh meinen ersten bekommen, ich glaub mit zehn, neuneinhalb." Später dann, als Daniel auf der Straße lebt, kommt er zu seinem „ersten richtigen eigenen" Hund: „Joa und nachdem ich dann auf die Straße gegangen bin, hab ich auch meinen ersten richtigen eigenen Hund adoptiert. War schon älter. (...) Das war die Hündin von nem Altpunker über dreißig. Der hat sie stark misshandelt und fast schon krankenhausreif geschlagen mit Rippenbrüchen und Pfote gebrochen und hat aus sämtlichen Löchern geblutet, wo nur was raus kommen kann. Ich war der einzige, der keinen Hund hatte. Dann haben wir ihm den weggenommen, und ich hab sie behalten. Und das war jetzt knapp zehn Jahre her. Das ist die Laika. Ich hab auch den Namen hier tätowiert."

Die Szene, die Daniel schildert, ist für den französischen Philosophen Jacques Derrida (2010) ein Ereignis, in dem durch die Begegnung mit einem Anderen, hier einem leidenden Tier, ethische Verantwortung und Subjektivität evoziert wird. Derrida bezieht sich dabei auf die Subjekttheorie Emanuel Lévinas', der die Verantwortlichkeit vor der Andersheit des Anderen als Grundbedingung von Subjektivität anerkennt (vgl. Lévinas 1987). Unter Andersheit versteht Lévinas nicht einfach die Andersheit sozialer oder gesellschaftlicher Art (wie etwa die, die sich durch einen anderen sozialen Status ergibt), sondern jene unhintergehbare Andersheit, die sich in der dyadischen Begegnung des Selbst mit dem Antlitz eines Anderen einstellt. Die sich hier ergebende Erfahrung der Andersheit kann gerade nicht mit sozialen (Differenz-)Kategorien bestimmt und erfasst werden, vielmehr bleibt diese unbenennbar anders. Die Begegnung mit dem Antlitz eines anderen Menschen versteht Lévinas deshalb als den Augenblick, in dem Verantwortung entstehen kann, weil hier das „Ich" aufgerufen wird, zu antworten, sich zu verantworten (vgl. Lévinas 1987). Gleichzeitig wird das Subjekt durch die Anrufung und die Antwort auf diesen Ruf erst als Subjekt konstituiert. Subjekt-Sein heißt für Lévinas, durch den Anspruch eines Anderen sein.

Derrida geht nun über die Ethik Lévinas' hinaus, indem er deutlich macht, dass die durch die Begegnung mit dem Antlitz eines Anderen ausgelöste Ethik nicht auf ein menschliches Antlitz beschränkt ist. In seinen posthum veröffentlichten Buch „Das Tier, das ich also bin" (2010; S. 165ff.) verweist er darauf, dass nicht nur das Angesicht eines anderen Menschen, sondern auch die grundlegende Verletzlichkeit von Tieren, das heißt allgemein ihr Unvermögen und ihre Unfähigkeit, Schmerzen und Leiden verhindern zu können, das Subjekt veranlasst, sich in Frage zu stellen und Mitgefühl zu entwickeln. Derrida entfaltet dabei ebenso wie Lévinas ein Subjektmodell, wonach ein Subjekt dadurch entsteht, dass es sich vor Anderen, vor deren Verletzlichkeiten und Bedürfnissen verantworten und auf diese antworten muss.

Anders als Lévinas gesteht Derrida die Möglichkeit, durch eine Begegnung mit Anderen berührt und herausgefordert zu werden, nicht allein Menschen, sondern auch Tieren zu. Im Gegenteil fragt er in seiner Auseinandersetzung mit der Ethik Lévinas', ob das Tier denn „nicht noch viel mehr anders, viel radikaler anders als der Andere, (…) in dem ich Meinesgleichen oder meinen Nächsten identifiziere" (Derrida 2010; S. 159) sei. Als Konsequenz müsse „ein Denken des Anderen, des unendlich Anderen, der mich anblickt/betrifft (*me regarde*) (…) im Gegenteil die Frage (*question*) und die Anfrage (*demande*) des Tiers privilegieren" (Derrida 2010; S. 167). Das Individuum wird also, wie Matthew Calarco (2008; S. 103ff.) im Rahmen seiner Auseinandersetzung mit den ethischen Überlegungen Derridas deutlich macht, in der Begegnung mit Anderen – und zwar Menschen wie Tieren – zum Subjekt und kann sich durch die Antwort auf deren Andersheit als verantwortendes Selbst erweisen.

In Daniels Fall wird dies durch den Anblick der blutenden Hündin ausgelöst. Er fühlt sich durch die Verletztheit des Tieres als Subjekt angesprochen und zeigt sich verantwortlich vor dem Anderen. In der Sorge um den Hund wird Daniel zu einem auf die Verletztheit des Hundes antwortenden und damit zu einem sich vor der Andersheit der Anderen verantwortenden Subjekt. Zugleich wird deutlich, dass die ethische Verantwortung des Subjekts eben gerade nicht auf das menschliche Antlitz beschränkt ist. Tiere und nicht nur Menschen – so ließe sich an dem Erlebnis Daniels deutlich machen – fordern das Subjekt auf, sich zu verantworten und machen es damit erst zu einem Subjekt.

Orte der Gastlichkeit

Für Lévinas stellt sich Subjektivität deshalb „als etwas dar, das den Anderen empfängt, es stellt sich als Gastlichkeit dar" (Lévinas 1987; S. 28). Gastlichkeit, ausgedrückt durch eine grundlegende Offenheit gegenüber Anderen und einer unhintergehbaren Verantwortung für diese, erweist sich hier als eine grundlegende Bedingung des Subjekt-Seins. Das Subjekt – so Lévinas – könne sich gar nicht verstehen, wenn es nicht offen für die Anderen sei (ebenda).

Diese Annahme einer Konstitution und Rekonstitution der Subjektposition durch Verantwortung gegenüber der Andersheit – hier die der Tiere – wird zum zentralen Ausgangspunkt der Pädagogik der Aidshilfe. Beobachten die Initiator_innen des Sozialprojekts „Tierpension", dass ihre auf vielfältige Weise benachteiligten und von Ausgrenzung betroffenen Adressat_innen sich einerseits oftmals wenig um die eigene Person sorgen, sich andererseits aber um die Hunde sehr gut kümmern, wird nun genau an diese Offenheit der Projektteilnehmer_innen gegenüber den Bedürfnissen und Ansprüchen der Tiere mit dem Konzept der Tierpension angeknüpft. Mit Derrida und Lévinas kann gesagt werden, dass die Teilnehmer_innen dadurch als ethisch-verantwortungsvolle Subjekte angesprochen und konstituiert werden, als Subjekte, die – wenn auch nicht für sich selbst – so doch für Tiere, für Hunde, Katzen oder Ratten „da sein" wollen.

Zugleich ist auch die Tierpension explizit als Ort der Gastlichkeit für Tiere konzipiert worden, als ein Ort, an dem die Tiere als Gäste aufgenommen und ihren je spezifischen Bedürfnissen und Ansprüchen zu begegnen versucht wird: „Wenn jemand sagt, der kann keine Treppen steigen, dann achten wir darauf, oder wenn ein Hund hoch getragen werden soll, weil es eben aus bestimmten Gründen nicht geht, dann machen wir das. (…) Und wir haben ja auch zwei kleine Hunde groß gezogen. (…) Da wurde eine Person abgestellt, und die hat sich dann mütterlich, väterlich um das Tier gekümmert – herumgetragen in Decken eingewickelt." Die Tierpension versteht sich als Ort der Gastlichkeit gegenüber der Andersheit der Anderen (Tiere wie Menschen). Zugleich können sich die Teilnehmer_innen durch die Verantwortung gegenüber den Tieren in der Arbeit in der Tierpension als Subjekte konstituieren. Das heißt, durch die Tiergäste der Tierpension können Begegnungen eröffnet werden, in denen die Teilnehmer_innen als Subjekte – z. B. als „Vater" oder „Mutter" eines kleinen Hundes – angerufen werden und sich diesem Ruf verantwortlich gegenüber zeigen können.

So berichtet auch Henny Wendt, dass genau die Verantwortlichkeit gegenüber den Tieren ein starker Antrieb für die Teilnahme an dem Projekt darstelle und die Bereitschaft erhöhe, sich mit den anderen Teilnehmer_innen auseinander zu setzen und für diese einzutreten. „Also ich weiß von anderen Arbeitsprojekten, dass es doch ziemlich schwierig ist, die Leute zu motivieren zur Arbeit zu kommen. Also wir haben manchmal auch Leute, wo das wirklich schwierig ist. Dann gibt es sicherlich Phasen, wo sie nicht kommen können. Aber generell kommen sie, denn die Tiere müssen versorgt werden – das wissen sie, und sie wollen auch die Kollegen nicht hängen lassen. (…) und die Liebe zum Tier ist einfach da. Und jeder hat hier so seinen Lieblingshund. (…) Das ist schon so was wie 'ne Patenschaft. Die Person kennt sich dann auch besonders gut aus mit den Bedürfnissen des Hundes." Durch die konkrete Begegnung mit der Andersheit der Tiere kann sich beim Subjekt etwas ereignen, zum Beispiel die Sorge nicht nur um das Tier, sondern auch sich selbst oder anderen Menschen gegenüber.

Die Anerkennung der Tiere

Auch in Daniels Leben spielt die Verantwortung für seine Hunde eine zentrale Rolle. Auf die Frage, was die Hunde für sein Leben bedeuten, zählt Daniel auf: „Schutz, Einsamkeit ist nicht da. Man verliert das Verantwortungsbewusstsein nicht, also man trinkt ein bisserl weniger als es sonst der Fall wäre." Für Daniel zeitigt die Begegnung mit den Hunden Effekte. Durch die Hunde, durch ihre Anwesenheit und Bedürftigkeit fühlt er sich herausgefordert und in Frage gestellt und ändert zum Beispiel sein Trinkverhalten. Das Verhältnis zwischen Tier und Mensch nimmt damit durch die Interaktion Gestalt an, durch ein – wie Donna Haraway (2003; S. 7) schreibt – gegenseitiges Ineinandergreifen von Bedürfnissen und Verantwortlichkeiten. Für diese Form der Beziehung zwischen Mensch und Tier nutzt Haraway den Begriff der „significant otherness", der signifikanten Andersheit. In Anlehnung an Derrida entwirft Haraway eine Form der Verantwortung gegenüber der Andersheit des anderen Menschen und des anderen Tiers, die diese nicht anzueignen, nicht zu kategorisieren und den eigenen Interessen zu unterwerfen, sondern in ihren realen Andersheiten zu respektieren sucht (vgl. Bauer 1999; Schmid 2008). Gleichwohl versteht Haraway Andersheit als ein Verhältnis, als signifikante, das heißt als mit gegenseitigen Ansprüchen und Bedürfnissen aufgeladene und damit immer schon in Beziehung stehende Andersheit. Um in dieser Beziehungssituation miteinander klar zu kommen – so Haraway (2003) – braucht es einer Aufmerksamkeit gegenüber den Bedürfnissen des Anderen und bedarf es einer Suche nach Möglichkeiten der Kommunikation und Kontaktaufnahme, um die Andersheit der Anderen lesbar zu machen (vgl. Bauer 1999).

Dazu gehört – so Haraway (2009) – dann auch, den Hund als Hund zu behandeln und nicht als Menschen. Diesem Anspruch sieht sich auch Daniel verpflichtet. In dem Interview betont er die Notwendigkeit für Hunde, ihre eigene Körpersprache erlernen und anwenden zu können: „Viele Haushunde kennen die Körpersprache so eigentlich gar nicht, weil sie sie nie kennen gelernt haben. Wenn ich den ganzen Tag allein bin und habe keinen Artgenossen, und wenn uns mal ein Artgenosse entgegenkommt, dann nimmt man mich entweder auf den Arm oder wechselt die Straßenseite". Daniel setzt sich wie Haraway dafür ein, die anderen Bedürfnisse und Kommunikationsformen von Hunden zu erkennen und zuzulassen.

Genau also durch die Anerkennung gegenüber den besonderen Bedürfnissen des Tiers wird Daniel zum Subjekt. Umgekehrt erfährt er durch seine

Hunde auch selbst Anerkennung. Allerdings zeigen sich Unterschiede in der Anerkennung durch die Hunde und der Anerkennung, die er in der Begegnung mit Menschen (nicht) erfährt. „Tiere sind nicht so verlogen wie Menschen. (….). Bei Menschen ist das ein ständiger Kampf: Wer ist stärker? Wer hat mehr Geld? Mein Haus, meine Jacht. Das ist bei Hunden nicht, dem ist das egal, ob du jetzt 'ne Wohnung hast oder nicht. Hund braucht Liebe, Zärtlichkeit, Futter und dann ist er glücklich. Da sind Menschen anspruchsvoller. (…). Der Hund nimmt einen, wie man ist. Man muss sich nicht verstellen, man braucht kein Auto und nichts. Kein Geld, und die sind trotzdem glücklich."

Auf die Frage, worin für ihn der Unterschied im Umgang mit Menschen oder Hunden besteht, verweist Daniel also auf die Abhängigkeit der Anerkennbarkeit seiner Person von vorgängigen sozialen Normen, entlang derer Menschen Anerkennung vergeben. Zugleich erkennt er die Möglichkeit einer anderen Anerkennung durch die Hunde, die ihn nehmen, „wie er ist". Daniel erfährt sich durch die Hunde als anerkennenswertes Subjekt und zwar genau deshalb, weil sie ihn auf eine Weise identifizieren und erkennen, die *nicht* entlang von vorgängigen sozialen und gesellschaftlichen Normen reguliert wird (vgl. dazu auch Pohlheim 2006; S. 70ff.). Die Anerkennung dessen, „wie er ist", ist dabei eine Anerkennung, die wie Lévinas (1987) deutlich macht, nicht durch Vereinnahmungen des Anderen in Form von Typisierungen und sozialen Kategorisierungen erfolgt.

Daniel erfährt in den Begegnungen und Interaktionen mit anderen Menschen hingegen die Relevanz sozialer Differenzierungslinien (ökonomischer Status, Sesshaftigkeit), durch die ihm die Bestätigung als Subjekt verwehrt wird, bzw. die eine Anerkennung seiner Singularität verfälschen. Daniel fühlt sich von den Reaktionen anderer Menschen verletzt. „Ich meine, nur weil ein Mensch keine Wohnung, keine Arbeit hat, ist er immer noch Mensch und hat Gefühle und auch irgendwo noch seinen Stolz in sich drin. Wenn du von allen Ecken und Kanten das Gegenteil zu hören kriegst, weil du keine Wohnung, keine Arbeit hast, zieht dich das runter und da sind Tiere ja ganz anders. Denen ist das egal." Dementsprechend betont auch Charles Taylor, dass „ein Mensch oder eine Gruppe von Menschen wirklichen Schaden nehmen, eine wirkliche Deformation erleiden kann, wenn die Umgebung oder die Gesellschaft ein einschränkendes, herabwürdigendes und verächtliches Bild ihrer selbst zurück spiegelt. Nichtanerkennung oder Verkennung kann Leiden verursachen, kann eine Form von Unterdrückung sein, kann den anderen in ein falsches, deformiertes Dasein einschließen" (Taylor 1993; S. 13f.).

Die Ursache einer solchen Verkennung und dem darauf folgenden Leiden liegt für Derrida darin begründet, dass Anerkennung immer erst entlang von vorgängigen Normen erfolgt, durch die reguliert wird, was und wer anerkennbar ist. Zugleich wird damit die Anerkennung des Anderen in seiner Andersheit verhindert. Und: Da die Anerkennung von vorgängigen Normen und Regeln abhängt, von einer sozialen Ordnung, die regelt, was oder wer als erkenn- und anerkennbar gilt, gibt es folglich auch immer Subjekte „die man nicht als solche anerkannt hat (und nicht anerkennt) und die wie ein Tier behandelt worden sind (und behandelt werden)“ (Derrida 1991; S. 37). All jene also, die nach den jeweiligen Normen nicht als Subjekte erkenn- und anerkennbar gelten, werden ausgeschlossen, bzw. machen Erfahrungen der Nichtanerkennung und der Verkennung.

Dem Hund hingegen ist es egal, welchen ökonomischen und sozialen Status Daniel hat. Die Bestätigung, die Daniel sich wünscht und die er durch die Hunde zu erhalten meint, erweist sich als eine von gesellschaftlichen Bezügen und sozialen Identitätskategorien und Normen unabhängige Hinwendung, als eine, durch die er nicht typisiert und kategorisiert oder als ein bestimmter Anderer identifiziert wird.

Obwohl nun aber die Anerkennung über soziale Normen reguliert wird, ist der Bezug auf diese notwendig, um als Subjekt lebbar und intelligibel zu werden. Die für die menschlichen Anerkennungsordnung bedeutenden Normen können deshalb mit Judith Butler (2009; S. 327) als paradoxes Medium von Anerkennung verstanden werden: einerseits als Versperrung und andererseits als Ermöglichung von Verstehen. Durch die Normen wird die Anerkennung der singulären Andersheit einerseits verhindert. Um aber in der „menschlichen“ Ordnung andererseits als Subjekt (an-)erkennbar zu werden, braucht es den Bezug auf diese Normen. So werden Individuen erst zum Subjekt, indem sie entlang vorgängiger Normen und Identitätskategorien als Mensch (und nicht als Tier), als Frau oder Mann, als hetero- oder homosexuell, als gesund oder krank erkennbar werden. Um sozial intelligibel zu sein, um als Subjekt (an-)erkennbar zu sein, wie aber auch, um für die Anerkennbarkeit von Lebensformen, die als nicht anerkennenswert gelten (wie z. B. Obdachlosigkeit) einzutreten, ist der Bezug auf die sozialen Normen also trotz ihres ausschließenden Charakters notwendig.

Das Projekt der Aidshilfe setzt deshalb zwar an den (von sozialen Normen befreiten) Anerkennungsverhältnissen zwischen Tier und Mensch an – in einem zweiten Schritt geht es aber auch um die Anerkennung der Projektteilnehmer_innen innerhalb der gesellschaftlichen Ordnung. Durch Prozesse der Normalisierung (berufliche Qualifizierung, Stabilisierung, Wohnungsvermittlung) sollen diese einerseits innerhalb der sozialen Ordnung „anerkennbarer“ werden, andererseits geht es auch darum, die Normen, nach den soziale Bestätigung verliehen wird, in Frage zu stellen und zu erweitern.

Und noch mal: Die Kritiker_innen der Enten

Bei ihren Hunde-Runden durch den Wald sind die Teilnehmer_innen des Projekts dazu angehalten, den Kot der Hunde zu entfernen. Den Nachbar_innen sollen keine weiteren Angriffspunkte geliefert werden. Später erzählt mir die Projektleitung von einem Gerücht, das ihr zugetragen worden sei: Demnach könnten die Pensionshunde durch die Teilnehmer_innen mit HIV infiziert werden. Da die Hunde dann im Wald ausgeführt würden, könne der Virus ins Trinkwasser gelangen. Auch Drogenkonsum werde den Teilnehmer_innen unterstellt: Am ersten Standort der Tierpension seien angeblich Spritzen gefunden worden. Und in einem Leserbrief der Lokalzeitung sei geschrieben worden, dass extra ein Wagen kommen müsse, um die vielen leeren Flaschen an der Straße rund um die Tierpension abzuholen. Vor einem Monat habe sich dann ein Nachbar darüber beschwert, dass die Teilnehmer_innen des Projekts an der Bushaltestelle auf den Bus warten würden: „Er wohnt ja ein Stück zurück. Die Bushaltestelle ist zwar vor seinem Grundstück, aber das Haus ist zurück. Er hat (…) beim Bezirksamt angerufen (…), dass er nichts dagegen hat, dass die Leute aussteigen, wenn sie mit dem Bus zur Arbeit kommen, aber das Einsteigen, also das Warten auf den Bus, das möchte er nicht. Er möchte nicht, dass die Menschen vor seinem Haus warten."

Der Versuch einer Anerkennung durch die Tiere, der Versuch, über die Offenheit gegenüber den Tieren zum Subjekt zu werden, wird nun mit einer Antwort konfrontiert, die sich der Verantwortung gegenüber den Anderen verweigert. Die Tierpension, die als Ort der Gastlichkeit konzipiert ist (und zwar für Menschen wie für Tiere), als Ort, an dem die sozialen Differenzierungen und Ordnungen, gemäß derer soziale Anerkennung verliehen wird, möglichst minimiert und andere Formen der Anerkennung eröffnet werden, wird bedroht. Es werden Brandanschläge verübt, Protestschilder aufgestellt und Klagen eingereicht. Diese Handlungen und Reaktionen zeugen davon, dass die Projektteilnehmer_innen nicht anerkannt werden, sich diesen nicht verantwortet wird.

Mit Rückgriff auf die postmoderne Ethik Zygmunt Baumans (1995) weist Stephan Moebius (2002) auf drei Arrangements hin, durch die die Verantwortlichkeit vor der Andersheit des Anderen umgangen wird, bzw. eine „Neutralisierung der Verantwortung" (ebenda) erfolge: Zum ersten, indem die Distanz zwischen dem eigenen Handeln und dessen Folgen so ausgedehnt werde, dass die jeweiligen Konsequenzen gar nicht mehr eindeutig als solche ersichtlich werden. Eine solche „Auslöschung des Antlitzes" (ebenda, *kursiv im Original*) durch Vergrößerung der Distanz zwischen dem Handeln und seinen Folgen findet im Fall der Tierpension gleich auf zwei Ebenen statt. Zum einen wird dem Antlitz der Teilnehmer_innen (wie auch dem Antlitz der Tiere) ausgewichen, indem dieses durch Rückgriff auf die Figur des Hundegebells als Kritikpunkt ersetzt und verstellt wird. So erweist sich die Klage gegen die Lärmbelästigung durch das Bellen als Verlagerung, durch die die Beziehung zwischen dem jeweiligen Handeln (Widerstand gegen das Projekt) und dessen Folgen (Ablehnung und Stigmatisierung der Teilnehmer_innen) auch nicht mehr eindeutig nachvollziehbar wird.

Zweitens wird die Distanz zwischen den Handlungen der Tierpensions-Gegner_innen und deren Folgen über Bürokratisierungsprozesse vergrößert. Der Protest erfolgt über das Einreichen von Klagen. Diese Form, sich der Verantwortung gegenüber dem Antlitz des Anderen zu entziehen, beschreibt Bauman (1992) als Mediatisierung, als Prozess, bei dem das Handeln auf andere verlagert wird, die somit eine Mittlungsfunktion einnehmen. Effekt dieser Mediatisierung ist, dass die Kausalzusammenhänge zwischen dem Protest gegen das Hundegebell und den Konsequenzen für das Projekt (Anfeindungen, Brandanschläge) nicht mehr klar als dessen mögliche Folgen erkenn- und benennbar werden.

Eine dritte Strategie, durch die eine Neutralisierung der Verantwortung erfolgen kann, erkennt Baumann in der Ausgrenzung eines Teils „der ‚Anderen‘ (…) aus der Gruppe jener potentiellen ‚Antlitze‘, die verantwortliches Verhalten auf sich ziehen“ (Moebius 2002; S. 7). Das geschieht, indem die Betroffenen durch bestimmte Kategorien etikettiert werden (z. B. Drogenabhängige, HIV-Positive, Hartz-IV-Empfänger_innen), durch die das singuläre Antlitz überlagert wird (vgl. Bauman 1995). Eine solche Überlagerung lässt sich auch in den Reaktionen auf das Projekt der Aidshilfe nachzeichnen. Durch ihre Krankheit seien die Teilnehmer_innen nicht in der Lage mit den Hunden umzugehen, so ein Argument der Projektgegner_innen. Zugleich wird ihnen unterstellt, dass sie Krankheiten verbreiten oder Drogen nehmen. Damit werden sie aus der Gruppe der „Antlitze“, die der Verantwortung würdig seien, ausgeschlossen. Eine Folge dieser Kategorisierungen stellt nach Bauman (1992) die (räumliche) Ausgrenzung dar. Die Anderen (und zwar hier Menschen wie Tiere) sollen weg. Sie sollen verschwinden, nicht mehr sicht- und nicht mehr hörbar sein. Von dem ersten Standort zieht die Tierpension deshalb in einen anderen Stadtteil – in noch größere räumliche Distanz zu den Anwohner_innen. Doch auch hier ist die Pension nicht erwünscht. Durch die von Bauman beschriebenen Arrangements ist die Antwort keine verantwortete Antwort auf die jeweilige Singularität des Anderen, sie wird zu einer neutralisierten und verfälschten Antwort, einer die sich dem Antlitz der Anderen – Menschen wie Hunde – verweigert.

In ihrem Essay „Jenseitige Konversationen, irdische Themen, lokale Begriffe“ erinnert sich Donna Haraway an den Besuch bei einer Schulfreundin.

deren Söhne sich während ihres Aufenthalts wiederholt homophob äußern. Haraway erzählt, dass sie ihre Freundin auf das Verhalten angesprochen, diese aber die Auseinandersetzung verweigert habe. Bei dem gemeinsamen Betrachten von Enten auf einem See, an den Haraway mit der Freundin und deren Mann fährt, wird das Thema allerdings wieder aufgegriffen und gleichsam auf die Enten auf den Teich verlagert. Haraway (1995, S. 86f.) schreibt: „In bester Laune, wenn auch ohne große zoologische Kenntnisse, sprachen wir über ein paar Enten am anderen Ufer des Sees. Wir konnten sehr wenig erkennen und unser Wissen war noch geringer. In unmittelbarer Eintracht erzählten die beiden, daß es sich bei den vier Enten um zwei heterosexuelle, fortpflanzungsaktive Pärchen handle. (…) Ich wusste, die Enten verdienten unsere Anerkennung (…) sie mussten nicht auch noch in unseren ideologischen Kämpfen Partei ergreifen. (….) Sie waren in unsere auf beschämende Weise verschobene Auseinandersetzung, in unseren Streit, den auszutragen, wir uns nicht getraut hatten, hineingezogen worden. Wir hätten über das streiten sollen, was es in *unserem* Leben an Homosexuellenfeindlichkeit, Zwangsheterosexualität und Verpflichtung, bestimmte Arten von Familien für normal zu halten, gab."

Literatur

Aidshilfe Bielefeld (2010): Hotel für alle Felle. Sozialprojekt Tierpension. Quelle: http://www.tierpension-in-bielefeld.de/index.html (letzter Zugriff: 04.12.2011)

Bauer, Birgit (1999): Wer spricht für den Jaguar? Donna Haraways antispeziesistischer Ausflug nach Anderswo. Quelle: http://www.tierrechts-aktion-nord.de/texte/haraway.html (letzter Zugriff: 20.12.2010)

Bauman, Zygmunt (1992): Dialektik der Ordnung. Die Moderne und der Holocaust. Hamburg

Bauman, Zygmunt (1995): Postmoderne Ethik. Hamburg

Butler, Judith (2009): Die Macht der Geschlechternormen. Frankfurt am Main

Calarco, Matthew (2008): Zoographies. The Question Of The Animal From Heidegger To Derrida. New York

Derrida, Jacques (1991): Gesetzeskraft. Der ‚mystische Grund der Autorität'. Frankfurt am Main

Derrida, Jacques (2010): Das Tier, das ich also bin. Wien

Glaser, Barney/Straus, Anselm (2005): Grounded Theory. Strategien qualitativer Sozialforschung. Bern

Haraway, Donna (1995): Jenseitige Konversationen; irdische Themen; lokale Begriffe. In: Dieselbe (Hrsg.): Monströse Versprechen. Die Gender- und Technologie-Essays. Hamburg, S. 81-112

Haraway, Donna (2003): The Companion Species Manifesto. Dogs, People and Significant Otherness. Chicago

Lévinas, Emmanuel (1987): Totalität und Unendlichkeit. Versuche über die Exteriorität. Freiburg/München

Moebius, Stephan (2001), Postmoderne Ethik und Sozialität. Beitrag zu einer soziologischen Theorie der Moral, Stuttgart

Moebius, Stephan (2002): Emmanuel Lévinas' Humanismus des Anderen zwischen Postmoderner Ethik und Ethik der Dekonstruktion. Quelle: www.gradnet.de-papers-pomo02.papers-ethik-dekonstruktion.pdf (letzter Zugriff: 29.11.2010).

Pohlheim, Katja (2006): Vom Gezähmten zum Therapeuten: Die Soziologie der Mensch-Tier-Beziehung am Beispiel des Hundes. Hamburg

Schmid, Antonia (2008): Signifikante Andersheit als Paradigma. Naturecultures und Donna Haraways Companion Species. Quelle: phase2.nadir.org/index.php?artikel=553&print=(letzter Zugriff: 29.11.2010).

Strauss, Anselm L./Corbin, J. (1996): Grundlagen Qualitativer Sozialforschung. Weinheim.

Taylor, Charles (1993): Multikulturalismus und die Politik der Anerkennung. Frankfurt am Main

Katja Pohlheim

Zwischen Improvisation und Professionalität. Tiergestützte Therapien im Krankenhaus.

Dieser Beitrag beleuchtet den momentanen Stand tiergestützter Therapien in Krankenhäusern in Deutschland und richtet den Fokus dabei auf die Frage der Professionalisierung. Nach einer Vorstellung der Formen tiergestützter Arbeit wird ein kurzer Exkurs in die Professionssoziologie geliefert sowie eine kurze Bestandsaufnahme des aktuellen Professionalisierungsstandes in diesem Bereich, um abschließend die konkrete Praxis als Balanceakt zwischen Improvisation und professionellem Handeln zu diskutieren.

1 Zur tiergestützten Arbeit im Krankenhaus

Neben tiergestützter Sozialarbeit, Altenpflege und dem Einsatz von Tieren in der ambulanten Arbeit gibt es auch immer mehr tiergestützte Aktivitäten im Krankenhaus. Während es in den anderen Bereichen mittlerweile fast schon zur Selbstverständlichkeit geworden ist, muss man Tiere im Krankenhaus im deutschsprachigen Raum noch gezielt suchen. Doch man findet sie. Speziell auf Stationen, auf denen die Patienten mehr als nur ein paar Tage verbringen, gibt es immer häufiger Tiere – in Pädiatrien, Geriatrien, auf psychosomatischen Stationen, in Psychiatrien und in Rehabilitationseinrichtungen.

Tiere werden in Krankenhäusern auf drei unterschiedliche Arten eingesetzt, wobei die Grenzen fließend sind: Zum ersten setzen Therapeuten[1] eigene Tiere in ihrem Arbeitsbereich ein und erweitern damit gezielte, auf den einzelnen Patienten zugeschnittene Therapien. Zweitens gibt es ehrenamtliche Tierbesuchsdienste. Hier kommen Tierbesitzer mit ihren Tieren (hauptsächlich mit Hunden) in Krankenhäuser. Die Patienten können die Tiere bei Kunststückchen beobachten, sie ansprechen und streicheln. So sollen eine Aufmunterung der Klienten und eine Verbesserung der Atmosphäre, insbesondere eine Ablenkung vom Klinikalltag erreicht werden. Drittens gibt es organisationseigene Tiere, die dem Krankenhaus gehören. Das können beispielsweise Fische im Aquarium direkt auf der Station sein oder auch Haus- und Nutztiere wie Hasen

1 Für die bessere Lesbarkeit steht an dieser Stelle nur die männliche Form, die weibliche Form ist aber in jedem Fall mit gemeint.

oder Schafe, die auf dem Klinikgelände gehalten werden. Patienten haben die Möglichkeit, sie jederzeit zu beobachten, und häufig werden die Tiere partiell in Therapien oder zur Beschäftigung eingesetzt. Die Patienten werden in die Versorgung der Tiere einbezogen. Zusammenfassend werden diese drei Arten als tiergestützte Aktivitäten bezeichnet.

Eine Erhebung von Armin Claus in Deutschland, Österreich und der Schweiz hat ergeben, dass zum Befragungszeitpunkt (1995/96) in knapp 20% der befragten Pädiatrien, Geriatrien, psychosomatischen Stationen und Psychiatrien Tiere gehalten werden und/oder wurden. Knapp 10% gaben an, dass Tierbesuchsdienste in ihren Einrichtungen stattfinden[2] (vgl. Claus 2000).

Eine aktuelle Untersuchung von Anke Prothmann und Ellen Tauber in Kinderkliniken in Deutschland ergab, dass knapp 12% tiergestützte Aktivitäten durchführten (vgl. Prothmann/Tauber 2010). Das ist eine deutliche Steigerung gegenüber der Studie von Claus, bei der nur 3% der Pädiatrien angegeben haben, Tiere einzusetzen. Es zeichnet sich also eine steigende Tendenz ab, wobei es, abgesehen von diesen beiden Studien, bisher kaum Untersuchungen zu dieser Praxis gibt.

2 Kurzer Exkurs in die Professionssoziologie

2.1 Theorien der Professionssoziologie

Wenn hier von professionellem Handeln gesprochen wird, ist ein kurzer Exkurs in die Professionssoziologie nötig, denn der soziologische Begriff der Profession hat wenig gemein mit der umgangssprachlichen Bezeichnung des Profis in Abgrenzung zum Amateur[3]. Es handelt sich bei der Professionssoziologie um einen speziellen Diskurs in der Berufssoziologie. Professionen sind Berufe mit Sonderstatus – dies ist der kleinste gemeinsame Nenner der verschiedenen Theorieansätze dieser Soziologie. Darüber hinaus gehen die Definitionen dazu weit auseinander, was Professionen sind, wie sie entstanden sind bzw. entstehen und welche Funktionen sie innerhalb der Gesellschaft einnehmen. An dieser Stelle kann nur auf die wichtigsten Ansätze eingegangen werden.[4]

2 Diese beiden Gruppen überschneiden sich.

3 Die Soziologie macht sich häufig alltagssprachliche Begriffe zu Eigen und präzisiert sie, was oft dazu führt, dass sich die Bedeutungen der Begriffe ausdifferieren.

4 Die Systematisierung folgt der von Michaela Pfadenhauer (2003), wobei zunächst drei strukturalistische und danach zwei interaktionistische Perspektiven beleuchtet werden. Einen kurzen, aber ausführlicheren Überblick über die Professionssoziologie bieten bspw. Pfadenhauer/Sander 2010, Kurtz 2002.

Als Klassiker der Professionssoziologie gilt Talcott Parsons, Begründer des Strukturfunktionalismus in Deutschland. Er weist den „akademischen Berufen“ einen zentralen Status bzw. eine zentrale Funktion in der als System gedachten modernen Gesellschaft zu, weil sie deren Ordnung und Funktionsweise garantieren. Merkmale dieser Berufe sind in erster Linie Uneigennützigkeit, Rationalität, funktionale Bestimmtheit und Universalismus. Letzeres bedeutet, dass der Professionelle das große Ganze, die Gesellschaft, bei seiner Tätigkeit am Einzelnen im Blick hat. Zu den „akademischen Berufen“ zählt Parsons Medizin, Ingenieurs- und Erziehungswissenschaften und Recht (vgl. Parsons 1968, S. 160ff).

Eine zweite Theorietradition der Professionssoziologie, die sowohl auf Parsons als auch auf Hughes aufbaut, ist die der Systemtheorie, im deutschsprachigen Raum vor allem von Niklas Luhmann und Rudolf Stichweh vertreten. Professionen sind hier die Leistungsträger eines Funktionssystems, die sich im Übergang von der ständischen zur funktional differenzierten Gesellschaft gebildet haben. Nach dieser Auffassung sind die Funktionssysteme Medizin, Recht, Erziehung, Religion und Militär mit einer solchen Leistungsrolle ausgestattet (vgl. Stichweh 1996; Stichweh 1992).

Als dritte und für die folgende Argumentation besonders wichtige Version wird die revidierte Professionstheorie oder auch der strukturtheoretische Ansatz von Ulrich Oevermann vorgestellt. Auch er schreibt den Professionen eine besondere Rolle in der Gesellschaft zu. Allerdings lehnt er die in aktuellen Diskussionen häufig verwendete Gleichsetzung von Profession mit Expertentum und Professionalisierung mit Expertisierung ab. Für ihn ist der Begriff der Profession und der Professionalisierung enger und exklusiver. Oevermann sieht die alltägliche „Lebenspraxis“[5] vor allem durch Routine gekennzeichnet. Wird diese unterbrochen, so gerät der Einzelne in eine Krise, also eine Verunsicherung oder Störung, die überbrückt oder gemanagt werden muss. Professionelle Kompetenzen übernehmen in solchen Krisen die Funktion einer stellvertretenden Sinndeutung, die allgemeine Leitlinien eines Copings oder Bewältigungsverhaltens vorgeben. Sie können bzw. müssen alltagspraktisch heruntergebrochen werden. Oevermann benennt drei gesellschaftlich relevante Bereiche, in denen individuell erfahrbare Krisen auftreten können und handhabbar gemacht werden müssen. Das sind die Bereiche Recht, Leib und Seele sowie Kunst und Wissenschaft. So hilft der Arzt dem Patienten, die „Krise“ der Krankheit zu bewältigen, und der Anwalt dem Klienten, die „Krise“ des Rechtsstreites zu lösen (vgl. Oevermann 1996).

---

5 Unter Lebenspraxis ist die Einbettung des einzelnen Falles, der aus Einzelpersonen oder Gruppen bestehen kann, in die vorhandenen Strukturen gemeint (vgl. Kraimer 2010).

Während diese drei Ansätze vor allem danach fragen, ob der eine oder andere Beruf eine Profession ist, wird in weiteren Theorien nach dem Prozess der Entstehung und Entwicklung von Professionen geforscht: Warum haben bestimmte Berufsgruppen ein Interesse daran und Erfolg damit, ihren Beruf in eine gesellschaftlich anerkannte Profession zu verwandeln?

Margali Sarfetti Larson und Hansjürgen Daheim sind Vertreter eines machttheoretischen Ansatzes zur Erklärung von Prozessen der Professionalisierung (vgl. Daheim 1992; Larson 1979). Ziel entsprechender Aktivitäten sei stets der Versuch, einen hohen Status und eine Monopolisierung in zumeist neuartig ausdifferenzierten Arbeitsfeldern zu etablieren, um Autonomie und Autorität zu erlangen. Inhaber von konventionellen Professionen – Juristen, Mediziner, Architekten – haben ein Interesse am Erhalt ihrer Macht und Privilegien. Das erreichen sie mit einer rigiden Beschränkung des Zugangs zu ihren „Kreisen“, Ausbildungswegen und hoch spezialisierten Wissensbeständen.

Abschließend sei als fünfter Ansatz der Interaktionismus vorgestellt, zu dessen Vertretern u.a. Anselm Strauss, Andrew Abbott und Fritz Schütze zählen. Dieser geht vor allem auf die Chicagoer Schule zurück. Der Fokus liegt hier eher auf Konflikten innerhalb der Gruppe einer Profession, die, entgegen den anderen Ansätzen, nicht als homogen betrachtet wird. Als ein Hauptkonflikt des Professionellen wird die Orientierung am Gemeinwohl vs. der Orientierung am Klienten betrachtet. Dies ist eine der Paradoxien professionellen Handelns, die theoretisch nicht auflösbar ist, praktisch aber entschieden werden muss. Das zeichnet Professionen aus: Sie haben ein Mandat, einen gesellschaftlichen Auftrag und zugleich eine Lizenz, die Erlaubnis für bestimmte Tätigkeiten (vgl. Schütze 1992; Strauss/Bucher 1991).

Besonders die ersten vier Ansätze beschränken sich auf eine kleine Gruppe von Berufen. Gemeinsam ist ihnen, dass sie ein akademisches Sonderwissen haben, welches intern generiert wird. Dies ist das klare Abgrenzungskriterium zu sogenannten Semi-Professionen. Ihnen fehlen je nach Definition ein oder mehrere Merkmale einer „vollständigen“ Profession. Als Semi-Professionen werden häufig Lehr-, Pflegeberufe und die Sozialarbeit genannt. Während die Gruppe der Ärzte als einzige in allen fünf Theorierichtungen als Profession gesehen wird, fallen die Kategorisierungen zu allen anderen Gesundheits-, Heil- und Pflegeberufen verschieden aus (vgl. Käble 2005).

2.2 Professionalisierung

Ausgehend von den vorangegangen Definitionen des Professionsbegriffs kann Professionalisierung einerseits den kollektiven Übergang einer Berufsgruppe in eine Profession bezeichnen. Merkmale eines solchen Übergangs sind vor allem eine wissenschaftlich fundierte, einheitliche Wissensbasis, die durch Akademisierung und Standardisierung der Ausbildung sichergestellt wird. Der Zugang zur Ausbildung und damit zum entsprechenden Tätigkeitsfeld wird stark eingegrenzt und reguliert. Sichergestellt werden diese Zugangsbeschränkungen durch die Bildung von Verbänden.

Andererseits ist nach Peter Kalkowski auch eine individuelle Professionalisierung möglich. Bei dieser geht es nicht vorrangig um die Herausbildung allgemein gültiger Standards und gesetzlich anerkannter Zertifikate oder um den Anspruch eines Tätigkeits- und Zuständigkeitsmonopols. Vielmehr stehen Selbstverpflichtung und die Herausbildung eines professionellen Habitus im Vordergrund. Auch diese Form der Professionalisierung erfolgt im Austausch mit Fachkollegen durch die Verständigung auf einen gemeinsamen Wissenskorpus und Qualitätsstandards (vgl. Kalkowski 2010).

3 Zum Stand der Professionalisierung tiergestützter Arbeit in Krankenhäusern in Deutschland[6]

Um etwas zum Stand der Professionalisierung tiergestützter Arbeit in deutschen Krankenhäusern sagen zu können, macht eine grundlegende Unterscheidung der Akteure gleich zu Beginn Sinn. Bei den ehrenamtlichen Besuchsdiensten nach Elementen der Professionalisierung zu suchen, ist wenig Erfolg versprechend. Diese tiergestützten Aktivitäten erfolgen freiwillig, ehrenamtlich, oft nebenberuflich oder nachberuflich. Die Beteiligten haben kein besonderes Interesse, diese Nebenbeschäftigung zu einem Beruf oder gar einer Profession zu erheben.

Aus professionssoziologischer Sicht interessant, ist jedoch der Blick auf die Therapeuten. Unter diesem Begriff sollen hier alle Gesundheits- und Pflegeberufe zusammengefasst werden, die zielgerichtete Interventionen mit und an Patienten durchführen und dazu, zum Teil begleitend, Tiere einsetzen. Zu dieser Gruppe zählen u. a. Ärzte, Psychologen, Physio- und Ergotherapeuten, Heilerziehungspfleger, Krankenpfleger und Sozialarbeiter.

Bei vielen von ihnen entsteht die Idee, Tiere in ihre Arbeit einzubinden, durch ihren privaten Tierbesitz und/oder ihre enge Tierverbundenheit. Eine Vielzahl von Presseberichten über Delfin- und Reittherapie, aber auch über andere haarige und gefiederte Therapeuten, hat ein Interesse an dem Thema geweckt und die Idee aufkommen lassen, Tiere mit ins Krankenhaus zu nehmen. „In der Bundesrepublik Deutschland gibt es keine Rechtsnorm, die den

6 Die Daten zur Professionalisierung tiergestützter Arbeit im Krankenhaus wurden im Rahmen eines Dissertationsprojekts mit Methoden der qualitativen Sozialforschung erhoben.

Umgang mit Tieren in Einrichtungen des Gesundheitsdienstes definitiv verbietet" (Schwarzkopf 2003, S. 110f). So ist es bisher eine Entscheidung des Vorgesetzten oder der Klinikleitung, ob Therapeuten ihre Tiere mit in die Einrichtungen bringen dürfen. Häufig etabliert sich ein regelmäßiger Einsatz der Tiere aus vereinzelten Versuchen. In der Folge entstehen dann in der Einrichtung vielfach Hygienepläne für die tiergestützten Aktivitäten, Ablaufstandards, spezielle Protokollbögen und ähnliche, mehr oder weniger formale Dokumente, die den Einsatz der Tiere regeln sollen.

Bei den meisten der Therapeuten kommt nach einer anfänglichen Probephase, der Wunsch nach einer Ausbildung oder (Zusatz-)Qualifizierung in diesem Bereich auf. Es gibt mittlerweile eine unüberschaubar hohe Zahl von Qualifikations- und Ausbildungsmaßnahmen im tiergestützten Bereich. Dabei reicht die Spannweite von einem Wochenendseminar bis hin zu einem berufsbegleitenden Studiengang über zwei Jahre an der Universität Wien und einer Spezialisierung „tiergestützte Therapie" im Rahmen des Bachelor-Studienganges Tiermanagement an der University of Applied Sciences Van Hall Larenstein in den Niederlanden.

Es kann zwischen zwei Wegen der Ausbildung unterschieden werden. Bei der ersten Form geht es in erster Linie um die Schulung der menschlichen Akteure. Sie sollen befähigt werden, ihre Tiere artgerecht zu halten, entsprechend auszubilden und genau einschätzen zu können. Hier liegt die Ausbildung des Tieres im Ermessen des Therapeuten. Bei der zweiten Form steht die Ausbildung des Tieres (in den meisten Fällen des Hundes) im Zentrum. Das Tier soll lernen, mit verschiedenen Stresssituationen (laute Geräusche, fremde Gerüche, offensives Auftreten etc.) umzugehen, ohne dabei aggressiv oder ängstlich zu werden. Dabei kann sowohl die Position vertreten werden, dass die Tiere nahezu alles ertragen müssen, bis der Therapeut entscheidet, die Situation zu beenden. Ein anderer Ansatz lässt den Tieren mehr Eigenaktivität; sie können sich aus Situationen zurückziehen oder Grenzen aufzeigen (was in manchen Fällen Teil der Therapie ist).

Doch weder für die eine noch für die andere Ausbildungsform gibt es verbindliche Richtlinien. Der Begriff der tiergestützten Therapie ist nicht geschützt. Jeder Ausbildungsgang erstellt ein eigenes Zertifikat, die Ausbildungsinhalte differieren stark, was sich schon in der unterschiedlichen Dauer niederschlägt. Jeder kann in diesem Bereich ausbilden – ein deutliches Zeichen mangelnder Standards.

In Österreich wird momentan versucht, eine ÖNORM (österreichische Norm) für die Therapieteamausbildung zu erarbeiten, die die Anforderungen für die Ausbildung von Therapiehundeteams und deren Ausbildern normiert (vgl. Binder 2010). Darüber hinaus gibt es im europäischen Raum zwei international tätige Vereine (ESAAT – European Society for Animal Assisted Therapy und ISAAT – International Society for Animal-Assisted Therapy), die versuchen, die Rolle von Dachverbänden einzunehmen und Grundsätze und Mindestanforderungen für die Ausbildung von tiergestützten Therapeuten und ihren Tieren aufzustellen (vgl. http://www.esaat.org; http://www.aat-isaat.org).

Sämtliche Formen tiergestützter Aktivitäten in Krankenhäusern im deutschsprachigen Raum haben momentan höchstens den Status einer individuellen Professionalisierung. Darauf wird in den nächsten beiden Abschnitten noch genauer eingegangen.

4 Gedanken zu Improvisation und Professionellem Handeln

Bisher gibt es wenig anerkannte Regelwerke und Standards zu tiergestützten Aktivitäten. Therapeuten, die Tiere einsetzen, müssen also auf andere Ressourcen zurückgreifen. Ein wichtiger Aspekt ist dabei die Notwendigkeit, Bereitschaft und Fähigkeit zum Improvisieren – gerade im Umgang mit Tieren. Daher geht es im Folgenden um individuelles professionelles Handeln[7]. An dieser Stelle werden drei verschiedene Möglichkeiten aufgezeigt, wie Improvisation in Abgrenzung zu oder als Teil von professionellem Handeln verstanden werden kann:

Interaktionen sind ein wichtiger Teil professionellen Handelns. Kommunikation und Interaktion finden auf vielen verschiedenen Ebenen statt. Das zeigt sich zum Beispiel darin, dass sich Menschen, die einander vertrauen, „blind“ verstehen. Empathie ist hier bedeutender Bestandteil der Interaktion. Sie sorgt dafür, dass sich vertraute Menschen häufig nur mit Blicken oder Gesten verständigen können, die für einen Dritten völlig unverständlich sind.

In der modernen westlichen Gesellschaft gilt die Norm, dass Kommunikation gelingen soll und kann (nicht nur mit bekannten und vertrauten Menschen). Dabei ist Indexikalität, also die Kontextabhängigkeit der Sprache, ein wichtiges Element. Vielfach beruht das gegenseitige „Verständnis“ nämlich nur auf einem eigentlich bruchstückhaften realen Verstehen, was jedoch ausreicht, um eine funktionierende Kommunikation aufrechtzuerhalten. Mit Hilfe des Kontextes und dem nonverbalen Anteil der Kommunikation wird der Rest erschlossen, vermeintlich oder tatsächlich, aber immer so, dass die Kommunikation weiter läuft. Dies geschieht meistens unbewusst und tritt häufig erst dann deutlich zu Tage, wenn es zu Missverständnissen kommt, die die Kommunikation ins Stocken bringen. Meistens funktioniert dieses bruchstückhafte

7 Es geht also hier nicht nur um das Handeln von Professionsinhabern im klassischen Sinne – zur Unterscheidung vgl. Kalkowski 2010, Pfadenhauer 2005.

Verstehen jedoch sehr gut. Schon bei normaler Kommunikation ist also Improvisation nötig, auch wenn sie vielfach nicht wissentlich eingesetzt wird. Improvisation ist also per se Teil einer jeden Interaktion und deswegen auch Teil jeglichen professionellen Handelns.

Professionelles Handeln beruht auf der Anwendung erprobter Handlungsweisen, zurückzuführen auf systematische (oft akademische) Wissensbestände und Erfahrungen. Daraus ergeben sich Routinen zur Bewältigung zahlreicher Probleme – oder, um es mit Oevermanns Worten zu sagen: „Routinen ergeben sich aus Krisen als sich bewährende Lösungen" (Oevermann 1996, S. 75). Während zu Beginn der Einübung einer Tätigkeit noch nichts Routine ist, sondern alles, jede kleine Veränderung eine Verunsicherung, einen Problemfall darstellt, entwickeln sich für wiederkehrende Probleme im Laufe der Zeit Routinen. So ist es Teil der Ausbildung (als Grundlage professionellen Handelns), diese Routinen durch stetige Verunsicherungen und „Störfälle" einzuüben.

Improvisation soll hier als Gegenbegriff zur Routine verstanden werden. Sie ist elementarer und vor allem, im Fall neu entstehender Tätigkeitsfelder (auch innerhalb eines professionellen Arbeitsbereiches) existenzieller Bestandteil des Handelns. Routine und Improvisation sind Situationselemente, die im Prozess des Handelns entstehen bzw. auf die zurückgegriffen wird. Es sind also Modi, mit einer Situation umzugehen und sie stimmig auszubalancieren. Die Frage ist, auf welche Ressourcen dabei zurückgegriffen wird. Daran wird deutlich, ob es sich um professionelles Handeln handelt.

In Interaktionen verlangt Improvisation Empathie und Intuition (als Gegenstück zur Rationalität von Routinen); dies birgt ein Risiko, eine Ungewissheit. Wo Routine fehlt oder versagt, ist Improvisation gefragt. Professionelle Improvisation heißt, angesichts von Unsicherheiten nicht unfähig und untätig zu werden, sondern gegensteuern und es nicht so weit kommen zu lassen, dass man sagen muss: „Da kann man nicht mal mehr improvisieren." Nur professionelles Handeln bietet Hintergrundwissen und Erfahrung, um die Unsicherheit bewältigen zu können und weder in blinden Aktionismus noch in Tatenlosigkeit zu verfallen. Ein wichtiger Punkt bei der Improvisation im Rahmen professionellen Handelns ist deshalb die Intuition, „cooles Kalkül", ob eine Improvisation weiter laufen kann oder nicht. Genau diese Intuition beruht auf Erfahrungen und abstraktem Wissen über Strukturen und Zusammenhänge der Situation. Improvisation ist also nur auf Grund von professionellem Handeln möglich.

Drittens kann Improvisation quer zu den ersten beiden Denkrichtungen betrachtet werden, indem der Begriff und seine Konnotation näher betrachtet wird. Der Begriff der Improvisation kann positiv geprägt sein – als Form der Kreativität, der Inspiration. So ist er beispielsweise in der Musik oder Kunst zu verstehen. Positiv besetzt, kann man Improvisation wieder als Teil des professionellen Handelns bezeichnen. Es ist genügend Wissen und Können vorhanden, um aus diesen Ressourcen zu schöpfen und daraus Neues zu entwickeln und Grenzen zu überschreiten.

Improvisation kann aber auch neutral bis negativ besetzt sein, indem damit eine Leerstelle oder ein Problem – nämlich die fehlende (Möglichkeit der) Routine deutlich wird. Genau diese Leerstelle kann jedoch anregen zum Bereichern, zum Weiterentwickeln. Durch Improvisation können Probleme gelöst oder auch erst geschaffen bzw. verschärft werden. An genau dieser Stelle kann das Handeln jedoch auch zum Problem werden.

5 Improvisation und professionelles Handeln bei der tiergestützten Arbeit im Krankenhaus

Zum Schluss sollen die Aspekte der Improvisation und des professionellen Handelns mit der tiergestützten Arbeit im Krankenhaus verbunden werden.

Improvisation als Teil der Kommunikation spielt bei der Interaktion mit Tieren eine besonders große Rolle. Wichtig bei zwischenmenschlicher Kommunikation, die neben der verbalen Ebene auch auf der nonverbalen abläuft, ist, dass Missverständnisse verbal korrigiert werden können. Diese Möglichkeit besteht bei der Interaktion mit Tieren nicht.

So wie Tiere den Sinn der gesprochenen menschlichen Sprache nicht verstehen, verstehen Menschen wiederum die tierischen Ausdrucksformen nur bedingt. So können Bellen, Winseln, Jaulen nur gedeutet werden. Improvisation beim Umgang mit Tieren ist allein deswegen schon nötig, weil die Reaktionen und „Antworten" der Tiere immer nur unter menschlicher Perspektive wahrgenommen werden. Diese ist weitgehend auf auditive und visuelle Kommunikationsreize fokussiert. Der olfaktorische Informationsaustausch, der bei den meisten Tieren eine wichtige Rolle spielt, bleibt Menschen weitgehend verschlossen. Dennoch verläuft die Interaktion mit Tieren häufig auf einer basalen Ebene ab. Dies wird in der tiergestützten Arbeit vielfach (bewusst und unbewusst) eingesetzt. Das Tier spricht auch bei Menschen mit kognitiven Defiziten die basalen Sinne an. Bewegungen können gesehen, Geräusche gehört, Wärme, Herzschlag, Bewegung und die Struktur des Felles erfühlt werden, Tiere haben einen eigenen Geruch. All dies spricht gerade schwer geschädigte Patienten an, die oftmals keine „normalen" zwischenmenschlichen Beziehungen und Kommunikationen mehr führen können, die hospitalisiert sind und kaum zwischenmenschliche Nähe und Berührungen erfahren[8].

8 Zur Mensch-Tier-Kommunikation bei tiergestützten Aktivitäten auch Prothmann 2008, S. 33ff.

In der tiergestützten Arbeit im Krankenhaus laufen verschiedene Interaktionen ab, es besteht eine Art Dreieck aus Patient, Therapeut und Tier. Zum einen gibt es die initiierte Interaktion zwischen Patient und Tier. Zum anderen interagiert natürlich auch der Therapeut mit dem Tier und mit dem Patienten. Das heißt, dass der Therapeut nicht nur in seiner eigenen Interaktion mit einerseits dem Patienten, aber auch andererseits dem Tier improvisieren muss, sondern vielmehr ist es die Hauptaufgabe des Therapeuten, die Interaktion zwischen Patient und Tier anzuleiten und zu unterstützen. Dabei spielt Improvisation eine große Rolle, denn das Tier führt ein Eigenleben – seine Handlungen sind, wenn überhaupt, nur bedingt vorhersagbar. Das ist einerseits das große Potential, das tiergestützte Aktivitäten haben, aber andererseits kann das auch dazu führen, dass Erwartungen nicht erfüllt werden, weil Tiere anders reagieren als vom Patienten vorgestellt, was zu Frustration führen kann.

Wie sieht eine solche tiergestützte Therapie konkret aus? Erstens gibt es die Möglichkeit, dass die Tiere sich in einem bestimmten Raum frei bewegen können und von den Patienten gestreichelt, gefüttert oder zu bestimmten Tätigkeiten und Verhaltensweisen animiert werden. Das Tier folgt in erster Linie eigenen Impulsen, und die Therapie orientiert sich bis zu einem gewissen Grad daran. In diesem Fall ist am meisten Improvisation gefragt, um die gesteckten Ziele zu erreichen. Es muss immer wieder zwischen den Akteuren vermittelt werden. Hier wird deutlich, ob die Therapeuten professionell handeln können. Wie gehen sie mit den Eigenaktivitäten des Tieres um? Lassen sie es zu oder greifen sie ein? Wie deuten sie das Verhalten der Tiere und wie vermitteln sie zwischen Patienten und Tieren?

Zweitens gibt es die Variante, die eine deutliche Mitarbeit vom Tier erfordert. Es handelt sich dabei um ein recht festes Programm, das durchgeführt wird, z. B. angeleitete Aufgaben, die der Patient mit dem Tier bewältigen soll.[9] Im letzten Fall ist nicht so viel Improvisation erforderlich wie im ersten Fall, der Therapeut hat mehr Kontrolle über das Geschehen, das Tier hat weniger Eigenständigkeit. Allerdings bleibt auch in diesem Fall durch das Eigenleben des Tieres ein Restrisiko.[10]

Genau dieses Nicht-Vorhersagbare, dieses Unberechenbare des eigenständigen Tieres ist jedoch der große Vorteil tiergestützter Aktivitäten gegenüber anderen Interventionsmethoden. Offensichtlich spricht gerade das Tier, das keinen Behandlungsdruck aufbaut, das unvoreingenommen mit den Patienten

9 Es gibt noch eine dritte Variante, die vor allem bei Tierbesuchsdiensten zum Tragen kommt: Patienten sind in erster Linie Zuschauer und die Interaktion findet in erster Linie zwischen dem Ehrenamtlichen und seinem Tier statt.

10 Zu verschiedenen Interaktionsformen in der tiergestützten Arbeit auch Vernooij, Schneider 2008, S. 146ff.

umgeht, Patienten auf eine Art und Weise an, die menschlichen Therapeuten verschlossen bleibt.

Um dieses nutzen zu können, ist es wichtig, dass Therapeuten zur Improvisation fähig sind. Entwickeln sich die Abläufe in einer solchen tiergestützten Aktivität zur Routine, werden nur schematische Programme abgespult, wird die Chance, die der Einsatz von Tieren im Vergleich zu anderen therapeutischen Maßnahmen bietet, vergeben. Wie in Absatz 4 herausgearbeitet wurde, ist für eine erfolgreiche Improvisation ein professioneller Hintergrund, ein umfangreicher Wissenskorpus und entsprechende Erfahrungen wichtig. In einem Bereich, in dem es bisher keine einheitlichen Standards und Richtlinien gibt, ist eine individuelle Professionalisierung also besonders bedeutsam. Die setzt neben der Eigenverpflichtung auch den ständigen Austausch mit Fachkollegen voraus.

Literatur

Binder, Regina (2010): Die ÖNORM als Instrument zur Qualitätssicherung von Dienstleistungen: Versuch einer Normierung der Therapieteamausbildung unter den Aspekten des Konsumenten- und Tierschutzes. Wien.

Claus, Armin (2000): Tierbesuch und Tierhaltung im Krankenhaus. Eine Untersuchung zu Verbreitung, Chancen und Grenzen von Tierkontakt als therapieflankierender Möglichkeit für Patienten der Psychiatrie, Pädiatrie, Geriatrie und Psychosomatik. Diss. München. Universität.

Daheim, Hansjürgen (1992): Zum Stand der Professionssoziologie. Rekonstruktion machttheoretischer Modelle der Profession. In: Dewe, Bernd (Hg.): Erziehen als Profession. Zur Logik professionellen Handelns in pädagogischen Feldern. Opladen, S. 21-35.

Käble, Karl (2005): Modernisierung durch wissenschaftsorientierte Ausbildung an Hochschulen. Zum Akademisierungs- und Professionalisierungsprozess der Gesundheitsberufe in Pflege und Therapie. In: Bollinger, Heinrich (Hg.): Gesundheitsberufe im Wandel. Soziologische Beobachtungen und Interpretationen. Frankfurt am Main, S. 31-53.

Kalkowski, Peter (2010): Arbeitspapier zur Klärung der Begriffe „Beruflichkeit und Professionalisierung“ in der Fokusgruppe 1: “Beruflichkeit und Professionalisierung“ im Rahmen des BMBF-Förderprogramms „Dienstleistungsqualität durch professionelle Arbeit“. Göttingen.

Kraimer, Klaus (2010): Objektive Hermeneutik. In: Karin Bock (Hg.): Handbuch qualitative Methoden in der sozialen Arbeit. Opladen [u.a.], S. 205-213.

Kurtz, Thomas (2002): Berufssoziologie. Bielefeld.

Larson, Magali Sarfatti (1979): Professionalism: Rise and Fall. In: International Journal of Health Services, Jg. 9; H. 4, S. 607-627.

Oevermann, Ulrich (1996): Theoretische Skizze einer revidierten Theorie professionalisierten Handelns. In: Combe, Arno (Hg.): Pädagogische Professionalität. Untersuchungen zum Typus pädagogischen Handelns. Frankfurt am Main , S. 70-182.

Parsons, Talcott (1968): Beiträge zur soziologischen Theorie. 2. Aufl. Neuwied am Rhein [u.a.].

Pfadenhauer, Michaela (2003): Professionalität. Eine wissenssoziologische Rekonstruktion institutionalisierter Kompetenzdarstellungskompetenz. Univ., Diss. Dortmund. Opladen.

Pfadenhauer, Michaela (2005): Die Definition des Problems aus der Verwaltung der Lösung. Professionelles Handeln revisited. In: Pfadenhauer, Michaela (Hg.): Professionelles Handeln. Wiesbaden, S. 9-22.

Pfadenhauer, Michaela; Sander, Tobias (2010): Professionssoziologie. In: Kneer, Georg (Hg.): Handbuch spezielle Soziologien. Wiesbaden, S. 361-378.

Prothmann, Anke (2008): Tiergestützte Kinderpsychotherapie. Theorie und Praxis der tiergestützten Psychotherapie bei Kindern und Jugendlichen. 2., erg. Aufl. Frankfurt am Main.

Prothmann, Anke; Tauber, Ellen (2010): Pets and Pediatrics – Current status of animal-assisted interventions in pediatric hospitals in Germany. Poster der 12th International IAHAIO Conference. Stockholm.

Schütze, Fritz (1992): Sozialarbeit als „bescheidene" Profession. In: Dewe, Bernd (Hg.): Erziehen als Profession. Zur Logik professionellen Handelns in pädagogischen Feldern. Opladen, S. 132-170.

Schwarzkopf, Andreas (2003): Hygiene: Voraussetzung für Therapie mit Tieren. In: Olbrich, Erhard; Otterstedt, Carola (Hg.): Menschen brauchen Tiere. Grundlagen und Praxis der tiergestützten Pädagogik und Therapie. Stuttgart, S. 106-115.

Stichweh, Rudolf (1992): Professionalisierung, Ausdifferenzierung von Funktionssystemen, Inklusion. Betrachtungen aus systemtheoretischer Sicht. In: Dewe, Bernd (Hg.): Erziehen als Profession. Zur Logik professionellen Handelns in pädagogischen Feldern. Opladen, S. 36-48.

Stichweh, Rudolf (1996): Professionen in einer funktional differenzierten Gesellschaft. In: Combe, Arno (Hg.): Pädagogische Professionalität. Untersuchungen zum Typus pädagogischen Handelns. Frankfurt am Main, S. 49-69.

Strauss, Anselm L.; Bucher, Rue (1991): Professions in Process. In: Strauss, Anselm Leonard (Hg.): Creating sociological awareness. Collective images and symbolic representations. New Brunswick [u.a.], S. 245-262.

Vernooij, Monika A.; Schneider, Silke (2008): Handbuch der tiergestützten Intervention. Grundlagen, Konzepte, Praxisfelder. Wiebelsheim.

Susanne Kupper-Heilmann

Pferde als Diagnose- und Fördermedium. Konzept und Praxis des Heilpädagogischen Reitens

Seit den sechziger Jahren hat sich das Therapeutische Reiten mit seinen vier Arbeitsbereichen immer mehr inhaltlich ausdifferenziert (vgl. Deutsches Kuratorium für Therapeutisches Reiten 1994; 1996; 1998) und – trotz problematischer Finanzierung – durchgesetzt. Der Einsatz von Pferden wird von vielen Fachkräften mit großem Pferdeverstand und leidenschaftlich gelebt. Insbesondere in der Heilpädagogischen Förderung ist das Pferd eine wunderbare Möglichkeit, Türen zum Klienten zu öffnen, Entwicklung zu unterstützen und Ressourcen zu verstärken.

Die Arbeitsbereiche im Therapeutischen Reiten

In der Bundesrepublik Deutschland werden unter dem Begriff „Therapeutisches Reiten"[1] vier Fachbereiche subsumiert:

- *die Hippotherapie*, die eine spezielle krankengymnastische, ärztlich verordnete und überwachte bewegungstherapeutische Maßnahme auf dem Pferd ist, die sich der Bewegungen des Pferdes als therapeutischem Medium bedient
- *das Reiten als Sport für Menschen mit Behinderungen,* das sportfähigen behinderten Menschen, gegebenenfalls mit individuellen Hilfsmitteln, alle Formen des Reitsports (Dressur, Geländereiten, Springreiten, Voltigieren und Fahren) ermöglicht
- *die ergotherapeutische Behandlung mit dem Pferd*, die auf der Grundlage des sensomotorisch-perzeptiven, motorisch-funktionellen und psychisch-funktionellen Ansatzes unter Einbezug des Mediums Pferd eine ärztlich verordnete Förderung darstellt und
- *das heilpädagogische Reiten, Voltigieren und Fahren,* das pädagogische, psychologische, psychotherapeutische, rehabilitative und soziointegrative Angebote mit Hilfe des Pferdes bei Kindern, Jugendlichen und Erwachse-

1 Informationen zu staatlich anerkannten Weiterbildungen im Therapeutischen Reiten sowie Literaturhinweise, Kontaktadressen u.a. sind erhältlich beim Deutschen Kuratorium für Therapeutisches Reiten e.V. (DKThR) – im Internet unter: http://www.dkthr.de.

nen mit verschiedenen Behinderungen oder Störungen über das Medium Pferd in Einzel- oder Gruppenarbeit zum Gegenstand hat. Dabei steht nicht die reit- oder voltigiersportliche Ausbildung, sondern die individuelle ressourcenorientierte Förderung über das Medium Pferd im Vordergrund.

Heilpädagogisches Reiten und Voltigieren

Gegenüber allen anderen Tieren, die heilpädagogisch oder therapeutisch eingesetzt werden, bietet das Pferd eine Besonderheit, die ihm eine Sonderstellung einräumt: Der Umgang mit ihm geschieht in direktestem Körperkontakt und die Bewegungen des Pferdes ähneln, im Gegensatz zu den „Passgängern" Kamel und Esel, dem menschlichen Gang.

Im Unterschied zu anderen tiergestützten therapeutischen und heilpädagogischen Maßnahmen ist die heilende Wirkung des Umgangs mit Pferden in Deutschland lange bekannt. Der Einsatz von Pferden als wirkungsvolle Fördermaßnahme hat mittlerweile seinen festen Platz in den Förderangeboten von Heimen, Kliniken, Anstalten, Tagesbildungsstätten, Jugendfarmen, Beratungsstellen, Sonderschulen, Grundschulen, speziellen Vereinen und vielen anderen Einrichtungen gefunden, wenngleich die wirtschaftliche Gesamtsituation immer mehr Maßnahmen finanziell bedroht oder empfindlich beeinträchtigt.

Die fortschreitende Differenzierung der vielfältigen Praxisfelder im heilpädagogischen Reiten und Voltigieren liegt nicht nur im unterschiedlichen Klientel und in der Person der Durchführenden begründet, sondern auch in der dieser Maßnahme zugrundeliegenden Methode und ihrem Menschenbild. Dies wirkt sich auf die direkte Arbeit und die Beziehungen aus. Immer häufiger werden erlebnispädagogische „Events" mit Pferden als heilpädagogisches Reiten „verkauft" – eine bedenkliche Entwicklung, die auch oft auf Kosten der unverzichtbaren Sicherheit in der Arbeit mit Pferden geht.

Nicht immer, wenn ein behinderter Mensch auf einem Pferd sitzt, ist dies gleich heilpädagogisches Reiten – oft ist es auch nur teures „Ponyreiten". Hier treffen sich oft in unheilvoller Weise laienhafte pädagogische Größenphantasien und die Therapiehoffnungen von Eltern und Angehörigen behinderter Menschen, die für eine Gesundung oder doch zumindest Förderung ihres Kindes fast alles tun würden. Im qualifizierten heilpädagogischem Reiten und Fahren (vgl. Kupper-Heilmann 2011) spielt das Pferd eine wichtige und sprichwörtlich tragende Rolle im Beziehungsdreieck „Tier-Klient-Pädagoge". Ohne die Beziehungsfähigkeit und Reflexionsmöglichkeiten der Pädagogin bleibt der Kontakt des Klienten zum Pferd aber unspezifisch und effektlos. Es spielt sich dann auch in der Beziehung zum Pferd nichts Neues und Weiterführendes ab, das die Konflikte des Klienten verändert.

Psychoanalytisch orientiertes heilpädagogisches Reiten und Fahren

Wesentlich für den hier dargestellten Ansatz heilpädagogischen Reitens und Fahrens sind die Überlegungen und theoretischen Konstrukte der Psychoanalyse[2]. Sie ermöglichen ein Verständnis der jeweiligen Problematik eines Klienten (Diagnostik) und im Prozess der reiterlichen Abläufe die Ableitung adäquater pädagogischer Interventionen. Dazu gehört zunächst die grundsätzliche Überlegung, dass das aktuelle Erscheinungsbild und das Verhalten des Klienten ein Ausdruck seiner innerseelischen Spannungen sind. Sie lassen sich über den familiären bzw. biographischen Hintergrund erschließen (Elterngespräche bzw. anamnestische Daten und Informationen der Pädagogen), und sie treten in dem pädagogischen Prozess des Reiten-Lernens, d. h. innerhalb des Beziehungsdreiecks Klient – Pädagoge – Pferd in Erscheinung (etwas modifiziert gilt dies auch für das Heilpädagogische Fahren, vgl. Kupper-Heilmann 2011).

Im heilpädagogischen Prozess wird in erster Linie die Übertragung der (unbewussten) Beziehungserfahrungen auf die Pädagogin bzw. die Projektionen von (innerpsychischen) Phantasien auf das Pferd genutzt. Unter Übertragungen werden „... unverarbeitete, nicht angeeignete Erfahrungen der Vergangenheit ..." verstanden, „die mit Stellvertreterinnen und Stellvertretern im Hier und Jetzt unbewusst neu belebt ..." werden. „Es handelt sich also um eine Wahrnehmungseinschränkung und -verzerrung, die dazu führt, daß die PädagogInnen so erlebt werden, als ob sie z. B. unzuverlässige Eltern, verführende Väter, kontrollierende Mütter, rivalisierende Geschwister etc. wären. Der/die PädagogIn werden also mit wichtigen Personen (innerpsychisch) verwechselt" (Trescher 1993, S. 173). Solche „Verwechslungen" müssen nicht nur negativ sein. Im Gegenteil, sie dienen (im positiven Sinne) auch dazu, dass es überhaupt zu einer heilpädagogischen Beziehung kommt. Gleichwohl bietet sich den Klienten im Beziehungsdreieck Klient-Pferd-Pädagogin ein Szenario, in dem außerordentlich viele Übertragungsinhalte wirksam werden können. Diese gilt es, als solche überhaupt zu erkennen und angemessen auf sie zu reagieren.

Ängste, Unsicherheiten, Spannungen, Affekte unbewussten Ursprungs oder auch Anteile aus erinnerten Beziehungserlebnissen mit Mutter bzw. Vater, die im Verlauf der Arbeit mit dem Pferd in Erscheinung treten, können – sofern sie nicht unmittelbar aus dem reiterlichen Handlungsablauf verständlich werden – als Anhaltspunkte zum Verständnis der Psychodynamik des Klienten

2 Eine qualifizierte Weiterbildung für pädagogische Fachkräfte zur Psychoanalytischen Pädagogik bietet der Frankfurter Arbeitskreis für Psychoanalytische Pädagogik e.V. (FAPP) – im Internet unter: htpp://www.fapp-frankfurt.de.

genutzt werden. Dabei dient das Modell des szenischen Verstehens (vgl. Trescher 1993) als Rahmen für den Reflexionsprozess.

Besonders aufschlussreich können die Gegenübertragungen der Pädagogin sein. Sie sind die Entsprechung der Übertragungsreaktionen des Klienten, also die Affekte, Gedanken und Phantasien, die in Reaktion auf den Klienten in der Pädagogin entstehen. Dies können z. B. positive wie negative mütterliche Gefühle sein, die – im Kontext mit den szenischen Erfahrungen des Klienten gesehen – wertvolle Hinweise auf solche Reaktionen geben können, die förderlich sind und solche vermeiden helfen, die eine Wiederholung der negativen (und zumeist entwertenden) Beziehungserfahrungen bedeuten.

Auch und gerade Gegenübertragungen sind Gegenstand der psychoanalytischen Reflexion. Sie sind es vor allem dann, wenn in dem Reflexionsrahmen des szenischen Verstehens (der Supervision) einer speziellen, zunächst unverständlichen Erfahrung mit dem Klienten, aber auch mit den Eltern oder Institutionsvertretern nachgespürt wird. Sie helfen deshalb häufig auch, die Soziodynamik des gesamten Arrangements zwischen Eltern, Betreuern, Institution, Klient, Pferd und Pädagogin zu verstehen.

Die Grundlagen der heilpädagogischen Arbeit mit Pferden (in Einzel- und Gruppenarbeit) setzen ein Verständnis dessen voraus, was sich physiologisch und psychologisch in der Begegnung mit und der Beziehung zu Pferden in diesem Rahmen ereignen kann. Die Interpretation des Geschehens erfolgt auf der Basis der psychoanalytischen Pädagogik (vgl. Muck/Trescher 1993). Hierzu zählt, dass das Übertragungs- und Gegenübertragungsgeschehen reflektiert wird, das Pferd in seiner möglichen Bedeutung als Übergangsphänomen oder Selbstobjekt Beachtung erhält und das Geschehen in der Beziehung des Kindes zur Pädagogin und zum Pferd im Rahmen des „intermediären Raumes“ (Winnicott 1990) Bedeutung erhält (vgl. Kupper-Heilmann 1997a; 1997b; 1998; 1999). Das heilpädagogische Reiten und Fahren in diesem Sinne bietet Kindern, Jugendlichen und Erwachsenen den Umgang mit dem Pferd und das Reiten bzw. das Voltigieren oder Fahren als ein Mittel und Medium zur Darstellung ihrer Konflikte.

In einem geschützten Raum (Reithalle, Reitplatz, Reiterhof, nähere Umgebung des Hofes) und dem dazugehörigen Setting können die Probleme von Einzelnen und Gruppen zur Darstellung und durch das Gespräch mit der Pädagogin zur Sprache kommen. So entsteht mit der Pädagogin langsam eine Beziehung, in der sich die Themen des Klienten, seine Sorgen, Wünsche und Aggressionen, seine inneren Konflikte und Ängste entfalten können und mit Hilfe der Pädagogin in Worte gefasst werden. Beide lernen, die in Erscheinung tretenden Gefühle und Vorstellungen in einen Zusammenhang mit den Problemen und Symptomen des Klienten zu bringen und auf diese Weise deren Ursachen, die bisher unbewusst waren, zu verstehen.

Das Pferd ist in diesem Prozess eine Hilfe zur Beziehungsanbahnung und gibt allein schon durch seine Statur, seine Größe und beeindruckende Vitalität dem Klienten begleitend Erfahrungsmöglichkeiten, ohnmächtige oder grandiose Gefühle zu überwinden. Komplementär dazu erlernen die Klienten im jeweils individuell auf sie ausgerichteten Rahmen die Beeinflussung des Pferdes im Umgang mit ihm, beim Reiten und/oder beim Voltigieren. Das Erlernen des Reitens oder Voltigierens ist dabei das Medium und nicht das übergeordnete Ziel der Arbeit. Dies führt in der Regel zu einer ICH-Förderung, die Ausgangspunkt und Ermutigung für eine neue Selbstwahrnehmung und/oder neue Entwicklung werden kann. Ziel der Arbeit ist, dem Klienten neue Möglichkeiten der psychischen Verarbeitung seiner Schwierigkeiten zu eröffnen, so dass die weitere Entwicklung nicht nachhaltig blockiert wird und Ressourcen genutzt werden können.

Getragenwerden als psychomotorische Förderung

Beim Getragenwerden spürt der „Reiter" wie bei jedem Schritt der Pferderücken und -leib hin und her schwingt und er auf diese Weise mit seinem ganzen Körper mitbewegt wird. Mit der Vorwärtsbewegung des Pferdes schwingt der Pferderücken bei jedem Schritt in der vertikalen und horizontalen Ebene sowie mit Rotationen um die Senkrechte. Die Bewegungen übertragen sich auf den Reitenden, der auf dem Pferd sitzt oder auch nach vorne geneigt liegt, und bewirken ein leichtes Vor- und Zurückkippen des Beckens, ein Rechts-Links-Wiegen der Hüften, Heben und Senken des Gesamtkörpers sowie eine geringe Rotation um die Längsachse. Damit wird eine dynamische Muskelarbeit durch kompensatorisches Anspannen und Entspannen angeregt. Bei der Gangart „Schritt" entspricht die übertragene Bewegungsmechanik auf den menschlichen Beckengürtel den gangtypischen Bewegungen des Menschen beim Gehen. Der Trab induziert die typischen Bewegungen des Laufens. Zu den Schwingungsimpulsen addieren sich die Beschleunigungs- und Zentrifugalkräfte, die aus dem Seit- und Vorwärtsgang des Pferdes resultieren (B. Klüwer 1994, S. 82f). Zur Erhaltung der Balance werden ständig minimale neuro-sensomotorische Korrekturen nötig. Somit ist das Getragenwerden eine umfassende Gleichgewichtsschulung.

Über die Pferdebewegung kann die eigene passive Bewegtheit und aktive Bewegung unmittelbar wahrgenommen werden. Eine Vielzahl von vestibulärkinästhetischen, d.h. den Gleichgewichtssinn betreffenden Sensationen werden hierdurch vermittelt. Durch den Bewegungsdialog kommt es zwischen

Pferd und dem Getragenen bzw. Gehaltenen zu einem nonverbalen Austausch. Das Pferd ist aktiver Partner in diesem „Gespräch“, da es nicht nur durch seine Bewegungsqualitäten wirkt. Das Bestreben des Pferdes ist, sich selbst auszubalancieren. Dieses gleicht einer prompten nonverbalen Antwort auf den „Getragenen“.

Der Getragene macht bei drohendem Verlust der Balance die Erfahrung, dass und wie das Pferd gleichgewichtshaltend reagiert, unter den neuen „Schwerpunkt“ tritt und so versucht, den Getragenen in seiner Position zu „halten“. Dieses „antwortende Verhalten“ (C. Klüwer 1994) des Pferdes bringt dem Getragenen eine sensomotorische Erfahrungserweiterung und ist seitens des Pferdes von dessen Ausbildungsstand und Sensibilität abhängig.

Beim „Reiten“ erfolgt die Verständigung zwischen Mensch und Pferd mittels der sogenannten Hilfengebung durch Gewichts-, Schenkel- und Zügeleinwirkungen. „Der Reiter be- oder entlastet eine Seite, schiebt oder drückt mit dem Schenkel und ändert durch Nachgeben oder gefühlvolles Annehmen der Zügel den Druck auf das Pferdemaul. Die Verständigung ist eine Vermittlung durch Körpersprache im weitesten Sinne, eine Art prae-gestische Kommunikation durch den Austausch von Handlungen und Reaktionen zwischen Reiter und Pferd“ (B. Klüwer 1994, S. 73).

Darüber hinaus ist es für alle Menschen eine tiefgreifende Erfahrung, die „Zügel selbst in die Hand nehmen zu können“. Das beglückende Gefühl, welches sich einstellt, wenn die Verständigung mit dem Pferd „klappt“, lässt sich nur poetisch beschreiben: „Psychologisch gesehen, empfinden wir das Pferd als eine Verlängerung unseres eigenen „schnell-laufenden“ Körpers. Sitzen wir auf seinem Rücken, verschmelzen wir sozusagen mit ihm und werden ein einziges, dahingaloppierendes, unbezwingliches Wesen, geradezu der berühmte Zentaur der antiken Mythologie“ (Morris 1997, S. 8). Am schönsten beschrieben ist es jedoch vielleicht in den strahlenden Gesichtern und im veränderten Verhalten und Sich-Halten der Kinder.

Das Beziehungsdreieck: Klient – Pferd – Pädagogin

Üblicherweise ist die Beziehungsform in der heilpädagogischen Einzelarbeit eine dyadische Zweier-Beziehung. Sie zeigt besonders im Rahmen der psychoanalytisch orientierten Heilpädagogik einige Analogien zu der therapeutischen Zweierbeziehung. Im Fall des heilpädagogischen Reitens ist die Beziehung von vornherein durch die Hereinnahme und Nutzung des Pferdes als „Drittem“ eine Dreierbeziehung. Diese Form der triadischen Beziehung ist damit dem Beziehungsgeschehen in der Familie ähnlich. Bezogen auf die frühkindliche Entwicklung bezeichnet Triangulierung „das Entstehen der Fähigkeit, gleichzeitig eine Beziehung zu Mutter und Vater zu unterhalten, zu erkennen und zu akzeptieren, daß Mutter und Vater auch eine Beziehung zueinander haben, sowie alle drei Beziehungen zu verinnerlichen“ (Schon 1995, S. 11). Obwohl sich dies einfach anhört, handelt es sich hierbei um eine äußerst komplexe und daher auch sehr störanfällige Entwicklung, welche alle frühkindlichen Entwicklungsphasen umfasst.

In der Reflexion des heilpädagogischen Reitens ist es bedeutsam, die Triangulierung als übergreifendes Entwicklungskonzept mit einzubeziehen. So kann z. B. die Unfähigkeit des Klienten, sich auf beide Pole des Beziehungsdreieckes zu beziehen, Aufschluss über die inneren Prozesse des Klienten geben. Wesentlich im Geschehen des heilpädagogischen Reitens ist die Beachtung dessen, was sich im Beziehungsdreieck darstellt.

In der Beziehungsarbeit mit dem Pferd, treffen zwei in der Regel verbal miteinander kommunizierende Menschen und das nonverbal sich mitteilende Pferd in Form einer triadischen Beziehung aufeinander. In dieser Triade sind häufig Spaltungstendenzen sowie die Verbündung des Klienten mit dem Pferd „gegen“ die Pädagogin zu beobachten. In vielen heilpädagogischen Maßnahmen mit dem Pferd wird zu Beginn vom Klienten scheinbar nur das Pferd und nicht das Beziehungsangebot der Pädagogin wahrgenommen. Meistens kann der Klient mit der zunehmenden Entwicklung seiner selbst dann die Beziehung zur Pädagogin wahrnehmen und gestalten. Diese „autistische“ Phase, d.h. die Nutzung der Pädagogin als „Mittel zum Zweck“, nämlich um auf das Pferd zu gelangen oder Ziele wie z. B. Traben, Anreiten etc. durchzusetzen, ist als ein Übergang anzusehen, bis die Beziehung zum Menschen erträglich und interessant wird.

Die heilpädagogische Beziehung muss wie alle anderen menschlichen Beziehungen, eine Bedeutung und einen Sinn für die Beteiligten haben. Oft sind es gerade die Gefühle von Bedeutungslosigkeit, die den Klienten (unabhängig von der Schwere seiner Behinderung oder Beeinträchtigung) in seinem Selbst-Gefühl verunsichern. Die korrektiven Erfahrungen, die er machen kann, wenn er erlebt, dass er mit seinem Sein, mit seinen Aktivitäten, Gedanken, Gefühlen etwas bewirken kann, was beim anderen auf Interesse (bzw. beim Pferd auf Umsetzung) stößt, aufgenommen und verstanden wird und somit Bedeutung bekommt, sind entscheidend für seine Fortschritte.

Diese Beziehungserfahrungen erlebt er in der Beziehung zur Pädagogin, direkt in der Beziehung zum Pferd und auch noch einmal stellvertretend in der Beziehung zwischen der Pädagogin und dem Pferd. Dass die drei Beziehungen innerhalb des Beziehungsdreiecks von unterschiedlicher Qualität sind, versteht sich von selbst.

Klient und Pferd

Die Motivation des Klienten und seine positive Übertragungsbereitschaft sind in erster Linie auf das Pferd und (soweit er dies intellektuell vorab schon erfassen kann) auf das „Reiten" gerichtet. Das Pferd vermittelt relativ gleichbleibend dem Klient Beziehungsinhalte, die es letzterem ermöglichen, eine Beziehung zum Pferd aufzunehmen. Da das Pferd von Beginn an auch individuelle Eigenheiten einbringt, muss sich der Klient hiermit auch auseinandersetzen. Drei Bereiche erhalten wesentliche Bedeutung:

- Das vom Pferd Getragenwerden: Dies beinhaltet „Ausgehalten werden in Beziehungen", und es ermöglicht neue Erfahrungen zu machen.
- Das Beeinflussen des Pferdes (beim Reiten, beim Umgang): Dies bedeutet „Lenken, Bestimmen, Mächtig-sein", und es ermöglicht Ohnmacht zu überwinden.
- Das Ausüben von Kontrolle: Dies bedeutet „Triebe (die des Pferdes und die eigenen) beherrschen, Aggressionen spüren und umlenken", und es ermöglicht reif und handelnd zu sein.

Klient und Pädagogin

Die Pädagogin hilft dem Klienten bei der Kontaktaufnahme und dem Beziehungsaufbau zum Pferd und stellt sich dem Klienten zur Verfügung. Durch die Gespräche, die in der Regel vom Klient aus begonnen werden, und die Deutungen und Interpretationen seines Verhaltens ergibt sich eine individuelle Beziehung, deren Basis das Erlernen des Reitens (im weitesten Sinne) ist. Durch die Beachtung von Übertragungs- und Gegenübertragungsgefühlen durch die Pädagogin erhält der Klient eine Antwort auf die Darstellung seiner (unbewussten) Konflikte. Dabei steht auch die Beziehung zwischen dem Klient und dem Pferd stellvertretend für andere (primäre) Beziehungserfahrungen des Klienten.

Die Pädagogin „dolmetscht" zwischen Klient und Pferd und ermöglicht so das Erlernen des Reitens ebenso wie die Möglichkeit zum Dialog und Gespräch mit ihr.

Pädagogin und Pferd

Die Pädagogin ist dafür verantwortlich, dass das Pferd sich im Beziehungsraum des heilpädagogischen Reitens wohlfühlt. Im wesentlichen ist die Beziehung zwischen der Pädagogin und dem Pferd durch deren Dominanz bestimmt. Das Pferd bedarf der Führung durch die Pädagogin und diese bedarf eines Pferdes, welches sicher und zuverlässig auf ihre verbalen, optischen und taktilen Signale und Hilfen reagiert. Auch dem Pferd müssen in der Beziehung Empfindungen der Anerkennung, Wertschätzung und der Abgrenzung vermittelt werden. Jederzeit sollte sich die Pädagogin dem Pferd gegenüber als nachahmenswertes Modell verhalten, auch und besonders beim Korrigieren und Strafen. Durch die hohe Identifizierungsbereitschaft des Klienten mit dem Pferd bekommt dieses Verhalten stellvertretenden Charakter. Die trianguläre Situation beim heilpädagogischen Reiten wird so nicht nur zur Vorbildfunktion, sondern auch zum Abbild des Respekts und des Schutzes, den jeder der Beteiligten genießt.

Darüber hinaus gibt das Pferd in seinem Verhalten der Pädagogin mögliche Rückschlüsse über den Klienten. Das Pferd verhält sich, je nachdem mit wem es in der Beziehung steht, unterschiedlich: bei einem Klienten erscheint es müde, bei einem anderen reagiert es zunehmend hektisch und nervös, während es beim dritten Klienten aggressives Verhalten zeigt. Dies lässt Rückschlüsse auf die Stimmungen und den Zustand des Klienten zu, oft auch auf das, was dieser erlebt hat (vgl. Scheidhacker 1994, S. 42).

Fallgeschichten aus der Praxis des heilpädagogischen Reitens

„Die hat ja auch Zwänge": Durch Identifikation mit dem Pferd Probleme aushalten

Klientin: 16jährige junge Frau mit u.a. der Diagnose Borderline, lebt in einer Wohngruppe für psychisch kranke Jugendliche und erhält begleitend eine Einzeltherapie.

Manuela betrat zur Erstvorstellung den Reiterhof. Mir kam eine junge, energielos wirkende und düster gekleidete Frau mit gesenktem Blick und mit tief in die Stirn gezogener Baseballkappe, die einen Blickkontakt unmöglich machte, entgegen. Der Pullover ging mit seinen langen Ärmeln (trotz hochsommerlicher Temperaturen) bis über beide Hände. Der Händedruck zur Begrüßung war kraftlos. Ich stellte Manuela die kräftige Stute Hollyday vor. Manuela sagte, sie habe keine Angst vor dem Pferd, und erzählte, dass sie in einem Urlaub schon einmal auf einem Pferd geführt worden war. Dies hätte sie schön gefunden. Sie habe sich so sehr auf das Reiten heute gefreut und schon so lange darauf gewartet.

Beim Führen des Pferdes in der Reithalle nahm sie zwar rasch intellektuell meine Informationen zum Umgang mit dem Tier auf, konnte diese dann aber nicht dem Pferd gegenüber umsetzen. So zog das Pferd Manuela immer zu einer bestimmten Stelle hin (hinter der dortigen Tür stand ein Futtereimer, den das Pferd roch). Manuela gelang es anfänglich nicht, das Pferd davon abzuhalten. Erst nach dem Verbalisieren (ich sagte „Das ist ja wie ein Zwang, dass die da immer hin will“ – Manuela: „*Was*, die hat auch Zwänge? ...“), gelang es ihr, sich energisch gegen das Pferd durchzusetzen. In der Folge hinderte sie Hollyday daran, zu dieser bestimmten Stelle zu gehen und übernahm dem Tier gegenüber die Führung. Im Anschluss daran begann Manuela (inzwischen auf Hollyday sitzend) über ihre Schwierigkeiten zu erzählen, über ihre frühere Magersucht (jetzt aber eher das Gegenteil), ihre Ängste in der Familie, die verschiedenen Zwänge, das Ritzen (und die vielen Wunden, die genäht werden mussten), einen Selbstmordversuch mit Tabletten.

Manuela war im Anschluss an diese Erzählphase bereit, sich auf das Experiment des Trabens einzulassen und auch einige Übungen (z. B. Reiten im Schritt mit geschlossenen Augen) auszuprobieren. So konnte sie fühlen, wenn sie auf dem Pferd ins Rutschen kam, wenn sie nicht im Gleichgewicht saß, wenn ihr die Bewegungen durch das hohe Tempo Angst bereiteten oder welche Bewegungen mit ihr geschahen, wenn sie sich mit geschlossenen Augen vom Pferd tragen ließ. Parallel dazu äußerte sie Ängste und Phantasien bezüglich des Pferdes:

- Schnaubte das Pferd, fragte sie: „Hat die was gegen mich?“
- Wieherte das Pferd, fragte sie: „Ist die böse auf mich, hab ich was Schlimmes gemacht?“
- Schlug das Pferd mit dem Schweif, fragte sie: „Kann die mich nicht mehr leiden?“

Zum Ende der Stunde hin gelang es Manuela, sich selbst und ihre körperlichen Reaktionen differenzierter wahr zu nehmen:

- Sie fühlte, dass ihre Hände weh taten, nachdem sie dem Pferd längere Zeit den Futtereimer hingehalten hatte und dieses mit Kraft in den Eimer stieß.
- Sie bemerkte auf mein Nachfragen das Zittern ihrer Knie, nachdem sie vom Pferd abgesessen war.
- Sie bemerkte ihr Erschrecken ob der Gierigkeit des Pferdes, mit dem dieses das Futter in sich hinein schlang, was dazu führte, dass sich ein längeres Gespräch zum Thema „Essen – gierig sein – nicht essen dürfen usw.“ entwickelte.

Dabei war ihre Stimme wesentlich lauter geworden, sie schaute mich direkt an und sie begann von sich aus das Pferd erst zaghaft, dann mit beiden Händen, anzufassen, zu streicheln und zu klopfen.

Aus institutionellen Gründen kam es nach dieser Erstvorstellung nicht zum Beginn der Förderung. Dieses Beispiel zeigt jedoch, wie deutlich sich bereits im ersten Kontakt mit dem Pferd wesentliche Themen der Klienten abzeichnen.

„Mama – Papa – Atto": Mittragen und Aushalten im intermediären Raum

Klient: 14jähriger Junge mit der Diagnose „geistige Behinderung und autistische Züge", lebt im Schulinternat einer großen Einrichtung für Menschen mit Behinderungen.

Jürgen kam schon seit fünf Jahren zum heilpädagogischen Reiten. Im Laufe der Zeit wurde er fast „untragbar". In der Gruppenarbeit schrie und rief er (meistens: „Mama – Papa – Atto" – selten etwas anderes) ohne Unterlass, so dass nicht nur die Gruppenmitglieder, sondern auch das Pferd immer unleidlicher wurden. In der Kleingruppenarbeit zeigte er dieses Verhalten weiter. Für alle Beteiligten sehr nervig gestaltete sich ein „Dauerschnalzen" sobald er in die Nähe des Pferdes kam. Es begann regelmäßig, kurz bevor der Bus in der direkten Nähe des Reiterhofes angelangt war. Die Pädagogin, die Jürgen vorher in der Gruppe hatte, war völlig gestresst. Man überlegte, Jürgen vom Therapeutischen Reiten auszuschließen. Dagegen sprach, dass er – in der Regel – deutlichen Spaß am Getragenwerden hatte, sofern er nicht andere Gruppenmitglieder belästigte oder auch (manchmal) aggressiv gegen das Pferd (durch Tritte und Schlagen) ging.

Als ich die Arbeit mit Jürgen übernahm, änderte ich nach der ersten Begegnung das Setting. Er erhielt statt wöchentlich zu zweit nun alle 14 Tage eine Einzelstunde. Dabei war es mir von Beginn an bedeutsam, ihm Grenzen aufzuzeigen. Ein Beispiel: Entweder er saß richtig aufs Pferd auf – oder er saß eben gar nicht auf, oder: Entweder er kam einfachen Aufforderungen nach (das Pferd klopfen) – oder wir blieben eben stehen. Im Laufe der Zeit änderte sich unsere Beziehung. Jürgen provozierte immer weniger und kam mehr Anforderungen nach. Dies ermöglichte es auch, immer häufiger Ausritte (geführt im Schritt) mit ihm zu machen. Dabei kam er zur Ruhe, das Schnalzen hörte immer häufiger auf, er lächelte versonnen vor sich hin, seine Muskelspannung wurde „weicher", die generelle Anspannung wich.

Auch wenn ich zwischenzeitlich spekuliert hatte, das Reiten für Jürgen zu beenden, erwies es sich im Nachhinein doch für Jürgen als richtig und bedeutsam, dass wir ihn ausgehalten haben. Dadurch konnte er zur Ruhe kommen. Das Pferd, das Geführtwerden, die Reithalle, die Umgebung – dies hatte für Jürgen die Bedeutung eines intermediären Raumes. Durch die klaren Begrenzungen war es ihm möglich, sich gehalten zu fühlen, was zu einer Reduzierung seiner bisher haltgebenden Verhaltensweisen (Anspannung, Aggressivität, permanentes Lautieren und Schnalzen) führte – mühsam, aber effektiv!

„Ich kann fliegen“: Zwischen Größenwahn und Glücksgefühlen

Klient: 22jähriger Mann mit der Diagnose „geistige Behinderung“, lebt in einem Wohnheim für Menschen mit Behinderungen und arbeitet in einer Werkstatt für Menschen mit Behinderung.

Herr V. ist ein etwas korpulenter, auf den ersten Blick schüchtern wirkender, ernster Mensch, der viel kreatives Potenzial in sich trägt. Dies zeigt sich einerseits in Bildern, die er malt und andererseits in Geschichten, die er zum Beispiel auch beim Reiten bzw. Voltigieren erfindet. Es ist nicht immer leicht zu unterscheiden, was nun Geschichten und Gedanken sind und wie er sich tatsächlich fühlt. Von einer auf die andere Sekunde kann eine Erzählung in Tränen übergehen, oder auch im Gegenteil geht eine dramatisch erzählte Geschichte mit der Androhung von „Ich muss gleich ausflippen ...“ nahtlos in schallendes Gelächter über.

Herr V. ist Mitglied einer fünfköpfigen Voltigiergruppe, die sich innerhalb eines Jahres unglaublich entwickelt hat. Aus ängstlich, sich auf dem Pferd festhaltenden Männern mit großer Furcht, vom Pferd herunter zu fallen, ist eine lustige Truppe geworden, die das Pferd fast selbstständig alleine vor- und nachbereitet, das Pferd gerne füttert (und sich mit den Ängsten vor den langen Zähnen und dem Gefressen-Werden auseinandergesetzt hat) und die inzwischen mutig neue Übungen ausprobiert.

Herr V. trabt und galoppiert mittlerweile gerne und viel. Es ist wichtig, ihm zu helfen „nicht abzuheben“. So würde er nach Aufforderung jederzeit beide Hände im vollen Galopp zur Seite strecken, ohne auf einen sicheren Sitz zu achten oder es erst einmal mit einer Hand zu probieren. Bei der Vorbereitung für eine Aufführung mit der Voltigiergruppe für ein Fest war er einer von zwei Gruppenmitgliedern, die sich trauten, sich freihändig auf das stehende Pferd zu stellen. Diese Übung hatte einen langen Vorlauf, bei der er immer wieder darauf aufmerksam gemacht werden musste, dass er langsam, sichernd, Stück für Stück die Hände losließ und bei der Übung gut für sich und seine Sicherheit sorgte. Das erste Mal auf dem Pferd stehend, rief er begeistert aus: „Ich kann fliegen – wie Ikarus zur Sonne – ich fliege immer weiter ...“. Tatsächlich flog er aber fast auf den Boden, da er ins Rutschen kam. Einige Stunden später fiel er während eines Galopps tatsächlich vom Pferd, da er ins Rutschen gekommen war und sich nicht mehr in die Mitte ziehen konnte. Bis das Pferd zum Halten durchpariert war, lag er schon auf dem Boden. Stille – Schock (auch bei den anderen Gruppenmitgliedern) – und dann Erleichterung. Herr V.: „Ich habe es überlebt. Es kann weiter gehen.“

Die Konfrontation mit der Wirklichkeit ist für Herrn V. bedeutsam. Im Umgang mit dem Pferd und auch beim Voltigieren selbst gibt es keine sinnentleerten Übungen, keinen doppelten Boden, keinen künstlichen Schonraum für

Menschen mit Behinderung. Wenn man fällt, dann liegt man auf dem Boden. Diese Erfahrung gehört dazu. Selbstverständlich wird sie nicht provoziert, aber auch nicht durch übermäßige Schutzmaßnahmen unbedingt verhindert. Herr V. überlebte den Sturz und in der Folge davon sicherte er sich beim nächsten Stehen auf dem Pferd Stück für Stück selbst, forderte Hilfestellung durch die Assistentin an und stand dann sicher.

Ausblick

Das Pferd ist ein hervorragendes Diagnosemedium im Beziehungsdreieck Klient – Pädagogin – Pferd. Mit Hilfe der Reaktionen des Pferdes (bei der Bodenarbeit, beim Voltigieren, beim Getragenwerden, beim Reiten) sind Rückschlüsse auf die (verdeckte) Seelenlage des Klienten möglich. Pferde können – wie andere Tiere auch – einen Zugang zum Klienten ermöglichen, eine „Brücke schlagen" und eine Beziehung ermöglichen, die sonst nicht möglich wäre. Das Pferd fordert auf und verführt zum Berühren, zum Streicheln, zum Kontakt herstellen. Auch stark zurückgezogene, depressive Menschen erliegen schnell dem Reiz des großen Tieres.

Pferde sind aufgrund der Möglichkeit zum Getragenwerden und Einflussnehmen im Gegensatz zu anderen Tieren eine herausragende Möglichkeit für die Beziehungsarbeit. Das Getragenwerden ist ein vielschichtiges Geschehen und löst mannigfaltige Empfindungen und Gefühle aus. Sobald die Klienten in der Lage sind, durch Stimme, Gewicht und reiterliche Hilfen, Einfluss auf das Tier zu erlangen und Richtung und Gangart des Pferdes zu beeinflussen, ist dies in der Regel mit einer Stärkung der Persönlichkeit verbunden. Das beglückende Gefühl, das große Tier dirigieren zu können, führt automatisch zu einer ICH-Stärkung (die Situation beim Heilpädagogischen Fahren ist eine etwas andere[3], Kupper-Heilmann 2011).

Aber: Pferde und das Reiten alleine – ohne Reflexion und fachliche Haltung und Anleitung – fördern, heilen und verändern in der Regel nichts. Pferde sind keine Co-Therapeuten. Wer dies vertritt, überhöht die Tiere und lässt tief (in die eigene Seelenlage) blicken. Die Nutzung des Tieres lässt dieses ja nicht zum Mensch, zum denkenden und sprechenden Gegenüber werden. Die Arbeit

3 Beim Heilpädagogischen Fahren nimmt der Klient nicht selbst die Leinen in die Hand, sondern ist aktiv in der Vor- und Nachbereitung des Pferdes involviert. Beim Fahren selbst befindet er sich in einer passiven Rolle und muss das Dirigierende und Einflussnehmende Moment auf die sprachliche Abstimmung mit dem Fahrer reduzieren. Dies kann – im Gegensatz zur aktiven Rolle bei der Pferdepflege, die in der Regel zu einer ICH-Stärkung führt – zu einer passageren ICH-Schwächung bzw. zum Auftauchen von ängstlichen Gefühlen führen. Diese gilt es im heilpädagogischen Prozess wahr zu nehmen, zu verbalisieren und damit bewusst zu machen

der Reflexion kann das Pferd der Pädagogin bzw. der mit dem Pferd arbeitenden Person nicht abnehmen. Es kann die Reflexion bereichern – aber auch nur dann, wenn die Pädagogin in solch guten Rahmenbedingungen arbeitet und mit solch guten fachlichen Voraussetzungen ausgestattet ist, die ihr die sensible Wahrnehmung der Reaktionen des Pferdes überhaupt möglich machen.

Therapeutisches Reiten speist sich aus der Motivation – in der Regel von Frauen – der eigenen positiven Beziehungserfahrungen zu Pferden sowie auch eigenen Reiterfahrungen. Dies ist als Basis wichtig. Aber um mit Hilfe des Pferdes therapeutisch arbeiten zu können, bedarf es dann einer qualifizierten Weiterbildung und lebenslangen Selbsterfahrung und Reflexion. Ist dies nicht der Fall, handelt es sich (leider) eher um überteuertes Ponyreiten für Menschen mit Behinderungen (auch dies hat seine Berechtigung – warum sollten Menschen mit Behinderungen nicht auch das machen können, was viele „Normalreiter" leben?). Wenn der Einsatz von Pferden jedoch heilpädagogische oder therapeutische Wirkung zeigen soll, bedarf es weitaus mehr als eigene Pferdeliebe, das eigene Pferd – das durch diesen Einsatz möglicherweise auch sein Dasein finanzieren soll[4]– viel Engagement und gute Absichten.

Der Einsatz von Pferden in der heilpädagogischen Arbeit setzt ein anspruchsvolles Setting voraus. Dazu zählen:

- hohe persönliche Motivation der Durchführenden (Stichwort: Arbeit bei Wind und Wetter, Reflexionsbereitschaft, schriftliche Vor- und Nachbereitung usw.).
- geeignete Rahmenbedingungen bzgl. Anstellung/Honorar, Pferdehaltung, Reithallennutzung usw.

4 Es ist nicht „egal", ob ich mein eigenes Pferd in der Arbeit einsetze oder ob es sich um ein Pferd handelt, das z. B. für diese Arbeit extra angeschafft wurde. Es kann davon ausgegangen werden, dass die Toleranzgrenze bzgl. des Umgangs mit dem „eigenen Pferd" auf einem anderen Level liegt als bei dem „Arbeits-Pferd". Dies ist für die Arbeit nicht unerheblich und hat entsprechende Auswirkungen. Beim Einsatz des Pferdes z. B. im Heilpädagogischen Reiten mit einer Gruppe von sechs pubertierenden, aggressiven Jungen hat das Pferd möglicherweise auch einmal mehr Handfestes auszuhalten als bei anderen Gruppen. Auch wenn ich davon ausgehe, dass die Grenze zur Tierquälerei nicht überschritten wird, ist es dennoch ein Unterschied, ob die Klienten mein eigenes Pferd – und damit emotional auch „ein Stück von mir" – zu fest klopfen/hauen oder anders an dessen Leistungs- und Belastungsgrenze bringen, als wenn es sich um das „Arbeits-Pferd" handelt. Bezogen auf die Seelenlage des Tieres kommt noch hinzu, dass das Pferd – vielleicht nicht so deutlich wie ein Hund – erwartet, bei mir als Bezugsperson Schutz und ein gutes Gefühl zu empfinden. In der oben beschriebenen Situation käme ich als Pädagogin so in einen Zwiespalt: Für die Arbeit wäre es im Einzelfall vielleicht förderlich, wenn die Jungengruppe etwas ausagieren könnte – für mein Seelenheil und das meines Pferdes wäre dies jedoch sehr abträglich und nicht tolerierbar. Es entstünde zumindest ein massiver Konflikt.

Sind diese Bedingungen nicht gegeben, wird die Arbeit über kurz oder lang die Durchführende frustrieren und die eingesetzten Pferde überfordern. Dies gilt es zum Wohle der in der tiergestützten Pädagogik arbeitenden Pädagoginnen, eingesetzten Tiere und nicht zuletzt der Klientinnen und Klienten zu vermeiden.

Literatur

Deutsches Kuratorium für Therapeutisches Reiten e.V. (Hg.) (1994): Die Arbeit mit dem Pferd in Psychiatrie und Psychotherapie, Sonderheft. Warendorf.

Deutsches Kuratorium für Therapeutisches Reiten e.V. (Hg.) (1996): Freiheit erfahren – Grenzen erkennen. Über die Integration von Polaritäten mit Hilfe des Pferdes. Warendorf.

Deutsches Kuratorium für Therapeutisches Reiten e.V. (Hg.) (1998): Reiten als Sport für Behinderte, Sonderheft. Warendorf.

Klüwer, B. (1994): Der Einsatz des Pferdes als Medium der Selbsterfahrung im Kontext psychomotorischer Entwicklung und Therapie, Dissertationsarbeit, Eigenverlag/Köln.

Klüwer, C. (1994): Selbsterfahrung durch das Medium Pferd, in: Gäng, M. (Hg.) (1994): Heilpädagogisches Reiten und Voltigieren. München, S. 210-226.

Klüwer, C. (1995): Die spezifischen Wirkungen des Pferdes in den Bereichen des Therapeutischen Reitens, In: Deutsches Kuratorium für Therapeutisches Reiten e.V. (1995): Heilpädagogisches Voltigieren und Reiten in pädagogischen Handlungsfeldern. Warendorf, S. 5-11.

Kupper-Heilmann, S. (1997a): Das Pferd als Selbstobjekt oder Übergangsphänomen? In: Therapeutisches Reiten 3/1997, S. 19-20.

Kupper-Heilmann, S. (1997b): Erstvorstellung eines hyperaktiven Kindes: Der schlafende Peter. Zur Bedeutung von Erstvorstellung und Gutachten in der psychoanalytisch orientierten heilpädagogischen Einzelarbeit mit dem Pferd. In: Therapeutisches Reiten, 4/1997, S. 9-14.

Kupper-Heilmann, S. (1998): „Und wenn er dann losläßt?". Unterstützung von Individuations- und Ablösungsprozessen in der Mutter-Kind-Beziehung im Rahmen einer Frühförderung. In: Frühförderung interdisziplinär, 17. Jg., 3/1998, S. 34-143.

Kupper-Heilmann, S. (1999): Getragenwerden und Einflussnehmen. Aus der Praxis des psychoanalytisch orientierten heilpädagogischen Reitens. Gießen.

Kupper-Heilmann, S. (2011): Heilpädagogisches Fahren mit Menschen mit Behinderungen – Oder: Wenn der Hufschlag die Seele berührt. In: Therapeutisches Reiten, Nr. 1/2011, S. 20-25.

Kupper-Heilmann, S./Kleemann, C. (1997): Heilpädagogische Arbeit mit Pferden, in: Datler, W./ Finger-Trescher, U./Büttner, C. (Hg.) (1997): Jahrbuch für psychoanalytische Pädagogik – Heilpädagogische Settings, 8. Gießen, S. 27-46.

Morris, D. (1997): Horsewatching. Die Körpersprache des Pferdes. München.

Muck, M. (1993): Psychoanalytisches Basiswissen, In: Muck, M./Trescher, H.-G. (Hg.) (1993): Grundlagen der psychoanalytischen Pädagogik. Mainz, S. 13-62.

Muck, M./Trescher, H.-G. (Hg.) (1993): Grundlagen der psychoanalytischen Pädagogik. Mainz.

Scheidhacker, M. (1994): Psychotherapie und Reiten. In: Deutsches Kuratorium für Therapeutisches Reiten e.V. (Hg.) (1994): Die Arbeit mit dem Pferd in Psychiatrie und Psychotherapie. Warendorf, S. 21-23.

Schon, L. (1995): Entwicklung des Beziehungsdreiecks Vater-Mutter-Kind: Triangulierung als lebenslanger Prozeß. Stuttgart.

Trescher, H.-G. (1993): Handlungstheoretische Aspekte der Psychoanalytischen Pädagogik. In: Muck, M./Trescher, H.-G. (Hg.) (1993): Grundlagen der psychoanalytischen Pädagogik. Mainz, S. 167f.

Winnicott, D.W. (1990): Das Baby und seine Mutter. Stuttgart.

Wiebke Schwartze

Frühkindlicher Autismus: Kommunikationsanbahnung mit Hilfe eines Therapiebegleithundes

Ein offenkundiges Merkmal des menschlichen Miteinanders ist die fortwährende Kommunikation von Gedanken und Gefühlen. Indem sich der Einzelne mitteilt und diese Mitteilung von anderen interpretiert wird, vollzieht sich zudem ein Prozess der Teilhabe, der über den zweckorientierten Austausch von Informationen hinaus Beziehungen herstellt und verändert (*communicare* lat. mitteilen, teilnehmen lassen). Diesem grundsätzlichen Bedürfnis und der Pflege der sich daraus ergebenden sozialen Verbindungen kommen wir mit zeitlichem und teilweise mit beachtlichem technischen Aufwand nach. Was aber, wenn diese Vorgänge im Zuge pathologischer Veränderungen beeinträchtigt werden?

Für Menschen mit *Autismus-Spektrums-Störung* (ASS) ist die Schwierigkeit soziale Beziehungen einzugehen und aufrechtzuerhalten ein zentrales diagnostisches Kriterium (ICD-10; DSM-IV). ASS umfasst somit immer auch eine Störung der Kommunikation, die gleichzeitig Ursache und Wirkung für weitere Auffälligkeiten ist. Die Entwicklung der kommunikativen Kompetenz muss daher Bestandteil jeder therapeutischen Intervention in diesem Zusammenhang sein. Kommunikative Prozesse beschränken sich jedoch keineswegs nur auf die unmittelbare zwischenmenschliche Interaktion. Dadurch, dass der Mensch auf seine Umwelt reagiert und diese selbst beeinflusst, eröffnen sich unzählige Möglichkeiten zu wechselseitigem Austausch. Ein naheliegendes Beispiel dafür ist die Kommunikation zwischen Mensch und Tier. Auch sie ist vielfältig, beschäftigen sich doch viele Menschen im Umfeld ihrer Arbeit oder privat mit den unterschiedlichsten Tierarten. Zu diesen Tierarten gehört auch der Hund. So werden Hunde weltweit in das häusliche Umfeld integriert, mit individuellen Namen benannt und übernehmen Aufgaben, in deren Rahmen sie ihre teilweise überragenden Sinne in den Dienst ihrer Besitzer stellen. Dieses besondere Verhältnis bietet eine Reihe von Möglichkeiten, die auch die Therapie von Menschen mit ASS hilfreich unterstützen können. Damit diese Möglichkeiten für alle Beteiligten in optimaler Weise ausgeschöpft werden können, bedarf es aber neben einer zielgerichteten Ausbildung zum Therapiebegleithund einer sorgfältigen Planung und theoretischen Konzeption. Im Folgenden sollen nun wesentliche Aspekte einer solchen Konzeption skizziert werden.

Zunächst gilt es aber zu erläutern, was unter einem *Therapiebegleithund* zu verstehen ist. In Frage kommen ausschließlich besonders soziale sowie wesensfeste Hunde, die speziell für ihren Einsatz an der Seite des Therapeuten ausgebildet sein müssen. Therapiebegleithunde verfügen über ein „sicheres, ruhiges Wesen, geringe Aggressionsbereitschaft, Führigkeit, Freundlichkeit, soziales Verhalten, Interesse am Menschen, wenig Misstrauen gegenüber Fremden, wenig territoriales Verhalten, hohe Sensibilität gegenüber Stimmungen (Empathie) und zugleich hohe Resistenz gegenüber Umweltstress. Ein Therapiebegleithund sollte gelernt haben, mit Artgenossen und Menschen zu kommunizieren" (Zähner 2003; S. 373). Unter diesen Voraussetzungen kann der Hund im Verbund mit dem Therapeuten ein Mensch/Hund -Team bilden, in dem der Hund als *Ko-Therapeut* fungiert. Keinesfalls ersetzt die Arbeit mit dem Hund jedoch die konventionelle Therapie.

Weiterhin ist es notwendig, die zentralen Begriffe *Kommunikation* und *Autismus* ausführlicher zu erläutern. *Kommunikation* im engeren Sinne bezieht sich auf den Austausch zwischen mindestens zwei gleichberechtigten Kommunikationsteilnehmern, wobei als Kommunikationsmittel meist die Sprache in gesprochener oder geschriebener Form angesehen wird. Im weiteren Sinne fallen unter den Begriff aber auch sämtliche nicht-sprachlichen, d.h. non-verbalen, Anteile, die dem Austausch von Informationen dienen. Diesen Aspekt betonen Watzlawick et al. (1969; S. 51), indem sie darauf hinweisen, dass „das Material jeglicher Kommunikation keineswegs nur Worte sind, sondern auch alle paralinguistischen Phänomene (wie z. B. Tonfall, Schnelligkeit oder Langsamkeit der Sprache, Pausen, Lachen und Seufzen), Körperhaltung, Ausdrucksbewegungen (Körpersprache) usw. innerhalb eines bestimmten Kontextes umfasst – kurz, Verhalten jeder Art". Aus diesem Sachverhalt leitet sich die bekannte Feststellung ab, dass der Mensch nicht in der Lage sei, nicht zu kommunizieren (ebd.). Auch Hunde verfügen auf dieser Ebene über ein differenziertes Verhalten. Buchholz führt aus, dass „der Hund keine begriffliche oder verbale, sondern eine Ausdruckssprache hat. Mit seinem Schwanz, seiner Gesichtsmimik, seinem Körper, mit seinem Stimmapparat, mit seinen Körperdrüsen kann er Stimmungen ausdrücken, aber nicht Objekte benennen und noch weniger abstrakte Begriffe wie Qual und Liebe oder gar deren kausale Beziehung, deren Ursache erfassen und mitteilen. [...] [Dagegen; d.V.] bleiben das Erfassen und Mitteilen subjektiver Erlebnisbereiche und Ergebnisse kategorialen Denkens (Aussagen, die von einem Gegenstand gemacht werden können, wie zum Beispiel seine Qualität und Quantität, eine Relation zu anderen Gegenständen, seine Lage, seine Tätigkeit, seinen Zeitbezug, usw.)

unter gleichzeitiger Verwendung abstrakter Begriffsbildungen dem Menschen vorbehalten“ (Buchholz 1974; zitiert nach Zimen 1992; S. 414). Bedingt durch die gleichzeitige Andersartigkeit und Ähnlichkeit von Mimik, Gestik oder Körperhaltung des Hundes werden beim Menschen unter Umständen andere, tiefere Ebenen der Psyche angesprochen, was dazu beitragen kann, den Kontakt zum Tier zu suchen. Tiere hingegen „reagieren sehr direkt auf das Kind, sie tun es über den „alten“ Kommunikationskanal der analogen Kommunikation, sie finden Resonanz bei den tieferen Schichten, und sie trennen nicht zwischen sozial erwünschtem und unerwünschtem Verhalten, zwischen positiver oder negativer Bewertung“ (Schwarzkopf und Olbrich 2003; S. 264).

Abgesehen von einem weiten Verständnis von Kommunikation ist nachfolgend vor allem von Bedeutung, dass Kommunikation eine Handlung darstellt, die geeignet ist, spezifische Ziele zu erreichen. Zusätzlich zur Wahl der passenden Mittel bedarf es dazu eines differenzierten kommunikativen Handlungswissens, d.h. neben den Mitteln selbst, zu denen Zeichen wie Worte oder Gesten gehören, müssen auch die Regeln ihrer Verwendung beherrscht werden. Dieser als Pragmatik bezeichnete Aspekt bereitet Menschen mit ASS meist größere Schwierigkeiten als formale oder bedeutungsbezogene Gesichtspunkte (Noens und Berckelaer-Onnes 2005; S. 123). Eines der einflussreichsten Kommunikationsmodelle, das *Organon-Modell* Bühlers (1934; S. 24ff), baut dementsprechend auf der Vorstellung von Sprache als *Werkzeug* (*organon*, gr. Werkzeug) auf, mit dessen Hilfe Befindlichkeiten, Feststellungen oder Aufforderungen zum Ausdruck gebracht, die Umwelt verändert und Ziele erreicht werden können. Gelingt es Menschen mit ASS nicht, diese Funktionen sowie Mittel und Handhabung des Kommunikationswerkzeugs zu erwerben, so wird sich dies zwangsläufig auf die Entwicklung in anderen Lebensbereichen auswirken.

Autismus gehört zu den bekanntesten und am besten untersuchten *tiefgreifenden Entwicklungsstörungen*, worin sicherlich aber auch ein Grund für weiterhin steigende Prävalenzangaben zu sehen ist (Poustka et al. 2004; S. 17ff). Während man zunächst noch von einer Häufigkeit von 4/10.000 ausging, haben differenziertere diagnostische Kriterien und eine breitere Definition von Autismus inzwischen zu deutlich höheren Prävalenzangaben von 1/150 bis 1/200 geführt, die allerdings nicht zwangsläufig mit einer echten Zunahme einhergehen müssen (Remschmidt 2008; S. 20, Geschwind 2009; S. 369f). Menschen mit ASS zeigen eine Reihe von Auffälligkeiten, deren Ursache in einer Kombination genetischer und neurophysiologischer Faktoren zu suchen ist. Die auf der Beobachtung des Verhaltens aufbauende Beschreibung von ASS wird dementsprechend in zunehmendem Maße durch nicht-invasive neurokognitive Methoden mit hoher räumlicher (z. B. funktionale Magnetresonanztomografie) und zeitlicher Auflösung (z. B. Electroenzephalografie) sowie postmortem Untersuchungen ergänzt. Neben strukturellen Veränderungen treten dadurch auch sensorische Auffälligkeiten, die über 90% der Menschen mit ASS kennzeichnen, stärker in den Fokus der Aufmerksamkeit (Pickett und London 2005; Amaral et al. 2008; Geschwind 2009; S. 369). Diese Auffälligkeiten können sich wiederum im unmittelbar beobachtbaren Verhalten manifestieren (Dodd 2007; S. 131ff). Eine erfolgreiche Kommunikation hängt wesentlich von Wahrnehmungs- und Informationsverarbeitungsprozessen ab. Hier zeigt sich ein Berührungspunkt zwischen neueren Ergebnissen und der klassischen Beschreibung von Autismus, die auf der sogenannten *Triade der Beeinträchtigungen* aufbaut (Wing und Gould 1979; Dodd 2007; S. 44). Eckpunkte dieser Triade bilden die Bereiche *Kommunikation*, *soziale Beziehungen* sowie *Repetitives Verhalten und eingeschränkte Interessen*. Während die Wechselwirkung zwischen Kommunikation und sozialen Beziehungen unmittelbar nachvollziehbar ist, sollte betont werden, dass repetitives Verhalten in einem gegensätzlichen Verhältnis zu interaktivem Verhalten und damit zu Kommunikation steht.

Auffälligkeiten in der Entwicklung aller zentralen kommunikativen Kompetenzen gehören zu den frühen Merkmalen von ASS (Fodstad et al. 2009; S. 156). Die ersten Monate verlaufen meist unauffällig, doch bereits zwischen dem 6. und dem 12. Monat beginnt der Eintritt in eine kritische Phase (Tager-Flusberg 2010; S. 1075) und ab dem 18. Monat zeigen Menschen mit ASS Auffälligkeiten im Satzverständnis, in der Produktion und Rezeption von Einwortäußerungen und der Verwendung von Gesten (Mitchell et al. 2006; S. 77). Etwa ein Drittel der Menschen mit ASS verwendet keine gesprochene Sprache, wobei diese Tatsache auch nicht über non-verbale Mittel kompensiert wird (Noens und Berckelaer-Onnes 2005; S. 124). Dies gilt in erster Linie für den sogenannten *frühkindlichen Autismus*, für den sie ein notwendiges diagnostisches Kriterium darstellen, während sprachliche Fähigkeiten beim *Asperger Typ* meist eher unauffällig sind und sich Probleme stärker auf der sozialkommunikativen Ebene ergeben (Geschwind 2009; S. 369). Der *frühkindliche Autismus* ist gekennzeichnet durch „extremes Abgekapseltsein gegenüber der Umwelt, ängstliches Festhalten am Gewohnten (Veränderungsangst) und besondere Sprachauffälligkeiten“ (Remschmidt 2008; S. 16). Zu letzteren gehört unter anderem, dass Sprache nicht kommunikativ, sondern in mechanischer Weise verwendet wird (Remschmidt 2008; S. 18).

In diesem Zusammenhang kann das Ziel der therapeutischen Intervention daher häufig nicht die „vollständige (Wieder)Herstellung der linguistischen Kompetenz“, sondern die „(Wieder)Herstellung der kommunikativen Kompetenz“ auch mittels „non-verbalen Umwegleistungen“ sein (Peuser 2000; S.18).

Der primäre Zweck einer therapeutischen Intervention kann dementsprechend in der erneuten Vermittlung der Funktion von Kommunikation als Werkzeug zum Erreichen von Zielen gesehen werden, während die Entwicklung verbaler Kompetenzen eher eine sekundäre Stellung einnimmt. Unter dieser Perspektive ergeben sich verschiedene Anknüpfungspunkte, die den Einbezug eines Hundes in die therapeutische Arbeit zur Anbahnung kommunikativer Kompetenzen vor allem bei frühkindlichem Autismus sinnvoll erscheinen lassen. Dabei ist es zunächst wichtig einen allgemeinen Grundsatz zu betonen. Von einem therapeutisch-begleitenden Einsatz eines geeigneten und entsprechend ausgebildeten Hundes kann allerdings nur dann gesprochen werden, wenn ein spezifisches Therapieziel entweder nur mit seiner Hilfe erreicht oder das Erreichen des Zieles durch ihn in erheblichem Maße unterstützt wird. In diesem Merkmal unterscheidet sich der therapeutische von einem allgemein salutogenetischen, d.h. gesundheitsförderlichen, Ansatz. Dem ersten Kontakt zwischen Mensch und Tier muss besondere Aufmerksamkeit zukommen, da dieser in vielen Fällen die längerfristige Einstellung dem anderen gegenüber bestimmt. Selbstverständlich dürfen sich aus diesem Kontakt heraus keine Ängste gegenüber dem Hund ergeben. Ebenso muss dem Wesen des Hundes Rechnung getragen werden, so dass sich ein ungezwungenes, für alle Beteiligten positives Erleben ergeben kann. Auf dieser Grundlage kann die *hundegestützte Therapie* eine sinnvolle Ergänzung sein, die aber sicherlich nicht in jedem Fall das Mittel der Wahl sein sollte und sich zudem auch nicht in jedem Fall umsetzen lässt.

Warum allerdings sollte ein Hund in besonderem Maße dazu geeignet sein, in die therapeutische Intervention integriert zu werden? Wie eingangs angedeutet, liegt eine Antwort auf diese Frage in der engen Beziehung zwischen Mensch und Hund. Ohne die Einflussnahme des Menschen, d.h. durch Domestikation und Zuchtauswahl, würde es den Hund in seiner heutigen Artenvielfalt sicherlich nicht geben. Die Mensch-Hund-Beziehung ist somit immer im sozioökonomischen Hintergrund der jeweiligen Gesellschaft und als Spiegel des Menschen zu sehen (Otterstedt 2001; S. 121). Daneben können aber einige allgemeingültige Grundlagen formuliert werden. Dazu gehört zunächst die sogenannte *Biophilie-Hypothese* (Wilson 1984), die davon ausgeht, dass ein grundlegendes Interesse am Lebendigen und eine Neigung zu anderen Lebewesen angeboren sind. Ein anderes wichtiges Merkmal beschreibt Greiffenhagen (1991) mit der sogenannten *Du-Evidenz.* Darunter wird das Phänomen verstanden, dass „zwischen Menschen und höheren Tieren Beziehungen möglich sind, die denen entsprechen, die Menschen unter sich beziehungsweise Tiere unter sich kennen“ (Greiffenhagen 1991; S. 26). Dies ist „die unumgängliche Voraussetzung dafür, dass Tiere therapeutisch und pädagogisch helfen können (Greiffenhagen 1991; S. 28). Über die Beziehung zwischen einem einzelnen

Menschen zu einem Hund hinaus kann dieser zudem als *sozialer Katalysator* fungieren (Olbrich 2003; S. 76). Dies gilt offenbar auch für Menschen mit ASS. Bereits die Präsenz eines Hundes senkt den morgendlichen Kortisolspiegel bei autistischen Kindern um ca. 50% (Viau et al. 2010; S. 1191), während Hunde, die in Familien mit autistischen Kindern integriert wurden, mit einem Gefühl der Sicherheit, einem erheblichen Anstieg sozialer Anerkennung sowie einer allgemeinen Erleichterung alltäglicher Aktivitäten assoziiert werden (Burrows et al. 2008; S. 1648). Ein weiterer Hinweis für das grundsätzliche Interesse an Tieren und somit auch am Hund ist, dass viele *Tiere* unter den ersten Wörtern aufzufinden sind, die Kinder überhaupt produzieren (Grimm 1999; S. 32). Nach Grimm und Wilde (1998) wird das Wort *Hund* (bzw. „Wauwau") an durchschnittlich vierter Stelle erworben (ebd.).

Wenn das Ziel der therapeutischen Intervention darin bestehen soll, Kommunikation als Werkzeug zu etablieren und die Verwendung kommunikativer Mittel zu vermitteln, bedarf es einer gezielten Veränderung und Erweiterung der bestehenden Mechanismen. Ausgangspunkte bilden daher die Erfassung dieser Mechanismen und die Beschreibung des gegenwärtigen Zustands. Ein entscheidendes Kriterium ist in diesem Zusammenhang das Vorhandensein bzw. die Abwesenheit verbaler Kommunikationsfähigkeiten. Für diese initiale Erfassung stehen mittlerweile auch im deutschsprachigen Raum verschiedene Test- und Screeningverfahren zur Verfügung. Dazu gehören beispielsweise der *Sprachentwicklungstest für zweijährige Kinder* (SETK-2) (Grimm 2000), die *Diagnostische Beobachtungsskala für Autistische Störungen* (ADOS) (Rühl 2004) oder der *Fragebogen zur Sozialen Kommunikation* (FSK) (Bölte und Poustka 2006). Ein vielversprechender Ansatz bestehende Kompetenzen auszubauen bzw. neu zu etablieren, fußt auf einem interaktionistischen Erwerbsverständnis, das die Rolle des „gemeinsamen Handelns bei der vorsprachlichen Kommunikation" betont (Peuser und Winter 2000; S. 223). Darüber hinaus bietet diese Perspektive einen Rahmen, um den Hund sinnvoll in die Arbeit einzubeziehen. Zentrales Konzept sind in diesem Zusammenhang die sogenannten *Formate*, d.h. strukturierte Situationen, in denen der Erwerb der kommunikativen Kompetenz abläuft. In der Auseinandersetzung mit nativistischen Vorstellungen gelangt Bruner (1983) zu der Auffassung, dass eine kindgerechte Anpassung „der frühen sprachlichen Interaktion nur im Rahmen vertrauter, zur Routine gewordener Situationen oder „Formate" möglich ist, wo das Kind mit seiner noch beschränkten Informationsverarbeitungskapazität versteht, was vorgeht" (Bruner 1983; S. 33). Kommunikative Handlungen entstehen dementsprechend nicht aus sich selbst heraus, sondern in der Interaktion mit wohlmeinenden Interaktionspartnern. „Worin auch immer die angeborene Sprach-Begabung besteht, und wie viel oder wie wenig davon das Kind mitbringt, braucht uns nicht zu kümmern. Denn ob der Mensch nun arm oder reich mit angeborenen Fähigkeiten für die lexiko-grammatische Sprache ausgerüstet sei – er muss auf jeden Fall noch lernen, wie die Sprache zu gebrauchen ist. [...] Der Gebrauch der Sprache lässt sich nur durch ihren kommunikativen Einsatz lernen" (Bruner 1983; S. 101). Da allerdings gerade diese Form der Interaktion bei Menschen mit frühkindlichem Autismus auffällig ist, sind möglicherweise andere Formate erforderlich, die nicht notwendigerweise intuitiv, sondern therapeutisch zweckorientiert strukturiert werden müssen.

Im Zusammenspiel mit dem Therapiebegleithund kann der Therapeut unterschiedliche Formate abändern (z. B. Spielsituationen) oder neu einführen (z. B. Futtersuche). Allgemein sollten dabei die folgenden Aspekte berücksichtigt werden:

- Sprache vereinfachen, keine langen, komplizierten Sätze,
- präzise sprechen zur Sache,
- Vermeidung abstrakter Begriffe,
- auf konkreter Ebene, also gegenstandsbezogen, sprechen, das Gesagte soll leicht versteh- und interpretierbar sein,
- klare Botschaften geben und Informationen so mitteilen, dass der Mensch mit Autismus sie verstehen kann,
- so lange als Therapeut still bleiben, bis der Mensch mit ASS die Informationen verarbeiten kann, ansonsten besteht die Gefahr einer zu großen Ablenkung,
- formale Kommunikation, distanziert, unpersönlich,
- kein emotionales Sprechen,
- Körpersprache vermeiden,
- Berücksichtigung von chronischem Stress, Ängsten und Hypersensibilität beim Menschen mit ASS,
- Minimierung von unwichtigen, übertriebenen und ablenkenden Informationen (Dodd 2007; S. 201).

Formate setzen vorstrukturierte Abläufe voraus. Daher ist es wichtig, eine individuelle Balance zwischen Routinen, die dem Kind zwar entgegenkommen, aber letztendlich unterbrochen werden sollen, und variablen Elementen zu finden. Da Hunde dem Kind vermutlich bekannt, aber nicht unbedingt vertraut sind, kann die Anwesenheit des Hundes zunächst dazu beitragen, Interesse zu wecken und Aufmerksamkeit zu fokussieren. Einem freudigen und tänzelnden Hund kann sich die menschliche Aufmerksamkeit wohl nur schwer entziehen. Durch das Streicheln und Berühren des Hundes werden neue qualitative Reizerfahrungen gemacht und dies kann ebenfalls die kindliche Aufmerksamkeit fördern und lenken. Das Kind fühlt sich durch diese Erfahrung möglicherweise akzeptiert und durch das Spüren des Fells mehr berührt als durch einen anderen Menschen (Schirmer 2006; S. 91f). Beim Streicheln entspannt sich letztlich nicht nur das Kind, sondern auch der Hund, was zur Folge hat, dass sich Blutdruck, Herzschlagrate und Hauttemperatur senken. Dies kann dadurch erklärt werden, dass der Hund von seinem Rudelführer Mensch Beachtung und Zuwendung erwartet, welche durch das Streicheln vollends befriedigt wird (Fogle 1994; S. 72). Über dieses neue Element kann es möglicherweise gelingen, Episoden gemeinsam gerichteter Aufmerksamkeit herzustellen. Wenn darüber hinaus die Zusammengehörigkeit des Therapeut/Hund-Teams erkannt wird, kann möglicherweise auch der Therapeut selbst von einer solchen Aufmerksamkeitsverlagerung profitieren. Dieser Vorgang kann zudem dazu dienen, repetitives oder autoaggressives Verhalten zu unterbrechen. Wiederkehrende Begegnungen erlauben dann das Erleben gegenseitiger Wahrnehmung, Annäherung, Kontakt sowie allmählichen Loslösung und letztendlich von Abschied und Trennung (Otterstedt 2003; S. 93). „Jede einzelne Phase der Begegnung, v.a. aber die Übergänge (Initiationen) besitzen emotionale, spannungs- und erwartungsvolle Momente, die als Impulse einen heilenden Prozess fördern können“ (ebd.).

Spielerische Formate können in diesem Zusammenhang eine wichtige Funktion übernehmen. Für sie „ist charakteristisch, dass sie aus verabredeten „Ereignissen“ bestehen, die sprachlich geschaffen und sprachlich wieder herbeigeführt werden können“ (Bruner 1983; S. 35). Das sogenannte *Da- und Weg-Spiel* (Spiele mit Entfernung und Weglaufen als Einladung zum Spiel; Monschein 2001) kann nicht nur den Hund in das Spielgeschehen integrieren, wenn das Kind vor ihm „wegrennt“ bzw. er sich entfernen soll. „Viele autistische Kinder sind hyperempfindlich, wenn es um ihren persönlichen Raum, den richtigen Abstand geht. Und sie reagieren entsprechend sensibel auf jede Bewegung, die diesen Abstand verringert oder erhöht“ (Janert 2003; S. 125). Menschlicher Kontakt bedeutet hier eventuell eine Überflutung von Reizen, die nicht verarbeitet werden können und daher ängstigen. Ein Hund, der weder Mensch noch ein Ding ist, kann womöglich schneller Toleranz gegenüber Körperkontakt erreichen als der Therapeut. Das Kind schwankt folglich zwischen Interesse, Überwältigung, Bedrohung aber auch Verfolgung, muss diese Gefühle überprüfen und dementsprechend Blickkontakt aufnehmen, was wiederum das Teilen von Aufmerksamkeit voraussetzt (ebd.). Im Kontext der ASS ist daher möglicherweise schon die Tatsache von Bedeutung, dass der Hund zwar ein potentieller Kommunikationspartner, aber eben kein Mensch ist und die konventionelle Mensch-Mensch-Interaktion um den Hund zu einer Mensch-Hund-Mensch-Interaktion erweitert wird. In Anbetracht der Tatsache, dass sich die Schwierigkeiten von Menschen mit frühkindlichem Autismus auf der zwischenmenschlichen Ebene manifestieren, bietet diese Erweiterung die Chance die Interaktion auf eine andere Ebene zu verlagern.

Ein Aspekt, der in jedem Format wirksam werden kann, ist die zeitnahe und beobachtbare Reaktion des Hundes auf standardisierte verbale oder non-verbale Zeichen bzw. Kommandos. Über diesen Vorgang kann das Verhältnis von Ursache und Wirkung direkt nachvollzogen werden. Zudem können die entsprechenden Zeichen aus Einwortäußerungen oder visuell klar voneinander abgrenzbaren Gesten bestehen, was einem Transfer in eine nachahmende Produktion entgegenkommt. Durch diese, einer bestimmten Situation verhafteten Kommunikationsform, die darüber hinaus auf konkrete Sachverhalte abzielt, wird zudem weitgehende Transparenz hergestellt. Wenn das Kind dazu gebracht werden kann, dem Hund ein solches Kommando zu übermitteln, repräsentiert dieses Verhalten unmittelbar den *Werkzeugcharakter* der Kommunikation im Sinne Bühlers. Der Hund reagiert auf einen an ihn gerichteten Appell mit einer immer ähnlichen und damit überschaubaren Reaktion, was möglicherweise helfen kann, die Sinnhaftigkeit des eigenen kommunikativen Handelns zu vermitteln. Im Idealfall kann es gelingen, diesen kommunikativen Sinn auf andere Situationen auszuweiten, in denen ebenfalls Wünsche und Bedürfnisse mitgeteilt werden. Zudem können einzelne Kommandos einfach oder zunehmend komplex strukturiert sein. Im verbalen Bereich beispielsweise können sie von den genannten Einwortäußerungen wie *sitz* bis hin zu ganzen Phrasen wie *hol den Ball* reichen. In der Intervention kann dies so umgesetzt werden, dass das Kind dem Hund ein bestimmtes Kommando geben soll. Sollte es nicht sprechen können, kann dies über Körper- bzw. Zeichensprache erfolgen. Dabei kann grundsätzlich davon ausgegangen werden, dass eine Kommunikation zwischen Hund und Mensch umso besser verlaufen kann, je eindeutiger vor allem körperliche Zeichen wie z. B. Zeigehandlungen vermittelt werden (Otterstedt 2001; S. 170), woraus sich wiederum unmittelbar ein Lernziel für das Kind innerhalb der Therapie ergeben kann. Auch das gemeinsame Erlernen eines *Kunststückchen* kann neben der Freude auch die soziale Interaktion mit dem Hund sowie das Lernen im Allgemeinen fördern.

Das Rufen des Namens erreicht ebenfalls einen unmittelbaren Effekt. Zudem können unvollständige oder noch nicht der Sprachnorm entsprechende Zeichen Verwendung finden. Hunde sind wie Kleinkinder in der Lage, die Bedeutung unbekannter Wörter zu erraten und zu erlernen. Dieses sogenannte *Fast mapping* beruht womöglich auf generellen Lernmechanismen, die der Mensch mit Hunden und möglicherweise auch noch mit anderen Tieren teilt (Kaminski et al. 2004; Mensch & Tier 2/2004). Der Hund bietet hier den Vorteil, dass er sowohl über verbale als auch non-verbale Kanäle kommuniziert und somit in der Lage ist, sehr direkt und ganzheitlich mit dem Menschen zu kommunizieren (Feddersen-Petersen 2004; S. 121). Dies erhöht die Wahrscheinlichkeit, dass das Kind mit ASS trotz veränderter Wahrnehmung die Information, die der Hund übermittelt, auf zumindest einem Sinneskanal erfassen kann. „Die Lernbarkeit und Lehrbarkeit von Verhalten [...] ist die Voraussetzung dafür, dass kommunikative Kompetenz einschließlich ihres nonverbalen Anteils verbessert werden kann. Das bedeutet zunächst, nonverbales Verhalten sowohl bewusster und differenzierter wahrzunehmen als auch adäquat einzusetzen" (Rosenbusch und Schober 1995; S. 44). Da der Hund selbst nicht im sprachlichen Sinn aktiv oder passiv kommuniziert, wohl aber lernen kann bestimmte Ausdrücke mit spezifischen Aufforderungen zu assoziieren (Feddersen-Petersen 2003; S. 350), können vor allem Menschen mit geringen verbalkommunikativen Fähigkeiten von dieser Therapieform profitieren. Nicht zuletzt spielt dabei auch der olfaktorische Eindruck eine wichtige Rolle. Während Hunde selbst einen solchen Eindruck vermitteln, erhalten sie über den menschlichen und tierischen Individualgeruch Informationen über Geschlecht, Alter, Gesundheitszustand, Emotionen, Ernährung und über hormonell gesteuerte körperliche Zustände ihres Gegenübers (Feddersen-Petersen 2003; S. 354f). Unter Umständen übermitteln Kinder auch auf diesem Kanal Reize, die zwar dem Hund, nicht jedoch dem Therapeuten zugänglich sind.

Der Hund kann außerdem in bestehende Systeme integriert werden. Beispielsweise kann das sogenannte *PECS* (Picture Exchange Communication System 1985) ein weiterer hilfreicher Bestandteil der Intervention werden. Durch das PECS kann ebenfalls Kommunikation nonverbal bzw. mit präzisen Anweisungen seitens des Therapeuten initiiert werden. Ein Vorteil des PECS besteht darin, dass dieses System schnell auf unterschiedliche Gebiete adaptiert werden kann. Mit Hilfe von Symbolkarten können beispielsweise Gegenstände, Körperteile oder Spielzeug des Hundes benannt werden. Ein einfaches, aber sehr wirkungsvolles Spiel wäre auch das *Wo ist deine Nase?* oder auch so genannte *Ich komm und krieg dich-Spiele* (Monschein 2001; S. 119). „Es ist das grundlegendste aller sozialen Spiele [...]. Es hilft, die Grundsteine für die spätere Sprachentwicklung zu legen" (ebd.). Besonders in Entspannungsphasen kann dieses Spiel erfolgreich eingesetzt werden, wenn beispielsweise der Hund gestreichelt oder gebürstet wird. Der Therapeut tippt dabei dem Kind auf dessen Nase und fragt dann, wo die Nase des Hundes und auch seine Nase ist. Auf diese Weise werden spielerisch Körperwahrnehmung und Begriffsinhalte vermittelt. Eine andere Variante wäre, auf eine Symbolkarte oder auf ein Foto zu zeigen, das die Bedeutung vermittelt, dass der Hund gebürstet oder gestreichelt werden darf. Gleichzeitig wird so wiederum die Toleranz gegenüber taktilen Reizerfahrungen (Fell) erweitert, Körperkontakt zugelassen und die Distanz zum Gegenüber verringert. Um auch den Menschen aus ihrem Umfeld mitteilen zu können, was in der Intervention mit dem Hund gemacht wurde, kann der Therapeut ein *Hunde-Ich-Buch* mit Fotos oder Symbolkarten anlegen. Das Kind kann dann auf das Foto des Hundes zeigen. So kann es erzählen, dass der Hund *sitz* machen kann. Die Eltern können auch das erlernte Wissen „abfragen“ und so immer wieder neue Gesprächsthemen mit ihren Kindern haben.

Einem Hund nah zu sein, ihn zu fühlen und zu *be-greifen*, und sich letztlich um ihn zu kümmern, kann ein wichtiger Entwicklungsschritt für die kommunikativen und sozialen Fähigkeiten der Kinder mit ASS bedeuten. „Beim *Akt des Kümmerns* – das heißt, beim Füttern, Erziehen oder Trainieren – müssen Kinder nonverbale Signale deuten und immer gleichartig darauf reagieren. [...] Dazu fördern die Haustiere bei Kindern das Gefühl der Kompetenz, und zwar auf komplexere Weise als wenn sie [...] die Schuhbändel zubinden“ (Levinson o.J. in: Becker 2007; S. 54).

Abschließend bleibt festzuhalten, dass viele Merkmale, die das Band zwischen Mensch und Hund ausmachen, auch heute noch nicht eindeutig erfasst und erklärt werden können. Dementsprechend befinden sich die Ansätze zur Integration eines professionell ausgebildeten Hundes in die Therapie autistischer Menschen in vielerlei Hinsicht am Anfang ihrer Entwicklung. Daneben wird auch in Zukunft die Forschung zu den noch immer nicht hinreichend bekannten Ursachen der autistischen Störung nach wie vor eine zentrale Rolle spielen. Grundlagenforschung und therapeutische Praxis sollten in diesem Zusammenhang nach Möglichkeit gegenseitig aufeinander Bezug nehmen, damit eine optimale Förderung gewährleistet werden kann. Diese Wechselwirkung muss bestehen, um einer möglichen Mystifizierung des autistischen Spektrums entgegenzuwirken.

Frühere Modelle haben Autismus vielfach als Resultat einer gestörten Interaktion mit der Umwelt aufgefasst. Aus heutiger Sicht kann allerdings festgestellt werden, dass diese Theorien Autismus nicht befriedigend erklären können. Ihnen liegt letztlich die Beobachtung zu Grunde, dass Autismus mit schwerwiegenden Problemen der sozialen Interaktion einhergeht. Eine Therapie, die darauf abzielt, diesen unzweifelhaft existierenden Schwierigkeiten zu begegnen, muss die Unterscheidung von Ursache und Wirkung ebenfalls in der Wahl ihrer Mittel berücksichtigen. Es kann daher zumindest in Frage gestellt werden, ob den sozialen Problemen mit Computerprogrammen und vergleichbaren Materialien, die oftmals in der therapeutischen Arbeit mit autistischen Kindern Verwendung finden, adäquat begegnet werden kann.

Obwohl moderne technische Methoden und Möglichkeiten für die Erforschung der Ursachen essentiell sind, ist ein solcher Versuch für die Therapie unter Umständen nicht gleichermaßen geeignet. Das Verhältnis von Therapeut und Betroffenem ist eine zwischenmenschliche Begegnung auf einer vertrauensvollen Basis, die niemals durch einen Gegenstand ersetzt werden kann. Das autistische Spektrum trennt die Betroffenen in erster Linie von ihren Mitmenschen. Ein Hund, der weder Mensch noch Gegenstand und dennoch ein sozial agierendes Lebewesen ist, bietet hier offenbar eine sehr gute Möglichkeit zur Vermittlung. Der Hund mit seinem ausgesprochen sozialen Wesen kann in diesem Zusammenhang helfen, individuelle Entwicklungsschritte zu vollziehen, indem er interaktive und damit kommunikative Prozesse in Gang setzt und unterstützt.

Literatur

Amaral, David G.; Mills Schuhmann, Cynthia; Wu Nordahl, Christine (2008): Neuroanatomy of autism. In: Trends in Neurosciences, 31. Jg., 137-145

Becker, Martin (2007): Heilende Haustiere: Wie Hund, Katze und Maus Sie seelisch und körperlich gesund halten. München

Bölte, Sven; Poustka, Fritz (2006): FSK Fragebogen zur sozialen Kommunikation – Autismus Screening. Bern

Bruner, Jerome (1983): Wie das Kind sprechen lernt. Bern, Göttingen, Toronto, Seattle

Bühler, Karl (1934): Sprachtheorie. Die Darstellungsfunktion der Sprache. Stuttgart, New York

Burrows, Kristen E.; Adams, Cindy L.; Spiers, Jude (2008): Sentinels of safety: service dogs ensure safety and enhance freedom and well-being for families with autistic children. In: Qualitative Health Research, 18. Jg., S. 1642-1649

Dodd, Susan (2007): Autismus. Was Betreuer und Eltern wissen müssen. München

Feddersen-Petersen, Dorit U. (2003): Das Ausdrucksverhalten und die Kommunikation von Hunden in ihrer Bedeutung im therapeutischen Kontext. In: Olbrich, Erhard; Otterstedt, Carola (Hrsg.) (2003): Menschen brauchen Tiere: Grundlagen und Praxis der tiergestützten Pädagogik und Therapie. Stuttgart, S. 348-359

Feddersen-Petersen, Dorit U. (2004): Hundepsychologie. Sozialverhalten und Wesen – Emotionen und Individualität. Stuttgart

Fodstad, Jill C.; Matson, Johnny L.; Hess, Julie; Neal, Daniene (2009): Social and communication behaviours in infants and toddlers with autism and pervasive developmental disorder-not otherwise specified. In: Developmental Neurorehabilitation, 12. Jg., S. 152-157

Fogle, Bruce (1994): Hunde kennen und verstehen: Körpersprache und Verhalten. München

Forschungskreis Heimtiere in der Gesellschaft (Hrsg.): Mensch & Tier. Vierteljährliche Online-Zeitschrift: 2/2004 (http://www.mensch-heimtier.de/content/uploads/MT_02_04_bfd.pdf

Geschwind, Daniel H. (2009): Advances in autism. In: Annual Review of Medicine, 60. Jg., S. 367-380

Greiffenhagen, Sylvia (1991): Tiere als Therapie. Neue Wege in Erziehung und Heilung. München

Grimm, Hannelore; Wilde, Sabine (1998): Sprachentwicklung. Im Zentrum steht das Wort. In: Keller, Heidi (Hrsg.) (1998): Lehrbuch Entwicklungspsychologie. Bern

Grimm, Hannelore (1999): Störungen der Sprachentwicklung. Grundlagen – Ursachen – Diagnose – Intervention – Prävention. Göttingen, Bern, Toronto, Seattle

Grimm, Hannelore (2000): Sprachentwicklungstest für zweijährige Kinder (SETK-2). Göttingen

Janert, Sibylle (2003): Autistischen Kindern Brücken bauen: Ein Elternratgeber. München, Basel

Kaminski, Juliane, Call, Josep; Fischer, Julia (2004): Word Learning in a Domemestic Dog: Evidence for "Fast Mapping". Science: Vol. 304

Mitchell, Shelley; Zwaigenbaum, Lonnie; Roberts, Wendy; Szatmari, Peter; Smith, Isabel; Bryson, Susan (2006): Early language and communication development of infants later diagnosed with autism spectrum disorder. In: Developmental and Behavioral Pediatrics, 27. Jg., S. 69-78
Monschein, M. (2001). Spiele zur Sprachförderung: Band 1. München
Noens, Ilse L.J.; van Berckelaer-Onnes, Ina A. (2005): Captured by details: sense making, language and communication in autism. In: Journal of Communication Disorders, 38. Jg., S. 123-141
Olbrich, Erhard (2003): Kommunikation zwischen Mensch und Tier. In: Olbrich, Erhard; Otterstedt, Carola (Hrsg.) (2003): Menschen brauchen Tiere. Grundlagen und Praxis der tiergestützten Pädagogik und Therapie. Stuttgart, S. 84-90
Otterstedt, Carola (2001): Tiere als therapeutische Begleiter: Gesundheit und Lebensfreude durch Tiere – eine praktische Anleitung. Stuttgart
Otterstedt, C. (2003): Der heilende Prozess in der Interaktion zwischen Mensch und Tier. In: Olbrich, Erhard; Otterstedt, Carola (Hrsg.) (2003): Menschen brauchen Tiere. Grundlagen und Praxis der tiergestützten Pädagogik und Therapie. Stuttgart, S. 58-68
Peuser, Günter (2000): Sprachstörungen. Einführung in die Patholinguistik. München
Peuser, G. & Winter, S. (2000). Lexikon zur Sprachtherapie. München
Pickett, Jane; London, Eric (2005): The neuropathology of autism: a review. In: Journal of Neuropathology & Experimental Neurology, 64. Jg., S. 925-935
Poustka, Fritz; Bölte, Sven; Feineis-Matthews, Sabine; Schmötzer, Gabriele (2004): Autistische Störungen. In: Döpfner, Manfred; Lehmkuhl, Gerd; Petermann, Franz (Hrsg.) (2004): Leitfaden Kinder- und Jugendpsychiatrie. Bd. 5. Göttingen, Bern, Toronto, Seattle
Remschmidt, Helmut (2008): Autismus. Erscheinungsformen, Ursachen, Hilfen. München
Rühl, Dorothea; Bölte, Sven; Feineis-Matthews, Sabine; Poutska, Fritz (2004): Diagnostische Beobachtungsskala für Autistische Störungen (ADOS). Bern
Rosenbusch, Heinz S.; Schober, Otto (Hrsg.) (1995): Nonverbale Kommunikation im Unterricht – Die stille Sprache im Klassenzimmer. Baltmannsweiler
Schleidt, Wolfgang M. (2002): Die Rückseite einer Spiegelfreundschaft. Konrad Lorenz und Karl Popper. In: Weidt, Andrea (2008): Hundeverhalten. Das Lexikon. Dietlikon
Schirmer, Brita (Hrsg.) (2006): Psychotherapie und Autismus. Forum für Verhaltenstherapie und psychosoziale Praxis. Bd. 46. Tübingen
Schwarzkopf, Andreas; Olbrich, Erhard (2003): Lernen mit Tieren. In: Olbrich, Erhard; Otterstedt, Carola (Hrsg.) (2003): Menschen brauchen Tiere. Grundlagen und Praxis der tiergestützten Pädagogik und Therapie. Stuttgart
Tager-Flusberg, Helen (2010): The origins of social impairments in autism spectrum disorder: studies of infants at risk. In: Neural Networks, 23. Jg., S. 1072-1076
Viau, Robert; Arsenault-Lapierre, Geneviève; Fecteau, Stéphanie; Champagne, Noël; Walker, Claire-Dominique; Lupien, Sonia (2010): Effect of service dogs on salivary cortisol secretion in autistic children. In: Psychoneuroendocrinology, 35. Jg., S. 1187-1193
Watzlawick, Paul; Beavin, Janet H.; Jackson, Don D. (1969): Menschliche Kommunikation. Formen Störungen Paradoxien. Bern, Göttingen, Toronto, Seattle
Wilson Wilson, E.O. (1984): Biophilia: The Human Bond with Other Species. Cambridge
Wing, Lorna; Gould, Judith (1979): Severe impairments of social interaction and associated abnormalities in children: epidemiology and classification. In: Journal of Autism and Developmental Disorders, 9. Jg., S. 11-29
Zähner, Marlene (2003): Kann man den Therapiebegleithund züchten? In: Olbrich, Erhard; Otterstedt, Carola (Hrsg.) (2003): Menschen brauchen Tiere. Grundlagen und Praxis der tiergestützten Pädagogik und Therapie. Stuttgart, S. 367-377

Sandra Wesenberg

Wirkungen tiergestützter Interventionen auf demenziell erkrankte Pflegeheimbewohner

„Das ist wunderbar! […] da kommt endlich Leben zu mir!“ (Braun/Schmidt 2003, S. 326), so freudig reagiert Frau K. auf die Ankündigung, dass die Mitarbeiterinnen der Beratungsstelle für ältere Menschen zum nächsten Hausbesuch einen Hund mitbringen werden. Frau K. ist 90 Jahre alt und lebt zunehmend isoliert. Sie leidet unter Angstzuständen und versinkt mehr und mehr in ihrer eigenen Welt. Der Bericht von Claudia Braun und Monika Schmidt schildert eindrucksvoll, wie es über die Beziehung zum Hund möglich wird, Frau K. aus ihren Ängsten zu lösen und sie aus ihrer Isolation zu befreien. Es gibt unzählige weitere Beispiele aus der Praxis, die beschreiben, wie positiv sich das Zusammensein mit Tieren auf ältere Menschen auswirkt, die wie Frau K. allein und einsam zuhause oder im Pflegeheim leben, und wie durch Hund, Katze oder Meerschweinchen ‚endlich wieder Leben zu ihnen kommt‘.

Alter und Demenz

Tiere bieten für viele Menschen soziale Unterstützung, auch und vor allem in schwierigen Lebenssituationen, in denen soziale Beziehungen zu anderen Menschen nicht immer in ausreichender Zahl bestehen. Insbesondere im Leben von alten Menschen kann die Interaktion mit Tieren eine hohe Bedeutung erhalten. Vor allem auch angesichts sich wandelnder gesellschaftlicher Bedingungen, vor deren Hintergrund sich Altern gegenwärtig vollzieht, werden Heimtiere für viele ältere Menschen zu wichtigen Interaktionspartnern.

Die deutsche Gesellschaft ist heute durch einen wachsenden Anteil der älteren Bevölkerung gekennzeichnet. Die Gruppe der alten Menschen vergrößert sich dabei anteilsmäßig zur Gesamtbevölkerung, altert aber durch eine gestiegene Lebenserwartung auch in sich. Schimany (2002) spricht in diesem Zusammenhang von einer „doppelte[n] Alterung“ (ebd., S. 24). Diese Entwicklung wird sich in den kommenden Jahren fortsetzen und die zahlenmäßige Gewichtung der Altersgruppen wird sich weiter verschieben. Nach der 12. koordinierten Bevölkerungsvorausberechnung wird 2060 bereits jeder Dritte

65 Jahre oder älter sein. Der Anteil der Hochbetagten wird sich von heute 5 % auf etwa 14 % nahezu verdreifacht haben (vgl. Statistisches Bundesamt 2009).

Die Lebensphase Alter zeichnet sich dabei in der Gegenwart durch ein hohes Maß an Heterogenität aus – eine Entwicklung, die auch in veränderten Altersbildern der Gesellschaft deutlich wird. Das Bild vom Alter entfernt sich von einer Defizitorientierung und entwickelt sich hin zu einer differenzierten Betrachtung des Alters unter Berücksichtigung vorhandener Ressourcen und Potentiale. Immer mehr Menschen sind auch im höheren Lebensalter noch gesund und können nach dem Austritt aus dem Berufsleben noch Jahre bis Jahrzehnte selbstständig ihr Leben gestalten. Allerdings darf diese Entwicklung nicht dazu verleiten, „Krankheit und Pflegebedürftigkeit überhaupt als Phänomene aus der Lebenswirklichkeit von alten Menschen auszublenden“ (Lenz/Rudolph/Sickendiek 1999, S. 78). Alter kann zwar nicht auf Pflege- und Hilfsbedürftigkeit reduziert werden, dennoch ist es eine Tatsache, dass viele Menschen im hohen Alter chronisch krank und auf Unterstützung angewiesen sind. Insbesondere die Wahrscheinlichkeit einer demenziellen Erkrankung steigt im höheren Lebensalter deutlich an.

Nach Angaben des Robert-Koch-Instituts (2006) leben in Deutschland rund eine Million Menschen mit einer Demenz. Von einer demenziellen Erkrankung sind vor allem ältere Menschen ab dem 65. Lebensjahr betroffen, wobei sich die Häufigkeitsraten im höchsten Alter noch deutlich weiter erhöhen. Während in der Gruppe der 65- bis 69-Jährigen etwas mehr als 1 % der Bevölkerung an einer demenziellen Erkrankung leidet, sind von den über 90-Jährigen schon mehr als ein Drittel betroffen (vgl. Weyerer/Bickel 2007).

Demenzen zählen zu den folgenreichsten psychiatrischen Erkrankungen im höheren Alter und weisen ein vielgestaltiges Symptomprofil auf. Nach Kors und Seunke (2001) sind folgende kognitive Symptome typisch für das Demenzsyndrom: Gedächtnisstörungen, Störungen des abstrakten Denkens und des Urteilsvermögens, Störungen der höheren Funktionen der Hirnrinde, z. B. Aphasie (Störung der Sprache), Desorientiertheit in Bezug auf Ort, Zeit und Personen sowie Konzentrationsstörungen. Neben kognitiven Einschränkungen prägen psychopathologische Auffälligkeiten das klinische Bild. Cummings et al. (1994) differenzieren zehn demenzspezifische psychische Auffälligkeiten: Wahnvorstellungen, Halluzinationen, Erregung/Aggression, Depression/Dysphorie, Angst, Hochstimmung/Euphorie, Apathie/Gleichgültigkeit, Enthemmung, Reizbarkeit/Labilität sowie abweichendes motorisches Verhalten. Eine Untersuchung von Lyketsos et al. (2000) verdeutlicht die hohe Bedeutung nicht-kognitiver Symptome: 61 % der 329 demenziell erkrankten Studienteilnehmer zeigten psychopathologische Auffälligkeiten.

Die meisten Demenzformen sind mit einem wachsenden Verlust der Fähigkeiten zur Bewältigung des alltäglichen Lebens verbunden und die Betroffenen sind in zunehmendem Maße auf Unterstützung angewiesen (vgl. Schäufele u.a. 2009). Die fortschreitende Erkrankung und die damit verbundenen massiven Veränderungen im Denken, Erleben und Verhalten der Betroffenen führen in vielen Fällen dazu, dass die Möglichkeiten der Unterstützung in der häuslichen Umgebung durch Angehörige oder ambulante Pflegedienste erschöpft sind und ein Umzug in eine stationäre Pflegeeinrichtung unumgänglich ist. Bis zu 80 % aller demenziell Erkrankten wechseln im Verlauf der Erkrankung aus dem häuslichen Umfeld in ein Pflegeheim (vgl. Weyerer/Bickel 2007). Demenzen gelten heute als wichtigster Grund für einen Heimeintritt im Alter (vgl. Schäufele u.a. 2009). Dabei sind häufig nicht die kognitiven Symptome Anlass für den Übergang von einer häuslichen Betreuung in ein stationäres Pflegesetting, sondern krankheitsbedingte psychopathologische Auffälligkeiten. Diese Verhaltensauffälligkeiten werden von den Pflegenden zumeist als sehr belastend erlebt und stellen einen wesentlich stärkeren Einflussfaktor auf die subjektive Pflegebelastung dar als Einschränkungen der geistigen Leistungsfähigkeit (vgl. Coen et al. 1997). Nach O'Donnel et al. (1992) sind vor allem paranoide Störungen sowie aggressive Verhaltensweisen bedeutsame Risikofaktoren für einen Heimeintritt. Entsprechend sind die Auftretenshäufigkeiten psychischer Auffälligkeiten bei Heimbewohnern mit einer Demenz im Vergleich zu demenzkranken Pflegebedürftigen in häuslicher Betreuung nochmals deutlich erhöht. Nach den Ergebnissen verschiedener Studien kann davon ausgegangen werden, dass ca. 80 % aller demenenzkranken Heimbewohner unter psychischen Auffälligkeiten leiden (vgl. u.a. Margallo-Lana et al. 2001).

Der Umzug in ein Heim bedeutet das Eintreten in eine Institution, die nach völlig anderen Regeln als ein Privathaushalt strukturiert ist. Die Möglichkeiten zur selbstbestimmten Lebensgestaltung sind deutlich eingeschränkt. „Das Heim als Großhaushalt versuchte in der Vergangenheit und versucht auch heute, pflegebedürftige ältere Menschen möglichst rationell zu versorgen" (BMFSFJ 2001, S. 127). Der Heimeintritt bedeutet entsprechend immer eine große Veränderung für den demenziell erkrankten Menschen. Der erlebte Freiheitsverlust wird zumeist krisenhaft erlebt. Koch-Straube (1997) beschreibt, dass der Einzug in ein Pflegeheim mit großen Verlusten verbunden ist und die neue Lebenssituation von den älteren Menschen bisweilen als unerträglich empfunden wird. „Mit dem Eintritt ins Pflegeheim haben sie ihre gewohnte Umgebung, ihre eingeübten und liebgewordenen Tätigkeiten und ihre vertrauten Menschen (von einem Tag auf den anderen) verloren. Der Ersatz sind neue und von außen bestimmte Tagesabläufe, die Anwesenheit vieler fremder Menschen, eine ungewohnte Atmosphäre" (ebd., S. 82). Diese Situation, die charakterisiert ist durch eine starke Verringerung der Privatsphäre, die Abnahme sozialer Kontakte sowie eine zum Teil sehr große Reduktion selbst gewählter Aktivitäten, wird von manchen Autoren auch als ‚sozialer Tod' (vgl. u.a. Schmitz-Scherzer 1999) bezeichnet. Die Ergebnisse der Berliner Altersstudie bestätigen die Annahme eines ‚sozialen Todes'. Von den befragten 70-Jährigen und Älteren gaben 66 % der in Privathaushalten Lebenden an, noch mindestens einen Freund zu haben. In der Gruppe der Heimbewohner betrug dieser Anteil hingegen nur 34 %. Auch die Größe des sozialen Netzwerks wurde von den Befragten, die in Privathaushalten lebten, mit durchschnittlich 11,3 Netzwerkpartnern deutlich höher eingeschätzt als von den Heimbewohnern, die im Schnitt nur 4,5 Netzwerkpartner nannten. Im Pflegeheim gibt es demnach deutlich weniger informelle Hilfen und weniger soziale Kontakte als in Privathaushalten (vgl. Wagner/Schütze/Lang 1999). Der Umzug in ein Heim, der mit dem Wegfall des vertrauten Umfeldes und der Reduktion sozialer Kontakte verbunden ist, bedeutet somit nach wie vor einen drastischen Einschnitt in das Leben der Betroffenen.

Nach Wahl und Schneekloth (2009) „stehen [Heime] bis heute für die Marginalisierung des Alters, speziell des hohen, kranken und pflegebedürftigen Alters, und gleichzeitig gelten sie als jene Versorgungsform, die auch dann ‚noch' trägt, wenn alle anderen Versorgungsoptionen versagen" (ebd., S. 15). Die Autoren führen weiterhin aus, dass die Diskussion um den Stellenwert von Heimen häufig zu „einer nicht hilfreichen Pauschalität und [...] einem Primat des Negativen" (ebd.) neigt. Demgegenüber gibt es heute auch andere Trends, die die Entwicklungsmöglichkeiten von Heimen in den Blick nehmen. Eine wesentliche Frage besteht darin, wie die Lebensqualität der Bewohner „vor dem Hintergrund der (notwendigen) Routinen von institutionell organisierten Lebens- und Wohngefügen" (ebd., S. 17) erhalten werden kann. In diesem Zusammenhang wird in den letzten Jahren unter anderem darüber diskutiert, inwiefern der Einsatz von Tieren in Pflegeheimen dazu beitragen kann, das psychosoziale Wohlbefinden der Bewohner, insbesondere der demenziell erkrankten Bewohner, zu verbessern.

Wirkungen tiergestützter Interventionen auf ältere und demenziell erkrankte Menschen

Positive Wirkungen von Tieren auf Gesundheit und Wohlbefinden von Menschen werden seit geraumer Zeit beschrieben. Einen umfassenden Überblick über die vielfältigen Effekte der Mensch-Tier-Beziehung sowie Möglichkeiten des gezielten Einsatzes von Tieren in verschiedensten therapeutischen und pädagogischen Arbeitsfeldern bieten die Bände von Beck und Katcher (1983), Wilson und Turner (1998), Fine (1999), Olbrich und Otterstedt (2003), Greiffenhagen und Buck-Werner (2007), Vernooij und Schneider (2007), Otterstedt und Rosenberger (2009) sowie Nestmann, Beckmann und Wesenberg (2010). Nach den bislang vorliegenden Studien und Berichten können Beziehungen zwischen Menschen und Tieren sowohl auf physiologischer und psychologischer als auch auf sozialer Ebene positive Wirkungen entfalten, wobei die einzelnen Bereiche dabei nicht isoliert voneinander zu betrachten sind. Bei den meisten Effekten liegen keine einfachen Wirkungszusammenhänge vor, sondern es bestehen vielmehr zahlreiche Wechselwirkungen innerhalb eines „bio-psycho-sozialen Wirkungspanoramas“ (Nestmann 1994, S. 72). Die Formen von Hilfe und Unterstützung, die Tiere bieten können, sind dabei in Abhängigkeit des Lebensalters und der aktuellen Lebenssituation unterschiedlich relevant. Gerade für alte hilfebedürftige Menschen können Tiere wichtige Funktionen erfüllen.

Viele ältere Menschen verfügen nur über ein kleines, teilweise wenig unterstützendes soziales Netzwerk. Insbesondere wenn ältere Menschen aufgrund von Krankheit und Pflegebedürftigkeit die eigene Wohnung nur noch selten verlassen können, verringern sich die Kontakte zu Bekannten und Nachbarn. Auch der Umzug in ein Pflegeheim bedeutet wie beschrieben eine Abnahme sozialer Kontakte. Hier scheint die Funktion von Tieren als soziale Unterstützung von besonderer Bedeutung. Gerade im Leben von Menschen, die sozial isoliert sind, können Tiere einen hohen Stellenwert einnehmen und nach Hart (2004) zu einem gewissen Grad sogar das Fehlen menschlicher Bezugspersonen kompensieren. Eine frühe Studie von Mugford und M‘Comisky (1975) belegt die positiven Wirkungen von Tieren auf alte Menschen, die allein leben. Die Forscher untersuchten hierzu zwei Gruppen von alten Menschen, die entweder einen Wellensittich oder eine Pflanze erhielten, sowie eine Kontrollgruppe, die keines von beiden bekam. Es zeigte sich, dass sich das psychosoziale Wohlbefinden der Gruppe, die die Betreuung der Wellensittiche übernahm, innerhalb des fünfmonatigen Untersuchungszeitraums am stärksten verbesserte. Bei den Pflanzenbesitzern konnten ebenfalls positive Veränderungen belegt werden, allerdings in deutlich geringerem Maße. Auch eine Folgeuntersuchung nach 18 Monaten bestätigte die anhaltend positive Wirkung der Tierhaltung auf die sozialen Kontakte und das psychische Wohlbefinden der alten Menschen. Die Ergebnisse von Mugford und M‘Comisky wurden in den folgenden Jahren in mehreren Studien bestätigt. So führte etwa Bergler (2000) eine Untersuchung durch, in der 100 ältere Menschen in Pflegeheimen einen Wellensittich erhielten. Die Studie belegte, dass das Zusammenleben mit dem Wellensittich soziale Kontakte zu anderen Heimbewohnern förderte und die Pflegeheimbewohner insgesamt aktiver werden ließ. Colombo et al. (2006) zeigten, dass der Besitz eines Wellensittichs bei Pflegeheimbewohnern zu einer Verringerung psychopathologischer Auffälligkeiten sowie zu einer allgemeinen Verbesserung der Lebensqualität führte. Auch hier zeigten sich in geringerem Maße positive Effekte bei denjenigen Bewohnern, denen eine Pflanze zur Verfügung gestellt wurde.

Die beschriebenen Untersuchungen verdeutlichen, dass Tiere für viele ältere Menschen sehr bedeutsam sind, insbesondere in Situationen, in denen die soziale Unterstützung durch menschliche Partner fehlt. Heimtiere können einerseits durch ihre ständige Präsenz direkt soziale Einsamkeit und Isolation mindern, andererseits wirken sie auch indirekt als so genannte ‚soziale Katalysatoren' (Levinson 1962), also als Vermittler beim Aufbau sozialer Beziehungen zu den Mitmenschen. Diese Funktion von Tieren scheint gerade in Pflegeheimen von besonderer Bedeutung. Klare (2003) beschreibt, dass Gespräche zwischen Pflegekräften und Bewohnern aufgrund von Erlebnisarmut und fehlender sozialer Kontakte außerhalb des Heimes häufig auf Krankheit und Leid beschränkt bleiben. Die Gespräche werden vom Pflegepersonal oft als sehr belastend erlebt, was auch zu einer Vermeidung von Gesprächen führen kann. Tiere bieten hingegen unverfängliche, von beiden Seiten gleichermaßen interessant erlebte Gesprächsthemen.

Eine Stationskatze oder ein Besuchshund im Pflegeheim regen bei vielen Pflegeheimbewohnern zudem die Erinnerung an frühere eigene Tiere an. Die meisten älteren Menschen sind mit Hund oder Katze, im ländlichen Raum auch mit Nutztieren, aufgewachsen. Die Begegnung mit Besuchs- oder Stationstieren regt das Gedächtnis an und wirkt damit dem „Prozess eines immer weiteren Absinkens in(s) Vergessen" (Greiffenhagen/Buck-Werner 2007, S. 111) entgegen. In der Betreuung von demenziell erkrankten Menschen sind nach Klare (2003) Erinnerungsarbeit und Biographieorientierung besonders bedeutsam, da im Krankheitsverlauf immer mehr biographisches Wissen verloren geht. „Tiere stellen hier eine große Hilfe dar, weil sie Türen zum Gedächtnis öffnen" (ebd., S. 323).

Tiere können aber nicht nur indirekt wirken, indem sie Gespräche mit anderen Menschen anregen und Erinnerungen fördern, sondern werden für viele Menschen selbst zu wichtigen Kommunikationspartnern. Auch wenn Hund, Katze oder Kaninchen keine Gespräche führen können, fühlen sich die Halter von ihren Tieren verstanden. „Sie ‚hören zu', indem sie auf die nonverbalen Signale reagieren" (Hegedusch/Hegedusch 2007, S. 63). In einem schwergradigen Stadium der Demenz ist es den Betroffenen häufig nicht mehr möglich, sich sprachlich zu verständigen. Die Fähigkeit zur nonverbalen Kommunikation und die emotionale Ansprechbarkeit bleiben hingegen auch bei fortgeschrittener Erkrankung weitgehend erhalten. Deshalb erscheint es gerade für demenziell erkrankte Menschen besonders wichtig, dass die Kommunikation mit Tieren nicht der Sprache bedarf, sondern überwiegend nonverbal über Berührungen verläuft. In der Praxis ist oft zu beobachten, dass sich demenziell erkrankte Pflegeheimbewohner von sich aus Tieren zuwenden, diese streicheln und auf diese Weise mit ihnen kommunizieren (vgl. u.a. Badelt-Vogt 2004; Hirsch/Hoffmann 2005). Hegedusch und Hegedusch (2007) begründen dies damit, dass die vornehmlich auf verbaler Verständigung beruhenden Kontakte zwischen demenziell erkrankten Bewohnern und dem Pflegepersonal oftmals belastend erlebt werden, da die Bewohner wie beschrieben im Verlauf der Erkrankung zunehmend die sprachlichen Fähigkeiten verlieren. Im Gegensatz zu dieser ‚Sprachlosigkeit', die zwischen Bewohnern und Pflegepersonal besteht, bleibt zwischen demenziell erkrankten Menschen und Tieren eine Verständigungsmöglichkeit über die ‚fühlbare Sprache' bestehen.

Über das Berühren und Streicheln des Tieres wird überdies das Bedürfnis nach Körperkontakt erfüllt, welches im Heimalltag in zwischenmenschlichen Begegnungen häufig unbefriedigt bleibt. Körperliche Berührungen jenseits pflegerischer Tätigkeiten finden selten statt. Die Begegnung mit Tieren ermöglicht den demenziell erkrankten Bewohnern die Erfahrung körperlicher Nähe, Intimität und Geborgenheit, denn „Tiere darf man anfassen, streicheln, liebkosen, in den Arm und auf den Schoß nehmen" (Greiffenhagen/Buck-Werner 2007, S. 39).

Die Pflege und Versorgung eines Tieres kann zudem das Selbstbild positiv beeinflussen. Eine demenzielle Erkrankung bedeutet den zunehmenden Verlust von Fähigkeiten, was von den Betroffenen sehr leidvoll erlebt wird. Gerade für demenziell erkrankte Menschen kann es insofern sehr wichtig sein, in der Versorgung eines Tieres eigene Kompetenzen zu erfahren und wieder Vertrauen in die eigenen Fähigkeiten zu entwickeln. Wird etwa dem Bewohner eines Pflegeheimes die Verantwortung für die Versorgung eines Stationstieres übertragen, spürt er, dass er gebraucht wird und erfährt zudem die uneingeschränkte Zuneigung des Tieres.

Die Begegnung mit Tieren kann sich auch aus einem weiteren Grund positiv auf das Selbstwertgefühl und das Wohlbefinden auswirken. Heimtiere spüren oft intuitiv die Stimmung ihrer Besitzer und reagieren darauf äußerst sensibel. „Das Tier ‚versteht' – und versteht gleichwohl nichts: es fühlt die Niedergeschlagenheit seines Herrn, den sein Chef zurückwies, aber es kennt ihn nicht als ‚Versager'" (Greiffenhagen 1993). Das Tier wendet sich ‚seinem Menschen' bedingungslos zu und bietet unkritische Bewunderung, unabhängig davon wie hilflos und unattraktiv der Mensch ist. Dies wird in der Literatur auch als ‚Aschenputteleffekt' beschrieben (vgl. u.a. Nestmann 1994). Braun und Schmidt (2003) können diesen Effekt in ihrer praktischen Arbeit immer wieder beobachten: „Menschen würden vielleicht denken ‚welch eine alte Frau – mit Falten und wunderlich gekleidet…‘. Doch das zählt für [den Hund] nicht. Was zählt, ist der Mensch und die Zuneigung, die ihm entgegenkommt, und die er spontan erwidert“ (ebd., S. 327). Tiere vermitteln ihren Besitzern damit ein Gefühl des Angenommenseins und helfen, Selbstsicherheit und Selbstbewusstsein aufzubauen. Die ‚Unvorgenommenheit‘ von Tieren beinhaltet gerade im Kontakt mit demenziell erkrankten Menschen noch einen weiteren Vorteil: Pflegende und Angehörige erleben den fortschreitenden, unaufhaltsamen Verlauf einer demenziellen Erkrankung, verbunden mit dem stetigen Verlust weiterer Fähigkeiten, häufig als sehr schmerzhaft. Nach Greiffenhagen und Buck-Werner (2007) scheint es hingegen so, „als ob für die tierischen Kotherapeuten ein Zusammenleben mit schwerkranken und verwirrten Menschen wenig Belastung enthielte. Ein Tier weiß nicht, dass ein Patient unheilbar krank ist und vielleicht nur noch wenige Wochen am Leben sein wird. Es wird nicht enttäuscht, wenn ein Patient keine Fortschritte macht, wird nicht entmutigt durch die Perspektive jahrelangen Siechtums, weil es die Hoffnung auf Besserung niemals kannte“ (ebd., S. 107).

Aktueller Forschungsstand

Die beschriebenen Effekte verdeutlichen, dass die Begegnung mit Tieren ein großes Potential für die Arbeit mit demenziell erkrankten Menschen birgt und der Einsatz von Tieren in Pflegeheimen den Heimalltag in vielfältiger Weise bereichern kann. Die bislang postulierten Wirkungspotentiale resultieren allerdings hauptsächlich aus theoretischen Annahmen zur Mensch-Tier-Beziehung oder aus Studien, die die Effekte tiergestützter Interventionen auf bestimmte Personengruppen (z. B. Pflegeheimbewohner) belegen, aber keine direkten Schlüsse auf demenziell erkrankte Menschen erlauben. Inwiefern tiergestützte Interventionen positiv auf die Lebensqualität von Demenzkranken wirken, die Stimmung verbessern oder demenzspezifische Verhaltensauffälligkeiten verringern können, ist bislang kaum Gegenstand empirischer Forschung geworden. Eine aktuelle Übersichtsarbeit zu existierenden Studien (vgl. Perkins 2008) konstatiert generell positive Effekte von Tieren, insbesondere Hunden, auf ältere Menschen mit Demenz. Tiergestützte Interventionen fördern demnach vor allem prosoziale Verhaltensweisen und reduzieren agitiertes Verhalten. Wie die Autorin einschränkt, ist dieser Befund allerdings aus verschiedenen Gründen vorsichtig zu bewerten. So weisen die untersuchten Studien nur geringe Stichprobengrößen (4 bis 28 Probanden) auf, unterscheiden sich deutlich hinsichtlich der Interventionsart und -dauer und vernachlässigen in den Ergebnisdarstellungen wesentliche Einflussfaktoren wie die frühere Beziehung zu Tieren, Details zu den durchgeführten Interventionen oder die Medikation der Probanden. Auch ein anderer Review von Williams und Jenkins (2008) kritisiert einen Mangel an wirklich aussagefähiger empirischer Forschung. Bei einem Großteil der Literatur zu den Wirkungen von Tieren auf Demenzkranke handelt es sich demnach um Einzelfallberichte oder Studien mit methodischen Schwächen, die keine fundierten Belege der Wirksamkeit tiergestützter Interventionen erbringen. In den meisten Untersuchungen werden Hunde als ‚therapeutische Helfer' eingesetzt. Über positive Wirkweisen anderer Heimtiere lassen sich entsprechend bislang kaum Aussagen treffen. Zudem basieren viele Untersuchungen auf Fremdeinschätzungen des Verhaltens demenziell Erkrankter durch Angehörige oder Pflegekräfte. Bei diesen Studien ist es durchaus vorstellbar, dass die Präsenz der Tiere einen positiven psychologischen Effekt auf die Pflegenden hat und dass damit die Fremdwahrnehmung der Demenzkranken beeinflusst wird (vgl. Perkins 2008; Fritz et al. 1995). In den Beschreibungen der Untersuchungen fehlen zudem häufig Angaben, wie die Probanden gewonnen wurden und worin Ein- und Ausschlusskriterien bestanden. Es erscheint durchaus vorstellbar, dass sich zur Teilnahme an den untersuchten tiergestützten Interventionsprogrammen insbesondere diejenigen bereit erklärt haben, die Tieren grundsätzlich sehr positiv gegenüber stehen und im früheren Leben selbst Heimtiere hatten. Andere demenziell erkrankte Menschen bzw. ihre Angehörigen haben eine Studienteilnahme möglicherweise abgelehnt, da Aversionen gegenüber Tieren bestehen oder Allergien vorliegen. Insofern können die Studienteilnehmer nicht als zufällig ausgewählte Stichprobe betrachtet werden, die die Gesamtgruppe demenziell erkrankter Menschen repräsentiert.

Auch wenn bislang vorliegende Studien aufgrund dieser methodischen Schwächen keine verallgemeinerbaren Schlüsse erlauben, bieten sie doch wichtige Hinweise auf mögliche Wirkweisen tiergestützter Interventionen bei demenziell erkrankten Menschen. In den Untersuchungsergebnissen zeigen sich positive Effekte der Interaktion mit Tieren insbesondere in drei Bereichen: bezüglich der Auftretenshäufigkeit demenzspezifischer psychopathologischer Auffälligkeiten, des emotionalen Wohlbefindens sowie des Sozialverhaltens.

Psychopathologische Auffälligkeiten

In einer vergleichsweise groß angelegten Studie untersuchten Fritz et al. (1995) den Einfluss von Tieren auf nicht-kognitive Symptome von Demenzpatienten in häuslicher Umgebung. Von den 46 Probanden lebten 34 mit einem Tier im Haushalt. Die Gruppe mit Tierkontakt zeigte in geringerem Maße Verhaltensauffälligkeiten wie Erregung, Angst und Aggression. Der Kontakt mit Tieren kann sich aber nicht nur im häuslichen Umfeld, sondern auch in Pflegeheim positiv auf psychopathologische Auffälligkeiten auswirken, die häufig mit einer demenziellen Erkrankung einhergehen. Zum einen sind in der direkten Begegnung mit Tieren seltener psychische Auffälligkeiten, insbesondere Erregbarkeit und Aggressionen, beobachtbar als in vergleichbaren Situationen ohne Tier (vgl. u.a. Churchill et al. 1999, Sellers 2005). Zum anderen zeigen mehrere Untersuchungen, dass diese positiven Effekte des Tierkontaktes auch über die Situation des direkten Kontaktes hinaus bestehen bleiben (vgl. u.a. McCabe et al. 2002, Kanamori et al. 2001). Richeson (2003) führte beispielsweise eine Studie durch, in der 15 Pflegeheimbewohner mit Demenz über einen Zeitraum von drei Wochen werktäglich für eine Stunde an einem tiergestützten Interventionsprogramm teilnahmen. Ein Vergleich der Testwerte vor Beginn und nach Beendigung des Programms machte deutlich, dass Erregungszustände sowie physisch und verbal aggressive Verhaltensweisen im Programmverlauf merklich reduziert wurden. Positive Effekte tiergestützter Interventionen zeigen sich in den bislang vorliegenden Studien insbesondere hinsichtlich folgender psychopathologischer Auffälligkeiten: Erregung und Aggression (vgl. Churchill et al. 1999, Kanamori et al. 2001, McCabe et al. 2002, Richeson 2003, Sellers 2005), Apathie (vgl. Motomura/Yagi/Okyama 2004) sowie Ängste und Phobien (vgl. Kanamori et al. 2001).

Emotionales Wohlbefinden

Tierkontakte können sich auch förderlich auf das emotionale Wohlbefinden demenziell erkrankter Pflegeheimbewohner auswirken. In der Begegnung mit Tieren zeigen die Bewohner häufig Zeichen von Freude, wie in einer Videoanalyse von Churchill und Kollegen (1999) deutlich wurde. Die Forscher untersuchten 28 demenziell erkrankte Pflegeheimbewohner mit Sundown-Syndrom, das heißt einer Zunahme der Verwirrtheit und Unruhe in den Abendstunden. Die Bewohner zeigten während eines Hundebesuchs Freude und Interesse und lächelten deutlich häufiger als in einer Vergleichssituation ohne Tierkontakt. Eine andere Studie von Kongable, Buckwalter und Stolley (1989) kam zu einem ähnlichen Ergebnis. Neben diesen Kurzzeiteffekten, die in der Situation mit dem Tier direkt verzeichnet werden, belegt eine Studie von Kawamura, Niiyama und Niiyama (2007) auch längerfristige Wirkungen. Ihre Ergebnisse weisen darauf hin, dass die positiven Wirkungen der tiergestützten Interventionen über die Situation des direkten Kontaktes hinweg bestehen bleiben können und sich das emotionale Wohlbefinden der Bewohner dauerhaft verbessern kann.

Sozialverhalten

Neben den beschriebenen Wirkungen auf Stimmung und psychopathologische Auffälligkeiten bestätigen mehrere Untersuchungen, in denen Hunde in Pflegeheimen eingesetzt wurden, positive Effekte auf das Sozialverhalten demenziell erkrankter Bewohner (vgl. u.a. Kongable/Buckwalter/Stolley 1989, Walsh et al. 1995, Churchill et al. 1999, Sellers 2005). Die Bewohner wenden sich dem Hund selbstmotiviert zu, streicheln ihn oder spielen mit ihm. Außerdem kommunizieren sie deutlich häufiger mit anderen Bewohnern oder dem Pflegepersonal als in Vergleichssituationen ohne Hund. Auch die Anwesenheit von Katzen wirkt sich positiv auf das Kommunikationsverhalten der Bewohner aus (vgl. Greer et al. 2001). Die Wirkung von Tieren als soziale Katalysatoren, die zwischenmenschliche Kontakte initiieren, konnte eindeutig bestätigt werden. Bis auf eine Ausnahme erlauben die genannten Studien allerdings keine Aussagen zur Nachhaltigkeit der positiven Wirkungen auf das Sozialverhalten. Lediglich Walsh und Kollegen (1995) weisen darauf hin, dass die positiven Effekte tiergestützter Interventionen nicht langfristig anhalten, sondern dass die Bewohner 15 bis 30 Minuten nach Beendigung des Hundebesuches wieder dasselbe Verhalten wie vor dem Besuch zeigten.

Die vorgestellten Studien bestätigen die These verschiedener Autoren, wonach die Interaktion mit Tieren sich positiv auf die Lebensqualität von Demenzkranken auswirken kann (vgl. u.a. Baun/McCabe 2003). Allerdings sind die Erkenntnisse aufgrund methodischer und theoretischer Schwächen der Studien nur vorsichtig zu bewerten. Die wissenschaftliche Erforschung der positiven Wirkungen von Tieren auf Menschen in verschiedenen Lebenskontexten, insbesondere auf demenziell erkrankte Menschen, sieht sich vor der „Herausforderung, verlässliche und fundierte Wirkungsnachweise und -mechanismen der Interaktionsprozesse zwischen Mensch und Tier und deren mannigfaltiger Auswirkung auf gesundheitliche, soziale und emotionale Reize zu erbringen" (Hegedusch/Hegedusch 2007, S. 94). Wie der Überblick über die aktuelle Studienlage verdeutlicht, bedürfen die bislang vorliegenden Befunde unbedingt der Überprüfung anhand größerer Stichproben. Zukünftige Untersuchungen sollten außerdem geeignete Kontrollgruppen einbeziehen, die Art und Weise der tiergestützten Arbeit genau erfassen und andere Wirkfaktoren als Ursachen für ermittelte positive Effekte nachweisbar ausschließen. Weiterhin erscheint es wichtig, auch die Bedingungen zu berücksichtigen, die erfüllt sein müssen, damit der Einsatz von Tieren in Pflegeheimen gelingt und positive Effekte erzielt werden können.

Fazit

Inzwischen weisen zahlreiche Einzelfallberichte darauf hin, dass Tiere gerade für ältere pflegebedürftige Menschen eine große Bedeutung haben können, allerdings „wäre [es] natürlich zu einfach, als Allheilmittel gegen Alterskrisen ein Tier zu empfehlen. Aber in vielen Fällen kann ein Tier helfen. Dabei gilt eine Voraussetzung: Tiere helfen, wenn man sie mag, und mehr: wenn man sie immer schon mochte. Wer in früheren Lebensphasen nie eine Beziehung zu Tieren gesucht und aufgebaut hat, gewinnt unter Umständen wenig, wenn er sich im Alter einen Hund, eine Katze oder einen Vogel anschafft" (Greiffenhagen/Buck-Werner 2007, S. 97 f.). Es kann also nicht davon ausgegangen werden, dass jeder demenziell erkrankte Mensch in gleicher Weise vom Zusammensein mit Tieren profitiert.

Der Besitz eines eigenen Heimtiers birgt zudem die Gefahr der Überforderung. Die Versorgung von Hund, Katze oder Kaninchen und die damit einhergehende Übernahme von Verantwortung für ein anderes Lebewesen können angesichts der eigenen gesundheitlichen Verfassung auch als Belastung wahrgenommen werden (vgl. Hart 2004). Pflegebedürftige Menschen, die in ein Pflegeheim umziehen, sind nicht immer in der Lage, sich selbstständig um ihr Heimtier zu kümmern. Hier ist es Aufgabe der Heimleitung dafür Sorge zu tragen, dass das Tier artgerecht versorgt wird und die Tierhaltung im Heim nicht zur Belastung für Tier und Halter wird. In einem Pflegeheim trägt die Heimleitung prinzipiell die Verantwortung für das Wohlergehen der Tiere – unabhängig davon ob es sich um Stations-, Besuchs- oder um bewohnereigene Tiere handelt. Nur wenn bei der Planung von Tierhaltung und tiergestützter Arbeit in Pflegeheimen die Bedürfnisse beider Seiten, sowohl der Bewohner als auch der Tiere, konsequent berücksichtigt werden, kann die Interaktion zwischen Mensch und Tier förderlich verlaufen.

Der Einsatz von Tieren in Pflegeheimen bedeutet damit sicherlich zunächst einen gewissen Mehraufwand, der sich aber – so zeigen die bislang vorliegenden Befunde – in vielfältiger Weise auszahlt. Sind die notwendigen Rahmenbedingungen gegeben, kann tiergestützte Arbeit den Heimalltag enorm bereichern und sich positiv auf die Lebensqualität und das Wohlbefinden demenziell erkrankter Menschen, aber auch positiv auf die alltäglichen Arbeitsanforderungen und -abläufe des Pflegepersonals auswirken. Die Bedeutung des Einsatzes von Tieren in Pflegeheimen beschreiben Olbrich und Ford (2003) sehr treffend: „Tiere ersetzen Menschen als Partner nicht, sie tragen aber dazu bei, die Einseitigkeit von nur rational und institutionalisiert geplanter menschlicher Unterstützung durch Beziehung und Emotion zu ergänzen" (ebd., S. 318).

Literatur

Badelt-Vogt, Annette (2004): Tiergestützte ehrenamtliche Besuchsdienste bei Demenzkranken – Entwicklung eines Qualitätsstandards. Projektarbeit in Weiterbildung „Tiere öffnen Welten“. Heilbronn.

Baun, Mara M./McCabe, Barbara W. (2003): Companion Animals and Persons with Dementia of the Alzheimer´s Type. Therapeutic Possibilities. In: American Behavioral Scientist, 47. Jg., S. 42-51.

Beck, Alan/Katcher, Aaron (1983): Between pets and people: The importance of animal companionship. New York.

Bergler, Reinhold (2000): Gesund durch Heimtiere. Beiträge zur Prävention und Therapie gesundheitlicher und seelischer Risikofaktoren. Köln.

Braun, Claudia/Schmidt, Monika (2003): Das Hundebesuchsprogramm in der Altenpflege. In: Olbrich, Erhard/Otterstedt, Carola (2003) (Hrsg.): Menschen brauchen Tiere. Grundlagen und Praxis der tiergestützten Pädagogik und Therapie. Stuttgart, S. 325-333.

Bundesministerium für Familie, Senioren, Frauen und Jugend (2001) (Hrsg.): Dritter Bericht zur Lage der älteren Generation. Bundestagsdrucksache 14/5130. Berlin.

Churchill, Mary/Safaoui, Janet/McCabe, Barbara W./Baun, Mara M. (1999): Using a Therapy Dog to Alleviate the Agitation and Desocialization of People with Alzheimer's Disease. In: Journal of Psychosocial Nursing and Mental Health Services, 37. Jg., S. 16-22.

Coen, Robert F./Swanwick, Gregory R./O´Boyle, Ciaran A./Coakley, Davis (1997): Behaviour disturbance and other predictors of carer burden in alzheimer's disease. In: International Journal of Geriatric Psychiatry, 12. J., S. 331-336.

Colombo, Giovanni/Dello Bueno, Marirosa/Smania, Katya/Raviola, Roberta/De Leo, Diego (2006): Pet therapy and institutionalized elderly: A study on 144 cognitively unimpaired subjects. In: Archives of Gerontology and Geriatrics, 42. Jg., S. 207-216.

Cummings, Jeffrey L./Mega, Michael/Gray, K./Rosenberg-Thompson, Susan/Carusi, Daniela Anne/Gornbein, Jeffrey (1994): The Neuropsychiatric Inventory: Comprehensive assessment of psychopathology in dementia. In: Neurology, Jg. 44, S. 2308-2314.

Fine, Aubrey H. (2004) (ed.): Handbook on animal-assisted therapy. Theoretical foundations and guidelines for practice. San Diego.

Greiffenhagen, Sylvia (1993): Tiere als Therapie. Neue Wege in Erziehung und Heilung. München.

Greiffenhagen, Sylvia/Buck-Werner, Oliver (2007): Tiere als Therapie. Mürlenbach.

Hart, Lynnette A. (2004): Psychosocial Benefits of Animal Companionship. In: Fine, Aubrey H. (2004) (ed.): Handbook on animal-assisted therapy. Theoretical foundations and guidelines for practice. San Diego, S. 59-78.

Hegedusch, Eileen/Hegedusch, Lars (2007): Tiergestützte Therapie bei Demenz. Die gesundheitsförderliche Wirkung von Tieren auf demenziell erkrankte Menschen. Hannover.

Hirsch, Sabine/Hoffmann, Thomas (2005): Tiergestützte Therapie mit dementiell erkrankten Bewohnern im Senioren- und Pflegeheim Schlanstedt. Projektarbeit in Weiterbildung „Tiere öffnen Welten“.

Kanamori, Masao/Suzuki, Mizue/Yamamoto, Kiyomi/Kanda, Masahiro/Matsui, Yoshimi/Kojima, Emi/Fukawa, Hirono/Sugita, Tomomi/Oshiro, Hajime (2001): A day care program and evaluation of animal-assisted therapy (AAT) for the elderly with senile dementia. In: American Journal of Alzheimer's Disease and Other Dementias, Jg. 16, S. 234-239.

Kawamura, Namiko/Niiyama, Masayoshi/Niiyama, Harue (2007): Long-term evaluation of animal-assisted therapy for institutionalized elderly people: a preliminary result. In: Psychogeriatrics, Jg. 7, S. 8-13.

Klare, Karl-Josef (2003): Heimtiere als begleitende Hilfen bei der aktivierenden und fördernden Pflege alter Menschen. In: Olbrich, Erhard/Otterstedt, Carola (2003) (Hrsg.): Menschen brauchen Tiere. Grundlagen und Praxis der tiergestützten Pädagogik und Therapie. Stuttgart, S. 318-325.

Koch-Straube, Ursula (1997): Fremde Welt Pflegeheim. Eine ethnologische Studie. Bern/Göttingen/Toronto/Seattle.

Kongable, Lisa Garlock/Buckwalter, Kathleen C./Stolley, Jacqueline M. (1989): The Effects of Pet Therapy on the Social Behavior of Institutionalized Alzheimer's Clients. In: Archives of Psychiatric Nursing, Jg. 3, S. 191-198.

Kors, Bert/Seunke, Wim (2001): Gerontopsychiatrische Pflege. 2. Aufl. München und Jena.

Lenz, Karl/Rudolph, Martin/Sickendiek, Ursel (1999): Alter und Altern aus sozialgerontologischer Sicht. In: Lenz, Karl/Rudolph, Martin/Sickendiek, Ursel (1999) (Hrsg.): Die alternde Gesellschaft. Weinheim und München, S. 7-96.

Levinson, Boris M. (1962): The dog as a „co-therapist". In: Mental Hygiene, Jg. 46, S. 59-65.

Margallo-Lana, Marisa/Swann, Alan/O'Brien, John/Fairbairn, Andrew/Reichelt, Katharina/Potkins, Dawn/Mynt, Pat/Ballard, Clive (2001): Prevalence and pharmacological management of behavioural and psychological symptoms amongst dementia sufferers living in care environments. In: International Journal of Geriatric Psychiatry, Jg. 16, S. 39-44.

McCabe, Barbara W./Baun, Mara M./Speich, Denise/Agrawal, Sangeeta (2002): Resident Dog in the Alzheimer´s Special Care Unit. In: Western Journal of Nursing Research, Jg. 24, S. 684-696.

Mugford, Roger A./M'Comisky, James G. (1975): Some recent work on the psychotherapeutic value of cage birds with old people. In: Anderson, Ronald S. (1975) (ed.): Pet animals and society: A British Small Animal Veterinary Association (BSAVA) symposium. London, S. 54-65.

Nestmann, Frank (1994): Tiere helfen heilen. In: Wissenschaftliche Zeitschrift der Technischen Universität Dresden, Jg. 43, S. 64-74.

Nestmann, Frank/Beckmann, Antje/Wesenberg, Sandra (2010) (Hrsg.): Tiere heilen! (Schwerpunkt). In: Verhaltenstherapie & Psychosoziale Praxis, Jg. 42, S. 5-95.

O'Donnel, Brian F./Drachman, David A./Barnes, Heather J./Peterson, Karen E./Swearer, Joan M./ Lew, Robert A. (1992): Incontinence and Troublesome Behaviors Predict Institutionalization in Dementia. In: Journal of Geriatric Psychiatry and Neurology, Jg. 5, S. 45-52.

Olbrich, Erhard/Ford, Graham (2003): Alte Menschen und Tiere: Zum Verstehen einer hilfreichen Beziehung. In: Olbrich, Erhard/Otterstedt, Carola (2003) (Hrsg.): Menschen brauchen Tiere. Grundlagen und Praxis der tiergestützten Pädagogik und Therapie. Stuttgart, S. 304-318.

Olbrich, Erhard/Otterstedt, Carola (2003) (Hrsg.): Menschen brauchen Tiere. Grundlagen und Praxis der tiergestützten Pädagogik und Therapie. Stuttgart.

Otterstedt, Carola/Rosenberger, M. (2009) (Hrsg.): Gefährten – Konkurrenten – Verwandte. Die Mensch-Tier-Beziehung im wissenschaftlichen Diskurs. Göttingen.

Perkins, Jacqueline (2008): Dog-assisted therapy for older people with dementia: A review. Australasian Journal on Ageing, 27, 177-182.

Richeson, Nancy E. (2003): Effects of animal-assisted therapy on agitated behaviors and social interactions of older adults with dementia. In: American Journal of Alzheimer´s Disease and Other Dementias, Jg. 18, S. 353-358.

Robert Koch-Institut (2006) (Hrsg.): Gesundheit in Deutschland. Gesundheitsberichterstattung des Bundes. Berlin.

Schäufele, Martina/Köhler, Leonore/Lode, Sandra/Weyerer, Siegfried (2009): Menschen mit Demenz in stationären Pflegeeinrichtungen: aktuelle Lebens- und Versorgungssituation. In: Schneekloth, Ullrich/Wahl, Hans-Werner (2009) (Hrsg.): Pflegebedarf und Versorgungssituation bei älteren Menschen in Heimen. Demenz, Angehörige und Freiwillige, Beispiele für "Good Practice". Stuttgart, S. 159-221.

Schimany, Peter (2002): Die Alterung der Bevölkerung. Typen, Messung und Einflußfaktoren. In: Motel-Klingebiel, Andreas/Kelle, Udo (2002) (Hrsg.): Perspektiven der empirischen Alter(n) ssoziologie. Opladen, S. 19-42.

Schmitz-Scherzer, Reinhard (1999): Thanatologie. In: Jansen, Birgit/Karl, Fred/Radebold, Hartmut/Schmitz-Scherzer, Reinhard (1999) (Hrsg.): Soziale Gerontologie. Weinheim und Basel, S. 383-396.

Sellers, Debra (2005): The Evaluation of an Animal Assisted Therapy Intervention for Elders with Dementia in Long-Term Care. In: Activities, Adaptation & Aging, Jg. 30, S. 61-77.

Statistisches Bundesamt (Hrsg.) (2009): Bevölkerung Deutschlands bis 2060. 12. koordinierte Bevölkerungsvorausberechnung. Wiesbaden.

Vernooij, Monika A./Schneider, Silke (2008): Handbuch der Tiergestützten Intervention. Grundlagen, Konzepte, Praxisfelder. Wiebelsheim.

Wagner, Michael/Schütze, Yvonne/Lang, Frieder R. (1999): Soziale Beziehungen alter Menschen. In: Baltes, Paul B./Mayer, Karl-Ulrich (1999) (Hrsg.): Die Berliner Altersstudie. 2., korrigierte Aufl., Berlin, S. 301-320.

Wahl, Hans-Werner/Schneekloth, Ullrich (2009): Der Hintergrund: Forschungen zur Lebensführung in stationären Einrichtungen. In: Schneekloth, Ullrich/Wahl, Hans-Werner (2009) (Hrsg.): Pflegebedarf und Versorgungssituation bei älteren Menschen in Heimen. Demenz, Angehörige und Freiwillige, Beispiele für "Good Practice". Stuttgart, S. 13-42.

Walsh, Paul/Mertin, Peter/Verlander, Don/Pollard, Cris (1995): The Effects of a ‚Pet as Therapy' Dog on Persons with Dementia in a Psychiatric ward. In: Australian Occupational Therapy Journal, Jg. 42, S. 161-166.

Weyerer, Siegfried/Bickel, Horst (2007): Epidemiologie psychischer Erkrankungen im höheren Lebensalter. Stuttgart.

Williams, Elisabeth/Jenkins, Rhiannon (2008): Dog visitation therapy in dementia care: A literature review. In: Nursing older people, Jg. 20, S. 31-35.

Wilson, Cindy C./Turner, Dennis C. (1998) (eds.): Companion animals in human health. Thousand Oaks.

Christine Kehl-Brand

Elly – eine Labradorhündin in der Grundschule. Erfahrungen mit tiergestützter Pädagogik

Einleitung

Im Rahmen meines erziehungswissenschaftlichen Studiums habe ich mich in meiner Diplomarbeit mit der *Theorie und Praxis der tiergestützten Arbeit* auseinandergesetzt und ein Tierprojekt mit Kindern im Grundschulalter entwickelt, durchgeführt und ausgewertet. Dies ist Grundlage der folgenden Ausführungen. Das Projekt wurde mit meiner Labradorhündin Elly an einer hessischen Grundschule im Sommer 2008 durchgeführt (vgl. Brand 2008). Teilgenommen haben 20 Kinder zwischen fünf und sechs Jahren, die die Eingangsstufe besuchten. Viele von ihnen hatten einen Migrationshintergrund.

Der Fokus meiner nachfolgenden Ausführungen richtet sich auf die Reaktionen der Kinder. In der einschlägigen Literatur zur Praxis der Kind-Tier-Beziehungen werden positive Reaktionen auf das Tier oft als selbstverständlich unterstellt (vgl. Kusztrich 1992). Die Freude im Umgang mit Tieren wird vielfach beschrieben und zum ‚Werbeschild' solche Praxisansätze. Dagegen sind die negativen Reaktionen kaum Thema. Doch Kinder begegnen Hunden nicht nur zustimmend, sondern manchmal auch ablehnend, feindselig, distanzlos oder grenzüberschreitend. So kommt es vor, dass sie Hunde schlagen, treten oder ihnen an den Ohren ziehen. Im schlimmsten Fall wehrt sich der Hund und beißt.

Wie Kinder Hunden begegnen – eine Typologie

Werden Hunde im Rahmen von Projekten in die Schule mitgebracht, besteht zunächst einmal die wichtige Aufgabe der Projektleitung darin, während der Projektarbeit alle Beteiligten zu schützen und auf das Wohlergehen von Mensch und Tier zu achten. Von daher ist es in einem Hunde-Projekt mit Kindern in der Schule unabdinglich, ein Regelwerk mit den Kindern für den Umgang mit dem Tier zu entwickeln, welches die Kinder und den Hund vor Zumutungen schützt. Hilfreich ist auch, die Klasse und die Kinder im Vorfeld kennen zu lernen.

In meiner Projektarbeit habe ich bei den Kindern drei typische Haltungen gegenüber dem Hund erlebt.

Der Hund als Freund: In diesem Fall hat das Kind eine enge und herzliche Beziehung zu einem eigenen Hund. Der Hund ist naher Vertrauter, dem positive Gefühle entgegengebracht werden. Das Kind ist in der Lage, Eigenheiten und Bedürftigkeiten des Hundes emphatisch wahrzunehmen und anzuerkennen. Dieses Kind hat in der Regel auch vor anderen Hunden keine Angst. Im Projekt ist es relativ unkompliziert, offen für die Arbeit mit dem Tier.

Der Hund als fremdes Wesen: In diesem Fall hat das Kind bisher noch keine einschlägigen Erfahrungen mit Hunden gemacht. Die Interaktion mit dem Tier ist völlig fremdes Terrain. Im Projekt zeigte sich, dass dieser Typus vor allem bei Kindern mit einem türkischen Migrationshintergrund zu finden war. Sie hatten keine oder nur wenige Erfahrungen mit Hunden oder auch mit Heimtieren im Allgemeinen gemacht. Sie traten dem Hund zwar ängstlich gegenüber, waren aber für eine Kontaktaufnahme bereit und weit weniger ängstlich wie die Kinder des letzten Typus.

Der Hund als Auslöser von Angst und Panik: In diesem Fall löst der Hund beim Kind Angst und Panik aus. Es flieht, läuft weg. Meine Erfahrung ist, dass diese Kinder intensivste Unterstützung in einem entsprechenden Schulprojekt benötigen, und dies nicht nur im Kontakt zum Hund, sondern – das ist ein wichtiges Ergebnis des Projekts – auch im Hinblick auf die Stellung des Kindes im Klassenverbund.

Die Typologie zeigt, dass es Unterschiede im Kontaktverhalten zu Tieren zwischen Kindern ohne und mit Migrationshintergrund gibt. Dennoch ist dies nur eine Tendenz, die kaum gruppenspezifisch verallgemeinerbar ist. Genauere Differenzierungen wären hier noch vorzunehmen, die nicht nur christliche und islamische Traditionen im Umgang mit Tieren und Heimtieren berücksichtigen, sondern auch anderweitige mögliche soziale und lebensgeschichtliche Einflüsse. Hier gibt es weiteren erheblichen Forschungsbedarf.

Der Hund als Freund: Fallbeispiel Rick

Rick (ohne Migrationshintergrund) ist sechs Jahre alt. Er hat zu Hause einen Golden Retriever, und er kennt Hunde und ihr Verhalten sehr gut. In Bezug zum Hund sind bei ihm keine negativen Gefühle zu erkennen, der Hund ist für ihn ein Freund, den er gleichwertig zu anderen Spielkameraden betrachtet. Während des Projektes ist Ricks Hund gestorben. Die Projekthündin Elly nahm eine wichtige Rolle in seiner Trauerarbeit ein. Rick konnte über Elly sprechen und Bezüge zu seinem eigenen Hund herstellen. Durch seine umfangreichen Erfahrungen mit Hunden erhielt Rick von den Klassenkameraden

Anerkennung und Bestätigung. Da Rick sofort mit Elly Kontakt aufnahm, diese durch seine klare Haltung auch auf ihn hörte und seine Befehle ausführte, wurde Rick von seinen Klassenkameraden bestaunt. Besonders hervorzuheben ist, dass Rick viel über Hunde gelesen hatte (vgl. den Beitrag von Fuhs und Naumann in diesem Band). Er hatte sich Wissen über die „Welt des Hundes" angeeignet. Für ihn war es selbstverständlich, einen Hund als vollwertiges Familienmitglied und nicht als fremdes Wesen zu betrachten.

Rick hat eine sehr gute Auffassungsgabe und in der Klasse ist er hoch angesehen. Besonders im Freispiel ist zu erkennen, dass er in seiner Jungenclique der Anführer ist und das Sagen hat. Über seinen Status ist sich Rick, so die Ausführungen der Lehrerin, nicht bewusst, er ist kein Junge, der bewusst den Ton angibt. Er ist nicht nur zu Erwachsenen, sondern auch zu seinen Mitschülern freundlich, höflich und hilfsbereit.

Auch die Eltern von Rick zeigten sich sehr aufgeschlossen und hilfsbereit. Sie äußerten, dass sie das Hundeprojekt „toll" finden.

Der Hund als fremdes Wesen: Fallbeispiel Gamze

Die fünfjährige Gamze ist erst kürzlich mit ihrer Familie aus der Türkei nach Deutschland gezogen. Sie kann kein Deutsch sprechen und kommuniziert lediglich mit den Türkisch sprechenden Kindern in der Klasse. Sie ist sehr zurückhaltend und schüchtern. Der Hund als Lebewesen und menschlicher Gefährte – dies ist ihr völlig fremd. Sie hat zuvor noch nie näheren Kontakt mit einem Hund gehabt. Ihrer Empfindung nach ist ein Hund dreckig und eklig. Sie rümpft die Nase, wenn ihr der Hund entgegen kommt. Als sie während eines Waldspaziergangs beobachtet, wie Elly kotet, findet sie das eklig und wendet sich sofort ab. Gamze teilt der Lehrerin zu Beginn der Durchführung (mit Übersetzungshilfe von Mitschülern) mit, dass sie keinen Kontakt mit dem Hund haben möchte. Ihre Kontaktscheu wird nicht nur im Umgang mit dem Hund offensichtlich, sondern auch im Umgang mit ihren Mitschülern. Sie signalisiert ganz deutlich, dass für sie nicht nur der Hund fremd ist, sondern auch die nicht-türkischen Kinder bei ihr Fremdheitsgefühle auslösen. Sie wehrt ‚beides' ab.

Diesem Phänomen bin ich in einem Elterninterview näher nachgegangen. Man teilte mir mit, dass man in der Türkei keine Haustiere wie hier in Deutschland halte. Hunde seien nur als Straßenhunde bekannt. Für Familien sei es eigentlich nicht vorstellbar, einen Hund im Haus zu halten. Kinder lernen so, dass Tiere keine engen Begleiter oder gar Freunde sein sollen. Tiere gilt es wirtschaftlich zu gebrauchen.

Der Hund als Auslöser von Angst und Panik: Fallbeispiel Manuel

Der sechsjährige Manuel (ohne Migrationshintergrund) wird von seinem Vater vor der Durchführung des Projektes als sehr ängstlich beschrieben. Manuel reagiere auf Hunde panisch, er fange an zu zittern, zu schreien und zu weinen. Er wechsle die Straßenseite, wenn ein Hund auf ihn zukomme und würde dann den Schutz eines Erwachsenen suchen. Außerdem verändere er sofort seine Körperhaltung, werde steif und beginne auf der Stelle, sich Fluchtwege zu suchen. Laut den Schilderungen des Vaters sei sein Sohn bisher zwar nicht gebissen, aber von einem Hund angesprungen worden. Seit diesem Zeitpunkt leide der Junge unter dieser panischen Angst.

Anlässlich eines Elternabends äußerte Manuels Vater zunächst seine Bedenken und Zweifel. Da er aber insgesamt vom Vorhaben begeistert war, kam es für ihn nicht in Frage, seinen Sohn vom Projekt auszuschließen. Ich vergewisserte ihm, dass Manuel nur freiwillig während des Unterrichts an der Interaktion mit dem Hund teilnehmen und er somit nicht überfordert werden würde. Nach Absprache mit der Klassenlehrerin einigten wir uns darauf, dass sie während der Settings Manuel beobachte, um bei Bedarf handeln zu können. Darüber hinaus bot sie Manuel, der nach eigenem Bekunden auch auf jeden Fall am Projekt teilnehmen wollte, direkten Schutz an.

Im Projekt verhält sich Manuel dem Hund gegenüber sehr distanziert.

Der Projektverlauf

Im Vorfeld des Projektes hatte ich im Rahmen eines Elternabends und zweier Hospitationsstunden die Möglichkeit, nicht nur die Lehrerin der Klasse, sondern auch die Eltern und die Kinder persönlich kennen zu lernen. Dies war hilfreich für die Projektplanung.

Weitere Voraussetzung des Projektes war, dass die Kinder in einem theoretischen Teil über einen angemessenen Umgang mit dem Hund aufgeklärt wurden und ein verbindliches Regelwerk vermittelt wurde, das die Kinder akzeptieren mussten (dieser Punkt wird hier nicht ausführlicher dargestellt, vgl. hierzu die neuere Literatur zur Haltung von Hunden – einen ersten Eindruck gibt Rugas 2001). In dieser vorbereitenden Projektphase wurden bereits Lernerfahrungen ermöglicht und die Wahrnehmung dafür geschärft, wie eine gelingende Kommunikation zwischen Mensch und Hund erfolgt.

Spiel und Spaß in der Schule

Ausgehend von der Überlegung, dass Kinder gerne spielen, wurde zu Beginn ein Projektsetting mit Einzel- und Gruppenspielen entworfen. Zu den Einzelspielen gehörte das Erteilen von Kommandos[1] und das Führen an der Leine. In Ruhephasen gab es zusätzlich Raum zum Kuscheln und Streicheln des Tieres. Dies fand jedoch unter Beobachtung statt, denn es kann schließlich vorkommen, dass die Kinder die aufgestellten Regeln nicht einhalten und z. B. den Hund doch an den Ohren ziehen o.ä.

Die Kontakte mit dem Hund im Gruppensetting wurden im Stuhlkreis – in den der Hund einbezogen war – oder im Freien umgesetzt. Im Stuhlkreis konnten Erfahrungen mit Hunden und anderen Tieren ausgetauscht werden. Schülerinnen und Schüler konnten so wechselseitig von den Erfahrungen der anderen profitieren. Zudem konnten hier Kinder gezielt angesprochen werden, die ansonsten etwas schüchtern waren.

Gruppenspiele mit Hund sind am besten im Freien realisierbar, da sie viel Raum benötigen. Sie wurden umgesetzt als Hindernisparcours, durch den die Kinder den Hund führen konnten. Zusätzlich konnten Hund und Kinder durch einen Tunnel laufen oder auch durch einen Reifen springen. Ein Bewegungsspiel war ‚Leckerlies fangen' – und zwar wie ein Hund. In einem Fangspiel bekamen die Kinder Popcorn ausgehändigt, das sie in die Luft werfen sollten, um es dann mit dem Mund aufzufangen. Hände durften nicht benutzt werden.

Rick, so zeigte sich, konnte seine Kenntnisse im Umgang mit Hunden, die er schon gesammelt hatte, gut einbringen. Er fand Anerkennung, weil er wusste, wie er Anweisungen und Befehle aussprechen sollte, die vom Hund nicht nur akzeptiert, sondern auch ausgeführt wurden. Er konnte zeigen, dass er in der Lage war, Elly Befehle angemessen zu erteilen. Schnell gelangte er in eine Vorführposition, und er wollte die anderen Kinder anleiten. Hier musste Rick oft gezügelt werden. Dies war nicht zuletzt auch im Hinblick auf die Erhaltung der Motivation der anderen Kinder wichtig. Seine Führungsposition, die er innerhalb der Klasse bereits sowieso inne hatte, drohte sich durch das Projekt noch zu verstärken.

Ricks eigener Hund verstarb während des Projektes. Der Verlust seines Freundes war nicht einfach zu bewältigen und führte zunächst zu großer Verunsicherung. Aber trotz des zeitlich eng strukturierten Schulalltags konnte in Gesprächen auf seine Trauer- und Verlusterfahrungen eingegangen werden. Rick freute sich, dass Elly in der Klasse war. Er schenkte Elly das Futter seines Hundes, was in der Klasse zu Unruhe führte. Die Mitschüler hatten bisher Elly

1 Kommandos wie Sitz, Platz, Bleib, Rolle, Tod, Pfötchen, Five, High-Five, Nimm, Apporte, Hopp, Laut.

noch nichts geschenkt, und sie wollten dies nun umgehend auch tun. Doch ihnen fehlten die entsprechenden Möglichkeiten: sie hatten kein Futter und auch kein Geld.

In die spielerische Leichtigkeit der Kind-Hund-Begegnung mischten sich Trauer und die Erfahrung von Grenzen. Ich bot den Kindern an, gemeinsam Leckerlies für Elly zu backen. Es wäre ausführlicher darzustellen, ob und wie das Backen für ein Tier Kinder dazu anregen kann, über gesunde Leckerlies auch für Menschen nachzudenken. In unserem Fall erlebten die Kinder eine gemeinschaftliche Situation, in der etwas geschaffen wurde, das für ein anderes Wesen positiv sein sollte. Und wie nebenbei war diese Situation dann auch für sie selbst positiv. Ob dies jedoch auch für die Kinder mit türkischem Migrationshintergrund zutraf, das ist fraglich. Es wäre deshalb interessant, ein qualitatives Interview zum Beispiel mit Gamze zu diesen Ereignissen zu führen.

Konfrontation mit Angst und ihre Bewältigung

In der Praxisliteratur zur tiergestützten pädagogischen Arbeit gibt es keine Hinweise darauf, wie man mit Affekten der Angst und des Ekels gegenüber dem Tier angemessen umgehen kann.[2] Das Projekt betrat hier Neuland.

Für mich war es zunächst wichtig, den Erstkontakt zwischen Kindern und Hund möglichst genau zu rahmen, um mögliche Stresssituationen zu vermeiden. Hierzu gehörte auch, den Kindern zu erklären, dass Angst vor dem Hund in Ordnung und nichts Schlimmes sei. Es hat sich gezeigt, dass der offene Umgang mit dem Thema Angst die Kinder ermutigt hat. Kein Kind verweigerte sich oder flüchtete. Dennoch zeigten auch nicht alle Kinder Interesse am direkten Umgang mit dem Hund, manche tolerierten ihn auch nur einfach im Klassenverbund.

Im ersten Kontakt hielt ich Elly fest an der Leine, um so den Kindern zu zeigen, dass ich sie vor dem fremden Wesen beschützen kann und sie nicht überfordert werden. Aus pädagogischen Gründen sollte man zudem darauf achten, dass die extrem ängstlichen Kinder, in diesem Fall Manuel, nicht von den Lehrkräften ‚enttarnt werden'. Mir war es sehr wichtig, dass Manuel zwar unter besonderer Beobachtung stand, aber die übrigen Kinder keine Hinweise zu Manuels Angst vor Hunden erhalten konnten. Weder die anwesende Lehrerin noch ich haben Manuels Angst thematisiert oder gar problematisiert.

2 Vanek-Gullner (2007, S. 48ff.) beschreibt in ihren Ausführungen, wie man mit ängstlichen Kindern arbeiten kann. Sie geht allerdings davon aus, dass Kinder trotz ihrer Angst stets dazu bereit sind, mit dem Hund in Kontakt zu treten.

Für die Projektarbeit ist es wichtig, einen geeigneten Weg zu finden, um auch die ängstlichen Kinder zu integrieren. Ängstliche Kinder haben, wie sich gezeigt hat, in der Regel vor allem Berührungsängste. Damit sie nicht in Stress geraten, können sie auch Aufgaben übernehmen, die mehr Distanz zum Tier erlauben, beispielsweise den Hund an der Leine führen oder speziell für das Trinkwasser verantwortlich sein oder auch dafür zuständig sein, dass der Hund gut versorgt wird, indem an verschiedenen Plätzen seine Decken ausgebreitet werden usw. Im Projekt wurden abwechselnd Kinder als Wasserbeauftragte und Platzbeauftragte für den Hund berufen. Der Wasserbeauftragte war für den stets vollen Trinknapf verantwortlich, der Platzbeauftragte für Futterbeutel und Decke. Damit die Kinder in ihrer Rolle für die anderen gut sichtbar und sie trotz fehlender Nähe zum Hund dennoch etwas *Besonderes* waren, bekamen sie ein Schild um den Hals, das den jeweiligen Auftrag visualisierte. Auf diese Weise sollten mögliche Abwertungen vermieden werden.

Manuel reagierte längst nicht so panisch auf Elly, wie die Lehrerin und ich anfänglich befürchtet hatten. Allerdings führe ich dies eindeutig auf seine enge Freundschaft zu Rick zurück, der ihm Sicherheit und Orientierung im Umgang mit dem Hund vermittelte. Trotzdem war es wichtig, Manuel zu beobachten, da er auf keinen Fall in eine Situation geraten sollte, die ihn bedroht hätte. Manuel war ängstlich, zurückhaltend, aber er rannte nicht fort oder suchte auch nicht nach Strategien, die das Zusammensein mit Elly im Klassenraum verhindert hätten.

Hunde als Unterrichtsthema am Beispiel des Deutschunterrichts

Das Hundeprojekt in der Schule wurde damit verbunden, Hundegeschichten aus verschiedenen Kinderbüchern zum Thema zu machen oder auch mit Hundemandalas zu arbeiten. Ziel war hier, die Kinder auf diese Weise mit dem Hund vertraut zu machen. In Absprache mit der Lehrerin wurde zudem beschlossen, dass die Kinder zwei Buchstaben im Projekt lernen sollten: das „H" für Hund und das „E" für Elly. Die Deutschstunde wurde mit einem Stuhlkreis begonnen, und die Kinder wurden anschließend in zwei Gruppen geteilt, von der jede eine Tüte Leckerlies bekam. Ich fragte die Kinder, was Elly für ein Tier sei und mit welchem Buchstaben die Bezeichnung anfinge. Beide Gruppen bekamen dann den Auftrag, mit Hilfe der Leckerlies die Buchstaben H und E als gemeinschaftliche Aktivität auf den Boden zu legen. Dies diente nicht nur dazu, die Buchstaben visuell kennen zu lernen, sondern auch gemeinsam als Gruppe etwas zu gestalten. Im Anschluss durften die Gruppen nacheinander Elly zu sich rufen und ihr den Befehl zum Essen geben. Das Ziel für die Kinder war, Elly während der Nahrungsaufnahme zu beobachten. Danach fand man sich wieder im Stuhlkreis zusammen und konnte sich untereinander austauschen, was man beobachtet hatte. Wie frisst ein Hund? Wie findet er die Leckerlies? Wie hat sich Elly orientiert? Wie kann man sehen, ob es ihr geschmeckt hat? Was passiert, wenn sie satt ist? Dies sind freilich Fragen, die über die Vermittlung von Buchstaben und Schreibanlässen hinausgehen. Gleichwohl: Verbindungen zu literarischen Texten ließen sich hier anschließen (vgl. etwa den Beitrag von Richter in diesem Band).

Gamze konnte aufgrund ihrer erheblichen migrationsbedingten Sprachdefizite nur äußerst eingeschränkt am Geschehen teilnehmen. Unsere Gespräche wurden von Gamzes Freundin übersetzt. Der Hund aber schuf eine nonverbale Situation, die Gamze neue Möglichkeiten eröffnete, sich in der Schule zu verhalten. Gamze wollte Elly an der Leine führen und auch die Versorgung übernehmen. Worte wie Elly, Hund, Futter, Schlafen, Leine lernte sie schnell. Sie nahm Kontakt zu uns auf, da sie über Elly sprechen wollte. Gamze wollte in unserer Nähe sein, was sie wiederum für andere Kinder interessant machte.[3]

Hund als Stärkung und zur Förderung des Klassenverbundes

Nach Erzählungen der Lehrerin hat das Projekt nachhaltige Wirkungen in der Klasse hinterlassen. Der Hund wurde stets mit Vorfreude erwartet. Die Kinder haben außerdem in Rollenspielen den Hund gespielt, sich gegenseitig Befehle wie Sitz und Platz gegeben, um sich anschließend dafür zu belohnen. Der Hund war also nicht nur Thema während der Projektsettings, sondern auch in den Zwischenzeiten und nach dem Projektende. Es sind neue Gesprächs- und Gruppenkonstellationen entstanden, in denen man sich freudig über Elly ausgetauscht hat (auch Gamze mit ihrer Freundin). Die Gespräche wurden allerdings nicht nur zwischen den Kindern intensiver, sondern auch zwischen der Lehrerin und den Kindern. Die Kinder wollten in Folge des Projekts mit der Lehrerin nicht nur über schulische Dinge, sondern auch über den Hund sprechen.

Festzustellen war, dass die ängstlichen Kinder, die Elly an der Leine hatten, danach von Stolz und Freude erfüllt waren. Das schulische Arbeitsverhalten indes hat sich nur vereinzelt verbessert. Die Kinder, die sonst auch kein großes Interesse am Unterrichtsgeschehen zeigten, konnten auch nicht durch die Teilnahme des Hundes am Unterricht zu wesentlich mehr Anteilnahme motiviert werden. Allerdings war deutlich zu erkennen, dass das emotionale Wohlbefinden der Kinder durch den Kontakt zum Hund gefördert wurde. Mit dem Hund konnten Spiel und Spaß erlebt werden. Die Kinder avancierten zu kundigen

3 Für Rick beispielsweise wurde sie interessant, weil sie immer in unserer Nähe war.

Beobachtern, die das Verhalten des Tiers untersuchten und sich darüber kommunikativ verständigten. Auch ängstliche Kinder wurden von Elly akzeptiert und erfuhren Zuwendung. In kleinen Schritten konnten eigene Grenzen erweitert werden, wenn etwa ängstliche Kinder sich ermutigt fühlten, mit dem Hund in Kontakt zu treten. Zusätzlich wurde das Selbstbild der Kinder positiv gestärkt: Kinder äußerten, dass es toll sei, gebraucht zu werden. Die Kinder versorgten das Tier mit großem Engagement und kümmerten sich um sein Wohlbefinden.

Eine psychische Stressreduktion, wie sie in der Literatur als Effekt tiergestützter Pädagogik dargestellt wird (vgl. Vanek-Gullner 2007) ließ sich im Projekt nicht unbedingt nachweisen. Zumindest schienen nur wenige Kinder während der Besuche des Hundes im Unterricht entspannter als sonst. Nur während der ersten beiden Sitzungen mit dem Hund zeigte sich, dass die Kinder sehr viel ruhiger waren. Als der Hund jedoch der Klasse vertraut war, die Kinder erkannten, dass ihm Unruhe nichts ausmachte, zeigte sich die Klassen wieder gewohnt turbulent und laut. Die ruhige Klassenatmosphäre war somit nicht von Dauer. Allerdings hat es hier noch eine besondere Situation gegeben: Als die Kinder Elly beim Schlafen beobachtet haben, waren sie erstaunt darüber, dass ein Hund auch wie ein Mensch schlafen kann. So forderten einige Kinder die Mitschüler auf, ruhig und leise zu sein, um Elly nicht zu wecken. Aber auch diese fürsorgliche Aufmerksamkeit ließ wieder nach.

Während der Hundebesuche haben sich die Kinder dem Hund emotional zugewandt, sie haben ihm vertraut und Verantwortung übernommen. Ihre Aktivität nahm zu. Ansonsten verhaltensauffällige Kinder konnten konzentriert und ruhig auf Elly zugehen und zeigten in direktem Kontakt mit ihr zumindest kurzzeitig ein kontrolliertes Verhalten. Auch den ängstlichen Kinder gelang es, ausreichend Mut aufzubringen und Elly zu streicheln. Selbst Manuel ging in der letzten Stunde auf Elly zu und berührte sie, wenn auch nur vorsichtig. Er berührte das Fell nur starr mit der Hand an der Kruppe. Vor den Zähnen, sagte er, habe er noch Angst, aber am Hinterteil könne ja nichts passieren. Nach den Erfahrungen, die die Kinder bei ihren Begegnungen mit Elly machen konnten, waren alle Kinder sehr stolz. Viele strahlten vor Freude. Rückwirkend betrachtet hat der Hundebesuch die Kinder stark in ihrem Spielverhalten beeinflusst, ein grundlegendes Wissen über Hunde befördert und zu Reflexionen über den „richtigen" Umgang mit Tieren und Hunden beigetragen.

Als Schwierigkeit erwies sich der Umstand, dass die Kinder die zuvor besprochenen Regeln im Umgang mit Elly nicht immer einhalten konnten. Dies ist aber möglicherweise auch auf Verständigungsprobleme zurückzuführen, da für die Mehrheit der Klasse Deutsch nicht die Muttersprache war und sie Deutsch nut eingeschränkt sprechen und verstehen. Es zeigte sich z.B., dass die Neugierde auf Elly so groß war, dass sich während des ersten Spaziergangs ein enger Kinderkreis um uns gebildet hatte, der es unmöglich machte, sich weiter fortzubewegen. Zuvor hatte ich freilich die Regel ausgesprochen, dass der Hund nicht bedrängt werden dürfe. Nur mit Hilfe der Lehrerin konnte diese problematische Situation gelöst werden. Die Kinder wollten auch den Hund oft für sich alleine haben und belagerten Elly wortwörtlich. Daher wurde die Regel ausgegeben, dass nur maximal drei Kinder eng bei Elly sein durften. Die Schülerinnen und Schüler lernten so, geduldig zu sein, abzuwarten und sich bei Elly abzuwechseln.

Der Hund war für die Klasse eine Attraktion und vor allem für die Kinder mit türkischem Migrationshintergrund absolutes Neuland. Die Kinder stellten viele Fragen zu Elly und entwickelten ein starkes Fürsorgebedürfnis. Sie ermutigten sich gegenseitig, in Kontakt mit dem Hund zu treten, sie sprachen gemeinsam über den Hund und haben ein gemeinsames Interesse entwickelt. Die Kommunikation untereinander wurde angeregt. Die zurückhaltende Gamze beispielsweise wurde lebhaft, ihre Ängste, Deutsch zu sprechen, verminderten sich, so dass sie sich nach und nach aktiver am Klassengeschehen beteiligen konnte. Insgesamt zeigte sich, dass die Kinder mit türkischem Migrationshintergrund nicht nur Sprachbarrieren abbauten, sondern auch dazu bereit waren, mit einem für sie fremden Lebewesen – dem Hund – in Kontakt zu treten.

Schlusswort

Der Hund als Projektthema in der Schule ist eine Herausforderung für die Schulinstitution, die Lehrkräfte und die Schüler und Schülerinnen wie auch für die durchführende Person und den Hund. Nicht jeder Lehrer, jede Lehrerin ist bereit, solch ein Projekt durchzuführen. Die Alters- und Entwicklungsunterschiede von Schülern und Schülerinnen und damit ihre Unterschiede im Umgang mit dem Tier können enorm sein. Jede Klasse bzw. jedes Kind hat eigene Geschichten mit Tieren und lassen sie verschieden auf ein solches Projekt reagieren. Die oftmals beschriebenen positiven Ergebnisse solcher Projekte sind somit nicht zu verallgemeinern. Vielmehr kann es auch passieren, dass es besser ist, ein Tierprojekt möglichst bald wieder zu beenden.

Die Projekterfahrungen zeigen, dass man nicht davon ausgehen kann, dass der Kontakt zwischen Kind und Hund etwas Natürliches ist, das sich aus einer grundsätzlichen Verbundenheit speist. Annahmen über eine quasi angeborene Nähe von Kindern und Hunden gilt es daher zu überdenken. Zu bedenken ist auch, dass in Klassen mit Kindern unterschiedlicher Sprachherkünfte es schwer sein kann, dem einzelnen Kind und dem Hund gerecht zu werden, weil die Verständigung kompliziert ist oder auch nicht gelingt.

An der Grundschule, die sich für mein Projekt geöffnet hatte, hat nicht zuletzt auch die Entwicklung eines Hundeführerscheins für Erfolge gesorgt. Die Kinder erlebten hier Anforderungen, denen sie gerecht werden mussten, wollten und auch konnten. Das Bestehen der Prüfung dokumentierte ihnen ihre Lernfortschritte. So ist ein Hundeprojekt durchaus gut anschlussfähig für den schulischen Unterricht. Über diese Bildungsaspekte hinaus ist das Projekt auch (und vielleicht besonders) im Rahmen der Schulsozialarbeit in der Lage, Zugänge zu Kindern zu eröffnen, die ansonsten im schulischen Kontext nur schwer angesprochen werden können. Gerade für Kinder mit Migrationshintergrund kann ein pädagogisch gestützter Umgang mit dem Hund Inklusionseffekte hervorrufen. Hier fehlen allerdings weitere Praxisforschungsprojekte. Gerade bei den Herausforderungen der Sozialen Arbeit im Kontext von Bildungsprozessen (vgl. Rauschenbach 2009), der Schulsozialarbeit, der Gestaltung der Ganztagsschule und der Öffnung der Schule für die Interessen der Kinder kann es sich lohnen, über die tiergestützte Arbeit nachzudenken und in einem weiten Sinne bildungsorientierte Projekte zu entwickeln.

Literatur

Brand, Ch. (2008): Theorie und Praxis tiergestützter Arbeit. Zur Entwicklung und Umsetzung eines Tierprojektes mit Kindern im Grundschulalter, Marburg (unveröffentlichte Diplomarbeit)

Kusztrich, I. (1992): Dreimal täglich streicheln – die verblüffende Heilkraft der Tierliebe. Franfurt, Berlin

Rugaas, T. (2001): Calming Signals – die Beschwichtigungssignale der Hunde. Bernau

Rauschenbach, T. (2009): Zukunftschance Bildung. Familie, Jugendhilfe und Schule in neuer Allianz. Weinheim, München

Vanek-Gullner, A. (2007): Lehrer auf vier Pfoten, Theorie und Praxis der hundegestützten Pädagogik. Wien

Carola Otterstedt

Mensch-Tier-Begegnungsstätten – Orte einer nachhaltigen Sozialen Arbeit

Das *Netzwerk Begegnungshöfe* ist eine Einrichtung der gemeinnützigen Stiftung *Bündnis Mensch & Tier*. Die Stiftung engagiert sich seit 2007 für die nachhaltige Förderung der Mensch-Tier-Beziehung auf der Grundlage der artgemäßen Tierhaltung und des tiergerechten und respektvollen Umgangs mit dem Individuum Tier. Das Ziel des Stiftungsengagements ist eine nachhaltige Entwicklungsförderung der verbesserten Beziehung zwischen Mensch und Tier im Sinne einer zukunftsweisenden Veränderung in der Beziehung des Menschen zu seiner Umwelt. Die Stiftung erreicht ihre Ziele unter anderem durch die Förderung des interdisziplinären wissenschaftlichen Dialogs, die Förderung von Begegnungsstätten für Mensch & Tier sowie ein differenziertes Beratungs- und Weiterbildungsangebot.

Dieser Buchbeitrag bietet einen ersten Einblick in den derzeitigen Stand der Mensch-Tier-Begegnungsstätten in Deutschland und beschreibt im Vergleich zu herkömmlichen Begegnungsstätten die Zielsetzung und Qualität der *Begegnungshöfe* der Stiftung Bündnis Mensch & Tier. Im Hauptteil dieses Beitrages werden die Grundkomponenten der Sozialen Arbeit anhand möglicher Angebote auf den *Begegnungshöfen* beschrieben: Förderung der lebenspraktischen Orientierung und der individuellen Ressourcen, Förderung des Miteinander-Auskommens, Förderung des Individuums in der Wechselbeziehung mit seiner sozialen und natürlichen Umwelt. Beispiele bedürfnisorientierter Angebotsinhalte, spezielle Bereiche der Sozialen Arbeit und praktische Themenbeispiele möglicher Sozialer Arbeit im Rahmen der *Begegnungshöfe* werden ergänzend präsentiert. *Begegnungshöfe*, die Stätten für Mensch-Tier-Begegnungen darstellen, sind immer auch Spiegel tierrechtlicher und gesellschaftlicher Bedürfnisse. Somit wird das Netzwerk, das einer ständigen Dynamik folgt, sich unter den Veränderungen innerhalb der Gesellschaft und durch die aktive Mitarbeit der *Begegnungshöfler* weiterentwickeln.

1 Mensch-Tier-Begegnungsstätten in Deutschland

In einer 2009 von der Autorin durchgeführten Pilotstudie (Otterstedt 2009) wurden Daten zu Kinder- und Jugendfarmen und Anbietern der professionellen Tiergestützten Intervention in Deutschland erhoben. Ziel der Umfrage war es, für Diskussionen in Fachkreisen einen ersten Überblick zu grundlegenden Daten über Begegnungsstätten zu erhalten. Folgende Daten wurden erfragt:

- Bundesland
- Tätigkeitsbereich
- Tierarten
- Anzahl der Tierindividuen
- Finanzierung der Tätigkeit

Tabelle 1

Bundesländer	Anzahl der Begegnungsstätten
B	7
BB	6
BW	70
BY	46
HB	6
HE	15
HH	3
MVP	5
NI	25
NRW	54
RP	15
SH	9
SL	3
SN	8
ST	–
TH	1

Insgesamt sind der Stiftung Bündnis Mensch & Tier weit über 800 Mensch-Tier-Begegnungsstätten bekannt. 273 Begegnungsstätten davon konnten den folgenden Bundesländern zugeordnet werden (Stand 19.07.2009). Das Verteilungsbild entspricht nach Erfahrung von Fachleuten der realistischen Situation in Deutschland. Die Konzentration in bestimmten Bundesländern ist v.a. bedingt durch die großen Flächenstaaten, aber auch z. B. in Baden-Württemberg durch gezielte Programme, wie z. B. Schulhund-Netzwerk, Bund Deutscher Jugend- und Abenteuerspielplätze (bdja).

Die folgenden Daten beziehen sich ausschließlich auf jene Daten, die bei der o.g. Mail-Umfrage ermittelt wurden. Sie stellen somit nur einen kleinen Ausschnitt der tatsächlichen Situation in Deutschland dar. Der Erfahrung nach handelt es sich hierbei aber durchaus um einen repräsentativen Mittelwert.

1.1 Aufgabenbereiche der Begegnungsstätten

Tiergestützte Intervention

An der Umfrage nahmen 172 Begegnungsstätten teil, davon 165 Anbieter aus dem Bereich der Tiergestützten Intervention. Diese Anbieter arbeiten in folgenden Tätigkeitsbereichen:

- Tiergestützte Pädagogik (n=74): Tiere werden von einem ausgebildeten Pädagogen auf der Grundlage pädagogischer Methoden tiergerecht eingesetzt.
- Tiergestützte Therapie (n=73): Tiere werden von einem ausgebildeten Therapeuten auf der Grundlage therapeutischer Methoden tiergerecht eingesetzt.
- Tiergestützte Förderung/Aktivitäten (n=52):
  - Tiergestützte Förderung: Gezielte Förderung der Talente eines Menschen durch den tiergerechten Einsatz von Tieren. Die Förderung kann auch durch einen Nicht-Pädagogen/Therapeuten erfolgen (z. B. Biologen, Sozialarbeiter, Pflegeberufe), der sich aber vorzugsweise in der Tiergestützten Intervention weitergebildet hat.
  - Tiergestützte Aktivitäten: Mensch-Tier-Begegnung auf der Grundlage des tiergerechten Umgangs. Die Aktivität kann auch durch einen Nicht-Pädagogen/Therapeuten erfolgen (z. B. Tiertrainer), der sich aber vorzugsweise in der Tiergestützten Intervention weitergebildet hat.

Da die o.g. Begriffe nicht geschützt sind, ist zu befürchten, dass viele Begegnungsstätten die Begriffe weniger nach der Qualifizierung ihrer Mitarbeiter wählen denn nach dem zu erwartenden Werbeeffekt. So scheint v.a. der Begriff *Tiergestützte Therapie* besonders beliebt zu sein. Angaben zu den Tätigkeitsfeldern im Rahmen dieser Umfrage sind daher nicht notwendigerweise ein Hinweis auf die Qualität der tiergestützten Arbeit. Häufig wurden zudem mehrere Tätigkeitsfelder angegeben.

Stadtteil-, Kinder- und Jugendfarmen

Diese primär pädagogischen Einrichtungen entwickelten sich aus der 70er-Jahre-Initiative für Jugend- und Abenteuerspielplätze. Die Tierhaltung und der Tiereinsatz werden in der Regel von wechselnden pädagogischen Mitarbeitern betreut, die nur selten eine Weiterbildung in artgemäßer Tierhaltung und Tiergestützter Intervention besitzen. An der Umfrage beteiligten sich nur 7 Kinder- und Jugendfarmen. Nach Internetrecherche gibt es weit mehr Stadtteil-, Kinder- und Jugendfarmen. Es konnten derzeit 84 Farmen in Deutschland mit Internetpräsenz ermittelt werden. Unserer Erfahrung nach gibt es jedoch weit mehr Einrichtungen, wie z. B. Abenteuerspielplätze, die auch Tiere halten. Diese werden oft nicht in ihrem pädagogischen Angebot aufgeführt, werden aber als zusätzliche Attraktion auf den Spielplätzen präsentiert.

1.2 Tierarten in den Begegnungsstätten

Die Pilotstudie dokumentierte auch die Art der eingesetzten Tierarten und deren Anzahl. In den Begegnungsstätten, so das Ergebnis, werden fast ausschließlich heimische Heim- und Nutztierarten eingesetzt. Hunde (n=123), Pferde (n=72), Kaninchen (n=36) und Katzen (n=35) sind hierbei die meist genannten Tierarten. Deutlich ist eine Zunahme des Einsatzes von Hühnern (n=28), Ziegen (n=26), Meerschweinchen (n=26) und Schafen (n=22) zu verzeichnen, gefolgt von Alpakas/Lamas (n=18), Schweinen (n=14) und Enten (n=12).

Die Erfahrung von vielen Hof- und Projektbesichtigungen zeigte, dass häufig nur eine ungenügende Übersicht über die Tierhaltung bestand (keine oder ungenügende Führung eines Tierbestandsbuches). Auffallend war, dass immerhin 10 % der Teilnehmer dieser Pilotstudie keine genauen Angaben über die Anzahl der Tiere machen konnten. Dies war insbesondere dann der Fall, wenn große Tiergruppen bzw. Tiergruppen mit vielen verschiedenen Tierarten gehalten wurden. Mitunter wurde angegeben: ca. 15 Hunde, ca. 100 Schafe. Im Sinne des Tierschutzes begrenzen allerdings die meisten Begegnungsstätten erfreulicherweise ihre Tiergruppe auf max. 20 Tierindividuen.

Die an der Umfrage beteiligten Begegnungsstätten halten insgesamt mehr als 2100 Tierindividuen. Auf der Grundlage der Kontaktdaten von aktiven Begegnungsstätten in Deutschland, die der Stiftung Bündnis Mensch & Tier vorliegen, ist mit der Haltung und dem Einsatz von mehr als 10.000 Tierindividuen zu rechnen.

Der oben erwähnte starke Anteil der Hunde entspricht der Beliebtheit dieser Tierart sowie der großen Beteiligung von Pädagogen mit Schulhunden an dieser Umfrage. Die Haltung und der Einsatz von Pferden ist der Praxisbeobachtung der letzten Jahre nach rückläufig, da sowohl Haltung als auch gesundheitliche Versorgung der Pferde sehr kostspielig sind und andere Tierarten genauso gut oder sogar effektiver eingesetzt werden können. Im Bereich des Therapeutischen Reitens wird das Pferd aber sicherlich weiter eine wichtige Rolle spielen. Neben Hunden und Pferden sind es v.a. Ziegen, Schafe und Hühner, die neben den Kaninchen und Meerschweinchen gerne in Begegnungsstätten eingesetzt werden. Dies könnte nicht zuletzt auf eine gute fachliche Weiterbildung im Bereich der Tiergestützten Intervention zurückzuführen sein, in deren Seminaren seit 2001 vermehrt der tiergerechte und therapeutisch sinnvolle Einsatz von Nutztieren vermittelt wird.

Wir beobachten in der Praxis einen Trend zur Haltung gemischter Heim- und Nutztierarten. Dies ist sicherlich dann zu befürworten, wenn Kenntnisse zur artgemäßen Tierhaltung und zum tiergerechten Einsatz der Tiere sowie ausreichende Weide- und Stallflächen vorhanden sind. Oft aber sind es gerade jene Begegnungsstätten, die recht entspannt mit der Vermehrung der Tiere, der Vergrößerung des Tierbestands, der Aufnahme von Tieren aus Notsituationen umgehen, die auch den Überblick über den aktuellen Tierbestand und den Gesundheitszustand der Tiere verlieren und darüber hinaus wenig finanzielle Stabilität und personelle Kontinuität besitzen.

2 Begegnungshöfe der Stiftung *Bündnis Mensch & Tier*

Auf Grund der großen Vielfalt und der hohen Zahl nicht qualitäts-gesicherter Angebote von Mensch-Tier-Begegnungsstätten in Deutschland setzte die Stiftung Bündnis Mensch & Tier mit der Gründung des *Netzwerks Begegnungshöfe* im Jahr 2008 einen wichtigen Impuls für die Qualitätssicherung, die im Bereich der Mensch-Tier-Begegnungsstätten und der Tiergestützten Intervention verfolgt wird. Die Stiftung fördert mit dem Netzwerk Begegnungsstätten, die eine sinnvolle Ergänzung bzw. Alternative zur Tierbetrachtung in Zoos, zu funktionellen Streichelgehegen und zur privaten Heimtierhaltung darstellen. Das *Netzwerk Begegnungshöfe* ist ein überregionales Projekt mit dem Ziel, in den einzelnen Regionen der Bundesrepublik ein dichtes Netz von *Begegnungshöfen* präsentieren zu können. Die Begegnungshöfe stellen ein wichtiges regionales Angebot in den Bereichen Pädagogik, Therapie, Soziale Arbeit, Naherholung, Freizeitaktivität und Tourismus dar.

2.1 Qualität als Grundlage der Mensch-Tier-Begegnung

Erstmals in Deutschland gibt es ein Netzwerk von Begegnungsstätten, dessen Mitglieder sich für eine professionelle Qualifizierung mit vielfältigen Nachweisen entschieden haben. Hofbesitzer, die sich für das Netzwerk Begegnungshöfe bewerben wollen, müssen Fortbildungsnachweise, Sachkundenachweis, Versicherungsschutz, veterinäramtstierärztliche und tierärztliche Bescheinigung vorlegen sowie eine Kurzdarstellung ihres Mensch-Tier-Begegnungsangebotes inklusive aussagekräftiger Fotos vorlegen. Bei einer Hofbesichtigung durch einen Fachberater werden die artgemäße Tierhaltung sowie der tiergerechte Umgang mit den Tieren geprüft. Die Hofbesichtigung dient auch der Beratung für eine mögliche Qualitätsverbesserung der Haltung und Arbeit mit den Tieren.

Mit der Aufnahme eines Hofes in das Netzwerk besteht die Verpflichtung, jährlich an der von der Stiftung Bündnis Mensch & Tier angebotenen praxisorientierten Weiterbildung teilzunehmen. Über den regelmäßigen Kontakt zum Netzwerk erhalten die Mitglieder ein fachkompetentes Kollegegium, welches sich auch bei Fragen der alltäglichen Praxis gegenseitig unterstützt. Die Fachberater des BeratungsTEAMs der Stiftung Bündnis Mensch & Tier stehen den Begegnungshöflern ebenfalls für Beratungen zur Verfügung und unterstützen die Weiterbildung durch Vorträge und Workshops.

Mit der aktiven Teilnahme an der jährlichen Weiterbildung erhalten die Höfe eine Lizenz, die jedes Jahr erneuert werden muss. Eine Jahresplakette am *Begegnungshof*-Schild dokumentiert für die Besucher, dass der Hofbesitzer sich kontinuierlich weiterbildet.

Alle drei Jahre wird die artgemäße Tierhaltung durch eine tierärztliche Bescheinigung dokumentiert. Die von der Stiftung angeregte und in der Netzwerk-internen Weiterbildung vermittelte Tierhaltung geht deutlich über die durch den §11 des Deutschen Tierschutzgesetzes empfohlenen Haltungsbedingungen hinaus. Da die Tiere nicht nur *gehalten* werden, sondern zusätzlich auch im Mensch-Tier-Kontakt gefordert sind, benötigen sie mehr Rückzugsräume und Ruhepausen, Sozialkontakte zu Artgenossen, physische und mentale Ausgleichsangebote durch den Tierhalter.

Einige der Begegnungshöfe sind Mitglied in Verbänden der ökologischen Landwirtschaft, engagieren sich für die Erhaltung gefährdeter Haustierrassen oder sind als außerschulischer Lernort bzw. Schulbauernhof zertifziert. Sie haben sich zusätzlich auch auf diesem Weg qualifiziert.

Das Netzwerk unterstützt jene Höfe und Projekte, die auf der Grundlage der artgemäßen Tierhaltung ihren Besuchern den achtsamen Umgang mit Tieren vermitteln. Diese Beziehungsarbeit ist ein wesentlicher Bestandteil des Mensch-Tier-Kontaktes auf den *Begegnungshöfen*. Der Besucher wird nicht mit dem Tier allein gelassen, vielmehr sorgsam mit dem Hof und den Tieren bekannt gemacht. Nicht der direkte Kontakt, das Streicheln oder Reiten sind primärer Inhalt der Hofbesuche, vielmehr die respektvolle schrittweise Kontaktaufnahme mit dem Individuum *Tier*. Neben der entspannten und gleichzeitig auch anregenden Begegnung von Mensch und Tier im Kontext des Erlebens des gemeinsamen Lebensraums *Natur* werden in dieser Art der Beziehungsarbeit auch sozio-emotionale und kommunikative Kompetenzen erweitert.

Das *Netzwerk Begegnungshöfe* hat durch seine Qualifizierungskriterien starke Impulse in einer fachübergreifenden Debatte zur Qualität der Angebote für Mensch-Tier-Begegnungen gesetzt und unterstützt Bestrebungen der Weiterentwicklung von Qualitätsstandards, die dem Schutz von Mensch und Tier dienen.

2.2 Einheit im Geiste und Vielfalt in der Praxis

Das Angebot des Netzwerkes ist sehr vielfältig. Es ist im Sinne der Stiftung, dass jeder *Begegnungshof* seinen eigenen Charakter, seine eigene Arbeitsweise behält. Durch diese große Vielfalt an Angeboten ist das *Netzwerk Begegnungshöfe* auch ein attraktives Ziel für Freizeit und Urlaub in den unterschiedlichen Regionen Deutschlands geworden. Die Höfe des Netzwerks bieten sehr unterschiedliche Varianten von Mensch-Tier-Kontakten an: u.a. Beobachtung von Schweinen, Entspannung im Heu und Einzelkontakte zu Hühnern, Begleiten einer Schafherde, Tieren im Stall vorlesen, Spaziergang und Picknick mit Eseln, den Mikrokosmos auf der Wiese entdecken, Wanderungen mit Lamas und Alpakas und Target-Training mit Pferden. Die Angebote der Begegnungshöfe werden über die Homepage der Stiftung kommuniziert und Interessenten nehmen direkt mit dem Hofbesitzer Kontakt auf.

2.3 Wirkung des *Netzwerks Begegnungshöfe* im Sinne des Tierschutzes

Die Stiftung Bündnis Mensch & Tier sieht einen dringenden Handlungsbedarf in der Ergänzung bzw. Entwicklung speziell auf Begegnungsstätten abgestimmter rechtlicher Grundlagen für eine artgemäße Tierhaltung und des tiergerechten Umgangs mit Heim- und Nutztieren. Diese sollten die besonderen Anforderungen an die Arbeit der Begegnungsstätten berücksichtigen:

- Kleine Bestandsgröße (besondere Anforderungen der Sozialisierung z.B. bei symbiotischer Haltung, des Stall/Gehegebaus)
- Rücksicht auf die Sinne der Tiere, da evtl. Behinderung in der zwischenartlichen Kommunikation (z.B. Chip statt Marken)
- Begegnungszone Mensch-Tier (Bedürfnisse der Tiere und die der Menschen sowie der Kommunikationsebenen berücksichtigen)
- In Begegnungsstätten, in denen eine Vielzahl von Tieren gehalten wird, sollte dem Team neben pädagogischen/therapeutischen Fachkräften auch eine Fachkraft für Tierhaltung (Tierpfleger, Biologe) angehören.
- Sachkundenachweis zu *allen* eingesetzten Tierarten

In Kooperation zwischen der Tierärztlichen Vereinigung für Tierschutz e.V. (TVT) und der Stiftung Bündnis Mensch & Tier wurde 2009 eine veterinärmedizinische Arbeitsgruppe *Tiere im sozialen Einsatz* gegründet, die Merkblätter und rechtliche Grundlagen formuliert, welche als Basis eines umfassenden Betreuungskonzeptes für Mensch-Tier-Begegnungsstätten dienen sollen. In einem praxisbezogenen tiermedizinischen Betreuungsvertrag zwischen Veterinäramt, praktizierendem Tierarzt und Leiter der Begegnungsstätte soll in

Zukunft eine Optimierung der Tierhaltung auf der Grundlage der Bedürfnisse der Tiere geschaffen werden. Ein Zertifikat soll den Besuchern helfen, jene Anbieter zu erkennen, die bereits das empfohlende Level einer artgemäßen Tierhaltung und des tiergerechten Einsatzes der Tiere erreicht haben.

2.4 Regionale Wirkung des *Netzwerks Begegnungshöfe*

Begegnungshöfe haben einen starken regionalen Wert. Sie sind ein Magnet für die Naherholung und den Tourismus. Die qualitätsorientierte Begegnung mit dem Subjekt, der Persönlichkeit *Tier* gewinnt zunehmend an Bedeutung im Vergleich zu Streichelgehegen, wo Tiere vorrangig als Kuschel-Objekt und Leckerli-Adressaten deklariert werden. Das Konzept der *Begegnungshöfe* ist dann übertragbar, wenn artgemäße Tierhaltung, Qualifizierung der Mitarbeiter und ihr Einsatz in der begleiteten Mensch-Tier-Begegnung nachhaltig realisiert werden. Das positive Image einer auf die Bedürfnisse des Tieres Rücksicht nehmenden Mensch-Tier-Begegnung ist für die Regionen vorteilhaft und ökologisch wie ökonomisch unterstützenswert.

2.5 Gesellschaftspolitischer Auftrag der *Begegnungshöfe* im Sinne des Tierschutzes

Begegnungshöfe bieten eine Alternative zur Privattierhaltung insbesondere dort, wo eine artgemäße Tierhaltung auf Grund von zeitlicher und familiärer Belastung nicht gewährleistet ist. Die punktuelle oder auch regelmäßige Einbindung in die Versorgung der Tiere auf dem *Begegnungshof* ist ebenso möglich wie thematische Schwerpunktbegegnungen (z.B. Entspannung nach dem Feierabend). Es bedarf einer behutsamen Hinführung an die Frage: „Muss ich erst ein Tier *besitzen,* um einem Tier in einer Beziehung begegnen zu können?“ Die *Begegnungshöfe* unterstützen Erlebensmomente, die aufzeigen, dass erstens über eine achtsame Begegnung eine Beziehung auch zu uns zunächst fremden Tieren möglich ist und zweitens, dass nicht die Dauer einer Begegnung für die emotionale und soziale Intensität der Begegnung relevant ist. Übernahme von Verantwortung und andere Talente werden dann gefördert, wenn der Begegnungshof in unmittelbarer Nähe zum Wohnort vorhanden ist und die Integration von engagierten Ehrenamtlichen gut geführt wird.

Die Mensch-Tier-Begegnungsstätten in Deutschland sind nicht selten Basis einer wertvollen und gut entwickelten Struktur in der pädagogischen, therapeutischen und sozialen Begleitung insbesondere von Menschen mit einem besonderen Förderbedarf. Die Begegnungsstätten sind darüber hinaus zunehmend auch ein wichtiges Angebot für jene Menschen, die neben Beruf und

Familie dies als Möglichkeit für die Kontaktaufnahme und die Beziehung zu Tieren nutzen möchten. Die *Begegnungshöfe* haben im bestehenden Angebot in Deutschland eine zusätzliche Komponente eingebracht: die Qualität der Beziehungsarbeit. Es gilt, die Vielfalt der Angebote in Deutschland zu fördern und zu stützen, ohne die Qualität zu vernachlässigen.

Es liegt in unserer Verantwortung, diese gewachsenen Strukturen dort zu erhalten, wo sie qualitativ gut sind, dort zu fördern, wo sie qualitativ besser werden sollen, aber auch dort nachhaltig anzumahnen, wo sie den Bedürfnissen von Mensch und Tier entgegenwirken.

3 Die Soziale Arbeit im Konzept des *Netzwerks Begegnungshöfe*

Das Angebot des *Netzwerks Begegnungshöfe* richtet sich an alle Mitglieder der Gesellschaft, bietet aber darüber hinaus auch jenen die Möglichkeit, Mensch-Tier-Beziehung zu erleben, die mit einer physischen, psychischen, mentalen oder sozio-kommunikativen Einschränkung leben.

Die Soziale Arbeit will psychosoziale und praktische Probleme von Individuen, die nur unzureichend sozial integriert sind, verhindern, lösen oder lindern helfen. Dieser Auftrag, Benachteiligungen abzubauen und präventiv ihr Entstehen zu verhindern, wird im Rahmen des Netzwerkes in folgenden Bereichen umgesetzt:

1. Förderung der lebenspraktischen Orientierung und der individuellen Ressourcen

Ziel: Verbesserung individueller Lebensverhältnisse und Verbesserung
- sozialräumlicher Strukturen
- regelmäßige Teilnahme an Angeboten der Begegnungshöfe
- Mitarbeit auf dem Begegnungshof (Ehrenamt, FÖJ/FSJ, Praktikum, Re-Integration in den Arbeitsmarkt, Teilzeit, Vollzeit)

2. Förderung des *Miteinander-Auskommens*

Ziel: Entwicklung sozio-kommunikativer Kompetenzen
- Angebote für spezielle Zielgruppen zur Förderung der intrapersonellen und interpersonellen Kommunikation (z. B. straffällig gewordene Jugendliche, Schulverweigerer)
- Angebote für spezielle Zielgruppen zur Förderung der gruppeninternen Kommunikation (z. B. gerontologische Wohngruppen, Schulen, Kindergärten)
- Angebote in multikulturell geprägten Stadtteilen (z. B. Sprach- und Kulturaustausch, tiergerechter Umgang mit Tieren)

- Angebote zum generationsübergreifenden Handeln (z. B. Begegnung von Jung & Alt, Erfahrungen im Umgang mit Tieren, Weitergabe von Erfahrungen und Fertigkeiten z. B. in der Versorgung von Tieren, im Stallbau, in der Werkstatt)

3. Förderung des Individuums in der Wechselbeziehung mit seiner sozialen und natürlichen Umwelt

Ziel: Sensible Wahrnehmung und Achtung des erweiterten Lebensraumes
- Regenerationsangebote für den Feierabend (z. B. Ruhen im Strohlager, Verweilen auf der Weide mit den Tieren, ruhige Beobachtungssequenzen, Tieren vorlesen, konzentrierte Arbeit an und mit den Tieren)
- Sozialer Austausch in Gruppenangeboten auf dem *Begegnungshof*
- Angebote der Mitarbeit auf dem *Begegnungshof*
- Begegnung mit dem Tier als Vertreter der natürlichen Umwelt (inkl. der vielfältigen taktilen und olfaktorischen Reize, z. B. Misten, Putzen)
- Erleben des gemeinsamen natürlichen Lebensraumes *Natur* in Zusammenwirken mit dem Tier (z. B. bei jeder Wetterlage Versorgung der Tiere leisten, Arbeit, Spaziergänge und Wanderungen mit dem Tier und Wahrnehmung des Tierverhaltens in der Natur)

3.1 Beispiele bedürfnisorientierter Angebotsinhalte in der Mensch-Tier-Begegnung auf den *Begegnungshöfen*

- Sensorische Stimulation: Taktile, visuelle, akustische, olfaktorische Reize: u.a. Tierfell, Körpertemperatur, Atem- und Muskelaktivität des Tieres, Tierlaute, Tierverhalten, Körperflüssigkeiten (Speichel, Urin, Mist), Stall, Futtermittel, natürliche Umgebung.
- Schöne Formen in spezifischen Bereichen des Erlebens: Natürliche Umgebung, das natürlich Schöne aller Lebensformen, Alternativangebote zur möglichen Fixierung auf Lebensprobleme oder zu negativ besetzten Signalen des Alltags
- Abwechslung und Stimulation: Soziale und emotionale Impulse durch die Versorgung, die Arbeit und das Dasein mit den Tieren (z. B. Fürsorge erleben und geben dürfen, sozial angenommen bzw. auch gefordert werden)
- Assimilierbare orientierungs- und handlungsrelevante Informationen erhalten: In der Tierpflege und -versorgung sowie im Umgang mit Tieren werden Fertigkeiten vermittelt und vom Tier eingefordert, die auch als Beispiel für das soziale menschliche Miteinander gelten können. Die Strukturen im Umgang mit dem Tier (z. B. normiertes Verhalten) fordern vom

Handelnden einen strukturierten Alltag im Privatleben und wirken so als Orientierungshilfe.

- Subjektiv relevante Ziele, Erwartungen, Hoffnungen: Die Beziehungsarbeit zwischen Mensch und Tier, die das zentrale Ziel der *Begegnungshöfe* darstellt, fördert das Bedürfnis nach sozialem, kommunikativen und emotionalen Austausch, ermöglicht, verbindliches und veranwortliches Handeln zu erproben und subjektiven Zielen näherzukommen (z. B. Steigerung des Selbstwertgefühls).
- Ausbildung effektiver Fertigkeiten, Regeln und sozialer Normen: Als Mitarbeiter auf einem *Begegnungshof* (Ehrenamt, auf Zeit, angestellt) werden Arbeitsstrukturen und normierte Handlungsabläufe in der Tierversorgung, im Umgang mit den Tieren, den Kollegen und den Besuchern des Hofes eingeübt. Dies ermöglicht eine Annäherung an eine Integration, bzw. Reintegration in das Arbeitsleben bzw. in einen festen sozialen und tageszeitlichen Kontext in der Rekonvaleszenz bzw. im Ruhestand.
- Emotionale Zuwendung: Die Umsetzung emotionaler Bedürfnisse ist zunehmend auf Grund eingeschränkter Zeiten des Miteinanderwirkens sowohl in Partnerschaften und Familie (z.T. durch lange Arbeitszeiten, Stress im Alltag) wie auch in Heimen und Kliniken (z. B. Behinderten-, Alten-, Pflegeheimen) reduziert bzw. mit sachlichen oder negativen Handlungen (z. B. Berührung bei Pflege- oder therapeutischen Einsätzen) verbunden. Im günstigen Fall erleben Menschen eine positive Hinwendung durch einen anderen Menschen. Aus den unterschiedlichsten Ursachen fehlt heute aber oft die regelmäßige Möglichkeit, einem anderen Wesen Liebe und Zuneigung zu schenken, Bindungen aufzubauen. Auf *Begegnungshöfen* werden die Besucher herangeführt, wie man artgemäß und tiergerecht den Tieren seine Zuneigung zeigen kann. Der Besucher wird nicht wie in einem Streichelgehege alleine den Tieren überlassen, vielmehr erhält er einen Einblick in die Bedürfnisse der Tiere und lernt so auch seine eigenen Bedürfnisse zu reflektieren (z. B. Nähe und Distanz, Kontaktzonen). Hierbei wird Wert darauf gelegt, nicht nur für negative Emotionen der Tiere zu sensibilisieren, vielmehr auch Zeichen des Wohlbefindens zu erkennen (z. B. entspannte Körperhaltung, nonverbale Zeichen des Genießens). Über die emotionale Zuwendung zum Tier wird die emotionale Zuwendung zu sich selber und zum Mitmenschen gefördert.
- Soziokulturelle Zugehörigkeit durch Teilnahme: Die soziokulturelle Identifikation ist dann möglich, wenn es zu wiederholten oder gar regelmäßigen Besuchen auf dem *Begegnungshof* kommt, sich der Besucher mit *seinem Begegnungshof* und *seinen Tieren* zu identifizieren beginnt. Die Beteiligung an der Tierversorgung oder die Übernahme von einer Tierpatenschaft kann

dies fördern helfen. Innerhalb des *Begegnungshofes* kann durch Gruppenarbeit oder Mitarbeit im Hof-Team oder an Hoffesten eine für den Einzelnen wichtige soziale Bindung und für die Region eine kulturelle Identität entstehen. Die *Begegnungshöfe* stellen daher ein wichtiges soziokulturelles Angebot für die Menschen in der Region dar.

- Unverwechselbarkeit und soziale Anerkennung: In der durch die *Begegnungshöfe* geförderten Beziehungsarbeit zwischen Mensch und Tier zeigt sich oft sehr schnell eine individuelle Vorliebe zu bestimmten Tierindividuen. Sowohl der Besucher als auch das Tier suchen sich *ihren tierischen, bzw. menschlichen Sozialpartner* aus. Das Erkennen, dass *dieses Tier mir speziell zugewandt ist,* schafft beim Besucher eine besondere Identität und Bindungsvoraussetzung. Der gelingende tiergerechte Umgang, speziell mit evtl. nicht ganz einfachen Tierindividuen, fördert zudem soziale Anerkennung in der Gruppe: *Er traut sich, den Riesenesel zu führen! Sie kann mit dem scheuen Schwein Pedro gut umgehen! Er darf schon die Pferde mit trainieren!*

3.2 Bereiche der Sozialen Arbeit und kooperierender Nachbardisziplinen, die von der Arbeit der *Begegnungshöfe* profitieren.

Bereiche der Sozialen Arbeit	Beispiele möglicher Angebote der Sozialen Arbeit auf Begegnungshöfen
Stadtteilarbeit	multikulturelle Angebote, Angebote in der Kinder-, Jugend-, Alten- und Behindertenarbeit
Allgemeiner Sozialer Dienst	Gruppen- und Freizeitangebote, Gruppen zur Trauerarbeit
Supervision	Verhaltensbeobachtung zur Kommunikation und zum sozialen Verhalten, Führtechniken
Therapeutisch orientierte Arbeit	Aufbau von Vertrauen, Beziehungsarbeit, Angstabbau
Soziale Gruppenarbeit	soziokommunikative Prozesse, Planungs- und Handlungsprozesse
Betreutes Wohnen, Heimerziehung	Freizeitgestaltung, Förderung von Gruppenprozessen
Intensive Einzelbetreuung	Förderung von Talenten entsprechend der individuellen Zielsetzung
Frühförderung	Förderung der sensomotorischen Wahrnehmung sowie der Aktivitätsphasen entsprechend des individuellen Förderbedarfs

Bereiche der Sozialen Arbeit	Beispiele möglicher Angebote der Sozialen Arbeit auf Begegnungshöfen
Vorschulerziehung	Förderung der kindlichen Sprach-, sensomotorischen und psychosozialen Entwicklung
Kinder- und Jugendarbeit, internationale Jugendarbeit	Förderung des Selbstwertgefühls, der Kommunikation unterschiedlicher Sozial- und Kulturgruppen, Begleitung durch die Entwicklungsphasen, Ausbau von praktischen Fertigkeiten, Begegnung und Austausch mit der älteren Generation
Familienberatung, Hilfen zur Erziehung, Erziehungsbeistand	Vermittlung der Sinnhaftigkeit von Regeln und sozialen Normen, Übung von elterlicher Präsenz und Führungsqualität
Altenarbeit	Realisieren von Fürsorge-Geben, Erleben von eigenen Fähigkeiten, Erlebnisalternativen zu einem möglicherweise eingeschränkten Alltag, soziale Integration
Freizeit-/Erlebnispädagogik	Naturverbundene Freizeitgestaltung, Erweiterung der Sinneswahrnehmungen (als Alternative zur virtuellen Welt am PC), Erfahren des natürlichen Lebensraums, körperliche Aktivität (z. B. Wanderung mit Tieren, Hindernisparcour)
Kulturarbeit, Handwerk, Werkhof	Aufbau- und Reparaturarbeiten, Bau von Hindernissen für das Tiertraining, Spielzeug für Mensch und Tier
Gesundheitsförderung	Förderung der körperlichen und psychosozialen Gesundheit, Präventionsangebote, z. B. Bewegungsangebote für Übergewichtige, jugendliche Diabetiker u.a..
Psychosoziale Betreuung Therapie bei Abhängigkeitserkrankungen	Förderung der sozialen Re-/Integration von psychisch bzw. Abhängigkeits-Erkrankten
Berufsbetreuung für Jugendliche, Langzeitarbeitslose, Behinderte	Berufsorientierung, Alternativangebote zur Hinführung auf den 1. Arbeitsmarkt
Bewährungshilfe	Sonderprogramme für straffällig gewordene Jugendliche

3.3 Themenbeispiele der Sozialen Arbeit auf den derzeit bestehenden *Begegnungshöfen*

Kulturelle und soziale Integration auf dem Begegnungshof

Der Bremer *Begegnungshof*, die Stadtteilfarm Huchting, liegt mitten in einem Stadtteil der Hansestadt, welcher einen hohen Anteil von Migranten beheimatet. Soziale Spannungen, aber auch ein zum Teil von gesellschaftlichen wie kulturellen Mißverständnissen geprägtes Alltagsleben sind präsent. Mitten in diesem Stadtteil, zwischen Autobahn und einem See, liegt die Stadtteilfarm Huchting. Mit ihren Heim- und Nutztieren bietet sie ein pädagogisches Programm nicht nur für Kinder und Jugendliche an. Sie versucht unterschiedlichste kulturelle Gruppen und Generationen mit speziellen Angeboten zu integrieren. Im Vordergrund steht dabei, die Lebenserfahrungen älterer Menschen und jene mit einem Migrationshintergrund zu vereinen.

Arbeitsplatz Begegnungshof

Die *Begegnungshöfe* sind Arbeitsplatz für eine Vielzahl qualifizierter und angehender Fachleute, aber auch von Menschen in Arbeitsförderprogrammen. Die Höfe sind in der Regel von diplomierten Landwirten, Biologen, Pädagogen oder Therapeuten geleitet, die für die Tierhaltung nicht selten ausgebildete, bzw. in Ausbildung begriffene Tierpfleger engagieren. In Zusammenarbeit mit sozialen Fördermaßnahmen (Freiwilliges Soziales, bzw. Ökologisches Jahr, ARGE, Behindertenfördermaßnahmen, etc.) erhalten Menschen im Rahmen der Tätigkeiten auf den *Begegnungshöfen* die Chance, sich für eine Integration, bzw. Reintegration in den Arbeitsmarkt zu qualifizieren. Es werden sozioemotionale und kommunikative Kompetenzen gefördert, v.a. aber Fähigkeiten trainiert, die die Einhaltung einer regelmäßigen Mitarbeit im Arbeitsalltag und die Übernahme von eigenverantworlichen Bereichen ermöglichen.

Begegnungshöfe als außerschulische Lernorte

Schulbauernhöfe sind ein bewährtes pädagogisches Angebot an Schulen, welche den Produktionsablauf und die Entstehung von natürlichen Lebensmitteln und deren Zubereitung aufzeigen. Bisher waren alleine diese Inhalte für den Titel „Außerschulischer Lernort“ ausschlaggebend. Seit 2009 wurden nun auch *Begegnungshöfe* in diese von den Schulreferaten vergebene Kategorie aufgenommen. Außerschulische Lernorte ermöglichen eine besondere Form der Herstellung eines Praxisbezugs in der Schulbildung und erstmals wurde nun honoriert, dass nicht allein wirtschaftliche Abläufe und die Produktivität Lerninhalte darstellen, vielmehr die *Beziehung* zwischen Mensch & Tier ein wichtiges Lerngut sei. So wurde der *Begegnungshof* als eine *sinnvolle Ergänzung zum Erziehungsauftrag der Schulen* bezeichnet. Dies ermöglicht Kindergärten, Schulen u.a. pädagogischen Einrichtungen, ihren Unterricht auch auf *Begegnungshöfen* zu gestalten.

Es ist wichtig, dass Kinder erfahren, woher das Sonntagsei oder das Schnitzel auf dem Teller stammt. Der achtsame Umgang mit tierischen Lebensmitteln kann aber erst dann nachvollzogen werden, wenn die Wertigkeit durch ein emotional bedeutendes Erlebnis in der Begegnung, vielleicht sogar in einer Beziehung zu einem Tier erlebbar wird. Aus diesem Erleben entstehen Achtung und Respekt gegenüber dem Lebensmittel, gegenüber dem Handeln am Tier. Der Wert des Tieres wird wahrhaftig und nachhaltig erfahrbar.

Der Einfluss der Tiergestützten Intervention auf *Begegnungshöfe*

Seit 2001 werden in Deutschland qualifizierte Weiterbildungen im Bereich der Tiergestützten Intervention angeboten. Die Absolventen zahlreicher Seminare streben seit zehn Jahren nun auf den Arbeitsmarkt und etablieren sich im Rahmen der Tiergestützten Aktivität/Förderung, Pädagogik und Therapie. Nicht selten wird in der tiergestützten Arbeit eine gemischte Gruppe von Heim- und Nutztieren eingesetzt, finden die tiergestützten Maßnahmen direkt auf einem Hof statt, wo auch die Tiere gehalten werden. Einige der *Begegnungshöfe* in Deutschland haben einen eindeutigen tiergestützten Hintergrund, sie bieten neben der Mensch-Tier-Begegnung auch Tiergestützte Aktivität/Förderung, Pädagogik und Therapie an. Da, wo eine fachliche Qualifizierung vorhanden ist, ist die tiergestützte Grundlage eine deutliche Bereicherung für die Begegnung mit Tieren auf dem *Begegnungshof*. Die Erfahrung, die die Hofbesitzer aus ihrer tiergestützten Arbeit mitbringen, zeigt sich insbesondere im Umgang mit den Besuchern, dem methodischen Aufbau der Mensch-Tier-Begegnung und dem Wert der Beziehungsarbeit mit Mensch & Tier. Den Hofleitern der *Begegnungshöfe* wird eine Einführung in die Tiergestützte Intervention empfohlen, um auf diesem Weg auch die Wirkungsebenen der Mensch-Tier-Beziehung kennenzulernen, die Rolle des Tierhalters zu reflektieren und die Chancen eines achtsamen Umgangs mit Mensch & Tier zu erfahren.

Ökologische Landwirtschaft auf dem Begegnungshof

Eine wesentliche Grundlage für die Qualifizierung der Begegnungshöfe ist die artgemäße Tierhaltung. Jene Höfe, die als landwirtschaftliche Betriebe geführt werden, sind derzeit ausschließlich Bio-Betriebe bzw. Mitgleider in einem der großen Verbände der Ökologischen Landwirtschaft. *Begegnungshöfe* mit einer angeschlossenen Landwirtschaft zeigen keine parallele Tierhaltung (Lebensmittel-produzierende Tiere versus Kuscheltiere), vielmehr soll hier jedes Tier seinen Bedürfnissen entsprechend gehalten und eine intensive Beziehung zu den einzelnen Tierindividuen gepflegt werden. So wird die Mutterkuhherde den Besuch auf der Weide akzeptieren, weil der Bauer dies regelmäßig auch mit fremden Besuchern trainiert. Aber nicht jede Kuh muss für einen Nahkontakt zur Verfügung stehen. Es gilt auf den landwirtschaftlichen *Begegnungshöfen* über die Ziele von Schulbauernhöfen hinaus, nicht allein den Alltag auf einem Bauernhof oder die Verarbeitung von tierischen Produkten aufzuzeigen, vielmehr die Beziehung zu den einzelnen Tierindividuen und ihre Bedürfnisse erlebbar zu machen.

4 *Begegnungshöfe* als Spiegel tierrechtlicher und gesellschaftlicher Entwiclungen

Das *Netzwerk Begegnungshöfe* sieht seine Aufgabe in dem achtsamen Umgang mit menschlichen und tierischen Bedürfnissen. Die Angebote der *Begegnungshöfe* werden sich den sozialen Fragen stellen, dies jedoch immer auf der professionellen und qualitativ hochwertigen Basis der artgemäßen Tierhaltung und des tiergerechten Umgangs mit den Tieren. Es gilt, den Besuchern der *Begegnungshöfe* einen achtsamen Umgang mit anderen Lebewesen zu vermitteln und ihnen die Gelegenheit zu geben, diesen auf dem Hof selber zu realisieren. Die Höfe bieten einen geschützten sozialen Raum, der sowohl Erholung als auch neue Erfahrungen zulässt. Auf Grund der großen Vielfalt unterschiedlicher *Begegnungshof*-Angebote repräsentieren die *Begegnungshöfe* die Vielfalt gesellschaftlich relevanter Themen des sozialen Miteinanders und werden – neben einer fachlichen Kontinuität – sich immer auch mit der Gesellschaft und ihren Bedürfnissen weiterentwickeln.

Literatur

Olbrich, Erhard; Otterstedt, Carola (2003) (Hrsg.): Menschen brauchen Tiere, Grundlagen und Praxis der tiergestützten Pädagogik und Therapie, Stuttgart.

Otterstedt, Carola (2001): Tiere als therapeutische Begleiter, Gesundheit und Lebensfreude durch Tiere – eine praktische Anleitung, Stuttgart.

Otterstedt, Carola (2005): Der nonverbale Dialog mit Schwerkranken, Schlaganfall-, Komapatienten und Demenz-Betroffenen, mit Übungen zur Wahrnehmungssensibilisierung (u.a. tiergestützte Begleitung), Dortmund.

Otterstedt, Carola (2005): Der verbale Dialog mit Schwerkranken, Schlaganfall-, Komapatienten und Demenz-Betroffenen, mit Anregungen zur kreativen Gesprächsgestaltung (u.a. tiergestützte Begleitung), Dortmund.

Otterstedt, Carola (2006): Tiergestützte Pädagogik, in: Pousset, R. (Hrsg.): Handbuch für Erzieherinnen und Erzieher, Weinheim, S. 443-445.

Otterstedt, Carola (2007): Mensch & Tier im Dialog, Kommunikation und artgerechter Umgang mit Haus- und Nutztieren, Methoden der tiergestützten Arbeit und Therapie, Stuttgart.

Otterstedt, Carola (2008): Bündnis Mensch & Tier, Stiftungsinitiative für eine nachhaltige Mensch-Tier-Beziehung, in: Bund Deutscher Jugendfarmen und Aktivspielplätze (2008): Offene Spielräume 3/08, Stuttgart, S. 10-13.

Otterstedt, Carola (2009): Pilotstudie Mensch-Tier-Begegnungsstätten in Deutschland (unveröffentlicht).

Otterstedt, Carola; Rosenberger, Michael (2009) (Hrsg.): Gefährten – Konkurrenten – Verwandte, Die Mensch-Tier-Beziehung im wissenschaftlichen Diskurs, Göttingen.

Tierärztliche Vereinigung für Tierschutz: TVT-Merkblätter Nr. 131 „Nutzung von Tieren im sozialen Einsatz“ (Haltungs- und Einsatzbedingungen für Heim- und Nutztiere im sozialen Einsatz), s. www.tierschutz-tvt.de

Vernooij, Anna-Maria; Schneider, Silke (2008): Handbuch der Tiergestützten Intervention, Wiebelsheim.

Astrid Weiss

Technik in animalischer Gestalt. Tierroboter zur Assistenz, Überwachung und als Gefährten in der Altenhilfe

1 Einleitung

Könnten Roboter das Leben von Senioren verbessern? Eine häufige Annahme ist, dass der Einsatz von Robotern in der Altenhilfe ein Lösungsansatz für die zunehmende Alterung unserer Gesellschaft sein könnte. Aus diesem Grund gibt es immer mehr Forschungsprojekte zu diesem Thema, aber auch eine wachsende Industrie, die Roboter für die Altenpflege entwickelt (Pollack 2005).

Roboter in der Altenpflege einzusetzen wird häufig durch die Annahme motiviert, Roboter könnten das Wohlbefinden von Senioren verbessern und die mangelnden Pflegekräfte kompensieren. Unterschiedlichste Forschungsgebiete wie Neuroinformatik, Kognitive Robotik, Psychologie, Gerontologie und viele mehr beschäftigen sich mit dem Phänomen sogenannter „sozialer" Serviceroboter für den Einsatz in Altenheimen oder aber auch Privathaushalten. Nicht nur technologische Herausforderungen interessieren hierbei die Forscher, sondern vor allem auch, inwieweit sich der Einsatz dieser Roboter auf die Lebenswelt der Senioren auswirkt.

Unter anderem hat sich in den letzten zehn bis 20 Jahren das interdisziplinäre Forschungsfeld der Mensch-Roboter-Interaktion (MRI) herausgebildet. Hatten sich bislang vorrangig nur Entwickler und geschulte Personen (z. B. in der automatisierten Produktion) mit Robotern beschäftigt, so führt der Einsatz von „sozialen" Servicerobotern in der Altenbetreuung zu Überlegungen, wie diese Roboter gestaltet werden müssen, um tatsächlich genutzt zu werden.

Doch inwieweit betrifft die Soziologie die Forschungsinteressen der Mensch-Roboter-Interaktion? In der traditionellen Soziologie (Weberscher Ansatz) würde man argumentieren, dass Nicht-Menschen in der Soziologie keine Berücksichtigung finden (Weber 1922). Ebenso würde Luhmann verbale und non-verbale Kommunikation von Menschen mit technischen Systemen nicht als Kommunikation ansehen, da Artefakte kein Bewusstsein haben und daher auch nicht verstehen können (Luhmann 1984).

Doch das Forschungsfeld der Robotik hat sich in eine Richtung entwickelt, in der Ingenieure mehr und mehr versuchen, Roboter nach anthropomorphen oder zoomorphen Bildern zu gestalten, sowohl äußerlich als auch in den Interaktionsmodellen (Fong et al. 2002). Manche Forscher gehen mittlerweile sogar einen Schritt weiter und versuchen, künstliches Leben und kognitive Systeme zu schaffen, von denen der am Massachusetts Institute of Technology (MIT) entwickelte Leonardo-Roboter schon die sogenannte „False-Belief"-Aufgabe[1] erfolgreich absolviert hat (Smith et al., 2007) und der an der University of Yale entwickelte NICO-Roboter den Spiegeltest[2] (Gold & Scasselati 2007) bestanden hat. Dadurch entstehen die Hoffnung und zugleich die Angst, dass Roboter in Zukunft als vollwertige Akteure in unserer Gesellschaft integriert sein werden. Daher sollten Sozialwissenschaftler die Interaktion zwischen Menschen und Robotern und deren Auswirkungen offensichtlich als Forschungsgegenstand betrachten.

Soziologen wie Linde (1972) und Rammert (1993) haben bereits den klassischen Ansatz zum sozialen Handeln nach Max Weber diskutiert, bei welchem das soziale Reich dem Menschen vorbehalten bleibt. Beide Soziologen halten ein Überdenken dieses Ansatzes unter Einbezug von technischen Systemen und Maschinen für notwendig. Eine Vielzahl von Studien konnte zeigen, dass Menschen auf unterschiedlichste technische Systeme sozial reagieren, von Fernsehern über Computer hin zu virtuellen Agenten (Reeves & Nass 1996).

Studien in der Wissenssoziologie deuten darüber hinaus an, dass Menschen dazu neigen, Objekten und Artefakten gegenüber ähnliche Verhaltensweisen an den Tag zu legen wie anderen Menschen gegenüber (Knorr-Cetina 1997). Knorr-Cetina spricht in diesem Zusammenhang von einer „post-sozialen" Welt, in der nicht-menschliche Entitäten die soziale Domäne betreten.

Diese These bestätigt die MRI-Forschung, die sich mehr und mehr mit Robotern beschäftigt, die den direkten Interaktionsraum des Menschen betreten, und zwar nicht mehr nur im Arbeitskontext (wie etwa in Autofabriken), sondern auch im Kontext des privaten Zuhauses und in unterschiedlichsten Servicesektoren, wie eben der Altenpflege. Da Roboter nicht nur interaktive (der

1 Dieser Aufgabe liegt zugrunde, dass Kinder erst ab einem bestimmten kognitiven Entwicklungsstand (erst ab dem vierten Lebensjahr) in der Lage sind zu erkennen, dass andere Menschen Überzeugungen haben können, von denen das Kind weiß, dass sie falsch sind (Wimmer & Perner 1983).

2 Der Test dient dem Nachweis für die Existenz eines Bewusstseins. Es wird weithin akzeptiert, dass das „Bestehen" des Spiegeltestes ein notwendiges Kriterium ist, um einer Spezies die kognitive Fähigkeiten zuzuschreiben, das eigene Selbst erkennen zu können. Es ist allerdings umstritten, ob der Spiegeltest ein hinreichendes Kriterium liefert.

Output des Systems erfolgt auf den Input des Menschen), sondern vor allem, autonome und adaptive Systeme sind, fördern sie besonders die Wahrnehmung als soziale Akteure und eigenständige Entitäten (Cramer 2010).

In diesem Beitrag liegt der Fokus auf Tierrobotern (zoomorphe Roboter) und ihrem Einsatz in der Altenpflege. Im folgenden Kapitel werden nach einer Definition „sozialer" Serviceroboter und zoomorpher Roboter eine Übersicht zu Robotern in der Altenpflege generell gegeben und ausgewählte Studienergebnisse zu Tierrobotern in der Altenpflege präsentiert. Basierend darauf wird in Kapitel 4 die Frage diskutiert „Tierroboter – Form follows Function". Der Beitrag endet schließlich mit einer Reflexion zu „Wenn Tierroboter Einzug in die Lebenswelt von Senioren halten".

2 Mensch-Roboter Interaktion und Senioren

2.1 „Soziale" Roboter im Allgemeinen und Tierroboter im Speziellen

Es gibt keine einheitliche Definition des Begriffs „sozialer" Roboter in der MRI-Forschungsgemeinschaft. Dautenhahn und Billard haben folgende Definition vorgeschlagen (Dautenhahn & Billard, zit in Fong et al. 2003):

„Social robots are embodied agents that are part of a heterogeneous group: A society of robots or humans. They are able to recognize each other and engage in social interactions, they possess histories (perceive and interpret the world in terms of their own experience), and they explicitly communicate with and learn from each other."

Diese Definition zeigt die Kernaspekte, die ein „sozialer" Roboter aufweist. Soziale Roboter können in den meisten Fällen, Emotionen ausdrücken oder die Emotionen von Menschen „erkennen"; sie können in komplexen Dialogformen die Modelle anderer Agenten erkennen oder erlernen; sie können soziale Beziehungen aufbauen und erhalten; sie verwenden natürliche Schlüsselreize in der Interaktion wie Blickkontakt, Gesten, Mimik; sie weisen eine Persönlichkeit durch bestimmte Charaktermerkmale auf (dominant, unterwürfig, extrovertiert, introvertiert etc.); sie haben das Potenzial, soziale Kompetenzen zu erlernen.

Unter Servicerobotern werden Roboter verstanden, die für spezielle Aufgaben, die den Menschen unterstützen sollen, entwickelt wurden (Zeller 2005). Nach dieser Aufgabe richtet sich dann in weiterer Folge der Grad an Autonomie, über den sie verfügen. Nach Zellers Aussage müssen „Service-Roboter aus dem Unterhaltungsbereich [...] den Autonomiegrad eines Lebewesens simulieren können" (Zeller 2005, S. 34). Im Bereich der Serviceroboter gibt es eine Unmenge unterschiedlicher Designs, wobei die meisten Menschen, Tieren oder Maschinen (z. B. Staubsaugern) ähneln.

Nach Fong et al. (2003) können „soziale" Serviceroboter in vier Klassen der Verkörperung unterschieden werden: anthropomorph, zoomorph, „caricartured" und funktional. Beim anthropomorphen Paradigma werden dem System menschliche Attribute gegeben (z. B. ein Gesicht), um dem Menschen die Interpretation während der Interaktion zu erleichtern. Das zoomorphe Paradigma folgt der Idee, das System nach den Charakteristiken von lebendigen Kreaturen zu gestalten, um einen Bezug zum System, ähnlich wie bei einer Haustier-Tierhalter-Beziehung zu fördern. Häufig werden daher Hunde und Katzen als Vorbild genommen. Das „caricartured" Paradigma folgt der Idee, dass das Überbetonen bestimmter Merkmale im Design, z. B. Ohren oder Mund, die Interaktion positiv beeinflussen könne. Das funktionale Designparadigma folgt schließlich der Annahme, dass das Design eines Roboters vorwiegend seine Funktion repräsentieren solle.

In weiterer Folge werden „soziale" Serviceroboter, die bereits in der Altenpflege zum Einsatz kommen, dargestellt. Hierbei wird nach der Einteilung von Sharkey & Sharkey (2010) vorgegangen, die Roboter in der Altenpflege nach drei Einsatzbereichen unterscheiden: Roboter zur Assistenz, Roboter zur Überwachung und Roboter als Gefährten.

2.2 Roboter zur Assistenz

Eine Vielzahl von Robotern zur Assistenz wurden bereits speziell für die Altenpflege entwickelt, wie zum Beispiel der japanische Secom „My Spoon"-Roboter, der Senioren automatisch füttern soll, oder der Sanyo Electric Badewannen-Roboter, der Pflegebedürftige automatisch wäscht. Diese beiden Roboter sind offensichtlich nach ihrer Funktionalität designt. Anders ist dies beim RIBA-Roboter (Robot for Interactive Body Assistance). Dieser Roboter wurde entwickelt, um bettlägerige Patienten aus dem Bett in einen Rollstuhl zu heben. Jedoch ist dieser Roboter nicht anthropomorph, sondern „Teddybär-ähnlich" gestaltet. Der E-EI Roboter (entwickelt in den USA von Georgia Tech) soll die Funktionalität eines Blindenhundes im Haushalt übernehmen, hat jedoch anthropomorphe Züge.

Andere Ansätze im Assistenzbereich sind Robotersysteme, die den menschlichen Körper stärken sollen, wie der „Hybrid Assistive Limb"-Anzug (HAL), der durch gezielte Nervenstimulation automatisch Muskeln bewegen kann und somit die ursprüngliche Körperkraft der Patienten um das 2- bis 10fache steigern kann. Auch Rollstühle für ältere und behinderte Menschen werden immer raffinierter. Hierbei wird vor allem an neuen Befehlseingabe- und Steuerungsmöglichkeiten gearbeitet, wie z. B. über Blickbewegungen und Sprache, aber auch an automatischer Hinderniserkennung und –vermeidung.

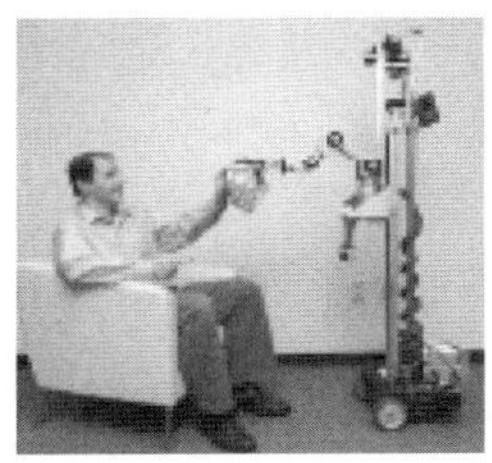

Abb. 1: E-EI Roboter

Abb. 2: My Spoon

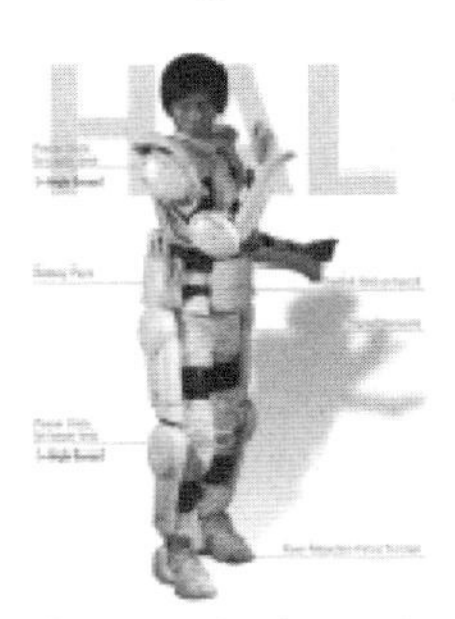

Abb. 3 „Hybrid Assistive Limb"-Anzug (HAL)

2.3 Roboter zur Überwachung

Überwachungsroboter werden in der Altenpflege sowohl für Sicherheitskonzepte eingesetzt als auch um den Gesundheitsstatus von Senioren zu kontrollieren. Der funktional-desingte „Nursebot", soll demenzkranke Senioren an alltägliche Tätigkeiten erinnern wie Essen, Trinken und Einnahme von Medikamenten. Andere Roboter wurden entwickelt, um als Mediator zwischen Patient und Arzt zu fungieren, zum Beispiel der RP-7, ein Tele-Roboter, der die Interaktion zwischen Arzt und Patient ermöglichen soll, ohne dass dieser das Haus verlassen muss. Roboter wie der uBot5-Roboter, der von der University of Massachusetts entwickelt wurde, der neben Alltagsaufgaben, wie dem Holen und Bringen von Gegenständen den Gesundheitszustand der pflegebedürftigen Person überwachen soll und z. B. im Falle eines Sturzes das Krankenhaus kontaktiert. Einen vergleichbaren Ansatz verfolgt das Fraunhofer Forschungsinstitut mit seinem CareBot-Projekt. Der „CareBot" ist ein „Personal Service"-Roboter, der im Privathaushalt des Patienten dessen Vitalparameter überwacht. Weiter kann ein Arzt über einen Videoscreen am Roboter mit dem Patienten kommunizieren, und der Roboter erinnert den Patienten an Medikamenteinnahmen und Termine. Dadurch soll ein möglichst langes, selbstständiges Leben im eigenen Haushalt ermöglicht werden.

In Japan wurde testweise in einem Altenheim mit 106 Betten bereits ein Teddybär-Roboter zur Überwachung des Gesundheitsstatus verwendet. Dabei sind die Roboter mit der Gesamtdatenbank aller Bewohner des Altenheims vernetzt. Dadurch kann der Roboter z. B. einen Pfleger informieren, wenn ein

Patient das Bett verlassen hat (Guardian online, 21. Februar 2002 http://news.bbc.co.uk/1/hi/sci/tech/1829021.stm).

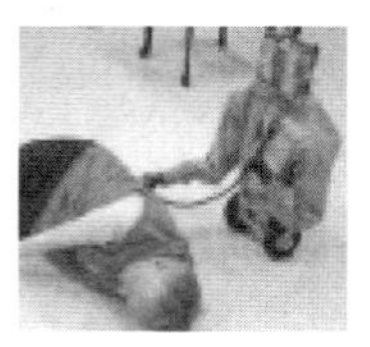

Abb. 4: Nursebot **Abb. 5: uBot5**

2.4 Roboter als Gefährten

Das dritte Einsatzgebiet für Roboter in der Altenpflege sind Gefährtenroboter. Roboter, die die Rolle eines Gefährten einnehmen sollen, dienen gleichzeitig häufig auch der Überwachung, ihre Hauptfunktion liegt aber in sozialer und emotionaler Stimulation. Die ersten käuflich erwerbbar (Spielzeug)-Roboter waren als unterhaltsame Gefährten gedacht wie zum Beispiel der Roboterhund AIBO, die Roboterkatze NeCoRo oder der Roboterdinosaurier Pleo.

Interessanterweise sind die meisten dieser Roboter zoomorph, abgesehen von Ausnahmen wie dem Robosapien, einem anthropomorphen Spielzeugroboter oder dem „My Real Baby", ein interaktiver auf Emotionen reagierender „Puppenroboter". Ein Tierroboter, der speziell für therapeutische Zwecke in der Altenpflege entwickelt wurde, ist Paro, eine Roboter-Robbe.

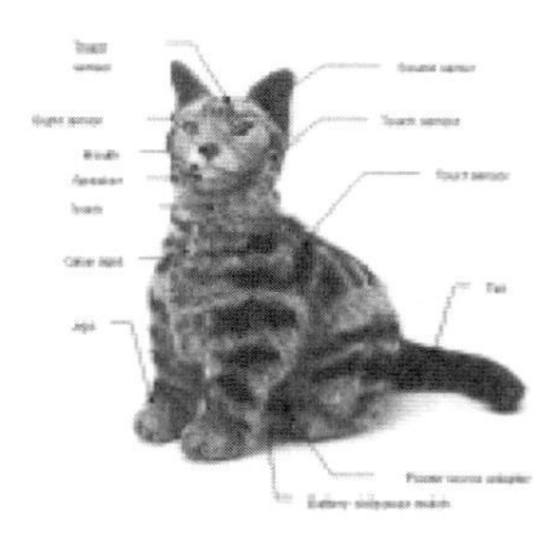

Abb. 6: NeCoRo

Abb. 7: Pleo

3 Erste Studien zu Tierrobotern in der Altenhilfe

3.1 AIBO

Sonys AIBO Roboter-Hund ist einer der bekanntesten Tierroboter, der ursprünglich als kommerziell erwerbbarer „Entertainment Roboter" entwickelt wurde. Er hat die metallische Form eines Hundes mit Sensoren zur Umgebungswahrnehmung (Entfernung, Beschleunigung, Sound, Vibrationen und Druck). Zudem kann AIBO die sechs Basisemotionen nach Ekman (1992) (Freude, Wut, Angst, Traurigkeit, Überraschung und Ekel) durch Bewegungen des Schwanzes und des Körpers und durch Farbe und Form seiner „Augen" simulieren. Spätere Versionen des AIBO-Roboterhundes konnten sogar standardisierte Sprachbefehle interpretieren und (leicht) unterschiedliches Verhalten in Abhängigkeit von erlernten Interaktionsmustern wiedergeben, zum Beispiel konnte AIBO auch „keine Lust zum Spielen" haben.

Der AIBO Roboterhund war eine der ersten zoomorphen Roboterplattformen, die für die Erforschung von Robotern als Gefährten für Senioren (aber auch für Kinder) verwendet wurden. Die meisten Studien fokussierten hierbei auf die Frage, ob der erwiesene therapeutische Effekt von lebendigen Tieren auch durch Tierroboter erzielt werden kann.

In einer Studie in St. Louis wurden zum Beispiel 10 AIBO Roboterhunde an 10 Senioren und 10 reale Hunde an 10 weitere Senioren gegeben (Banks et al. 2008). Die Ergebnisse der Studie haben gezeigt, dass zu den realen Hunden zwar eine höhere Bindung entwickelt wurde als zu den AIBO Roboterhunden, dieser Unterschied jedoch nicht statistisch signifikant war. In beiden Fällen (AIBO und realer Hund) wurde die Einsamkeit der Nutzer reduziert. Darüber hinaus wurde ein Akzeptanzwandel im Hinblick auf den Roboterhund beobachtet. Waren zu Beginn der Studie sowohl die Pfleger als auch die Patienten skeptisch gegenüber dem Einsatz von AIBO als Gefährte, so wandelte sich diese Einstellung aufgrund der Interaktion mit dem Roboterhund immer mehr zu Akzeptanz und Bindung, je mehr Zeit mit ihm verbracht wurde.

Eine weitere Studie mit dem AIBO Roboterhund konnte diese Phänomene ebenfalls bestätigen (Krafft & Coskun 2009). Senioren, denen der Roboterhund das erste Mal gezeigt wurde, sahen ihn als „Spielzeug" an, das niemals die soziale Gefährtenrolle eines echten Hundes einnehmen könne. Als Grund wurde von den Senioren die Tatsache genannt, dass der AIBO-Roboterhund keine Betreuung brauche wie ein realer Hund (Füttern, Spazieren Gehen etc.) und die soziale Bindung gerade aus diesem Abhängigkeitsverhältnis entstehe. Besonders die Gruppe der über 80-Jährigen hat auffällig hohe Resistenzwerte aufgezeigt.

Andere geäußerte Bedenken der Altenheimbewohner in der Vorphase dieser Studie waren, dass sie nicht so einsam seien, dass ein Roboterhund notwendig sei, um ihre Lebensqualität zu erhöhen. Weiter hatten die Senioren Sorge, nicht zu wissen, wie man sich um einen Roboterhund kümmert bzw. welche Instandhaltungsmaßnahmen sie vornehmen müssten.
Es wurden aber auch durchaus positive Erwartungen über den AIBO Roboterhund geäußert, wie der Vorteil, dass man immer jemanden zum Reden habe, wenn man jemanden braucht, vor allem in den späteren Abendstunden, die im Pflegeheim besonders von Einsamkeit geprägt seien.

3.2 Paro

Abb. 8: Paro

Paro ist eine vom National Institute of Advanced Industrial Science and Technology (AIST, Japan) entwickelte Roboterrobbe. Dieser Gefährtenroboter, „spürt" über einen taktilen Sensor, ob er gehalten oder gestreichelt wird. Dabei kann er seine „Freude" darüber durch Bewegung seines Schwanzes und Robben-ähnliche Geräusche kundtun. Zudem kann Paro seine Augen öffnen und schließen und reagiert auf Geräusche. Es kann seinen Namen lernen, ist tagsüber eher aktiv und „schläft" lieber, wenn es dunkel wird, wobei er hell/ dunkel über einen Lichtsensor unterscheiden kann.

Shibata (der Entwickler von Paro) und Wada haben schon eine Reihe von Studien mit Paro in Altenpflegeheimen in Japan und mittlerweile auch in Europa (Dänemark) durchgeführt. In diesen Experimenten konnten sie zeigen (ähnlich wie bei den zuvor genannten AIBO-Studien), dass die Roboterrobbe denselben therapeutischen Effekt erzielen kann wie ein reales Haustier. Die Senioren fühlten sich nach einer längeren Interaktionszeit mit Paro glücklicher und gesünder.

In einer dieser Studien im „Mori-no-Ie" Pflegeheim in Tsukuba/Japan wurden einen Monat lang von 8:30 bis 18:00 Uhr die Interaktionen der Senioren mit Paro auf Video aufgezeichnet. Zusätzlich wurden Interviews durchgeführt um Veränderungen in den sozialen Strukturen zu erfassen und regelmäßige Urintests gemacht, um körperliche gesundheitliche Veränderungen zu erfassen (Wada & Shibata 2007). Die Studie ergab, dass sich bereits einen Monat nach der Einführung der Roboter, die soziale Interaktion zwischen den Senioren erhöhte. Die Urintests zeigten sogar eine verbesserte Reaktion der lebenswichtigen Organe.
Die Studien in Dänemark sind grundsätzlich dazu gedacht den Nutzen der Roboter-Robbe in der Nordeuropäischen Altenpflege zu untersuchen mit einem

besonderen Fokus auf Demenzpatienten (Hansen et al. 2010). Erste Studienergebnisse gibt es bisher jedoch nur als Medienbeiträge (The Wallstreet Journal, 21. Juni 2010, http://ow.ly/21cj7).

3.3 iCat

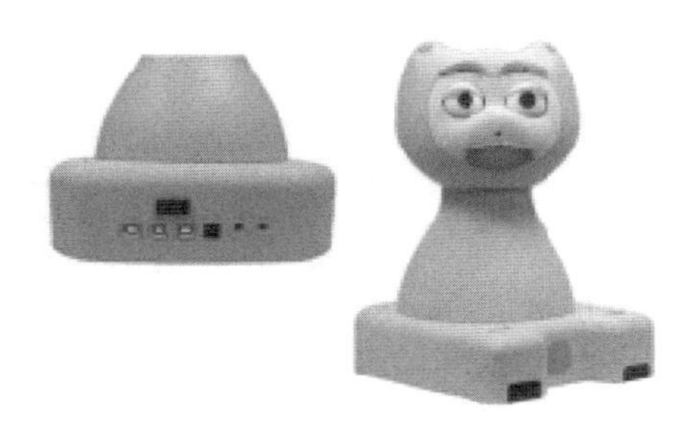

Abb. 9: iCat

Einen anderen Ansatz für Gefährtenroboter verfolgt die iCat („interactive cat"), die von Philips Research entwickelt wurde. Vom Design her ist dieser Roboter eine Mischung aus „caricatured" und zoomorpher Gestalt. Die iCat wurde als reine Forschungsplattform für Untersuchungen zur „sozialen" Mensch-Roboter-Interaktion entwickelt. Die iCat ist ein 38cm hoher, nicht-mobiler Roboter, der Mund, Augen, Augenlider und Augenbrauen bewegen kann, um die sechs Basisemotionen nach Ekman (1992) darzustellen. Weiter ist eine Kamera in die Nase der iCat eingebaut, die für Computer Vision (maschinelles Sehen) verwendet werden kann, wie Objekt- und Gesichtserkennung. Zwei Mikrophone können Geräusche aufzeichnen, und Lautsprecher dienen zur Geräusch- und Sprachausgabe.

Der niederländische MRI-Forscher Heerink (Instituut voor Information Engineering, Almere) beschäftigt sich in einer Reihe von Studien mit der Akzeptanz des iCat-Roboters als Gesprächspartner für Senioren in Pflegeheimen (siehe u.a. Heerink et al. 2006 2008, 2009). Hierbei hat er in mehreren Studien untersucht, welche Faktoren die Akzeptanz der iCat als Gesprächspartner bei Senioren erhöhen. Relevante Faktoren, die er für sein Akzeptanzmodell gefunden hat, sind: „Wahrgenommener Unterhaltungswert" (Perceived Enjoyment), Nutzungsintention („Intention to Use") und „Soziale Präsenz" (Social Presence).

Die Zielsetzung dieser Forschung ist, das Interaktionsmodell solcher „sozialer" Serviceroboter als Konversationspartner in der Altenpflege zu verbessern.

4 Mensch-Tierroboterbeziehung – „Form follows Function"?

Die oben genannten Beispiele erwecken den Eindruck, dass Zoomorphismus als Designparameter der Regel „form follows function" folgt. AIBO soll die Gefährtenrolle eines Hundes ersetzen und ist daher wie ein Hund gestaltet.

Paro soll die emotionalen Reaktionen eines Kuscheltieres ersetzen, um das Gefühl von sozialem Kontakt zu simulieren. Dieser Designansatz ist sehr zielorientiert und determiniert, da versucht wird, die Eigenschaften des Vorbildtieres zu simulieren und Schlüsselreize, die von einem Tier gesendet werden, zu kopieren (z. B. Schwanzwedeln bei AIBO oder Robbenlaute bei Paro), um die Interaktion möglichst intuitiv und natürlich zu gestalten.

Doch warum ist ein Kommunikations-Roboter wie iCat nach zoomorphem Vorbild gestaltet? Es scheint, dass die tierähnliche Optik einem Selbstzweck dient. Die Annahme, dass Tierähnlichkeit in der Altenpflege förderlich für Therapieerfolge ist, spiegelt sich auch in der Gestaltung des Riba-Roboters, der als übergroßer Teddybär designt ist, obwohl er die Tätigkeiten eines menschlichen Pflegers übernimmt. Auf der anderen Seite wird die Funktionalität eines Blindenhundes in Form von anthropomorphen Service-Robotern und *nicht* als Hunderoboter umgesetzt.

Die Entscheidung für ein zoomorphes Design für Roboter in der Altenpflege ist somit zwei Annahmen unterworfen: Erstens beeinflussen mentale Modelle der Nutzer die Erwartungshaltung an die Systemfunktionalität und in weiterer Folge die Intuitivität der Nutzung; zweitens fördern Tier-ähnliche Schlüsselreize die positive Wahrnehmung des Roboters und in weiterer Folge die Therapieerfolge. Erste Studien über das Phänomen dieser Schlüsselreize haben gezeigt, dass vor allem das tierähnliche Verhalten von zoomorphen Robotern beim Menschen positive Gefühle und eine Form der Bindung hervorruft (Friedman et al. 2003, Jacobsson, 2009). Sydral et al. konnten sogar zeigen, dass diese Emotionen selbst von Robotern hervorgerufen werden, die ein funktionales Design haben, jedoch dasselbe Verhalten wie ein Hund aufweisen (Sydral et al 2010). Das Tier-ähnliche Verhalten löst beim Menschen also ein „Kümmer-Verhalten" aus – We attach to what we nuture (Turkle 2006).

Ist es also gar nicht das äußere Erscheinungsbild sondern die Verhaltensweise, die für die Mensch-Roboter-Beziehung relevant ist? Nach dem Technikphilosophen Mark Coeckelbergh (2011) trifft der Mensch zwar die bewusste Entscheidung, dass ein Tier eine „natürliche, biologische" Entität sei und Roboter „künstliche, technologische Objekte", jedoch vermittelt uns ihr gesamtes Erscheinungsbild, dass sie sehr ähnlich zu anderen Lebewesen seien. Coeckelbergh betont in seiner Argumentation, dass auch „reale" Tiere nicht gleich Tiere sind. Es gibt eine Vielzahl von Mensch-Tierbeziehungen, z. B. Tiere als Nahrungsquelle und Arbeitskraft (Bauernhof), Tiere als Unterhaltungswert (Zoo), Tiere als Experimentierobjekt (Labor), Tiere als Gefährten (Haustier) u.v.m. Daraus ergibt sich auch, dass Tier-Roboter in unterschiedlichen Kontexten und Funktionen (in diesem Fall Assistenz, Überwachung und Gefährte) unterschiedlich wahrgenommen werden können, wobei die Tiergestalt sehr weite Anwendungsbereiche zulässt. Darüber hinaus beeinflussen unsere früheren Erfahrungswerte aus Mensch-Tier-Beziehungen unseren Umgang mit Tierrobotern, weshalb die Wahrscheinlichkeit nahe liegt, dass wir uns im Alter eher von Robotern in Tiergestalt als von funktionalen oder anthropomorphen Robotern assistieren lassen.

5 Reflexion: Wenn Tierroboter Einzug in die Lebenswelt von Senioren halten

Wie die Kategorisierung in Assistenz-, Überwachungs- und Gefährtenroboter gezeigt hat, gibt es eine Vielzahl unterschiedlicher Designs für „soziale" Serviceroboter in der Altenpflege. Nicht alle diese Roboter werden heute schon tatsächlich in der Altenpflege eingesetzt, aber wie gezeigt wurde, sind die größten Erfolge in Studien bisher mit zoomorphen Gefährtenrobotern erzielt worden, die das emotionale und psychische Wohlbefinden der Patienten nachweislich verbessern konnten. Dies veranschaulicht, dass es beim Einsatz von Robotern in der Altenpflege nicht ausschließlich um das Ersetzen menschlicher (kostenintensiver) Arbeitskraft von Pflegern geht, sondern auch darum das psychische Wohlbefinden pflegebedürftiger Senioren am Lebensabend zu erhöhen. Die Roboter-Robbe Paro ist sogar im Guinness Buch der Rekorde als „the worlds most therapeutic robot" eingetragen.

Natürlich gibt es einige Bedenken, Roboter als Gefährten in die Lebenswelt von Senioren zu integrieren. So kommentiert Worsley kritisch in seinem Blog (Japan Economy News and Blog, 28. September 2007 http://www.japaneconomynews.com/2007/09/28/japanese-robots-in-the-news-again-elderly-arent-buying-them/), dass die meisten Senioren nicht „per se" an „sozialen" Servicerobotern interessiert sind, sondern sich vielmehr „einfachere Technologien" zur Assistenz im Alltag wünschen würden, die ihnen bekannteren Metaphern entsprechen, wie Fernbedienungen und Telefone mit extra großen Tasten.

Eine weitere Barriere bei der Integration von Assistenz- und Überwachungsrobotern mit funktionalem oder anthropomorphem Design in die Altenpflege liegt in der hohen Erwartungshaltung der Patienten. Diese Designs erwecken einerseits die Vorstellung, dass die Interaktion mit dem Roboter genauso wie die mit einem Menschen ablaufen kann (eine Vorstellung, welche sehr weit von den Möglichkeiten aktueller state-of-the-art Roboter abweicht), andererseits den Zweifel, ob eine Maschine dieselben Fähigkeiten und Kompetenzen in der Pflege haben kann wie ein Mensch.

Die Haupteintrittsbarriere von existierenden funktionalen und anthropomorphen Servicerobotern in der Altenpflege liegt somit darin, dass diese nicht die Kommunikationsfähigkeiten bieten, die ein natürliches menschliches Gespräch ausmachen. Doch gerade das ist der Grund für das hohe Potenzial von zoomorphen Robotern in der Altenpflege, da diese auf viel einfacheren Interaktions- und Kommunikationsparadigmen beruhen als anthropomorphe Systeme.

Der starke Trend in der Forschung hin zu Robotern als Langzeitgefährten, sogenannten „companion robots", beruht auf der grundlegenden Annahme, dass Tierroboter in der Altenpflege als Substitut für soziale Kontakte dienen können. Sie können andere Menschen ersetzen, da der Roboter die Überwachung des Vitalzustandes übernehmen kann, die sonst ein Pfleger übernehmen würde; sie können aber auch ein reales Haustier ersetzen, das unter Umständen in einem Altenheim nicht erlaubt ist oder bei dem der Patient möglicherweise nicht mehr in der Lage ist, das Tier zu versorgen. Aus diesem Blickwinkel betrachtet wirkt es wie ein logischer Schritt, Tierroboter für die Pflege einzusetzen, sobald die Schlüsselreize von Tieren simuliert werden konnten, da Tierroboter Probleme realer Tiere ausschließen, die mit der Tierhaltung einhergehen, wie Tierhaarallergien, Fütterung, Säuberung etc.

Doch geht dadurch nicht ein ausschlaggebender Punkt verloren, den die Betreuung von Tieren normalerweise mit sich bringt, nämlich das Übernehmen von Verantwortung einem Lebewesen gegenüber? Wie zufriedenstellend kann ein Gefährte mit minimaler Verpflichtung auf lange Sicht sein? Ich sehe diese Aspekte von Tierrobotern in der Altenpflege ähnlich wie Sharkey & Sharkey (2010). Es gibt eine optimistische und eine dystopische Sichtweise, wie Tierroboter die Lebenswelt von Senioren verändern werden.

In der dystopischen Sichtweise wird die Altenpflege in Zukunft „sozialen Servicerobotern" überlassen. Dieser Ansatz birgt natürlich Grund zur Sorge. Auch wenn die Studien, die in diesem Kapitel vorgestellt wurden, positive Ergebnisse aufzeigen, stellt sich die Frage, ob diese nicht durch den Mangel an Alternativen entstehen: Besser einen AIBO-Roboterhund als Gesprächspartner in den einsamen Abendstunden als weiterhin niemanden. Auch fehlen bis heute die Ergebnisse aus Langzeitstudien. Wie lange kann ein Tierroboter tatsächlich als Gefährte dienen? Auch wenn Studien zeigen, dass die erste Skepsis dem Roboter gegenüber meist Begeisterung und auch Therapieerfolgen weicht, so fehlen Erkenntnisse darüber, wie lange diese Effekte anhalten.

In der optimistischen Sichtweise können Roboter die Altenpflege natürlich verbessern. Robotertechnologien wie der „Nursebot" und der „Carebot" können die Autonomie der Patienten erhöhen und die Abhängigkeit vom Pflegepersonal reduzieren. Hierbei werden wiederum die Pfleger entlastet, die dadurch wieder mehr Zeit für den einzelne Patienten haben.

Tierroboter als Gefährten könnten jedoch in Zukunft als Ausrede genutzt werden, um Senioren im Pflegeheim alleine zu lassen. Zudem besteht die Sorge, dass die soziale Interaktion mit Tierrobotern dazu führen könnte, dass Senioren „verlernen" mit andern Menschen sozial zu interagieren. Auf der anderen Seite zeigen die Studien von Heerink et al. (2009) und Wada & Shibata (2007), dass ein Roboter als Konversationspartner auch zu vermehrter Konversation zwischen den Senioren im Pflegeheim geführt hat. Somit kann ein Tierroboter auch als Gesprächsvermittler dienen und zu vermehrter sozialer Interaktion führen. Zum weiteren könnten Tierroboter auch zu mehr Besuchen von Enkelkindern führen, die auch gerne mit Omas oder Opas Roboterhund spielen wollen.

Wie Sharkey & Sharkey (2010) betonen, wird es weiterer Langzeitstudien bedürfen, um mehr über Langzeiteffekte von Tierrobotern in der Altenpflege zu erfahren. Außerdem sollten Studien so wie jene in St Louise, mit einer Kontrollgruppe von Senioren aufgesetzt sein, die reale Tiere für die Therapie haben oder andere Senioren als Interaktionspartner. Darüber hinaus wird es gesetzlicher Richtlinien bedürfen, die Senioren ein Mindestmaß an sozialem Kontakt zu realen Lebewesen und anderen Menschen garantieren. Diese Richtlinien werden relevant sein, damit Senioren nicht ausschließlich der Kontrolle von „Pflegerobotern" überlassen werden. Es ist nicht der Tierroboter an sich, der gut oder böse ist für die Pflege von Senioren, sondern es ist die Art und Weise wie er eingesetzt wird. Des Weiteren sollte man auch nicht von einer Wertneutralität des Tierroboters an sich ausgehen, da schon in der Entwicklung und im Design die spätere Funktionalität des Roboters mitbedacht wird und somit eine Wertung vorgenommen wird, die sich dann später im „sozialen" Einsatz des Roboters manifestiert.[3]

Literatur

Banks, M.R./Willoughby, L.M./Banks, W.A (2008): Animal-Assisted Therapy and Loneliness in Nursing Homes: Use of Robotic versus Living Dogs, JAMADA 9(3), S. 173-177.

Cramer, H. (2010): People's Responses to Autonomous & Adaptive Systems. Dissertation zur Erlangung des Grades Doktor phil. an der Universität Amsterdam.

Coeckelbergh, M. (2011): Humans, Animals, and Robotics: A Phenomenological Approach to Human-Robot Relations. In: International Journal of Social Robotics, 3(2).

Ekman, P. (1992): Are there Basic Emotions. In: Cognition and Emotion, 6, S. 169-200.

Fong, T. u.a. (2003): A Survey of Socially Interactive Robots. In: Robotics and Autonomous Systems 42, S. 143-166.

3 Mein Dank gilt meinen beiden Dissertationsbetreuern Prof. Martin Weichbold und Prof. Manfred Tscheligi. Prof. Tscheligi hat es mir ermöglicht, als Soziologin im Bereich Mensch-Roboter-Interaktion zu forschen. Prof. Weichbold hat mir immer wieder geholfen, den soziologischen Blickwinkel in meiner Arbeit zu bewahren.

Friedman, B./Kahn, P./Hagman, J. (2003): Hardware Companions? – What online AIBO discussion forums reveal about the human-robotic relationship. In: Proceedings of CHI 2003, S. 273 – 280.
Gold, K./Scasselatti, B. (2007): A Bayesian Robot that Distinguishes „Self" from „Other". In: Proceedings of the 29th Annual Meeting of the Cognitive Science Society (CogSci2007), Nashwille, Tennessee.
Hansen, S. T./Andersen, H. J./Bak, T. (2010): Practical evaluation of robots for elderly in denmark: an overview. In: Proceeding of the 5th International Conference on Human-Robot Interaction (HRI2010), S. 149-150.
Heerink, M.,/Kröse, B./Wielinga, B.J./Evers, V. (2008): Enjoyment, Intention to USE and Actual Use of a Conversational Robot by elderly People. In: Proceedings of the 3rd International Conference on Human-Robot Interaction (HRI2008), S. 113-120.
Heerink, M./Kröse, B./Wielinga, B.J./Evers, V. (2008): Studying the Acceptance of a robotic Agent by Elderly Users. In: International Journal of Assitive Robotics and Mechatronics, 7(3), S. 33-34.
Heerink, M./Kröse, B./Wielinga, B.J./Evers, V. (2009): Measuring Acceptance of an Assistive Social Robot: A suggested Toolkit. In: Proceedings of RO-MAN 2009, S. 528-533.
Jacobsson, M. (2009): Play, Belief and Stories about Robots: A case study of a Pleo Blogging Community. In: Proceedings of RO-MAN 2009, S. 232 – 237.
Knorr-Cetina, K. (1997): Sociality with Objects: Social Relations in Postsocial Knowledge Societies. In: Theory, Culture and Society 14(4), S. 1-30.
Krafft, M./Coskun, K. (2009): Design Aspects for Elderly Using a Health Smart Home.Tech. Report 2009:028 University of Gothenburg.
Linde, H. (1972): Sachdominanz in Sozialstrukturen. Tübingen: Mohr.
Luhmann, N. (1984): Kommunikation und Handlung. In: Soziale Systeme. Frankfurt: Suhrkamp.
Pollack, M. (2005): Intelligent Technology for an Aging Popoulation: The Use of AI to Assist Elders with Cognitive Impairment. In: AI Magazine, 26(2), S.9-24).
Rammert, W. (1993): Technik aus Soziologischer Perspektive. Forschungsstand – Theorieansätze – Fallbeispiele. Ein Überblick. Opladen: Westdeutscher Verlag.
Reeves, B./Nass, C. (1998): The Media Equation: How People Treat Computers, Television and New Media like Real People and Places. Cambridge University Press.
Sharkey, A./Sharkey, N. (2010): Ethical issues in robot care for the elderly: Dystopia or optimism? In: Proceedings of the Second Symposium on New Frontiers in HRI at AISB2010, S. 103-107.
Smith, L./Breazeal, C. (2007): The Dynamic Life of Developmental Proccess. In: Developmental Science 10(1), S. 61-68.
Sydral, D., Koay, K., Gácsi, M. Walters, M. und Dautenhahn, K. (2010): Video Prottyping of Dog-inspired Non-verbal Affective Communication for an Apperance Constrained Robot. In of RO-MAN 2010, S. 667-672.
Turkle, S. (2006): A Nasccent Robotics Culutre: New Complicities for Companionship, AAAI Technical Report Series, Julie 2006.
Wada, K./Takanori Shibata (2007): Living With Seal Robots – Its Sociopsychological and Physiological Influences on the Elderly at a Care House. In: IEEE Transactions on Robotics 23(5), S. 972-980.
Weber, M. (1980/1922): Wirtschaft und Gesellschaft. Grundriss der verstehenden Soziologie. Tübingen: Mohr.
Wimmer, H., & Perner, J. (1983): Beliefs about beliefs: Representation and constraining function of wrong beliefs in young children's understanding of deception. Cognition, 13, S. 103-128.
Zeller, F. (2005): Mensch-Roboter-Interaktion. Eine Sprachwissenschaftliche Perspektive. Dissertation. Kassel University Press: Kassel.

Autorinnen und Autoren

Martina Bodenmüller
Diplom-Pädagogin und Kunsttherapeutin; 1992 bis 1999 als Streetworkerin in Münster in der Arbeit mit wohnungslosen Jugendlichen und jungen Erwachsenen tätig, derzeit Leitung von Kunst- und Kulturprojekten für sozial Benachteiligte, Konzeptentwicklungen und Fortbildungstätigkeiten. Weitere Informationen: www.bunte-projekte.de.

Julia Breittruck
M.A. in European History and Civilisation (Universitäten Leiden, Oxford, Paris I), B.A. in Europäischer Kulturgeschichte (Universitäten Augsburg und Paris IV), Französischer Literaturwissenschaft, Kunstgeschichte, Politikwissenschaft; derzeit Promotionsstudentin und Stipendiatin an der Bielefeld Graduate School in History and Sociology (BGHS) der Universität Bielefeld, aktueller Arbeitsschwerpunkt: Kulturgeschichte der Vögel als Haustiere.

Jutta Buchner-Fuhs
PD Dr. phil., Privatdozentin an der Universität Hamburg, freiberufliche Bildungsberaterin, Diplompädagogin und Europäische Ethnologin, Lehrstuhlvertretungen in der Erziehungswissenschaft, Gastprofessorin an der Alpen-Adria-Universität Klagenfurt. Arbeitsschwerpunkte: Mensch-Tier-Verhältnis, Kindheitsforschung, historische Kulturforschung, Technikforschung, Genderforschung, Qualitative Methoden.

Elke Deininger
Dr., Tierärztin an der Akademie für Tierschutz des Deutschen Tierschutzbundes e.V. in München-Neubiberg, Arbeitsschwerpunkt: Tierschutzfragen im Bereich der Heimtierhaltung.

Burkhard Fuhs
Dr. Dr. habil., Professor für Lernen, Neue Medien, Schule und Kindheitsforschung, Universität Erfurt, Vorsitzender des Erfurter Netcodes, Arbeitsschwerpunkte: Empirische Kindheitsforschung, Neue Medien und sozialer Wandel, Bildung, Erziehung und generationale Ordnung, Technisierung des Alltags, Biografieforschung und Qualitative Methoden.

Gunther Hirschfelder
Dr. phil., Professor für Vergleichende Kulturwissenschaft an der Universität Regensburg, Institut für Information und Medien, Sprache und Kultur, ferner Vorstandsmitglied Internationaler Arbeitskreis für Kulturforschung des Essens, Heidelberg. Arbeitsschwerpunkte: Historische und empirische Nahrungsforschung, Lebensstilforschung, moderne Religiösität, Ritual/Brauch/Event.

Christine Kehl-Brand
Dipl. Pädagogin; tätig als Gruppenleitung eines Wohngruppenverbundes für Kinder und Jugendliche zwischen 6 und 15 Jahren in der stationären Jugendhilfe Hephata; Integration der hundgestützten Arbeit in den Gruppenalltag der stationären Wohngruppe; derzeit Fortbildung zur Systemischen Beraterin.

Thomas Kunz
Dr. phil., Diplom Politologe; Professor am Fachbereich 4 Soziale Arbeit und Gesundheit der Fachhochschule Frankfurt am Main mit dem Themengebiet „Soziale Arbeit und Bildung im Kontext sozialer Ungleichheit"; Arbeitsschwerpunkte: Migration und Soziale Arbeit, Analyse gesellschaftlicher Fremdheitsbilder, Rassismusforschung, Integrationspolitik und -steuerung, Monitoring, Evaluation und Indikatorenbildung im Kontext von Integrationsprozessen.

Susanne Kupper-Heilmann
Diplompädagogin mit den Schwerpunkten Sonder- und Heilpädagogik, Reitwartin (FN), Trainerin „Reiten als Sport für Menschen mit Behinderungen" (FN), Fahrabzeichen (FN); langjährige Tätigkeit als Bildungsreferentin im Paritätischen Bildungswerk Bundesverband, Paritätischen Bildungswerk Hessen, in der Sportjugend Hessen sowie freiberufliche Tätigkeit im Heilpädagogischen Reiten (Hof Engelthal/Wetterau und Zentrum für Therapeutisches Reiten/Wonsheim), aktuell: Leitung des Reittherapeutischen Zentrums der gemeinnützigen Waldhof GmbH in Ober-Ramstadt (Hessen).

Karin Lahoda
M.A., Wissenschaftliche Mitarbeiterin am Lehrstuhl für Vergleichende Kulturwissenschaft der Universität Regensburg, schreibt zurzeit eine Dissertation über den Arbeitsalltag in Werkstätten für behinderte Menschen, Arbeitsschwerpunkte: Arbeitskulturen, interkulturelle Kommunikation, qualitative Methoden.

Sophie Annerose Naumann (ab Februar 2012: Sophie A. Moderegger)
Studium der Pädagogik und Kunst an der Universität Erfurt, wissenschaftliche Hilfskraft bei Prof. Dr. Fuhs im Bereich Kindheitsforschung, Lehrbeauftragte an der Universität Erfurt, Referendarin für das Lehramt an Grundschulen an der Grundschule Neukirchen bei Leipzig (2010-2012). Forschungsgebiete: Kinder- und Jugendliteratur (Schwerpunkt Bilderbücher), Literatur- und Mediendidaktik, Pädagogik der Kindheit.

Flavien Tiokou Ndonko
Dr. phil in Anthropology works as Technical Adviser for the German International Cooperation (GIZ) Health Program in Cameroon. His main interest is Health and Human rights, HIV/AIDS, Early and unwanted pregnancies, prevention of Gender-based violence (breast ironing, postpartum massage, rape and incest). He got interested in the „humanization“ of dogs as he was in Germany for his doctoral studies at the University of Hamburg.

Eva Münster
Prof. Dr. oec. troph., tätig am Institut für Arbeits-, Sozial- und Umweltmedizin der Universitätsmedizin Mainz, aktuelle Arbeitsschwerpunkte: Armut und Gesundheit, Gesundheit von Kindern, Ernährungsepidemiologie, Epidemiologie allergischer Erkrankungen.

Carola Otterstedt
Dr. phil. Studium der Sprachlehrforschung und Verhaltensforschung in München und Hamburg; 1992 fachübergreifende Promotion zum interkulturellen Vergleich des Grußverhaltens; 1985/86 Lehrauftrag an der Tongji-Universität in Shanghai; weitere berufliche Tätigkeit in Asien und Afrika im Rahmen der Entwicklungszusammenarbeit; seit 1989 Sachbuchautorin u.a. zur Kranken- und Sterbebegleitung, Kommunikation, Tiergestützten Intervention und Mensch-Tier-Beziehung; seit 2007 Aufbau und Leitung der Stiftung Bündnis Mensch & Tier (www.buendnis-mensch-und-tier.de).

Massimo Perinelli
Dr. phil., wissenschaftlicher Mitarbeiter an der Anglo-Amerikanischen Abteilung, Historisches Seminar der Universität zu Köln. Schwerpunkte: Geschichte und Film, Körper- und Geschlechtergeschichte, Sexualitätsgeschichte und die Geschichte der Mensch-Tier-Beziehungen; Mitarbeit in antirassistischen Netzwerken.

Melanie Plößer
Dr., Professorin am Fachbereich Soziale Arbeit und Gesundheit der Fachhochschule Kiel, Arbeitschwerpunkte: Gender und Differenz in der Sozialen Arbeit.

Katja Pohlheim
M.A. Studium der Soziologie, Psychologie und Journalistik an der Universität Leipzig, Magisterarbeit unter dem Titel „Vom Gezähmten zum Therapeuten: Die Soziologie der Mensch-Tier-Beziehung am Beispiel des Hundes" veröffentlicht. Aktuell wissenschaftliche Mitarbeiterin an der Universität Bielefeld, Fakultät für Soziologie, Promotionsprojekt zur tiergestützten Aktivität in Krankenhäusern. Forschungsschwerpunkte: Soziologie der Mensch-Tier-Beziehung, Arbeitssoziologie und qualitative Methoden.

Karin Richter
Prof. Dr. phil. habil., Universität Erfurt, Erziehungswissenschaftliche Fakultät. Arbeits- und Forschungsschwerpunkte: Theorie, Geschichte und Didaktik der Kinder- und Jugendliteratur; Leseforschung und grundschulpädagogische Studien zur Literatur- und Medienbehandlung im Grundschulbereich; Präsidiumsmitglied der Deutschen Akademie für Kinder- und Jugendliteratur und der Forschungsgesellschaft für Kinder- und Jugendliteratur.

Heiko Rüger
M.A., Mitarbeiter am Institut für Arbeits-, Sozial- und Umweltmedizin der Universitätsmedizin Mainz; aktuelle Arbeitsschwerpunkte: Bevölkerungsforschung, Überschuldungsforschung; Familienforschung.

Lotte Rose
Dr. phil, Professorin an der Fachhochschule Frankfurt am Main, Fachbereich Soziale Arbeit und Gesundheit, Geschäftsführerin des Gender- und Frauenforschungszentrums der Hessischen Hochschulen (gFFZ), Arbeitsschwerpunkte: Kindheits- und Jugendforschung, Kinder- und Jugendarbeit, Genderforschung, Körperkulturen, Ernährungskulturen, ethnografische Forschung.

Wiebke Schwartze
Dipl.-Pädagogin, studierte an der Martin-Luther-Universität Halle-Wittenberg Erziehungswissenschaften mit Schwerpunkt Geistigbehinderten- und Verhaltensgestörtenpädagogik, Doktorandin am Institut für Förderpädagogik der Universität Leipzig, Tiergestützte Therapeutin/Pädagogin (akkreditiert) und Hundeausbilderin (zertifiziert). Arbeitsschwerpunkte: Autismus-Störungen

(Ursachenforschung, Therapie und Fördermöglichkeiten) und Tiergestützte Interventionen, insbesondere bei und mit Kindern mit frühkindlichem Autismus.

Anke Spies
Dr. phil., Professorin für Erziehungswissenschaft am Institut für Pädagogik der Carl-von-Ossietzky Universität Oldenburg; Arbeitsschwerpunkte: Kooperation Schule-Jugendhilfe/Schulsozialarbeit, Bildungsformatfragen (Ganztag) im Elementar- und Primarbereich, Erziehungspartnerschaft zwischen Elternhaus und Bildungsinstitution, Transitionen in Bildungsbiografien, Prozesse von Inklusion und Exklusion, soziale Bedingungen des Aufwachsens; außerdem: Trainer-C Lizenz (IPZV); Fortbildungen zum Heilpädagogischen Reiten.

Friederike Stibane
selbstständige Beraterin für Organisationen, Moderatorin und Trainerin im Bereich Arbeits- und Beschäftigungsförderung, Bildung, Integration, Gender Mainstreaming, demografischer Wandel. Lehrbeauftragte an der FH Frankfurt/Main, 1989 bis 1991 Entwicklungshelferin in Nicaragua (1989 – 1991) und Bolivien (1999 – 2003), Kurzzeiteinsätze in Irland, Russland, Perú.

Benedikt Sturzenhecker
Dr., Dipl. Päd.; Professor für Sozialpädagogik/Außerschulische Jugendbildung an der Universität Hamburg. Schwerpunkte: Offene und verbandliche Kinder- und Jugendarbeit, Demokratiebildung in Kinder- und Jugendarbeit und Kita, Konzeptentwicklung, Kooperation mit Schule, ästhetische Bildung, Jungenarbeit.

Astrid Weiss
Dr., zurzeit als Postdoc tätig im Bereich Mensch-Computer-Interaktion in der HCI & Usability Unit und dem Christian Doppler Labor zu „Contextual Interfaces" des ICT&S Centers der Universität Salzburg/Österreich; während des Magisterstudiums Spezialisierung auf Methoden der empirischen Sozialforschung und angewandte Statistik, Promotion 2010 mit einer Studie zur nutzerzentrierten Evaluation von Mensch-Roboter-Interaktion. Forschungsschwerpunkte: Techniksoziologie, Veränderung des Alltagslebens durch den Einsatz neuer Technologien, menschliche Akzeptanz oder Ablehnung technischer Systeme.

Sandra Wesenberg
Dipl.-Päd., wissenschaftliche Mitarbeiterin am Institut für Sozialpädagogik, Sozialarbeit und Wohlfahrtswissenschaften an der Fakultät Erziehungswissen-

schaften der Technischen Universität Dresden. Schwerpunkte in Forschung und Lehre: Mensch-Tier-Interaktionen, psychische Auffälligkeiten im Kindes- und Jugendalter, Alter und Demenz.

Ulrike Zier
Dipl.-Soz., Mitarbeiterin am Institut für Arbeits-, Sozial- und Umweltmedizin der Universitätsmedizin Mainz; aktuelle Arbeitsschwerpunkte: Armut und Gesundheit, Gesundheitsprävention bei Überschuldeten, Migration und Gesundheit.